외국어로서의
한국어 교육과정론

김명광 지음

김명광 대구대학교 국제한국어교육과 교수

한국어세계화재단 책임연구원을 역임하며 교육과정과 관련된 다수의 연구 사업 등을 수행한 바가 있다. 2008년부터 한국어 교육과정론이라는 교과목을 교단에서 강의하며 교육과정의 기초를 마련하는 데 힘써 왔다.

주요 이력
- 대구대학교 다문화사회정책연구소 소장
- 대구대학교 국제처 한국어교육센터 소장
- 서강대학교 국어국문학과 박사

주요 연구 논문
- COVID-19와 유학생 유치 정책에 대한 일고(2021)
- BTS의 온라인 한국어 교육 영향도에 대한 일고(2020)
- 의사소통능력 개념 변화에 대한 일고(2019)
- 외국인 학습자를 위한 한국어 교육과정의 항목에 대한 일고(2017)
- 다문화 대상 한국어 교육과정의 법적 근거에 대한 일고(2017)
- 외국인 유학생들의 적정 어휘학습량에 대한 일고(2016)

주요 저서
- 김 교수의 좌충우돌 미국생활100(2016, 소통)
- 영화 속의 한국문화(2010, 대구대학교 출판부)

주요 사업
- 재외동포 국내교육과정 교육프로그램 개선을 위한 정책연구사업(2021, 국립국제교육원)
- 대학중점연구소지원사업(2018-현재, 한국학술연구재단)
- 2017년 파견 한국어교원 국내교육운영사업(2017, 세종학당재단)
- 2016년 한국어교원교육기관 실태조사사업(2016, 국립국어원)

외국어로서의 한국어 교육 과정론
An Introduction to Korean Language Education Curriculum as a Foreign Language

발 행 일	개정2판 2023년 9월 15일
	개정판 2022년 3월 17일
	초판 2019년 9월 15일
저 자	김명광
펴 낸 곳	소통
펴 낸 이	최도욱
디 자 인	조해민
주 소	서울시 금천구 시흥대로 193 아람아이씨티타워 1110호
전 화	070-8843-1172
팩 스	0505-828-1177
이 메 일	sotongpub@gmail.com
블 로 그	http://sotongpublish.tistory.com
홈페이지	http://www.sotongpub.com
가 격	28,000원
I S B N	979-11-91957-30-3 93700

이 책의 내용은 저작권법에 따라 보호받고 있습니다.

sotong korean studies(sks): 한국어 교육 분야의 좋은 책을 모은 소통의 책들입니다.

외국어로서의 한국어 교육과정론

소통

추천사

    필자의 말대로 수업 시간에 쉽게 사용할 만한 한국어 교육과정에 관한 책이 없었는데 이번에 좋은 책이 나오게 되어 참으로 좋습니다. 앞으로 한국어교육을 전공하고, 한국어교육을 연구하는 많은 후학들에게 훌륭한 길잡이가 될 것으로 믿습니다.

- 김선정(계명대학교 교수)

    최근 들어 한국사회는 이주민 수가 250만명을 기록하여 다문화사회에 진입하였고, 한류로 칭하는 한국 문화의 세계적 확산은 일로 두각을 나타내고 있다. 이런 맥락에서 한국어교육은 양적 팽창을 엄어 질적 모색이라는 새로운 전환기를 맞이하고 있다. 이에 한국어교육을 위한 표준 교육과정 정립은 필수적인 과업이 아닐 수 없다. 한국어 표준 교육과정은 체계적인 총론은 물론 학습자 유형별, 학습자의 출신별 다양성을 고려해야 함은 당연하다. 바로 이 책 <한국어 교육과정론>은 이런 점을 고려하고 새로운 방향을 제안한 연구서임이 자명하다.

    이 책의 저자 김명광 교수는 대구대학교 국제한국어교육과에 10년간 재직하면서 오직 한국어교육을 선도하는 한국어 교육 전문가 양성에 헌신했다. 또한 그는 한국언어문화교육학회의 학술지 <언어와 문화>의 편집위원으로 활동한다. 이 책은 바로 그가 한국어 교육현장에서 연구하고 강의한 경험을 녹아낸 기록이라고 평가하고 싶다. 이 책의 내용들이 한국어교육을 위한 국가 교육과정 정립으로 이어지는 데 기여하기를 바라는 바이다. 아울러 한국어교육 전공자들이 이 책을 통해 교육현장의 가이드 북으로 삼길 바란다.

- 김영순(인하대 아시아다문화융합연구소 소장, 인하대학교 교수)

풍부한 현장 경험과 해박한 이론을 지닌 한국어교육 전문가가 한국어교육계에 선물한 귀하고 값진 저서이다. 거시적인 관점뿐만 아니라 미시적인 부분까지 세밀하게 살펴 한국어 교육과정 전반을 두루 살핀 역작이다.

- 김용경(경동대학교 교수)

김명광 교수께서 한국어 교육과정론을 집필하였다는 말씀을 들었습니다. 먼저 그동안 한국어 교육과정과 관련한 교재가 그리 많지 않았다는 점에서 김명광 교수께서 집필하신 이번 교재는 그 나름의 의미가 있을 듯합니다. 이번 교재를 집필하기 위해 그동안 많은 관련 책자와 논문을 읽으면서 준비를 한 것으로 알고 있습니다. 준비 과정이 길고 또 어려웠다는 것을 잘 알고 있기에 진심으로 이번 출판을 축하드립니다. 그리고 김명광 교수께서 그동안 고민했던 내용들을 바탕으로 앞으로도 더 많은 업적을 만들어내시기를 바랍니다. 다시 한 번 한국어 교육과정론 교재 출판을 축하드립니다.

- 우창현(한국언어문화교육학회 회장, 대구대학교 교수)

한국어교육을 전공하는 학습자들에게 가장 필수적인 교과목 중 하나가 한국어 교육과정론이지만 실제 교육 현장에서 이 과목을 가르치는 데 적합한 교재를 찾기란 여간 어려운 것이 아니다. 그래서 이번에 김명광 선생님이 한국어 교육과정론에 관한 책을 출판한다는 소식을 듣고 참 반갑고 고마웠다. 이 책은 언어 기능별 교육과정뿐만 아니라 문화 교육과정 등 한국어교육에 필요한 모든 교육과정을 다 다루고 있어 한국어교육을 전공하는 학생들, 그리고 교육현장에서 한국어를 가르치는 교원들, 또한 교재 집필자 및 한국어교육 연구자 모두에게 큰 도움을 줄 수 있을 것으로 기대한다. 선물과 같은 귀한 책을 내준 김명광 선생님에게 다시 한 번 감사의 마음을 전한다.

- 윤영(호남대학교 교수)

누구나 한 권의 책을 내고 나서는 부족한 부분을 깁고 다듬어 재판을 내려는 마음을 갖지만 이를 실천으로 옮기는 경우는 많지 않습니다. 그리고 그 어려운 일을 10년을 별러 이루어내는 경우는 더욱 적을 것입니다. 그런 점에서 김명광 선생님의 <한

국어 교육과정론> 출간을 진심으로 축하드리며, 이렇게 애쓰신 결과물이 한국어 교육과정론에 관심이 있는 모두에게 귀한 도움을 제공할 것으로 기대합니다.

― 조태린(연세대학교 교수)

십몇 년 전 김명광 선생님과 나는 세종학당재단 전신인 한국어세계화재단에서 고락을 함께하였다. 우리는 현재 서로 다른 직장에 근무하고 있지만 그 시절을 생각하면 언제나 애틋하고 그리운 '동지' 관계이다. 그런 동지가 10여 년에 걸쳐 완성한 결실을 한국어 교육계에 내놓는다고 하니 마치 나의 일처럼 기쁘고 후련하면서도 한편으로는 나 스스로를 반성하게 된다. 이 <한국어 교육과정론>이 한국어 교육 연구에 크게 이바지하고 연구자들에게는 좋은 학문적 자극이 되기를 바란다.

― 진대연(선문대학교 교수)

지난 몇 학기 동안 한국어 교육과정론 강의를 하면서 교재 선택에 많은 어려움이 있었는데, 이번에 김명광 교수님의 책이 출판되어서 벌써 다음 학기 강의가 기다려집니다. 특히 이 책에 수록된 국내외의 외국어 교육과정과 언어 기능별 교육과정에 대한 내용은 한국어교육 현장에서 늘 요구했던 내용입니다. 이 책이 출판되어 한국어교육학 분야가 한 걸음 더 발전하게 되었습니다.

― 최윤곤(한국어교육학과협의회 부회장, 서원대 교수)

교육과정은 개별 교과교육의 총체로서 그 중요성을 갖는다. 그러나 우리 한국어교육에서는 교육과정과 관련한 제대로 된 전공서적을 찾기 어려웠다. 이번에 출간되는 김명광 교수님의 '한국어 교육과정론'은 그동안 김 교수님이 쏟아온 한국어 교육과정에 대한 학문적 열정과 노력이 담긴 역작이다. 책의 출간을 진심으로 축하하고, 이 책을 통해 한국어교사를 꿈꾸는 모든 이들이 더 넓은 학문의 세계로 향할 수 있게 되기를 기대한다.

― 홍종명(한국어교육학과협의회 회장, 한국외국어대학교 교수)

서문

　대구대학교 국제한국어교육과에 재직한 지 10여년의 세월이 훌쩍 지났다. 무언가 제대로 한 일도 없이 부산한 세월만 보냈다는 생각에 지금도 혼자 자책하는 시간이 많다. 대구대학교에 처음 왔을 때 좌충우돌했던 기억이 난다. 당시 국제한국어교육과는 신설된 학과로서 학교에 오기 전 학생들이 먼저 와 있는 상황이어서, 모든 것을 처음 시작하는 것이 대부분이었다. 마음만 앞선 채 허둥지둥 이리저리 뛰었던 추억들이 새삼스레 생각난다. 그 중에서도 한국어 교육과정론이라는 교과목을 맡게 되었을 때 당황한 기억도 포함된다. 전공 교과목은 있는데 관련된 전공 서적이 없어서, 하루 벌어 하루 먹고 사는 것처럼 한 주 글 쓰고 하루 가르치고 하는 긴장된 일상이 반복되었다. 그나마 다행이랄까 이전에 근무하였던 한국어세계화재단에서 교육과정과 관련된 연구 사업에서 얻었던 자료들과 개별적인 논문들을 살펴보면서 생계형 교육과정 수업을 근근이 이어나갔다. 그런데 어느 날인가 책상에 책꽂이에 아무렇게나 뒹굴고 있는 자료들과 강의록들이 켜켜이 쌓여 있는 것을 발견하였다. 이를 다듬어 이참에 책을 내면 어떨까 하는 생각이 문득 들었다. 물론 이는 다음 학기부터는 편하게 수업을 하고픈 마음과 전에는 미처 생각하지 못하였던 것들을 정리하고픈 욕심이 있기도 하였다. 또한 때마침 대구대 출판사에 교재 신청 기간이기도 하여 출판을 결심하게 된 것이다. 그런데 이러한 순진무구하고도 단순 무식하게 벌인 일이 그만 걷잡을 수 없이 크게 확대되었다. 그것은 한 학기가 지나기도 전에 초판이 다 팔린 당혹스러운 일이 벌어진 것이다. 하지만 그건 잘 써서가 아니라 한국어교육계에 교육과정이라는 책이 없어서 팔렸다는 사실을 너무나 잘 알겠기에, 정말 민망하고, 당황스럽고, 부끄럽고 복잡한 심정이 물밀 듯이 몰려왔다. '왜 출판사에 냈을까? 왜 책을 이렇게 조잡하게 썼을까? 왜 이 내용을 빠뜨렸을까? 내가 봐도 이해하기 어려울 정도로 왜 이렇게 썼을까?'하는 후회는 너무도 당연한 것이었다. 학생들 강의용으로 급하게 쓴 글이어서, 세상에 내 놓기가 어려운 존재의 가벼움 때문에 출판사에서 다음 인쇄 요청이 들어왔을 때 죄송하다는 말과 함께 바로 책의 2판 인쇄를 급하게 중단시켰다. 그리고 이후, 수정해야지 해야지 하면서 마음만 먹고 이래저래 바쁘다는 핑계, 또한 교육과정에 대한 나의 짧은 지식으로 인한 고통으로 인해 10년이란 세월이 지났다.

흔히 10년이라는 세월은 강산도 변화시킨다고 한다. 그간 외국인 학습자의 대상도 매우 다양해지고, 또한 그 규모도 과거에 비해 비교할 수 없을 정도로 양적으로나 질적으로 크게 신장되었다. 이러한 상황은 교육과정과 관련된 개별적인 연구를 활발하게 만들었으며, 그 결과 국내외에서 다양한 성과물들을 축척시키게 된 동기가 되었다. 더 나아가 이러한 연구 성과를 기반으로 하는 수준별 어휘나 문법 표현에 대한 기준과 항목들에 대한 성과물이 보고서 형태로 등장하였다.

무엇보다도 외국인 학습자를 위한 교육과정, 그리고 KSL 교육과정 등에 대한 거시적 연구들이 괄목할만한 성장을 보였는데, 예컨대 국립국어원의 한국어표준교육과정을 정립하고자 개발된 연구 보고서, 다문화 가정 학생을 위한 KSL 교육과정 등 교육과정 자체에 대한 종합적인 연구 성과물들이 대표적일 것이다. 물론 이러한 교육과정들은 국어과 교육과정처럼 고시가 아직 안된 연구 보고서의 성격을 지닌 것들이 있어서 아직까지 완전한 국가 수준의 교육과정이라고는 볼 수 없지만, 10년 전의 그 거친 상황에 비할 바는 아니다. 이러한 여러 상황들은 이제 글을 쓰는 데 필요하지만 여전히 숙제로 남아있던 빈칸들을 채워나가는 데 도움을 주었을 뿐만 아니라 나에게 더 이상 미룰 변명 거리를 만들지 못하게 하였다.

지금 나오는 이 책도 무게만 무겁고 존재의 가벼움이 여전히 남는다. 그리고 많은 양을 기술하다보니 여기 저기 중복된 내용도 나온다. 하지만 지금 미루면 다음 10년이 또 지나갈 것 같아, 불완전하지만 그리고 여전히 부끄럽지만, 이 책을 조심스럽게 내놓고자 한다.

이 책의 앞부분은 외국어(또는 제2언어로서의) 한국어 교육과정의 필요성과 관련된 국내외 교육과정, 교육과정과 교수요목의 차이, 그리고 그 유형들을 전반적으로 살펴보았다. 중반부에서는 의사소통을 목적으로 하는 교육과정의 설계에 집중하였는데, 이를 위하여 의사소통의 개념, 교육과정의 변천, 설치 항목, 목표와 내용, 그리고 설계의 기본 원리를 제시하였다. 후반부에는 중반부에 논의된 사항을 바탕으로 '말하기, 듣기, 읽기, 쓰기, 문화별' 교육과정은 어떻게 구성되어야 하는지, 그리고 각 기술별 특성을 반영하면서 동시에 학습자들의 수준별로 어떤 내용이 필요한지를 종합적으로 설명하였다. 총 14장으로 구성된 각 장은 이 책을 읽는 독자들의 이해의 편의를 위해 '요약' 부분과, '토론과 과제' 부분을 두었다.

글을 쓸 때 항상 용기를 북돋아주었던 우창현 교수(대구대학교)님께 감사드린다. 또 축하의 말을 아낌없이 해 주신 여러 선생님들께 감사함을 전한다. 특히 축하의 글을 주신 김영순(인하대 아시아다문화융합연구소 소장), 홍종명(한국어교육학과협의회 회장), 최윤곤(한국어교육학과 협의회 부회장), 김선정(계명대학교), 김용경(경동대학교), 조태린(연세대학교), 진대연(선문대학교), 윤영(호남대학교) 선생님들께 진심으로 감사를 드린다. 또한 본고를 집필하는 과정에서 거친 글을 교정 해주신 선생님들께도 감사함을 전한다. 강명숙(산청교육지원청), 김숙이(경상남도교육청 특수교육원), 김연희(경남은광학교), 석보미(가람초), 성갑연(진영대창초), 성홍희(진주교대 대학원), 박동춘(서진초), 이수진(진주교대 대학원), 정효정(창원시다문화센터), 조현경(대방초), 최은숙(창원천광학교)님께 감사하다. 역시 이 책을 개정하는 데 도움을 준 김유진(대구대학교 대학) 님께 감사를 전한다.

600쪽 가까이 되는 글을 선뜻 출판을 해 주신 최도욱 사장께 고마움을 전한다. 무엇보다도 책을 쓴다는 핑계로 잘 찾아뵙지 못한 아버지 김재용, 어머니 권정순, '언제쯤 여유가 생겨'라고 말하면서도 늘 옆에서 묵묵히 지켜보면서 아낌없이 지원해 준 아내 이금자, 아들 김민욱에게 늘 고마움과 죄송함을 전한다.

끝으로 이 책의 제목을 '외국어로서의 한국어 교육과정론'으로 하였다. 하지만 엄밀한 의미에서 외국어로서의 한국어와 제2언어로서의 한국어의 개념이 다르기 때문에 원래 '외국어 또는 제2언어로서의 한국어 교육과정론'으로 하고자 하였다. 그렇지만 제목이 너무 번잡하게 길다는 의견이 많아서 간단하게 '외국어로서의 한국어 교육과정론'으로 하였음을 이 자리에서 밝힌다.

2019년 8월
대구대 연구실에서
김명광

그리고
2022년 2월
Murray State University에서 개정함

목차

제1장 한국어 교육과정 개관
1. 들어가는 말 ········· 21
2. 교육과정의 일반적 개념 ········· 21
   2.1 정의 ········· 21
   2.2 구성 요소 ········· 22
   2.3 교육과정 자체에 대한 평가 ········· 23
3. 한국어 교육과정의 개념 ········· 24
   3.1 정의 ········· 24
   3.2 사회적 공감과 압력 ········· 28
   3.3 항목별 진술 ········· 35
4. 요약 ········· 54
5. 토론과 과제 ········· 58
6. 참고 사이트 ········· 59

제2장 교육과정의 유형
1. 들어가는 말 ········· 63
2. 교육 목적에 따른 유형 분류 ········· 64
3. 정책 결정자에 따른 유형 분류 ········· 70
   3.1 국가 수준의 교육과정 ········· 72
   3.2 교사 수준의 교육과정 ········· 80
   3.3 학생 수준의 교육과정 ········· 81
4. 요약 ········· 82
5. 토론과 과제 ········· 83
6. 참고 사이트 ········· 84

제3장 국내외 외국어 교육과정
1. 들어가기 ········· 87

   2. 유럽 공통참조기준 ··· 88
      2.1 유럽 공통참조기준의 개발 배경 ·· 88
      2.2 다양성과 유럽 공통참조기준 ·· 90
      2.3 유럽 공통참조기준 내용 ·· 93
   3. 국내 영어과 교육과정 ··· 96
   4. 미국 외국어교육위원회 평가기준(ACTFL) ···································· 102
   5. 국내 한국어능력시험 평가기준(TOPIK) ······································· 105
   6. 요약 ·· 113
   7. 토론과 과제 ··· 118
   8. 참고 사이트 ··· 119

제4장 교육과정과 교수요목

   1. 들어가는 말 ··· 123
   2. 교수요목과 교육과정 ··· 123
   3. 문법-구조 교수요목(Grammatical-structural syllabus) ··············· 126
   4. 상황-맥락 교수요목(Situation contextual syllabus) ···················· 133
   5. 기능-개념 교수요목(Functional notion syllabus) ························ 142
   6. 요약 ·· 146
   7. 토론과 과제 ··· 148

제5장 의사소통 교수요목

   1. 들어가는 말 ··· 151
   2. 의사소통능력 개념 ·· 152
      2.1 의사소통능력 개념의 태동 ·· 152
      2.2 교육적 차원의 의사소통 개념 ·· 154
      2.3 의사소통능력 하위 체계 ·· 159
      2.4 평가 차원 의사소통 개념 ·· 169

3. 의사소통 교수 항목과 내용 구성 — 173
4. 요약 — 182
5. 토론과 과제 — 184

제6장 의사소통 교수요목 유형

1. 들어가는 말 — 188
2. 분석적 교수요목(Analytic syllabus) — 188
   2.1 분석적 교수요목 개념 — 188
   2.2 유형1: 구조적 그리고 기능적 교수요목
   (Structural and functional syllabus) — 191
   2.3 유형2: 구조와 기능 교수요목
   (Structures and functions syllabus) — 191
   2.4 유형3: 변수 초점 교수요목(Variable focus syllabus) — 194
   2.5 유형4: 기능적 교수요목(Functional syllabus) — 195
   2.6 유형5: 완전 개념 교수요목(Fully notional syllabus) — 196
   2.7 유형6: 완전 의사소통 교수요목(Fully communicative syllabus) — 202
3. 과제 기반 교수요목(Task-based syllabus) — 203
   3.1 과제 기반 교수요목 개념 — 204
   3.2 과정 중심 교수요목(Processes syllabus) — 206
   3.3 절차 중심 교수요목(Procedural syllabus) — 208
   3.4 과제 중심 교수요목(Task-based language teaching) — 210
4. 내용 기반 교수요목(Content-based syllabus) — 213
   4.1 내용 기반 교수요목의 개념 — 213
   4.2 주제 중심 교수요목(Theme-based language instruction) — 216
   4.3 내용 보호 교수요목(Sheltered content instruction) — 216
   4.4 병존 언어 교수요목(Adjunct language instruction) — 217
   4.5 세 모형의 주요 특징 — 217

5. 균형 있는 교수요목(Proportional syllabus) ... 219
6. 요약 ... 220
7. 토론과 과제 ... 224

제7장 요구 조사

1. 요구 조사의 개념 ... 227
2. 요구 조사 유형 ... 230
   2.1 목표 요구(Target Needs) ... 230
   2.2 학습 상황 요구(Learning Needs) ... 232
3. 요구 조사 내용 ... 233
   3.1 거시적 요구 조사 ... 234
   3.2 미시적 요구 조사 ... 235
4. 요구 조사 방법 ... 235
   4.1 정보 수집 방법 유형 ... 235
   4.2 요구 조사 원리 ... 238
5. 요구 분석 ... 246
6. 요약 ... 256
7. 토론과 과제 ... 258

제8장 교육 영역과 교과목

1. 들어가는 말 ... 261
2. 상위 영역과 교과목 ... 262
3. 문화 영역 ... 268
   3.1 문화 항목 ... 268
   3.2 문화 교육 목표와 내용 ... 272
   3.3 수준별 문화 교육 ... 275
4. 실용 영역 ... 287

5. 요약 ·· 289
6. 토론과 과제 ··· 292

제9장 한국어 교육과정 목표 기술의 원리 I

1. 들어가는 말 ·· 297
2. 행동 진술성(Behavioral Objectives) ································ 298
   2.1 Tyler(1950) ··· 298
   2.2 Mager(1962) ··· 299
   2.3 Gronlund(1973) ··· 300
   2.4 Gagné외(1979) ·· 301
   2.5 김영심(2016) ··· 302
3. 위계성(Hierarchy) ·· 302
4. 포괄성(Coverage) ·· 311
5. 사용 빈도성(Frequency) ·· 312
6. 요약 ·· 324
7. 토론과 과제 ··· 328

제10장 한국어 교육과정 목표 기술의 원리 II

1. 들어가는 말 ·· 331
2. 계열성(Sequence) ·· 331
   2.1 개념 ·· 331
   2.2 적용 ·· 333
3. 계속성(Continuity) ··· 339
   3.1 개념 ·· 339
   3.2 적용 ·· 340
4. 나선형(Spiral Form) ··· 344

4.1 개념 ·········· 344
4.2 적용 ·········· 346
5. 통합성(Integration) ·········· 348
5.1 개념 ·········· 348
5.2 적용 ·········· 348
6. 난도(Difficulty) ·········· 350
6.1 개념 ·········· 350
6.2 적용 ·········· 350
7. 요약 ·········· 354
8. 토론과 과제 ·········· 356

제11장 듣기 교육과정

1. 들어가는 말 ·········· 359
2. 듣기 실제성 ·········· 360
   2.1 듣기 표현의 실제성 ·········· 361
   2.2 듣기 영역의 실제성 ·········· 364
   2.3 듣기 현장의 실제성 ·········· 366
3. 듣기의 주제 ·········· 367
4. 듣기의 기능 ·········· 370
5. 언어 지식별 듣기 이해 ·········· 374
6. 듣기 전략 ·········· 380
7. 듣기·교수 학습 방법 ·········· 383
8. 듣기 평가 ·········· 384
   8.1 듣기 평가의 목표 ·········· 384
   8.2 한국어 듣기 평가의 범주 ·········· 385
   8.3 듣기 평가의 방법 ·········· 391
9. 듣기 교육과정 목표 및 성취기준 ·········· 391

10. 요약 ·· 393
　　11. 토론과 과제 ·· 397

제12장 말하기 교육과정
　　1. 들어가는 말 ·· 401
　　2. 말하기의 실제성 ·· 402
　　3. 말하기의 주제와 기능 ·· 406
　　4. 언어 지식별 말하기 ·· 407
　　5. 말하기 전략 ·· 412
　　6. 말하기 교수·학습 방법 ·· 417
　　　　6.1 말하기 평가의 목표 ·· 417
　　7. 말하기 평가 ·· 418
　　　　7.1 말하기 평가의 목표 ·· 418
　　　　7.2 한국어 말하기 평가의 범주 ·························· 419
　　　　7.3 말하기 평가 방법 ·· 424
　　8. 말하기 교육과정 목표 및 성취기준 ···················· 424
　　9. 요약 ·· 426
　　10. 토론과 과제 ·· 430

제13장 읽기 교육과정
　　1. 들어가는 말 ·· 433
　　2. 읽기의 실제성 ·· 436
　　3. 읽기의 주제와 텍스트 유형 ·································· 436
　　4. 읽기 기능 ·· 446
　　5. 언어 지식별 읽기 ·· 447
　　6. 읽기 전략 ·· 453
　　7. 읽기 교수·학습 방법 ·· 455

    8. 읽기 평가 ··· 456
        8.1 읽기 평가의 목표 ·· 456
        8.2 읽기 평가의 범주 ·· 456
        8.3 평가 방법 ··· 462
    9. 원리에 따른 읽기 교육과정 구성 ··· 463
    10. 요약 ··· 466
    11. 토론과 과제 ·· 470

제14장 쓰기 교육과정

    1. 들어가는 말 ·· 473
    2. 쓰기의 실제성 ·· 474
    3. 쓰기의 주제와 텍스트 유형 ··· 478
    4. 쓰기 기능 ·· 491
    5. 언어 지식별 쓰기 ·· 493
    6. 쓰기 전략 ·· 499
    7. 쓰기 교수·학습 방법 ·· 501
    8. 쓰기 평가 ·· 502
        8.1 쓰기 평가의 목표 ·· 502
        8.2 쓰기 평가의 범주 ·· 502
        8.3 쓰기 평가 방법 ·· 504
    9. 원리에 따른 쓰기 교육과정 구성 ··· 505
    10. 요약 ··· 509
    11. 토론과 과제 ·· 513

부록 ·· 516
색인 ·· 536
참고문헌 ·· 563

제1장

한국어 교육과정 개관

한국어 교육과정 개관

```
1. 들어가는 말
2. 교육과정의 일반적 개념
3. 한국어 교육과정의 개념
4. 요약
5. 토론과 과제
6. 참고 사이트
```

1 들어가는 말

이 장의 목적은 교육과정의 일반적 개념과 특성에 대한 논의와 함께 일반적 교육과정의 하위 범주에 속하는 외국어 또는 제2언어로서의 한국어 교육과정(이하 '한국어 교육과정'으로 명명 한다.)에 대한 개념을 정의하고 그 특성을 살펴보는 데 있다.

2 교육과정의 일반적 개념

2.1 정의

교육과정은 영어로 보면 'curriculum'이다. 이는 라틴어의 '쿠레레(currere)'에서 유래한 용어로 '달리다'의 의미를 가지고 있다. '달리기'를 할 때 우리는 보통 '선수'와 '경주로'를 연상할 것이다. 선수의 입장에서 보면 우선 왜 달리려고 하는가에 대한 '목적'이 있을 것이며, 이 '목적'을 달성하기 위해 그 선수는 구체적으로 실천할 '목표'를 설정할 것이다. 그리고 실제 달리기를 할 때에는 가장 최단거리로 빠른 시간에 종착점에 도달하는 '방법'에 대해 고민을 할 것이다. 또한 달리기가 끝난 후 그 결과에 대한 평가를 하는데, 특히 만족스럽지 못한 결과를 얻었을 경우 왜 못하였는지에 대한 자기 '평가'를 할 것이며 이를 통해 다음 경주에는 더 나은 결과가 나올 수 있도록 준비를 할 것이다. 아울러 경주로는 출발점과 종착점이 있는데, 대회를 주최하는 주최 측에서는 그 '경주로'를 선수와 경주 규칙을 고려하여 가장 '효율적이고도 적합하게' 만들 것이다. 이와 마찬가지로 교육과정도 구축의 목적이 있을 것이요(왜 만드는가), 목적을 달성하기 위한 구체적인 목표가 무엇인지(무엇을 해야 하는가), 그 목적과 목표를 달성하기 위하여 가장 효율적인 방법은 무엇인지(어떤 방법으로), 그리고 목적과 목표를 달성하지 못하였다면 왜 그러했는지(평가)를 알려주는 일종의 지침의 역할을 한다. 또한 정책결정자, 학습자, 교사 등의 요구 사항(어떤 절차로, 얼마 동안, 얼마만큼)에 적합한지 그렇지 않은지를 판단할 수 있게끔 해 주는 일종의 설계 도면의 역할도 겸한다. 곧 교육과정이란 '왜, 무엇을, 어떤 방법으로, 어떤 순서와 절차에 의하여, 얼마 동안, 얼마만큼 가르치고 평가하느냐에 관한 계획이나 프로그램'을 전반적으로 총칭하는 말이다. 이를 달리 말하면 '교육 목적, 교육 목표, 교육 내용, 교과목, 교육 방법, 교육 순서, 교육 절차, 교육 시수, 교육량, 교육 평가' 등을 효율적으로 구조화한 교육 계획 및 운영 프로그램을 의미한다.

2.2 구성 요소

가르친다는 것은 학습자를 원래의 상태로 그대로 두고자 하는 것이 아니라, '의도적'으로 그 학습자에게 개입을 하여 다른 어떤 상태로 변화시키고자 한다는 것이다. 그런데 이 의도는 거시적으로 볼 때 학습자가 속한 사회가 추구하는 '철학'이나 '가치관'에 대한 '사회적 압력'이다.[1] 이는 교육을 '왜' 해야 되는가 하는, 곧 교육적으로 '가르칠 필요'가 있고, '가치'가 있는 '목적'에 대한 사회적 공감대가 이미 형성되었음을 전제로 한다. 하지만 '교육의 목적'은 다분히 이상적인 내용이 추상적인 형태로 발현되기 때문에 그 목적을 달성하기 위한 구체적인 '교육 목표'가 설정되어야 한다. 그런데 '교육 목표'도 '교육 목적'보다는 구체적이기는 하지만 실제 교육을 시행하는 교사에게는 상당히 추상적이어서, 그 '교육 목표'를 달성하기 위한 '교육 내용'을 좀 더 구체화할 필요가 있다. 이 때 이 교육 내용은 학습자에게 효과적으로 전달되기 위하여 '어떠한 방법과 어떠한 절차에 의하여 그리고 얼마만큼 가르칠

---

[1] 이와 관련하여 박영순(2004)의 "교육과정 설계가 그 사회의 이념과 맞아야 하는 철학적 기초, 사회적 상황에 적합한 사회적 기초, 학생들의 발달 단계에 적합해야 하는 심리적 기초 등의 토대 위에서 교육할 수 있도록 구성되어야 한다."의 정의를 염두에 둬야 할 필요가 있다.

것이냐 하는', '교과목, 교수 방법, 교수 절차, 교수의 양' 등이 조직적으로 체계가 마련되어야 한다. 그렇다면 '교육과정'의 '목적, 목표, 내용' 등이 잘 만들어졌는지 그렇지 않은지는 어떻게 알 수 있는가? 그것은 이 교육과정을 이수하는 학습자들의 과거의 '미교육' 상태와, 교육 중에 '변화하고 있는 모습' 그리고 교육 후의 '변화된 상태'에 대한 평가를 통해서 알 수 있다. 이는 '진단 평가(미교육 상태 평가), 형성 평가(변화하고 있는 모습 평가), 성취도 평가(변화된 상태 평가)'와 같은 형태로 나타난다. 따라서 교육과정을 보면 교육의 '목적', '목표', '내용', '교과목', '방법', '절차', '시수', '양', '평가' 등이 나타나야 하는데 이 각각이 교육과정을 이루는 핵심적인 항목(구성 요소)들이다.

2.3 교육과정 자체에 대한 평가

한편 '평가'에는 '교육과정' 자체에 대한 평가가 있는데 이는 교육과정 설계에 관한 평가이다. 곧 구축된 '교육과정'으로 달성하고자 하는 기대치와 그 '교육과정'의 운영으로 나타난 결과치의 상관관계를 분석하는 것으로 이른바 교육과정의 '부합성'을 평가하는 것이다. 만약 교육과정이 기대했던 '기대치'와 운영된 '결과치'가 부합한다면 그 교육과정은 유효하다. 그렇지 않고 '불일치' 한다면 그 교육과정은 수정되거나 전면적인 폐기의 대상이 된다. 이러한 불일치가 나타나는 이유는 여러 가지가 있을 수 있는데 첫째, 교육과정이 본유적으로 가지고 있는, 곧 '귀납적 경험의 연역적 설계'라는 대응적 측면에서 발생한 '불일치'가 있을 수 있다. 즉 교육과정은 사회적으로 공유된 귀납적 경험의 총합을 연역적인 설계를 통하여 학습자들에게 전달하기 때문에, 이 두 가지 선험적 방법이 충돌하여 나타나는 경우를 뜻한다. 이를 달리 말하면 귀납적으로 기술된 교육 내용이 교육 목표를 함의하지 못하거나, 또는 교육 목표가 교육 목적을 함의하지 못할 경우에 발생된다. 둘째, 해당 사회의 상황이 바뀌어 기존의 교육 목적과 목표 그리고 내용이 그 시대가 요구하는 상황과 맞지 않은 데에서 기인된 '불일치'이다. 이는 교육과정의 구축의 필요성이 제기될 당시의 시간은 '현재'이지만, 구축되었을 때의 시간은 이미 현재가 아닌 '과거'가 되기 때문에 발생되는 '불일치'인 것이다. 셋째, 평가하는 방법의 타당성에서 나타난 '불일치'가 있다. '목적'과 '목표' 그리고 '내용'이 부합하지만 이를 평가하는 '기제'와 '방법'이 잘못되어(타당성의 문제) 발생된 '불일치'로, 교육과정 안에 있는 평가 부분의 설계가 잘못되어 나타난 문제인 것이다. 이 밖에도 학습자가 학습할 시간에 비해 교육 내용이 너무 많거나, 교육 절차나 방법에 대한 지침이 목표와 다르다거나, 교육 목표를 반영하는 교과목 선정이 잘못되었을 경우 등에 기인한 불일치도 있을 수 있다.

만약 교육과정 설계에서 불완전성이 발견되었다면 그 교육과정을 기반으로 학습자가 아무리 잘 배웠다고 하더라도 그 사회가 바라는 기대치에 미치지 못하기 때문에 교육과정을 보완하거나,

또는 새로운 교육과정을 구축하는 절차를 밟아야 한다. 곧 교육 목적을 잘 반영할 수 있는 '교육 목표'를 재설정하거나 교육 목표를 잘 반영할 수 있는 '교육 내용'을 재설정하거나, 교육의 양 또는 교과목 등을 보완하는 작업 등이 필요하다.[2] 더 나아가 만약 사회가 요구하는 목적이 바뀌거나 교육과정 전체에서 광범위하게 수정이 필요한 경우라면, 기 교육과정 전체를 바꾸는 작업이 필요하다. 이는 수정할 교육과정이나 새로 구축할 교육과정을 준비하는 목적과 근거가 된다는 점에서 넓게 보면 교육과정의 또 다른 항목(구성 요소)이라 볼 수 있다.

3 한국어 교육과정의 개념

3.1 정의

한국어 교육과정의 개념을 말하기 위하여 우선 한국어 교육을 총괄하는 목적이 무엇인지 알 필요가 있다.

> (1) 외국어 혹은 제2언어로서의 한국어를 배우려고 하는 외국인과 해외교포에게 한국어와 한국 문화를 교육하여 유창하고 정확한 한국어를 구사하고 한국을 이해할 수 있게 한다.

위는 민현식(2004)에 기술된 내용으로 한국어 교육의 성격, 대상, 내용, 그리고 지향점을 압축적으로 설명하고 있다.

먼저 학습의 대상이 되는 한국어의 성격을 외국어(Foreign Language) 또는 제2언어(L2, Second Language)라고 규정하고 있다. 이 개념은 한국어를 모어(母語, mother tongue)나 모국어(母國語, native language)로서 바라보는 제1언어(L1, First Language)[3]의 교육 환경과 대조된다. 먼저 L1으로

---

[2] '기대치'와 '결과치'의 불일치가 항상 해당 교육과정을 수정 혹은 폐기하는 대상으로 만드는 것은 아니다. 불일치의 원인이 교육과정상의 문제가 아닌 경우도 있기 때문이다. 교육과정과 상관이 없는 '불일치'에는 예컨대 교사가 전달하는 교수-방법의 문제가 원인일 때 나타날 수도 있기 때문이다. 교육과정은 제대로 구축되었으나, 그 교육과정에 대한 교사의 이해가 불완전하다거나 또는 왜곡되었을 때 나타나는 현상이다. 또한 교사가 교육과정에 맞게 잘 가르쳤지만 학습자가 불완전하게 또는 왜곡되게 받아들일 때에도 '불일치'가 나타날 수 있다. 이 두 원인은 교육과정 설계의 잘못은 아니다.

[3] 제1언어(L1, first Language)란 사람이 태어나서 처음 습득하여 익힌 언어를 말하는데 이를 흔히 모어(母語, mother tongue)나 모국어(母國語, native language)라고도 부른다. 하지만 제1언어와 모어 그리고 모국어는 엄밀한 의미에서 서로

서 한국어를 배우는 학습자들은 전형적으로 한국에서 태어난 이후 가정이나 학교 그리고 사회에서 모두 한국어를 배우거나 사용할 수 있는 언어 환경에 속해 있는 한국인들이다. 이에 반해 '외국어'와 '제2언어'로서 한국어를 배우는 학습자들은 전형적으로 자신의 모어는 별도로 있지만 특정한 목적 하에 한국어를 배우는 언어 환경에 속해 있는 외국인들이다. 그리고 그 언어 학습 환경은 제1언어와 달리 매우 다양한 모습을 띤다.

좀 더 구체적으로 그 환경을 살펴보기 위해서는 먼저 '외국어'와 '제2언어'라는 개념을 논의할 필요가 있다. 이 두 용어가 비록 제1언어의 개념과 대조된다는 점에서는 공통되며, 일반적으로 외국어가 제2언어를 포괄하는 개념으로 사용되기는 하나, 엄밀하게 보면 환경적 측면에서 이 두 용어의 개념은 차이가 있다. 먼저 외국어로서의 한국어(KFL, Korean as a Foreign Language)라는 개념은 한국어가 지배적인 언어가 아닌 사용 환경에서 한국어를 학습할 때 적용될 수 있는 용어이다. 예컨대 중국에서 한국어를 배우는 중국 학생이 이 범주에 속한다. 이 환경에서는 대개의 학습자들의 모국어(중국어)가 동일하기 때문에, 교실 안에서 학습자들은 낯선 한국어나 한국 문화보다도 자신들에게 익숙한 모어(중국어)나 모어 문화(중국 문화)로 의사소통을 하고자 하는 경향이 있다. 더 나아가 교실 밖에서도 지배 언어가 모국어(중국어)인 환경이기 때문에 한국어를 사용할 기회가 거의 없는 경우가 대부분이다. 따라서 한국어와 한국 문화를 접할 수 있는 기회는 주로 TV나 인터넷과 같은 매체로 제한된다. 이울러 교실 밖에서 한국어를 사용할 기회가 거의 없기 때문에 특정 사람들에게는 한국어를 배우는 것이 실제적인 이익이 없을 수도 있다. 아울러 이 환경의 교사는 한국어를 모국어로 사용하지 않는 국가에 있는 학습자들에게 한국어를 가르치게 된다. 또한 교사는 학습자들에게 노출된 유일한 한국어 원어민인 경우가 대부분이다.

반면에 제2언어로서의 한국어(KSL, Korean as a Second Language)란 한 국가의 지배 언어(dominant language)가 한국어인 환경 속에서 외국인 학습자들이 배우는 한국어를 뜻한다. 곧 한국어가 해당 사회나 국가에서 지배 언어로 사용되는 환경으로, 예를 들면 중국 학습자가 한국 사회에서 한국어를 배우는 경우가 이에 해당할 수 있다. 또한 이 부류의 학습자들은 유학생 이외에도 한국에서 장기 체류(때로는 영구 체류)를 하는 이주민들-이주 여성, 다문화가정 자녀, 외국인 근로자 등-이 있다. 이러한 환경에서의 한국어 학습 교실은 주로 다양한 언어권에 있는 학습자들

보는 시각을 달리하는 차별화된 개념이기도 하다. 우선 제1언어는 처음 배운 언어를 강조하며, 모어는 부모(특히 어머니에게서 배운 언어)에게서 배운 언어라는 뜻을 강조한다. 또한 모국어는 자신의 속한 사회(정체성이 귀속된 사회, 또는 국가)의 언어- 그래서 대화에서 자연스럽게 사용되는 언어-라는 개념을 강조하기 때문이다. 전형적으로 볼 때 화자가 주로 사용하는 언어는 태어나서 보모(부모 포함)에게서 배우는 것이 보통이요, 또한 그 언어는 자신이 속한 사회의 지배 언어와 동일하기 때문에 우리는 제1언어를 모어 또는 모국어라고 부를 수 있는 것이다.

이어서, 학습자들은 자신들의 모국어 또는 문화를 교실 안에서 공통적으로 공유하지 못한다. 또한 학생들은 지배 언어인 한국어 환경 때문에 교실 밖에서 한국어를 특정한 또는 실용적인 목적으로 사용하고자 하는 필요성이 높고 동시에 사용 기회도 많이 갖게 된다. 비록 자신들의 언어 기술의 제한적 능력 때문에 언어에 대한 완전한 이해를 하지 못한다고 하더라도 학습자들은 한국어 문화와 대화 상황에 일상적으로 노출된다.

둘째 위 (1)을 보면 한국어 교육의 대상에 외국인 이외에 해외교포가 명시되어 있다. 그런데 외국인이라 함은 전형적으로 외국 국적을 가진 사람을 뜻하기 때문에 '우리 국적을 가지지 않은' 일반 외국인, 유학생, 결혼 이주민이나 자녀(일부), 외국인 근로자들이 이에 속한다. 반면에 해외교포의 경우는 국적을 기준으로 설정된 개념이기보다는 거주지의 개념으로 설정된 용어로서 외국인과 동일한 차원의 개념-외국인과 대조되는 개념-은 아니다.[4] 좀 더 쉽게 말하면 해외교포(자녀나 2세, 3세 등 포함)의 국적이 외국인일 수도 있고 한국인일 수도 있기 때문이다.

전형적인 외국인의 경우 보통 외국어 또는 제2언어로서의 한국어와 한국 문화를 학습하고자 하는 목적이 비교적 명확하지만, 해외교포나 그 자녀의 경우는 그 경계가 모호하다. 특히 미국에 거주하는 교포 자녀가 가정 내에서 한국어를 부모(또는 한쪽)로부터 배웠지만, 그 자녀가 속한 사회의 지배 언어가 영어여서 해당 자녀가 가정 밖에서 한국어가 아닌 영어를 주로 사용한다. 이러

---

[4] '교포'와 '동포'는 보통 동일한 개념으로 사용된다. 하지만 엄밀한 의미에서 이 둘의 개념은 다르다. '동포'는 민족적 개념 곧 같은 핏줄을 이어받은 사람들의 의미를 '교포'는 거주지 개념으로 다른 나라에 살고 있는 자국민을 뜻한다. 다음에 '해외'의 개념과 '재외'의 개념도 다르다. 해외라는 개념은 '바다 건너'라는 의미, 재외란 '다른 나라에 거주'라는 의미를 창조하기 때문이다. 그런데 이러한 용어들은 서로 혼용되거나 의미가 중복되거나 불분명한 경우가 있어서, 요즘에는 '재외동포'로 통일해서 사용한다. 재외동포에 대한 개념은 재외동포법(재외동포의 출입국과 법적 지위에 관한 법률, 제2조), 시행령(제2조 제2호·제3호, 제3조 제1호·제2호), 한국국제보건의료재단법(제2조 제1호) 등에 명시되어 있다.

재외동포법 제2조
1. 대한민국의 국민으로서 외국의 영주권을 취득한 사람 또는 영주할 목적으로 외국에 거주하고 있는 사람(이하 "재외국민"이라 한다.)
2. 대한민국의 국적을 보유하였던 자(대한민국정부 수립 전에 국외로 이주한 동포를 포함한다) 또는 그 직계비속(直系卑屬)으로서 외국국적을 취득한 자 중 대통령령으로 정하는 자(이하 "외국국적동포"라 한다)

시행령 제2조 제1호, 제2호
제2조(재외국민의 정의) ①「재외동포의 출입국과 법적 지위에 관한 법률」(이하 "법"이라 한다) 제2조제1호에서 "외국의 영주권을 취득한 자"란 거주국으로부터 영주권 또는 이에 준하는 거주목적의 장기체류자격을 취득한 자를 말한다.
②법 제2조제1호에서 "영주할 목적으로 외국에 거주하고 있는 자"라 함은 「해외이주법」 제2조의 규정에 의한 해외이주자로서 거주국으로부터 영주권을 취득하지 아니한 자를 말한다.

한국국제보건의료재단법 제2조 제1호
1. '재외동포'라 함은 국적을 불문하고 한민족의 혈통을 지닌 자로서 외국에서 거주·생활하는 자를 말한다.

특히 재외동포법의 경우 재외동포를 '재외국민'과 '외국국적동포'로 구분하고 있다.

한 의미에서 이들이 사용하는 한국어를 외국어로서 한국어의 범주로 보기에는 무리가 있다. 왜냐하면 한국어를 교실에서 정규적으로 학습한 것이 아니며, 이들이 배우는 한국어의 목적이 정체성(identity) 확립이나 민족적 사고방식의 이해라는 점에서 전형적인 외국어 학습의 목적과 다르기 때문이다. 그래서 우리는 이러한 환경에 노출된 학습자들의 한국어를 특별히 지칭하여 계승어 차원의 한국어(KHL, Korean as a Heritage Language)라고 부르게 된다. 그런데 이와 달리 해외 교포의 자녀가, 한국어가 지배 언어인 사회인 한국에 돌아와서 정규적인 한국어 수업을 받을 수 있다. 이 때 우리는 이를 제2언어로서의 한국어라고 부를 수 있는가? 여기에는 두 가지 유형으로 구분할 수 있다. 우선 한국어가 유창하여 정규반에 들어가서 한국어를 배울 경우 이 학습자는 제2언어가 아닌 제1언어로서의 한국어를 배운다고 부를 수 있다. 왜냐하면 태어나서 배운 언어가 한국어이며, 교실 안에서도 교실 밖에서도 한국어를 사용하는 환경에 노출되어 있기 때문이다. 반면에 한국어가 유창하지 못하여, 정규 수업 이외에 한국어 수업을 받는 경우 우리는 이를 제2언어로서 한국어[5]를 배우는 것이라고 말할 수 있다.

셋째 '유창하고 정확한 한국어를 구사하고 한국을 이해할 수 있게 한다.'라 함은 한국어 교육의 목적을 기술한 것이다. 여기서 말하는 '유창성'은 학자들마다 이견이 있지만, '편안하게, 유려하게, 무의식적으로, 매끄럽게, 한국인의 평상시의 말씨로[6]' 말과 글을 이해하고 표현할 수 있는 능력을 뜻하고, 정확성은 '발음, 어휘, 문장 등의 문법에 맞게' 말과 글을 이해하고 표현할 수 있는 능력을 의미한다. 그런데 '정확성'과 '유창성'을 통하여 한국어 기술을 신장시켜 타인과의 의사소통을 원활하게 함(그것이 문어 차원이든 구어 차원이든)을 목적으로 하기 때문에 외국인 학습자를 대상으로 하는 한국어 교육은 대부분 의사소통 능력 신장이 주목적이 된다. 반면에 이는 국어과 교육 목적과 다른 관점이다. 국어 교육은 국어 능력을 신장시켜 한국인의 정체성과 문화 창달을 주된 목적으로 하기 때문이다.[7]

한편 '한국어를 구사하고 한국을 이해할 수 있게 한다.'에서 표현 능력(구사)은 '한국어'로, 이해 능력은 '한국 문화'(이해)로 한정되어 있지만, '유창하고 정확하게'의 의미가 이해 능력과 표현 능력을 모두 의미하기 때문에 '한국어' 능력에는 표현 능력 이외에 이해 능력이, '한국 문화'는 이해 능력 이외에 표현 능력이 모두 포함된다고 볼 수 있다. 아울러 '이해'와 '표현'은 의사소통 능력의 하

---

[5] 이러한 학습자를 대상으로 하는 교육과정에 내용 보호 교수요목(Sheltered content instruction)이 있다. 이에 대하여는 제4장에서 설명하고자 한다.
[6] 안현기(2008:84-96) 참조.
[7] 다만 해외 교포 자녀의 경우 정체성 이해나 확립에 대한 목적으로 한국어를 학습하거나, 이주자 또는 그 자녀 중 우리 국적을 취득하려 하거나 취득한 학습자들이 한국 사회나 문화에 대한 이해와 적응 등을 목적으로 한국어를 학습할 수도 있다. 이는 외국어 또는 제2언어로서의 한국어 교육의 예외로서 허용된다.

위 범주이므로 이 문장은 '한국어와 한국 문화'에 대한 '의사소통 능력'의 신장으로 표현되어야 한다. 이에 위와 같은 개념을 통하여 전형적인 외국어 또는 제2언어로서의 '한국어 교육'의 목적을 수정하면 아래와 같다.

> (2) 외국어 또는 제2언어로서의 한국어와 한국 문화를 배우려고 하는 학습자들에게 한국어와 한국 문화를 가르침으로써, 유창하고 정확한 의사소통 능력을 신장시키는 데 있다.

위에서 한 가지를 좀 더 부연하자면, (1)과 달리 (2)에서는 한국어 교육 대상을 '학습자'로 하였다는 것이다. 곧 외국인과 해외교포라는 이질적인 대상을 나열하는 것보다는 '학습자'라는 용어로 이 둘을 포괄하고 그 대신 배우는 '한국어'의 성격으로 그 대상을 제한하는 것이, 국적에 제한되지 않는 한국어 교육의 특성을 올바로 드러낼 수 있다고 보기 때문이다. 다음에 한국어 교육이 이와 같은 목적을 가진다면, 한국어 교육과정은 일반적인 교육과정의 하위 분야이므로 아래와 같이 기술되어야 할 것이다.

> (3) 한국어 교육과정이란 '외국어 혹은 제2언어로서의 한국어와 한국 문화를 배우려고 하는 학습자들에게 한국어와 한국 문화를 가르침으로써, 유창하고 정확한 의사소통 능력을 신장시키기 위하여', '교육 목표, 교육 내용, 교육 방법, 교육 순서, 교육 절차, 교육 시수, 교육량, 교육 평가' 등을 효율적으로 구조화한 교육 계획 및 운영 프로그램이다.

여기서 '교육 목적'을 제외한 이유는 '외국어 혹은 제2언어로서의 …중략…의사소통 능력을 신장시키기 위하여' 자체가 목적에 해당하므로 생략하였다. 그런데 이러한 한국어 교육과정의 설계에 대한 필요성은 우리 사회의 사회적인 공감을 통한 압력이 선행되어야 한다.

3.2 사회적 공감과 압력

3.2.1 한국어 교육 수요의 신장과 다변화

1959년에 연세대학교에 한국어 교육 기관이 설립되고 미국에서 한국학교, 일부 대학에 한국어 과정이 개설되었을 당시에는 소수의 선교사나 외교관, 그리고 일부 현지 학습자들이 자신들의 필요로 한국어와 한국 문화를 공부하였다. 이 시기에는 당장 필요한 것을 만들어 수업을 진행하는 것이 급선무였는데 예컨대 교재를 만들고 수업 계획서 차원의 교수요목을 설계하는 것이 주였다. 따라서 교육과정에 대한 사회 전반적인 공감을 형성하지는 못하였다. 그러나 현재는 한국어 교육이나 교육과정을 필요로 하는 국내외 외국인 학습자가 그 규모를 가늠할 수 없을 정도로 늘어났을 뿐만 아니라, 그 학습자들의 배우려는 목적도 매우 다양해졌기 때문에 해당 목적에 맞는 외국인 학습자를 위한 한국어 교육과정이 체계적으로 구축되어야 한다는 사회적 공감과 요구가 높아진 실정이다.

(4) 가. 일반 목적
나. 학문 목적
다. 취업 또는 근로 목적
라. 한국 사회 적응 목적
마. 한국인의 사고와 문화에 대한 이해와 자긍심 고양 목적
바. 기타 목적

일반 목적을 가진 외국인 학습자들이란 학문 목적이나 특수 목적과 같이 고정된 의도 없이, 한국의 경제 및 정치 등의 국외 교류나 한류 문화와의 접촉 또는 한국과 관련된 지인들과의 만남과 권유 등을 통해 한국어와 한국 문화에 대한 관심을 갖게 되면서, 문화 소양 차원에서 이를 배우려고 하는 외국인 학습자들이다. 한국의 경제 규모가 과거에 비해 비약적으로 발전하였다는 점은 이미 잘 알려진 사실이다. 경제 규모의 확산은 국외 교류가 그만큼 많아졌음을 의미하며, 이는 대중 매체나 주변 사람들을 통하여 현지 외국인들이 한국에 대한 관심을 갖게 만드는 원인이 되었다. 이러한 경제 규모의 확산과 더불어, 한국의 문화 수출을 통한 이른바 '한류'가 전 세계적으로 확산된 것도 외국인 학습자들이 한국어와 한국 문화에 대해 관심을 갖게 만든 또 하나의 주된 원인이다. 한류의 확산은 1990년대 이후로 '드라마, 연예 프로그램, 영화, K-POP, 애니메이션' 등과 같은 콘텐츠를 중심으로 그리고 '방송, 잡지, 인터넷 동영상 플랫폼(유튜브, SNS, 트위터 등)'을 통해 현지 외국인들에게 전파되었는데, 이러한 대중 매체와의 접촉으로 말미암아 외국인들이 자연스럽게 한국어와 한국 문화에 대해 학습 차원으로 관심을 갖게 되었다.[8] 그리고 그 수는 한국국제교류재단의 2019년 지구촌 한류 동호회 현황만 보더라도 한류 동호회가 약 1,843개가 결성되었으며 이 동

---

8) 한류라는 단어가 처음 공식적으로 사용된 것은 1999년 대한민국 문화관광부에서 대중음악의 해외 홍보를 위해〈韓流-Song from Korea〉라는 이름으로 음반을 제작했을 때였다(장규수, 2011).

호회에 소위 한류 팬들은 약 9,000만 명이 회원으로 활동하고 있는 것만 보더라도, 이들을 위한 한국어와 문화에 대한 체계적인 교육과 교육과정에 대한 사회적 압력이 높아지고 있다.

학문 목적으로 한국어와 한국 문화를 공부하려는 외국인 학습자들이란 주로 대학이나 대학원 진학 등을 목적으로 한국어를 배우려는 외국인 학습자들이다. 이들은 자신의 전공에서 사용되는 한국어와 문화를 배우고자 함이 목적이다. 국내의 경우 외국인 유학생들은, 2003년에 12,314명이던 것이 2019년에 160,165명으로 약 12배 이상 성장하였으며 지금도 계속해서 증가하는 추세로 역시 그 수요가 점점 더 많아지고 있다. 아울러 외국인 유학생들이 한국 대학에 입학하기 위하여 보는 시험 가운데 TOPIK(한국어능력시험)이 있는데, 이 시험은 1997년에 처음 시행되었을 때는 지원자 수가 2,692명에 불과했지만, 2003년에 12,187명 그리고 2019년에는 375,871명이며 이제는 해마다 30만 명이 넘는 수준에 이르고 있다. 여기에 국외에 약 500[9]개가 넘는 한국어 관련 학과나 연구 센터에서 학문적으로 공부하고 있는 외국인들을 감안하면, 이들을 위한 체계적인 학문 목적의 한국어 교육과정이 구축되어야 한다.

취업 또는 근로를 목적으로 한국어와 한국 문화를 공부하려는 외국인 학습자란, 한국의 산업 현장에 취업하고자 하는 외국인들과, 이미 취업을 한 외국인들에 해당한다. 국내 외국인 근로자는 1988년도 서울 올림픽을 계기로 한국 경제가 활성화되면서 한국에 들어오기 시작하였다. 1990년도 이후 3D 업종을 비롯한 중소규모 제조업이 인력난이 심각해지자 1993년에 우리 정부가 산업기술연수생제도를 시행하여 외국인 근로자를 본격적으로 받아들였다. 이후 우리 정부는 2003년에 고용허가제, 2007년에 방문 취업제 등을 시행하면서 취업을 목적으로 하는 외국인 근로자의 수는 해마다 계속 증가하였다. 예컨대 외국인 근로자 수가 1993년에 약 8,000명[10]이었던 데에 비해 2018년에 약 88만 4천명[11]에 이를 정도로 그 규모가 커졌으며 현재에도 계속해서 증가하고 있는 것을 보면 이를 잘 알 수 있다. 특히 고용허가제 제도는 'EPS-TOPIK(고용허가제 한국어능력시험)'을 의무화하고 있기 때문에, 국외에서 국내 한국 기업에 취업을 하려고 하는 외국인들을 중심으로 현지 정부 기관이나 민간 한국어 교육 센터에서 시험 대비 한국어를 필수적으로 공부하고 있다.

한국 사회에 적응하는 것을 목적으로 한국어와 한국 문화를 공부하려는 외국인 학습자란, 결혼을 통하여 한국 사회에 정착한 결혼 이민자나, 다문화가정 자녀(국제결혼가정 및 외국인근로자가

---

9) 2018년도 한국학중앙연구원의 통계에 따르면 전 세계에 한국어 관련 학과가 314개이며, 한국어 연구 및 교육 센터 수는 209개로 보고 있다.
10) 법무부 1993년도 출입국관리통계연보를 참조하였는데, 산업연수생 제도로 유입된 인원만을 계산하였다. 아울러 불법체류외국인을 포함시키지 않았다.
11) 이는 외국 국적의 이민 취업자를 말하며, 귀화 허가자는 포함시키지 않았다.

정의 자녀)들을 뜻한다. 우선 결혼 이민자들의 경우 2019년의 통계를 보면 166,025명이며 현재까지 그 규모가 점점 커지고 있다. 이는 1995년 정부에서 중국 동포 여성들과 농촌 총각과의 결혼 장려 정책, 2000년대 이후 각 지자체의 농촌 총각 장가보내기 프로젝트와 같은 원인도 있지만, 우리나라의 경제 성장으로 인하여 해외 국가 간의 인적 국제 교류가 급속하게 확대된 것이 가장 큰 원인이다. 이들은 가족생활, 이웃과의 소통, 자녀 교육, 대중매체의 이해와 같은 한국 사회 적응을 위한 한국어와 한국 문화를 학습하고 싶어 하기 때문에 체계적인 한국어 교육과정에 대한 사회적 요구가 높아지고 있는 것이 지금의 현실이다.

다문화가정 자녀[12]도 우리나라의 확대된 인적 국제 교류의 결과로 결혼 이민자 가정 및 외국인 근로자가정 자녀가 2000년 대 이후로 해마다 급격하게 증가하고 있다. 예컨대 2017년의 통계를 보면 2016년에 비해 약 10% 증가한 220,950명으로 20만 명이 넘는 것만 봐도 이를 잘 알 수 있다. 역시 이들도 가족생활, 학교생활 적응이나 친구와의 유대 관계를 높이기 위한 한국 사회 적응에 대한 체계적인 교육과정을 요구한다.[13]

한국인의 사고와 문화에 대한 이해와 자긍심 고취를 목적으로 한국어를 배우고자 하는 학습자 중에는 재외동포가 있는데, 2017년 통계를 보면 약 7,431,000명으로 이 수요도 매우 높다.

이 이외에도 특정한 목적으로 한국어를 배우고자 하는 수요도 있는데, 예컨대 재외동포나 그 자녀를 대상으로 한국어나 한국 문화에 대한 이해와 자긍심을 고취시키려는 목적의 교육, 한국에 장기 여행을 오는 여행자들을 대상으로 하는 여행 목적의 한국어, 해외 입양아를 대상으로 한국인에 대한 이해를 목적으로 하는 한국어, 통역이나 번역을 하고자 하는 외국인들을 위한 한국어, 외교적 업무를 위하여 한국어를 배우려고 하는 외국인 등에 대한 한국어 등 다양한 목적의 한국어 수요가 있다.

이와 같이 한국어 교육을 필요로 하는 국내외 외국인 학습자가 그 규모를 예측할 수 없을 정도로 늘어났을 뿐만 아니라, 그 학습자들의 배우려는 목적도 매우 다양해졌다는 점은 각각의 목적에 맞는 한국어 교육과정의 필요성에 대한 사회적 압력이 높음을 의미한다.

---

12) 교육부(2006)는 다문화가정을 '우리와 다른 민족, 문화적 배경을 가진 사람들로 구성된 가정'으로 정의하면서, 국제결혼가정, 외국인근로자가정, 북한이탈주민(새터민)가정을 포함하였으나, 현재는 국제결혼가정과 외국인근로자가정 자녀만을 다문화가정 자녀 교육 정책 지원의 대상으로 보고 있다.
13) 다문화가정 자녀 대상 한국어 교육을 위한 국가수준의 한국어교육과정은 2012년부터 고시 및 시행되고 있다. 곧 교육부에서 2012년 다문화 교육 선진화 방안을 발표하고 그 일환으로 '한국어(KSL) 교육과정'을 개발 고시하였다. 이후 2013년부터 전국의 초·중·고등학교의 다문화 배경 학생을 대상으로 한국어(KSL) 교육을 시행하고 있다.

3.2.2 국가 차원의 한국어 교육과정 구축에 대한 압력

일반적으로 '교육 시행의 기본 구성 요소[14]'가 발현되는 계기적 상황은 우선적으로 '교육과정'이 설계하고 난 후 '교재'를 만들고, 그다음에 정해진 '교육 장소'에서 '교사'가 '학습자'를 대상으로 교수하는 것이 보통이다. 그런데 교육의 목적이 절박할 경우, 교육 시행의 구성 요소 중 (교사, 학습자, 교재, 교육과정(프로그램), 학습 장소) 하나 또는 몇 가지를 생략하거나 간단하게 기술하여 만들거나, 일반적인 구축 순서를 따르지 않는 경우가 있다. 해방기의 국어과 교육과정이 대표적인 경우이다. 해방 후부터 1954년 4월 20일에 문교부령 제35호로 공포된 '교육과정 시간 배당 기준령'이 나타나기까지의 약 10년간(더 정확히는 1955년 제1차 교육과정이 제정되기 이전까지의 시기)에는, 교육과정을 완전하게 구축하지 않은 채(교수요목 차원의 교육과정만 구축한 채) 국어과 교육이 실시되었다. 물론 그 이유는 일제 시대의 교육과정을 사용하지 않는다는 국가 정체성 확립 때문이었다. 하지만 1945년 해방 당시 문맹률이 거의 80%를 상회한 것처럼[15] 국민 기본 교육이 사회적으로 절실히 필요한 상태였다. 그럼으로 해서 군정청 학무국에서 교육의 기본 구성 요소인 교재조차 만들지 않은 채 교육과정의 일부인 교수요목(그것도 내용 중 일부만)만을 제정하여, 교육을 실시하였다.[16] 더구나 교수요목도 이를 완전히 구축하는 데 충분한 시간적 여유가 없었으므로 각 교과별로 가르칠 주제를 열거하는 수준에 불과하였다. 즉 이 시기는 사회적 요구가 절박하여 교육 시행의 구성 요소가 생략되거나, 불완전한 교육과정을 가진 채 실시된 교육인 것이다. 하지만 이 시기에도 비록 교수요목 차원이기는 하지만 그 교육과정은 국가가 공포한 법적 문서로서의 효력을 가지고 문서화된 정부 문서의 형태이기 때문에, 국가 수준의 교육과정으로 부를 수 있다. 물론 현재의 국어과 교육과정도 교육법에 의거 교육부 장관이 정하고 있는 교육과정이 국가 수준의 교육과정으로 법적 강제성을 띠고 있다는 점에서 일종의 규범으로서의 교육과정이라고도 할 수 있음은 물론이다. 그런데 한국어 교육과정의 경우 1959년에 연세대학교에 한국어 교육기관이 설립되고 미국에서 한국학교, 일부 대학 한국어 과정이 개설되었을 당시에도 교육의 필요(당시의 선교사

---

[14] 이 글에서는 직접적인 교수·학습 활동에 필요한 요소를 '교수-학습의 기본 구성 요소'라 칭하고, 이 구성 요소에 '교사, 학습자, 교재'가 있음을 가정한다. 또한 교육 실행에 직접적인 영향을 주는 요소를 '교육 시행의 기본 구성 요소'라 명칭하고, 여기에는 '교사, 학습자, 교재' 이외에 '교육과정(프로그램), 학습 장소'가 추가된다고 가정한다. 물론 교육 시행의 요소에는 '교재'를 보충해 주는 '교육 자료'나 교사가 교육을 효율적이고 편리하게 할 수 있도록 도와주는 '교육 기자재'(예를 들어 OHP, Projector, 교육용 비디오 등과 같은 기자재) 등도 있다. 그러나 '교육 자료'나 '교육 기자재'는 교육의 방법적 측면에 영향을 주기는 하나, 이들이 없다고 하여 '교육'이 실시되지 못하는 것이 아니다. 따라서 '교육 자료'나 '교육 기자재'등과 같은 간접적인 교수-학습 요소는 '교육 시행의 구성 요소'에는 해당하지만, '교육 시행의 기본 요소'에는 포함되지 않는다고 본다.
[15] 김용일(1994) 참조. 한편, 한국교육10년사 간행위원회(1955:110)에서는 해방 직후 남한의 문맹률을 77.8%로 집계하였다.
[16] 문교부(1958:126) 참조.

나 외교관 등의 한국어 교육에 대한 필요)에 의해서 한국어 교육이 실시되었지만, 그 수요자가 많지 않았기 때문에 국가 주도의 교육과정을 구축하지 못하였다는 점은 초기 시기의 국어과 교육과정과 별반 다르지 않았다. 그러나 국어과 교육이 교육과정 없이 교육이 시행된 기간이 10년이지만, 한국어 교육은 2020년 말까지 60여년 동안 국가 수준의 교육과정 없이 교육이 시행되어 왔다. 이러한 이유는 여러 가지가 있을 수 있다. 먼저 한국어 교육과정은 국어과 교육과정과 달리 학습자들의 변인들이 매우 다양하다는 것이다. 잘 알다시피 국어과 교육과정의 대상자는 균질적인 한국인들로서, 학년별로 교육과정을 구축하고 그 교과목의 영역과 내용을 비교적 일정하게 만들 수 있다. 하지만 한국어 교육과정의 대상은 균질한 집단이 아니어서 다양한 변인을 포괄할 수 있는 통일된 국가 수준의 한국어 교육과정 설계를 어렵게 하였다. 둘째 지금까지 대부분의 한국어 교육과정은 한국어 교육 기관 특히 대학 부설 한국어 교육 센터를 중심으로 개별적으로 시행되어 왔다는 점이다. 따라서 해당 기관의 특성에 맞게 교수요목 차원으로 자체적으로 만들어 왔다는 점도 국가 수준의 한국어 교육과정에 대한 필요성을 반감시켰다. 그러나 국가 수준의 교육과정에 대한 요구는 한국어 교육 시장이 급속하게 성장하고 있다는 점, 이에 따라 국내의 기준들과 교사 등이 개별화를 위하여 참조할 만한 교육과정에 대한 요구가 점점 높아지고 있다. 곧 개별 기관이 교육과정을 만들어 낼 수 있도록 참조할 수 있는 지침 또는 표준적인 지침의 성격으로서의 국가 수준의 교육과정에 대한 요구가 높아졌다는 것이다. 이에 2000년도에 들어서 국가 차원에서 교육과정 구축을 위한 다양한 연구를 진행하였다. 김중섭 외(2010, 2011, 2016, 2017) '국제 통용 한국어 교육 표준 모형 개발(국립국어원)', 원진숙(2011)의 '다문화가정 학생을 위한 한국어교육과정'(한국교육과정개발원, 서울교육대학교), 유재택 외(2004)의 '재외동포용 한국어 교육과정 및 교재 체제 개발 연구'(한국교육과정평가원), 허용 외(2007)의 '세종학당 교육과정 개발'(국립국어원) 등의 연구 성과물은 다양한 목적의 교육과정을 국가 차원의 지원을 받아서 이루어진 연구가 대표적인 성과물이다. 그러나 이는 정책적 연구나 제안의 성격을 지닌 것일 뿐 법적 효력을 가진 문서화된 교육과정(달리 말하면 국가 수준으로 고시된 외국어 또는 제2언어로서의 한국어 교육과정)이 아니다. 물론 교육부(2012 도입, 2017 개정)에서 다문화 배경을 가진 학생들을 대상으로 '한국어 교육과정'을 개발한 후 교육부 차원에서 고시(교육부 고시 제2017-131·132호, 2017.9.29)를 하였는데, 이는 국가 수준의 법적 효력을 가진 문서화된 교육과정에 해당한다. 그러나 이 교육과정은 국내 교육과정의 일부로서 만들어졌다는 점, 그리고 그 대상이 다문화 학생으로 제한되어 있다는 점에서 한계를 지니고 있었다.

> (5) 가. 초·중·고에 재학 중인…생략… 다문화학생은 다문화 배경을 가진 학생들이 학교생활에 적응하고 한국사회의 구성원으로 성장하기 위해서는…생략…이를 위해, 한국어 교육과정은 학교에서 이루어지는 한국어 교육 활동에 대한 공통적이고 일반적인 기준을 제시하며, 특히, 중도입국 외국인학생 등 한국어 의사소통능력이 부족한 학생을 대상으로…생략….
> 나. 다문화 배경을 가진 학생'을 '(개정 후) 한국어 의사소통 능력의 함양이 필요한 학생'으로 수정하여 교육 대상을 명확화하였다.
> 다. 개정 한국어 교육과정은 2019년 3월 1일부터 초·중·고 학교 현장에서 적용된다.[17]

이러한 상황에서 문화체육관광부는 국립국어원 및 교육부 등의 한국어 교육과정과 관련된 성과물들을 바탕으로 국가 차원에서 교육과정을 만든 후 2020년 11월 27일에 '한국어 표준 교육과정'을 고시하였다.

> (6) 가. 제1조(목적) : 이 표준 교육과정은 외국어 또는 제2언어로서의 국어를 배우려는 자를 대상으로 하는 표준 교육과정에 관한 사항을 정함을 목적으로 한다(한국어표준교육과정문화체육관광부고시 제2020-54호)
> 나. 다중언어·다중문화의 시대, 다양한 교육 현장에서 적용·변용될 수 있는 기준으로서의 '한국어 표준 교육과정'…생략…다양한 교육 현장과 학습자를 모두 포괄할 수 있는 최상위 교육과정이다(한국어 표준 교육과정, 2020:1-2).
> 다. 목표
> …생략… 한국 문화를 이해하고 자신의 문화와 비교하여 상호작용할 수 있는 상호문화 의사소통 능력을 기른다(한국어 표준 교육과정, 2020:3).
> 라. '한국어 표준 교육과정'은 다중언어주의와 상호문화주의 관점을 반영하여, 한국어를 학습하는 다양한 언어문화 환경에서 이용할 수 있게끔 했다(교육부 보도자료, 2020).

우선 (6가)를 보면 그 대상이 외국어 또는 제2언어로서의 국어(한국어)를 배우는 학습자이기 때문에 그 대상이 일반화되어 있음과, 이것이 고시로 되어 있다는 점에서 국가 수준의 교육과정임을

---

17) 교육부 보도자료(2017) 참조.

알 수 있다. 또한 (6나)를 볼 때 다양한 교육 현장에서 적용·변용이 가능하다고 되어 있다는 점에서 참조적(또는 표준적) 성격의 한국어 교육과정에 해당한다. 참조적(또는 표준적) 성격의 교육과정은 다양성과 상호 문화 존중을 표방할 수 밖에 없는데(제3장 2절 유럽공통참조기준 참조), 한국어 표준 교육과정에서는 (6다)의 상호문화 의사소통 능력과 (6라)의 다중언어주의와 상호문화주의 관점으로 표현하고 있다.

이상을 볼 때, 그 출발이 비록 국어 교육과정보다 늦었지만 이러한 국가 수준의 한국어 표준 교육과정이 만들어졌다는 것은 이를 토대로 미래 한국어 교육에서 다양한 목적과 대상을 가진 국내외 교육 기관 및 정책가들이 유용하고도 가치 있게 활용할 가능성이 높을 것임은 의심할 여지가 없다.

3.3 항목별 진술

앞 절에서 우리는 다양한 목적을 가진 학습자들을 살펴보는 가운데 한국어 교육과 그 교육과정에 대한 사회적 공감과 압력을 살펴보았다. 이러한 사회적 공감과 압력은 각각의 목적에 적합한 하위 교육과정 항목들을 구축한 후 각 항목들에 적합한 내용을 진술할 때 구체화된다. 이 절에서는 다양한 목적 중 학문 목적을 가진 학습자들을 대상으로 교육과정을 구축 할 때 염두에 두어야 할 내용을 항목 별로 살펴본다.

3.3.1 교육 목표 항목 진술

학문 목적 학습자들은 졸업할 때까지 자신의 전공과 관련된 학문을 학습하기 위한 목적을 가지고 있음으로 인해 각각의 교육 목표 항목들은 다음과 같이 학문과 연관된 한국어 능력을 신장시킬 수 있는 방향으로 진술되어야 한다.

첫째, 학문 목적의 외국인 학습자들은 일상적인 생활에서 사용되는 한국어 이외에도, '대학 생활 적응이나 기초적 학문 수학에 필요한 한국어'를 이해하고 표현할 수 있는 이른바 '범학문적 수학 능력'과 관련된 기능과 내용들에 대한 학습이 필요하므로, 이를 반영할 수 있는 목표가 진술되어야 한다. 예컨대, 대학에서 강의를 듣거나 발표하기, 강의 내용 요약하기나 보고서 작성하기 등과 같은 수학 활동에 필요한 전반적인 학문적 기초 기능들[18], 범전공적 성격을 지니는 '대학 글쓰기, 심리, 정치, 문화' 등과

---

18) 학문적 지식 내용의 학습과 탐구를 효율적으로 할 수 있도록 도움을 준다는 점에서 상위 인지적 도구 기능의 역할을 지닌다.

같은 교양 교과목을 이해하는 데 필요한 '학문적 기초 내용들[19]'이 이 범주에 속한다. 따라서 이러한 기능과 내용들이 교육과정에 반영될 수 있도록 교육 목표가 설정되어야 한다는 것이다(7가).

둘째, 학문 목적의 외국인 학습자들은 학문적 기초 능력 신장에 필요한 한국어 이외에도, '자신이 선택한 전공 계열의 전반적인 수학에 필요한 한국어'를 이해하고 표현할 수 있는 '전공 계열 기초 수학 능력'과 관련된 기능과 내용들에 대한 학습이 필요한데, 역시 이를 반영할 수 있는 표현으로 목표가 진술되어야 한다. 예컨대, 이공 계통 전공 외국인 학습자라면 '실험 절차나 탐구 방식 이해하기, 실험 분석 보고서 작성하기' 등과 같은 수학 활동에 필요한 전반적인 전공 계열 기초 기능들, 자신의 전공 계열에 대한 개론적 지식을 이해하는 데 필요한 '전공 계열 기초 내용들'이 이 범주에 속한다. 따라서 이러한 기능과 내용들의 반영될 수 있는 교육 목표가 설정되어야 한다(7나).[20]

셋째, 학문 목적의 외국인 학습자들은 전공 계열 기초 수학 능력 신장에 필요한 한국어 이외에도, '자신이 선택한 전공의 세부적인 수학에 필요한 한국어'를 이해하고 표현할 수 있는 '세부 전공 수학 능력'과 관련된 기능과 내용들에 대한 학습이 필요한데, 역시 이를 반영할 수 있는 표현으로 목표가 진술되어야 한다. 예컨대, 물리학 전공 외국인 학습자라면 '물리적 현상에 대한 분석 절차 이해하기, 개념에 대한 정의 내리기' 등과 같은 수학 활동에 필요한 전공 기능들, 자신의 세부 전공에 대한 지식을 이해하는 데 필요한 '전공 내용들'이 이 범주에 속한다. 역시 이러한 기능과 내용들이 교육과정에 반영될 수 있도록 거시적 차원의 교육 목표가 설정되어야 한다(7다).[21] 물론 교육 목

---

19) 학문적 기초 내용들에는 여러 학문 분야(교양 학문 분야)에 걸쳐 폭넓게 나타나는 학술 기본 어휘와 같은 것을 뜻하는 데, 각 교양 교과목들에서 공통적으로 나타나는 용어들 예컨대 '논리적 설명, 주제, 심리적 효과, 욕구, 민주주의, 자유주의, 생산, 소비'과 같이 등과 같은 내용들이 그 하나이다. 이 이외에도 교양 교과목에서 자주 쓰는 담화 표지 및 표현들, 문체적 표현들도 포함된다. 이해영(2004:141-151)에서는 대학의 일반적인 강의 듣기 활동에서 담화표지 및 표현에, 내용 간섭(강의 중간에 다른 내용이 자주 삽입되는 표현), 학생들의 이해와 수업 참여를 유도하거나 확인하는 담화 표지 표현, '해 보니깐', '근데', '안으루', '보시믄', '그리구' 등과 같은 구어적 표현, 현장감을 살리기 위하여 시제를 혼용하는 표현(과거→현재→과거), 반말체나 후행절을 생략된 채로 몇 개의 절이 연속적으로 구성되는 절 표현이 있음을 언급하고 있다. 문체적 특징으로는 '-적'과 같은 추상적인 표현, 피동형의 사용이나 '-을 수 있다' 등의 완곡한 표현, 인과관계 문체, '~가 확인될 수 있음을 앞에서 말한 바 있다', '조건들이 매우 빈약함을 볼 수 있다' 등과 같은 복잡한 문장 구조 표현이 자주 사용된다고 하였다. 또한 이러한 표현들은 외국인 유학생들에 가르쳐야 할 내용임을 이 논문에서 주장하고 있다.
20) 이해영(2004:149-150)에서는 '사회학'과 '법학'의 표현 중 공통된 특징이 있음을 말하고 있다.
    ① 법학 영역도 사회학 영역에서처럼 '~이라 함은 -는 것을 말하며', '~를 ~이라고 한다'와 같은 정의를 내리는 문체가 자주 사용된다.
    ② 문어적인 특징이 많이 보인다.
    ③ 주제 관련 어휘 및 전문 용어 사용 빈도가 매우 높다.
    이러한 유형의 표현들은 이 글에서 말하는 '전공 기초 의사소통능력'에 포함된다고 말할 수 있다. 곧 '법학'과 '사회학'을 포함하는 계열, 예컨대 인문사회과학 계열에 포함되는 전공 기초 능력에 해당하기 때문이다.
21) 이해영(2004:149-150)에서는 전공 영역 별로 구분되는 문체적 특징이 있음을 언급하였다. 예컨대, 사회학 영역에서는 다음과 같은 문체적 특징이 있으며,
    ① 정의를 내리거나 용어를 해설하는 문체가 자주 사용된다.('~는 ~를 말한다', '-는 것을 말한다', '~를 ~이라고 한다'),
    ② 구체화를 위한 예시를 많이 사용한다. ('~도 그 예가 될 수 있다', '~의 예로는 …등이 있다', '예를 들어 보면 다음과 같다')
    ③ '사회 규범에는 법률과 도덕 그리고 관습이 있다'에서처럼 접속 조사보다 접속 부사 '그리고'를 사용함으로써 강조할 부분을 부각한다.

표를 설정할 때, 각각의 세부 내용을 전부 기술하는 것이 아니라 이러한 내용을 포괄할 수 있는 방식으로 다소 추상적으로 진술되어야 한다. 이와 같은 논의를 기반으로 하여 외국인 학습자들의 교육 목표를 거칠게 기술하여 보면 대략 아래와 같다.

> (7) 가. 대학 적응과 수학에 필요한 학문 기초 한국어 의사소통 능력을 신장시킨다.
>   (학문 기초 목표)
>   나. 자신의 전공 계열에서 두루 사용되는 전공 기초 한국어 의사소통 능력을 신장시킨다.
>   (전공 기초 목표)
>   다. 자신의 전공에서 필요한 세부 전공 한국어 의사소통 능력을 신장시킨다. (세부 전공 목표)

한편 위와 같은 진술은 이보다 좀 더 상위의 목표로 좀 더 압축적이고도 추상적으로 기술될 수 있다.

> (8) 대학 수학에 필요한 학문적 한국어 의사소통능력을 신장시킨다.[22]

3.3.2 영역별 내용 목표 항목 진술

교육 목표는 다시 영역별로 내용 목표라는 항목 안에서 세분화되어 기술된다. 그것은 의사소통 능력이 '말하기, 듣기, 읽기, 쓰기'와 같은 기술 영역(skill)이나 '발음, 어휘, 문장, 담화 차원'의 문법 영역과 같은 다양한 영역들에서 요구되는 이해 능력과 표현 능력의 '총합'이기 때문이다.

---

④ '변화될 수 있다는 것이다', '규정된다는 것이다', '될 수도 있다는 것이다'에서처럼 '-는다는 것이다'의 사용으로 주장을 강조적으로 전달하는 태도를 보인다.

법학 영역에서도 아래와 같은 문체적 특징이 있다고 언급하고 있다.
① 당위 설명이나 구체적이고 명확하며 강한 표현이 사용된다.
② 대명사보다는 명사 사용이 많은데 이는 구체적이고 명확한 서술 의도와 관계된다.
③ 분석 대상 자료가 법적 권리와 의무를 기술하는 내용이었기 때문에 종결은 대부분 '하여야 한다', '할 필요가 있다' 등의 강한 표현이 많다.

이러한 내용들은 학문 목적 한국어 교육 내용을 구성하는 데 반영되어야 할 것으로 이 절에서 말하는 '세부 전공 의사소통능력'에 해당한다.

22) 이 내용은 (2)와 같이 좀 더 명확하게 기술하여야 하나 이 글의 논의에서 강조되는 내용을 부각시키기 위하여 자세한 목표 진술은 생략한다.

(9) **영역별 내용 목표**[23]
 가. 영역별 내용 목표   (⇨ 기능 영역 목표) ⇨ 말하기, 듣기, 읽기, 쓰기 목표
           (⇨ 문법 영역 목표) ⇨ 발음, 어휘, 문장, 담화 목표 **등**.
 나. 전공 계열 기초 목표 (⇨ 기능 영역 목표) ⇨ 말하기, 듣기, 읽기, 쓰기 목표
           (⇨ 문법 영역 목표) ⇨ 발음, 어휘, 문장, 담화 목표 **등**.
 다. 전공 세부 목표   (⇨ 기능 영역 목표) ⇨ 말하기, 듣기, 읽기, 쓰기 목표
           (⇨ 문법 영역 목표) ⇨ 발음, 어휘, 문장, 담화 목표 **등**.

이 중 의사소통 기능 중 '말하기'와 관련된 목표 중 하나를 예시로 들어보면 다음과 같다.

(10) **말하기 목표**
 가. (기초 학문에서 자주 쓰이는) 설명하기, 조사하기, 인터뷰하기, 토의하기, 토론하기 등을 사용하여 발표 할 수 있다.
 나. (전공 계열에서 공통적으로 쓰이는) 주장하기(예: '변화될 수 있다', '규정 된다' 등), 정의하기(예: '~이라 함은 –는 것을 말한다', '~를 ~이라고 한다' 등) 방법 등을 적용하여 토론을 할 수 있다.
 다. (사회학 전공에서 요구되는) 현장 조사 인터뷰 기술, 사회과학방법론, 사회조사실습 등에서 사용되는 표현을 실제 현장에서 활용할 수 있다.

(10가)는 학문 기초 의사소통능력, (10나)는 전공 기초 의사소통능력, (10다)는 세부 전공 의사소통능력 중 말하기 영역의 목표를 간단하게 기술한 것이다. 물론 이러한 의사소통 능력은 '말하기' 이외에도 '발음, 어휘, 문장, 담화 차원'의 문법 영역이나 '듣기, 읽기, 쓰기' 등 각 영역별로 세분화되어 기술되어야 한다.

3.3.3 수준별(등급별) 내용 목표 항목 진술

교육 목표는 수준별(등급별) 내용 목표 항목 안에서 단계적으로 기술되어야 한다. 단계적 교육 목표

---

[23] 논지의 이해를 위해 문화 영역에 대한 목표 기술은 생략한다.

의 설정은 학습의 가능성, 효율성과 매우 밀접한 관련이 있다. 외국인 유학생의 경우 학습의 목적은 전공과 관련된 기술(말하기, 듣기, 읽기, 쓰기 등)을 익히는 데 있다. 따라서 이러한 전공 학문 명세적인(Academic-specific) 목표가 설정되어야 하며, 목표를 한 번에 달성할 수 없기 때문에 정해진 시간 안에 단계적으로 학습이 가능한 양의 목표가 설정되어야 한다는 것이다. 외국인 유학생의 경우에 개인적인 차이는 있지만 보통 그 학습 시간은 '한국어 교육 기관에서 한국어를 공부하는 시간과 대학 4학년 간 공부하는 시간을 합하여 대략 5년 남짓이다. 이 한정된 시간에 유학생들은 일상생활의 의사소통 기능뿐만 아니라 해당 분야의 전문적인 의사소통 기능을 익혀 학문적인 목적을 달성시켜야 한다. 그러므로 외국인 학습자의 경우에도 단계별로 학습 목적에 맞는 목표를 정밀하게 선정하여 집중적으로 교수하는 효율성의 문제가 대두된다. 이와 관련하여 김명광(2016a)에서의 어휘 영역의 단계별 기술을 참고하면 다음과 같다.

우선 1단계에서는 일상생활과 관련된 기초적인 어휘 학습의 목표가 설정되어야 하는데, 이는 2,000개 정도의 '고빈도어' 학습에 집중되어야 한다. 빈도가 2,000 수준인 어휘군의 성격은 일상생활이나 사회생활과 관련된 어휘들로, 1년이란 기간 안에 질적인 측면을 고려한 어휘 학습의 양이 대략 1,000개의 어휘에 해당하므로 이는 2년 정도의 학습 어휘량에 해당한다.[24] 그런데 이러한 양의 '고빈도어'는 전공 텍스트나 대화 어휘 중 약 80%의 어휘를 커버하지만[25], 80% 어휘 커버율을 가지고는 전공 텍스트나 대화의 이해와 표현은 불가능하다. 따라서 커버율을 높이기 위해서는 2단계에서는 대학의 교양 수준 정도에 해당하는 '학문 어휘'를 더 공부해야 하는 데, 이는 1년 정도의 학습 어휘량이다. 이 학문 어휘의 수준은 대략적으로 TOPIK 5급이나 6급에서 언급하는 어휘들로, '정치, 경제, 사회, 과학, 문화, 예술 등' 사회 제 영역과 관련하여 학문적으로 의사소통하는 데 필요한 어휘이다. 이는 대학 수준으로 볼 때 1학년의 대학 교양 어휘와 같이 기초적 학문 수업에 두루 쓰이는 공통 어휘로, 전공 텍스트나 대화 어휘 중 약 90%를 커버한다. 하지만 90%의 어휘 커버율은 전공 텍스트나 대화를 이해하거나 표현하는 데 있어서, '추론 방법, 사전, 교사(또는 교수)의 지도' 등 가용할 수 있는 거의 모든 학습 도움 방법을 활용하여야만 한다.[26] 3단계에서는 공통적으로 사용되는 전문 어휘(외국인 유학생의 입장에서 보면 전공 어휘)에 대한 공부가 추가적으로 더 필요하다. '전문 어휘'란 특정한 전문적인 영역에서 사용되는 어휘로서 예컨대 지리학을 전공하는

---

[24] 김창구 번역(2012:17-18) 참조.
[25] 80% 커버율은 학자마다 75%-85%의 폭을 가지고 있어서 이 글에서는 80%이라고 설정하고 논의를 진행한다. 커버율이 유동적인 것은 학자들마다 대상 자료와 자료의 양, 그리고 어휘 조사 방법의 차이(형태소 단위 조사, 단어 단위 조사, 레마 단위 조사, 어군 단위 조사)에 따라 그 비율이 달라지기 때문이다. 이와 관련된 논의는 김창구 번역(2012:21-30), 민경모(2014:195-212)를 참조하기 바란다. 한편 후술하는 학문 어휘와 전공 어휘 등도 학자마다 커버율이 다르기 때문에 논의의 편의를 위하여 각각 90%, 95%로 커버율을 고정시킨다.
[26] 관련 논의는 김창구 번역(2012:144-198)을 참조하기 바란다.

외국인 유학생이라면 전문 어휘에 지리학 어휘군(대기, 생태, 온실, 빙하, 지형, 토양 등)이, 한국어 교육이라 하면 교육 어휘군(교육과정, 평가, 전이, 제2언어, 중간 언어 등)과 같은 세부 전공별 어휘 부류에 해당한다. 이 어휘 부류는 해당 전공과 상관이 없는 학습자들에게는 저빈도 어휘에 해당한다. 즉 지리학 영역에서는 '교육과정, 전이, 제2언어'와 같은 어휘는 저빈도어이며, 한국어 교육 영역에서는 '대기, 생태, 온실'과 같은 어휘가 저빈도어이다. 전공별 해당 전문 어휘를 공부할 경우 그 수준은 문맥적 추론이나 교사(교수)의 도움을 받아 전공 텍스트를 이해할 수 있게 된다.[27] 다만 전공 토론과 같이 표현 능력이 요구되는 경우는 어휘에 대한 좀 더 심층적인 학습이 필요하다. 그 이유는 생산적 어휘(표현 어휘)의 경우 한 어휘에 대한 다양한 측면을 완전히 학습해야만 표현이 가능하기 때문이다. 여기에 더하여 세부 전공에서 사용되는 전공 어휘 또는 전공 고유 명사 등에 대한 학습이 병행되어야 한다. 이는 총어수[28]의 4%에 해당하는데 누적 계수로 보면 약 99%에 해당하는 것으로 99%가 의미하는 바는 전공 토론이 가능하게끔 해 주는 수준을 뜻한다. 이는 빈도수에 의거한 어휘 학습의 경우 고급으로 갈수록 학습해야 할 어휘가 급격하게 많아지는 것과 대조된다.

(11) 빈도수와 커버율(빈도수 중심 어휘 학습)[29]

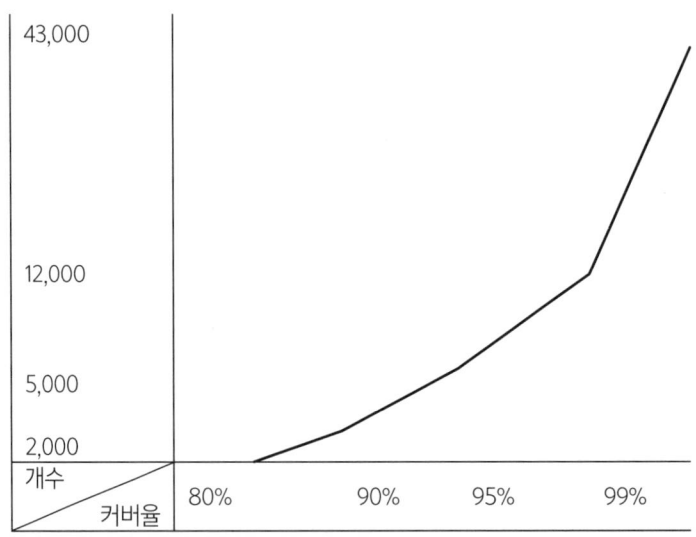

27) 학습자가 충분히 이해하고 문맥추론을 충분히 활용하기 위해서는 적어도 입력되는 총어수의 95% 이상을 커버하고 있어야 한다.…생략…(위의 책:116).
28) Laufer(1992:126-132).
29) 위의 예는 김창구 번역(2012:9-22)에서 제시된 통계를 이글에서 도표화한 것이다.

따라서 이러한 어휘 목표가 단계적으로 설정되어야만 정해진 기간 동안 외국인 학습자들이 학습을 효율적으로 할 수 있다.[30]

(12) 고빈도 어휘(80%) → 학문 어휘(10%) → 전문 어휘(5%)
                        의미 초점 학습 수준
                        사전과 자료집 참조 전략
      약 2,000 어휘   약 700어휘   약 1,000어휘
      → 저빈도어 특정 전문분야 고유 어휘(4%)

(13) 가. 1단계: 빈도수 2,000 정도의 고빈도 어휘를 이해하고 이를 표현할 수 있다.
      나. 2단계: 대학에서 공통적으로 요구되는 범전공 어휘 700개 수준의 어휘를 이해하고 이를 표현할 수 있다.
      다. 3단계: 자신의 전공에서 두루 사용되는 전공 어휘 1,000개 수준의 어휘를 이해하고 이를 표현할 수 있다.
      라. 4단계: 자신의 세부 전공에서 사용되는 특정 전문분야의 고유 어휘를 이해하고 이를 표현할 수 있다.

여기에서는 학문 어휘와 전문 어휘 그리고 세부적인 전공 어휘가 무엇이냐에 대하여 그리고 그 어휘의 양이 얼마 만큼에 해당되느냐를 구체적으로 언급하지는 않는다. 이는 향후 이와 관련된 논문에서 명확하게 밝혀져야 되는 과제이기 때문이다. 분명한 것은 교육 목표가 영역별 그리고 단계별로 이와 같이 그 목적에 부합되도록 명세화 되어야 한다는 것이다.[31]

---

30) 효율적인 어휘 학습을 위해 '초급-중급-고급'의 어휘의 수가 어떻게 되어야 하는가하는 연구는 초급을 제외하고는 상당히 최근에 논의 되었다. 우선 초급 수준(TOPIK 1,2급)의 어휘의 수준이 대략 2,000개 내외라는 것은 TOPIK 평가 목표에 명시되어 있다. 하지만 이후에는 해당 수준의 어휘가 얼만큼 되어야 하는가가 명시적으로 드러나 있지 않다. 최근 들어 학문 목적의 어휘나 전공 어휘와 관련된 연구가 활발하게 진행 중에 있는데, 이중 양적 어휘량에 최근에 주목할 만한 연구 결과물에 강현화(2014:2-49, 2015:1-28)가 있다. 이 연구들에서 중급 어휘를 3,855개 고급 어휘 4,950를 구체적으로 제시하였다. 선정의 근거는 일반 한국어 말뭉치의 반도, 한국어 교재와 한국어 능력시험 말뭉치의 빈도 및 범위, 한국어 교재 주제 검토, 그리고 전문가 평정이다. 그러나 이러한 어휘들의 양이 외국인 학습자들의 시간적 제한성과 학문 및 전공 어휘의 학습 필요성 비교해 보았을 때 과연 타당한지에 대한 문제는 여전히 남아 있다.

31) 영역별 교육 내용 목표와 단계별 교육 내용 목표는 무엇을 중시하느냐에 항목 간의 종속 관계가 달라질 수 있다. 예컨대 영역별 목표 항목을 우선하여 기술하면 단계별 교육 내용이 종속적 항목으로 기술되며 단계별 목표 항목을 우선하여 기술하면, 영역별 교육 내용이 종속적 항목으로 기술된다. 전자를 '영역 우선 목표 진술형'이라 부르며 후자를 '등급 우선 목표 진술형'으로 부를 수 있다. 자세한 내용은 제9장 '한국어 교육과정 목표 기술의 원리 I'을 참조하기 바란다.)

3.3.4 교육 방법 항목 진술

교육 내용이 정해지면 교육 방법 항목 (교수·학습 방법 항목) 에 대한 제안적 기술이 필요하다. 여기에는 교육방법에 대한 일반적인 제안과 함께 학습자들의 학습 목적을 고려한 명세적인 교육 방법이 있다. 거시적인 교육 방법 진술의 예시를 들어보면 아래와 같다.

> (14) **거시적인 교육 방법**
> 가. 학습자의 흥미와 동기를 유발할 수 있도록 활동 중심의 수업을 진행한다.
> 나. 학습자의 언어와 문화적 배경의 차이를 고려하여 교수·학습 계획을 수립한다.
> 다. 학습자의 한국어 능력 수준과 배경 문화를 고려하여 교수·학습 내용을 구성하여 제공한다.
> 라. 학습 목표와 내용에 적절한 교수·학습 방법을 적용한다.
> 마. 학습자의 언어와 문화를 인정하고 존중하고 이들의 생활 경험을 교수·학습 내용과 통합함으로써 유의미한 학습 및 상호문화적 의사소통 능력을 함양하도록 한다.
> 바. 듣기, 말하기, 읽기, 쓰기를 연계하는 교수·학습 방법을 선정함으로써 실제적이고 통합적인 언어사용능력을 신장하도록 한다.
> 사. 주요 학습 개념을 이해하는 데 도움이 될 수 있도록 사진이나 그림, 시간 연대기, 그래프, 차트, 표, 단어 은행, 어휘망 등 다양한 보조 자료들을 사용한다.
> 아. 교수·학습 자료를 개발할 때에는 성취 기준의 내용을 바탕으로 언어 기능, 어휘, 언어 형식 등을 학습자 수준에 맞추어 개발한다.
> 자. 영화, 슬라이드, 음악, 미술, 무용 등 구체적인 문화 산물, 협동 학습, 문제 해결 학습, 소집단 토의, 문화 간 비교하기, 문화 간 공통점 및 차이점 찾기, 시뮬레이션, 역할극 등의 다양한 활동을 통해 다른 문화를 다원론적 시각에서 수용할 수 있도록 지도한다.[32]

명세적인 교육 방법은 학습자의 학습 목적별로 필요한 교육 방법에 대해 보다 구체적인 제안이며, 여기에는 주로 전략과 기술 측면이 재고된다. 예컨대, 학문 목적의 교육 방법이 실제 생활과 유사하게 구현된 상황에서 '의사소통 중심의 교육'(Communicative Language Teaching: CLT)의 교육 방법을 사용해야 하며, 전문 분야 지식을 학습할 때 필요한 '내용 중심의 언어교수법'(Content-

---

32) 이 내용은 교육부(2015:17-21)에서 일부분 발췌한 후 논의에 맞게 수정하였다.

Based Instruction: CBI)을 따라야 한다는 것은 '교육 방법'에 대한 명세화이다(이미혜:2005).[33] 이러한 '교육 방법'은 교수법의 유형을 명시적으로 표현하여 기술할 수도 있지만 (13)과 같이 구체적인 상황이나 활동에 따른 학습 방법을 미시적으로 제시할 수도 있다.

(15) 미시적 교육 방법
　가. 강의를 들을 때 노트 필기하기, 질문하기 및 보충 설명 요청하기, 관련 문헌을 탐독하여 빠진 정보 보충하기 등의 전략을 사용한다.
　나. 실험·실습 활동을 할 때 지시 사항 이해하기, 질문하기 및 재설명이나 내용의 명시화 요청하기, 인터뷰·설문지 이용한 자료 수집하기, 분석하기, 결과 기록하기 등의 전략을 사용한다.
　다. 보고서나 논문을 작성할 때 관련 문헌 탐독하기, 자료 수집·분석하기, 논거 수집하기, 제시하기, 요약·부연·종합하기 등의 방법을 사용한다.

더불어 교육 방법은 영역별로 교육 방법이 제시될 수 있다. 예컨대 '듣기' 영역의 일반적인 진술을 기술하면 (16)과 같다.

(16) 듣기 영역별 교육 방법
　- 듣기는 다양한 유형의 실제적 자료를 제시하고, 효과적인 전략을 사용하여 의미를 이해하도록 지도한다.
　- 학습 초기에는 듣고 행동으로 반응하기, 듣고 지시대로 과제 수행하기, 듣고 필요한 정보 찾기 등의 활동을 통해 듣기에 집중하도록 지도한다.
　- 듣기 지도는 크게 듣기 전, 듣기 중, 듣기 후 활동과 같이 과정 중심 듣기 활동을 통해 각 단계마다 목적에 맞게 적절한 지도를 한다.
　- 대화가 일어나는 상황, 전후 관계, 배경 지식 등을 활용하여 의미를 파악하도록 지도한다.

---

33) 내용 중심의 언어교수법은 제2언어 환경에서는 효과적이지만 외국어 환경에서는 여러 여건을 고려한 '잘 계획된' 교과과정이 필요하다. 학습자의 언어 능력이 부족하면 언어 학습뿐만 아니라 해당 과목의 내용 학습조차 이루어지기 어렵기 때문이다. 직업적인 목적의 한국어가 '대학 내의 교과목'으로 운영될 경우, 중급 이상에서의 내용 중심의 한국어 교육이 효율적이라고 생각된다.(이미혜 : 2005)

3.3.5 교육 시수 항목 진술

'교육 시수' 항목의 진술은 구성된 교육 내용을 가르치는 데 얼마만큼 시간이 걸리는지, 역으로 학습자들의 제한적으로 주어진 학습 시간을 고려하여 얼마만큼의 학습 내용이 필요한지를 예측하게 해 준다는 점에서 교육과정에서 매우 중요한 항목이다. 이와 관련하여 김중섭 외(2010:137-138, 2017:10-11)에서는 학습 대상과 학습 목적에 따라 아래와 같이 탄력적인 교육 시수를 제안하고 있다.

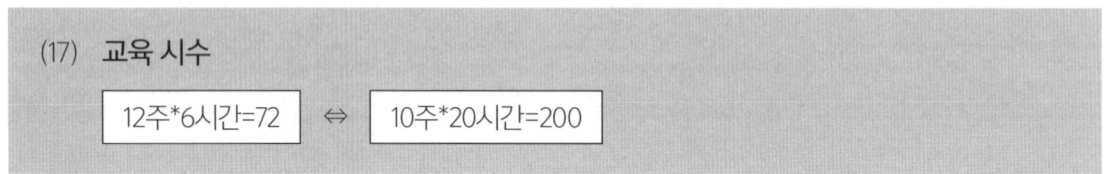

위는 국외 세종학당, 한국문화원, 한글학교 등에서의 교육 과정을 분석한 후 72시간(12주*6시간)을 최소치로 잡고 국내 정규 기관 및 한국어능력시험이 채택하고 있는 200시간(10주*20시간)을 기반으로 최대치를 산출한 것이다. 곧 교육 기관의 운영 여건에 따라 맞춤형 교육과정을 설계할 수 있도록 시간을 고정해 놓지 않고 탄력적으로 제안하였다. 아울러 이러한 총 교육 시수를 영역별로 비중을 달리할 것을 주장하고 있다.

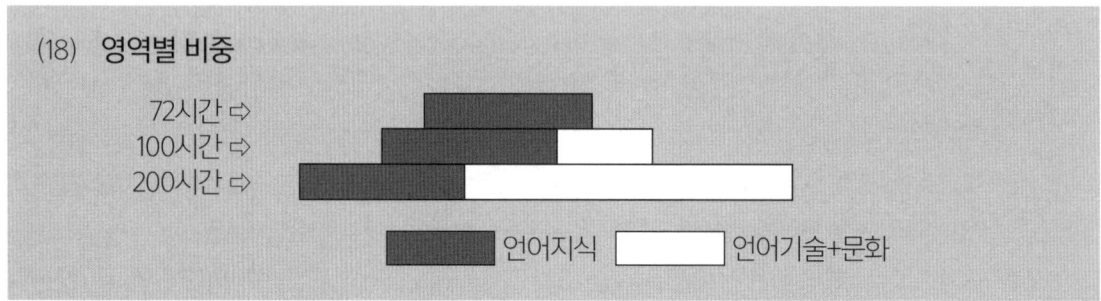

그런데 외국인 유학생들을 주로 가르치는 한국어교육센터의 경우 대부분 교육 시간이 10주 * 20시간이며, 기관마다 차이가 있으나, 보통 4회의 정규 교육과정(봄, 여름, 가을, 겨울 학기)으로 구성된다고 가정하면 총 교육 시수는 약 800시간으로 가정할 수 있으며, 이 교육 시수는 외국인 유학생의 수준 별로 그리고 위와 같은 영역별 비중을 고려하여 교육과정에 제시되어야 한다.[34]

---

34) 여기에는 외국인 유학생들이 학부에 입학한 후 한국어를 학습하는 시간은 제외된 교육 시수이다. 외국인 유학생들의 경우 학교 차원에서 이들을 위한 한국어 수업 과목을 설치하여 운영하는 경우도 있다(1과목당 15주 기준 * 2시간 = 30시간). 또한 학부 과정이 아니더라도, 다른 교육 과정 체계 안에 이른바 내용 보호 교육과정이나, 병존 교수 교육과정(이에 대하여는 제6장 참조)을 구성한 경우, 그만큼의 교육 시수가 늘어난다.

3.3.6 교육량 진술

교육 시수 항목과 밀접한 연관이 있는 교육량은 교육할 내용의 양적 진술에 대한 논의이다. 교육량의 산정은 전체적 교육 시수를 감안하여 가르칠 내용의 양적 범위를 정하는 데, 이는 단계(초급, 중급, 고급 등)와 영역(문법, 기능, 문화 등)의 상관성을 고려하여 세부적으로 진술된다. 예컨대, 3.3.3에서 살펴본 어휘 목표의 단계별 설정('일상생활 어휘→학문 어휘→전공 어휘→특정 전공 어휘')에 따른 어휘량의 제안은 단계별 문법(어휘) 영역 기술이며(김명광:2016c), 강현화 외(2015:29-35)에서 제안한 <표1>과 같은 내용도 단계와 영역(문법 영역 중 어휘 영역)을 연결시킨 교육량에 대한 기술이다(자세한 내용은 제9장 참조).

<표1> 종합 어휘의 수(전체 등급)

	초급	중급	고급	총합
선정 어휘	1,835	3,855	4,945	10,635
다의 항목	410	716	258	1,384
총합	2,245	4,571	5,203	12,019

강현화 외(2015:29)

또한 양명희 외(2015), 김중섭 외(2011)에서 제시한 문법 표현 항목들(초급:92 항목, 중급:113 항목, 고급:108 항목)도 역시 문법 영역을 단계를 고려하여 교육량을 산출한 것이다(자세한 내용은 제9장 참조).

3.3.7 교육 절차 항목 진술

'교육 절차'도 교육과정 항목에 포함된다. 예컨대, '읽기 수업 단계'를 '읽기 전 단계→읽는 단계→읽기 후 단계'로 구성한다고 하거나, 교육 활동 내용에 '연습과 과제 절차'를 포함한다고 표현하는 경우, '글쓰기를 화제의 설정→ 주제 선정, 주제문 작성(예상되는 가설)→제목 정하기→자료 수집과 정리→구성과 조직(개요 작성)→원고 작성(시작-중간-마무리/문단 작성)→고쳐 쓰기(수정, 재구성, 삭제, 첨가)의 순으로 구성 한다'라는 진술은 '교육 절차'에 대한 언급이다. 이러한 교육 절차는 수업 방법과도 연관되어 있는데, 예컨대, <표2>에서 보듯이 박진욱(2016)에서 제시한 '학문 목적 전공 강의 방법'은 수업 절차(도입, 전개, 마무리)와 교육 방법을 연결시킨 것이다.

<표2> 학문 목적 전공 강의 방법

도입	일반형	프로젝트형	총합
전개	일반형	시범 수업형	자유/공개 토론형
	안내된 실습형	프로젝트형	사례연구형
마무리		일반형	

3.3.8 교육 순서 항목 진술

교육 내용이 선정되었을 때 그 내용을 어떤 순서로 가르쳐야 하는가도 교육과정 항목으로 구성될 수 있다. 그런데 이러한 교육 순서의 항목은 '계열성, 계속성, 나선형, 통합성, 난도, 위계성, 포괄성, 사용 빈도성' 등이라는 일반적인 원리를 명시적으로 표현하여 진술할 수도 있지만(자세한 내용은 제9장, 제10장 한국어 교육과정 목표 기술의 원리 I, II 참조) 목표를 기술할 때 암시적인 방법으로 표현할 수 있다. 예컨대, 1급의 등급 목표에서 김중섭 외(2017:15)의 등급별 목표 기술에서 보면,

(19) 가. 1급 목표 진술: 정형화된 표현…생략…일상생활에서 매우 간단한 의사소통(자기소개, 인사, 물건 사기 등)…생략…기초적 어휘와 간단한 문장을 이해하고 사용할 수 있다. 가장 기본적인 한국의 일상 생활 문화…생략….
　　나. 3급 목표 진술: 기초 어휘와 단순한 문장…생략…일상생활…생략…개인적·구체적 주제…생략…기본적인 한국의 일상생활 문화를 이해…생략…
　　다. 5급 목표 진술: 덜 친숙한 사회적 맥락에서 요구되는 과제…생략…자신의 업무나 학업과 관련된 기본적 의사소통 기능…친숙하지 않은 사회적·추상적 주제 및 자신의 직업이나 학문 영역…생략…공식적인 맥락에서 격식…생략…한국의 다양한 행동 문화, 성취 문화 및 대표적인 관념 문화…생략….

계열성의 원리가 암시적으로 표현되어 있다. 계열성의 원리란, '정형화된 표현-비정형화된 표현', '기초적 - 추상적', '친숙성 - 비친숙성', '나(개인) - 가족 - 주변 - 일상생활 - 사회생활 - 국가생활 - 국제교류생활', '격식-비격식'과 같이 교육 내용의 종적 순서를 적용하는 원리인데, 급별 목표에 이와 같은 계열성의 원리들이 표현되어 있다는 것이다(자세한 내용은 9장 참조).

3.3.9 교육 평가 항목 진술

교육 평가 항목도 교육과정 설계에서 나타나는데, 이도 역시 목적에 따라 내용이 구성되어야 한다. 예컨대 아래와 같은 학문 목적 한국어 말하기 성취도 평가의 과제의 경우, 대학 생활(구술 면접 받기, 학교 시설물 이용하기 등)이나 전공 수학 능력 등(신문 기사 요약하기, 찬반·의견 제시 등)에 적합한 내용을 중심으로 평가해야 한다는 등의 내용이 기술되어야 한다.

<표3> 학문 목적 말하기 평가의 과제

연구자	과제(기술, 평가 항목)
한상미(2009)	초급-구술면접 받기, 학교 시설물 이용하기 중급-부탁하기, 상담하기, 공식적인 공지하기 고급-강의 수강하기(내용 확인, 보충 설명 요청), 토론하기(요약, 동의, 반박, 이견 말하기)
박광진(2010)	사진 설명·묘사하기/신문 기사 요약하기/찬반 의견 제시하기
권수현(2013)	특정 주제에 대해 의견을 피력하기 특정 목적 수행 상황에서 알맞은 발화하기 특정 상황에 대해 이야기 구성 및 빌화하기 특정 상황 가정 후 역할 수행하기
심재경(2014)	개인적인 경험에 대한 질문 답하기 상황이나 자료에 대한 의견 표현 및 주장하기 상황이나 문제에 대한 의견 표현 및 주장하기 글을 읽거나 대화를 요약하여 설명하기
김상경(2015)	낭독하기/강의 듣고 말하기/토론에서 의견 말하기/자료보고 발표하기
박선윤(2015)	대학 생활 이야기하기/요약하여 설명하기/자신의 의견 말하기/발표하기
권순용(2015)	인터뷰/역할놀이/토의하기/발표하기/그림이나 자료 활용

3.3.10 한국어 표준 교육과정 항목 진술

한국어 표준 교육과정(2020:1-38)에서의 항목은 크게 '성격, 목표, 내용 체계 및 성취 기준, 교수·학습 및 평가의 방향'의 4가지로 분류되어 진술되어 있다. 각 항목별 기술 내용을 요약하면 다음과 같다.

첫째 '성격' 부분에서는 한국어 표준 교육과정의 필요성과 취지를 설명하고 있다.

우선 한국어 교육이 국력의 신장, 대중문화의 확산, 이주민의 증가 등으로 그 수요가 지속적으로 증가하고 있는 점과 이로 인해 한국어교육 현장이 교육 환경과 학습자 특성 등 여러 층위에서 다양성이 나타남에 따라 한국어 표준 교육과정의 제정이 필요함을 언급하고 있다. 이에 이 교육과정은 다양한 학습 변인에 따라 달라질 수 있는 유연성을 가지고 있어야 하며, 교육 환경이나 교육 대상, 다양한 학습 목적 등에 따라 적용·변용될 수 있는 기준으로서의 역할을 할 수 있어야 함을 말하고 있다. 또한 이 교육과정은 교육 현장과 학습자의 다양성을 모두 포괄할 수 있는 국가 수준의 최상위 교육과정임을 명시적으로 밝히고 있다.

설계 항목에 '성격과 목표, 성취기준과 교육 내용, 교수·학습 방법과 평가의 방향성'을 두었다. 이는 특정한 지역과 학습자를 한정하지 않은 내용과 체계를 제시함으로써, 이후 이 교육과정을 바탕으로 교육 환경의 특수성에 맞는 상세한 개별 교육과정이 개발될 수 있도록 구성하였음을 그 취지로 밝히고 있다. 이 때 특수성이라 함은 외국어, 제2언어, 계승어 등 한국어의 다양한 지위를 고려한 교육적 유연성도 포함한다. 다음에 한국어 표준 교육과정의 목적에 대하여도 진술하고 있는데, 우선 타인과의 상호 간의 의사소통 능력의 함양, 한국인의 사고에 대한 이해, 한국 문화 경험과 향유, 학습자 자신의 문화와 한국의 문화를 비교하여 소통할 수 있는 상호문화 의사소통 능력의 함양이 그것이다.

한편 이러한 능력을 갖추었을 때, 학습자들이 이 능력으로 활용할 수 있는 측면도 함께 진술하였다. 여기에는 한국어를 도구로 자기계발과 자아실현을 위하여, 다양한 매체와 자료에 접근하여 한국과 한국인에 대한 견문과 이해의 폭을 넓힐 수 있는 지식과 정보를 얻어야 함을 말하고 있다. 궁극적으로는 한국어 학습자들이 한국과 한국인에 대한 우호적인 태도를 갖고, 포용과 공존의 가치를 갖춘 세계 시민으로 나아가는 것을 그 방향으로 설정하였다.

둘째, '목표' 부분에서는 한국어 표준 교육과정을 따른 교육을 통해 달성해야 할 내용을 함축적으로 진술하고 있다. 이 교육과정의 목표를 ① 다양한 주제와 맥락에서 한국어로 의사소통할 수 있는 능력을 배양하는 것, ② 한국 문화를 이해하고 경험할 수 있는 상호문화 의사소통 능력을 기르는 것, ③ 한국어로 다양한 정보와 지식을 습득하고 이를 적절히 활용할 수 있는 능력을 배양하는 것이 그것이다. 또한 이러한 목표를 세부적으로 다음과 같이 나누었다.

(20) 가. 다양한 층위의 한국어 지식을 습득하고 사용할 수 있는 능력을 기른다.
나. 상황에 맞게 한국어로 의사소통할 수 있는 능력을 기른다.
다. 한국 문화를 이해하고 자신의 문화와 비교하여 상호작용할 수 있는 상호문화 의사소통 능력을 기른다.

> 라. 한국어로 정보와 지식을 습득하고 적절히 활용할 수 있는 능력을 기른다.
> 마. 전 세계 한국어 사용자들과 소통하고 교류함으로써 세계 시민으로 성장할 수 있는 역량을 기른다.

셋째, '내용 체계 및 성취기준' 부분에서는 이 교육과정의 내용 체계의 구성 원리와 구성요소, 그리고 총괄목표 및 성취기준을 밝히고 있다. 우선 내용 체계의 구성 원리로, 인간의 의사소통에 관여하는 요소들을 분석하고 이를 교육적으로 해석하여 교육과정의 내용 요소들로 변용하였음을 말하고 있다. 특히 의사소통에 관여하는 요소가, '형식(언어의 구조, 형식, 유형 등)과 재료(어휘와 문법, 발음 등), 상황(담화 참여자, 시공간적 배경 등), 수행(듣기, 말하기, 읽기, 쓰기), 발신자·수신자'이며 이 요소를 교육적으로 풀이하였다. 이때 형식과 재료를 각각 '텍스트와 언어지식'으로 나누었는데, 형식을 교육적으로 풀이하면 '텍스트'가 되며, 재료를 교육적으로 풀이하면 '언어지식'이 된다. 아울러 형식과 재료는 각기 내용과 의사소통 기능으로 나뉘는데, 이 내용과 기능은 교육적 측면으로 볼 때 내용으로 제공되어야 할 '주제'와 '의사소통 기능'이 된다. 다음에 상황은 언어 사용의 '맥락'으로, 수행은 '언어기술별 하위 기술과 전략'으로 세분하였다. 이에 한국어 표준 교육과정의 내용 체계는 주제, 기능, 맥락, 기술 및 전략, 텍스트, 언어지식으로 구성하였다. 좀 더 부연하면 주제는 메시지의 내용을 나타내며, 기능은 수행하게 되는 의사소통 기능, 맥락은 시공간적 배경과 언어기술이 실제로 사용되는 상황이다. 기술 및 전략은 의사소통의 목적에 맞게 언어기술이 구현되도록 하는 언어기술별 하위 기술과 전략을 말하며 텍스트는 내용과 의사소통 기능을 담는 구조 및 형식이다. 언어지식은 텍스트를 구성하게 되는 어휘 및 통사 단위의 언어 재료를 말한다. 내용 체계의 구성 요소인 주제, 기능, 맥락, 기술 및 전략, 텍스트, 언어 지식이 유기적, 협력적으로 통합되어 한국어 의사소통 능력의 수준 및 목표를 설명한다.

<표4> 내용 체계의 구성 요소

구성 요소		내용
주제	의사소통의 내용	– 생각이나 활동을 이끌어 가는 중심이 되는 문제이자 내용 – 말이나 글의 중심이 되는 화제 – 개인 신상, 대인 관계, 여가, 교육 등
기능	의사소통의 기능	– 언어 형태를 기반으로 의사소통을 수행할 수 있도록 하는 것 – 의사소통을 통해 수행하고자 하는 일 – 설명하기, 비교하기, 동의하기 등

맥락	의사소통이 이루어지는 상황	- 언어기술이 실제로 사용되는 상황 - 시공간적 배경, 담화 참여자의 역할 또는 관계 - 격식 수준, 구어·문어 차이, 높임법 수준 등
기술 및 전략	의사소통 수행의 세부 방식	- 언어기술이 구현되는 데에 필요한 구체적인 기술과 전략 - 의사소통 문제해결을 위해 목적을 가지고 실현되는 활동, 의사소통의 효율성을 높이기 위해 사용하는 기법이나 장치 - 듣기, 말하기, 읽기, 쓰기의 하위 기술과 전략
텍스트	내용이 담긴 형식과 구조	- 문장보다 큰 문법 단위로 문장이 모여서 이루어진 한 덩어리의 말이나 글 - 말이나 글의 유형·종류 및 그것의 형식과 구조 - 대화, 독백, 설명문, 논설문 등
언어지식	언어 재료	- 생각(내용)을 언어로 구현시키는 언어의 형태 - 한국어의 형태적, 통사적, 음운적 특성 - 의사소통 기능을 수행하는 데에 필요한 언어 재료인 어휘, 문법, 발음 등

'내용 체계 및 성취기준' 부분 중 '총괄목표 및 성취기준'에 대하여, 한국어 표준 교육과정은 학습자가 한국어 의사소통 상황에서 성취하고자 하는 바를 달성할 수 있도록 교육하는 데에 최우선의 목표를 두었음을 기술하고 있다. 총괄목표의 경우 교육과정을 통해 하위의 언어기술별 목표와 성취기준을 포괄할 수 있도록 대표성과 일반성을 지녀야 하며, 단계별로 학습자가 다룰 수 있는 주제와 참여 가능한 의사소통 맥락을 중심으로 그리고 통합적이고 실제적인 관점에서 수행할 수 있도록 의사소통 기능을 제시하였다. 특히, 목표어인 한국어로 학습자가 무엇을 할 수 있는지를 구체적인 의사소통 기능의 예와 함께 기술함으로써 실제적인 교수·학습 방안을 마련하는 데에 도움을 주고자 하였다. 총괄목표는 특정 언어기술에 국한된 내용이 아니라 의사소통 전반의 수행 능력을 설명할 수 있도록 의사소통 내용, 기능, 상황에 초점을 두고 구성하였으며, 내용 요소 가운데 기술과 전략, 텍스트, 언어지식과 같은 미시적 범주의 요소는 하위의 성취기준에 포함하여 기술함으로써 총괄목표가 교육목표로서의 명료성을 갖도록 하였다. 이와 함께 총괄목표는 학습자의 한국어 숙달도에 따라 등급을 나누어 기술하였는데, 가장 일반적으로 통용되고 있는 6등급 체계를 따랐음을 밝혔다.

<표5> 한국어 표준 교육과정의 등급별 총괄목표

등급	총괄목표
1급	기초적이고 일상적인 내용의 짧은 대화에 참여할 수 있으며, 자주 접하는 소재의 짧은 글을 읽거나 쓸 수 있다. 인사나 소개, 간단한 메시지, 정보의 이해나 교환 등의 기초적인 의사소통 기능을 수행할 수 있다.

2급	일상적으로 접하는 공적 상황에서의 간단한 대화에 참여할 수 있으며 이러한 상황에서 필요한 글을 읽거나 쓸 수 있다. 정보에 관해 묻고 답하기, 허락과 요청, 메시지의 이해나 교환 등의 의사소통 기능을 수행할 수 있다.
3급	자주 접하는 사회적 상황에서의 대화에 참여할 수 있으며, 자신과 관련된 사회적 소재의 글을 읽거나 쓸 수 있다. 권유나 조언, 간단한 설명에 대한 이해나 표현, 정보 교류 등의 의사소통 기능을 수행할 수 있다.
4급	친숙한 사회적·추상적 소재나 직장에서의 기본적인 업무와 관련된 담화에 참여 할 수 있으며 평소에 관심이 있는 사회적·추상적 주제의 글을 읽거나 쓸 수 있다. 동의와 반대, 지시와 보고, 생각이나 의도의 이해나 표현 등의 의사소통 기능을 수행할 수 있다.
5급	사회 전반에 대한 소재와 자신의 업무나 학업과 관련된 담화에 참여할 수 있으며, 사회적이거나 일부 전문적인 내용의 글을 읽거나 쓸 수 있다. 업무 보고, 협의, 체계적인 정보 전달, 의견이나 주장에 대한 이해와 표현 등의 의사소통 기능을 수행할 수 있다.
6급	전문적이거나 학술적인 영역에서 이루어지는 담화에 참여할 수 있으며 사회·문화적인 특수성이 드러나는 소재의 글이나 학술적인 소재의 글을 읽거나 쓸 수 있다. 설득이나 권고, 의견이나 주장에 대한 논리적이고 효과적인 이해와 표현 등의 의사소통 기능을 수행할 수 있다.

이 때 총괄 목표를 각 기술별(말하기, 듣기, 읽기, 쓰기)로 성취기준을 두었다. 이 성취기준은 기존 '국제통용 한국어 표준 교육과정(2017)'에서 '목표'와 '내용'으로 분리하여 기술한 것 중 '내용'에 해당되는 부분으로 추측된다.[35] 이에 대한 설명을 가져오면 다음과 같다.

(21) 가. 성취기준은 교육을 통해 학습자들이 성취할 것으로 기대하는 것을 말하며, 교사와 학습자는 성취기준을 통해 무엇을 가르치고 배워야 하는지를 명료하게 이해하게 된다.
나. 성취기준은 교육과정의 목표와 내용이 의미하는 바를 구체적으로 한정할 수 있어야 하고 교육과정이 갖는 내용 체계의 구성 요소를 중심으로 단계별 목표와 기준을 알기 쉽게 기술해 주어야 한다.
다. 한국어 표준 교육과정의 성취기준은 총괄목표에서 제시한 단계별 의사소통의 수행 정도를 상세화하는 방식으로 기술하였으며 적용이 수월하도록 언어기술별로 분리하여 제시하였다.
라. 총괄목표는 언어기술이 통합적으로 이루어지는 상위 수준의 의사소통 기능에 초점을 두고…생략…, 성취기준은 의사소통 기능 부분을 제외하고 언어기술별 특성이 드러나는 주제, 맥락, 기술 및 전략, 텍스트, 언어지식을 중심으로 구체적으로 기술하였다.

---

35) 각 기술별 목표 및 성취기준에 대한 상세한 내용은 제11장 –제14장의 기술별 교육과정을 설명하는 가운데 제시한다.

> 마. 성취기준의 내용 요소는 교수·학습 설계의 용이성을 고려하여 주제, 맥락, 기술 및 전략, 텍스트와 언어지식의 순으로 배열하였다.
> 바. 등급별로 가장 대표적이고 핵심적인 교육 내용을 중심으로 내용 요소를 설명함으로써 사용자가 쉽게 이해하고 활용할 수 있도록 하였다.

넷째, 교수·학습 및 평가 방향 부분은 크게 교수·학습 방향과 평가 방향(평가 계획, 평가 실행 및 활용, 언어기술별 평가 방법)의 두 부분으로 구성되어 있다. 관련된 내용을 요약하면 아래와 같다. 교수·학습 방향의 경우, 하위 항목으로 교수·학습의 계획, 교수·학습 방법, 언어기술별 교수·학습 방법으로 구성되어 있다. 각각을 살펴보면 아래와 같다.

'교수·학습의 계획'은 교육과정에 설정된 학습 목표에 맞추어 교육의 내용 및 그 내용의 제시 순서와 방법 등을 설계하는 것으로 교수·학습 목표를 효율적으로 달성하여 성공적인 수업이 이루어질 수 있도록 하는 것이다. 따라서 교수·학습을 설계할 때에는 학습자의 상황, 맥락을 포함한 요구 분석을 시작으로 목표 설정, 내용의 선정 및 배열, 수업 설계와 평가에 이르는 일련의 과정에 대한 계획을 세워야 한다. 교수·학습 계획의 핵심은 무엇을 어떻게 가르칠 것인가에 대한 계획을 세우는 것이라 할 수 있다. 이때 '무엇을'에 해당하는 수업의 내용으로는 어휘, 문법, 발음 등의 언어지식과 텍스트, 듣기, 말하기, 읽기, 쓰기 등의 언어기술과 전략, 그리고 주제, 기능, 맥락 등의 내용 요소가 포함된다. 또 '어떻게'에는 학습자의 특성을 고려하여 이루어지는 내용 제시, 연습, 활동 등의 수업 진행 단계를 비롯하여 수업 자료, 시간, 학급 운영, 피드백, 평가 등에 대한 계획이 포함되어야 한다. 따라서 한국어 표준 교육과정에서는 '어떻게'에 대한 해답을 얻기 위해서는 ① 학습자와 학습 환경을 고려한 교수·학습 계획을 수립할 것 ② 학습 내용을 분석하여 교수·학습 계획을 수립할 것임을 강조하고 있다.

'교수·학습 방법'이란 형태보다는 의미를 더 중시하는 의사소통적 교수법을 토대로 하여 학습자가 의미 협상의 중심에 설 수 있도록 고안되어야 할 것을 제안한다. 이를 위해서는 학습자에게 유의미한 의사소통 과제를 제시하여 학습자 스스로 과제 수행 과정에 능동적으로 참여하고, 적극적으로 의미 전달과 교환에 임할 수 있도록 교수·학습 방법을 구안해야 한다. 목적, 내용, 활동, 절차, 결과가 포함된 구조화된 언어 학습 활동으로서의 의사소통 과제는 학습자들에게 한국어 사용의 동기를 부여하게 되므로 학습자들이 언어를 지식으로서가 아니라 도구로서 바라보게 하는 장점을 가진다. 더불어 이러한 과제 수행 중에서도 한국어의 언어 형태에 주목할 수 있도록 형태에 초점을 둔 교수·학습 방법을 제시하거나 경우에 따라서는 한국어의 형태적 특성에 대한 보다 명시적 교육을 실시하여 유창성과 정확성이 모두 향상될 수 있도록 할 필요성도 있다. 이를 위해 학습 목표와 내용에 적절한 교수·학습 방법을 적용하기, 학습 활동 과정에서 의미 있는 배움이 일어날 수 있도록 학습자 참여형 교수·학습을 계획하고 운용하기를 제시하고 있다.

'언어기술별 교수·학습 방법'은 듣기, 말하기, 읽기, 쓰기의 네 가지 언어기술을 통합하여 가르치는 기술 통합형과 이를 분리하여 각 언어기술별로 가르치는 기술 분리형으로 구분해 볼 수 있는데, 목적과 필요에 따라 통합형과 분리형의 두 방법을 적절히 혼용할 필요가 있음을 강조하고 있다. 이후 각 언어기술의 특성이 반영된 교수·학습 방법을 기술하고 있다. 예컨대, 듣기의 경우 듣기 담화의 내용을 이해하고 재해석하여 능동적, 상호작용적인 듣기, 담화 상황과 매체 특성에 맞게 지도하기, 다양한 전략을 활용하기, 비언어적인 단서 활용하기, 개별 소리 듣기와 단어, 문장, 담화에 대한 의미 이해하기 등의 방법을 제시하고 있다. 말하기의 경우, '문법과 의미 중심 말하기를 균형 있게 교수하기', '다양한 구어 상황에 맞게 생각과 느낌, 정보를 표현하도록 지도하기', '담화 관습과 구어의 특징에 맞게 교수하기', '학습자의 언어 수준에 맞게 교수하기', '적절한 피드백을 제공하기' 등의 방법을 제시하고 있다. 읽기의 경우, '사실적, 추론적, 비판적, 감상적 이해를 목적으로 교수하기', '담화 표지를 활용하여 확장적 읽기가 가능하도록 지도하기', '다양한 읽기 전략을 활용하기', '다양한 글의 목적에 맞는 읽기 지도하기', '다중 매체 자료를 활용하여 교수하기' 등의 방법을 제시하고 있다. 쓰기의 경우, '문자에서부터 문단 차원까지 확장된 글쓰기가 가능하도록 단계적, 점진적으로 교수하기', '한국어 글의 구조와 형식에 맞게 지도하기', '실생활 활용, 실용적 과제 중심으로 교수하기', '다양한 장르의 글을 담화 공동체가 기대하는 방식에 맞추어 쓸 수 있도록 지도하기', '과정 중심의 쓰기와 교사/학습자의 피드백을 통한 쓰기 지도하기' 등을 제시하고 있다.

교수·학습 및 평가 방향 부분 중 평가 방향은 크게 평가 계획, 평가 실행 및 활용, 언어 기술별 평가 방법으로 나누어 진술하고 있다. 각각을 대략적으로 살펴보면 다음과 같다.

우선 평가 계획은 '① 수업 설계 시작부터 한국어 교육과정과 긴밀하게 연계될 것, ② 평가의 효용성을 높이기 위한 계획을 수립할 것, ③ 교사 입장에서의 적용의 편의성을 고려할 것, ④ 학습자 요인과 특성에 대한 고려할 것, ⑤ 교수·학습 내용 및 평가의 목표에 맞게 계획이 수립되어야 할 것 등을 강조하고 있다. 평가 실행 및 활용의 경우, ① 결과 중심의 일회적인 평가를 지양하고 꼭 필요한 내용을 과정 중심으로 평가할 것, ② 일관성, 타당성, 신뢰성 있는 평가가 이루어질 것, ③ 학습자의 한국어 학습 동기를 높일 수 있는 방향으로 실행되어야 할 것, 그리고 ④ 평가의 전 과정에 학습자가 참여할 수 있어야 함을 강조하고 있다.

아울러 평가 결과의 활용적 측면을 강조하였는데, 이는 ① 교수·학습 개선을 위해, 그리고 ② 학습자들의 환류 효과를 높일 수 있는 방향으로 운용되어야 함을 명시하고 있다.

언어 기술별 평가 방법으로는 듣기의 경우 듣기의 목적에 맞게 그리고 등급별 목적과 텍스트 유형에 맞는 듣기 활동이 일어날 수 있도록 평가를 구성하고, 말하기의 경우, 역시 등급별 목표와 성격에 맞게, 사회적 맥락에 맞는 평가를 하여야 하며, 학습자에게 평가 결과에 대한 피드백을 구체적으로 제공할 수 있어야 함을 말하였다. 읽기의 경우, 확장적 읽기, 전략 읽기 등의 평가 유형과, 상향식, 하향식 읽기 능력을 고르게 평가할 수 있는 평가를 구성해야 됨과, 쓰기의 경우 평가의 결과에 대한 피드백 제공과 함께, 스스로 자신의 글을 고쳐 써 보면서 자기 주도적으로 문제점을 개선할 수 있도록 돕는 쓰기 평가가 이루어져야 함을 강조하였다(이하 각 항목별 내용의 자세한 내용은 해당 부문을 설명하는 장에서 기술한다).

4 요약

[일반 교육과정의 개념]
교육과정이란 '교육 목적, 교육 목표, 교육 내용, 교과목, 교육 방법, 교육 순서, 교육 절차, 교육 시수, 교육량, 교육 평가' 등을 효율적으로 구조화한 교육 계획 및 운영 프로그램을 의미한다.

[교육과정의 항목(구성 요소)]
교육 목적, 교육 목표, 교육 내용, 교과목, 교육 절차, 교육 방법, 교육 기간, 교육 시수, 교육량, 교육 평가, 교육과정 자체의 평가 등.

[교육과정 설계 평가]
구축된 '교육과정'으로 달성하고자 하는 기대치와 그 '교육과정'의 운영으로 나타난 결과치의 상관관계를 분석하는 것으로 교육과정의 '부합성'을 평가하는 것이다.

[한국어 교육의 목적]
외국어 혹은 제2 언어로서의 한국어와 한국 문화를 배우려고 하는 학습자들에게 한국어와 한국 문화를 가르침으로써, 유창하고 정확한 의사소통 능력을 신장시키는 데 있다.

[한국어 교육과정의 정의]
한국어 교육과정이란 '외국어 혹은 제2 언어로서의 한국어와 한국 문화'를 배우려고 하는 학습자들에게 한국어와 한국 문화를 가르침으로써, 유창하고 정확한 의사소통 능력을 신장시키기 위하여', '교육 목표, 교육 내용, 교육 방법, 교육 순서, 교육 절차, 교육 시수, 교육량, 교육 평가' 등을 효율적으로 구조화 한 교육 계획 및 운영 프로그램이다.

[한국어 교육과정에 대한 공감과 사회적 압력]
한국어 교육을 필요로 하는 국내외 외국인 학습자가 그 규모를 가늠할 수 없을 정도로 늘어났을 뿐만 아니라, 그 학습자들의 배우려는 목적도 매우 다양해짐으로 인해 각각의 목적에 맞는 한국어 교육과정의 필요성에 대한 사회적 압력이 높아졌다.
국가 차원의 한국어 교육과정에 대한 통일성 있는 설계가 향후 한국어 교육 정책에서 해결해야 할 시급한 당면 과제이다.

[한국어 교육과정의 구성 요소]
한국어 교육과정에 대한 다양한 목적의 사회적 공감과 압력은 각각의 목적에 적합한 하위 교육과정 항목을 구축하게 만든다. 예를 들어 학문 목적의 외국인 학습자에게는 졸업할 때까지 자신의 전공과 관련된 학문을 학습하기 위한 방향으로 일련의 항목들이 연관성 있게 구축되어야 한다.

가. 목표 구축 : 학문 목적 학습자들에게 요구되는 한국어는 일상생활의 한국어 이외에도, '대학 생활' 영역, '전공 기초' 영역, 그리고 세부적인 전공과목에서 사용되는 '전공' 영역, 그리고 범학문적 수학 기능 등을 반영하는 교육 목표가 설정된다.

위와 같은 목표는 다시 영역별로 세분화된다. 이는 의사소통 능력이 '발음, 어휘, 문장, 담화 차원'의 문법 영역이나 '말하기, 듣기, 읽기, 쓰기'와 같은 기술 영역(skill)과 같은 다양한 영역들에서 나타나는 이해 능력과 표현 능력의 총합이기 때문이다. 예컨대 의사소통 기능 중 '말하기'와 관련된 목표는 아래와 같이 각각 기술되어야 한다.

나. 하위 목표(말하기)
 - 자기소개, 문의하기, 상담하기, 면접하기와 같은 대학 생활에 필요한 표현 능력을 신장시킨다.

- 설명하기, 조사하기, 인터뷰하기, 토의하기, 토론하기, 발표하기와 같은 수업에서 발표할 수 있는 능력을 신장시킨다. 등.

교육 목표는 등급(초급~고급)별로 단계적으로 기술되어야 한다. 단계적 교육 목표의 설정은 학습의 효율성과 매우 밀접한 관련이 있다.

다. 수준별 하위 목표(어휘)
- 1단계: 빈도수 2,000 정도의 고빈도 어휘를 이해하고 이를 표현할 수 있다.
- 2단계: 대학에서 공통적으로 요구되는 범전공 어휘 700개 수준의 어휘를 이해하고 이를 표현할 수 있다.
- 3단계: 자신의 전공에서 두루 사용되는 전공 어휘 1,000개 수준의 어휘를 이해하고 이를 표현할 수 있다.
- 4단계: 세부적인 전공 과목의 어휘를 이해하고 이를 표현할 수 있다.

교육 목표에 따른 교육 내용도 명세화되어야 한다.

라. 교육 내용(범학문적 수학 기능)
- 대학 강의 듣기에 필요한 담화 표지를 익히고 이를 사용할 수 있다.
- 자기의 전공에서 자주 사용되는 담화 표지를 이해하고 이를 표현할 수 있다.
- 강의 듣기, 세미나 토론, 실험 실습, 문헌 연구 등과 관련된 표현과 절차 등을 익히고 이를 활용할 수 있다 등.

'교육 방법, 교육 순서, 교육 절차, 교육 시수, 교육량, 교육 평가'도 학문 목적이라는 큰 틀 아래에서 명세적으로 진술되어야 한다.

마. 교육 방법
- '의사소통 중심의 교육'(Communicative Language Teaching: CLT)
- '내용 중심의 언어교수법'(Content-based Instruction: CBI)

바. 교육 시수와 교육량(어휘)

어휘 목표가 '일상생활 어휘→학문 어휘→전공 어휘→특정 전공 어휘'와 같이 단계별로 설정되어야 하며 그 어휘량은 최대 5년 이내에서 학습할 수 있는 범위이다.

사. 교육 절차

'대학 강의 절차'의 유형에 따라 '교육 절차'를 달리 해야 한다.

아. 교육 평가

학문 목적 말하기 성취도 평가의 과제의 경우, 대학 생활(구술 면접 받기, 학교 시설물 이용하기 등)이나 전공 수학 능력 등(신문 기사 요약하기, 찬반·의견 제시 등)에 적합한 내용을 중심으로 평가해야 한다.

자. 한국어 표준 교육과정(2020) 항목

- 성격 : 교육 환경이나 교육 대상, 다양한 학습 목적 등에 따라 적용 및 변용될 수 있는 기준으로서의 최상위 국가 수준 교육과정
  목표 : 다양한 주제와 맥락에서 한국어로 의사소통할 수 있는 능력을 배양하고 상호문화 의사소통 능력을 기르는 것을 목표로 함
- 내용 체계
  ① 내용 체계의 구성 원리 : 인간의 의사소통에 관여하는 요소들을 분석하고 이를 교육적으로 해석하여 교육과정의 내용 요소들로 변용하였음
  ② 내용 체계의 구성 요소 : 주제, 기능, 맥락, 기술 및 전략, 텍스트, 언어지식
  ③ 총괄목표 : 사용의 편리성과 적용의 실제성을 고려한 6등급 숙달도 체제로 총괄목표를 설정함.
- 성취기준 : 의사소통 기능 부분을 제외하고 언어기술별 특성이 드러나는 주제, 맥락, 기술 및 전략, 텍스트, 언어지식을 중심으로 구체적으로 기술
- 교수·학습 방향
  ① 교수·학습 계획 ② 교수·학습 방법 ③ 언어기술별 교수·학습 방법
- 평가 방향
  ① 평가 계획 ② 평가 실행 및 활용 ③ 언어기술별 평가 방법

5 토론과 과제

1) 참고 사이트를 보고 지금 이 시점의 한국어 교육 상황이 어떻게 변했는지를 논의해 보라.

> 가. 한류 현황
> 나. 외국인 근로자 현황
> 다. 외국인 유학생 현황
> 라. 결혼 이민자 현황
> 마. 다문화가정 자녀 현황
> 바. 재외동포 현황

2) 세종학당의 한국어 교육과정을 참고하여 일반 한국어 교육과정을 항목별(교육 목표, 영역별 교육 목표, 단계별 교육 목표, 교육 내용, 수업 시수 등)로 기술해 보라.

3) 다문화 가정 한국어 교육과정을 항목별(교육 목표, 영역별 교육 목표, 단계별 교육 목표, 교육 내용, 수업 시수 등)로 기술해 보라.

4) 학문 목적 한국어 교육과정의 '듣기, 읽기, 쓰기' 목표에는 어떤 것이 기술되어야 되는지를 토론해 보라.

5) 학문 목적 한국어 교육과정의 '발음, 문법, 담화' 목표는 어떤 것이 기술되어야 되는지를 토론해 보라.

6 참고 사이트

- 외국인 근로자 수 (이민자 체류실태 및 고용조사 결과)
  http://kosis.kr/search/search.do

- 지구촌 한류 현황
  http://www.mofa.go.kr

- 결혼 이민자 현황 (통계청 국가주요지표)
  http://www.index.go.kr

- 고용허가제 고용동향 (통계청 국가주요지표)
  http://www.index.go.kr

- 결혼 이민자 자녀 현황
  http://kosis.kr/search/search.do

- 고용허가제(EPS)의 의의와 연혁
  https://www.eps.go.kr

- 교육과정 원문 및 해설서
  http://ncic.kice.re.kr/nation.dwn.ogf.inventoryList.do#

- 교육과정
  http://ncic.kice.re.kr/mobile.dwn.ogf.inventoryList.do

- 국내 외국인 유학생 현황 (교육부 사전정보공표)
  https://www.moe.go.kr/boardCnts

- 다문화 학생 현황 (교육통계서비스)
  http://kess.kedi.re.kr

- 외국인고용조사 결과 (통계청 이민자 체류실태 및 고용조사)
  http://www.index.go.kr/search/search.jsp

- 외국인산업연수생제도 (국가기록원)
  http://www.archives.go.kr

- 국내 고등교육기관 외국인 유학생 현황(통계청 국가주요지표/교육부)
  http://www.index.go.kr http://www.moe.go.kr

- 연도별 한국어능력시험 지원자 응시자 합격자 현황
  http://topik.go.kr

- 재외동포 현황 (국가주요지표)
  http://www.index.go.kr

- 지역별 한국학과 및 연구소 개설 현황 (한국학 중앙 연구원)
  https://ksnet.aks.ac.kr/statistics/main.do

- 출입국·외국인정책통계연보 (법무부)
  http://www.hikorea.go.kr/ptimg/moj_sts/1993/index.html

제2장
교육과정의 유형

교육과정의 유형

1. 들어가는 말
2. 교육 목적에 따른 유형 분류
3. 정책 결정자에 따른 유형 분류
4. 요약
5. 토론과 토의
6. 참고 사이트

1 들어가는 말

1장에서 우리는 한국어 교육과정이 다양한 목적에 적합한 한국어와 한국 문화 교육에 필요한 항목, 그리고 그 항목에 부합되는 제반 내용을 체계적으로 기술한 것임을 살펴보았다. 그런데 이러한 체계적 기술을 위해서는 그 시대가 중요하게 여기는 교육 철학적인 가치가 무엇인지가 먼저 고려되어야 그 우선 순위와 내용 체계를 구성할 수가 있다. 교육 철학의 개념은 기존의 교육과정이 어떻게 변화해왔는지 하는 유형적 고찰을 통하여 알 수 있다. 교육과정의 유형이 다르다는 것은 해당 교육과정이 추구하는 철학이 다르다는 것을 의미하며, 그 철학이 무엇이냐에 따라 교육과정의 목표와 태도, 내용, 성격 등에 대한 접근 방식도 다르게 된다.

이 장에서는 각 시대의 철학을 담아온 교육과정의 유형을 교육 목적에 따라 그리고 정책 결정자에 따라 살펴보고자 한다. 이러한 논의를 통하여 한국어 교육과정이 어떤 철학을 주된 논의의 대상으로 삼는지 그래서 이 교육과정이 앞으로 지향해야 할 방향이 어떻게 되어야 하는지를 살펴본다.

2 교육 목적에 따른 유형 분류

교육과정은 그 시대가 요구하는 교육 사조의 흐름에 따라 내용과 체계가 변화하였다. 아래는 이와 관련된 몇 가지 견해이다.

> (1) 가. 교과 중심 교육과정
>   - 인간을 사회적 존재로 만들어 주는 문화 전통 전수가 주된 목표이다.
> 나. 경험 중심 교육과정
>   - 학습자들의 일상생활에서 당면하는 문제해결능력을 배양하는 것이 중요한 목표이다.
> 다. 학문 중심 교육과정
>   - 지식의 기본 원리와 지식의 구조, 그리고 학문의 탐구과정을 익히도록 하는 것을 목적으로 한다.

(1가)의 교과 중심 교육과정은 문화유산의 전수를 목표로 한다. 그리고 교과는 '교수 목적을 위해 인류 문화유산의 핵심적인 것을 논리적으로 조직해 놓은 것'이라고 본다. 따라서 교육과정의 다양한 구성 요소 중 교과를 중심으로 내용과 조직 체계가 구성된다. 쉽게 말하여 이 교육과정은 국어, 사회, 수학, 과학 등과 같은 교과목을 먼저 구상한 후 각 교과목의 성격에 맞게 교육 내용과 항목들을 설계한다. 또한 인류 경험 유산의 고유한 논리가 곧 교과 구성의 중요한 방법이 된다. 교과는 지식의 논리적 체계를 이룬 원리, 사실, 개념 등과 같은 내용이 핵심이 된다. 교과 중심의 교육에서는 인간의 이성 개발을 최우선적으로 지향한다. 이성을 합리성, 객관성, 타당성에 바탕을 둔 논리성과 일관성을 낳게 하는 원천으로 보기 때문이다(이창섭, 1991). 그리고 이성을 개발하는데 필요한 지식은 이미 논리적 이성이 형성된 성인에 의해 선정 조직된다. 또한 가르치는 교사도 해당 교과에 정통한 사람, 학습자보다 월등히 많은 지식과 논리적 체계를 가진 사람이어야 한다. 교사가 설명 위주의 교수 방법을 사용하여, 교육 내용을 신속하고도 효과적으로 전수함으로써 학습자들이 해당 사회에 빠르게 적응할 수 있도록 하여야 한다. 아울러 각 과목별로 영역이 확실하게 구분되기 때문에 한국어 교사는 한국어 내용만을, 수학 교사는 수학 내용만을 취급해야지, 다른 교과목 영역을 넘나들며 가르치는 수업은 지양된다. 이와 같이 교과목을 엄밀하게 구분한 교육과정은 조직적 측면에서 '분과형 교육과정'으로 불린다. 한국어 측면으로 이를 정리하면 다음과 같다.

(2) 분과형 교육과정
- 교과가 세분화되어 있으며, 교과 간에 전혀 연관이 없도록 조직된 형태의 교육과정이다. 그래서 한국어 문법이라는 교과목에 역사와 관련된 내용이 나오더라도 이를 문화 교과목 수업으로 미루고 다루지 않는다. 이런 경우 학습자들이 배워야 할 과목 수가 늘어나게 되고, 한국어 문법 교사는 문법 과목에 대해 깊은 지식을 가져야 하지만 다른 소양은 요구되지 않는다.

교과 중심 교육과정을 통하여 얻고자 하는 것은 일상생활에서의 실용성이나 유용성보다는 지적 능력 계발이다. 또한 교과를 통해 학습자가 가지고 있는 선천적인 능력을 효과적으로 계발할 수 있으며, 계발된 지적 능력과 선천적 능력이 일상생활의 구체적인 문제 해결에 간접적으로 도움(전이)된다고 본다. 교과 중심 조직 유형은 서구에서 그리스, 로마 시대부터 시작하여 중세에까지 전해져 내려온 7개의 교양 과목(7개의 자유과)의 교육 체계가 그 근간을 이루지만 지금도 다양한 교육 영역에서 널리 이용되고 있다는 점에서 오랜 전통을 가지고 있으며 나름대로의 많은 장점을 가지고 있다. 그러나 교과를 엄밀하게 구분하기 때문에 각 교과가 가지고 있는 내용이 다른 교과의 내용과 전혀 별개로 구성된다는 점, 각 교과가 다른 교과와 연계될 수 있다는 상관성을 간과한 한 점은 이후 많은 학자들의 비판의 대상이 되었다. 여기에 더불어 교과 지식의 전달에 치우친 나머지 교사 중심의 설명 위주의 교수법만을 강조하고, 학습자들의 개인차를 인정하지 않은 채 단편적인 지식만을 전달한다는 비판이 제기되었다(Zais:1976). 이에 교과 중심의 교육과정은 이후에 몇 가지 교육과정으로 분화되었는데, 다음이 그 일례이다.

(3) 가. 상관형(관련) 교육과정: 상관형 교육과정이란 교과의 선을 넘지 않지만 둘 또는 그 이상의 교과나 과목을 서로 연관시켜 조직하고 가르치는 교육과정을 허용한다. 역사적 사실을 배경으로 하는 미술 교과목을 가르친다든지, 듣기 교과목에서 말하기와 연관시키는 것과 같은 방식이다. 상관형은 연관되는 두 과목의 시간을 연결하여 가르치는 형태로 진행될 수 있다.
나. 광역형 교육과정: 광역형 교육과정은 관련된 교과들을 하나의 학습영역으로 연결하여 조직하는 형태이다. 예를 들어 '말하기, 듣기, 읽기, 쓰기' 교과목을 통합하여 '한국어'로 하는 경우와 한국의 '정치, 경제, 예술' 등을 통합하여 '문화'로 규정하는 경우가 그것이다.

다음에 (1나)의 경험 중심 교육과정은 19세기의 Dewey의 진보주의 교육 사상이 투영된 교육 철학이다. 이 교육과정은 1920년대에 학교 교육이 교과 중심의 획일적인 체계에서 벗어나 학습자들의 현재 생활에서 필요한 경험들을 중심으로 가르쳐야 한다는 이른바 학습자 중심의 철학이다. 곧 학교 교육에서 가르쳐야 할 내용은 학습자들이 생활에서 직면할 수 있는 경험의 총체라고 본다. 교과에 대한 지식보다는 경험을 통해 상황에 맞는 행동과 실천을 할 수 있는 사람을 기르는 데 필요한 내용들이 선택된다. 그렇기 때문에 교육 내용은 지식 자체보다는 '지식의 구조, 기본 개념, 원리 및 탐구방법' 등을 강조한다. 특히 이 교육과정은 1920년대 Piaget가 주장했던 인지이론과 맞물려, 교사가 탐구된 결과의 지식을 가르치기보다는 학습자들이 문제를 해결하는 능력, 창의력, 확산적 사고를 촉진시키는 데 그 역량이 집중된다. 그럼으로 해서 경험 중심 교육과정의 조직은 사회가 축적한 지식의 결과물보다는 현재 생활을 영위하는데 필요한 경험들을 중심으로 구성된다. 또한 조직된 경험의 전수 방법은 교사 주도의 일방적인 교수보다는 학습자의 능동적인 참여를 통하여 이루어지는 방향으로 설계된다. 이 교육과정의 내용을 선정하는 데에 있어서 중요하게 고려되는 사항은, 사회가 축적한 많은 지식 중 핵심적인 지식 그리고 실생활에 전이가 높은 지식들이다. 달리 말하면 학습자들이 교육을 받는 이유는 먼 장래를 위한 준비 교육이 아니라, 현재 생활을 원활하게 할 수 있는 문제 해결 능력을 신장시키는 것이다. 이 교육과정은 현재 생활에 부딪치는 문제를 해결하는 능력을 더 중시하기 때문에 학습자의 자발적 행동, 흥미 그리고 동기로 발생하는 능동적 경험 체계를 중요시한다. 학습자들의 자발적인 참여를 통하여 학습을 하지 않을 경우 그로 인해 얻어진 경험은 수동적 지식이 될 뿐, 실제 생활에서 부딪치게 되는 문제에 대하여 능동적으로 해결하지 못하는 결과를 초래하기 때문에 학습자 중심의 교육을 매우 중요하게 여긴다. 따라서 경험 중심 교육과정에서는 '학교의 지도하에 학습자들이 가지게 되는 모든 능동적인 경험'으로 압축할 수 있는데, 이는 '교재' 보다는 '생활'을, '지식'보다는 '행동'을, '분리' 보다는 '통합'을 중시하는 관점인 것이다. 교육을 통하여 인간관계, 시민으로서의 책임, 경제적 능률, 자아의 실현과 같은 이념적 목적에 도달하기 위하여, 주어지는 것이 아닌 학습자 주도적으로 발견하고 활용할 수 있도록 과제와 토론 학습 방법이 장려된다. 경험 중심 교육과정은 여행, 문화 탐방, 전시회, 자율 탐구 및 과제 활동 등과 같은 수업 이외의 활동도 매우 중시하는데 이 역시 학습자가 경험하고 문제를 해결하는 안목과 능력을 신장시키기 위함이다. 한편 교과를 통해 얻어지는 지식은, 개별적인 경험과 상황에 처해 있는 다양한 학습자들의 요구를 모두 충족하지 못하기 때문에, 가능한 한 학습자들의 개별성과 다양성을 염두에 두는 '교육과정의 개별화'를 추구한다. 간단하게 말하면 가장 이상적인 교육과정은 학습자들의 수만큼 개별적인 교육과정을 만드는 것이라 볼 수 있다.

   경험 중심 교육과정의 장점은 학습자들의 흥미, 필요, 요구 및 참여를 최대한 반영하고자 하기 때문에 다음과 같은 장점들이 있다.

(4) 가. 학습자들의 능동적인 참여와 활동을 촉진할 수 있다.
　　 나. 실생활에서 필요하거나 실생활에서 부딪치는 문제들을 해결할 수 있는 교육 내용으로 구성되기 때문에 실생활에 응용할 수 있는 전이력을 높일 수 있다.
　　 다. 문제를 해결하기 위한 과제나 프로젝트를 학습자들이 공동으로 해결하는 과정에서 협동성, 자율성, 책임감, 사회성 등과 같은 상위 인지 능력이 발달할 수 있다.

반면에 지나치게 경험 위주 학습자 위주의 교육과정을 강조하다보면 아래와 같은 단점들이 발생할 수 있다.

(5) 가. 학습자의 흥미와 필요를 지나치게 강조하고 실생활 위주의 교육 내용을 선정하다 보면, 사회 구성원에게 요구되는 사회적 지식들을 소홀히 할 수 있으며, 쉬운 내용을 중심으로 교육과정을 구성하여 학습자들의 기초적 학력 수준을 저하시킬 수 있다.
　　 나. 학습자의 능동적인 능력과 자발적인 활동은 학습자들이 참여가 필수적인데, 모든 학습자들의 개별적 활동을 장려하다보면 교육의 시간이 지나치게 많이 소요됨으로써 효율성이 떨어질 수 있다.
　　 다. 학습자들이 직접적인 참여와 경험으로 얻은 원리가 적용되지 않는 새로운 상황이 발생할 수 있는데 이에 대한 보완 방법이 미흡하다.
　　 라. 개별적인 학습자들에게 필요한 내용을 강조하다보면 각 학습자 맞춤형 교육과정이 설계되어야 하는데, 이는 현실적으로 불가능하다.

경험 중심 교육과정은 학습경험을 미리 선정하느냐 그렇지 않느냐에 따라 활동형 교육과정과 생성형 교육과정으로 나눌 수 있다.

(6) 가. 교육과정 : 활동형 교육과정은 학습자의 흥미와 필요 등을 고려하여 학습 경험을 미리 선정하고 이를 교육 내용에 반영하는 형태이다. 이 교육과정은 학습자들에게 배울만한 가치가 있고, 이들의 심리와 적합하며, 자신들이 당면한 문제를 해결하는 데 도움이 되는 활동들을 교육 내용으로 선정한다.

> 나. 생성형 교육과정: 생성형 교육과정은 사전에 계획을 하지 않고, 교사와 학습자들이 교실이나 학습현장에서 함께 학습 주제를 정하고, 내용을 계획한 후 교육이 이루어지도록 하는 형태이다. 사전에 계획된 내용이 없다는 점에서 교사와 학습자들에게 많은 자율과 융통성이 주어진다. 하지만 학습자들에게 학습 주제를 정하게 하면 피상적인 문제나 쉬운 내용 위주로 교육내용이 선정될 가능성이 높다.

한편 교과 중심 교육과정과 경험 중심 교육과정의 단점은 보완하고 장점은 극대화하기 위하여 이 두 교육과정을 상호 연결시킨 중핵형 교육과정이 있다. 중핵형 교육과정이란 학습자의 흥미와 생활 경험을 중심으로 관련 교과를 주변 영역으로 조직하는 '개인 중심 중핵형 교육과정', 해당 사회에서 공통되는 기본적인 사회 활동이나 문제 중심의 경험을 중심으로 하되 관련 교과를 주변 영역으로 조직하는 '사회 중심 중핵형 교육과정'과 같은 '경험 중심의 통합형 교육과정'이 있다. 이와 반대로 교과를 중심으로 하되 관련 교과나 학습자들에게 필요한 경험을 주변 영역으로 조직하는 '교과 중심의 중핵형 교육과정'도 있다.

(1다)의 학문 중심 교육과정은 1960년대에 J.S Bruner(교육의 과정 The Process of Education)에 의하여 주장된 것이다. 이 교육과정에는 급격하게 변화하는 사회 상황에 적극적으로 대처함과 동시에 그 사회를 더욱더 발전시키기 위해서는, 학습자가 필요한 경험을 넘어서 변화하는 사회가 요구하는 지식과, 변화가 필요한 사회에서 요구되는 수준 높은 지식 체계를 학습자에게 교육을 시킬 필요가 있다는 사고가 반영된 것이다. 여기에는 역사적 동기가 있는데, 그것은 1957년 당시 소련이 미국보다 앞서 스푸트니크 인공위성을 발사하자, 학습자들이 요구하는 경험만으로는 소련의 과학과 기술을 넘을 수 없다는 위기감이 그것이다. 또한 20세기 후반서부터 폭발적으로 증가해온 지식, 기술 그리고 정보에 대해 신속히 대처할 필요성이 제기된 것도 중요한 동기 중 하나이다. 즉 넘쳐나는 다양한 지식 속에서 사회의 발전을 이끌어 갈 수 있는 수준 높은 기술과 지식의 선정에 대한 필요성이 제기된 것이다. 이에 따라 학교에서는 수많은 지식 중 변화하는 사회 그리고 그 미래 사회가 요구하는 핵심적인 지식, 전이가 높은 지식을 가르쳐야 하고, 이를 통해 학습자의 지적 능력의 수준을 높이는 것뿐만 아니라 학습자들에게 학자들이 하는 것과 같은 수준으로 끌어올릴 의무가 있다는 것이다. 이를 위해 지식의 기본 원리, 지식의 구조 그리고 학문의 탐구 절차나 과정을 익히도록 하는 것을 목적으로 두고 교과목들의 기본 개념들과 학습하는 방법에 대한 탐구를 주된 내용으로 본다. 따라서 교육과정은 '지식의 원리, 지식의 구조 그리고 지식 탐구 과정의 조직'을 신장시킬 수 있는 내용이 구성되어야 한다. 이 교육과정이 지식의 원리나 구조를 강조하는 이유는

원리나 구조가 개별적인 사실들을 이해하는 데뿐만 아니라 변화하는 기술과 다양한 정보에 능동적으로 대처할 수 있게 하는 전이 능력을 신장시켜 준다고 보기 때문이다. 또한 지식의 구조나 원리는 학문을 배울 때 기본적인 기능이기 때문에 교육 내용이 초급이든 고급이든 그 핵심에는 차이가 없고, 다만 학습자의 학년이나 학교의 수준에 따라 깊이와 폭만 달라질 뿐이라고 본다. 따라서 교육과정은 지식의 원리나 구조의 핵심적 개념은 그대로 두고 수준별, 학년별로 심화시키는 방향으로 조직되는데, 이러한 형태를 나선형 조직이라고 한다. 지식의 구조를 가르쳐서 학습자들의 능력을 높이는 방법은 관심 분야를 탐구하는 절차적 지식과 탐구 과정을 중시함을 의미한다. 또한 학문의 탐구과정에서 얻게 되는 발견의 기쁨은 다시 내적 동기가 되어 탐구과정을 지속시키고 심화시키는 원동력이 된다. 학문 중심 교육과정이 중시하는 것은 아래와 같은 몇 가지가 있다. 다음은 이 교육과정의 교육 내용 선정의 기준이다.

(7) 가. 학문의 기초가 되는 내용을 선정한다. 이는 적용 범위가 넓어 새로운 지식을 더 많이 만들 수가 있기 때문이다.
나. 선정된 기초적인 내용들이 상호 관련성을 가지게 하는 일정한 형식과 틀을 제공한다.
다. '요약, 순차적 배열, 기호화' 등 다양한 방법을 통해 지식과 정보를 단순하게 그리고 경제적으로 표현한다.
라. 교육 내용이 교육목표와 관련이 있는지, 학습자가 학습이 가능한지, 사회가 요구하는 것에 적합한지를 살펴본다.

학문 중심 교육과정의 장점은 앞서 말한 바와 같이 학습 전이가 높은 것들을 위주로 조직되기 때문에, ① 기본 개념에 대한 학습으로 얻어진 지식을 기반으로 하여 학습자가 주어진 상황이 아닌 필요한 상황에 적절하게 대처할 수 있고(전이력), ② 이를 기반으로 또 다른 새로운 지식을 얻거나 생성할 수 있다(생성력). 또한 ③ 학문 탐구 절차에 의한 발견에 대한 기쁨을 통해 얻어진 내적 동기를 통해 창의적인 사고와 활동을 할 수 있게 한다는 것이다(창의력). 하지만 이 교육의 구조가 ①나선형 방식이기 때문에 지나치게 유사한 내용이 반복해서 나타날 수 있으며, 또한 ②반복된 내용에 더하여 새로운 학습 내용이 더해지기 때문에 학년이 올라갈수록 그 내용이 늘어나고 어려워질 수 있다는 단점도 안고 있다.

3 정책 결정자에 따른 유형 분류

　비교적 최근에 교육과정 결정자에 따라 교육과정의 수준과 조직을 분류한 시도가 있다. 이러한 분류에 속하는 교육과정에는 수준별 교육과정이 그것이다. 수준별 교육과정은 두 가지 의미를 함의하는데, 첫 번째는 학습자들의 수준에 따라 교육 내용과 교육 시기를 달리한다는 의미에서의 교육과정이요, 다른 하나는 교육과정의 구축과 설계를 누가 담당하느냐에 따른 정책 결정자의 차이를 염두에 둔 교육과정이다. 전자를 좀 더 구체적으로 말하면 학습자의 '언어 능력의 수준'에 따라 수준이 높은 학생들을 위한 심화 교육과정을, 수준이 낮은 학생들을 위한 보충 교육과정을 구축하는 등, 동일한 학년이라고 할지라도 학습자의 성취도에 따라 그 교육 내용을 달리하고자 하는 사고가 반영된 것이다. 후자는 여러 수준의 교육과정을 입안하는 '주체'를 고려하여 분류한다는 의미로 이 절에서는 후자를 중점적으로 논의하고자 한다.

　후자(교육과정 결정자)의 의미에서 수준별 교육과정의 개념을 처음 사용한 학자는 Goodlad(1979)로서, 교육과정 결정자 수준을 학습자와의 거리라는 관점에서 다음과 같은 3가지로 분류하였다.

(8)　가. 수업 수준 : 교육과정의 결정은 특수한 학습자 집단을 지도하는 교사나 교사 집단이 행한다.
　　　나. 기관 수준 : 교육과정의 결정은 행정가의 지도 아래 교육 기관의 전 교직원이 참여하는 형태로 학교 중심의 교육 내용과 일정, 그리고, 수업 시간 등을 결정한다.
　　　다. 사회적 수준 : 교육과정의 결정은 지역, 주, 중앙 정부의 교육 정책가나 입법가가 행한다.

　김호권(1993)은 Goodlad(1984)의 수준별 교육과정을 받아들이면서 교육과정의 개념을 공약된 목표로서의 교육과정, 수업 속에 반영된 교육과정, 학습 성과로서의 교육과정의 세 가지 수준으로 유형을 분류하였다.

(9)　가. '공약된 목표로서의 교육과정'이란 말하자면 의도된 교육과정이라고 할 수 있다. 교육부의 교육과정이 이 수준에 속한다.
　　　나. '수업 속에 반영된 교육과정'이란 교사에 의하여 재연, 재해석 및 전개되는 교육과정을 말한다.
　　　다. '학습 성과로서의 교육과정'이란 수업을 통하여 학습자들에게 실제로 '실현된 교육과정'이다. 학습자들의 학습능력이나 경험 배경이나 교육적 필요에 커다란 개인차가 있을 수 있다는 점을 고려할 때 동일한 교육과정에 의하여 전개된 동일한 수업조건 속에서도 다양한 결과 수준을 발견할 수밖에 없다.

김종서(1993)에서는 '반영'이 아닌 '설계' 주체 관점에서 교육과정을 국가 및 사회적 수준의 교육과정, 교사수준의 교육과정, 학생수준의 교육과정으로 분류하였다.

(10) 가. 국가 및 사회적 수준의 교육과정이란 국가 및 사회가 학생들에게 어떤 목적을 위하여 무엇을 가르칠 것인지에 대한 일련의 의사결정을 해 놓은 문서를 말한다. 이 수준의 교육과정의 구체적 예로서 국민교육헌장, 교육법에 제시된 교육목표, 교육부령의 교육과정, 장학방침, 교과서, 교과용 교과 지침서 등을 들 수 있다. 이 수준의 교육과정은 문서화되어 있는 것이 그 특징이다.

나. 교사수준의 교육과정은 교사가 어떤 목적을 위하여 무엇을 가르치려고 하는지 또는 가르치고 있는 지를 말한다. 이 수준의 교육과정에서 강조하고 있는 것은 교육과정의 결정자가 교사라는 점이다. 이 수준의 교육과정은 교사가 만든 문서와 수업행동을 포함한다. 예로서 수업의 월별 주별 계획, 수업 안 및 교사가 실제로 가르치는 행위를 들 수 있다.

다. 학생수준의 교육과정은 학생들이 학교생활을 하는 동안에 가지는 경험의 총체를 말한다. 이 수준의 특징은 교육과정을 경험의 자체로 본다. 따라서 교육과정의 개별성을 인정한다. 또한 경험의 총체라는 말에는 두 가지의 뜻이 내포되어 있다. 그 하나는 학교의 의도에 의하여 나타나는 경험이며 다른 하나는 '학교에서 의도한 바 없는데 학생들이 학교생활을 하는 가운데 은연 중에 가지게 되는 경험'이다. 전자는 표면적 교육과정을 의미하며 후자는 잠재적 교육과정을 의미한다.

위 분류는 교육과정 정책을 입안하는 교육 관련자들이 '국가 및 사회적 수준'이냐, 아니면 현장교육을 맡고 있는 '교사 수준'이냐, 또는 학습을 하고 있는 '학생 수준'이냐 하는 입안자의 관점으로 교육과정을 분류하였다. 이때, '국가 및 사회적 수준'의 교육과정에서 '필요한 요소'는 의사결정의 '주체'(국가 또는 국가 수준에서 인정하는 기관), 의사결정의 '형식'(국민교육헌장, 교육법에 의거한 법률 형태, 교육부의 법령과 같은 '문서화의 형식'), 의사결정의 '결과'(교육과정, 장학방침, 교과서, 교과용 교과 지침서)이다. 여기에서는 김종서 외(1993)의 분류 방법을 중심으로 각각을 구체적으로 살펴보기로 한다.

3.1 국가 수준의 교육과정

국내 학습자를 대상으로 하는 교육과정 중 국가 수준 교육과정에 해당하는 것은 초·중등학교의 교육 목적과 목표 달성을 위해 초·중등교육법 제23조 제2항[1]에 입각하여 교육부 장관이 결정, 고시한 것이 그것이다.

> (11) 제23조(교육과정 등)
> ① 학교는 교육과정을 운영하여야 한다.
> ② 교육부장관은 제1항에 따른 교육과정의 기준과 내용에 관한 기본적인 사항을 정하며, 교육감은 교육부장관이 정한 교육과정의 범위에서 지역의 실정에 맞는 기준과 내용을 정할 수 있다. <개정 2013.3.23.>
> ③ 학교의 교과(敎科)는 대통령령으로 정한다. [전문개정 2012.3.21.]

위 법령을 토대로 초·중등학교에서 편성·운영해야 할 학교 교육과정의 교육 목표와 내용, 방법과 운영, 평가 등에 관한 국가 수준의 기준 및 지침이 마련되고 교육과정이 만들어진 결과물이 국가 수준의 교육과정이다. 초·중등교육법(법령, 시행령, 규칙)에 근거하여 고시된 국가 수준 교육과정은 아래와 같은 관련법을 통하여 법적 효력이 미치는 범위(국가, 지역, 학교 등), 목적, 목표, 내용 편성, 운영, 교과, 방법, 평가 등의 기준이 되는데 이를 바탕으로 만들어진 '교육과정'은 법적 구속력을 갖게 된다.

---

[1] 초·중등교육법(법률 제13943호, 일부 개정 2016. 2. 3.) 제23조 제2항에는 교육부 장관이 교육과정의 기준과 내용에 관한 기본적 사항을 정하며, 교육감은 교육부 장관이 정한 교육과정의 범위 안에서 지역 실정에 적합한 기준과 내용을 정할 수 있음이 명시되어 있다.

(12) **학교 교육과정 편성 및 운영의 주요 사항에 대한 법적 근거**

주요 사항	교육과정의 법적 근거
국가 수준 교육과정 기준 설정	헌법 제31조 제1항, 제4항 초·중등교육법 제23조 제2항
국가 교육과정 기준 지역 수준의 교육과정 학교 교육과정 편성·운영의 지침, 법적 기준	교육기본법 제3조, 제4조, 제5조, 제6조 초·중등교육법 제23조 제2항
초·중학교의 교육 목적 규정	초·중등교육법 제41조
학교 교육과정 편성·운영의 법적 근거	초·중등교육법 제23조 제1항, 제2항
교과	초·중등교육법 제23조 제3항 초·중등교육법시행령 제43조
학사일정 운영	초·중등교육법 제24조 초·중등교육법시행령 제44조, 제45조
학급 편성	초·중등교육법시행령 제46조
학교의 휴업일	초·중등교육법시행령 제47조
수업 운영 방법	초·중등교육법시행령 제48조
초·중학교 자유학기 운영	초·중등교육법시행령 제44조, 제48조
교류학습, 체험학습의 수업일수 인정의 법적 근거	초·중등교육법시행령 제48조 제5항 초·중등교육법시행령 제49조
진급과 졸업	초·중등교육법 제26조 초·중등교육법시행령 제50조
중학교 수업연한 규정	초·중등교육법 제42조
조기 진급 및 조기 졸업	초·중등교육법 제27조 초·중등교육법시행령 제53조
학습 부진아 등에 대한 교육	초·중등교육법 제28조 초·중등교육법시행령 제54조
교과용 도서	초·중등교육법 제29조 초·중등교육법시행령 제55조
학교운영위원회 구성·운영	초·중등교육법 제31조, 제32조
장학 지도	초·중등교육법 제7조 초·중등교육법시행령 제8조
학생 자치 활동	초·중등교육법 제17조
학교 규칙 제정	초·중등교육법 제8조 초·중등교육법시행령 제9조
평가 및 평가 결과 기록	초·중등교육법 제9조, 25조 초·중등교육법시행령 제12조

국가 수준 교육과정 기준은 2015 개정 교육과정의 성격에도 그 의미가 명확하게 제시되어 있다. 국가 수준 교육과정 기준에는 법적 구속력이 있지만 동시에 이 기준은 교육의 목적 달성에 필요한 교육적 기준이므로 국가 교육과정 기준을 지역 및 학교의 실정에 알맞게 운영하는 것 또한 중요한 의미를 갖는다.(교육부, 2015, 6-11p) 국가 수준의 교육과정이 이와 같다면 한국어교육과정은 법적인 구속성을 가진 국가 수준 교육과정이라고 볼 수 있는가? 이를 알아보기 위하여 교육과정과 관련된 법령을 살펴볼 필요가 있다. 앞서 우리는 한국어교육과정의 대상이 제2언어 또는 외국어로서 한국어를 학습하는 학습자라고 하였다. 따라서 이들을 위한 교육과정을 만들 수 있는 법적인 장치가 마련되었는지를 알아본다.

우선 재외동포를 위한 교육과정 설치는 아래와 같은 법적인 장치가 마련되어 있다.

(13) **재외 동포(재외 국민)**
　가. 외국민의 교육지원 등에 관한 법률 시행규칙 (약칭: 재외국민교육법 시행규칙) 제2절 한국학교의 운영 제8조(교육과정) [교육부령 제125호, 2017.2.28., 일부개정]
　　① 한국학교의 교육과정은 「초·중등교육법」 제23조의 규정에 따라 교육부장관이 정하는 교육과정에 준하여 편성하여야 한다. <개정 2008.2.29., 2013.3.23.>
　　② 제1항의 규정에 불구하고 한국학교는 교육부령이 정하는 바에 따라 소재국의 특수성을 고려하여 교육과정 또는 교과내용을 일부 변경하여 편성할 수 있다. <개정 2008.2.29., 2013.3.23.>
　나. 제10조(교육과정 등)
　　① 한국학교는 법 제8조제2항에 따라 국어, 도덕, 사회(역사 포함), 수학, 과학 외의 교과에 대해서는 소재국의 특수성을 고려하여 교육과정 또는 교육내용을 일부 변경하여 편성할 수 있다. <개정 2015.6.9.>
　다. 제37조(국내 교육과정 등)
　　① 교육부장관은 법 제36조제1항에 따라 재외국민을 위한 국내 교육과정(이하 "교육과정"이라 한다)을 국립국제교육원에 설치·운영할 수 있다. <개정 2008.3.4., 2008.7.11., 2009.5.8., 2013.3.23.>
　　② 제1항에 따른 교육과정은 다음 각 호와 같다.
　　　1. 장기교육과정: 국내의 대학(대학원을 포함한다. 이하 같다)에서 수학하기 위하여 귀국한 재외국민에 대하여 수학능력을 기르기 위하여 실시하는 교육과정을 말한다.
　　　2. 단기교육과정: 재외국민의 조국애 함양과 모국(母國) 이해를 돕기 위하여 실시하는 교육과정을 말한다.

> 3. 연수과정: 법 제2조제2호에 따른 재외교육기관 및 이와 관련이 있는 각급 교육기관·교육행정기관 또는 교육단체 등의 교직원(외국인인 교직원을 포함한다)에게 실시하는 연수과정을 말한다.
> ③ 국립국제교육원장은 교육부장관의 승인을 받아 제2항 각 호의 교육과정 외에 필요한 교육과정을 설치·운영할 수 있다. <개정 2008.3.4., 2008.7.11., 2009.5.8., 2013.3.23.>
> ④ 국립국제교육원장은 제2항 각 호의 교육과정에 <u>국어·국사 및 우리나라의 전통문화 등 모국을 이해할 수 있는 교과목을 포함하여야 한다</u>. <개정 2008.7.11., 2009.5.8.>

위 (13가)을 보면 재외 동포에 대한 교육과정과 관련하여 재외국민교육법 시행규칙에 기술되어 있다. 먼저 제2절 제8조 ①항을 보면 한국학교의 교육과정은 초·중등교육법 제23조의 교육과정을 따른다고 하였으며, 국외 현지 사정에 따라 교육과정의 일부를 변경하여 편성한다고 하여 교육과정 구축에 대한 법적인 근거가 마련되어 있다. 또한 제10조를 보면 국어 교과목이 교육과정 변경의 대상으로 명시되어 있다. 제37조에 보면 재외국민을 위한 국내 교육과정을 국립국제교육원에 설치 운영할 수 있게 되어 있는데 이 교육과정은 장기, 단기로 나누어 설치할 수 있게 되어 있다. 아울러 제27조 ④항을 보면 문화에 대한 교과목 설치도 의무화하고 있다. 하지만 이는 엄밀한 의미에서 보면 재외동포 중 우리나라 국민-재외 국민-에 해당하는 교육과정으로 외국어 또는 제2외국어로서의 한국어가 아닌 제1언어로서의 국어를 가르치는 데 목적이 있는 것이므로 한국어교육과정 구축을 위한 포괄적인 법적 효력은 가지지 못한다.

> (14) 가. 초·중등교육법 시행령 제19조(귀국 학생 등의 입학 및 전학)
> ① 다음 각 호의 어느 하나에 해당하는 아동이나 학생(이하 "귀국학생등"이라 한다)의 보호자는 제17조 및 제21조에 따른 입학 또는 전학 절차를 갈음하여 거주지가 속하는 학구 안에 있는 초등학교의 장에게 귀국학생등의 입학 또는 전학을 신청할 수 있다. <개정 2010.12.27>
> 1. 외국에서 귀국한 아동 또는 학생
> 2. 재외국민의 자녀인 아동 또는 학생
> 3. 「북한이탈주민의 보호 및 정착지원에 관한 법률」 제2조제1호에 따른 북한이탈주민인 아동 또는 학생
> 4. 외국인인 아동 또는 학생
> 5. 그 밖에 초등학교에 입학하거나 전학하기 전에 국내에 거주하지 않았거나 국내에 학적이 없는 등의 사유로 제17조 및 제21조에 따른 입학 또는 전학 절차를 거칠 수 없는 아동 또는 학생

> ③ 외국에서 귀국한 아동은 제16조 및 제21조의 규정에 불구하고 교육감이 정하는 바에 따라 귀국학생 특별학급이 설치된 초등학교에 입학 또는 전학할 수 있다. <개정 2010.12.27.> [제목개정 2010.12.27.]
> 나. 초·중등학교 교육과정 고시문(교육과학기술부 고시 제 2012 - 14 호)초·중등교육법 제23조 제2항에 의거하여 초·중등학교 교육과정(교육과학기술부 고시 제 2012-3호, 2012. 3. 21.)의【별책 1】총론, 【별책 5】국어과 교육과정, 【별책 6】도덕과 교육과정, 【별책7】사회과 교육과정을 일부 개정하고,【별책 27】한국어 교육과정을 신설하여 …생략… 교육과학기술부장관
> 다. 2015년 개정 한국어 교육과정, 교육부 고시 제 2015 74호[별책 43]

　　교육부는 공교육 시스템 안에 다양한 언어와 문화를 배경으로 하는 학생들의 수가 급증하자 2010년도에 12월에 귀국 학생 등의 입학 및 전학에 대하여 기술한 초·중등교육법 시행령 제19조를 개정하여 귀국 학생의 범위를 귀국 학생, 재외국민 자녀 이외에 북한이탈주민과 외국인 학생을 포함하였다. 이어 2012년에 '다문화 학생을 위한 교육 선진화 방안'을 발표하였다. 다문화 교육 선진화 방안의 주요 내용은 다문화 배경 학생들이 특별학급 (초중등 교육법 시행령 개정) 등에서 한국어를 정규 교과로 이수할 수 있도록 하는 방안을 마련하는 것이다. 즉 다문화 배경 학생들의 공교육 진입 지원을 위한 다문화 예비 학교 운영, 한국어(KSL) 교육과정 도입 및 기초 학력 책임 지도, 이중 언어 교육 강화, 진로 진학 지도 강화 등을 주요 내용으로 하고 있다. 또한 모든 학교 단위에서 교과목으로 학교의 특성, 학생과 교사, 학부모의 요구에 따라 주당 10시간 내외로 탄력적인 운영을 할 수 있도록 하였다. 이에 따라 교육부에서는 국가 수준에서 다문화 배경 학생을 위한 '2012 한국어 교육과정'을 개발 고시하고(2015년 개정 고시, 14다), 2013년 3월부터 초중등학교 시행령에 의해 일선 학교에서 주당 10시간 내외로 한국어 교육을 실시하였다. '2012 한국어 교육과정'의 도입으로 한국어 능력이 부족한 다문화 배경 학생들은 공교육 시스템 안에서 제2언어로서의 한국어(KSL)를 정규 교과로 배울 수 있는 권리를 갖게 되었고, 일선 학교 당국에서는 제한된 수준의 한국어를 사용하는 다문화 학생들에게 한국어 교육을 제공해야 할 의무를 지게 된 것이다. 그런데 다문화 학생들을 위한 한국어 교육과정에 대한 법령은 따로 만들지 않았는데, 그 이유는 초·중등교육법 제23조 제2항이 다문화 배경 학생들의 교육과정을 포괄하기 때문이다. 이를 근거로 교육부에서는 (14나,다)에서 보듯이 2012년도에 별책 27권, 2015년에 별책 43권을 만들었다. 이는 별책 5의 국어과 교육과정과 별개로 구성된 것으로 초·중등학교의 다문화 배경 학생만을 대상으로 한 교육

과정이다. 더 나아가 문화 체육관광부 소속 국립국어원에서 초·중·고등학교급 다문화 배경 학생을 위한 한국어 표준 교재, 교사용지도서, 익힘책 개발을 하였다. 따라서 이는 법적 구속력을 가진 국가 수준의 한국어 교육과정으로 볼 수 있다. 다만 그 대상이 초·중등 학년의 학생이 그 대상이고, 원칙적으로 한국 사회의 구성원이 되는 목표도 함께 하기 때문에 외국어 또는 제2언어로서의 한국어 교육과 국어 교육의 중간적인 성격을 지닌다.

(15) 가. 국어기본법 제19조(국어의 보급 등)
① 국가는 국어를 배우려는 외국인과 「재외동포의 출입국과 법적 지위에 관한 법률」에 따른 재외동포(이하 "재외동포"라 한다)를 위하여 교육과정과 교재를 개발하고 전문가를 양성하는 등 국어의 보급에 필요한 사업을 시행하여야 한다.
나. 제19조의2(세종학당재단 설립 등) ① 국가는 외국어 또는 제2언어로서의 국어 보급을 효율적으로 수행하기 위하여 세종학당재단(이하 "재단"이라 한다)을 설립한다.
⑤ 재단은 다음 각 호의 사업을 한다.
1. 외국어 또는 제2언어로서의 국어와 한국문화를 교육하는 기관이나 강좌를 대상으로 세종학당 지정 및 지원
2. 온라인으로 외국어 또는 제2언어로서의 국어와 한국문화를 교육하는 누리집(누리 세종학당) 개발·운영
3. 세종학당의 한국어 표준 교육과정 및 교재 보급
6. 그 밖에 외국어 또는 제2언어로서의 국어보급을 위하여 필요한 사업 [본조신설 2012.5.23.]

(15)의 국어기본법 제19조에는 외국인 또는 재외동포에 대한 교육과정 개발에 대하여 명시적으로 기술되어 있기 때문에 이로 만들어진 한국어교육과정은 외국어 또는 제2언어로서의 한국어를 배우려는 학습자들을 모두 포괄하며, 이는 법적 구속성을 갖는다는 점에서 국가 수준의 교육과정 구축에 대한 토대가 된다. 또한 국어기본법 제19조 2항을 보면, 비록 세종학당재단이 특수적 성격을 갖는 기관이라고 할지라도, 외국어 또는 제2언어로서의 국어 보급을 한다는 점이 명시적으로 기술되어 있으며, ⑤-3을 볼 때 한국어 표준 교육과정과 관련된 조항이 구체적으로 나타나 있으므로 이를 통하여 만들어지는 교육과정은 국가 수준의 한국어 교육과정이 된다. 다만 세종학당에서는 세종학당 교재만 만들어져 있고, 아직까지 한국어 교육과정이 개발되지 않은 상태이다. 만약 이

조항을 통하여 한국어 교육과정이 구축되고 이것이 정부 차원에서 고시된다면 그 파급 효과는 매우 크다고 아니할 수 없다.

> (16) **외국인근로자의 고용 등에 관한 법률 제11조(외국인 취업교육)**
> ① 외국인근로자는 입국한 후에 고용노동부령으로 정하는 기간 이내에 대통령령으로 정하는 기관에서 국내 취업활동에 필요한 사항을 주지(周知)시키기 위하여 실시하는 교육(이하 "외국인 취업교육"이라 한다)을 받아야 한다. <개정 2010.6.4.>
> ② 사용자는 외국인근로자가 외국인 취업교육을 받을 수 있도록 하여야 한다.
> ③ 외국인 취업교육의 시간과 내용, 그 밖에 외국인 취업교육에 필요한 사항은 고용노동부령으로 정한다. <개정 2010.6.4.>

(16)은 근로 목적으로 한국에 입국하는 외국인 근로자들에 대한 교육을 언급한 법령으로, 외국인 취업 교육만 언급하였을 뿐 명시적으로 한국어 교육이라는 말은 없지만, 취업 교육의 상당 부분이 한국어 교육이라는 점에서 주목할 만한 법령이다. 하지만 교육과정 구축에 대한 언급이 없기 때문에 국가 수준의 취업 목적 한국어 교육과정 구축에 대한 법적인 의무는 없다.

> (17) 가. **다문화가족지원법 [시행 2017.3.21.] [법률 제14702호, 2017.3.21., 일부개정] 제6조(생활정보 제공 및 교육 지원)**
> ① 국가와 지방자치단체는 결혼이민자 등이 대한민국에서 생활하는 데 필요한 기본적 정보(아동·청소년에 대한 학습 및 생활지도 관련 정보를 포함한다)를 제공하고, 사회적응교육과 직업교육·훈련 및 언어소통 능력 향상을 위한 한국어교육 등을 받을 수 있도록 필요한 지원을 할 수 있다. <개정 2011.4.4., 2016.3.2.>
> ② 국가와 지방자치단체는 제1항에 따른 교육을 실시함에 있어 거주지 및 가정환경 등으로 인하여 서비스에서 소외되는 결혼이민자 등이 없도록 방문교육이나 원격교육 등 다양한 방법으로 교육을 지원하고, 교재와 강사 등의 전문성을 강화하기 위한 시책을 수립·시행하여야 한다. <신설 2011.4.4.>
> ⑤ 결혼이민자 등의 배우자 등 다문화가족 구성원은 결혼이민자 등이 한국어교육 등 사회적응에 필요한 다양한 교육을 받을 수 있도록 노력하여야 한다. <신설 2015.12.1.>

나. 제7조(평등한 가족관계의 유지를 위한 조치) 국가와 지방자치단체는 다문화가족이 민주적이고 양성평등한 가족관계를 누릴 수 있도록 가족상담, 부부교육, 부모교육, 가족생활교육 등을 추진하여야 한다. 이 경우 문화의 차이 등을 고려한 전문적인 서비스가 제공될 수 있도록 노력하여야 한다.

다. 제10조(아동·청소년 보육·교육)

② 국가와 지방자치단체는 다문화가족 구성원인 아동·청소년이 학교생활에 신속히 적응할 수 있도록 교육지원대책을 마련하여야 하고, 특별시·광역시·특별자치시·도·특별자치도의 교육감은 다문화가족 구성원인 아동·청소년에 대하여 학과 외 또는 방과 후 교육 프로그램 등을 지원할 수 있다. <개정 2015.12.1.>

③ 국가와 지방자치단체는 다문화가족 구성원인 18세 미만인 사람의 초등학교 취학 전 보육 및 교육 지원을 위하여 노력하고, 그 구성원의 언어발달을 위하여 한국어 및 결혼이민자 등인 부 또는 모의 모국어 교육을 위한 교재지원 및 학습지원 등 언어능력 제고를 위하여 필요한 지원을 할 수 있다. <개정 2013.3.22., 2015.12.1.>

④ 「영유아보육법」 제10조에 따른 어린이집의 원장, 「유아교육법」 제7조에 따른 유치원의 장, 「초·중등교육법」 제2조에 따른 각급 학교의 장, 그 밖에 대통령령으로 정하는 기관의 장은 아동·청소년 보육·교육을 실시함에 있어 다문화가족 구성원인 아동·청소년이 차별을 받지 아니하도록 필요한 조치를 하여야 한다. <신설 2015.12.1.>

라. 제12조(다문화가족지원센터의 설치·운영 등)

① 국가와 지방자치단체는 다문화가족지원센터(이하 "지원센터"라 한다)를 설치·운영할 수 있다.

④ 지원센터는 다음 각 호의 업무를 수행한다.
  1. 다문화가족을 위한 교육·상담 등 지원사업의 실시
  2. 결혼이민자등에 대한 한국어교육 [전문개정 2012.2.1.]

(17)은 다문화가족지원법에 기술된 한국어 교육과 관련된 내용이다. 여기에는 결혼이민자에 대한 한국어 교육과 교재, 강사들에 대한 지원(가①, ②), 이 교육의 목적이 사회적응에 대한 교육이 중심이 되어야 한다는 것(가⑤), 문화 교육을 할 수 있다는 것(나), 다문화가족 유아, 아동과 청소년들에 대한 방과 후 교육(제10조 ②,④), 결혼이민자들의 언어 능력 제고를 위한 지원(제 10조 ③) 그리고 다문화가족지원센터 중심의 한국어교육(라)에 대한 내용이다. 이 자체만 놓고 본다면 다문화

가족을 위한 한국어 교육과정에 대한 법적 토대는 마련되지 않았다. 이는 초·중등 교육법의 대상으로 모두 포괄되지 않으며(다문화 가정 배경 학생은 이 법령으로 포함될 수 있으나 결혼 이민자는 이 법령에 포함되지 않기 때문이다.), 그렇다고 하여 국어 기본법 19조가 이들을 전부 포괄할 수 없기 때문이다. 국어 기본법에서는 외국인 또는 재외 동포라 기술하여 한국 국적을 취득한 다문화 가족은 제외되기 때문이다. 국가 수준의 교육과정이 완성되려면, 법령과 함께 이들을 위한 교육과정이 만들어져야 하며, 그리고 이것이 정부 기관의 고시를 통하여 관련 교육기관에 공지되어야만 하는데, 다문화가족지원법은 이 세 과정에 모두 적용되지 않기 때문이다.

3.2 교사 수준의 교육과정

'교사 수준의 교육과정'이란 '교육 과정' 설계에 대한 의사 결정자로서 '교사'가 관여하는 교육과정이다. 그런데 이는 교사가 소속되어 있는 곳이 '학교 또는 교육 기관'에 해당되므로, '학교' 수준의 교육과정이라고도 불린다. 국가 수준에서 교육 기관의 교육과정의 모든 것을 결정하는 기존의 중앙집권적인 교육과정 체계에서의 교사의 역할은, 위로부터 부여받은 교육과정을 충실히 실행하는 것으로 제한되었다. 즉 교사와 교육기관의 역할은 국가가 제시한 교육과정을 받아 학습자들에게 어떻게 하면 그 과정에 맞게 효율적으로 잘 가르칠 것인가에 그 역량이 집중되었다. 하지만 교육과정 결정에 있어서 분권화가 강조되고 교육과정에 대한 학교의 자율성이 지속적으로 확대되어 오면서, 교사가 기존과 같이 단순히 교육과정을 실행하는 역할, 구축된 교육과정을 사용하는 역할, 학습자들에게 이를 효과적으로 가르치는 역할에만 그치지 않고, 교육과정 설계를 하고 중요한 항목과 내용에 대하여 의사 결정을 할 수 있는 권한이 점차 폭넓게 주어졌다. 따라서 교사 수준의 교육과정은 최종적 실천자인 교사가 바로 교육과정의 최종 결정자이고 개발자라고 보는 시각이기 때문에 교육의 실천자이고 교육의 주체인 교사가 교육 내용과 방법을 어떻게 결정하고 실천하고 평가하느냐 하는 것은 매우 중요한 과제가 되었다(한혜정 외, 2015).

그런데 외국인 학습자를 위한 한국어 교육과정 설계에 있어서 각 교육기관과 한국어교사의 역할은, 한국인 학습자를 위한 교육과정(이하 국내 교육과정으로 칭함)의 역할보다도 더 적극적인 참여가 요구된다. 그것은 국내 교육과정의 경우 국가 수준의 교육과정이 엄밀한 기준이 있어서 그 지침을 통해, 교사와 교육기관이 일련의 교육 실천 계획을 수립하고 교육 내용과 방법을 구성하는데 기준을 삼은 후, 해당 학교의 상황, 시설, 자료를 염두 하여 학교 수준의 교육과정을 구축할 수 있다. 하지만 한국어 교육 과정은 학습자들의 목적이 매우 다양하여 국가 수준의 한국어 교육 과정이 참조적 성격을 띨 수 밖에 없다. 이에 따라 이 교육과정에 대한 개별화된 설계 작업이 필수적이다. 그러므로 이러한 개별화 작업에 개별 교육기관들과 한국어 교사들이 적극적으로 참여할 수밖에 없다. 잘 알다시피 한국어 교육과정은 한국인 학습자들의 교육과정과 달리 대학 부설 한국어 교육센터, 다문화가족지원센터, 외국인근로자센터, 국외 한글학교, 국외 한국어 교육 설치 대학 등 개별 교육기관들이 필요에 의해 각 학습자에 맞는 한국어 교육과정을 설계해야 하는데, 보통 학교 수준의 교육과정에서 교사는 국가 차원에서 마련된 교육과정을 바탕으로, 해당 교육기관에서 요구되는 개별적인 상황에 맞추어 학교 전체의 연간 계획, 월별·주별 계획, 수업 안과 같은 교수요목 수준의 내용을 설계하는 역할을 한다. 하지만 한국어 교육과정을 운영하는 교육기관과 교사는 교수요목 이외에 목표, 수업 시수, 교육 내용 등 국가 수준에서 담당할 교육과정 수준의 내용에 대한 구성에 참여해야 하기 때문이다.

3.3 학생 수준의 교육과정

학생 수준의 교육과정은 학습자들이 교육기관에서 교과학습만을 경험하는 것이 아니라 교육기관에서 의도하지 않는 것도 경험한다는 것에 착안하여 만들어진 학습자 수준의 교육과정이다. 즉 교육 기관의 공식적인 교육과정이 계획하지 않았지만, 교육기관의 물리적 조건, 제도, 행정조직, 사회적, 심리적 상황을 통하여 학습자들이 은연중에 가지게 되는 경험의 총체를 조직화한 것이 학생 수준의 교육과정이다.[2] 이는 공시적인 교육과정의 상호 보완적인 관계를 지니는 것으로 학습자의 정의적 영역(인간의 흥미·태도·가치관 등과 관련)에 중점을 두는 교육과정이다. 학습자들의 주관적 경험과 정의적 영역을 중시하기 때문에 이 교육과정은 잠재적 교육과정으로도 불린다.

이 때 잠재적 교육과정을 구축하는 방법은 어떻게 되는가? 첫째 '자료 수집의 단계'가 있다. 이를 위하여 ① 교사가 학습자의 자료를 수집하는 행위(교실에서의 수업 현장, 쉬는 시간, 수업 외의 특정 과제 활동 등에서 학습자들의 대화나 행위의 자료) ② 교사가 '직접 관찰, 비디오 촬영, 오디오 녹음, 메모, 면담 등의 방법' 등 다양한 관찰 방법을 사용하거나 ③ 사진이나 동영상 그리고 글쓰기 자료들을 수집하여 분석하는 방법을 활용한다. 다음에 자료를 해석하는 단계가 있다. 여기에는 교사가 최대한 객관적인 해석을 위하여, 자신의 주관적인 배경 지식이나 개념의 틀(conceptual Framework)을 배제하여야 한다. 예를 들어 '관찰'의 경우 '(1)누가, (2)언제, (3)어디서, (4)누구와

---

[2] 학생 수준의 교육과정과 잠재적 교육과정의 차이는, 전자가 수준의 주체에 초점을 맞추었다면, 후자는 '형태'의 측면에 초점을 맞추어 기술하였다는 점이 다르다. 즉 '경험'과 같은 무형의 형태에 대한 체계와 조직의 측면을 중점적으로 다룬 것이 잠재적 교육과정이다.

함께, (5)어떤 상황 하에서, (6)어떤 목적으로, (7) 어떤 예상되는 결과와 함께, (8)무엇을 하고 있다'는 식으로 행위의 의미를 구체적으로 기술해야 한다. 둘째, 교사가 비교적 관점(Comparative Perspective)을 가지는 단계가 있다. 학습자들의 행위를 구체적으로 기술하기 위해서 교사는 한 사태에서 관찰하거나 확인한 내용을 다른 유사한 상황에서 관찰하거나 확인한 내용과 끊임없이 비교해야 하고, 또 이 경우에 유사한 상황에서 학습자마다 어떻게 다른지도 끊임없이 비교해야 한다. 비교를 통해서 교사는 학습자들의 행동 패턴(또는 경험의 일반적인 유형)을 발견하게 되고, 이를 통해 교육기관이나 교실 상황에서 일어나고 있는 학습자들의 행동, 신념, 지식, 태도에 대해 구체적으로 '이해'하게 된다.

행동 방식이란 일반화된 학습자들의 행동 양상을 의미한다. 일반화된 학습자의 행동 양상은 학습의 결과로서 학생에게 있어서 잠재적 교육과정이 된다. 다음에 구축된 학교 수준의 교육과정을 평가하는 단계가 있다. 평가는 두 가지 목적을 가지는 데 그 하나는 학습 성취의 결과를 통해 등급을 매기고 교육 기관의 행정적인 목적에 활용하기 위함이요, 다른 하나는 학습자들이 학습 요소 중 어느 부분이 취약한지를 파악하여 학습자들의 언어 학습을 촉진시키기 위함이다. 그런데 이러한 학생 수준의 교육과정을 만들 때 주도적인 역할을 하는 것은 학습자가 아니라 교사이기 때문에 교육과정은 교사 수준의 교육과정이라는 견해도 있다. 곧 교육과정 구축의 소재가 '학습자의 경험'이고 주 학습자의 여러 면 중 주로 '정의적 영역'을 파악한다는 점에서 앞서 말한 교사 수준의 교육과정에 해당하며, 또한 다양한 자료들이 얻어지는 곳이 주로 수업을 통하여 얻어지기 때문에 교육과정 보다는 교수요목 차원의 교육과정으로도 볼 수 있다.

4 요약

[교육 목적에 따른 유형 분류]
- **교과 중심 교육과정**
  교과 중심 교육과정은 문화유산의 전수를 목표로 하고, 교과는 '교수 목적을 위해 인류 문화유산의 핵심적인 것을 논리적으로 조직해 놓은 것'이라고 보기 때문에 교육과정의 다양한 구성 요소 중 교과를 중심으로 내용과 조직 체계가 구성된다.
- **경험 중심 교육과정**
  교과에 대한 지식보다는 경험을 통해 상황에 맞는 행동과 실천을 할 수 있는 사람을 기르는 것을 목표로 하고 교육에서 가르쳐야 할 내용은 학습자들이 생활에서 직면할 수 있는 경험의 총체이다. 그렇기 때문에 교육 내용은 지식 자체보다는 '지식의 구조, 기본 개념, 원리 및 탐구 방법' 등이다.

- **학문 중심 교육과정**
지식의 기본원리와 지식의 구조, 그리고 학문의 탐구과정을 익히도록 하는 것을 목적으로 하고, 교육내용은 학문의 기초가 되는 것들과 적용 범위가 넓어 새로운 지식을 더 많이 만들 수가 있는 것들로 구성한다.

[정책 결정자에 따른 유형 분류]

- **국가 수준의 교육과정**
국가가 학습자들에게 어떤 목적을 위하여 무엇을 가르칠 것인지에 대한 일련의 의사결정을 해 놓은 문서를 말한다. 이는 법적인 효력을 갖기 때문에 교육기관 및 교사의 교육과정 운영에 영향을 준다.

- **교사 수준의 교육과정**
'교육 과정' 설계에 대한 의사 결정자로서 '교사'가 관여하는 것으로 이는 교사가 소속되어 있는 곳이 '학교 또는 교육 기관'에 해당되므로, '학교' 수준의 교육과정이라고도 불린다.

- **학생 수준의 교육과정**
교육 기관의 공식적인 교육과정이 계획되지 않았지만, 교육기관의 물리적 조건, 제도, 행정조직, 사회적, 심리적 상황을 통하여 학습자들이 은연중에 가지게 되는 경험의 총체를 조직화한 것이 학생 수준의 교육과정이다. 이는 공시적인 교육과정의 상호 보완적인 관계를 지니는 것으로 학습자의 정의적 영역(인간의 흥미·태도·가치관 등과 관련)에 중점을 두는 교육과정이다.

5 토론과 과제

1) 한국어를 가르치는 개별 교육과정의 교육과정을 보고 '교과 중심, 경험 중심, 학문 중심' 교육과정 중 어디에 해당하는지를 토론해 보라.

2) 한국어 교육과정이 법적 효력을 갖는 완전한 국가 수준의 교육과정을 이루기 위한 방법에는 어떤 것이 있는지를 토론해 보라.

3) 현재 대학 부설 한국어교육센터, 다문화교육센터, 외국인근로자센터 등에서 운영되고 있는 교육과정의 수준은 교사(또는 학교 수준) 수준의 교육과정이라 부를 수 있다. 여러 기관 중 실제로 운영되고 있는 교육기관을 하나만 찾아 그 현황을 다음을 고려하여 살펴보라.

> 가. 한류 현황
> 나. 외국인 근로자 현황
> 다. 외국인 유학생 현황
> 라. 결혼 이민자 현황
> 마. 다문화가정 자녀 현황
> 바. 재외동포 현황

4) 한국어 교육과 관련하여 여러 정부 부처에서 한국어 교육과 관련된 정책을 입안하고 이를 시행하고 있다. 여러 부처 중 하나를 골라 관련된 한국어 교육 정책을 비판적으로 토론해 보라.

6 참고 사이트

- 한국어교육관련 법령(국가법령정보센터)
  http://www.law.go.kr/main.html

- 교육과정(NICC 국가교육과정 정보센터)
  http://ncic.kice.re.kr/mobile.dwn.ogf.inventoryList.do

제3장
국내외 외국어 교육과정

3. 국내외 외국어 교육과정

> 1. 들어가기
> 2. 유럽 공통참조기준(CEFR)
> 3. 국내 영어과교육과정
> 4. 미국 외국어교육위원회 평가기준(ACTFL)
> 5. 국내 한국어능력시험 평가기준(TOPIK)
> 6. 요약
> 7. 토론과 과제
> 8. 참고 사이트

1 들어가기

이 장은 국내외 외국어 교육과정을 살펴본다. 외국어 교육과정이라 함은 해당 국가의 언어 학습을 필요로 하는 외국인 학습자를 위하여 외국어[1]로서 자국어를 가르칠 때 필요한 교육적 설계를 뜻한다. 따라서 이러한 교육과정들을 살펴봄으로써 외국어로서 한국어를 가르치는 한국어 교육과정 구축 시 이론적 그리고 실제적으로 도움을 받을 수 있다.

먼저 유럽 공통참조기준(CEFR)을 살펴본다. 유럽 공통참조기준은 유럽회원국의 40여 개 나라의 외국어 교육 전문가들이 모여 교육과정을 설계하면서 유럽의 다양한 언어와 문화를 어떻게 수용하고 이를 언어 교육적 측면에서 어떻게 실현시켜 나가야 할 지에 대한 고민이 담아져 있다. 또한 이러한 고민은 직·간접적으로 개별적인 한국어교육과정을 설계하는 데 많은 영향을 주었다.

---

[1] 좀 더 정확히 말하자면 외국어 교육과정은 자국어를 외국어 또는 제2언어로 가르치기 위한 교육적 설계를 뜻한다. 외국어 또는 제2언어의 개념은 1장을 참조하기 바란다.

다음에 국내 외국어 교육과정으로 영어과 교육과정을 알아본다. 영어과 교육과정은 한국인 학습자들이 정규교과로서 외국어로서의 영어를 배울 때 염두에 두어야 할 과정을 설계한 것이다. 이는 외국인 학습자들이 외국어로서 한국어를 배우는 한국어교육과정과 대칭점에 있다는 점에서, 이 교육과정의 체계, 목표, 그리고 세부적인 항목들이 주는 시사점이 매우 크다. 아울러 미국 외국어 교육위원회 평가기준을 살펴본다. ACTFL는 미국 교육위원회 주도로 만들어진 성취도 평가이다. 주로 목표 중심으로 설계되어 있는데, 여기에도 언어 교육에서 핵심적인 개념인 언어 수행과 언어 능력을 어떻게 보아야 하는지, 이에 따라 외국인 학습자들에게 어떤 언어 교육이 필요한지에 대한 논의가 담겨져 있다. 끝으로 국내 한국어능력시험(TOPIK)의 체계를 살펴보는데, 이는 ACTFL과 마찬가지로 성취도 평가의 일종으로 주로 한국에 유학을 오고자 하는 외국인 학습자들의 성취도 평가에 활용된다. TOPIK은 목표와 평가 기준 중심의 설계로 구성되어 있는데, 나름의 독자적인 체계를 가지고 있지만, 이 체계는 국내외의 다양한 교육과정과 성취도 평가 기준에 영향을 받았음은 물론이다.

2 유럽 공통참조기준

2.1 유럽 공통참조기준의 개발 배경

유럽 공통참조기준이 개발된 배경을 알아보기 위해서는 유럽연합의 통합의 개념을 먼저 살펴보아야 한다. 유럽연합은 잘 알다시피 유럽의 여러 국가들이 1991년 마스트리흐트 조약을 통하여 국가 간 경제 공동체를 구성하고자 한 데서부터 본격적으로 시작되었는데, 이후 정치, 지리, 문화 등의 다양한 분야의 통합이 시도되고 있다. 그런데 유럽연합이 지향하는 이러한 공동체 또는 통합의 개념은 통일의 개념과 다르다. 통일은 국가와 국가 간의 여러 분야의 제도나 정책 등을 같거나 일치되게 하는 것을 목표로 하지만, 통합은 각국의 경제, 정치, 지리 등의 다양성을 존중하면서 서로 간의 심리적·물리적 이동을 원활하게 함을 목적으로 한다. 예를 들면 경제적 통합의 일례로 유로화를 들 수 있는데, 유로화의 경우 그 지폐의 도안은 각국의 상황을 반영하여 다르게 만들어졌지만 특정 국가의 화폐는 다른 국가에서도 호환(이동)이 될 수 있게 하였다. 정치적 통합도 각국의 정치 제도 자체를 하나로 일치하게 하는 것이 아니라 각국의 정치 제도를 존중하면서, 공통으로 필요한 중요한 정치 사안들에 대하여 협의를 거친 후 그 협의된 내용을 각국에서 공동으로 준수함으로써, 정치적인 상호 이동을 원활하게 하고자 한 것이다. 지리적 통합도 마찬가지인데, 한 지역의 다양한 특성은 존중하되, 해당 지역에서 다른 지역으로의 원활한 이동을 하기 위하여 국경 장벽을 없애고 지역 간 서로 다른 교통 체계나 관련 시설들에 대한 공통적 규범화를 추구함으로써, 지리적인 상호 이동을 원활하게 만든 것이다.

그런데 이러한 경제적, 정치적, 지리적 통합만큼 중요한 통합이 있는 데 바로 언어적 통합이다. 언어적 통합도 다른 통합과 마찬가지로, 각국의 언어를 하나로 통일시키는 것이 아니라, 해당 국가의 언어의 다양성을 존중하면서 동시에 언어의 이동을 원활하게 하게 함을 목표로 한다. 그런데 언어적 통합은 해당 국가의 사고, 가치관, 그리고 문화의 통합 곧 다양한 국가들 간에 상호 이해와 심리적 거리를 좁히는 데 중요한 역할을 하므로, 어떻게 보면 '경제적, 정치적, 지리적 통합'보다 중요하고도 근본적인 문제가 아닐 수 없다. 그렇다면 각국의 언어를 존중하면서도-한 언어로 통일화하지 않고도-, 동시에 언어의 이동이 원활하게 될 수 있는가? 그것은 자국의 언어(L1)에 대한 다른 지역으로의 이동(L2)의 관점으로 보면 쉽게 알 수 있다. 예컨대, 스페인에서 이탈리아로 직장을 목적으로 이동하는 사람의 경우 'L2' 언어로서의 이탈리아어를 사용하며, 이탈리아에서 스페인으로 이동을 하는 사람의 경우 '스페인어'를 L2 언어로서의 사용을 해야 한다. 따라서 스페인 사람들에게는 스페인어가 모국어(L1)가 되지만 이탈리아 사람에게는 스페인어가 외국어(L2)가 된다. 역으로도 마찬가지이다.

요컨대 언어의 통합은 각국 언어가 각기 L2언어로서의 '이동의 공유 수단'으로서 역할을 하고, 이러한 수단(L2)을 통하여, '경제, 정치, 지리'의 자유로운 공유와 이동을 가능하게 하는 데 중요한 역할을 한다. 이에 유럽연합은 이에 대한 일정한 기준을 마련하였는데 그것이 바로 유럽 공통참조기준인 것이다.

언어의 통합은 또 다른 시각으로 보면 '언어에 대한 교육의 통합'으로 볼 수 있다. 각국의 언어가 제2언어로서 역할을 하고 이것이 이동의 수단을 가진다고 볼 때, 이 이동은 표준적 이동이어야 한다. 예컨대, 스페인어가 프랑스에서 사용될 때나 스페인어가 이탈리아에서 사용될 때나 동일한 기준이 적용되는 표준적인 규범이 마련되어야 한다. 곧 프랑스에서 규정한 스페인어의 기준이 이탈리아에서 규정한 스페인어의 기준과 다르다면, 프랑스인의 스페인어 수준과 이탈리아인의 스페인어 수준이 동일하지 않게 되고 결국 상호 의사소통에 어려움이 발생할 수밖에 없다. 좀 더 구체적으로 말하면, 프랑스인이 스페인어 6급이라고 한 수준과 이탈리아인이 스페인어 6급이라고 한 수준이 다르다면, 상호 의사소통이 원활하지 않을 수 있다는 것이다. 따라서 각국이 자국의 제2언어로서 내용과 목표 그리고 교육에 대한 일정한 공통적인 규준(기준)에 대한 합의가 있어야 하며, 이러한 합의는 각국에서 공유되어야만 언어적인 상호 이동이 원활하게 된다. 좀 더 부연하면, 자국이 아닌 다른 회원국에서 그 국가의 언어를 제2언어로서 배울 때, 합의된 공통된 목표, 내용, 절차를 통하여 교육 과정을 설계하고 이를 교수·학습 방법에 적용함으로써(더 나아가 이 기준을 각국의 언어로 번역하여 이를 준수함으로써), 다른 유럽 회원 국가의 학습자들에게 자국의 언어적 이동을 원활하게 할 수 있어야 한다는 것이다.

2.2 다양성과 유럽 공통참조기준

이러한 배경 하에 '유럽평의회'의 유럽장관위원회 주도하에 유럽회원국의 40여 개 나라의 외국어 교육 전문가들이 언어 교육을 어떻게 할 것인지에 대한 토론을 하여 몇 가지 중요한 부분에 대하여 상호 합의를 하였다. 그리고 합의된 내용을 토대로 2001년에 이르러 프랑스 스트라스부르크(Strasburg)에 있는 유럽문화협력위원회 산하 교육위원회, 현대어분과(Council for Cooperation, Education Committee, Modern Languages Division)에서 유럽 공통참조기준을 제정하였다. 합의된 내용은 장관위원회의 권고문 R18(1982), R6(1998)의 다음과 같은 3대 원칙으로 이는 교육내용에 대한 거시적인 목표가 되었다.

첫째, 언어와 문화의 다양성이라는 유산을 보호·발전시킨다.
둘째, 유럽 내의 유동성, 상호이해, 협력강화, 편견불식을 위해 외국어를 통한 의사소통을 강화해야 한다.
셋째, 이 목표를 위해 회원국들은 협력을 통해 국가차원의 교육목표를 세운다.

유럽연합의 회원국들은 인종, 언어, 그리고 역사가 상호 다르지만, 지리적으로 인접해 있기 때문에 공존을 위한 전략을 같이 추구할 수밖에 없는 입장에 있다. 그래서 공통참조기준을 만들면서 가장 먼저 내세운 것이 효과적인 의사소통과 언어와 문화의 다양성을 서로 존중하자는 것이다. 유럽 공통참조기준을 제정한 이유는 회원국들의 서로 다른 교육제도에서 오는 불편함을 제거해야 한다는 필연성이 대두되고, 그것을 제거하기 위해서 공통의 목표와 평가척도를 수립해야 한다는 것과, 그리고 그 결과를 상호 인증하는 과정이 필요하다는 점 때문이었다.

언어의 다양성은 다중언어주의(Plural-lingualism)로 표현된다. 과거의 외국어 목표가 필수 외국어인 영어와 다른 외국어 한두 개에 치중하는 다언어주의(Multi-lingualism)인 반면, 각 회원국의 언어와 소수 언어에 대한 교육의 필요성이 제기되어 다중언어주의의 개념이 부각되었으며, 이는 유럽연합 이념의 근간이 되었다. 또한 다언어주의에서 다중언어주의로의 전환은 필연적으로 언어의 문화적인 맥락을 강조하고, 비언어적인 의사소통의 활용을 요구한다.[2] 이와 더불어 다중언어주

---

[2] 유럽공통참조기준(CECR)은 '다중언어주의'(plurilinguisme)를 이념적 지표로 명시하고 있다. 여기에는 미국을 중심으로 진행되고 있는 '세계화'에 반(反)하여 '다언어', '다문화'를 기치로 삼고 유럽의 언어정책을 선도하고자 하는 유럽평의회의 정치적 소신이 반영되어 있다고 본다. CECR(2005, p.11)에 근거하면 다중언어주의는 '다언어주의'(multilinguisme)와는 다른 관점에서 접근하여야 한다. 단순히 학교에서 외국어를 다양하게 제공하고 여러 언어를 배우도록 장려하거나 영어 이외의 외국어 선택의 폭을 넓혀주는 것이 다언어주의에 기초한 정신이라면, 다중언어주의는 한 인간의 언어적 경험이 가정, 학교, 사회의 언어를 거치면서 다른 민족의 언

의는 영어 위주의 교육에서 탈피하고자 하는 의도도 담겨 있다.[3]

유럽 공통참조기준의 필요성이 구체적으로 언급된 것은 1991년 11월 스위스 연방정부의 주도로 이루어진 '유럽에서의 언어학습의 투명성과 응집성: 목표, 평가, 인증' 심포지엄이었는데 여기에서는 그 필요성을 다음과 같이 말하고 있다.

첫째, 유동성 강화를 위해서 언어교육에 외국어수업을 강화할 필요가 있다. 그리고 각 언어권의 정체성과 다양성을 존중하고 상호이해를 강화하여야 한다.
둘째, 이를 위해 평생교육이 이루어져야 한다,
셋째, 유럽 공통참조기준이 마련되어야 한다.

이 참조 기준은 다양한 국가에 범용적으로 적용되면서도 실용적인 가치를 담아야 하기 때문에, 참조 기준을 설계할 때 우선적으로 고려하였던 몇 가지 사항이 있다. 먼저 이 참조 기준은 선택적(selective)이지 않고 포괄적인 것(comprehensive)을 목표로 한다. 또한 그 목표와 방법을 설명하는 사람과 설명을 듣는 사용자 모두가 모호하거나 애매함이 없이 자신들이 무엇을 제공받는지(또는 제공하는지)를 알 수 있게끔 투명(transparent)해야 한다는 것이다. 아울러 내부 모순(contradiction)과 중복(equivocations)이 없는 일관성(coherent)을 가져야 하며 사용자의 필요에 따라 다양한 방식으로 사용될 수 있도록 다목적성(multi-purpose)을 가져야 한다는 것이다. 더 나아가 사용하는 사람이 실제적으로 적용할 때 나타나는 괴리(gaps)나 내부 결함(deficiencies)을 발견했을 경우 그 내용을 바꾸어 자체적인 발달(development)을 도모할 수 있어야 한다는 것(open and dynamic)과 현재 유행하는 정설(orthodoxy)을 순응하고 고집하기보다는 모든 견해와 관점을 받아들이는 비이론적 성격(non-dogmatic)을 지녀야 함을 강조하고 있다. 더불어 과도한 단순화를 지양하고 동시에 과도한 복잡성과 전문 용어를 지양함으로써 사용자 친화적인 성격(user-friendly)을 지녀야 함을 강조하였다.[4]

어에 이르기까지 문화적 맥락 속에서 확장되어야 한다는 점을 내세우며 궁극적으로 서로의 언어가 상관이 있고 상호작용하고 있다는 믿음에 기초한 언어 철학이라고 할 수 있다.(윤선영, 2008, p.52)
3) Beacco & Byram (2007: 10)은 특정 지역이나 공동체 내에서 여러 언어가 공존하고 병용되는 '현상이나 상태'를 설명하는 개념을 '다언어주의'로, 개별 언어 사용자가 여러 언어를 의사소통 상황과 목적에 맞게 자율적으로 사용하는 양상에 주목하여 언어 사용자의 언어목록(répertoire linguistique)에 가치를 부여하고 이들 목록을 구성하는 요소들 간의 '상호작용'을 설명하는 개념을 '다중언어주의'로 구분한다. 이 두 개념의 구분은 유럽에서 추진하고 있는 언어정책과 언어교육 정책에서 보다 구체적으로 드러난다. 유럽연합은 지리, 경제, 정치적 이유로 형성된 초국가적 연합으로 다양성을 보존하면서도 단일성을 도모해야 했기에 언어정책 추진에 있어서는 모든 회원국들의 언어를 보호하고 증진시키기 위한 '다언어주의'를 채택하고 있고, 언어교육 정책에 있어서는 이러한 다언어적 상황에서 유럽 시민들 간 의사소통을 촉진하고 상호이해를 증진하기 위해 '다중언어주의'를 그 핵심 원리로 채택하여 유럽 시민이 모국어 이외의 두 개 언어를 더 경험하고 학습할 수 있도록제도적으로 지원하고 있다(최희재, 2014:187-188) 참조) .
4) CEFR aims to be **comprehensive**, not selective. Many different kinds of learning and teaching exist. All should find

유럽 공통참조기준은 외국어 교수법적인 관점 중 '행위 지향 접근법(An action-oriented approach)'을 토대로 한다. 왜냐하면 언어 사용자를 사회적 행위자의 주체로 보기 때문이다. 이는 1980년대 이후 등장한 언어의 의사소통적인 접근법에 근거하는데 인간을 사회 안에서 주체적인 의도성과 적용력을 발휘하는 존재로 본다. 이러한 이론에 동의하는 학자들이 대거 이 공통참조기준의 제정과 설계에 참여하였다. 이들은 인간을 사회적 행위자로 보면서 언어 사용 방법과 언어습득에 대한 논의를 하였으며, 인간이 언어적인 의사소통능력을 발전시키는 존재라는 데에 의견을 같이 했다. 따라서 인간은 실제 생활과 현장의 다양한 맥락과 조건 속에서 가장 적절한 전략을 구사하며 그 경험을 강화한다는 본질을 교육과정에 적극적으로 반영하려 했다. 이에 따라 의사소통을 위한 언어활동의 영역을 수용, 표현, 상호 행위로 확대하였다. 즉 종전의 언어 능력이 '듣고 이해하기'와 '읽고 이해하기'와 같은 수용적 기능을 강조한 반면 '적극적으로 말하기'와 '쓰기'를 강조하였다. 더 나아가 대화에 참여하는 사람들이 '번갈아 가면서 말하거나 쓰는 행위'와 언어 간 통역이나 번역을 뜻하는 '언어 중개'도 매우 중시하였다. 또한 종전의 외국어 교수법에서 생활 영역에 대한 학습 방법이 '번역, 번역을 가능하게 하는 언어 규칙, 그리고 문법 항목을 설명하는 예문'들을 나열함으로써 표면적으로는 의사소통을 강조하였지만, 상황과 문법 규칙을 같은 비중으로 다루거나 문법을 설명하기 위해서 상황이 종속적인 역할을 하였다는 비판을 하였다. 그리하여 공통참조기준의 생활 영역은 개인 영역, 공적 영역, 직업 영역, 교육 영역([부록 1] 참조)으로 나누면서 실용적인 언어사용을 강조하였다. 내용적으로는 문법을 체계 문법과 실용 문법으로 구분하였다.

유럽 공통참조기준은 텍스트학적인 관점에서 의사소통적인 언어활동과 언어 능력의 신장을 위하여 언어학습에 언어적 과제와 함께 비언어적 과제도 포함시키고자 하였다. 이 과제를 해결하기 위해서는 학습자들 자신의 필요에 따른 학습 전략과 활동 전략을 적극적으로 활용하도록 구성되어 있다. 예를 들어 학습 과제는 학습자 자신이 필요로 하는 것이 무엇인지를 먼저 파악하고, 과제 해결의 우선순위를 정하도록 하였다. 또한 학습자가 필요로 하는 가장 중요한 목표가 무엇인지, 어떤 언어로 시작할 것인지, 또한 표현 영역을 먼저 공부할지 아니면 이해 영역을 공부할 지에 대한 학습자의 요구 사항이 매우 중시된다. 더 나아가 과제 해결에 있어서 자신의 발달에 도움이 된다면 본래의 계획을 변화시킬 수도 있다. 즉 새로운 지식을 습득한다는 것은 자신의 필요(needs)가 애초에 의도했던 것보다 발전

---

a place and be able to describe their provision within the Framework. On the other hand, it cannot be exhaustive. It should, however, try to be **transparent** so that users – both those who describe their objectives and methods and those who receive the descriptions – should be able to see clearly what is on offer, avoiding vagueness and obscurity. It should be **coherent** – avoiding internal contradictions and equivocations, **multi-purpose** – capable of being used in different ways according to user needs, **open and dynamic** – capable of further development by its users as they discover the inevitable gaps and deficiencies. It must be **non-dogmatic**, welcoming all approaches and viewpoints, rather than insisting upon conformity to some current orthodoxy. It should be **user-friendly**, avoiding excessive complication and jargon, – though over-simplification is a complementary danger.(Sophie BAILLY, et, al, 2003:17).

(developing)할 수 있기 때문이다. 비유를 하자면 학습은 모든 벽돌이 준비되어 있는 상태에서 벽돌 하나하나를 쌓아 벽을 만드는 것이 아니다. 이는 상황에 맞추어 서로 다른 목적의 방들을 추가하면서 짓는 조립식 건물을 만드는 방법과 유사하다. 따라서 건축을 하는 사람이 집을 짓기 시작할 때 그것이 어떤 형태를 갖출지에 대하여 처음에는 개략적인 개념만 가질 뿐 그 결과가 정확히 어떻게 될지를 파악하지 못할 수 있다. 이는 새로운 지식과 노하우를 통해 점진적으로 얻어지는 습득은 진화를 필요로 하기 때문에 모든 작업 프로그램의 내용과 순서를 일일이 예측할 필요는 없다는 것이다. 중요한 것은 주어진 단계에서 무엇을 성취하고 싶은지를 명확하게 하는 것과, 그 학습한 것의 평가를 통해 다시 새로운 목표를 선택할 수 있고, 작업할 새로운 요소들을 선택할 수 있다는 점이다.[5] 따라서 유럽 공통참조기준은 기존의 원 텍스트 중심의 관점에서, 원 텍스트에 대한 가공 그리고 자신들이 스스로 만든 텍스트도 원 텍스트만큼 동등한 가치로 인정받을 수 있다는 학습자 중심의 관점으로 전환한 것이다.

2.3 유럽 공통참조기준 내용

유럽 공통참조기준은 언어 능력 기술에 관한 내용을 6개의 척도(A1-A2-B1-B2- C1-C2)를 가진 단계로 제시하고 있다. A1은 Breakthrough(초급 1)의 단계로 Trimm, J. L. M.(1978)에서 Formulaic Proficiency, 또는 Introductory로 이름을 붙인 적이 있는 개념이다. A2는 Waystage(초급 2)의 단계이며 B1은 Threshold(중급 1) 단계로 유럽 평의회가 명명한 것이다. B2(중급 2)는 Vantage 단계로 Limited Operational Proficiency 또는 Adequate response to situations normally encountered로 불리웠던 개

---

5) we considered the need to relate the language item one wishes to acquire to the communicative situations in which one may be called on to use them. The various learning tasks that you are going to organise for yourself will therefore depend directly on what we called analysis of your needs. This means you are going to establish your priorities. What are your most important aims? What language items are you going to start with? Are you going to work on expression or comprehension first? We think that this analysis is very important: in particular it will help you to see whether you are making any progress. However, once you are in the process of learning a language, certain factors may come into play which mean that you should not feel absolutely obliged to follow your original plan. The simple fact that one is acquiring new knowledge means that one's needs are developing. Learning is not like building a wall, brick by brick, with all the bricks ready before one starts. It is more like constructing one of those modular houses, with extensions being added and rooms being used for different purposes according to the situation. When building begins, you cannot say exactly what it will look like in a few years'time; you just have a general idea. As the progressive acquisition of new knowledge and know-how causes needs to evolve, it is not necessary to anticipate in every last detail the contents and order of the whole programme of work. The main thing is to have a clear idea of what you want to achieve in a given study session. When you assess what you have acquired, you will be able to choose new aims and, therefore, new items to work on.(Sophie BAILLY, et, al, 2003:56)

념과 비슷한 수준이다. C1(고급 1)은 Effective Operational Proficiency 단계로 Effective Proficiency, Adequate Operational Proficiency로도 불렸다. C2(고급 2) 단계는 Mastery 단계로 Comprehensive Mastery 또는 Comprehensive Operational Proficiency로도 불린다(양도원:2009).[6] 세분화된 6개의 척도는 가장 기초 단계 A1부터 모국어 수준에 가까운 숙련 단계 C2까지의 언어 숙달도를 표현하는 것으로, 상이한 국가, 상이한 언어라 할지라도 모든 언어에 적용할 수 있게끔 하여, 이 척도를 기반으로 하는 교수요목과 평가는 서로 언어성취도를 객관적으로 투명하게 비교할 수 있게 한다.

내용적 측면으로 볼 때 학습자가 해당 단계에서 어떤 수준에 도달해야 하는지를 'Can do(~할 수 있다)'의 형식으로 기술하고 있다. 이 체계는 앞서 말한 바와 같이 생활 영역을 개인, 공공, 직업, 교육 영역으로 나눈 후, 의사소통 능력 향상을 위해 학습자가 배워야 하는 언어 행위와 그 행위를 위해 개발해야 하는 지식과 기능 및 문화적 능력을 기술하고, 각 학습 단계별 능력수준을 규정하고 있다. 여기서 염두에 두어야 할 것은 이 체계를 각국에서 엄밀하게 적용하도록 요구하는 것은 아니라는 것이다. 곧 필요에 따라 적절하게 맞추어 상황에 따라 변용이 가능한 개방적이고 융통성 있는 체계와 목표를 허용한다. 이 유럽 공통참조기준은 언어학습 프로그램 시험내용 및 평가기준과 관련된 어학인증서, 학습목표 설정 및 학습 자료의 선택, 자가 평가를 포함한 학습자 주도의 학습을 계획하는 데에 활용된다. 각 단계별 공통참조기준을 총괄적인 항목으로 요약하면 다음과 같다.

(1) 유럽 공통참조기준의 등급 체계

숙달된 언어 사용	C2	• 읽거나 듣는 것을 거의 모두 힘들이지 않고 이해할 수 있다. • 문어와 구어로 된 다양한 자료에서 나온 정보를 요약할 수 있으며 이때 그 근거와 설명을 조리 있게 재구성할 수 있다. • 준비 없이도 아주 유창하고 정확하게 의사를 표현할 수 있고 복합적인 사안을 다룰 때에도 비교적 섬세한 의미 차이를 구별하여 표현할 수 있다.
	C1	• 수준 높고 비교적 긴 텍스트의 폭넓고 다양한 주제를 이해하고 내포된 의미도 파악할 수 있다. 준비 없이도 유창하게 의사를 표현할 수 있으며 이때 확연히 드러날 정도로 어구를 찾는 일이 흔하지 않다. • 사회생활, 직업 생활, 대학 교육과 직업 교육에서 언어를 효과적이고 유연하게 사용할 수 있다. • 복합적인 사안에 대해 분명하고 체계적이고 상세하게 의사를 표현할 수 있으며 이때 텍스트 연결을 위한 다양한 수단을 적절하게 사용할 수 있다.

---

6) 각국에서는 이 기준에 대한 세부적인 개념 명칭보다는 A1, A2, B1, B2, C1, C2라고 사용한다. 이는 각국에서 이 개념 명칭에 대응되는 용어를 찾기가 어렵기 때문이다.

자립적언어사용	B2	• 구체적이거나 추상적인 주제를 다루는 복합적인 텍스트의 주요 내용을 이해할 수 있다. 또한 자신의 전문 분야에서 전문 토론도 이해한다. • 쌍방 간에 큰 노력 없이 원어민과 자연스러운 대화를 할 수 있을 만큼 준비 없이도 유창하게 의사소통할 수 있다. • 폭넓고 다양한 주제에 대해 분명하고 상세하게 의사를 표현할 수 있고 시사 문제에 대한 입장을 설명하고 다양한 가능성들의 장단점을 제시할 수 있다.
	B1	• 명확한 표준어를 사용하고 업무, 학교, 여가, 시간 등과 같이 익숙한 것들이 주제가 될 때 요점을 이해할 수 있다. • 해당 언어 사용 지역을 여행하면서 마주치는 대부분의 상황들을 극복할 수 있다. • 익숙한 주제와 개인적인 관심 분야에 대해 간단하고 조리 있게 표현할 수 있다. 경험과 사건에 대해 보고할 수 있고 꿈과 희망, 목표를 기술할 수 있으며 계획과 견해에 대해 짤막하게 근거를 제시하거나 설명할 수 있다.
기초적언어사용	A2	• 아주 직접적으로 중요한 분야 예를 들어 신상, 가족, 물건사기, 업무, 가까운 주변 지역에 관한 정보와 관련된 문장과 자주 사용되는 표현들을 이해할 수 있다. • 익숙하고 일반적인 문제에 대한 간단하고 직접적인 정보 교환이 주가 되는 경우 반복적인 단순한 상황에서 의사소통할 수 있다. • 간단한 수단으로 자신의 출신과 교육, 직접적인 주변 지역 직접적인 욕구와 관련된 것을 기술할 수 있다.
	A1	• 구체적인 욕구 충족을 지향하는 익숙한 일상적 표현들과 아주 간단한 문장들을 이해하고 사용할 수 있다. • 자신과 다른 사람을 소개할 수 있으며 다른 사람들에게 신상에 관하여 묻고 예를 들어 어디에 사는지, 어떤 사람을 알고 있는지, 어떤 물건을 가지고 있는지, 이런 종류의 질문에 답할 수 있다. • 대화 상대자가 천천히 분명하게 말하고 도와줄 준비가 되어 있으면 간단한 방식으로 의사소통할 수 있다.

※ 김선정(2010:19-20) 참조, 영문은 [**부록 2**] 참조.

3 국내 영어과 교육과정

영어는 한국인 학습자들이 외국어로서 배우는 교과로 한국어를 외국인 학습자들이 외국어로 배우는 것과 같은 평행적 개념을 지닌다. 이에 따라 국내 영어과 교육과정이 추구하는 방향과 목표를 아는 것은 한국어 교육과정의 설계에 도움을 줄 수 있다. 이 절에서는 2015 영어과 교육과정에 대하여 그 대략적인 모습을 살펴보고자 한다. 이를 '성격, 목표, 내용 체계 및 성취기준, 그 밖의 특징'으로 나누어 살펴본다(교육부:2015, 임찬빈 외:2015, 조재윤·김지연:2015 참조).

첫째, 영어과 교육과정의 성격을 보면 영어가 국제적으로 널리 통용되어 있는 언어이기 때문에 학습이 필요한 도구 언어임을 말하고 있다. 이러한 언어 능력을 신장시키기 위해 의사소통능력과 문화 능력을 신장시켜야 하며, 자기주도적인 영어 학습과 함께 타인에 대한 배려와 관용, 대인 관계 능력을 강조하고 있다. 학교에서의 영어 교육은 영어 사용 기회의 충분한 제공과 다양한 멀티미디어 자료, 정보통신기술(ICT)등을 수업에서 적극적으로 활용해야 한다고 보고 이에 적합한 교수·학습 활동의 방향을 제시하고 있다.

> (2) 가. 영어는 현재 국제적으로 가장 널리 통용되고 있는 언어로서 서로 다른 언어적 배경을 가진 사람들 간의 주요한 의사소통 수단이다.
> 나. 학교 영어 교육은 영어 의사소통능력을 갖추고 세계인과 소통하며, 그들의 문화를 알고 우리 문화를 세계로 확장시켜 나갈 사람을 길러야 한다.
> 다. 학습자가 영어에 대한 흥미와 관심을 갖고 이를 바탕으로 자기 주도적인 영어 학습을 지속할 수 있도록 이끄는 교육이 되어야 한다.
> 라. 더불어 타인에 대한 배려와 관용, 대인 관계 능력은 교육과정이 추구하고 있는 핵심 역량이다.
> 마. 학교 영어 교육에서는 학습자에게 가능한 한 영어 사용 기회를 충분히 제공할 수 있는 교수·학습 방법을 계획·실천하고 다양한 멀티미디어 자료와 정보통신기술(ICT) 등을 수업에서 활용하며 교수·학습 활동과 평가를 유기적으로 연계하여 학습의 효율성을 극대화해야 한다(교육부, 2015:3-4).

위에서 제시한 영어과 핵심역량은 '영어 의사소통 역량', '자기관리 역량', '공동체 역량', '지식정보처리 역량'으로 보다 구체화할 수 있다.

(3) 가. '영어 의사소통 역량'은 일상생활 및 다양한 상황에서 영어로 의사소통을 할 수 있는 역량이며, 영어 이해 능력과 영어 표현 능력을 포함한다.
　나. '자기관리 역량'은 영어에 대한 흥미와 관심을 바탕으로 학습자가 자기 주도적으로 영어 학습을 지속할 수 있는 역량이며 영어에 대한 흥미, 영어 학습 동기, 영어 능력에 대한 자신감 유지, 학습전략, 자기 관리 및 평가를 포함한다.
　다. '공동체 역량'은 지역·국가·세계 공동체의 구성원으로서의 가치와 태도를 공유하여 공동체의 삶에 관심을 갖고 공동체가 당면하고 있는 문제를 해결하는 데 참여할 수 있는 능력이며 배려와 관용, 대인 관계 능력, 문화 정체성, 언어 및 문화적 다양성에 대한 이해 및 포용 능력을 포함한다.
　라. '지식정보처리 역량'은 지식정보화 사회에서 영어로 표현된 정보를 적절하게 활용하는 역량이며 정보 수집·분석 능력, 매체 활용능력, 정보 윤리를 포함한다.

영어과 교육과정은 위와 같은 영어 교과의 일반적인 성격과 핵심역량을 바탕으로 단계별(초등학교, 중학교, 고등학교) 영어 교과의 성격을 설정하였다. 초등학교 영어에서는 일상생활에서 사용하는 기초적인 영어를 이해하고 표현하는 능력과 세계 문화에 대한 기초적인 이해와 포용의 태도를 기를 수 있도록 하는 방향으로 설정하였다. 중학교 영어에서는 기본적인 일상 영어를 이해하고 이를 사용할 수 있는 능력과, 영어 학습과 언어 이해, 습득, 활용에 있어서 필수적인 요소인 문화 학습을 강조하며, 외국의 문화에 대한 개방적인 태도와 글로벌 시민 의식, 그리고 우리 문화를 외국인에게 소개할 수 있는 의사소통능력 배양을 지향하는 방향으로 설정하였다. 고등학교 영어에서는 시대적 변화에 능동적으로 대처할 수 있는 역량과 학업 및 진로에 적극적으로 활용할 수 있는 영어 의사소통능력을 기르는 데 중점을 둔다.

둘째, 영어 교과의 목표는 학습자들의 영어 의사소통능력을 길러 주는 것을 총괄 목표로 삼으며 시민 의식과, 창의적인 사고력 배양을 목표로 한다. 또한 외국 문화의 이해를 바탕으로 한국 문화의 가치를 알고 상호적인 가치 인식을 통해서 국제적 안목과 세계 시민으로서의 기본 예절, 협동심 및 소양을 기르는 것이 이 교육과정의 목표이다. 영어 교과의 세부 목표는 첫째, 듣기, 말하기, 읽기, 쓰기 능력을 습득하여 기초적인 의사소통능력을 기르고 둘째, 평생교육으로서의 영어에 대한 흥미와 동기 및 자신감을 유지하도록 하고 셋째, 국제 사회 문화 이해, 다문화 이해, 국제 사회 이해 능력과 포용적인 태도를 기르고 넷째, 영어 정보 문해력 등을 포함하여 정보의 진위 및 가치 판단 능력을 기르는 것이다. 영어 교과 세부 목표에 따른 단계별 목표는 다음과 같다.

(4) 가. 초등학교 목표
- 영어 학습에 대한 흥미와 자신감을 기른다.
- 자기 주변의 일상생활 주제에 관하여 영어로 기초적인 의사소통을 할 수 있다.
- 영어 학습을 통해 외국의 문화를 이해한다.

나. 중학교 목표
- 영어 학습에 대한 흥미와 관심을 가지고 일상적인 영어 사용에 자신감을 가진다.
- 친숙한 일상생활 주제에 관하여 영어로 기본적인 의사소통을 할 수 있다.
- 외국의 문화와 정보를 이해하고 우리 문화를 영어로 간단히 소개할 수 있다.

다. 고등학교 목표
- 영어 학습에 대한 지속적인 학습 동기를 가지고 영어 사용 능력을 신장시킨다.
- 친숙한 일반적인 주제에 관하여 목적과 상황에 맞게 영어로 의사소통을 할 수 있다.
- 영어로 된 다양한 정보를 이해하고, 진로에 따라 필요한 영어 사용 능력을 기른다.
- 우리 문화와 외국 문화에 대해 관심과 올바른 이해를 바탕으로 각 문화의 고유성을 존중하는 태도를 기른다.

셋째, 내용 체계 및 성취기준은 단계별로 제시되는데, 내용 체계는 영역(말하기, 듣기, 읽기, 쓰기) 별로 '핵심 개념, 일반화된 지식, 내용 요소, 기능'으로 나누어 제시하고 있다. 성취 기준도 영역별로 구분되어 있으며, 각각에 대하여 '학습 요소, 성취기준 해설, 교수·학습 방법 및 유의사항'이 제시되어 있다.

(5) **내용 체계표 [초등학교]**

영역	핵심 개념	일반화된 지식	내용 요소 3~4학년	내용 요소 5~6학년	기능
듣기	소리	소리, 강세, 리듬, 억양을 식별한다.	• 알파벳, 낱말의 소리 • 강세, 리듬, 억양	• 알파벳, 낱말의 소리 • 강세, 리듬, 억양	식별하기
	어휘 및 문장	낱말, 어구, 문장을 이해한다.	• 낱말, 어구, 문장	• 낱말, 어구, 문장	파악하기
	세부 정보	말이나 대화의 세부 정보를 이해한다.	• 주변의 사람, 사물	• 주변의 사람, 사물 • 일상생활 관련 주제 • 그림, 도표	파악하기
	중심 내용	말이나 대화의 중심 내용을 이해한다.		• 줄거리 • 목적	파악하기 추론하기

말하기	맥락	말이나 대화의 흐름을 이해한다.		• 일의 순서	파악하기 추론하기
	소리	소리를 따라 말한다.	• 알파벳, 낱말 • 강세, 리듬, 억양	• 알파벳, 낱말 • 강세, 리듬, 억양	모방하기
	어휘 및 문장	낱말이나 문장을 말한다.	• 낱말, 어구, 문장	• 낱말, 어구, 문장	모방하기 표현하기 적용하기
	담화	의미를 전달한다.	• 자기소개 • 지시, 설명	• 자기소개 • 지시, 설명 • 주변 사람, 사물 • 주변 위치, 장소	설명하기 표현하기
		의미를 교환한다.	• 인사 • 일상생활 관련 주제	• 인사 • 일상생활 관련 주제 • 그림, 도표 • 경험, 계획	설명하기 표현하기
읽기	철자	소리와 철자 관계를 이해한다.	• 알파벳 대소문자 • 낱말의 소리, 철자	• 알파벳 대소문자 • 낱말의 소리, 철자 • 강세, 리듬, 억양	식별하기 적용하기
	어휘 및 문장	낱말이나 문장을 이해한다.	• 낱말, 어구, 문장	• 낱말, 어구, 문장	파악하기
	세부 정보	글의 세부 정보를 이해한다.		• 그림, 도표 • 일상생활 관련 주제	파악하기
	중심 내용	글의 중심 내용을 이해한다.		• 줄거리, 목적	파악하기 추론하기
	맥락	글의 논리적 관계를 이해한다.			파악하기 추론하기
	함축적 의미	글의 행간의 의미를 이해한다.			추론하기
쓰기	철자	알파벳을 쓴다.	• 알파벳 대소문자	• 알파벳 대소문자	구별하기 적용하기
	어휘 및 어구	낱말이나 어구를 쓴다.	• 구두로 익힌 낱말, 어구 • 실물, 그림	• 구두로 익힌 낱말, 어구 • 실물, 그림	모방하기 적용하기
	문장	문장을 쓴다.		• 문장부호 • 구두로 익힌 문장	표현하기 적용하기
	작문	상황과 목적에 맞는 글을 쓴다.		• 초대, 감사, 축하 글	표현하기 설명하기

※ 중학교 및 고등학교의 내용 체계표는 [**부록 3**] 참조.

(6) 성취 기준(읽기)[7]

초등학교 3-4학년	• 알파벳 대소문자를 식별하여 읽을 수 있다. • 소리와 철자의 관계를 이해하여 낱말을 읽을 수 있다. • 쉽고 간단한 낱말이나 어구, 문장을 따라 읽을 수 있다. • 쉽고 간단한 낱말이나 어구를 읽고 의미를 이해할 수 있다. • 쉽고 간단한 문장을 읽고 의미를 이해할 수 있다.
초등학교 5-6학년	• 쉽고 간단한 문장을 강세, 리듬, 억양에 맞게 소리 내어 읽을 수 있다. • 그림이나 도표에 대한 쉽고 짧은 글을 읽고 세부 정보를 파악할 수 있다. • 일상생활 속의 친숙한 주제에 관한 쉽고 짧은 글을 읽고 세부 정보를 파악할 수 있다. • 쉽고 짧은 글을 읽고 줄거리나 목적 등 중심 내용을 파악할 수 있다.
중학교	• 문장을 의미 단위로 끊어 읽으면서 의미를 파악할 수 있다. • 일상생활이나 친숙한 일반적 대상이나 주제에 관한 글을 읽고 세부 정보를 파악할 수 있다. • 일상생활이나 친숙한 일반적 주제의 그림, 사진, 또는 도표에 관한 글을 읽고 세부 정보를 파악할 수 있다. • 일상생활이나 친숙한 일반적 주제의 글을 읽고 줄거리, 주제, 요지를 파악할 수 있다. • 일상생활이나 친숙한 일반적 주제의 글을 읽고 필자의 심정이나 태도를 추론할 수 있다. • 일상생활이나 친숙한 일반적 주제의 글을 읽고 필자의 의도나 목적을 추론할 수 있다. • 일상생활이나 친숙한 일반적 주제의 글을 읽고 일이나 사건의 순서, 전후 관계를 추론할 수 있다. • 일상생활이나 친숙한 일반적 주제의 글을 읽고 일이나 사건의 원인과 결과를 추론할 수 있다. • 일상생활이나 친숙한 일반적 주제의 글을 읽고 문맥을 통해 낱말, 어구 또는 문장의 함축적 의미를 추론할 수 있다.
고등학교 공통	• 친숙한 일반적 주제에 관한 글을 읽고 세부 정보를 파악할 수 있다. • 친숙한 일반적 주제에 관한 글을 읽고 주제 및 요지를 파악할 수 있다. • 친숙한 일반적 주제에 관한 글을 읽고 내용의 논리적 관계를 파악할 수 있다. • 친숙한 일반적 주제에 관한 글을 읽고 필자의 의도나 글의 목적을 파악할 수 있다. • 친숙한 일반적 주제에 관한 글을 읽고 필자의 심정이나 태도를 추론할 수 있다. • 친숙한 일반적 주제에 관한 글을 읽고 함축적 의미를 추론할 수 있다.

넷째, 그 밖의 영어과 교육과정의 특징은 다음과 같다.

---

[7] '말하기, 듣기, 쓰기'의 성취 기준은 교육부(2015a:13-46)을 참조하기 바란다.

(7) 가. 내용 체계에서 문화를 문화 영역으로 따로 추가하여 제시하고 있다.

나. 과목 체제에 있어서는 공통 과목, 일반 선택 과목, 진로 선택 과목, 전문 교과 I 로 구분하여 학습자들이 필요와 진로 등에 따라 선택하여 이수할 수 있도록 한다. 교과목별 성격 및 목표는 별도로 제시하고 있다.

다. 어휘 선정 기준을 '친숙도(Familiarity), 빈도수(Frequency), 사용범위(Range)'으로 나누어 각 단계별로 학습할 어휘의 수를 제시하고 있다.

라. 초등학교 단계에서는 500 단어, 중학교 단계는 750 단어, 고등학교에서는 1,800~ 2,300 단어이다. 고등학교에서는 일반 선택, 진로 선택, 전문교과에 따라 학습할 단어의 양에 차이가 있다.

마. 문장의 길이도 초등학교 3-4학년에서는 7 낱말 이내, 5-6학년에는 9 낱말 이내로 설정하고 있다. 중·고등학교는 별도의 길이를 제시하고 있지 않다.

바. 언어 재료의 소재도 개인 생활, 가정생활과 의식주, 학교생활과 교우 관계, 사회생활과 대인 관계, 여가 선용, 자연 현상, 영어 문화권 의사소통 방식, 일상생활 등에 관한 총 19가지의 내용을 설정하였다([**부록 4**] 참조).

사. 의사소통기능을 상위 범주로 총 11가지를 설정하고(정보 전달하기와 요구하기, 사실에 대한 태도 표현하기, 지식·기억·믿음 표현하기, 양상 표현하기, 의지 표현하기, 감정 표현하기, 도덕적 태도 표현하기, 설득·권고하기, 사교 활동하기, 담화 구성하기, 의사소통 개선하기) 각각을 하위 범주로 분류하였다. 더 나아가 각각의 하위 범주에 대한 전형적인 예시문을 제시하였다([**부록 5**] 참조).

아. 교수·학습 및 평가의 방향을 '성격, 목표, 내용 체계 및 성취기준'과 같은 층위로 설정하고, 교과의 성격이나 특성에 비추어 교수·학습의 철학 및 방향, 교수·학습의 방법 및 유의 사항(교수·학습 방향)과 함께 포괄적 측면에서 교과의 평가 철학 및 방향, 평가방법, 유의 사항(평가 방향)을 제시하였다.

자. 교과목을 공통 과목으로 '영어', 일반 선택 중심 교육과정의 교과목으로 '영어회화, 영어 I, 영어독해와 작문, 영어 II'를, 진로 선택 중심 교육과정의 교과목으로 '실용 영어, 영어권 문화, 진로 영어, 영미 문학 읽기'로 분류한 후 각각의 세부 교육과정을 기술하였다.

4. 미국 외국어교육위원회 평가기준(ACTFL)

미국 외국어교육위원회(American Council on the Teaching of Foreign Languages) 평가 기준(이하 'ACTFL 평가 기준'으로 약칭함.)은, 1950년대 이후 30여 년 동안 미국에서 외국어능력을 측정하는 기준으로 사용된 미국 정부 기관 FSI(Foreign Service Institute)의 평가 기준(FSI-Language Proficiency Level Description)을 발전시킨 것이다. FSI는 외교 공관에 배치될 국무부 공무원들의 외국어 능력을 측정하기 위해 1952년에 개발된 FSI 평가 기준을 마련하였는데 이 등급은 0-5로 외국어를 전혀 사용할 능력이 없는 사람을 0, 교육받은 목표언어 원어민을 5로 보았다. 이 평가 기준은 국무부 이외에도 국방성, 평화봉사단 등 다른 부서의 공무원들의 언어 숙달도 측정에 활용되었다. FSI 평가 기준은 이후에 각 단계에 '+'(차상위 숙달도)를 등급을 더한(5단계는 제외) ILR[8](Interagency Language Roundtable, 부처 간 언어 원탁 협의회) 평가 기준으로 바뀌었다. ILR의 각 언어 능력 등급 기준은 아래와 같다.

(8) ILR의 등급 기준

5: 원어민 화자 수준의 단계	말하기	잘 교육받은 원어민 화자 수준, 고도의 언어 능력 및 문화적 행위 가능
	듣기	원어민 수준의 이해
	읽기	잘 교육받은 원어민 수준의 읽기 능력
	쓰기	잘 교육받은 원어민 화자 수준
4+	말하기	잘 교육받은 수준의 원어민 화자 수준에 근접함. 사회 문화적 지식 수반, 숙어, 상투어, 문화적 개념의 말하기에 때때로 곤란을 보임
	듣기	어렵고 추상적인 발화와 연설 이해 가능
	읽기	아주 어렵고 추상적인 자료를 원어민 수준으로 이해, 많은 어휘와 속어, 구어적 표현 이해
	쓰기	다양한 형태의 글쓰기 가능
4: 완전한 전문화 단계	말하기	전문성이 요구되는 일반적인 담화 상황을 능숙하게 처리 가능 다양한 방법을 활용하는 효율적인 토의 가능
	듣기	전문성이 요구되는 모든 형태의 담화 이해 가능 비표준적인 대화 과정에서 진의 파악 가능
	읽기	전문성이 요구되는 다양한 텍스트를 능숙하게 이해 텍스트에 담긴 행간의 의미 파악 가능

---

8) ILR을 '부처 간 원탁 협의회'로 명칭한 것은 미국 외국어교육위원회(2012)의 ACTFL 지침서의 한국어판의 번역을 참조한 것이다.

3+	쓰기	전문성이 요구되는 복잡한 형태의 글을 간명하고 정확하게 작성 가능 설명적인 글을 명료하고 일관성 있게 작성 가능
	말하기	복잡한 상황에 대한 폭넓은 대화 가능, 전문적 요구 충족
	듣기	일반적 주제를 포함하여 대부분의 전문적 요구 충족 가능, 사회 문화적 이해 가능
	읽기	전문적 요구를 충족하는 다양한 형태의 자료 이해 가능
	쓰기	전문적, 교육적 필요를 충족하는 쓰기 가능
3: 전문적 업무 수행 단계	말하기	실제적이고 사회적이며 전문적인 주제에 대한 대부분의 공식, 비공식 대화 가능
2: 제한적 업부 수행 단계		
1: 초등 숙달		내용 생략
0: 무숙달 (숙달도 없음)		

이후 ILR 평가 기준은 1981년도에 미국 외국어교육위원회(ACTFL)가 주도하고, ETS (Educational Testing Service), Peace Corps., ILR 등이 공동으로 참여했던 언어능력 프로젝트의 연구를 바탕으로 1986년에 언어숙달도 평가 기준(ACTFL proficiency guideline)으로 변모했다. ACTFL은 ILR의 기본적인 틀을 유지하되 그 세부 등급과 수준을 조정하였다. ACTFL은 2010년까지는 최상급(Superior), 고급(Advanced), 중급(Intermediate), 초급(Novice)과 같이 상위 등급으로 4 단계를 두고, 고급, 중급, 초급을 각각 '상, 중, 하(high, Mid, Low)'와 같이 하위 등급으로 세분화하여 총 9단계로 분류하였다.

(9) ACTFL의 등급 기준(김선정, 2010:18-19)

상위 등급	하위 등급	과제/기능
최상급 (Superior)		·의견 지지, 가설 수립, 추상적 주제에 관해 토의한다. ·언어학적으로 친숙하지 않은 주제도 다룰 수 있다. ·공식적, 비공식적 대화 상황에 효과적으로 대처한다.
고급 (Advanced)	상/중/하	·설명하고 묘사한다. ·모든 시제나 상을 이용해 문단 길이로 이야기한다. ·학교나 직장에서의 일반적인 업무를 수행할 수 있다.
중급 (Intermediate)	상/중/하	·친숙한 주제에 관해 간단히 질문하고 대답한다. ·단순한 상황과 업무를 처리할 수 있다. ·예측 가능한 상황에서만 대화를 유지해 나갈 수 있다.
초급 (Novice)	상/중/하	·의사소통할 수 있는 최소한의 능력을 가진 단계이다. ·외운 것을 이용해서만 말할 수 있다.

이 수준은 '최상급'의 경우 'ILR의 3-5'수준에 해당하며, '고급 상'은 'ILR 2+', '고급 중 및 하'는 'ILR 2', '중급'은 'ILR 1 - 1+', '초급'은 'ILR 0 - 0+' 수준에 해당한다(김선정, 2010, 18-19). 하지만 2012년도의 지침서에 따르면 '초급, 중급, 고급'까지의 하위 단계가 각각 3단계로 설정한 것은 이전과 동일하나, 최상급(Superior) 위에 명인급(Distingushed)을 추가하였다.

명인급에 대하여 '말하기'와 '쓰기'를 예로 들어 주요 내용을 간추려 기술하면 아래와 같다.

(10) 가. 말하기
- 교육 수준이 높고 자신의 생각을 논리정연하게 표현할 수 있다.
- 추상적인 개념에 관해 문화적 코드에 위배됨 없이 자신의 의견을 개진할 수 있다.
- 가설에 기반한 담론을 설득력 있게 이끌어 나갈 수 있다.
- 매우 복잡하고 논리정연하게 구성된 긴 담화가 가능하다.
- 동시에 문화적, 역사적 준거들을 사용하여 간명하게 이야기할 수도 있다.
- 화자의 구두 담화는 보통 문어 담화의 특성을 더 많이 지닌다.
- 원어민 표현과 문화적 준거 기준에 대한 지식이 제한되어 있어서 간혹 한두 개의 실수가 있을 수 있다.

나. 듣기
- 고도로 전문적인 다양한 주제들에 관해 듣고 이해할 수 있다.
- 고전 연극, 예술 영화, 전문 좌담회, 학술 토론, 공공정책 성명서, 문학 작품, 대부분의 농담과 말장난을 이해한다.
- 겉으로 드러나지 않은 정보, 어조, 관점을 유추해 낼 수 있다.
- 정교하게 짜여진 설득조의 논쟁의 흐름을 따라갈 수 있다.
- 복잡한 주제를 다룰 때 발생하는 예상치 못한 사고의 전환을 이해할 수 있다.
- 문화적 준거들과 그에 따른 암시들에 관해 깊고 폭넓은 이해를 가지고 있다.
- 고도로 추상적이거나 전문적인 연설을 이해할 수 있다.
- 미묘하거나 고도로 전문적인 정보는 물론, 언어적 군더더기가 거의 혹은 전혀 없는 매우 짧은 텍스트의 문화적 의미에 관해서도 완전히 이해하고 있다.
- 특정 사투리 및 비표준적인 언어들을 이해하는 데 있어서는 여전히 어려움이 있을 수 있다.

(명인급(Distinguished) 세부 지침에 대한 자세한 내용은 [**부록 6**], [**부록 7**] 참조)

위를 볼 때 최상급 수준은 거의 원어민 정도의 수준이지만, 원어민 표현과 문화적 지식에 대한 불완전한 이해로 말미암아 표현에 실수가 있을 수 있으며, 사투리나 비표준어를 이해하는 데 어려움을 가질 수 있음을 감안하면, ILR의 4-5단계 수준에 해당한다고 추측된다.[9]

ACTFL의 평가 기제는 특정 언어의 능력을 측정하기 위해 만들어진 기준이 아니라 보편적인 언어능력을 측정하기 위해 만들어진 것이다. 이는 언어능력의 특정 부분만을 평가하기 위한 항목 분리식 평가 방법이 아니라 언어수행에 필요한 모든 범주를 평가 대상으로 삼음으로써 총체적 언어능력에 대한 평가를 가능하게 하는 통합적 평가 방법이다. 또한 ACTFL의 평가기준은, 목표 지향적 (criterion-referenced) 평가방법이다. 이는 언어를 이용하여 무엇을 수행할 수 있는가 하는 언어의 기능적 측면에 대한 평가를 강조한 것으로 특별한 범주 안에서의 언어에 관한 기능적/개념적 사용을 위주로 평가하는 방법이다. 그러므로 이의 출발점은 문법적 교수요목에서 볼 수 있는 구조 중심이 아니라 기능적/개념적 교수요목에서 추구하는 숙달 정도에 기초를 둔 접근방법이다(정광 외, 1994:497-499).

5 국내 한국어능력시험 평가기준(TOPIK)

1997년 처음 시작된 한국어능력시험(TOPIK: Test of Proficiency in Korean)[10]은 외국인 학습자들의 한국어 사용능력에 대한 숙달도를 평가하는 것이 목적이다.

> (11) **목적**
> 가. 한국어를 모국어로 하지 않는 재외동포·외국인의 한국어 학습 방향을 제시한다.
> 나. 한국어 보급 확대를 목적으로 한다.
> 다. 한국어 사용능력을 측정·평가하여 그 결과를 국내 대학 유학 및 취업 등에 활용한다

---

9) Elvira Swender(2012)에서는 이 단계가 ILR의 4-5임을 명시적으로 말하고 있다.
10) 한국어능력시험의 영어 명칭은 KPT(Korean Proficiency Test)에서 2005년부터 TOPIK(Test of Proficiency in Korean)으로 개칭되었다.

(12) **응시 대상**

한국어를 모국어로 하지 않는 재외동포 및 외국인으로서
- 한국어 학습자 및 국내 대학 유학 희망자
- 국내외 한국 기업체 및 공공기관 취업 희망자
- 외국 학교에 재학 중이거나 졸업한 재외국민 (TOPIK 홈페이지 참조)

위의 한국어능력시험의 평가 목적은 (11다)의 앞부분에서 보듯이 한국어 사용능력에 대한 평가이다. 또한 그 대상(12)은 한국어를 모국어로 하지 않는 재외동포 및 외국인이며, 이들에게 한국어의 다양한 측면 중 한국어 사용능력에 주안점을 두어 학습을 하도록 그 방향을 제시하였다고 볼 수 있다. (11나)는 이 시험을 통하여 국내외에 한국어 수요에 대한 저변 확대에 대한 일반적인 기대 목적을 기술한 것이다. 또한 (11다) 그리고 (12)는 이 시험의 활용 가치(국내 대학 유학 및 취업)에 대해 기술한 것이다.

한국어능력시험은 1997년도에는 한국학술진흥재단(제1회-2회)에서 시행하였으며, 1999년도에는 한국교육과정평가원으로 그 시행 기관이 바뀌었다. 또한 2011년도에는 한국교육과정평가원에서 국립국제교육원(제21회 시험 이후)으로 이관되어 지금까지 이 기관이 계속 시행해 오고 있다. 이 시험은 현재까지 1-6등급 체계(초급 1급, 초급 2급, 중급 3급, 중급 4급, 고급 5급, 고급 6급)를 유지하여 왔지만 시험의 형태는 변화를 겪어 왔다. 처음에는 등급에 맞추어 6종(각 등급별 1종)의 시험을 통하여 학습자의 수준을 판정하였다. 2006년부터는 초, 중, 고급 3종의 시험으로 바뀌었으며 대신 각 등급 내에서 점수에 따라 상, 하를 나누어 총 6등급을 부여하는 방식으로 변화되었다.[11] 이는 2014년도 제35회 시험부터 2종의 시험을 통하여 6등급을 판정하는 방식으로 또 다시 변화를 겪게 된 후 지금까지 이 체제가 유지되고 있다.

(13) **시험의 수준 및 등급**

구분	TOPIK I		TOPIK II			
	1급	2급	3급	4급	5급	6급
등급결정	80점 이상	140점 이상	120점 이상	150점 이상	190점 이상	230점 이상

---

11) 3종 6등급 체제의 평가등급별 합격점수와 과락점수는 다음과 같다.

시험구분	초급		중급		고급	
평가등급	1급	2급	3급	4급	5급	6급
합격점수	50점 이상	70점 초과	50점 이상	70점 초과	50점 이상	70점 초과
과락점수	40점 미만	50점 미만	40점 미만	50점 미만	40점 미만	50점 미만

한국어능력시험의 문항 구성도 아래와 같이 바뀌었다.

(14) 가. 35회 이전

영역	어휘·문법	쓰기		듣기	읽기
교시	1교시			2교시	
유형	객관식	주관식	객관식	객관식	객관식
문항수	30	5~7	10	30	30
배점	100	60	40	100	100

나. 35회 – 현재

시험수준	교시	영역	유형	문항수	배점	총점
TOPIK I	1교시	듣기	선택형	30	100	200
		읽기	선택형	40	100	
TOPIK II	1교시	듣기	선택형	50	100	300
		쓰기	서답형	4	100	
	2교시	읽기	선택형	50	100	

곧 35회 이전에는 어휘·문법에 대한 평가 영역이 있지만 35회서부터는 이 평가 영역이 없어졌다. 대신 읽기 영역이 어휘문법 영역을 흡수하였다(정명숙, 2014 참조).[12] 35회 이전에는 주관식과 객관식 시험이 1-6급에서 모두 존재했지만, 35회서부터는 3급-6급의 시험에만 주관식 시험이 존재한다. 그 시험의 형태도 서답형이라고 하여 문장 완성형(2문항)과 작문형(2문항)으로 세분화하였다. 더 나아가 35회 이전의 쓰기 영역의 객관식 문항은 폐지되었다.

한국어능력시험은 6개 등급의 일반적 특성을 기술한 총괄 기준을 제시하고 있다.

---

12) 다만 평가 내용에서는 '어휘·문법' 관련 문항이 존재한다.

(15) 한국어능력시험의 등급별 총괄 기준

시험 종류	평가 등급	총괄 기준
초급	1급	자기 소개하기, 물건 사기, 음식 주문하기 등 생존에 필요한 기초적인 언어기능을 수행할 수 있으며, 자기 자신, 가족, 취미, 날씨 등 매우 사적이고 친숙한 화제에 관련된 내용을 이해하고 표현할 수 있다. 약 800개의 기초 어휘와 기본 문법에 대한 이해를 바탕으로 간단한 문장을 생성할 수 있다. 또한 간단한 생활문과 실용문을 이해하고 구성할 수 있다.
초급	2급	전화하기, 부탁하기 등의 일상생활에 필요한 기능과 우체국, 은행 등의 공공시설 이용에 필요한 기능을 수행할 수 있다. 약 1,500~2,000개의 어휘를 이용하여 사적이고 친숙한 화제에 관해 문단 단위로 이해하고 사용할 수 있다. 공식적 상황과 비공식적 상황에서의 언어를 구분해 사용할 수 있다.
중급	3급	일상생활을 영위하는 데 별 어려움을 느끼지 않으며 다양한 공공시설의 이용과 사회적 관계 유지에 필요한 기초적 언어 기능을 수행할 수 있다. 친숙하고 구체적인 소재는 물론, 자신에게 친숙한 사회적 소재를 문단 단위로 표현하거나 이해할 수 있다. 문어와 구어의 기본적인 특성을 구분해서 이해하고 사용할 수 있다.
중급	4급	공공시설 이용과 사회적 관계 유지에 필요한 언어 기능을 수행할 수 있으며 일반적인 업무 수행에 필요한 기능을 어느 정도 수행할 수 있다. 또한 뉴스, 신문 기사 중 비교적 평이한 내용을 이해할 수 있다. 일반적인 사회적·추상적 소재를 비교적 정확하고 유창하게 이해하고 사용할 수 있다. 자주 사용되는 관용적 표현과 대표적인 한국 문화에 대한 이해를 바탕으로 사회·문화적인 내용을 이해하고 사용할 수 있다.
고급	5급	전문 분야에서의 연구나 업무 수행에 필요한 언어 기능을 어느 정도 수행할 수 있으며 정치, 경제, 사회, 문화 전반에 걸쳐 친숙하지 않은 소재에 관해서도 이해하고 사용할 수 있다. 공식적·비공식적 맥락과 구어적·문어적 맥락에 따라 언어를 적절히 구분해 사용할 수 있다.
고급	6급	전문 분야에서의 연구나 업무 수행에 필요한 언어 기능을 비교적 정확하고 유창하게 수행할 수 있으며, 정치, 경제, 사회, 문화 전반에 걸쳐 친숙하지 않은 주제에 관해서도 이용하고 사용할 수 있다. 원어민 화자의 수준에는 이르지는 못하나 기능 수행이나 의미 표현에는 어려움을 겪지 않는다.

(TOPIK 홈페이지 참조)

앞서 말한 바와 같이 한국어능력시험이 한국어 사용 능력 평가이기 때문에 '말하기, 듣기, 읽기, 쓰기' 등의 언어 기능에 대한 평가가 주된 목적이다. 이에 '언어 기능(function)'에 대한 내용을 간추려 보면 다음과 같다.

(16) 가. 1급: 기초적인 언어 기능을 수행할 수 있다.
나. 2급: 일상생활에 필요한 기능과 공공시설 이용에 필요한 기능을 수행할 수 있다.
다. 3급: 다양한 공공시설의 이용과 사회적 관계 유지에 필요한 기초적 언어 기능을 수행할 수 있다.
라. 4급: 공공시설 이용, 사회적 관계 유지에 필요한 언어 기능, 일반적인 업무수행에 필요한 기능을 어느 정도 수행할 수 있다.
마. 5급: 전문 분야에서의 연구나 업무 수행에 필요한 언어 기능을 어느 정도 수행할 수 있다.
바. 6급: 전문 분야에서의 연구나 업무 수행에 필요한 언어 기능을 비교적 정확하고 유창하게 수행할 수 있다.

한국어능력시험의 총괄 기준을 보면, 언어 기능 신장은 언어 사용의 맥락, 내용, 텍스트 또는 담화 형태 등과 관련되어 기술되어 있으며 특히 4급과 6급에는 정확성과 유창성에 대한 항목도 포함되어 있다.

(17) 한국어능력시험의 범주별 평가 기준

등급		평가 기준			
		기능	맥락	내용	텍스트 형태
초급	1급	· 기초적인 언어 기능	· 사적 · 생활문, 실용문	· 친숙한 화제	· 간단한 문장
	2급	· 일상생활 언어 기능 · 공공시설 이용 기능	· 사적 · 공식적 상황과 비공식적 상황의 구분	· 친숙한 화제	· 문단 단위
중급	3급	· 공공시설 이용 기능 · 사회적 관계 유지에 필요한 기초적인 언어 기능	· 문어와 구어의 기본적 특성 구분	· 친숙한 사회적 소재	· 문단 단위
	4급	· 공공시설 이용 기능 · 사회적 관계 유지에 필요한 기능 · 일반적 업무수행기능	· 뉴스, 신문기사	· 뉴스, 신문기사 중 평이한 내용 · 사회적, 추상적 소재 · 사회, 문화적인 내용	

급				
고급	5급	· 전문 분야 연구 기능 · 전문 분야 업무 수행 기능	· 공식적 비공식적 맥락 · 문어적 구어적 맥락	· 정치, 경제, 사회, 문화 전반에 걸쳐 친숙하지 않은 소재
	6급	· 전문 분야 연구 기능 · 전문 분야 업무 수행 기능		· 정치, 경제, 사회, 문화 전반에 걸쳐 친숙하지 않은 소재

위 표에서 알 수 있듯이 '기능'은 한국어를 사용하여 해당 기능을 수행할 수 있는 능력과 관련되며, '맥락'은 텍스트가 표현되거나 이해되는 환경 또는 조건 등에 대한 것이다. '내용'은 텍스트의 소재나 화제, 주제 등에 대한 것이며, '텍스트 형태'는 표현되거나 이해되는 텍스트의 양에 대한 것이다. 위 표에 빈칸으로 나타나는 부분은 바로 위 등급의 수준이 지속되는 것으로 해석할 수 있으며, 초급, 중급, 고급 내에서 상, 하로 등급을 구분하는 기준으로 정확성과 유창성의 개념이 적용되어 있다고 볼 수 있다.(전은주, 2010 160-163 참조)

한편 총괄기준에 따른 영역별 세부 평가기준을 제시하고 있는데, 여기에는 등급별 평가 영역으로 '어휘·문법, 쓰기, 듣기, 읽기' 등으로 기술되어 있다.

(18) **한국어능력시험의 등급별 총괄 기준**

급	총괄 기준	영역	평가 기준
1급	(15) 총괄 기준 참조	어휘 · 문법	· 기본 인칭 및 지시대명사, 의문대명사를 바르게 사용할 수 있다. · 주변의 사물 이름과 위치 관련 어휘를 바르게 사용할 수 있다. · 일상생활을 표현하는 기초적인 용언을 이해하고 바르게 사용할 수 있다. · 기본적인 문장 구조와 문장의 종류를 이해하고 바르게 사용할 수 있다. · '이/가', '은/는', '을/를' 등 기본적인 조사를 바르게 사용할 수 있다. · '-고', '-아/어서', '-지만' 등 기본적인 연결어미를 이해하고 바르게 사용할 수 있다. · 시제, 부정문, 자주 쓰이는 불규칙 활용을 바르게 사용할 수 있다.
		쓰기	· 글자 구성 원리를 이해해 철자법에 맞게 글씨를 쓸 수 있다. · 정형화된 표현이나 외운 표현을 주로 사용하여 문장을 구성할 수 있다. · 기본적인 문장 구조를 이해하여 간단한 문장이나 대화를 구성할 수 있다. · 짧은 생활문을 쓸 수 있다.
		듣기	· 한국어의 기본적인 음운(자음, 모음, 받침)을 식별할 수 있다. · 간단한 질문을 듣고 대답할 수 있다. · 간단한 대화를 듣고 내용을 파악할 수 있다. · 간단한 담화를 듣고 내용을 파악할 수 있다.
		읽기	· 간단한 표지나 표지어의 의미를 이해한다.

2급	(15) 총괄 기준 참조	어휘·문법	· 일상생활과 밀접한 용어를 바르게 사용할 수 있다. · 공공시설 이용 시 자주 사용되는 기본적인 어휘를 바르게 사용할 수 있다. · 일상생활에서 자주 사용되는 부사를 바르게 사용할 수 있다. · '보다', '(이)나' 등 자주 쓰이는 조사를 바르게 사용할 수 있다. · '-는데', '-(으)면서' 등 자주 쓰이는 연결 어미를 이해하고, 바르게 사용할 수 있다. · 관형형, 반말, 존대 표현과 겸양 표현을 바르게 사용할 수 있다.
		쓰기	· 사용 빈도가 높은 조사와 연결 어미를 사용하여 문장을 구성할 수 있다. · 일상생활과 관련 있는 대화를 완성할 수 있다. · 일상적이고 친숙한 소재에 대해 짧은 문단을 쓸 수 있다. · 간단한 메모, 편지, 안내문 등의 실용적인 글을 쓸 수 있다.
		듣기	· 변별하기 어려운 음운이나 음운의 변동을 식별할 수 있다. · 일상적인 생활과 관련한 간단한 질문을 듣고 대답할 수 있다. · 간단한 대화를 듣고 상황이나 내용의 흐름을 파악할 수 있다. · 일상생활과 관련 있는 간단한 담화를 듣고 내용을 파악할 수 있다. · 실생활에서 접하는 간단한 안내 방송 등 실용적인 담화를 듣고 내용을 파악할 수 있다.
		읽기	· 실생활에서 흔히 볼 수 있는 간단한 표지어의 의미를 이해한다. · 일상생활과 관련된 설명문이나 생활문, 편지글 등의 글을 읽고, 내용을 파악할 수 있다. · 생활하는 데 필요한 광고나 안내문, 영수증 등을 읽고 정보를 파악할 수 있다.
3급	(15) 총괄 기준 참조	어휘·문법	· 감정이나 상태를 표현하는 일반적인 어휘를 바르게 사용할 수 있다. · 업무나 사회 현상과 관련한 기본적인 어휘를 바르게 사용할 수 있다. · '만큼', '처럼' 등 비교적 복잡한 의미를 갖는 조사를 바르게 사용할 수 있다. · '-아/어도' '-자마자' 등 비교적 복잡한 연결어미를 이해하고 바르게 사용할 수 있다. · 간접 화법, 사동법과 피동법, '-아/어 놓다', '-아/어 버리다' 와 같은 보조동사를 바르게 사용할 수 있다.
		쓰기	· 사적인 친숙한 소재의 글을 유창하고 정확하게 쓸 수 있다. · 자신에게 친숙한 사회적 소재에 대해 글을 쓸 수 있다. · 간단한 글의 구조를 이해하여 설명문을 쓸 수 있다. · 문어와 구어의 기본적인 특성을 구분할 수 있으며 문어체 종결표현을 사용해 글을 쓸 수 있다.
		듣기	· 비교적 복잡한 맥락을 갖는 일상 대화를 듣고 내용을 파악할 수 있다. · 사회적인 맥락과 관련 있는 대화를 듣고 내용을 파악할 수 있다. · 비교적 복잡한 맥락을 갖는 담화를 듣고 내용을 파악할 수 있다. · 간단한 광고나 인터뷰를 듣고 내용을 파악할 수 있다.
		읽기	· 생활 문화와 관련된 글을 읽고 내용을 파악할 수 있다. · 생활 문화와 관련된 글을 읽고 내용을 추론할 수 있다. · 광고나 안내문, 간단한 신문 기사 등의 글을 읽고 정보를 파악할 수 있다.

4급	(15) 총괄 기준 참조	어휘 · 문법	· 자주 접하는 추상적인 어휘를 바르게 사용할 수 있다. · 신문 기사에 자주 등장하는 한자어와 업무 관련 어휘를 바르게 사용할 수 있다. · 자주 쓰이는 관용어와 속담을 이해하고 바르게 사용할 수 있다. · '치고', '는 커녕' 등 비교적 복잡한 의미를 갖는 조사를 이해하고 바르게 사용할 수 있다. · '-더니', '-다면' 등 복잡한 의미를 갖거나 사용상의 제약을 갖는 연결 어미를 이해하고 바르게 사용할 수 있다. · '-고 말다', '-아/어 버리다' 등의 유사한 표현들을 구별하여 사용할 수 있다. · '-게 마련이다', '-는 한' 등 복잡한 맥락을 서술할 때 필요한 문법 표현을 이해하고 바르게 사용할 수 있다.
		쓰기	· 일반적인 사회적·추상적 소재에 대해 글을 쓸 수 있다. · 일반적인 업무와 관련된 간단한 보고서 등을 작성할 수 있다. · 설명문, 수필, 감상문 등을 쓸 수 있다.
		듣기	· 복잡한 맥락을 갖는 일상 대화를 듣고 내용을 파악할 수 있다. · 사회적 맥락을 갖는 대화를 듣고 내용을 파악할 수 있다. · 복잡한 맥락을 갖는 담화를 듣고 함축된 의미를 파악할 수 있다. · 간단한 뉴스를 듣고 내용을 파악할 수 있다. · 비교적 친숙한 소재를 다룬 토론을 듣고 내용을 파악할 수 있다.
		읽기	· 경제, 사회, 문화 등과 관련된 글을 읽고 내용을 파악할 수 있다. · 경제, 사회, 문화 등과 관련된 글을 읽고 내용을 추론할 수 있다. · 계약서, 사용설명서 등 실용문을 읽고 정보를 파악할 수 있다. · 광고나 안내문, 신문기사, 건의문 등을 읽고 구체적인 정보를 파악할 수 있다. · 수필이나 동화 등의 작품을 읽고 내용을 파악할 수 있다.
5급	(15) 총괄 기준 참조	어휘 · 문법	· 사회 현상을 표현하는 데 필요한 추상적인 어휘를 바르게 사용할 수 있다. · 자주 쓰이는 한자어와 시사용어를 바르게 사용할 수 있다. · 일반적으로 사용되는 관용어와 속담을 이해하고 바르게 사용할 수 있다. · 신문 기사, 논설문 등에서 자주 사용되는 문법 표현을 이해하고 적절하게 사용할 수 있다.
		쓰기	· 자신의 생활과 관련이 적은 사회적 · 추상적 소재에 대해 어느 정도 글을 쓸 수 있다. · 업무적, 학문적 영역에서 요구되는 글을 쓸 수 있다. · 어휘, 문체 등에서 격식에 맞게 글을 쓸 수 있다. · 다양한 표현법 중 적절한 표현을 선택해 사용할 수 있다. · 설명문, 감상문, 수필, 보고서, 논설문 등을 쓸 수 있다. · 설명문, 감상문, 수필, 보고서, 논설문 등을 요약해서 쓸 수 있다.
		듣기	· 사회적인 맥락이나 전문적인 주제를 다룬 대화를 듣고 내용을 파악할 수 있다. · 전문적인 주제를 다룬 강연, 대담 등을 듣고 대강의 내용을 파악할 수 있다. · 주례사, 추모사 등을 듣고 내용을 파악할 수 있다. · 전문적인 주제를 다룬 내용을 듣고 화자의 의도를 파악하거나 내용을 추론할 수 있다.

		읽기	· 정치, 경제, 사회, 과학 등과 관련된 글을 읽고 내용을 파악할 수 있다. · 비교적 쉬운 시, 소설 등의 문학 작품을 읽고 내용을 파악할 수 있다. · 대부분의 신문 기사, 건의문 등을 읽고 정보를 파악할 수 있다. · 수필, 동화 등의 작품을 읽고 내용을 추론할 수 있다.
6급	(15) 총괄 기준 참조	어휘 · 문법	· 사회 현상을 표현하는 대부분의 추상적인 어휘를 바르게 사용할 수 있다. · 사회 각 영역에서 자주 쓰이는 전문용어를 바르게 사용할 수 있다. · 복잡한 의미를 갖는 관용어와 속담을 이해하고 바르게 사용할 수 있다. · 신문 사설, 논설문, 학문적인 저술 등에서 자주 사용되는 문법 표현을 이해하고 적절하게 사용할 수 있다.
		쓰기	· 자신의 업무나 전문 분야와 관련된 글을 정확하고 유창하게 쓸 수 있다. · 다양한 표현법 중 가장 적절한 표현을 선택해 사용할 수 있다. · 논문, 연설문, 공식적인 문서 등을 쓸 수 있다.
		듣기	· 대부분의 뉴스를 듣고 내용을 파악할 수 있다. · 전문적인 주제를 다룬 강연, 대담 등을 듣고 내용을 파악할 수 있다. · 전문적인 주제를 다룬 내용을 듣고 화자의 의도를 추론할 수 있다. · 전문적인 주제를 다룬 복잡한 맥락의 담화를 듣고 내용을 추론할 수 있다.
		읽기	· 전문적이고 추상적인 주제를 다룬 글을 읽고 내용을 파악할 수 있다. · 한국 문학의 대표적인 수필이나 소설, 희곡 등의 작품을 읽고 내용을 파악할 수 있다. · 수필이나 소설 등의 작품을 읽고 내용을 추론할 수 있다. · 다양한 종류의 글을 읽고 글을 쓴 의도를 파악할 수 있다.

(등급별 총괄 기준과 등급별 평가 기준은 이해영 외(2006), 김선정(2010) 참조.)

6 요약

유럽 공통참조기준(CEFR)

- 유럽 공통참조기준은 유럽회원국의 40여 개 나라의 외국어 교육 전문가들의 언어 교육을 어떻게 할 것인지에 대한 토론 내용을 종합한 것임.
- 설정의 취지
  - 효과적인 의사소통과 언어와 문화의 다양성을 서로 존중한다.
  - 다중언어주의(plurilingualism)적인 언어의 다양성을 도모한다.
  - 유럽 내의 유동성, 상호이해 등을 위해 외국어를 통한 의사소통을 강화해야 한다.

- 설계의 고려 사항
  - 포괄성(comprehensive), 투명성(transparent), 일관성(coherent), 다목적성(multi-purpose), 개방성과 역동성(open and dynamic), 비이론적 성격(non-dogmatic), 사용자 친화적인 성격(user-friendly)
- 강조 사항
  - '행위 지향 접근법(An action-oriented approach)'과 의사소통 교수-학습 방법을 강조.
- 체계
  - 생활 영역을 공적 영역, 개인 영역, 교육 영역, 직업 영역으로 나눔.
  - 실용적인 언어사용을 강조함. 내용적으로 문법을 체계 문법과 실용 문법으로 구분함.
  - 언어 능력 기술에 관한 내용을 6개의 척도(A1-A2-B1-B2-C1-C2)를 가진 단계로 제시함. 세분화된 6개의 척도는 가장 기초 단계 A1부터 모국어 수준에 가까운 숙련 단계 C2까지의 언어 숙달도를 표현하는 것임.
  - 학습자가 해당 단계에서 어떤 수준에 도달해야 하는지를 'Can do'(~할 수 있다)의 형식으로 기술하고 있음.

국내 영어과교육과정

- 영어는 한국인 학습자들이 외국어로서 배우는 교과로 한국어를 외국인 학습자들이 외국어로 배우는 것에 대응되는 개념을 지님.
- 성격과 방향
  - 영어는 서로 다른 언어적 배경을 가진 사람들 간의 주요한 의사소통 수단임.
  - 학교 영어 교육은 영어 의사소통능력과 함께 그들의 문화를 알고 우리 문화를 세계로 확장시켜 나갈 사람을 길러내는 것임.
  - 자기 주도적인 영어 학습을 지속할 수 있도록 이끄는 교육이 되어야 함.
  - 타인에 대한 배려와 관용, 대인 관계 능력 강조.
  - 다양한 멀티미디어 자료와 정보통신기술(ICT) 등을 수업에서 적극적으로 활용함.
- 영어과 핵심역량
  - '영어 의사소통 역량', '자기관리 역량', '공동체 역량', '지식정보처리 역량'.
- 초등학교 목표
  - 영어 학습에 대한 흥미와 자신감을 기른다.
  - 자기 주변의 일상생활 주제에 관하여 영어로 기초적인 의사소통을 할 수 있다.

- 영어 학습을 통해 외국의 문화를 이해한다.
- 중학교 목표
  - 영어 학습에 대한 흥미와 관심을 가지고 일상적인 영어 사용에 자신감을 가진다.
  - 친숙한 일상생활 주제에 관하여 영어로 기본적인 의사소통을 할 수 있다.
  - 외국의 문화와 정보를 이해하고 우리 문화를 영어로 간단히 소개할 수 있다.
- 고등학교 목표
  - 영어 학습에 대한 지속적인 학습 동기를 가지고 영어 사용 능력을 신장시킨다.
  - 친숙한 일반적인 주제에 관하여 목적과 상황에 맞게 영어로 의사소통을 할 수 있다.
  - 영어로 된 다양한 정보를 이해하고, 진로에 따라 필요한 영어 사용 능력을 기른다.
  - 우리 문화와 외국 문화에 대해 관심과 올바른 이해를 바탕으로 각 문화의 고유성을 존중하는 태도를 기른다.
- 체계
  - '내용 체계 및 성취기준'은 단계별로 제시되는데, 내용 체계는 영역(말하기, 듣기, 읽기, 쓰기)별로 '핵심 개념, 일반화된 지식, 내용 요소, 기능'으로 나누어 제시하고 있음.
  - 성취 기준도 영역별로 나누어져 있으며, 각각에 대하여 '학습 요소, 성취기준 해설, 교수·학습 방법 및 유의사항'이 제시되어 있음.
  - 내용 체계에서 문화를 문화 영역으로 따로 추가하여 제시하고 있음.
  - 어휘 선정 기준을 '친숙도(Familiarity), 빈도수(Frequency), 사용범위(Range)'으로 나누어 각 단계별로 학습할 어휘의 수를 제시하고 있음.
  - 초등학교 단계에서는 500 단어, 중학교 단계는 750 단어, 고등학교에서는 1,800−2,300 단어임.
  - 문장의 길이도 초등학교 3-4학년에서는 7 낱말 이내, 5-6학년에는 9 단어 이내로 설정하고 있음.
  - 언어 재료의 소재도 개인 생활, 가정생활과 의식주 등 총 19가지의 내용을 설정함.
  - 의사소통기능을 상위 범주로 총 11가지를 설정하고(정보 전달하기와 요구하기, 사실에 대한 태도 표현하기 등) 각각을 하위 범주로 분류함.

미국 외국어교육위원회 평가기준(ACTFL)

- 미국 외국어교육위원회(American Council on the Teaching of Foreign Languages) 평가 기준은 기존 외국어능력을 측정하는 기준으로 사용된 미국 정부 기관 FSI의 평가 기준 ILR, FSI를 발전시킨 것임.
- 이 평가 기준은 국무부뿐만 아니라 국방성, 평화봉사단 등 다른 부서의 공무원들의 언어 숙달도 측정에 활용되고 현재는 외국어 학습자를 위한 평가로 확대됨.

- ACTFL의 등급 체계

상위 등급	하위 등급	과제/기능
최상급 (Superior)		·의견 지지, 가설 수립, 추상적 주제에 관해 토의한다. ·언어학적으로 친숙하지 않은 주제도 다룰 수 있다. ·공식적, 비공식적 대화 상황에 효과적으로 대처한다.
고급 (Advanced)	상/중/하	·설명하고 묘사한다. ·모든 시제나 상을 이용해 문단 길이로 이야기한다. ·학교나 직장에서의 일반적인 업무를 수행할 수 있다.
중급 (Intermediate)	상/중/하	·친숙한 주제에 관해 간단히 질문하고 대답한다. ·단순한 상황과 업무를 처리할 수 있다. ·예측 가능한 상황에서만 대화를 유지해 나갈 수 있다.
초급 (Novice)	상/중/하	·의사소통할 수 있는 최소한의 능력을 가진 단계이다. ·외운 것을 이용해서만 말할 수 있다.

- 특징
  - 2012년도의 지침서는 최상급(Superior) 이외에 명인급(Distingushed)을 두어 최상급을 세분화함. 이는 거의 원어민 정도의 수준이지만, 원어민 표현과 문화적 지식, 사투리나 비표준어를 이해하는 데 어려움을 가질 수 있는 수준임. ILR의 4-5단계 수준에 해당함.
  - ACTFL의 평가 기제는 특정 언어의 능력을 측정하기 위해 만들어진 기준이 아니라 보편적인 언어능력을 측정하기 위해 만들어진 것임.
  - 언어수행에 필요한 범주를 평가 대상으로 삼음으로써 총체적 언어능력에 대한 평가를 가능하게 하는 통합적 평가 방법임.
  - '언어를 이용하여 무엇을 수행할 수 있는가'하는 언어의 기능적 측면에 대한 평가를 강조함.
  - 이의 출발점은 기능적/개념적 교수요목에서 추구하는 숙달 정도에 기초를 둔 접근방법임.

국내 한국어능력시험 평가 기준(TOPIK)

- 목적
  - 한국어를 모국어로 하지 않는 재외동포·외국인의 한국어 학습 방향을 제시.
  - 한국어 사용능력을 측정·평가하여 그 결과를 국내 대학 유학 및 취업 등에 활용.

• 체계
- 시험의 수준 및 등급

구분	TOPIK I		TOPIK II			
	1급	2급	3급	4급	5급	6급
등급결정	80점 이상	140점 이상	120점 이상	150점 이상	190점 이상	230점 이상

• 등급별 총괄 기준

시험 종류	평가 등급	총괄 기준
초급	1급	자기 소개하기, 물건 사기, 음식 주문하기 등 생존에 필요한 기초적인 언어기능을 수행할 수 있으며, 자기 자신, 가족, 취미, 날씨 등 매우 사적이고 친숙한 화제에 관련된 내용을 이해하고 표현할 수 있다. 약 800개의 기초 어휘와 기본 문법에 대한 이해를 바탕으로 간단한 문장을 생성할 수 있다. 또한 간단한 생활문과 실용문을 이해하고 구성할 수 있다.
	2급	전화하기, 부탁하기 등의 일상생활에 필요한 기능과 우체국, 은행 등의 공공시설 이용에 필요한 기능을 수행할 수 있다. 약 1,500~2,000개의 어휘를 이용하여 사적이고 친숙한 화제에 관해 문단 단위로 이해하고 사용할 수 있다. 공식적 상황과 비공식적 상황에서의 언어를 구분해 사용할 수 있다.
중급	3급	일상생활을 영위하는 데 별 어려움을 느끼지 않으며 다양한 공공시설의 이용과 사회적 관계 유지에 필요한 기초적 언어 기능을 수행할 수 있다. 친숙하고 구체적인 소재는 물론, 자신에게 친숙한 사회적 소재를 문단 단위로 표현하거나 이해할 수 있다. 문어와 구어의 기본적인 특성을 구분해서 이해하고 사용할 수 있다.
	4급	공공시설 이용과 사회적 관계 유지에 필요한 언어 기능을 수행할 수 있으며 일반적인 업무 수행에 필요한 기능을 어느 정도 수행할 수 있다. 또한 뉴스, 신문 기사 중 비교적 평이한 내용을 이해할 수 있다. 일반적인 사회적·추상적 소재를 비교적 정확하고 유창하게 이해하고 사용할 수 있다. 자주 사용되는 관용적 표현과 대표적인 한국 문화에 대한 이해를 바탕으로 사회·문화적인 내용을 이해하고 사용할 수 있다.
고급	5급	전문 분야에서의 연구나 업무 수행에 필요한 언어 기능을 어느 정도 수행할 수 있으며 정치, 경제, 사회, 문화 전반에 걸쳐 친숙하지 않은 소재에 관해서도 이해하고 사용할 수 있다. 공식적·비공식적 맥락과 구어적·문어적 맥락에 따라 언어를 적절히 구분해 사용할 수 있다.
	6급	전문 분야에서의 연구나 업무 수행에 필요한 언어 기능을 비교적 정확하고 유창하게 수행할 수 있으며, 정치, 경제, 사회, 문화 전반에 걸쳐 친숙하지 않은 주제에 관해서도 이용하고 사용할 수 있다. 원어민 화자의 수준에는 이르지는 못하나 기능 수행이나 의미 표현에는 어려움을 겪지 않는다.

- 특징
  - '말하기, 듣기, 읽기, 쓰기' 등의 언어 기능에 대한 평가가 주된 목적임.
  - 한국어능력시험의 언어 기능 신장은 언어 사용의 맥락, 내용, 텍스트 또는 담화 형태 등과 관련되어 기술되어 있음.
  - 3급~6급의 시험에만 주관식 시험이 있음.
  - 어휘·문법 평가는 읽기 영역에 포함됨.

7 토론과 과제

1) 유럽 공통참조기준은 다언어주의(multilingualism)가 아닌 다중언어주의(plurilingualism)를 표방하고 있다. 이 둘의 차이점을 토론해 보라.

2) 국내 영어과교육과정은 어휘의 양을 아래와 같이 제시하고 있다.

> 초등학교 단계: 500 단어, 중학교 단계: 750 단어, 고등학교: 1,800~2,300 단어

'임찬빈 외(2015)'의 글을 참조하여 각 단계별 어휘의 양에 대한 선정 이유와 원리를 설명해 보라.

3) [부록 5]는 영어과 교육과정 의사소통기능의 상위 기능과 하위 기능에 대한 기술이다. 이 기술은 교육부(2015c)에서 보면 각 기능 별로 전형적인 예시문이 제시되어 있다. 총 11개의 상위 범주 중 하나를 골라, 한국어에서는 이 기능이 어떻게 표현되는지를 이야기해 보라.

4) [부록 7]은 '읽기'에 대한 등급별 ACTFL(2012)의 세부지침이다. 각 등급별의 차이점을 중심으로 그 특징을 이야기해 보라.

5) 제35회 이후의 TOPIK 기출문제(topik.go.kr 참조)를 보고, 각 영역 당 한 문제씩을 선정하라. 그리고 이 문제들을 '기능, 맥락, 내용, 텍스트 형태'를 고려하면서 분석해 보라.

8 참고 사이트

- 영어과 교육과정

    http://www.edunet.net/nedu/ncicsvc/listSub2015Form.do?menu_id=623

- 유럽 평의회 언어 정책 분과

    http://culture.coe.int/langand, http://culture.coe.int/portfolio

- ILR

    http://www.govtilr.org

- TOPIK

    http://www.topik.go.kr

- ACTFL

    https://www.actfl.org/?opicnativepopup=true

- CEFR(유럽 평의회)

    http://www.coe.int

- ECML

    http://culture.coe.int/ecml

- FSI(Foreign Service Institute)

    https://www.state.gov/m/fsi/#subnav-anchor

- OPIC

    http://www.opic.or.kr

제4장
교육과정과 교수요목

교육과정과 교수요목

1. 들어가는 말
2. 교수요목과 교육과정
3. 문법-구조 교수요목(Grammatical-structural Syllabus)
4. 상황-맥락 교수요목(situation contextual syllabus)
5. 기능-개념 교수요목(Functional notion Syllabus)
6. 요약
7. 토론과 과제

1 들어가는 말

이 장의 목적은 교수요목과 교육과정의 차이, 그리고 다양한 교수요목 중 '문법-구조 교수요목', '상황-맥락 교수요목' 그리고 '기능-개념 교수요목'의 주요 특징을 살펴본다. 또한 각 교수요목을 교육적으로 '교수법'과의 상관성을 고찰해 본다. 교수요목은 쉽게 말하여 교육과정을 교실 상황에 맞게 압축 또는 요약해 놓은 것이다. 따라서 교수요목에는 '목적, 교육 내용' 등이 조직 되어있는데, 이는 '교육철학의 사조, 선정의 원리, 배열의 원리, 언어관' 등이 반영되어 있다. 아울러 이 교수요목의 관점은 교수법과 교재 구성에도 영향을 준다. 곧 '교사의 교수 방법, 학생의 학습 방법, 교실 수업에서의 언어, 과제 제시, 수업 진행 방법' 등과 '교재의 단원이나 내용 구성'에 대한 지침의 역할을 한다.

2 교수요목과 교육과정

교수요목(syllabus)이란 교실 수업 상황에서 필요한 교육 내용과 순서를 체계적으로 목록화한 일종의 설계도이다. 좀 더 구체적으로 말하면 학습자들의 요구를 반영하면서(1가), 수업에 필요한 (1나, 라) 교수 내용, 방법, 활동(1가, 나, 다, 라)을 선정하고 목록화하면서 동시에 위계적으로 (1마, 바) 조직하는 것이다. 이는 학습자들이 배울 것들에 대한 진술(1아)이고 그 배우는 내용은 '문법과 어휘와 같은 언어 목록'과 '언어 수행 능력'(1아, 자)이다. 그리고 교수요목의 조직과 배열은 '학습 가능성, 사용 빈도, 복잡성' 등과 같은 기준을 통하여 '순서화'시킨다(1차, 카, 타). 즉 교수요목은 무엇을 배울 것인가에 대한 핵심 내용을 어떻게 선정하고 배열할 것인가에 대한 원리를 제공하는데, 여기에는 학습자의 활동, 교수 방법 및 주제 선택 등에 대한 원리까지 포함된다. 이는 특정 교과목의 강좌 개요(강의 계획서)(1나)의 개념과도 동일한 개념으로도 간주된다. 그리고 이를 바탕으로 교수의 방향, 교재 구성의 지침, 그리고 교수-학습 방법론 등이 정해진다.

(1) 교수요목에 대한 견해
　가. 교수요목은 '방법'의 개념을 대신하는 것이며 교사가 교수요목 설계자의 도움을 받아 학습자의 요구, 목표와 실제 수업에서 수행될 수 있는 활동 사이에서 적절한 정도의 수준을 달성하는 하나의 도구로 보인다.…생략…교수요목은 무엇을 배우는가가 아니라 무엇을 가르쳐야 하는가를 명시적으로 보여주어야만 한다.(Yalden, 1984:14, 15)
　나. 교수요목은 보통 특정한 학습자 집단을 위해 준비된 더 제한적인 문서이다. 비록 최근에 교수요목이 언어 내용의 명세화(specification)와 관련하여 특별한 의미를 지니고 있기도 하지만, 교수요목과 강좌 개요(course outline)가 때로는 같은 의미를 갖기도 한다.(Dubin & Olshtain, 1986:3)
　다. 특정한 내용 영역을 위해 고안된 특정한 틀이다. 따라서 교수요목은 일종의 주제를 정의한 것이다. …생략…교수요목은 어떤 활동들이 수행되어야 하는가에 대한 간단한 틀로서 학습을 촉진하는 교수 장치이다. 만약 이것을 방향을 정하기 위해 도움을 받는 참고물이라기보다 무엇이 학습되어야 하는지를 결정하는 절대적인 원칙으로 여긴다면 교육을 위태롭게 할 뿐이다.(Widdowson, 1984: 23, 26)
　라. 어떤 교수요목이라고 할지라도 거기에는 간접적이나마 언어에 대한 나름의 전제가 나타난다. 학습의 심리학적인 과정과 학급 내에서의 교육적이고 사회적인 과정도 마찬가지로 교수요목에 나타난다.(Breen, 1984: 49)
　마. 교수요목은 내용 선택과 위계화라는 좁은 개념으로 한정된다.(Nunan, 1993:8)
　바. 교육 강좌의 내용에 대한 명세화나 교수와 평가가 어떻게 되어야 하는지에 대한 목록이다.(Richards, 2001:2)

사. 강좌나 재료를 조직하는 방법이다.(Brown, 1995:14)

아. 교수요목이란 간단하게 말해 배울 것들에 대한 진술이며, 언어와 언어학적 수행 능력을 반영한다.(Hutchinson & Waters, 1987:80).

자. 일반적으로 교수요목 유형에는 두 가지 부문이 있다. 하나는 언어적 구조 목록(가르쳐야 할 문법, grammar)이며 다른 하나는 단어 목록(가르쳐야할 어휘 사전, lexicon)이다.(Gibbons, 1984:272-280)

차. 교수요목 단원(units)을 선택하는 기준은 빈도성(frequency), 유용성(usefulness), 단순성(simplicity), 학습 가능성(learnability), 실제성(authenticity)이다.(Rodgers, 2013:6).

카. 내용, 연속적인 순서 그리고 추천되는 교수 방법이다.(Strevens, 1977:61)

타. 무엇을 배울 것인가의 핵심 내용과 배울 내용을 어떻게 선정하고 배열할 것인가에 대한 원리를 제공한다.(MacKay, 1978:11)   ※ 원문 내용은 [**부록 1**] 참조.

그런데 '교육 내용, 교수 방법, 체계화, 위계화' 등의 개념은 1장에서 살펴보았듯이 교육과정(curriculum)에서도 핵심적인 개념이기 때문에, 흔히 교수요목(syllabus)은 교육과정의 개념과 혼동되어 쓰인다. 하지만 이 둘은 엄밀한 의미에서 서로 다른 개념이다.

(2) 가. 교수요목, 교수요목 설계, 그리고 교육과정 설계는 이들에 대한 정의적 측면과 사용적 측면에서 혼동이 있을 수 있다. 교육과정 연구 분야는 교육 연구 분야의 한 부분이다. 넓은 의미에 있어서 교육 체계의 '목표, 내용, 시행, 평가'에 대한 연구이다. 좁은 의미로 보면 교육과정은 '강좌 연구(course of study), 또는 특정 강좌나 프로그램 내용'을 뜻한다. // 이러한 좁은 의미는 교수요목과 관련된다. 교수요목 설계는 상호 연관된 교육과정 발달 활동 체계 속의 '하나의 국면(phase)'일 뿐이다.(Stern, 1983:10-11)

나. 교육과정이 '언어 학습, 학습 목적과 경험, 평가, 교사와 학습자의 관계에 대한 일반적인 진술'을 의미하는 것인 반면, // 교수요목은 '교실 상황에서 실제적으로 무엇이 이루어져야 하는가'에 관련된 보다 지엽적인 것이다.(Candlin, 1984:31)

다. 교육과정이 교육 프로그램의 계획, 시행, 평가, 관리와 관련된 개념이라면 // 교수요목은 내용의 선정과 조직에 중점을 둔 보다 좁은 개념이다.(Nunan, 1993:8)

> 라. 교육과정 속에는 '목적, 목표, 내용, 과정 책략(processes resources)', 그리고 학교나 사회의 안팎에 있는 학습자들을 위해 계획되는 모든 학습 경험 평가 '방법'(means)이 포함되어 있다. // 교수요목은 <u>교육과정 평가 자체를 제외한 계획에 대한 진술</u>이다.(Kaur, 1990:2)
>
> 마. 교육과정은 교육프로그램의 계획에 영향을 미치는 <u>철학적이고 사회적이고 행정적인 요소</u>들과 복합적으로 관련된 매우 넓은 개념이다. // 반면에 교수요목은 교육과정의 하위요소를 가리키는데 이것은 <u>어떤 단원을 가르쳐야 할 것인가를 상세히 기술</u>하는 것이다(어떻게 가르칠 것인가 하는 방법론의 문제와는 구별되는 것이다). (Allen 1984: 61)
>
> ※ 원문 내용은 [**부록 2**] 참조.

교육과정의 넓은 의미는 '목표, 내용, 시행, 평가, 계획, 관리, 과정 책략, 방법' 등과 교육의 전반적인 계획과 운용에 대한 진술을 뜻한다.(// 앞부분). 그런데 좁은 의미로는 특정 강좌나 프로그램을 의미한다. 이때 좁은 의미의 교육과정이 교수요목과 관련된다. 따라서 교수요목은 교육과정의 하위 국면으로 정의할 수 있다.(// 뒷부분) 이는 일반적인 진술을 하는 교육과정과 달리 '교실 상황에서 이루어지는 교수 내용의 선정과 조직, 특정한 단원에 대한 기술'과 같은 한정된 개념이며, 교육과정 자체의 평가-교육과정이 잘 구축되었는지 그렇지 않은지에 대한 평가-를 제외한 개념으로도 볼 수 있다.(2라 후반부 기술). 한편 교육 내용을 어떤 기준과 원리를 바탕으로 위계화하느냐에 따라 교수요목이 나누어지는데, 여기에는 문법-구조 교수요목(Grammatical-Structural syllabus), 상황-맥락 교수요목(Situation-contextual syllabus), 기능-개념 교수요목(Functional/Notional syllabus), 의사소통 활동 교수요목(Communicative syllabus), 주제 중심 교수요목(Topic-based syllabus), 기능중심 교수요목(Skill-based syllabus), 과제 중심 교수요목(Task-based language teaching) 등이 있다. 이 장에서는 문법-구조 교수요목, 상황-맥락 교수요목, 기능-개념 교수요목을 중점적으로 살펴본다.

3 문법-구조 교수요목(Grammatical-structural syllabus)

문법-구조 교수요목은 언어의 구조적 또는 형식적 특징에 의해 기술된 문법 항목들과 관련 어휘를 학습 내용으로 설계한다. 예를 들면, 현재 시제, 과거 시제, 주어, 목적어, 부사어, 대등절, 내포절 등과 같은 문법 항목들과 이를 설명할 수 있는 제한된 어휘들이 교육 내용의 주된 요소이다. 문법-구조 교수요목은 언어 구조에 관한 지식을 학습의 본질이라고 보기 때문에, 각각의 문법 항목들을 '난이도와 빈도수, 문장 구성 성분의 복잡성'에 따라 배열한다. 즉 목표 언어에 대하여 여러 가지 문법 항목들을 중심으로 교수·학습 항목을 세분화 시킨 후 학습자들이 이해하기 쉽도록 제한된 어휘들을 제시한다. 아울러 이를 '쉬운 문법 항목에서 어려운 문법 항목으로, 사용 빈도가 높은 문법 항목에서 낮은 문법 항목으로, 단순한 문장에서 복잡한 문장으로, 규칙적인 문법 항목에서 불규칙적인 문법 항목'으로 체계화한다. 이 교수요목은 의사소통의 필요성보다는 기술 문법(descriptive grammar)의 문법 범주, 설명 방법 그리고 문법 체계에 따라 내용을 조직한다. 문법-구조 교수요목의 일례를 들어보면 다음과 같다.

(3) **문법-구조 교수요목 : 한국어 문장론**[1]

차수	한국어 문장론
1	한국어 문장에 대한 소개
2	문장의 구성단위 ◦ 어절, 구, 절, 문장

3	문장의 구조
	◦ 문장 성분의 개념과 하위 범주
	◦ 단문의 구조
	  - 주성분 : 주어, 목적어, 서술어, 보어 등.
	  - 부속성분 : 관형어, 부사어
	  - 독립성분 : 독립어

4	복문의 구조 I ◦ 복문구성의 유형과 원리 ◦ 접속문
5	복문의 구조 II ◦ 명사절 내포문 ◦ 관형사절 내포문 ◦ 부사절 내포문 ◦ 인용절 내포문 ◦ 서술절 내포문
6	문법요소의 기능과 의미 I ◦ 개념과 유형 ◦ 존대 표현 - 주체존대, -상대존대, -객체존대, -기타 존대 어휘

---

1) 이 교수요목은 유현경 외(2013:149-146)의 '표준 국어 문법 상세 범주화 체계'를 바탕으로 구성하였다.

7	문법요소의 기능과 의미 II ◦ 시간 표현 　- 시제표현(과거 시제, 비과거 시제) 　- 상 표현(지속상, 완료상) 　- 법 표현(미정법, 회상법)
8	문법요소의 기능과 의미 III ◦ 부정 표현 　- 단순부정, 능력부정, -금지부정
9	문법요소의 기능과 의미 IV ◦ 종결 표현 　- 서술, - 의문, -명령, -청유, - 종결표현과 수사법
10	문법요소의 기능과 의미 V ◦ 피동 표현 　- 접미사 피동, - 통사적 피동
11	문법요소의 기능과 의미 VI ◦ 사동 표현 　- 접미사 피동, - 통사적 피동

　이러한 교수요목은 교수 학습 방법과 전략, 수업 활동, 그리고 교재 구성 등에 영향을 준다. 문법-구조 교수요목의 취지를 따르는 교수법에는 대표적으로 ① 문법-번역식 교수법(grammar-translation method), ② 청화식 교수법(audio-lingual method), ③ 인지주의식 교수법(cognitive approach method) 등이 있다. 문법-번역식 교수법의 교수·학습 방법을 예로 들어 살펴보면 아래와 같다.

(4)　가. 교수 목표는 해당 언어 텍스트(예: 문학 작품) 독해, 언어 이해도 향상, 지적 능력 계발이다.
　　　나. 교수 단위는 문장이고, 문장을 만들어내는 문법은 연역적으로 가르친다. 이는 유창성보다 정확성을 강조하기 위함이다.
　　　다. 교수·학습 방법 절차는 <u>문법 규칙을 명시적으로 설명</u>한 후 관련 어휘 목록을 제시한다. 그 다음 문법 규칙이 포함된 문장 단위에 대한 번역을 하고 이를 학습자들에게 연습하게 한다.
　　　라. 번역은 모국어에서 목표어로의 번역과 목표어에서 모국어로의 번역을 모두 포함하는 것이다. 특히 <u>문장 단위에서 목표어로의 번역</u> 연습이 중요한 부분이다.
　　　마. <u>문법 구조에 대한 설명</u>을 위해 기술적인 <u>문법 용어</u>를 사용한다. 명사, 동사, 조사 등과 같은 품사 분류 방법, 주어, 목적어, 보어와 같은 문장 성분 분류, 시제, 절, 서법, 양상 등과 같이 문장을 구성하는 문법 용어를 설명한다.

바. 수업은 교사를 중심으로 이루어지며, 학습자들은 교사의 지시(instruction)대로 통제된 연습을 주로 한다. 이때 수업은 주로 문자 위주로 진행된다. 교사는 모국어(학습자들의 언어)로 문법 규칙을 설명하는 수업을 진행하며, 학습자들은 목표어로 문장 번역 연습을 한다.
사. 문법 규칙을 제시한 한 후 용례를 살펴보는 연역적인 방식을 사용한다.
아. 학습자는 개별 규칙들과 예들을 공부하고 암기한다.
자. 연습 단계에서는 모국어로 된 단어, 구, 문장들을 외국어로 옮기는 번역 활동 및 단어의 암기, 문장 문법의 암기가 주를 이룬다. 처음에는 하나의 규칙을 암기하는 연습을 하나, 이것이 익숙해지면-내재화되면- 여러 문법 규칙이 포함된 문장을 암기하는 복잡한 연습 단계로 나아간다.
차. 교사와 학습자 간, 학습자 상호 간의 외국어를 통한 의사소통은 거의 이루어지지 않는다.
카. 교재는 문장 단위로 구성되며, 텍스트 내의 문장과 문장 간의 응집성(의미 간의 연결 관계)은 고려되지 않는다. 곧 문장의 의사소통적 기능은 교재 구성에서 중요한 사항은 아니다. 교재의 주된 내용은 문법 규칙에 대한 개념적 설명, 음운의 구조적 특징 제시, 해당 언어의 문법 특징의 소개, 관련 어휘 학습 등 학습자들이 암기할 내용을 위주로 구성된다.
타. 텍스트는 문장 분석을 위한 수단으로 제시될 뿐, 그 내용에는 큰 비중을 두지 않았기 때문에, 앞 문장과 뒷 문장이 연결되지 않는 텍스트가 많고, 문법 구조를 설명하기 위해서 텍스트를 인위적으로 만들어 제시하는 경우가 빈번하다. 즉 지문들은 독해 연습 수단에 불과하며, 지문의 내용은 중요하지 않다.

문법-구조 교수요목은 연역적으로 추론된 문법 규칙(주로 문장 단위)의 조직, 관련 어휘에 대한 제시가 중심이 된다. 이는 학습자들이 문법을 통하여 올바른 문장을 학습(암기와 연습)하게 함으로써 해당 언어 규칙을 내면화하게 되면, 학습자들의 언어 능력이 신장될 수 있다는 사고를 담고 있다.

문법-구조 교수요목을 따르는 ① 문법-번역식 교수법의 원리와 조직도 이와 같은 방향으로 조직된다. 우선 문법-번역식 교수법의 목표는 '독해'를 주된 목적으로 하며 이를 통하여 '언어에 대한 이해도'와 '학습자의 지적 능력'을 향상시키고자 한다. 곧 언어 능력 가운데 유창성(proficiency)보다는 정확성(accuracy)을 강조하는 것이다(가, 나). 이러한 목표를 달성하기 위해 교수·학습 방법의 절차는 규칙에 대한 설명과 어휘 제시, 그리고 학습자들의 연습이다(다). 번역은 '목표어에서 모국어로'(L2에서 L1로), '모국어에서 목표어로'(L1에서 L2)의 해석을 의미한다. 그리고 이 번역의 기본 단위는 문장이다(라). 또한 문법 구조에 대한 설명 방법은 문법 용어를 먼저 제시하고 용례를 들어 설명한다(마). 연습은 교사의 통제 속에 진행이 되며 학습자들이 암기를 통해 해당 언어에 대한 내재화(internalization)를 도모한다. 연습은 쉬운 것부터 어려운 것으로 제시되며, 교사와 학습자 간의 의사소통은 거의 이루어지지 않는다(바, 사, 아, 자, 차). 한편 교재는 문장 단위로 구성되며, 문법 구조를 설명하기 위한 수단이기 때문에 의미간의 연결은 일차적인 고려 대상이 아니다(카, 타).

② 청화식 교수법은 독해를 강조하는 문법-번역식 교수법과 달리, 기본적으로 듣기와 말하기와 같은 음성 언어 중심의 교수법이다. 청화식 교수법의 특징은 Brown(2000, 74-75)에서 보듯이 다음과 같은 특징을 가지고 있다.

(5) 가. 새로운 자료는 대화 형태로 제시된다.
　　 나. 학습 절차는 모방(mimicry), 설정된 구절의 암기(memorization of set phrases), 그리고 연습(over-learning)이다.
　　 다. 문장은 대조 분석을 수단으로 배열되며, 한 번에 하나씩 가르친다.
　　 라. 구문 유형(structural patterns)들은 반복적인 연습을 사용하여 가르친다.
　　 마. 문법적인 설명은 거의 없거나 아예 없다. 문법은 귀납적 설명보다는 연역적 설명 방법으로 가르친다.
　　 바. 어휘는 매우 제한적이며, 문맥에서 배운다.
　　 사. 녹음테이프, 청각실습실, 시각적 보조 자료를 많이 사용한다.
　　 아. 발음이 매우 중요하다.
　　 자. 교사는 모국어를 거의 사용하지 않거나 아예 허용되지 않는다.(교사는 목표어만 사용한다.)
　　 차. 성취에 대한 반응(successful responses)을 즉각적으로 함으로써 학생의 언어 능력을 강화시킨다.
　　 카. 학생들은 정확한 발화(error-free utterances)를 생산하도록 노력해야 한다.
　　 타. 언어를 조작하고, 내용은 무시된다.　　※ 원문 내용은 [**부록 3**] 참조.

청화식 교수법이 음성 언어 위주의 교수법이라는 점은 대화 형태의 자료 제시, 녹음테이프나 청각실습실과 같은 보조 자료의 사용, 발음에 대한 정확성 강조, 학습자의 적격한 발화 생성을 장려하는 것을 보면 알 수 있다.(가, 사, 아, 카). 청화식 교수법은 두 가지 철학 이론의 영향을 받았는데 하나는 구조주의이고 다른 하나는 행동주의이다. 구조주의는 모국어와 목표 언어 간의 대조 분석에 의하여 학습 내용의 난이도를 결정하는 것이다. 즉 학습 내용을 쉬운 것부터 어려운 것까지 배열한 후 이를 한 번에 하나씩 교수하면서 학생들은 이를 연습하는 절차를 갖는데, 이는 구조주의의 철학과 맥락을 같이 한다(다). 또한 이 교수법은 행동주의에 바탕을 두고 있기 때문에 학습자들이 학습할 내용을 수많은 반복과 모방을 통하여 암기하고 이를 통하여 해당 학습자들의 언어에 대한 습관 형성(내재화)를 도모한다. 아울러 학생들이 올바른 반응(응답)이나 정확한 발음을 만들어 내면 칭찬을 함으로써, 학습된 내용의 내재화를 강화시키는데 이는 행동주의의 '조건 형성, 모방, 반복, 강화'의 주된 개념과 일치한다(나, 라, 차). 이러한 일련의 교수 방법은 문법-번역식 교수법과 차별화되는 것이지만, 문법-구조의 교수요목의 큰 틀은 유지한다. 예를 들어, 문장 구조와 유형을 하나하나의 가르친다는 것은 문법-구조 교수요목의 주된 개념이기 때문이다(다, 라) 이 때 학습 문장이 사용되는 상황이나 전체적인 맥락의 연결 등은 주 관심 대상이 아니다. 비록 대화문으로 그 상황이 주어지는 것처럼 보이나, 대화문은 문형이나 어휘 제시의 수단이지, 결코 그 상황에 초점을 맞추어서 수업이 이루어지지는 않는다. 곧 언어를 문장 위주의 단위로 가공하고 이를 가르치기 때문에 상대적으로 내용의 의미 연결은 소홀해질 수밖에 없다(다, 라, 바, 타). 또한 문법적인 설명을 명시적으로 하지 않고 교사가 교실에서 모국어 사용을 하지 않는다는 점은 문법-번역식 교수법과 차이가 있지만, 연역적인 문법 항목의 제시와 설명, 그리고 교사 주도의 학습 방법은 문법-구조 교수요목의 이론적 틀에 해당한다. 더 나아가 이 교수방법은 대조 분석의 개념이 언어 간 또는 언어 내적인 분석(비교와 대조)를 함으로써, 난이도를 고려한 문법 항목의 배열 원리를 준수한다. 그리고 문법이나 발음에 있어서의 정확성을 강조하는데 그 수준은 원어민 화자 수준의 발음과 문법 지식이며, 학생들이 문법에 오류를 보일 경우 즉각적으로 그것을 수정하여 올바른 문법이나 발음을 습득하도록 해야 한다. 이러한 '난이도 고려, 정확성'도 문법-구조 교수요목의 중요한 원리이다. 한편 이 교수법에 근거한 교재는 일반적으로 듣기, 말하기, 읽기, 쓰기의 순서로 구성한다. 입문 단계에서는 문자를 제시하지 않으며 교사의 음성이나 녹음 자료를 듣고 모방과 암기를 하도록 훈련한다. 청화식 교수법의 교재에는 원어민의 말을 언어학적으로 분석하여 대화 형식으로 만든 자료가 제시되어 있고, 언어의 난이도에 따라 단원의 순서가 배열되어 있으며 각 단원별로 문형 연습과 훈련에 필요한 자료가 제시되어 있다. 학생들이 구두로 이미 익혀 암기한 어휘와 구문을 중심으로 읽기와 쓰기 연습을 할 수 있는 언어 자료를 제시한다.

기존의 구조주의 교수법이 발화된 자료의 분석을 통하여 교육할 내용과 방법을 도출하는 반면, ③ 인지적 교수법은 언어를 생성해 내는 인지적 과정의 원리를 찾고, 이를 교육 내용과 방법으로 만든 것이다. 인지적 교수법은 말하기, 듣기뿐만 아니라 읽기, 쓰기까지의 4가지 기능을 모두 중시한다. 이 교수법은 '학생이 일단 한 언어의 구조에 대해 적정 수준의 인지적 통제력을 갖게 되면, 의미 있는 상황 하에서 언어를 사용함으로써 언어 유창성은 자동적으로 개발된다'고 본다(Carroll, 1966). 따라서 이 교수법은 Chomsky, N(1965)의 주장을 근거로 "규칙 이해를 먼저, 응용은 그 후에"라는 학습 원칙을 기반으로 한다.

(6) 가. '명시적 지식의 계발'과 '문법 의식의 고양'이 목표이다.
　　나. 의사소통적 맥락 내에서 문법에 대한 의식적 주목이 언어 학습을 촉진한다고 보고 문법 형태에 대한 의식적 초점화를 강조한다.
　　다. 문법 학습 과정은 '입력 단계 → 구조화 단계 → 출력 단계 → 재구조화 단계'이다.
　　라. 수업 절차는 '이해 단계 → 훈련 단계 → 적용 단계'이다.
　　마. 학습자가 스스로 문법 지식을 구성하고 체화(내재화)할 수 있도록 초점을 둔다.
　　바. 학생들은 규칙을 먼저 학습한 후 이를 응용한다.[2]

　이 교수 학습 방법에서 명시적 지식은 학습자들이 자신이 알고 있는 것이 무엇인지를 분명하게 말할 수 있는 지식으로서, 의식적으로 제시할 수 있고 이용할 수 있는 지식을 가리킨다. 한국어 문법을 명시적으로 이해하도록 하는 데(즉, 인지적 이해에) 교육의 초점을 두는 것이다. 문법 의식 고양은 '특정 언어 요소에 대한 의식을 높이는 것'을 가리키는 개념으로 사용되고 있다. 학습자의 언어 학습 과정이 언어 구성 요소들을 조립해가는 직선적인 과정이 아니라 진보와 퇴보, 그리고 정체가 반복되는 유기적인 과정으로 비선형적이며 이는 중간 언어의 모습으로 나타난다. 따라서 학습자는 언어 정보를 받아들이고 처리하는 인지적 과정을 거쳐 문법 지식을 구성해 가는데, 자신의 의도를 표현하기 위해 의사소통 상황 및 의미를 고려하여 적절한 문법적 장치를 선택하게 된다. 이러한 과정을 고려할 때 학습자의 문법 의식 고양이 필요하며 이는 문법 형태에 대한 주목을 통한 의식적 초점화를 의미한다(강혜옥, 2006:3). 이 학습의 절차는 '입력 단계 → 구조화 단계 → 출력 단계 → 재구조화 단계'이다. '입력 단계'란 자료에 나타난 문법 항목에 주목시키는 (noticing a form) 단계이다. 곧 언어적 자질에 의식적으로 주의하는 과정인 '주목'을 통해서 입력이 이루어질 때 학습 가능한 상태 즉 '흡수(intake)'가 될 수 있다. '구조화 단계'는 문법 항목의 형태, 의미, 화용 규칙을 발견해 가는 과정을 촉진하고 이를 정리하는 단계라고 볼 수 있다. '출력 단계'는 문법 항목에 주목하여 이를 실제적으로 표현해 보게 하는 단계이다. '재구조화 단계'는 목표어와 중간 언어 체계 간의 차이에 주목하여 중간 언어 체계의 부족한 문법 규칙을 수정 보완해 가도록 촉진하는 단계이다. 재구조화를 통해 얻어진 지식은 '자동화'되어야 한다. 자동화란 학습된 지식이나 기술이 반복이나 연습을 통하여 학습자에게 완전히 내재화되는 것을 말한다(신명선, 2012:169-178 참조). 수업 절차는 '이해 단계 → 훈련 단계 → 적용 단계'이다. 이해 단계에서는 교사가 교재에 제시

---

[2] 신명선(2012:165-181), 신명선(2016:171-190), 강혜옥(2006:4-9) 참조.

된 새로운 문법 개념을 간단히 설명하여 새로 나온 어휘의 의미와 문장 구조를 이해시킨다. 곧 학생들에게 문법과 언어 규칙을 의식적으로 배우게 하는 것이다. '훈련 단계'에서는 학습한 내용을 중심으로 적절한 언어 형태를 선택하게 하는 연습을 한다. 이때의 '훈련'은 말하기, 듣기 뿐 아니라 읽기, 쓰기까지의 4가지 기능을 모두 신장시키기 위함이며 이해 활동(듣기, 읽기)을 한 후 표현 활동(말하기, 쓰기)의 순으로 수업을 진행한다. 배운 문법을 토대로 언어를 하나의 연속 체계로 구조화하기 위한 연습이다. '적용 단계'에서는 학생들에게 자기의 생각을 다른 사람에게 전달하기 위해 자기가 의도한 말을 표현하도록 한다. 아울러 이 단계는 적합한 어휘, 문법적 규칙, 언어사용을 규제하는 화용 규칙을 선택하는 절차인데, 자동화와 재구성을 통하여 언어 수행 능력을 발달시키는 것이다. 인지주의 교수법은 기존의 교수법과 달리, 말하기, 듣기, 읽기, 쓰기를 모두 중시하기 때문에 전체적인 언어 수행 능력 곧 의사소통 능력을 중시하고, 학생들의 적용(구조 생성)능력을 신장시키는 데 주 목적을 둔다. 아울러 생성 문법 자체가 규칙을 통한 문장 단위를 생성해 내는 모습을 탐구하는 것이 주된 목적이며, 이 교수법이 주로 문법 중심의 교육, 난이도를 고려한 문법의 연역적 설계, 문법-구조에 대한 제시, 문법 연습을 통한 적격한 언어 구조의 생성과 내재화를 주 목적으로 하기 때문에 문법-구조 교수요목의 큰 틀을 유지한다. 따라서 이 교수법은 문법-번역식 교수법, 청화식 교수법의 기조와 유사하다고 볼 수 있다.

4 상황-맥락 교수요목(Situation contextual syllabus)

상황-맥락 교수요목(또는 상황 교수요목)은 해당 언어가 적용될 가능성이 있는 상황을 찾고, 그 상황에 필요한 언어 재료를 내용으로 선정한다(Ur, P. 2000:178). 문법-구조 교수요목의 내용에 대한 기본적인 설계 방향이 문장 구조를 가르칠 때 필요한 문법 항목과 어휘의 선정과 배열에 중심을 둔다면, 상황-맥락 교수요목은 실생활에서 예상 가능한 상황들과, 이와 관련된 학습 항목을 선정하는 데 주안점을 둔다(Kaur, 1990; Wilkins, 1976). 예를 들면, 교육 내용이 되는 표현들이 '식당에서, 호텔에서, 우체국에서, 은행에서, 교실에서' 등으로서, 일상에서 벌어지는 일들을 상황별로 정한다. 따라서 문법 항목들의 난이도는 관심의 대상이 되지 않는다. 또한 이 상황은 학습자의 생활과 관련되어 있기 때문에, 학습자의 요구와 필요에 따라 화제(topics)와 교육 내용을 선정하는 것이 원칙이다.

이 이론의 기본적인 가정은 '언어가 추상적인 구조(문장) 체계의 형식'이기도 하지만 '사회적 과정 속의 체계의 형식이기도 하다'라고 보는 것이다. 곧 언어의 의미는 그 언어가 나타나는 '맥락'

의하여 결정되며, 언어는 어떤 일을 수행하는 힘(capacity)이어서 인간은 생활을 위하여 언어를 배울 필요가 있다는 가정을 한다(Liu and Feng, 2002:302). 따라서 상황-맥락(context of situation)에 대한 설정을 상황적 교수요목의 기본적인 단위로 본다. 이러한 단위는 맥락 설정 상황(contextual settings) 속에서 제시될 때에만 학습자들이 가장 잘 학습하며 기억할 수 있다(Johnson, 2002:179). 이는 학습자가 각각의 특정한 상황에서 나타나는 다양한 언어 표현들을 함께 학습함으로써, 생활에서 벌어지는 모든 상황들에 대처할 수 있다는 관점을 가지고 있는데, 이 가정은 본질적으로 행동주의의 관점이다(Wilkins, 1976: 21). 따라서 학습자들이 배운 내용도 그 상황에서 할 수 있는 가시적인 행동으로 구현되어야만 한다. 상황 교수요목이 이렇게 맥락 속의 상황을 중요시하기 때문에 '상황-맥락 교수요목'(situation contextual syllabus)이라고 부르기도 한다.[3]

이 교수요목은 '학습자들에 기반하는 통합적 교수요목(synthetic syllabus)'을 지향한다. 곧 언어는 각각 별개의 부분(parts)들로 구성(예를 들어 구조들(structures)들과 기능들(functions)과 같은 부분들)되어 있는데, 이 부분들은 의사소통이라는 목적을 위하여 사용되는 시점에 도달하면, 나누어진 각 부분들의 조각(pieces)들을 통합하거나 종합해야 하는 것이 '언어 학습'의 본질이라고 본다(Long and Crookes, 1992:30). 이는 Wilkins(1976:2)의 개념, 즉 '학습의 마지막 단계에 이르러서는 배운 것을 함께 합함으로써, 언어 지식을 종합하여 하나의 언어를 생성하는 것이다'라는 말과 그 의미가 같다. 상황 교수요목의 설계는 아래와 같다.

(7) 상황-맥락 교수요목 설계
　　가. 목표
　　나. 대상
　　다. 비언어적 산출물(Non-language outcomes)
　　라. 학습 내용(Learning contents)
　　　가) 지식 : 학습자가 활용하고 싶은 의사소통 상황 목록
　　　　(가) 지식 선정 기준 : 아래와 같은 기준에 의거하여 순서를 정함.
　　　　　• 학습자들의 관심과 의사소통의 필요성
　　　　　• 학습자들이 그 상황을 만날 수 있을 가능성
　　　　　• 언어 항목들의 단순성과 학습 용이성(Simplicity & Learnability)

---

3) '상황'을 강조하기 때문에 이 교수요목은 '상황 교수요목'(situational syllabus)이라고 부른다.

- 학습자들의 언어 유창성(Language proficiency)
- 문화적 차이
　　나) 화제: 학습자들의 대화가 예상되는 화제 목록
　　다) 언어 항목: 의사소통 상황 순서와 연관 지을 것.
　　라) 기술(Skills): 듣기, 말하기, 읽기, 쓰기
마. 시행(Implementation)
바. 평가(Evaluation)

위에서 (7다) '비-언어적 산출물'이 의미하는 바는 학습자들이 학습을 잘 했는지 그렇지 않은지를 판단하는 기준으로 행동으로 표현될 수 있는 결과물을 뜻한다. 앞서 잠깐 언급했지만 상황 교수요목이 행동주의에 영향을 받았기 때문이다.

학습 내용은 언어가 사용되는 실제 또는 실제와 유사한 설정 상황(setting)의 총체이며, 화제는 그 상황 속에서 대화가 전형적으로 이루어질 수 있는 대화 형식이다. 이 때 '상황'은 언어 행위의 본질을 결정하는 외적인 언어 조건의 복합체를 의미한다. 구체적으로 말하면 '상황'은 개인적이고 고유한 속성을 지니는 것으로, 개별 언어 사용자가 가지는 자신만의 독특한 배경(발화자의 경험의 총합)이다. 이러한 특성을 고려하여 Van Ek(1975, 10-16)은 상황을 구성하는 요소를 다음과 같이 '사회적 역할, 심리적 역할, 배경, 화제'로 구분하였다.

(8) 상황 구성요소
　　가. 학습자가 할 수 있는 '사회적 역할'
　　나. 학습자가 할 수 있는 '심리적 역할'
　　다. 학습자의 외국어 사용이 예상되는 개연적인 '설정 상황'
　　라. 학습자가 외국어를 수단으로 해당 상황에서 대화할 수 있는 화제

우선 '사회적 역할'이라고 하면 실생활에서 벌어지는 상황에서 언어 사용자 자신이 수행해야 하는 관계적 역할을 뜻한다. 여기에는 첫째, 학습자와 대화 상대와의 친소 관계(낯선 사람인가 아니면 친구인가), 둘째, 대화 상대자와의 신분적 관계(민간인이냐 아니면 공무원이냐 아니면 환자와 의사의 관계냐) 셋째, 그 관계에서 나타나는 공여 관계(수혜자인가 제공자인가)등에 따라 역할이 부여된다. 이는 학습자가 학습을 통하여 외국어 공동체 사회로의 참여를 고려한 상황이다.

'심리적 역할'이란, 다양한 유형의 언어 상호 작용의 심리적 관계 부여를 뜻하는 것으로, 여기에서는 '중립성, 평등, 동정, 반감'과 같은 대화의 심리적 기조에 대한 역할을 의미한다.

'설정 상황'이란, 실생활에서 학습자가 만날 수 있는 상황과 유사하게 설정된 상황을 뜻하는 것으로 여기에는 아래와 같은 것들이 포함된다.

(9) 가. 지리적 위치
- 외국어가 모국어인 외국
- 외국어가 모국어가 아닌 외국
- 자국

나. 장소
- 실외(길거리, 광장, 공원, 정원. 테라스, 시골, 해변, 호수, 바다, 산, 스포츠 장소, 야외 수영장, 야영장, 버스 정류장, 택시 승차장, 관광 명소, 시장, 주차장 등.)
- 실내
  - 사적 공간(집, 아파트, 방, 부엌 등.)
  - 구매 공간(상점, 슈퍼마켓, 복합 매장, 실내 시장 등.)
  - 음식과 술(레스토랑, 카페, 스낵바, 바, 매점 등.)
  - 숙박 시설(호텔: 호텔방, 응접실, 야영지, 캠프장, 숙소, 기숙사, 농장 등.)
  - 교통 공간(철도역, 버스 정류장, 공항, 여객 터미널, 매표소, 여행사, 정보센터, 분실물 보관소, 세관과 출입국 사무소, 차고, 주유소, 실내 주차장 등.)
  - 종교 공간(교회 등.)
  - 의료 장소(병원, 의사/치과 의사 대기실, 수술실, 약국, 공용 화장실, 목욕탕, 미용실 등.)
  - 학습 공간(학교, 언어 치료소, 교실, 도서관 등.)
  - 전시 공간(박물관, 미술관, 전시관 등.)
  - 오락 공간(연극 극장, 영화관, 콘서트홀/오페라 홀, 나이트클럽 등.)
  - 의사소통 장소(우체국, 공중전화 부스 등.)
  - 금융(은행, 환전소 등.)
  - 일(사무실, 작업장, 공장 등.)
  - 의료 장소(병원, 의사/치과 의사 대기실, 수술실, 약국, 공용 화장실, 목욕탕, 미용실 등.)
  - 학습 공간(학교, 언어 치료소, 교실, 도서관 등.)

- 오락 공간(연극 극장, 영화관, 콘서트홀/오페라 홀, 나이트클럽 등.)
- 의사소통 장소(우체국, 공중전화 부스 등.)
- 금융(은행, 환전소 등.)
- 일(사무실, 작업장, 공장 등.)
- 운송 수단(버스, 전차, 기차, 지하철, 보트/왕복선, 비행기, 택시, 개인 차량, 자전거 등.)

다. 인간 환경
- 가족 • 친구 • 지인 • 낯선 사람들   ※ Van Ek(1975, 11-13 참조)

'화제'란 위와 같은 환경 속에서 대화를 시작하고 유지시킬 아래와 같은 주제들을 뜻한다.

(10) 가. 신분(이름, 주소, 전화 번호, 생년월일과 출생지, 나이, 성별, 결혼 상태, 국적, 고향, 직무, 직업, 고용주, 가족, 종교, 좋아하는 것과 싫어하는 것, 특성, 기질, 성향 등.)

나. 집과 가정(시설의 종류, 방, 가구/침대류, 월세, 서비스, (가스와 수도와 같은) 편의 시설, 지역, 동식물 등.)

다. 무역, 직무, 직업(무역, 직업, 근무 장소, 근무 조건, 수입, 직업 훈련, 전망 등.)

라. 자유 시간, 오락(취미, 관심 분야, 라디오/TV, 영화관, 연극, 오페라/콘서트, 스포츠, 지적 탐구, 예술 행위, 박물관/미술관/전시회, 글쓰기 등.)

마. 여행(출장이나 과외 수업을 위한 외출, 휴일, 국가 및 장소, 대중교통, 개인 교통, 입국 및 출국, 국적, 언어, 호텔/캠프장, 여행 서류, 운임, 표, 수하물, 통행 등.)

바. 다른 사람들과의 관계(우정/혐오감, 초대/초청, 왕래, 동호회 회원 교류, 정치적 및 사회적 견해 등.)

사. 건강과 복지(신체 부분, 신체 부분의 위치, 질병/사고, 개인적인 편안함, 감각 지각, 위생, 보험, 의료 서비스, 응급 서비스 등.)

아. 교육(학교, 과목, 자격 발급 등.)

자. 쇼핑(쇼핑 시설, 식료품, 옷, 패션, 흡연, 가정용품, 약품, 가격, 무게와 측정 등.)

차. 음식과 음료(음식과 음료의 종류, 먹기와 마시기 등.)

카. 서비스(우편, 전화, 전보, 은행, 경찰, 병원/수술, 수리, 차고, 주유소 등.)

타. 다양한 장소

파. 외국어(능력, 이해, 적격성 등.)
하. 날씨(기후, 기상 조건 등.)   ※ Van Ek(1975, 14-16 참조)

이 교수요목을 기반으로 하는 교수법에는 상황 강화 교수법(situational reinforcement)[4]이 있다. 상황 강화 교수법의 몇 가지 특징을 기술해 보면 아래와 같다.

(11) 가. 이 교수법의 전 과정은 세 단계로 구분되며 각 과정에는 일정한 성취 목표가 있다. 성취 목표는 언어 사용상의 숙달도이다. 초급 과정에서는 인사와 자기소개, 시간에 관한 표현을 사용하고 주위의 직접적인 자극(1차적 자극)에 대하여 적절한 반응을 표현할 수 있게 하는 것이 목표이다. 중급 과정에서는 직접 자극이 아니고 2차적 자극인 언어기호에 대한 반응 훈련 즉, 회화의 훈련에 중점을 둔다. 상급 과정에서는 일반적인 화제는 물론 특수한 화제에 대해서도 상당히 자유롭게 회화를 할 수 있게 한다.
나. 언어 학습은 습관 형성이기 때문에 오류 수정이 필요하다. 왜냐하면 오류는 학습자에게 안 좋은 습관을 형성시키기 때문이다.
다. 새로운 언어에 대한 중점 교육 내용은 상황적으로 소개하고 학습자들은 이를 중심으로 연습해야 한다.
라. 언어 기술은 구두 형식을 먼저 문어 형식은 나중에 제시한다. 예컨대 자료 제시의 경우 문어 형태로 제시하기 전에 구두로 먼저 제시한다.
마. 교사는 학습자들의 시범자로서의 역할과 함께 능숙한 지시자(conductor)의 역할을 하여야 한다. 학생들의 활동이 언제나 상황과 관련된 활동이 되도록 적절한 상황을 포착한 후 이를 제시하여야 한다.
바. 교사는 학습자에게 새 문형을 가르칠 때 그 문형을 직접 제시하는 것보다는 기존 학습 내용을 발판으로 새 문형에 접근할 수 있는 상황을 부여하여, 학습자가 많은 연습을 통하여 새로운 상황에 익숙해질 수 있도록 한다.

---

[4] 이 교수법은 미국 워싱턴에 있는 Institute of Modern Language의 Hall(1967)이 창안한 것으로 미국 및 다른 여러 나라에서 영어, 불어, 일어, 스페인어, 러시아어 등을 가르치는 데 이용되고 있으며, 교재나 수업 구성이 구조중심이 아닌 언어 사용을 중심으로 하고 있다는 것이 특징이다. 전 과정은 크게 초급, 중급, 고급과정으로 나누어지고, 각 과정에는 일정한 성취 목표가 있는데 이는 언어사용의 숙달 정도에 기준을 맞춰 설정한다.

> 사. 학습자는 의미를 가지는 상황에 기초한 활동을 통해 언어 연습을 하며 교사가 말한 것을 듣고 반복하며 질문과 지시 사항에 반응한다.
> 아. 수업 절차는 응답, 훈련, 문장 반복 읽기의 세 단계이다. 특히 상황 강화 교수법의 특징을 잘 드러내고 있는 것이 응답 훈련이다. 이는 질문, 대답 또는 지시, 질문, 대답으로 구성된다. 주로 대치형을 사용하여 연습 문형의 범위를 넓히는데 대치 항목은 대체로 동사, 명사, 대명사 등이다.
> 자. 역할극을 통하여 실제 상황의 의사소통에 가깝게 한다.
> 차. 교사는 교수 언어로 목표어를 사용한다.[5]

상황 강화 교수법의 목표는 3단계로 나누어지는데, 1단계는 1차적 자극에 대한 교육과 이에 대한 적절한 반응의 표현을 목표로 삼으며, 2단계는 2차적 자극과 적절한 반응, 그리고 3단계는 자유로운 화제에 대한 적절한 반응의 표현을 목표로 삼는다. 이는 행동주의를 기반으로 하는 상황-맥락 교수요목의 취지를 따르기 때문이다(가). 이 교수법은 '자극, 반응, 훈련' 등을 통한 습관 형성을 강조하기 때문에 오류에 대한 수정을 매우 강조한다. 이는 초기부터 올바른 언어 습관을 함양하기 위함이다(나). 아울러 교육 내용은 실생활에서 사용이 예상되는 상황적으로 소개되며 이는 문어 형식이 아닌 구어 형식으로 먼저 제시된다(다, 라). 상황을 강조하기 때문에 교사의 역할은 시범자와 지시자로서의 역할뿐만 아니라 적절한 상황을 제시하는 역할도 함께 수행해야 한다(마, 바). 학습자도 상황에 익숙해질 수 있도록 연습을 해야 하며, 이를 달성하기 위한 주된 교수 방법에는 역할극을 통한 습관화 형성이 있으며, 목표어로 연습을 하는 것이다(사). 물론 교사도 교수 언어로 목표어를 사용해야 한다(사, 아, 자, 차).

한편 상황-맥락 교수요목을 따르는 교재의 구성은 우선 단원의 경우 상황 중심의 제목과 내용으로 구성되어 있다. 예를 들면 '슈퍼마켓에서' 또는 '미장원에서'와 같은 단원의 제목과 '식사했어요?' 등과 같이 대화로 엮어진 단원으로 구성되어 있다. 곧 제목과 주제가 그대로 교육 내용이 된다. 상황 교수요목에 의한 기술된 교재의 예는 들어보면 다음과 같다.

---

[5] 위 내용은 서연주(2003:12-14), 박종경(2001:15-17), 홍비표(2001:8-10), 박강수(1995:178), 정길정(1983:146), 이맹성(1975:142-145) 등을 참조하였다.

(12) 병원에서

　환자: 목이 붓고 열이 나요.
　의사: 심하군요. 직장에 당분간 가지 마세요. 여기 처방전을 적어 줄게요. 약국에 가서 처방전대로 약을 드셔보세요.
　환자: 음, 담배는 피워도 될까요?
　의사: 담배는 절대로 안 됩니다. 피우면 목소리가 아마 나오지 않을 겁니다.

　※ 연습 : "안" 연습하기
　　밥을 먹는다. → 밥을 안 먹는다.

　상황-맥락 교수요목이 '학습자가 필요로 하는', 그리고 '실제 생활에서 사용될 것으로 예상되는' 상황에서 전형적으로 나타나는 대화를 중심으로 설계되기 때문에, 문장 구조 중심의 교육 내용을 가진 문법-구조 교수요목과 차별화되고 학습자의 의사소통 측면에 있어서 많은 장점을 가진다고 볼 수 있다.[6] 그러나 이 상황 교수요목은 다음과 같은 점에서는 문제를 가지고 있다.

(13) 가. 우선 상황이 무엇인지 정의하는 것이 매우 어렵다. 언어는 그 언어를 생산해 내는 물리적인 맥락과 매우 밀접하게 관련되어 있기는 하지만 이러한 유형의 상황만으로는 모든 학습자의 언어적 요구를 수용할 수는 없다. 그렇다고 하여 상황을 '세계, 현실, 그리고 삶' 자체와 같이 관찰이 불가능한 범위까지 포괄하기는 불가능하다. 물론 학습이 가시적으로 관찰 가능한 맥락도 교육적 가치가 있지만, 전반적인 언어 학습에는 적합하지 않다. 특정 상황을 기술하는 단원에서 제시되는 다양한 언어 형식 또는 문법 항목의 학습은 그 단원과 그 상황의 경우에만 적용이 가능하다. 이는 다른 단원의 문법 학습과 연계되지 않기 때문에 일반화하기 어렵다. (Wilkins, 1972:4-5).[7]

---

[6] (Wilkins, 1972:5)에서는 문법 구조 교수요목과 상황적 교수요목의 차이를 다음과 같이 기술하고 있다. 문법 구조 교수요목과 상황적 교수요목은 기본적으로 상호 다른 질문에 대한 대답이다. 전자는 '어떻게(how)'라는 질문에 대한 대답이다. 곧 문법 언어 X를 가지고 있는 화자가 '자신을 어떻게 표현하는가?'라는 것이다. 후자는 '언제 또는 어디에(when, where)'라는 질문에 대한 대답이다. 곧 '언제와 어디에 화자가 목표어를 필요로 하는가?'라는 것이다. 좀 더 본질적으로 전자는 문법을 고려한 질문이요, 후자는 상황을 고려한 질문에 대한 대안인 것이다(The grammatical and situational approaches are essentially answers to different questions. The former is an answer to the question how? How do speakers of language X express themselves? The latter is a response to the questions when? or where? When and where will the learner need the target language? There is, however, a more fundamental question to be asked, the answer to which may provide an alternative to grammatical or situational considerations to continue to operate).

나. 일정한 상황에 따른 있을 법한 대화에 한정되어, 한 단원에서 학습한 구조 또는 표현이 다른 단원에서는 어떻게 사용되고 도움이 될 수 있는지에 대한 연관성이 떨어진다.…중략… 제반 상황과 관련된 구조와 표현에 대한 학습 상 난이도를 매길 수가 없다(박강수, 1995:178, 홍비표, 2001:8-10).

다. 예측하기 쉬운 상황 또는 맥락에는 효과적이지만 그렇지 않은 것에 대해서는 그다지 유효하지 못하다(김선, 1993:16).

곧 상황-맥락 교수요목은 가시적인 행동으로 반응을 관찰할 수 있는 물리적인 상황만을 학습 내용으로 하기 때문에 이 이외의 범주에 속하는 상황(세계, 현실, 그리고 삶과 같은 심리적 상황)을 포괄하기 어렵다. 따라서 상황이 학습자들의 언어적 요구를 모두 충족시키기가 불가능하다. 또한 상황 별로 기술하기 때문에 각 단원에서 배우는 문법 항목은 그 단원에서만 유용성을 가질 뿐 다른 단원에서는 유용하지 않다는 점에서 문법의 일반화를 도모하기 어렵다(가). 이에 따라 제반 상황과 관련된 구조와 표현에 대한 난이도를 고려하여 교수요목을 설계하기가 곤란하다(나). 특정 상황과 맥락에서 전형적인 표현이 아닌 다른 표현이 요구되는 경우에 그 실용성은 떨어지게 된다(다).

---

7) 이는 아래와 같은 문장을 문맥에 맞게 의역하였음을 일러둔다.
In the first place it is extremely difficult to define what a situation is. There are cases where the language we use is evidently very closely related to the physical context in which we produce it. But such cases are, if anything, typical and we could not hope to cater for all a learner's language needs if we based our teaching on this type of situation alone. On the other hand, if the definition is widened to allow non-observable factors to be considered we reach the point where, "the wish to describe a situation is basically the wish to describe the world, reality, life itself." Such a definition would clearly be inoperable. The conclusion must be that a situational syllabus is not suitable for a general language course, although it might be valuable in certain narrowly, definable contexts of learning. In any case, the diversity of linguistic forms in any one situational unit makes the task of generalizing grammatical learning a difficult one and without it the learner may acquire no more than a set of responses appropriate to that one situation.

5 기능-개념 교수요목(Functional notion syllabus)[8]

　기능-개념 중심 교수요목은 언어 기술(language skills)에 초점을 두는 것으로 학습자가 청자(listener), 화자(speaker), 독자(reader), 저자(writer)의 입장에서 일을 수행하는 데 필요한 내용을 선정한다. 예를 들면, 대화에서 '메모하기, 정보 읽기, 사전 사용하기' 등과 같은 기능이 그것이다. 좀 더 구체적으로 말하면 기능-개념 중심 교수요목은 의사소통을 위한 기능과 개념을 체계적으로 분류한 것이다. 기능(functions)은 '제안하기, 방향에 대하여 묻기, 충고하기, 자기 소개하기' 등과 같이 언어 기술의 기능을 범주화 한 것이며, 개념(notions)은 '위치, 장소, 능력' 등과 같이 물리적·심리적 세계와 관련된 의미, 양상 등을 범주화한 것이다. 기능 중심 교수요목은 3장(외국어 교육과정)에서 언급한 유럽공통참조기준과 밀접한 관련이 있다. 곧 1970년대 유럽 통합을 목적으로 한 유럽 평의회(Council of Europe Committee)의 논의를 통해 1971년도 시작된 유럽의회 회원국 간의 현대어(외국어) 언어 프로젝트(Council of Europe modern language project)를 통해 일차적으로 '입문 단계'가 구축된 것에서 연유되었다. 이 프로젝트의 책임자인 Trim을 비롯하여 여기에 참가한 학자들인 Van Ek, Wilkins 등이 기존 문법-구조 교수요목과 상황 교수요목에서 벗어난 기능-개념 교수요목을 체계적으로 구축하였다. 이 언어 프로젝트의 목표는 다양한 언어를 존중하면서 동시에 유럽 민족 간 언어를 통한 자유로운 교류에 도움을 줄 있는 의사소통을 강조하고 있다. 이러한 의사소통 능력의 신장을 도모하는 데는 기존의 문법-구조 교수요목과 상황-맥락 교수요목은 한계가 있다고 보고 의사소통에 도움을 줄 수 있는 '의미, 문법, 상황, 양상, 기능'을 아우르는 교육 내용을 구축한 것이다. 이와 관련하여 이 프로젝트에 참여한 Wilkins(1972:4-5)는 문법-구조 교수요목은 언어 화자들이 '어떻게' 자기 자신들을 표현하는지에 중점을 둔 교수요목이며, 상황 교수요목은 '언제', '어디에서'와 같이 외국어를 필요로 하는 상황에 중점을 둔 교수요목이라고 하였다. 반면에 기능-개념 교수요목은 '무엇(what)'에 대한 대답으로써 학습자가 목표언어인 외국어를 통해서 표현하려는 개념(Notion)이 '무엇'인가에 중점을 둔 교수요목이라고 정의한다. 그는 문법-구조 교수요목의 경우 학습자가 목표언어를 통해서 무엇을 필요로 하며 무엇을 전달하려는가에 대해서 명확하게 설명하지 못한다고 지적하였다. 상황-맥락 교수요목의 경우에도 필요로 하는 상황을 전부

---

8) Notion에 대하여, 학자들에 따라 '의미, 의표, 개념, 의사' 등 다양하게 번역하였다. 여기에서는 '개념'으로 번역하는데 이는 Wilkins(1972)의 하위 범주 중 'semantico-grammatical categories'의 의미 'semantico'와 차별하기 위함이다. '기능-개념 교수요목'은 '개념 교수요목', '개념-기능 교수요목'으로도 사용할 수 있다. 특히 '개념 교수요목'은 'Wilkins(1972)'에서 사용한 것인데, 여기에서는 이 개념의 취지가 '의사소통'을 위함이며, 앞선 교수요목과 차별화되는 것이 바로 이 '의사소통 범주'와 관련된 개념임으로 해서 '기능-개념' 교수요목이라고 명칭한다.

기술할 수 없을 뿐만 아니라, 배운 상황이 아닌 다른 상황에 학습자들이 부딪칠 때 적용의 어려움을 가진다고 비판하였다. 학습자들의 의사소통수단은 '의미'이므로 언어를 통하여 표현할 수 있는 모든 유형의 의미를 분석하고 이를 개념 별로 구축하는 것이 필요하다고 보았다.

더 나아가 문법이나 상황이 교수요목 설계자나 교사들에게 교육의 주요 초점이 될 수 없으며, 그 초점은 학습자의 대화 목적을 위한 언어 기능으로 전환되어야 함을 말하고 있다. Wilkins(1972:1)에서는 이러한 관점에 대하여 다음과 같이 기술하고 있다.

> (14) 외국어를 가르치기 위한 대부분의 교과서는 문법-구조 교수요목을 기초로 한다. 이론은 문법 체계에 한 번에 한 번씩 노출되면 학생들이 언어를 배우는 것이 쉽다는 가정이다. …생략… 문법-구조 교수요목이 의사소통 능력을 습득하는 데 필요한 조건을 제공하지 못한다. …생략… 상황별 교수요목은… 그러나 특정 유형의 상황에 따라 적용되기 때문에 모든 학습자의 언어 요구 사항을 충족시키지 못한다. 가능한 해결책은 <u>개연성이 있는 발화 내용을 고려하면서, 이로부터 어떤 형태가 학습자들에게 가장 가치 있는지를 결정하는 '의미 또는 개념 교수요목'을 만들어 내는 것이다. 개념 범주는 두 개의 하위 범주로 구성되며 첫 번째는 6개의 의미·문법 범주로 구성되어 있다. 즉 '(1) 시간, (2) 수량, (3) 공간, (4) 물질, (5) 격, (6) 직시'이다. 두 번째 하위 범주는 의사소통 기능에 따라 8가지로 나눌 수 있다.: (7) 서법, (8) 도덕적 평가와 수양, (9) 설득, (10) 논항, (11) 이성적 질문과 개진, (12) 개인적 감정, (13) 감정적 관계; (14) 대인 관계가 그것이다.</u>[9] 이 개념적 틀은 유럽 언어로 의사소통 능력의 특정 최소 수준을 설정할 수 있는 방법을 마련하기 위함이다.

---

9) Most textbooks for teaching foreign languages have as their basis a grammatical syllabus. The theory has been that it is easier for students to learn a language if they are exposed to one part of the grammatical system at a time. Recently critics have questioned this theory, arguing that the grammatical syllabus fails to provide the necessary conditions for the acquisition of communicative competence. An alternate approach which has been suggested is to construct a situational syllabus which would focus upon teaching what is most relevant to a particular group of learners. If teaching were based on particular types of situations, however, all of the learner's language needs would not be met. A possible solution is the creation of a semantic or notional syllabus which would consider the content of probable utterances and from this determine which forms of language would be most valuable to the learner. The notional categories would be organized into two sections, the first made up of six semantico-grammatical categories:(1) time;(2) quantity;(3) space;(4) matter;(5) case; and (6) deixis. The second set is made up of eight categories of communicative function:(7) modality;(8) moral evaluation and discipline; (9) suasion;(10) argument; (11) rational enquiry and exposition; (12) personal emotions; ,13) emotional relations; and (14) interpersonal relations. This notional framework is intended to provide the means by which a certain minimum level of communicative ability in European languages can be set up.(CFM)

Wilkins(1972)는 개념(Notion)에 대하여 '의미 문법적 범주'와 '의사소통 기능 범주'와 같이 두 가지로 나눈다.

'의미-문법 범주(semantico-grammatical categories)'란 적어도 유럽 언어에서는 서로 호환이 가능한 문법 범주로서 학습의 문법적 내용의 개념과 관련이 있다는 것으로[10] 다음과 같은 6개의 항목이 이에 해당한다.

(15) **의미-문법 범주**

가. 시간(Time)	나. 수량(Quantity)	다. 공간(Space)
시간점(Point of time) 지속(Duration) 시간 관계(Time relations) 빈도(Frequence) 연속성(Sequence) 연령(Age)	문법적 수(Grammatical number) 수사(Numerals) 양화사(Quantifiers) 운용(Operations)	차원(Dimension) 위치(Location) 운동(Motion)
라. 물질(Matter)[11]	마. 격(Case)	바. 직시(Deixis)
	주격(Agentive) 목적격(Objective) 여격(Dative) 도구격(Instrument) 위치격(Locative) 작위격(Factitive) 수혜격(Benefactive)	인칭(Person) 시간(Time) 장소(Place) 대용(Anaphora)

다음으로 '의사소통 기능 범주(communicative function)'란 언어 사용(uses of language)과 관련된 항목으로서 이는 '발화의 기능(function of the utterances)'과 이러한 기능이 실현되는 '문법적

---

10) It seems convenient to group the notional categories into two sections. The first is made up of what might be called semantico-grammatical categories. These are categories which, in European languages at least, interact significantly with grammatical categories. It is for this reason, of course, that they contribute to the definition of the grammatical content of learning. There art six of these categories, each of which may be further sub-categorized.

11) 여기에서 괄호로 되어 있는 물질(Matter)은 Wilkins(1972:8)에 의하면, 상황-맥락 교수요목에서 기술한 '물리적 상황'과 관련된 분석 방법과 내용을 참조할 것을 언급하고 있다. 물리적 세계에 대한 참고는 원칙적으로 학습자가 운용하는 의미 마당(semantic fields)의 문제이다. 개념 분석은 '상황 그리고/또는 주제 문제'의 측면에서 분석하는 것보다 덜 가치가 있다.(개념을 여기에서 분석하여 제시하는 것보다는 '상황 그리고/또는 주제 문제'의 측면에서 분석하는 것이 더 낫다.) (Reference to the physical world is principally a matter of deciding the semantic fields within the learner will operate. A notional analysis is less valuable than an analysis in terms of situation and/or subject matter)

범주(grammatical categories)' 간의 관계가 불일치하는(1:1 대응을 하지 않는) 경우와 관련된 사용적 측면의 항목에 해당한다12). 이 항목들은 화자의 의도나 태도 표현으로 '발화를 가지고 무엇을 하는가'와 관련이 있는 것으로 아래와 같은 8가지가 있다.

(16) 의사소통 범주

가. 서법(Modality)[13]	나. 도덕적 평가와 수양(Moral evaluation and discipline)[14]	다. 설득 (Suasion)[15]
확실(Certainty) 필요(Necessary) 확신(Conviction) 의지(Volition) 초래된 의무(Obligation incurred) 부과된 의무(Obligation imposed) 관용(Tolerance)	판단(Judgement) 면제(Release) 인정(Approval) 불인정(Disapproval)	설득(Suasion) 예측(Predication)
라. 논항(Argument)[16]	마. 이성적 질문과 개진 (Rational enquiry and exposition)[17]	바. 개인적 감정 (Personal emotion)[18]
단언된 그리고 추구된 정보 (Information asserted and sought) 일치(Agreement) 불일치(Disagreement) 거부(Denial) 자백(Concession)	예 : 함축(Implication), 가설(Hypothesis), 정당화(Verification), 결론(Conclusion), 조건(Condition), 결과(Result), 설명(Explanation), 정의(Definition), 원인(Cause) 등	긍정(Positive) 부정(Negative)
사. 감정적 관계 (Emotional relations)[19]	아. 대인 관계 (Interpersonal relations)[20]	
인사(Greeting) 동정(Sympathy) 감사(Gratitude) 아첨(Flattery) 적대(Hostility)	지위(공손성)(Status (Formality)) 친절(Politeness)	

---

12) They relate to uses of language where there is at best a very untidy relationship between the function of the utterances and the grammatical categories through which these functions are realized. They are also concerned with expression of the speaker's intentions and attitudes.

6 요약

교수요목과 교육과정

- 교육과정은 넓은 의미로 '목표, 내용, 시행, 평가, 계획, 관리, 과정 책략, 방법' 등과 교육의 전반적인 계획과 운용에 대한 진술을 뜻한다. 좁은 의미로는 '특정 강좌나 프로그램'의 계획을 의미한다. 좁은 의미의 교육과정은 교수요목과 관련된다. 곧 교수요목은 교육과정의 하위 국면이다. 이는 교실 상황에서 이루어지는 '교수 내용의 선정과 조직, 특정한 단원에 대한 기술'과 같은 한정된 개념이며, 교육과정 자체의 평가(교육과정이 잘 구축되었는지 그렇지 않은지에 대한 평가)를 제외한 개념으로도 볼 수 있다.

문법-구조 교수요목

- 언어의 구조적 또는 형식적 특징에 의해 기술된 문법 항목들과 관련 어휘를 학습 내용으로 설계한다.
- 언어 구조에 관한 지식을 학습의 본질이라고 보기 때문에, 각각의 문법 항목들은 '난이도와 빈도수, 문장 구성 성분의 복잡성'에 따라 배열된다. 곧 '쉬운 문법 항목에서 어려운 문법 항목으로, 사용 빈도가 높은 문법 항목에서 낮은 문법 항목으로, 단순한 문장에서 복잡한 문장으로, 규칙적인 문법 항목에서 불규칙적인 문법 항목'으로 체계화한다.
- 의사소통의 필요성보다는 기술 문법(descriptive grammar)의 문법 범주, 설명 방법 그리고 문법 체계에 따라 내용을 조직한다.
- 연역적으로 추론된 문법 규칙의 조직과 문장 단위 학습이 본질이어서, 담화(또는 텍스트) 내의 문장과 문장 간의 의미적 연결은 상대적으로 중요하지 않다.

---

13) 명제 내용의 진리값이 몇 가지 방식으로 수식된다(utterances in which the truth value of the propositional content is modified in some way).
14) 평가 판단을 포함하는 발화(utterances involving assessment judgement)
15) 다른 사람들의 행동에 영향을 주는 발화들(utterances designed to influence the behavior of others)
16) 정보와 관점 교환과 관련된 범주들(categories relating to the exchange of information and views).
17) 사고와 발화의 이성적 조직과 관련된 범주(categories relating to the rational organization of thought and speech)
18) 보통 대화자를 포함하여 사건에 대한 반응 표현(expression of response to events usually involving interlocutor)
19) 보통 중재자를 포함하는 사건에 대한 반응 표현(expression of response to events usually involving interlocutor)
20) 사건에서 참여자들의 관계에 적합한 형식 선택(selection of forms appropriate to relationship of participants in the event)

- 학습자들이 문법을 통하여 올바른 문장을 학습(암기와 연습)하게 함으로써 해당 언어 규칙을 내면화하게 되면, 학습자들의 언어 능력이 신장될 수 있다는 사고를 담고 있다.
- 이 교수요목을 따르는 교수법에는 '문법-번역식 교수법, 청화식 교수법, 인지주의 교수법' 등이 있다. 이 교수법들은 구문을 중심으로 추출된 문법 항목과 관련 어휘를 연역적으로 설명하며, 학생들의 정확한 언어 능력 신장을 강조한다. 구문에 대한 교수-학습 방법은 '반복, 모방, 강화'와 같은 행동주의를 따른다(단, 인지주의 교수법은 행동주의의 학습 방법을 따르지 않는다.).

상황-맥락 교수요목

- 해당 언어가 적용될 가능성이 있는 상황을 찾고, 그 상황에 필요한 언어 재료를 내용으로 선정한다.
- 실생활에서 예상 가능한 상황들을 기반으로, 관련 학습 항목을 선정한다.
- '식당에서, 호텔에서, 우체국에서, 은행에서, 교실에서' 등과 같이 일상에서 벌어지는 일들을 상황별로 나열한다. 따라서 문법 항목들의 난이도는 관심의 대상이 되지 않는다.
- 학습자가 각각의 특정한 상황에서 나타나는 다양한 언어 표현들을 함께 학습함으로써, 생활에서 벌어지는 모든 상황들에 대처할 수 있다는 관점을 가지고 있다. 이 가정은 본질적으로 행동주의의 관점이다
- 학습자들이 배운 내용도 그 상황에서 할 수 있는 가시적인 행동(비언어적 산출물)을 그 결과물로 판단한다.
- 학습자들에 기반 하는 통합적 교수요목(synthetic syllabus)을 지향한다.
- 학습 내용의 선정 기준은 '학습자의 관심과 의사소통 필요성, 학생들이 그 상황을 만날 수 있을 가능성, 언어 항목들의 단순성과 학습 용이성, 언어 유창성, 문화적 차이'이다.
- 화제는 학습자들의 대화가 예상되는 화제 목록으로 선정한다.
- 상황을 구성하는 요소를 다음과 같이 '사회적 역할, 심리적 역할, 배경, 화제'가 있다.
- 이 교수요목을 채택하는 교수법은 상황 강화 교수법이 있다. 크게 3단계로 구분되는 상황 강화 교수법의 목표는 자유로운 화제에 대한 적절한 반응의 표현을 목표로 삼는다. 이는 행동주의를 기반으로 하는 상황-맥락 교수요목의 취지를 따르기 때문이다 이 교수법은 '자극, 반응, 훈련' 등을 통한 습관 형성을 강조하기 때문에 오류에 대한 수정을 매우 강조한다. 상황을 강조하기 때문에 교사의 역할은 시범자와 지시자로서의 역할뿐만 아니라 적절한 상황을 제시하는 역할도 함께 수행해야 한다.

기능-개념 교수요목

- 언어 기술(language skills)에 초점을 두는 것으로 학습자가 청자, 화자, 독자, 저자의 입장에서 일을 수행하는 데 필요한 내용을 선정한다. 예를 들면, 대화에서 '메모하기, 정보 읽기, 사전 사용하기' 등과 같은 기능이 그것이다.
- 기능-개념 교수요목은 '무엇(what)'에 대한 대답으로써 학습자가 목표언어인 외국어를 통해서 표현하려는 개념(notion)이 '무엇'인가에 중점을 둔 교수요목이다.
- 개념 범주는 두 개의 하위 범주로 구성되며 첫 번째 하위 범주는 '의미와 문법'과 관련이 있는 '시간, 수량, 공간, 물질, 격, 직시'이다. 두 번째 하위 범주는 '의사소통 기능'과 관련이 있는 '서법, 도덕적 평가와 수양, 설득, 논항, 이성적 질문과 개진, 개인적 감정, 감정적 관계, 대인 관계' 등 이다.
- 기능-개념 교수요목을 따르는 교수법에는 의사소통 교수법이 있다. 이는 다음 장에서 기술할 의사소통 교수요목과 밀접한 관련이 있다.

7 토론과 과제

1. 교수요목의 압축적인 형식은 두 가지 형식이 있다. 하나는 수업를 위한 '강의계획서' 형식이며, 다른 하나는 교재 내용을 알려주는 '단원 구성표' 형식이 있다. 외국인 학습자를 위한 '강의계획서'와 '단원 구성표'를 찾아본 후, 수업이 어떻게 진행될지, 그리고 교재는 어떻게 구성될지를 토론해 보라.

2. 문법-구조 교수요목, 상황-맥락 교수요목, 기능-개념 교수요목의 장단점을 기술해 보라.

제5장
의사소통 교수요목

의사소통 교수요목

1. 들어가는 말
2. 의사소통 개념
   2.1. 의사소통능력 개념의 태동
   2.2. 교육적 차원의 의사소통 개념
   2.3. 의사소통능력 하위 체계
   2.4. 평가 차원 의사소통 개념
3. 의사소통 교수 항목과 내용 구성
4. 요약
5. 토론과 과제

1 들어가는 말

 이 장의 목적은 교수요목의 유형 중 '의사소통'의 개념과 의사소통 교수요목을 설계할 때 구성되어야 할 '항목과 내용'을 살펴보는 데 있다. 이 교수요목은 이전 장에서 살펴본 '문법-구조 교수요목, 상황-맥락 교수요목' 등 Yalden(1983:86-87)의 교수요목 설계에서 고려해야 할 요건의 한계와 문제점을 극복하기 위하여 나온 것이다.([부록 1]참조) 이 교수요목은 크게 실제 상황을 반영한 그리고 적용할 수 있는 학습자 지향의 교육 내용과, 의사소통 기능 신장을 위한 교수-학습을 위한 목적으로 설계된다. 학습자 위주의 교육 내용을 구성하기 위해서는 학습자들이 필요로 하는 내용에 대한 선정이 중요한 절차이다. 곧 '요구도 조사'가 필수적으로 선행되어야만 한다는 것이다(요구도 조사에 대하여는 7장 참조). 또한 의사소통 기능 신장을 위한 교수-학습이라고 하였을 때 그 기능의 구체적인 모습이 어떠한지 그리고 그것을 어떻게 교수요목에 반영하는지 하는 하위 영역과 조직 구성이라는 방법론적인 문제가 제기된다.

2절에서는 의사소통 교수요목에서 핵심적인 역할을 하는 '의사소통능력'의 개념을 먼저 살펴본다. '의사소통 교수요목'을 풀어 말하자면 외국인 학습자들의 의사소통능력을 신장을 위한 교육적 설계이다. 따라서 '의사소통능력'이 무엇인지에 대한 개념이 우선적으로 정의되어야 의사소통 교수요목이 지향하는 바를 이해할 수 있다.

3절에서는 의사소통 교수요목이 실제 상황을 반영한 그리고 적용할 수 있는 학습자 중심의 교육 내용과, 학습자들의 의사소통능력을 신장을 고려하기 위한 항목들은 무엇이며, 이 항목들이 어떻게 배열되는지를 살펴본다.

2 의사소통능력 개념

한 언어를 배울 때 외국인 학습자들이 기대하는 바는, 해당 언어를 구사하는 L1 청자에게 자신이 가지고 있는 생각, 의도, 의견 등을 진정성(authenticity) 있게 전달하거나 반대로 L1 화자가 말하는 의도나 의견 등을 정확하게 이해할 수 있는 능력을 갖추는 것이다. 우리는 이러한 원활한 표현과 이해 능력을 거칠게 '의사소통능력'이라고 부를 수 있다. 그런데 구체적으로 이러한 능력이 어떤 요소들로 구성되어 있는지, 그것이 어떠한 패러다임에 적용될 수 있는지에 대한 질문들을 하다 보면 그 설명이 그리 만만치 않다. 그것은 무엇보다도 의사소통능력이 언어 문법에 대한 정확성만을 의미하는지, 아니면 '말하기, 듣기, 읽기, 쓰기'와 같은 기능적 유창성을 포함하는지, 더불어 대화의 기술이나 전략, 그리고 사회·문화적 지식과 같은 지식들도(언어와는 관련이 있지만 언어 자체는 아닌 지식들도) 포함하는 지에 대한, 이른바 능력의 내적 범위가 우선적으로 논의되어야 하기 때문이다. 또한 이러한 의사소통능력에 대한 정의와 함께, 이것이 다양한 패러다임 속에서 무엇에 그리고 어떻게 도움이 되는지에 대한 유용성에 대한 문제도 밝혀져야 하기 때문이다. 2절에서는 이와 같은 문제 곧 의사소통능력에 대한 내적 개념의 범위에 대한 다양한 학자들의 견해를 살펴보는 가운데, 의사소통능력의 개념과 하위 부문, 그리고 이것이 어떤 효용성을 갖는지를 살펴본다.

2.1 의사소통능력 개념의 태동

의사소통능력이라는 개념은 Chomsky(1965)에서 언어 능력(Linguistic competence)과 언어 수행(Linguistic performance)을 구분한 데에서부터 출발한다.

(1) 언어 능력(Linguistic competence)은 언어 수행(Linguistic performance)과 대조된다. 언어 능력은 화자-청자가 가지고 있는 자신들의 언어에 대한 지식인 반면, 언어 수행은 구체적인 상황에서의 언어의 실제적인 사용이다(Chomsky, 1965:4)

위 (1)의 언어 능력(Linguistic competence)은 유창한 모어 화자가 자신의 언어에 대하여 가지고 있는 지식인 반면, 주어진 구체적인 상황에서 사람들이 실제로 말하는 것과 같은 사용적인 측면인 '언어 수행(Linguistic performance)'과 구별된다. 따라서 Chomsky (1965)의 입장에서 보면 언어적으로 중요한 대상은 언어 능력인 반면 실제 상황에서 사용되는(비문법적이고 오류적인 표현도 포함되는) 언어 수행은 부차적인 대상이다.

(2) 가. 언어 이론은 우선적으로 완전히 동질적인 발화 집단 사회에서 이상적인 화자-청자와 관련되어 있다. 이 이상적인 화자-청자는 자신의 언어를 완전하게 아는 사람들이다.
나. 실제적인 언어 수행에 있어서 자신이 가지고 있는 언어 지식을 적용할 때, '기억의 한계, 방해, 태도의 변화와 관심, 오류'와 같은 문법적으로 관련이 없는 조건에 영향을 받지 않는다(Chomsky, 1965:3).[1]

즉 Chomsky(1965)에서 가정하는 '언어 화자'는 (가)에서 보듯이 가장 이상적인 조건 하에 있는 사람이며, 언어 능력은 이 이상적인 화자(또는 청자)의 '지식'과 관련된 개념이다. 반면에 '언어 수행'은 (나)에서 보듯이 다양한 조건에 영향을 받는 실제 화자의 '사용'과 관련된 개념이다. 한편 Chomsky(1977)의 언어 능력은 아래와 같이 문법적 능력과 화용적 능력이라는 두 유형으로 구성된다고 보았다.

(3) 언어 능력은 두 유형으로 나뉜다. 문법적 능력(Grammatical competence)과 화용적 능력(Pragmatic competence)이 그것이다(Chomsky, 1977:40).

---

[1] Linguistic theory is concerned primarily with an ideal speaker-listener, in a completely homogeneous speech community, who knows its language perfectly and is unaffected by such grammatically irrelevant conditions as memory limitation, distractions, shifts of attention and interest, and errors in applying his knowledge of the language in actual performance. (Chomsky 1965:3)

(1), (2), (3)을 종합해 볼 때 Chomsky(1965, 1977)에서 의도하고 있는 언어 능력의 모습은 아래와 같다.

<표 1> 언어 능력 체계(Chomsky, 1965; 1977)

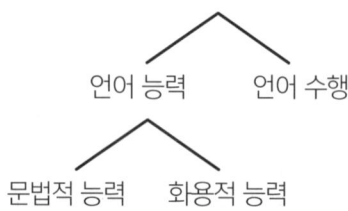

요컨대 Chomsky(1965, 1977)에서는 화자(또는 청자)에게 문법과 화용과 관련된 '이상적인 언어 지식(언어 능력 지식)'을 갖추게 하는데 일차적인 관심을 갖기 때문에, 교육적 대상이 되는 '실제 담화 상황을 고려한 개별 화자들의 언어 수행'은 부차적인 관심이 될 수밖에 없다.

2.2 교육적 차원의 의사소통 개념

이러한 '언어 수행적 지식'을 교육적 대상으로 재정립한 학자에 Hymes(1972)가 있다. Hymes는 Chomsky의 언어 능력이 화자의 행위 능력보다는 지식적인 능력을 지나치게 강조했다는 점과 현실 세계에서 이상적인 화자는 존재하지 않는다는 점을 비판하였다. 따라서 언어 능력은 다분히 추상적인 개념일 수밖에 없다고 하였다. 이에 Hymes는 현실 세계에서 실제 언어 화자가 발화하는 '언어 수행적 사용 지식'이 중요하며, 언어 능력과 더불어 언어 수행 지식을 '의사소통능력'이라고 정의하였다.

(4) 가. '한 체계의 형식적인 가능성들과 개인적인 지식은 동일하다'라는 것은 가정할 수 없다. 한 개인의 능력에 대한 일반적인 개념으로 언어 능력을 받아들여야 한다(위의 책 1972: 282).
나. 이질적인 발화 공동체, 상호 다른 능력(즉 개인 간의 변이), 사회 경제적 차이, 다중 언어 숙달, 아랍어/영어 등에 있어서 언어 능력의 상대성, 표현적 가치 판단, 사회적으로 결정되는 인식, 문맥적인 스타일 그리고 다양한 변수들의 평가를 위한 공통적인 규범을 다루어야 한다. …생략… 따라서 두 가지의 수행(performance)을 구별할 필요가 있다. 하나는 규칙의

> 속성을 가지고 있는 언어 능력과 대조되는, 규칙이 다소 떨어져 보이는 '실제적인 발화 자료'이다. 다른 하나는 언어 능력을 구성하는 규칙과 더불어 사용(use)에 관한 기저 규칙에 의해 지배받는 '행동(behaviour)'이다. 이는 언어 사용자로 하여금 효과적으로 의사소통을 할 수 있게끔 해준다. …생략… 해당 언어의 (원칙적으로) 어떠한 그리고 모든 문법적 문장을 이해하고 생성시키는 능력을 바탕으로 언어적인 행위를 하는 사람들에게, 이러한 추가적인 규칙들이 필수적으로 존재해야 한다. 문법적 문장을 생성하고 이해할 수 있는 능력(언어 능력)만으로 사람들이 언어 행위를 하지는 않는다. 대부분의 사람들은 실제적으로 타당하지만 비문법적인 발화를 생산한다. 따라서 효과적인 의사 전달을 위해 필요한 것은 '의사소통능력'이라는 지식을 구성하는 '사용 능력'이다(위의 책:277, 279)[2].

Hymes(1972)는 Chomsky의 견해에서 문법적으로 올바른 발화에 대한 생산과 이해와 관련이 있는 언어 능력은 인정한다. 하지만 동시에 실제 화자에게 필요한 '의사소통능력'도 중시되어야 함을 강조하고 있다. 달리 말하면 실제적인 환경에서 '화자의 발화 행위에 대한 지식'과 '발화된 내용에 대한 평가'와 같은 사용적 측면의 능력(의사소통능력)이 존재한다는 것이다.

> (5) 의사소통능력(Communicative competence)이란…언제 화자가 말을 해야 하는지 또는 언제 하지 말아야 하는지에 대한 지식, 누구에게, 무엇을, 어디에서 어떤 방식으로 무엇에 대해 말하느냐와 관련된 지식이다. 또한 일련의 발화 행위들을 완성하고, 발화 사건에 참여하며 그리고 다른 사람에 의하여 발화된 것들을 평가하는 능력이다(Hymes, 1972:277).

---

2) A theory that can deal with a heterogeneous speech community, differential competence [i.e. variation between individuals], the constitutive role of sociocultural features,… socio-economic differences, multilingual mastery, relativity of competence in 'Arabic', 'English'etc., expressive values, socially determined perception, contextual styles and shared norms for the evaluation of variables.…생략…The theory of CC is proposed to answer this need. Hymes distinguishes two very different conceptions of performance. One is the 'actual data of speech', seen as rule-less in contrast to the rule-bound nature of linguistic competence; another is behaviour governed by underlying rules of use which, in addition to the rules of linguistic competence, allow the language user to communicate effectively. His concern is with the second of these interpretations. Such additional rules, he argues, must of necessity exist, for a person whose linguistic behaviour was governed only by 'the ability to produce and understand (in principle) any and all of the grammatical sentences of a language'…생략…would be regarded as mad, and in addition would not produce many appropriate but ungrammatical utterances which occur in language use. What is needed for effective communication is 'competence for use'which comprises the knowledge that is 'communicative competence'.

Hymes(1972:277-284)는 위와 같은 의사소통능력이 4가지 하위 부문으로 구성된다고 보았다. 이는 단순한 부문으로서 존재하는 것뿐만 아니라 Chomsky의 언어 문법에 대한 직관(음운론적 직관, 의미론적 직관, 통사론적 직관 등)과 마찬가지로 언어 발화에 대한 적격 및 부적격을 판단하는 기준으로서의 역할을 한다고 주장하였다.[3]

> (6) '의사소통능력'은 '가능성, 실행성, 타당성, 출현성'이라는 4가지 부문으로 구성된다.
> 가. 가능성(Possibility)이란 개인의 언어 체계와 문법 지식 내에서 어떤 것이(그리고 어느 정도까지) 가능한지를 판단하는 것이다.
> 나. 실행성(Feasibility)이란 어떤 것이(그리고 어느 정도까지) 개인의 심리 언어학적 능력 내에서 성취될 수 있는 것인지를 판단하는 것이다.
> 다. 타당성(Appropriateness)이란 어떤 것이(그리고 어느 정도까지) 특정한 의사소통 환경에서 타당하거나 수용 가능한 것으로 여겨지는지를 판단하는 것이다.
> 라. 출현성(Occurrence)이란 어떤 일이 빈번하게 나타나는지 그렇지 않은지를 판단하는 것이다.[4]

위 (6가)의 가능성이란 Chomsky에서 언급한 언어 능력에 대한 언어적 문법성 직관(적격과 비적격을 판단할 수 있는 정확성 직관)과 유사하다. 하지만 Chomsky의 개념과 다른 점은 가능성이

---

3) a. Whether (and to what degree) something is formally possible
   b. Whether(and to what degree) something is feasible in virtue of the means of implementation available;
   c. Whether(and to what degree) something is appropriate (adequate, happy, successful) in relation to a context in which it is used and evaluated;
   d. Whether(and to what degree) something is in fact done, actually performed, and what its doing entails. (Hymes, 1972:281)
4) "It cannot be assumed that the formal possibilities of a system and individual knowledge are identical. …생략… I should take competence as the most general term for the capabilities of a person"…생략… the "knowledge as to when to speak, when not, and as to what to talk about with whom, what, where and in what manner… and the ability to accomplish a repertoire of speech acts, to take part in speech events, and to evaluate their accomplishment by others"…생략…
   ① possibility: Whether (and to what degree) to which something is possible within the individual's linguistic system and grammatical knowledge,
   ② feasibility: Whether (and to what degree) is achievable within the psycholinguistic capacity of the individual,
   ③ appropriateness: Whether (and to what degree) something can be considered appropriate or acceptable in a particular communicative situation,
   ④ occurrence: Whether (and to what degree) something is actually done(위의 책, 284).
   위는 논의를 위하여 원 내용의 해석에 있어서 수정을 가하였음을 일러둔다.

언어적 문법성에만 한정되는 것이 아니라 비언어적이고 문화적 정확성, 예컨대, 행동(behaviour)과 같은 의미적 규칙과의 적합성까지를 포함한다는 점이다. 또한 Hymes는 언어 능력을 이상적인 상태의 이상적 지식으로 규정하는 것이 아니라 현실적인 상태 곧 암묵적 지식(tacit knowledge)인 언어 수행을 포함해야 한다고 하였다. 이와 관련하여 Hymes는 '실세계의 사람들이 할 수 있는 것과 분리되어서는 안 된다(위의 책:282).'라고 하여, 가능성이 Chomsky의 정확성의 개념과 다름을 강조하였다.

(6나)의 실행성(Feasibility)이란 '기억의 한계, 인지 장치, 내포절, 포유문, 분지 구조 등과 같은 특성이 초래하는 결과'에 대한 심리 언어학적 판단을 의미한다.

(7) 가. 내가 본 영화를 본 영희를 만난 철수와 약속한 영수가 의자에 앉았다.
    나. '내가 영화를 보았다', '영희가 영화를 보았다', '철수가 영희를 만났다', '영수가 철수와 약속하였다', '영수가 의자에 앉았다'
    다. [[[[[내가 본 [영화]s를 본 [영희]s를 만난 [철수]s와 약속한 [영수]s가 의자에 앉았다.]s

예컨대 위 (7가)과 같은 문장은 언어적으로는 적격하나, (7나, 다)에서 보듯이 구조가 매우 복잡하게 얽혀 있음으로 해서 실세계에서 나타날 가능성이 거의 없다고 하는 직관과 관련된 개념이라는 것이다. 이를 언어 교수의 관점에서 바라본다면, 개연성이 떨어지는 언어 사용에 대하여 덜 관심을 가져야 함을 의미한다(위의 책:16).

(6다)의 타당성(Appropriateness)이란 언어가 사용되는 맥락 안에서 적절하게 수행되었는지 그렇지 않은지를 판단하는 능력이다. 곧 문법적으로 맞지만 주어진 상황 맥락에서는 부적절한 표현, 표면적인 의미가 아닌 기저 의미에 대한 이해, 문화적 맥락 가운데 파악되어야 하는 표현, 함축적 의미에 대한 파악 등에 대한 판단 능력이다. 예컨대, '차린 건 별로 없지만 많이 드세요.'라는 표현 속에는 고맥락적 사고 또는 문화에 기반한 표현임을 화자가 인식하게 되는데, 이를 '타당성 능력 판단'으로 본 것이다.

(6라)의 출현성(Occurrence)이란, 실세계에서 사용되는 표현이 문법적 또는 문화적으로 정확하며(가능성), 개별적인 심리에 비추어 실행 가능성이 있으며(실행성), 그리고 언어가 사용되는 맥락에 맞지만(타당성), 그러나 자주 사용되지 않거나 일어날 것 같지 않은 행위가 있음을 고려한 판단 능력을 의미한다. 곧 어떤 어휘나 표현이 (가능성, 실행성, 타당성)의 측면과 부합하지만 실세계에서는 자주 쓰이는 않는 표현도 있다는 것이다. 예컨대 화자들은 '오늘, 학생, 너' 등과 같은 어휘는 실세계에서 자주 사용되는 어휘인 반면, '문안, 보조금, 소진' 등은 실세계에서 그리 자주 사용되지 않

는 어휘이며, '감사하거니와, 덕분에 무탈하였소이다, 시하 초하지절에 기체후 일향만강하옵시고'와 같은 문장은 실제로 잘 사용하지 않는 표현이라는 직관을 가지고 있는 데, 이를 Hymes는 출현성이라는 개념으로 범주화하였다. 이상 Hymes가 정의한 의사소통능력을 도식화해보면 다음과 같다.

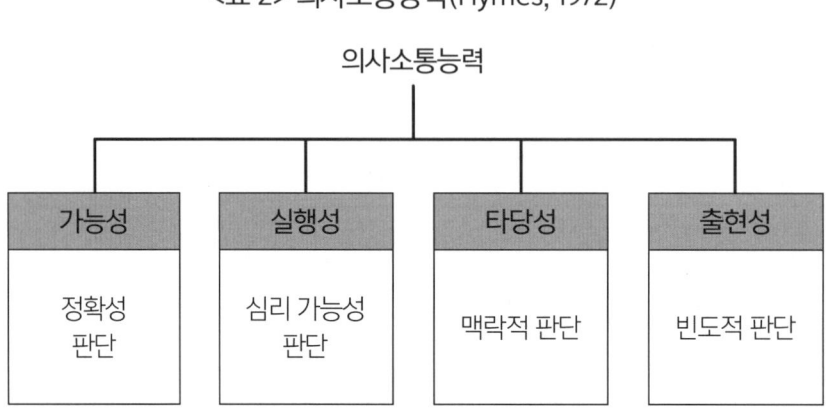

<표 2> 의사소통능력(Hymes, 1972)

Hymes의 이론은 실제 화자의 이해와 표현에 대한 직관을 의사소통능력이라는 개념으로 확대하였다는 점에서 교육적 측면으로 보면 매우 중요한 의의를 갖지만 다음과 같은 문제점으로 인하여 많은 비판을 받는다.

첫째, Chomsky의 언어 능력이 보편 문법과 매개 변수와 같은 원리적 지식이듯이 '가능성, 실행성, 타당성, 출현성'도 원리적인 지식으로 생각했다는 것이다. 달리 말하면 Hymes의 개념이 대인 관계의 성취 능력 곧 사용 운용과 관련된 능력임에도 불구하고(개별적인 사용 환경과 연결되어 있는 전략적인 차원임에도 불구하고) Chomsky와 같이 이 4가지 능력을 다분히 원리적 지식으로만 바라보았다는 것이다.

둘째, Hymes의 이론이 언어 수행적 차원을 포괄하다 보니 개별적이고도 다양한 변인 중 교육적 차원에서 교정이나 치료 측면으로 다루어져야 할 것들 예컨대, '오류, 발화 실수' 등과 같은 부류들도 직관의 범주에 설정할 수밖에 없다. 하지만 '오류, 발화 실수' 등은 옳고 그름을 판단하는 직관에 해당하지 않는다. 셋째, 각 개념에 대한 경계가 불분명하다. 예컨대 문법적 정확성(가능성)은 문장 구조의 복잡성에 대한 정확성(실행성)과 경계가 모호하며, 그리고 문화적 정확성(가능성)은 특정한 의사소통 환경 맥락(타당성)과 관련이 있기 때문에 이 역시 두 부문과의 경계가 매우 모호해 질 수 밖에 없다. 더 나아가 출현성의 경우 화자의 이해와 표현에 어떠한 도움을 주는지, 교육적 차원에서 출현성이 의미하는 바가 무엇인지 등에 대한 진술이 분명하지 못하다는 단점을 안고 있다.

2.3 의사소통능력 하위 체계

Hymes의 의사소통능력에 대한 개념의 모호함을 없애고 그 경계 구분을 체계화하려고 한 시도를 한 대표적인 학자에는 Canale & Swain(1980, 1983)이 있다. Canale & Swain(1980, 1983)에서는 우선 의사소통능력에 대한 개념에서 지식 차원과 별도로 사회문화맥락과 담화 차원에서의 수행 능력 그리고, 표현된 발화에 대한 판단 능력 등과 같이 사용 차원의 부문을 세분화하였으며, 이러한 하위 능력들의 통합체를 의사소통능력으로 정의하였다.

(8) 의사소통(Communication)과 의사소통능력(Communicative competence)이란…생략…사회문화적(discourse)이고 개인 간의 상호 작용에 기반을 두며 비예측성(unpredictability)과 창조성(creativity)을 포함한다. 또한 담화(discourse)와 사회문화적(sociocultural)인 맥락에서 일어나고, 수행(performance)과 관련 된 제약을 통해 실행된다. 아울러 실제적인 언어 사용을 포함하면서, 행동적인 산출물을 근거로 성공했는지 그렇지 않은지를 판단할 수 있는 능력이다(Canale & Swain, 1980:29).[5]

곧 Canale & Swain(1980, 1983)은 의사소통능력에 대한 부문을 아래와 같이 문법적 능력, 담화적 능력, 사회 언어적 능력, 전략적 능력으로 구분하였다.

(9) 가. '문법적 능력(Grammatical competence)'이란 L2 음운과 어휘-문법 규칙 그리고 문장 형성 규칙에 대한 숙달도를 의미한다. 즉 발화의 축자적인 의미를 표현하고 해석하는 것이다. 예컨대 발음, 어휘, 단어 그리고 문장 의미의 습득, 문법적인 문장 사용, 올바른 철자 쓰기와 같은 것이 이에 해당한다.
    나. '담화적 능력(Discourse competence)'이란 다양한 유형의 L2 담화에 대한 응집성과 결속성과 관련한 규칙에 대한 숙달도를 말한다. 예를 들어 적절한 발음, 동의어, 접속어, 대치, 반복, 일치와 연속성에 대한 표시, 화제-설명의 순서 등이 그것이다.

---

[5] communication and communicative competence …생략… to be based in sociocultural, interpersonal interaction, to involve unpredictability and creativity, to take place in a discourse and sociocultural context … to be carried out under performance constraints, to involve use of authentic language, and to be judged as successful or not on the basis of behavioural outcomes (Canale & Swain, 1980:29).

> 다. '사회 언어학적인 능력(Sociolinguistic competence)'이란 L2가 가지고 있는 사회 문화적인 규칙들에 대한 적절한 사용 숙달도를 뜻한다. 즉 사회 언어적인 맥락들 속에서 어떻게 발화들이 생성되고 이해되는지에 대한 능력을 말한다. 예컨대, 발화 행위에 대한 관습 규약, 타당한 문체적 규범에 대한 인식, 사회적 관계에 따른 언어 기호의 사용 등이 그것이다.
>
> 라. '전략적 능력(Strategic competence)'이란 문법과 사회 언어 능력의 정보가 결여되어 있는 것을 보상(보완)하기 위해 또는 의사소통 효과를 향상시키기 위해 사용되는, L2의 구어 또는 비구어 의사소통 전략이다. 예컨대 바꿔 쓰기, 상대방의 나와의 상대적인 사회적 위치를 잘 알지 못할 때 사용하는 발화 방법, 수사적 효과를 위한 천천히 말하기 등과 같은 것이 그것이다(Canale & Swain 1980:16-29, 1983:6).[6]

Canale & Swain(1980, 1983)은 (9가)의 문법적 능력을 언어 구조에 대한 지식으로 제한하였다. 곧 '어휘 항목에 대한 지식', '형태론, 통사론, 의미론, 음운론에 대한 규칙에 대한 지식'으로 한정하였다는 것이다. 따라서 Hymes가 이 부문에 포함되는 것으로 가정했던 문화적 정확성에 대한 지식은 다른 부문의 능력(예컨대 '사회 언어학적 능력')으로 분리하였다. 달리 말하면 Hymes의 '가능성'의 개념을 좀 더 엄밀하게 하였다는 것이다. 다음에 (9나)와 같이 담화적 능력이라는 개념을 설정하였는데, 이는 '언어와 의사소통 기능의 결합'에 대한 규칙 지식에 해당한다. 또한 이를 결속성(Cohesion) 및 응집성(Coherence)과 같은 생성에 대한 원리적 요소들에 대한 지식이라고 하여 그

---

[6] Grammatical competence. The mastery of L2 phonological and lexico-grammatical rules and rules of sentence formation; that is, to be able to express and interpret literal meaning of utterances (e.g., acquisition of pronunciation, vocabulary, word and sentence meaning, construction of grammatical sentences, correct spelling, etc.) Discourse competence. The mastery of rules concerning cohesion and coherence of various kinds of discourse in L2(e.g., use of appropriate pronouns, synonyms, conjunctions, substitution, repetition, marking of congruity and continuity, topic-comment sequence, etc.) Sociolinguistic competence. The mastery of sociocultural rules of appropriate use of L2; that is, how utterances are produced and understood in different sociolinguistic contexts (e.g., understanding of speech act conventions, awareness of norms of stylistic appropriateness, the use of a language to signal social relationships, etc.) Strategic competence. The mastery of verbal and non-verbal communication strategies in L2 used when attempting to compensate for deficiencies in the grammatical and sociolinguistic competence or to enhance the effectiveness of communication (e.g., paraphrasing, how to address others when uncertain of their relative social status, slow speech for rhetorical effect, etc.) 한편 Canale and Swain(1980:27)에서는 '의사소통능력'을 '문법적 능력, 사회언어학적 능력, 그리고 의사소통 전략(communication strategies)(또는 전략적 능력(strategies competence))'과 같이 셋으로 분류하였지만 Canale (1983:6)에서는 담화 능력(discourse competence)을 하나 더 추가하였다.

개념을 명확하게 하였다. 곧 문법적 능력은 문장 이하의 단위에 대한 지식, 그리고 담화적 능력은 문장을 넘어선 단위들의 조직 원리로 구분하여 부문별로 그 능력을 분리하였다는 것이다. (9다)의 사회 언어학적 능력은 비언어학적인 맥락 속에서 나타나는 언어 사용 관계에 대한 지식이다. Canale & Swain은 이를 사회적 규범에 따라 발화를 인지하고 생성해 내는 기준으로서 역할을 한다고 규정하였다. 한편 Hymes와 달리 Canale and Swain은 전략적 능력이라는 개념을 설정하였다. 이는 실제 의사소통의 불완전성에 대한 고려로, 실제 맥락 속에 나타나는 결여된 정보를 추측하여 보충하는 역할을 한다. 좀 더 구체적으로 말하면 언어 수행적 변수 또는 불충분한 언어 능력 때문에 의사소통이 붕괴되는 것을 막기 위하여 언어적 그리고 비언어적 언어 행동(action)으로 나타나는 능력을 '전략'이라고 하여, 별도의 하위 의사소통능력으로 설정한 것이다.(위의 책:30)

Hymes가 의사소통능력에 대한 4가지 기준(가능성, 실행성, 타당성, 출현성)에 대하여 매개 변수(parameter)라고 하는 다소 모호한 개념으로 표현하였다면, Canale & Swain에서는 이를 언어 능력(Competence)으로 보아 이 4가지를 화자가 가지고 있는 언어 능력에 대한 하위 구성 요소들임을 명시적으로 밝혔다. 이제 Canale & Swain의 개념을 도식화 해 보면 다음과 같다.

<표 3> 의사소통능력 부문(Canale & Swain, 1980; 1983)

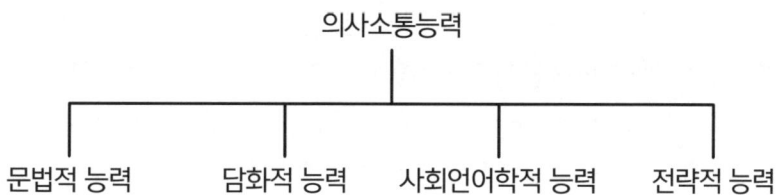

Canale & Swain(1980, 1983)의 의사소통능력에 대한 부문을 좀 더 구체화한 학자에는 Bachman(1990a)이 있다. Bachman(1990a)은 부문별 발현되는 능력들을 포괄할 수 있는 상위 개념으로 의사소통능력이라는 용어 대신 의사소통역량(Communicative language ability, CLA)이라는 용어를 사용하였다.[7] 이 용어를 사용한 취지는 의사소통이 다양한 상황과 맥락에 종속된다는 점, 그리고 의사소통이 지식적 측면, 사용적 측면, 그리고 심리적 측면이라는 이질적인 능력들이 상호 유기적으로 발현된다는 점, 다양한 하위 부문의 능력들을 기반으로 상황과 맥락 속에서 화자(또는 청자)가 '무엇을 할 수 있는가'하는 행위성을 강조하기 위함으로 추측된다.

---

7) 이 글에서는 Competence를 능력으로 Ability를 역량으로 해석한다. 역량은 능력보다 포괄적인 개념이다.

(10) 의사소통역량이란 적절한, 그리고 맥락화된 의사소통 언어 사용 환경에서 그 능력을 수행하거나, 시행하기 위한 '지식(knowledge) 또는 능력(competence)', 그리고 '행위 능력(capacity)'이다(Bachman 1990a:84).[8]

Bachman(1990a)도 언어 능력을 의사소통 맥락 속에서 정의되어야 한다는 점, 언어 사용 환경 속에 그 능력을 수행하고 운용하는 데 필요한 것들로 구성하여야 한다는 점은 이전의 Hymes, Canale & Swain과 견해를 같이 한다. 하지만 이러한 의사소통역량을 언어 능력(language competence), 전략 능력(strategical competence), 심리생리학적 연동 장치(psycho-physiological mechanisms)[9]의 세 부문으로 나누고 이에 대한 하위 부문들을 좀 더 세분화하였다는 점은 이전의 견해와 구별된다.

(11) 가. CLA는 언어 능력(Language competence), 전략능력(Strategic competence), 그리고 심리생리학적 연동 장치(Psychophysiological mechanism)라는 세 가지 부문으로 구성된다.
나. 언어능력은 기본적으로 언어를 통한 의사소통에서 활용되는 일련의 특정한 지식부문으로 구성된다.
다. '전략적 능력'은 맥락화된 의사소통 언어 환경에서 언어 능력의 부문들을 수행하는 정신적 행위 능력이다. 따라서 전략적 능력은 언어 사용이 발생하는 상황 및 언어 사용자의 지식 구조(사회문화적 지식, 실제 세계 지식)에 따라 언어 능력을 언어 기능과 관련시키는 수단을 제공한다.
라. '심리생리학적 기제'는 물리적 현상(소리, 빛)으로 언어의 실제 실행에 관련된 신경 및 심리적 과정을 말한다(Bachman 1990a:84).[10]

---

8) Communicative language ability(CLA) can be described it as "consisting of both knowledge, or competence, and the capacity for implementing, or executing that competence in appropriate, contextualized communicative language use.
9) psychophysiological mechanism을 정신생리학적 기제로 번역하지 않고, 정신생리학적 연동 장치로 번역한 이유는 이 부문이 다양한 능력들에 대한 생리적 또는 물리적 변환에 관여하는 부분에 해당되기 때문이다. 예컨대 발음의 경우, 발음에 대한 일련의 규칙과 계획은 근육 신경과 같은 물리적 부문에 연동되어야 실제 소리로 발현된다. '기제'라는 용어는 이러한 의미를 함축적으로 전달하지 못하므로, '연동 장치'로 풀어 해석한 것이다.
10) The framework of CLA I propose includes three components: language competence, strategic competence, and psychophysiological mechanism. Language competence comprises, essentially, a set of specific knowledge components that are utilized in communication via language. Strategic competence…characterizes the mental capacity to implement the components of the language competence in contextualized communicative language use. Strategic competence thus provides the means for relating language competencies to

Bachman(1990a)은 위 능력을 하위 부문의 능력 별로 매우 세분화하였는데, 구체적으로 보면 다음과 같다.[11]

<표 4> Bachman 의사소통 언어 역량

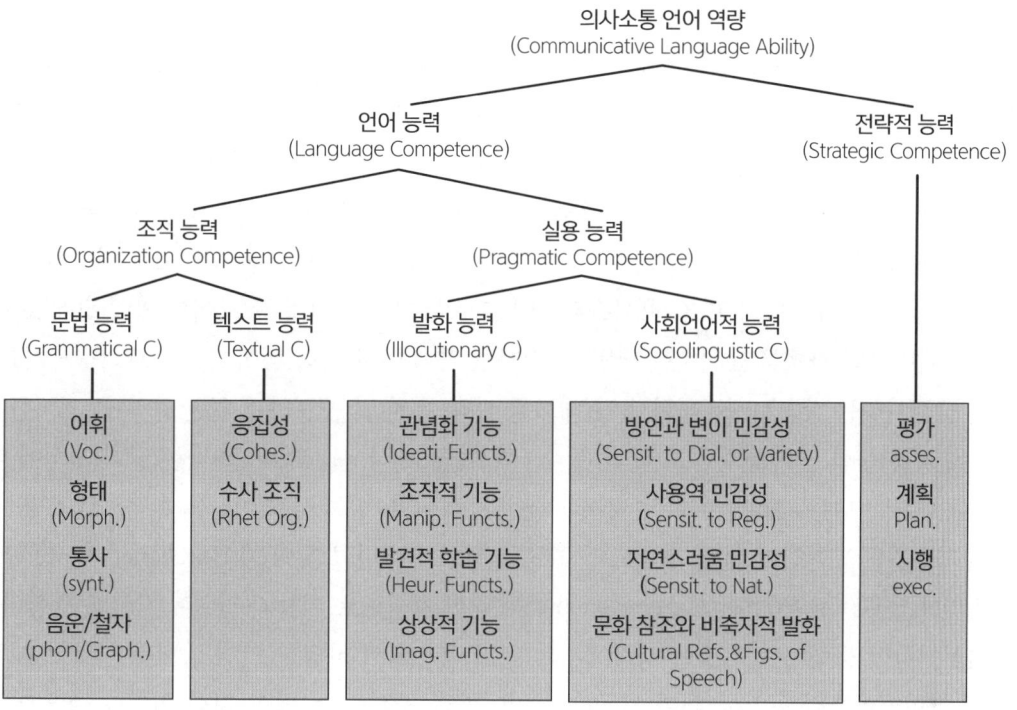

(Bachman 1990a:85-87)

features in the context of situation in which language use takes place and to the language user's knowledge structures(sociocultural knowledge, 'real-world'knowledge). Psychophysiological mechanisms refer to the neurological and psychological processes involved in the actual execution of language as a physical phenomenon(sound, light).

11) 약어에 대한 용어 설명은 아래와 같다.
C→Competence, Voc.→Vocabulary, Morph.→ Morphology, synt.→syntax, phon.→ Phonology, Graph.→Graphology, Cohes.→Cohesion, Rhet Org.→ Rhetorical Organization, Ideati. Functs.→ Ideation Functions, Manip. Functs.→Manipulative Functions, Heur. Functs.→Heuristic Functions, Imag. Functs..→ Imaginative Functions, Sensit.→Sensitivity, Dial→Dialect, Reg.→Register, Refs.&Figs. of Speech→ References and Figures of Speech. Asse.→ assessement, Pann.→ Panning, Exec.→ execution

한편 Figures of Speech를 '비축자적 발화'로 해석한 이유는 이 의미가 '문자적 의미 이외의 의미를 갖는 표현'을 뜻하기 때문이다. 여기에는 '두음법(Alliteration) 대용법(Anaphora), Assonance 완곡어법(Euphemism) 풍자법(Irony) 은유법(Metaphor) 음성 상징어법(Onomatopoeia) 모순어법(Oxymoron), 의인화법(Personification), 직유법(Simile) 제유법(Synecdoche), 과장법(Hyperbole), 축소법(Understatement)' 등과 같은 수사법을 활용한 표현들이다.

Bachman(1990a, b)에서는 언어 능력을 크게 조직 능력과 실용 능력으로 구분한다. 이 둘은 '언어 지식'에 대한 능력이다. 여기에서 조직 능력은 형식적인 언어 구조, 즉 문법적 지식과 텍스트 지식을 통제하는 능력이며, 텍스트 능력이란 담화를 만들고 해석하는 지식 능력을 말한다. 조직 능력과 실용 능력은 의사소통적으로 효과적인 언어 사용을 달성하는데 있어서 서로를 보완하는 역할을 한다. 한편 조직 능력도 다시 둘로 나뉘는 데 하나는 문법을 조직하는 지식 능력과, 다른 하나는 (말 또는 글로 작성된) 텍스트의 이해와 생산을 가능하게 하는 텍스트 지식이 그것이다. 이 때 문법 지식은 어휘론, 형태론, 문법, 음운론 및 철자법과 같은 지식과 같은 다소 독립적인 지식 영역을 뜻한다. 즉 올바른 어휘, 문법, 의미, 음운, 철자(Orthographic), 그리고 발음(Orthopedic)에 대한 지식으로서, 이러한 문법 지식을 기반으로 문법적으로 정확한 문장의 인식과 생산은 물론 명제 내용에 대한 이해를 가능하게 하는 부문이다. 텍스트 지식은 문장이나 발화를 텍스트로 결합하는 관습에 대한 지식, 즉 응집성에 대한 지식(서술된 텍스트로 두개 이상의 문장 사이의 의미 관계 또는 대화에서의 의미론적 관계를 표시하는 방법)과 수사 조직에 대한 지식(이야기 텍스트, 묘사, 비교, 분류 등을 발전시키는 방법) 또는 대화 조직(대화를 시작, 유지 및 종료하기 위한 규칙)을 의미한다.

　　다음에 실용 능력(담화를 만들고 해석하는 능력)도 둘로 나뉘는 데, 그 하나는 발화 지식에 대한 능력이며, 다른 하나는 사회 언어학적 지식에 대한 능력이다. '발화 능력'이란 사회적으로 수용 가능한 언어 기능들을 표현하기 위한, 그리고 발화 또는 담화에 대한 발화의 힘(Illocutionary power)을 해석하기 위한 실용적 규약(Pragmatic conventions)에 대한 지식으로 '기능과 관련된 지식'을 뜻한다.

　　사회언어학적 능력이란 특정한 맥락에서의 언어 사용에서 타당한 언어 발화를 만들고 해석하기 위한 사회언어학적 규약에 대한 지식(사회언어학적 지식 또는 담화 지식)이다. 사회언어적인 능력은 사회적 맥락에서 적절한 언어 사용을 위한 지식과 기술(skills)을 가지는 것을 의미한다. 특히 '사회적 관계, 적절한 행동 규칙 및 사람들의 지혜와 관련된 표현, 사용역(register)[12], 방언 그리고 강세의 차이'를 나타내는 언어 요소들이 강조된다.

　　한편 언어 능력과 대조되는 전략적 능력이란 목표 설정, 의사소통능력 평가 및 계획에 언어 사용자가 참여할 수 있게 해 주는 일군의 상위 인지 구성과 관련된 전략적 지식이다. 여기에는 '목표 설정'과 같이 일련의 가능한 과제를 구별하고, 하나 이상의 과제를 선택하며, 과제를 완료할지 그렇지 않을지 그 여부를 결정하는 것과 같은 지식(목표 설정, 또는 시행)[13], '평가'와 같이 언어 사용 맥락이 다른 부분의 의사소

---

12) Register는 언어가 사용되는 상황에 따라 달라지는 변이를 화자(청자)가 수용할 수 있는 범위 곧 '변이 이해 가능 범위'를 말한다.
13) 목표 설정은 Bachman(1990a)에서는 전략 능력으로 언급되지 않았으나, Bachman, L.F., & Palmer, A.S.(1996)에 전략 능력으로 설정되었다. 이 개념은 Bachman(1990a)의 시행(exacution)의 개념과 유사하다. 이 두 능력의 한 부분은 상호 작용과 상호 처리 스키마에 따라 연속적인 메시지를 표현하는 소위 계획 능력이다.

통 언어 능력과 관련을 맺게 하는 일종의 수단들에 대한 지식 곧 화제에 대한 지식과 정서적인 스키마와 같은 지식이다. 또한 '계획'과 같이 선택한 과제를 성공적으로 완수하기 위하여, 언어 지식 그리고 이 이외의 부문들을 어떻게 사용하느냐를 결정하는 방법에 대한 지식도 있다. 이러한 문법, 텍스트, 발화, 사회 언어적 능력, 그리고 전략적 능력은 서로 상호작용을 하면서, 의사소통역량을 형성한다.

Bachman(1990a)에서는 의사소통역량에 심리생리학적 연동 장치를 설정하였는데, 이는 기존의 의사소통능력과 차별화되는 개념이다. 이 개념은 주어진 상황을 이해하고 선험 지식들을 활용할 수 있는 능력, 그리고 구두와 문자언어의 이해와 표현에 대한 실제적인 발현과 관련된 일종의 물리적 과정이다. 달리 말하면 언어 사용에 대한 실제적 집행(execution)에 관여하는 신경학적 그리고 물리적 과정이다. 그런데 의사소통 목적과 맥락에 맞게 언어 사용을 집행하는데 관여하는 차원에 통로(channel)와 방식(modality)이 있다. 통로의 경우 시각적인 통로(visual channel)와 청각적인 통로(auditory channel)라는 별도의 두 하위 부문으로 구성되어 있다. 또한 방식은 표현적인 양식(productive mode)과 수용적 양식(receptive mode)이라는 이원화된 부문으로 좀 더 구체화된다. 그리고 통로와 방식이 서로 상호 복합적으로 작동하여 4가지 양상이 나타나지만, 선호되는 연결 방향은 청각 및 시각의 경우 주로 수용 방식으로, 신경 근육 기능의 경우 주로 생산 방식으로 사용된다(Bachman1990a : 107). 좀 더 구체적으로 말하면 수용적인 양식은 주로 청각적, 시각적 기능(skill)이 사용되는 것이며, 표현 양식은 신경 근육상의 기능(skill)이 사용되는 일종의 심리적 처리 과정이라고 본 것이다. 그런데 이는 전략적 능력과 그 역할적 측면에 있어서 상호 다르다. 곧 Bachman(1990a) 이 둘이 언어적 능력이 실제로 문맥 안에서 어떻게 사용되고 있는지를 확인할 수 있는 인지적 과정(cognitive process)에서는 동일하지만 전략적 능력과 심리생리학적 기제가 담당하는 역할은 아래와 같이 서로 차별되는 능력임을 주장한다.

(12) 가. 전략적 능력 역할
학습자의 언어적 능력, 화자의 세상에 대한 지식, 언어가 사용되는 실제적 맥락을 서로 연결하는 포괄적인 능력이다. 예를 들어, '의사소통 상황에 접근하고 평가하기, 언어 능력의 사용을 결정하기, 사회 맥락 속에서 타당한 표현 찾기, 심리생리학적 기제에 모든 정보를 전달하기'와 같이 능력, 지식, 맥락을 상호 연결시키는 역량을 뜻한다.

나. 심리 생리학적 기제의 역할
- 타당한, 그리고 문맥 속에서의 의사소통적 언어 사용에서의 언어 능력의 시행과 운용에 관여한다. 아울러 이는 상호작용을 위한 도구이다.

Bachman(1990a)의 의사소통 처리 과정은 하위 부문별 순서를 가진 모형으로 체계화될 수 있다.

<표 5> 의사소통적 언어에 있어서 의사소통 언어 역량 부문들(Bachman 1990a:41)

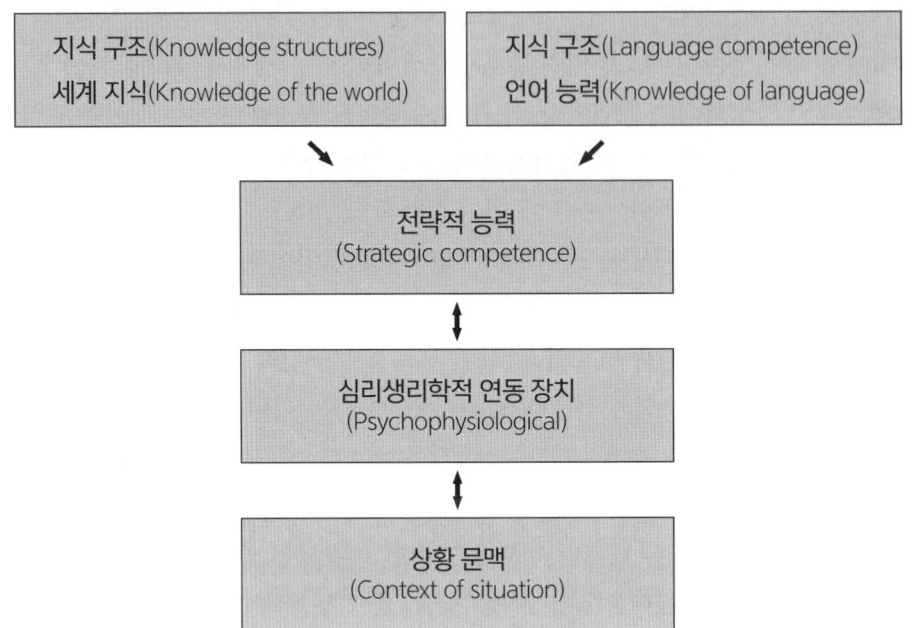

그런데 심리생리학적 기제는 Bachman, L.F. & Palmer, A.S.(1996:68)에서 의사소통역량에서 제외된다. 그것은 언어 사용에 있어서 인지적 운용 기능을 제공하는 좀 더 상위의 시행 과정으로 생각하였기 때문이다. 더 나아가 Bachman and Palmer(1996:68)에서는 몇 가지 틀을 바꾸었는데 우선 능력을(Competence)을 전략적 능력(운용 능력)과 명시적으로 구분하기 위해 지식이라는 개념으로 바꾸어 사용하였으며, 실용적 지식을 '기능, 사회 언어적 그리고 어휘적 지식'에 포함시켰다. 또한 전략적 능력을 메타인지적 부문 또는 전략 집합으로 보았다. 즉 다른 인지 활동과 마찬가지로 언어 사용 속에서 인지적 운용을 제공하는 좀 더 상위 계층의 시행(executive)으로서 전략적 능력을 본 것이다.[14]

---

14) pragmatic knowledge incorporated functional, sociolinguistic and lexical knowledge. Strategic competence was viewed as "a set of metacognitive components, or strategies, which can be thought of as higher order executive processes that provide a cognitive management function in language use, as well as in other cognitive activities"(Bachman & Palmer, 1996:70).

(13) 담화 능력은…생략…어휘·문법 부문, 의사소통 의도에 대한 행위적 조직 기술, 그리고 사회문화적 맥락이 함께 어우러져 담화를 형성한다. …생략…의사소통능력이란 첫째, 담화 능력(통합된 구어 또는 문어 텍스트를 얻기 위하여 단어, 구조, 문장, 발화들의 선택, 순서화, 그리고 배열하는 능력), 둘째, 언어 능력(의사소통을 실현하는 데 필요한, 음운이나 철자 체계뿐만 아니라 문장 방식과 유형, 구성 요소 구조, 형태론적 굴곡, 어휘 자료들), 셋째, 행위 능력(발화 행위와 발화 행위 설정을 수행하고 해석함으로써, 의사소통 의도를 전달하고 실현시키는 능력), 넷째, 사회문화적 능력(언어 사용의 변이와 연관된 실용 요인들을 고려하여, 의사소통의 전반적인 사회와 문화 맥락 범위 속에서 적절하게 메시지를 표현하는 방법에 대한 화자의 지식), 다섯째, 전략적 능력(메시지와 협상하고 문제를 해결하거나 또는 다른 기저 능력들에서 결여된 것들을 보충하는 일군의 전략적 기술들에 대한 화자의 능력)이다(Celce-Murcia 외, 1995:9-23).[15]

Celce-Murcia 외(1995)는 의사소통능력을 담화능력, 언어 능력, 행위 능력, 사회문화적 능력, 전략적 능력으로 구분한 점은 계층에 있어서 차이는 있지만 대체로 Bachman (1990a, b)과 유사하다. 하지만 각각의 하위 부문에 속하는 유형을 좀 더 세분화하여 정교하게 구축하였다는 점은 이전과 차별화된다. 5개의 능력 중 담화 능력과 전략 능력을 살펴보면 아래와 같다.

---

15) The central component of the model is discourse competence, in which "the lexico-grammatical building blocks, the actional organizing skills of communicative intent, and the sociocultural context come together and shape the discourse, which, in turn, also shapes each of the other three components".
　① discourse competence: the selection, sequencing, and arrangement of words, structures, sentences and utterances to achieve a unified spoken or written text.
　② linguistic competence: the basic elements of communication (the sentence patterns and types, the constituent structure, the morphological inflections, and the lexical resources, as well as the phonological and orthographic systems needed to realize communication
　③ actional competence: the competence in conveying and realizing communicative intent by performing and interpreting speech acts and speech act sets
　④ sociocultural competence: the speaker's knowledge of how to express messages appropriately within the overall social and cultural context of communication, in accordance with the pragmatic factors related to variation in language use
　⑤ strategic competence: an inventory of skills that allows a strategically competent speaker to negotiate messages and resolve problems or to compensate for deficiencies in any of the other underlying competencies

(14) 가. 담화 능력
- 결속성(Cohesion): 결속성(cohesion), 생략(ellipsis), 접속(conjunction), 어휘 연쇄(lexical chains)
- 직시(Deixis)[16]: 개인(personal), 공간(spatial), 시간(temporal), 텍스트적(textual)
- 응집성(Coherence): 내용 스키마(content schemata), 의미-라임 발달(theme-rheme development), 구정보와 신정보 운용(management of old and new information), 명제 구조(propositional structures), 시간 연속성(temporal continuity)
- 장르(Genre)
- 담화 구조(Conversational structure): 시작/재시작(openings/reopenings), 화제 설정과 바꾸기(topic establishment and change), 상황 지속과 포기(holding and relinquishing the floor), 방해(interruption), 단방향 응답(backchannelling), 사전종결/종결(preclosings/closings), 인접쌍(adjacency pairs)

나. 전략 능력
- 회피/축소(Avoidance/Reduction strategies): 메시지 대체(message replacement), 화제 회피(topic avoidance), 메시지 포기(message abandonment)
- 보상 전략(Compensatory strategies): 완곡 표현(circumlocution), 어림짐작(approximation), 비언어적 수단(non-linguistic means), 재구조(restructuring), 신조어(word-coinage), L1에 의한 축자적 전이(literal translation from L1), 낯설게 하기(foreignizing), 언어전환(code switching), 검색(retrieval)
- 시간 벌기 전략(Time-gaining strategies): 여과(fillers), 망설임(hesitation devices), 자기 또는 다른 사람 표현 반복(self and other repetition)
- 자기 점검 전략(Self-monitoring strategies): 자기주도 자기수정(self-initiated repair), 스스로 바꾸어 말하기(self-rephrasing)
- 상호반응전략(Interactional strategies), 도움 요청하기(appeals for help), 올바른 이해와 오해에 대한 알림 표지(indicators of non-/misunderstanding), 반응(responses), 이해 점검(comprehension checks)

Celce-Murcia 외(1995:9-29)

---

16) 직시 표현(deixis)이란, 발화 상황에 의해서만 지시체를 갖게 되는 지시어들이다. 다시 말하면, 대화주체·시간·조건이 발화상황을 구성하는데, 이 발화상황과 연결되어야 지시체가 무엇인지 알 수 있는 지시어들이다.

2.4 평가 차원 의사소통 개념

　Pawlikowska-Smith(2002)는 지금까지 살펴본 여러 학자들의 논의를 종합하여, 제2언어로서 영어 의사소통능력에 관한 심층적 운영 모형 곧 Canadian Language Benchmarks(CLB,2000)을 제시하였다. CLB의 기준은 언어, 언어 사용 및 언어 숙련도에 대한 기능적 관점을 기반으로 하는 것으로 언어와, 언어가 사용되는 맥락과 그것이 수행하는 의사소통 기능을 관련시킨 것이다. CLB의 초점은 '제2언어로서'의 의사소통능력으로서, 의사 전달 능력은 다양한 사회적 맥락과 상황에서 상호 작용하고 표현하며 의미를 해석하고 담론을 형성할 수 있는 능력으로 정의된다(Pawlikowska-Smith, 2000:5). 그런데 이 모형의 틀은 이전과 달리 능력(Competence)과 관련하여, 적정하거나 또는 부적절한(satisfactory or inadequate) 것에 대한 '수행 판단 기준'을 구체적으로 제시한 것이다. 좀 더 구체적으로 보면, CLB에서는 우선 '다른 사람들과의 상호 작용, 지시문의 이해(또는 표현), 어떤 것을 얻기'와 같은 세 개의 별개 수행 기준을 마련하였다. 다음에 언어 수준을 3단계(초급 능력, 중급 능력, 고급 능력)로 분류하였으며 각각의 단계를 다시 4가지 하위 단계로 분류하였다.

(15)　가. 1단계- 입문 초급 능력(CLB1), 발전 초급 능력(CLB2), 적정 초급 능력(CLB3), 유창 초급 능력(CLB4)
　　　나. 2단계- 입문 중급 능력(CLB5), 발전 중급 능력(CLB6), 적정 중급 능력(CLB7), 유창 중급 능력(CLB8)
　　　다. 3단계- 입문 고급 능력(CLB9), 발전 고급 능력(CLB10), 적정 고급 능력(CLB11), 유창 고급 능력(CLB12)[17]

　여기서 '다른 사람들과의 상호 작용'은 '상호 관계성에 대한 유지 또는 변화 그리고 의사소통 그리고 사회적 결속을 신장시키기 위한 의사소통 이해(또는 표현)'를 평가한다.
　'지시문의 이해(또는 표현)'는 '공동체 사회, 일, 또는 학습 설정 상황에서 배우거나 어떤 것을 얻기 위한 지시문 이해(또는 표현)하기'를 목적으로 한다. '어떤 것을 얻기'는 공동체 사회, 일 또는 학습 등의 설정 상황에서, 영향을

---

17) Basic Ability: Initial Basic Ability(CLB1) - Developing Basic Ability(CLB2) - Adequate Basic Ability(CLB3) - Fluent Basic Ability(CLB4)
　　Intermediate Ability: Initial Intermediate Ability(CLB5) - Developing Intermediate Ability(CLB6) - Adequate Intermediate Ability(CLB7) - Fluent Intermediate Ability(CLB8)
　　Advanced Ability: Initial Advanced Ability(CLB9) - Developing Advanced Ability(CLB10) - Adequate Advanced Ability(CLB11) - Fluent Advanced Ability(CLB12)

주거나 받기, 편의를 받기, 행동을 유도하기와 관련된 이해나 표현을 목적으로 한다. 이러한 단계는 의사소통 기술(skills, 듣기, 말하기, 읽기, 쓰기) 별로 각각 세분화된다. 이 중 듣기(CLB1 - CLB4)를 예를 들어 보면 아래와 같다.

<표 6> 다른 사람들과 상호 작용하기

CLB 1 입문 초급 능력	CLB 2 발전 초급 능력	CLB 3 적정 초급 능력	CLB 4 유창 초급 능력
• 개인적 인사, 소개 및 친교 표현에 대한 이해 [매우 짧은 의사소통, 1~2 정도의 짧은 대화 순서] - 일반적인 예의 규범에 사용된 개인적이고 친숙한 단어 및 짧은 구 식별하기 - 반복에 대한 호소 인식하기 - 적절한 구두 또는 비언어적 응답과 관련된 이해를 지시하기 - 능력 체계(profile) 목록에 나와 있는 전형적인 듣기지표(Listening Benchmark)1의 전형적인 강점과 한계를 진술하기(demonstrate)	• 인사, 소개, 요청, 친교 표현과 기본적인 확장된 예의 규범 범위를 이해하기 [매우 짧은 의사소통, 2~3 정도의 짧은 대화 순서] - 일반적인 예의 규범과 확대된 규범 범위 표현에 대한 인식 - 기본적 개인 정보에 대한 요청 및 사람과 대상 인식에 대한 반응하기 - 반복과 명료화에 대한 호소 인식하기 - 능력 체계(profile) 목록에 나와 있는 전형적인 듣기 지표2의 전형적인 강점과 한계를 진술하기	• 인사, 소개, 작업스타일을 포함한 간단한 사회적 친교 [짧은 의사소통, 5개 정도의 대화 순서] - 담화 속의 일반적인 예의 규범 표현의 범위 인식하기 - 형식적 그리고 우연적 스타일과 사용역에 대한 인식을 시작하기 - 예의 규범과 소개에 기반을 둔 참여자 역할과 관계 인식하기 - 일반적이고도 기본적인 대화의 시작과 종결 인식하기. - 능력 체계(profile) 목록에 나와 있는 전형적인 듣기 지표3의 전형적인 강점과 한계를 진술하기	• 소개, 우연적 소대화 작별을 포함하는 짧은 사회적 친교 이해하기 [6개 정도의 대화순서] - 형식적 그리고 우연적 스타일과 사용역에 대한 인식하기 - 구체적인 사실적 이해와 몇가지 함축된 의미에 대해 인식하기 - 능력 체계(profile) 목록에 나와 있는 전형적인 듣기 지표4의 전형적인 강점과 한계를 진술하기

<표 7> 지시문 이해(또는 표현)

CLB 1 입문 초급 능력	CLB 2 발전 초급 능력	CLB 3 적정 초급 능력	CLB 4 유창 초급 능력
• 즉각적인 개인적 필요와 관련된 매우 짧고, 간단한 지시, 명령 및 요청을 이해하기 [지시/명령은 약 2~5 단어]	• 즉각적인 개인적 필요와 관련된 짧고 간단한 일반 지시, 명령, 요청 및 지시 사항을 이해하기 [지시/ 명령은 간단한 명령문]	• 친숙하고 즉각적으로 개인적인 관련성이 있는 일상적인 상황과 관련된 지시와 지시 사항을 이해하기 [지시는 약 2~4 단계]	• 친숙하고 일상적인 개인적 관련 상황과 관련된 일반적이면서 연속적으로 제시된 지시와 방향을 이해하기 [지시는 약 4~5 단계]

- 문자와 숫자를 식별하기 - 긍정적이거나 부정적인 명령 또는 요청을 나타내는 단어(또는 구)를 식별하기 - 개인 정보 제공 요청 및 지시에 응답하기 - 적절한 구두 및 비언어적 응답을 통한 이해표시하기 - 능력 체계(profile) 목록에 나와 있는 전형적인 듣기 지표2의 전형적인 강점과 한계를 진술하기	- 문자와 숫자를 식별하기 - 긍정적이거나 부정적인 명령 또는 요청을 나타내는 단어(또는 구)를 식별하기 - 구두로 (질문에 답하여) 또는 행동으로 응답하기 - 능력 체계(profile) 목록에 나와 있는 전형적인 듣기 지표3의 전형적인 강점과 한계를 진술하기	- 이동, 위치, 측정, 무게, 양 및 크기를 나타내는 단어 및 구를 식별하기 - 시간 (지금, 그때, 전후) 및 장소(이것, 여기)와 관련된 기본적인 연결 표현을 식별하기 - 올바른 방향과 지시 표현에 대한 응답하기 - 능력 체계(profile) 목록에 나와 있는 전형적인 듣기 지표3의 전형적인 강점과 한계를 진술하기	- 이동, 위치, 방식, 빈도 및 기간을 나타내는 단어 및 구를 식별하기 - 지시 및 지시에 대한 적절한 행동을 취하기 - 정확한 단계 순서를 인식하고 식별하기 - 능력 체계(profile) 목록에 나와 있는 전형적인 듣기 지표4의 전형적인 강점과 한계를 진술하기

<표 8> 어떤 것을 얻기

CLB 1 입문 초급 능력	CLB 2 발전 초급 능력	CLB 3 적정 초급 능력	CLB 4 유창 초급 능력
- 몇 가지 일반적인 핵심 단어와 수식을 나타내기 (도와주세요! 조심하세요!) - 적절한 구두 또는 비언어적 대응을 통한 이해 - 능력 체계(profile) 목록에 나와 있는 전형적인 듣기 지표1 전형적인 강점과 한계를 진술하기	• 즉각적이고도 개인적 필요가 있는 상황에서 요청 및 경고를 하고 응답하는 데 사용되는 표현을 이해하기 - 기본적인 요청과 경고에 대한 표현들을 식별하기 - 사과를 인식하기 - 신체적 또는 언어적 반응에 적절하게 응답하기 - 능력 체계(profile) 목록에 나와 있는 전형적인 듣기 지표2의 전형적인 강점과 한계를 진술하기	• 친숙하고 일상적인 상황에서 사용되는 표현 (예: 요청, 허가 및 경고)을 이해하기 - 간단한 설득 기능과 관련된 문장이나 표현을 식별하기 - 능력 체계(profile) 목록에 나와 있는 전형적인 듣기 지표3의 전형적인 강점과 한계를 진술하기	• 친숙하고 일상적인 상황에서 다른 사람들에게 영향을 주거나 설득하기 위한 짧은 의사소통 표현을 이해하기 - 간단한 발표, 광고 또는 정보 광고에서의 목적, 주요 아이디어, 사실적 세부 사항 및 암시적 의미 식별하기 - 능력 체계(profile) 목록에 나와 있는 전형적인 듣기 지표4의 전형적인 강점과 한계를 진술하기

기존의 의사소통능력이 용어 중심 개념 중심으로 되어 있다면 위의 능력은 '2-5개의 단어로 구성된 지시문과 명령문의 이해, 문자와 숫자를 식별하기, 긍정이나 부정 명령 또는 요청을 나타내는 단어(또는 구)를 식별하기' 등과 같이 실제로 해당 화자의 수행 능력을 평가할 수 있도록 구체화 되었다. 한편 수행 판단 기준이 되는 CLB 의사소통능력 능력 목록(profile)도 5가지 별개의 역량으로 구성된다.

첫째, 언어적 역량이다. 여기에는 문법, 형태, 음운, 철자, 어휘집과 관련된 수행 기준을 마련한 것으로 어휘와 관련된 부분이 '형태, 철자, 어휘'로 세분화된 것이 이전과 다르다. 곧 형태는 조어와 분석, 철자는 문식성, 그리고 어휘집은 어휘 저장부와 관련이 있다.

둘째, 텍스트 역량이다. 응집력, 일관성, 직시(dexis), 장르 구조 및 회화 구조에 대한 평가 기준과 관련된다.

셋째, 기능적 능력이다. 유머나, 특정 목적(예: 교육, 경고, 자기표현, 설득 등)을 위한 언어 사용과 관련된 부문이다.

넷째, 사회 문화적 능력이다. 적절성과 공손함, 관용구와 비유적 언어, 비언어적 의사소통, 문화 지식과 참조, 사회적 배경과 관계하는 지식이다.

다섯째, 전략적 능력이다. 주어진 상황에서 효과적인 의사소통을 계획하고, 의사소통의 어려움을 피하며, 의사소통 방해로부터 회복하는 데 필요한 운용 능력이다(Pawlikowska-Smith, 2002 :8-23).

이러한 개념은 이전의 여러 학자들의 논의를 종합한 것이지만, 학습자들에 대한 수행 기준과 평가라는 목적을 위한 사용, 즉 의사소통능력의 활용 측면을 강조하였다는 점은 이전과 다르다.

다음에 학습자 수준별로 의사소통능력의 기준을 마련하고 이에 대한 단계적 평가 척도를 정립한 것에는 유럽 공통 참조 기준(2001:108-121)이 있다. 이 기준에서는 의사소통능력에 속하는 다양한 내용을 아래와 같이 체계화하였다(Anthony Green, 2012:20).

<표 9> Anthony Green(2012) 의사소통 언어능력

의사소통 언어능력(Communicative language competences)		
언어적 능력 (Linguistic competences)	사회언어적 능력 (Sociolinguistic competences)	실용적 능력 (Pragmatic competences)
어휘 능력 (Lexical competence) 문법 능력 (Grammatical competence) 의미 능력 (Semantic competence) 음운 능력 (Phonological competence) 철자 능력 (Orthographic competence) 발음 능력 (Orthoepic competence)	사회관계의 언어적 표지 (Linguistic markers of social relations) 정중 표현 규약 (Politeness conventions) 경구 표현 (Expressions of folk wisdom) 사용역 차이 (Register differences) 방언과 엑센트 (Dialect and accent)	담화 능력 (Discourse competence) 기능 능력 (Functional competence)

여기에서는 언어적 능력 안에 철자와 발음이라 하여 문어와 구어의 언어 문법적 능력을 포함시켰다. 또한 사회 언어적 능력을 언어 사용의 해당 사회의 구조나 규약과 같은 차원을 처리하기 위한 지식으로 보고 이를 하위분류하였다. 곧 사회 언어학적 능력을 사회적 관계와 관련된 언어적 표지, 정중 표현(예의 표현)과 같은 규약, 경구 표현(관용어, 격언, 인용문, 속담 등과 같은 정형 표현), 의사소통이 가능한 허용 범위에 대한 언어 사용역 차이, 화자의 방언이나 지역 간 엑센트에 대한 청자의 이해 변이 범위 등과 같은 능력으로 하위 범주화하였다. 또한 실용적 능력 안에 담화 능력과 기능 능력을 포함하였다. 이는 의사소통 수행을 위해 내용에 대한 효과적인 전달 능력, 상호작용과 교섭의 카리스마에 따라 메시지가 순차적으로 배열되는가 하는 구성 능력까지 포함한 것이다. 유럽공통참조기준은 특히 학습자가 언어를 사용하는 능력에 대한 정도를 학습자의 수준에 따라 평가 기준을 만들었다. 따라서 동사 진술어가 '-할 수 있다'와 같이 기술되어 학생들이 성취할 수 있는 행동형으로 표현하였다. 그 내용도 '거의 힘들이지 않고 이해할 수 있음, 다양한 정보의 요약, 근거와 설명의 재구성, 섬세한 의미 차이 구별(C2)' 등과 같이 이전의 용어 중심의 능력 기술을 넘어서 학습자들이 도달할 수 있는 구체적인 내용 중심으로 구성되었다(유럽 공통참조기준의 등급 체계와 관련해서는 3장 참조).

3 의사소통 교수 항목과 내용 구성

의사소통 교수요목이 실제 상황을 반영한 그리고 실세계에 적용할 수 있는 학습자 중심의 교육 내용과, 학습자들의 의사소통능력을 신장을 고려하기 때문에 그 항목과 내용이 이 취지에 맞게 설계된다. 앞서 우리는 다양한 견해를 살펴보면서 의사소통이 '담화 능력, 언어 능력, 행위 능력, 사회문화적 능력, 전략적 능력' 등 여러 능력들이 복합적으로 작용하는 개념임을 알 수 있었다. 이는 달리 말하면 '지식과 운용'에 관한 것이고 좀 더 일반화하면 언어에 대한 '정확성과 유창성'을 신장시키기 위한 기능과 관련된 것이다.[18] 따라서 교수 항목들과 내용들은 이를 염두에 둔 방향으로 설계된다.

---

18) 학습자 중심이라고 한다면, 반영과 적용 이외에 학습자가 필요로 하는 '내용'이 무엇이냐에 대한 고민도 필요하다. 이는 요구 조사와 관련된 내용으로 후속하는 장에서 별도로 기술하고자 한다.

(16) 가. 상황 명세화(Specification of situations)
   ① 사회·심리적 역할(Roles of social and psychological Roles)
   ② 장소 설정(Settings)
   ③ 화제(Topics)
나. 4가지 기술의 관점으로 명세화된 언어 활동(Language activities specified in terms of the four skills)
다. 언어 기능(Language functions)
라. 개념(Notions)
   ① 특정 화제와 관련된(Related to particular topics)
   ② 일반적인(General)
마. 다음에 따른 명세화된 언어 형식(Language forms specified according to):
   ① 기능(functions)
   ② 화제와 관련된 개념(Topic-related notions)
   ③ 일반적 개념(General notions)
바. 기술 범위(Degree of skill)

먼저 의사소통 교수요목이 실제 상황을 중시하므로 (16가)와 같이 '상황에 대한 명세화'가 필요하다. 상황 명세화는 학습자의 '역할, 장소 설정, 그리고 화제'라는 세 가지 측면으로 살펴볼 수 있다.

(16가①)의 사회·심리적 역할((Roles of social and psychological Roles)이란 의사소통능력을 신장시키는 목적으로 교수요목을 설계할 때 특정한 상황에 맞게 '사회·심리적 역할'을 학습자에게 부여해야 한다는 뜻을 가진다. 사람들이 말을 하거나 쓸 때마다 그 상황에 맞는 사회·심리적 역할을 부여받는다. 이러한 심리적 역할은 '나, 그리고 상대방의 역할', '나와 상대방간의 관계 요인'을 통하여 구축되는 사회·심리적 관계 설정이다. 예컨대, 카페에서 누군가를 만나 한국어로 대화를 할 경우, 상대방이 처음 만나는 사람(공식적 상황)인지 안면이 있는 사람인지(반공식적인 상황), 또는 같은 또래의 사람인지(비공식적인 상황)를, 나의 상황(나의 연령과 직위 등)과 비교함으로써, 사회·심리적 관계가 규정된다. 달리 말하여 나와 상대방의 이러한 역학적 관계를 고려하여 상대방에게 격식체를 사용할지 아니면 비격식체를 사용할지, 직접적으로 표현할지 아니면 간접적으로 표현할지, 더 나아가 표현이 한국 사회의 상황과 관습에

맞는지 그렇지 않은지를 파악할 수 있다. 따라서 교수-학습이 벌어지는 상황에서 해당 학습자는 그 상황에 맞는 태도를 가정해야 하기 때문에 '역할 명세화'는 의사소통 교수요목에서 매우 중요하다. 학습자 편에서 볼 때 이러한 태도에 대한 중요성을 적어도 인식할 수 있어야 한다. 곧 상대방에게 우호적이고 공손하게 표현하였으나 상대방이 이러한 태도를 받아들지 못했을 때 학습자는 그 상황에 맞는 표현이나 행동을 잘 했는지, 그리고 상대편의 표현에 적절한 반응을 했는지에 대한 인식과 함께 관련 표현을 학습해야 한다는 것이다. 그러므로 의사소통 교수요목을 지향하는 사회적 역할과 관련된 목록이 구체화되어 제시되어야 한다.

(16가②)의 장소 설정(Settings)이란 의사소통이 벌어지는 실제적인 물리적 상황(사적 공간과 공적 공간 등을 포함) 설정이다. 의사소통 교수요목에서 이러한 물리적 공간을 목록화하여 제시되어야 한다. 그런데 이 장소는 실제적인 장소 그 자체가 아니라, 교수·학습 환경에서 가정하는 그리고 그 수가 제한된 '장소 설정'이다. 장소 목록은 특정한 학습자 집단의 특정한 목적이 벌어질 것 같은 '개연성 있는 장소'를 제시해야 한다. 그리고 이 장소들은 학습자들이 '가장 필요로 하고 바라는' 의사소통이 수행되는 곳을 의미한다. 이는 '집, 학교, 스포츠 센터, 병원' 등과 같은 장소에 대한 목록을 제한된 범위 안에 학습자들의 목적과 필요에 따라 그 구성을 달리해야 한다.

(16가③)의 화제(Topics)란 의사소통이 특정한 물리적인 장소에서 일어나는 특정한 화제와 관련된 것으로, 의사소통 교수요목을 구축할 때, 이러한 화제가 목록화되어 제시된다. 화제를 통하여 상호 교류(transactional)나 상호 행위적 과제가 그리고 언어 활동이 촉진되어야 한다. 그런데 이 역시 학습자 중심이기 때문에 학습자의 흥미와 필요와 밀접하게 연결되어야 한다. 더불어 특정한 장소에서 벌어지는 화제는 다음과 같이 제시될 수 있다.

<표 10> 장소와 화제

화제 (Topics) 장소 설정 (Settings)	자기소개	가족	집과 가정	주위 환경과 날씨	여행과 이동	휴일	편의시설	음식과 음료	쇼핑	서비스	건강과 복지	다른 사람과의 관계	교육과 미래 직업	외국어	돈
집															
지역															
국가															
바닷가															
공공 교통수단															
개인 교통수단															
식당, 카페															
가게, 마트, 백화점															
공연 장소															
스포츠 센터															
동호회 장소															
학교, 근무 장소															
사회적 행위 현장 (Social venue)															
병원, 약국, 의사 또는 치과 의사의 수술															

Peter S. Green(1987:28-35 참조).

　(16나)에서 말하는 네 가지 기술의 관점으로 명세화된 언어활동이란 말하기, 듣기, 읽기, 쓰기와 관련된 언어 기술 활동을 뜻한다. 이 때 기술(skills)이 의미하는 바는 거시적인 개념의 기술이 아니라 특정한 담화를 구현할 수 있는 미시적인 개념의 기술(구체적인 기술)이다(자세한 내용은 부록1참조). 곧 '읽기 이해하기, 말하기 표현하기'와 같이 거시적으로 표현하는 것이 아니라, 특정한 활동에 부합하는 '기술'을 구체적으로 제시하여야 한다. 아울러 이러한 기술의 관점에서 특정한 사태(event)의 담화(discourse)에서 전개될 수 있는 활동(activities)이 제시되어야 한다. 예컨대 '강의 노트 작성하기'가 담화 유형 중 의사소통 활동에 해당하는데, 이 활동의 실현을 위해 요구되는 구체적인 언어 기술 곧 '생략, 삭제, 요점과 부차적인 점의 구별하기' 등의 기술이 동반되어야 한다. 언

어활동이 명세화된 기술과 연결되어야 된다는 것이다.[19]

이러한 활동은 (16다)의 언어 기능과도 연결이 되어야 한다. 언어 기능도 거시적인(macro) 언어 기능과 미시적인(micro) 언어 기능으로 나뉜다. 역시 특정 상황에서 필요한 미시 기능과의 연결이 되어야 한다. 예컨대 사회·의미적(socio-semantic) 능력의 하위 활동인 '의사가 환자에게 치료에 대한 충고하기'와 같은 언어활동은 '설득하기(persuation), 경고하기(warning), 안내하기(invitation), 조언하기(advice), 재촉하기(urging)' 등과 같은 미시적 기능 중 하나 또는 둘 이상과 연결되어야 한다. 더 나아가 이 미시적 기능은 이보다 더 하위 범주에 속하는 기능들인 '논쟁(argument), 이성적 질문(rational enquiry), 설명(explanation), 의견 개진(exposition), 가정(supposition)' 등과 복합적으로 구성될 수 있다. 좀 더 구체적으로 말하자면 '의사가 환자에게 치료에 대한 충고하기' 언어활동은 여러 가지 기능으로 표현될 수 있는데, ① '의사가 환자에게 강하게 휴식을 취하여야 한다.'라고 하여 '조언하기(advice)'와 같은 방법으로 할 수 있으며, ② '만약 휴식을 취하지 않으면 신경쇠약에 걸릴 수 있다'라고 하는 '경고하기(warning)', ③ '잠을 잘 못자서 이러한 두통이 올 수 있다'라고 하는 원인에 대한 설명(explanation)을 통한 조언하기 또는 ④ '만약 환자분이 말한 것처럼 가정하여 보면, ＿＿＿, 이러한 경우에 환자분은 ＿＿＿ 대하여 어떻게 설명할 수 있는지요?, ＿＿＿이 좀 더 낫지 않을까요?'와 같은 가정 부정(disproving supposition) 또는 합리적인 결론(plausible conclusion)이라는 기능과 상호 연결되어야 한다는 것이다(John Munby, 1990:40-41, 42-47). [**부록 2**] 참조

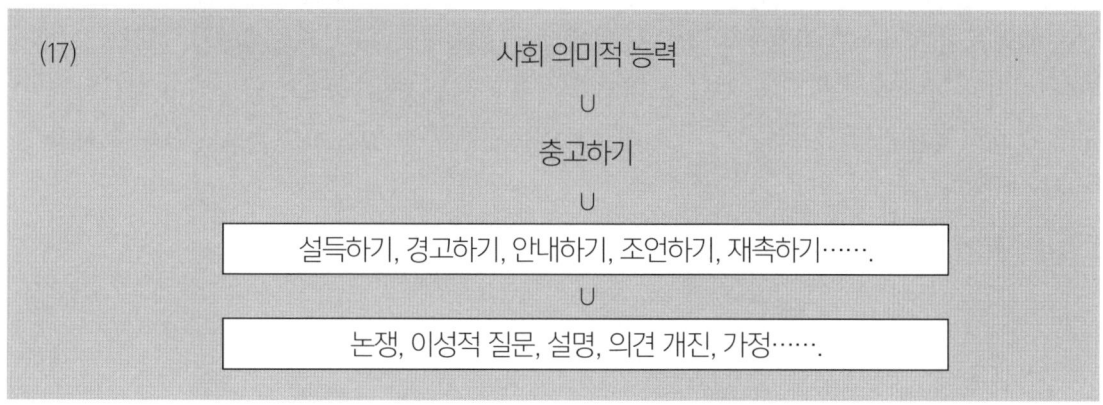

---

19) Taking another example from Kirkwood, note-taking at lectures would be regarded as a communicative activity(of the discoursal type) while abilities such as using rules governing abbreviation and omission, differentiating major and minor points, etc., are language skills required for the realisation of that activity.

의사소통 교수요목의 설계의 항목에서는 (16라)와 같이 개념(Notions)도 포함된다. 그런데 언어 기능을 수행하는 동안 참조할 수 있는 개념은 '일반 개념과 특정 개념'이 구분된다. (16라①)의 일반 개념은 대부분의 상황에서 나타날 수 있는 성질의 것이며 (16라②)의 '특정 개념'은 특정한 상황에서 적용되는 성질의 것이다. 일반 개념은 존재(existential), 공간(spatial), 시간(temporal), 양(quantitative), 질(qualitative), 심리(mental), 관계(relational), 화시(deixis) 등과 같이 일반적인 상황에 두루 나타날 수 있는 개념이다. 특정 개념은 신원 확인(personal identification), 집과 가정(house and home), 환경(environment), 일상생활(daily life), 여가(free time), 오락(entertainment), 여행(travel), 다른 사람들과의 관계(relations with other people), 건강(health and body care), 교육(education), 쇼핑(shopping), 음식과 음료(food and drink), 서비스(services), 장소(places), 언어(language), 날씨(weather)등과 같이 특정한 상황 또는 화제에서 나타날 수 있는 것들이다. 좀 더 구체적으로 말하면 시간표(여행 하위 범주)는 '여행'과 관련된 사람들의 상황에서 나타날 가능성이 많고, 쌀(음식과 음료)은 '음식을 먹기' 또는 '농업'과 관련한 상황에서 사용될 가능성이 높다. 물론 일반과 특정 간의 경계가 매우 모호하다는 것은 다시 말해 이 분류 체계가 모호하다는 점은 이 의사소통 교수요목의 단점이다. 그러나 여기에서 말하는 의사소통 상황은 '나타날 가능성이 높은 (개연성)이 높은 조합과 순서'에 대한 제안의 성격을 지니고 있다. 어떤 개념의 경우 일반적으로 나타날 수 있는 성질의 것이 있는 반면 어떤 개념은 해당 개념이 규칙적으로 발생하는 특정 기능과 방식(patterns)이 있다는 것이다.(van Ek & Trim, 1990:48-81).

(16마)의 명세화된 언어 형식이란 학습자가 특정 단계에서 할 수 있는 것과 학습자들이 다룰 수 있는 개념 등을 명세화한 것 등을 바탕으로 실제적인 단어, 구조(문장 구조) 등이 구체적으로 제시된다. 이러한 언어 형식은 '기능, 개념, 그리고 화제와 관련된 개념' 등으로 구별되어 제시된다. 아울러 각 항목들을 가장 유용하게 그리고 대표적으로 구현할 수 있는 표현들로 구성된다. 예를 들어보면 다음과 같다.

(18) 가. 기능과 언어 형식

실제적인 정보를 제공하거나 찾기(Imparting and seeking factual information)		P/R
① 식별하기	지시 대명사 (이것, 저것 등)은 NP이다.	P
	인칭 대명사 (나는, 너는, 그는 등)은 NP이다.	P
	NP와 NP를 변별하다.	R
② 보고하기 (묘사하기와 이야기하기 등)	서술문	P
	NP에/에게 NP을/를 말하다. NP에/에게 S고 말하다.	P
	NP에/에게 보고하다.	R
③ 묻기	의문문	P
	~냐/니?	
	언제/어디서/무엇을/왜/누가 … ?	

나. 일반적인 개념과 언어 형식

공간과 시간(spatial and temporal)		P/R
① 장소	여기, 저기, 어딘가, 안에, 밖에	P
② 동작	NP가 움직이다. NP가 멈추다, NP가 가다.	P
③ 차원(dimension)	크기 : 크기, 넓이, NP가 크다, NP가 작다, NP가 넓다.	P
	길이 : 미터, 킬로미터, NP가 길다, NP가 짧다.	P
	무게 : 무게 NP가 무겁다, NP가 가볍다.	P
	온도 : 온도, NP가 따뜻하다, NP가 덥다, NP가 춥다.	P

다. 화제와 언어 형식

기호(likes and dislikes)		P/R
① 선호	NP를 좋아하다.	P
② 기피	NP가 싫다.	P
③ 행위	NP에 주로 무엇을 합니까?	P

Van Ek(1978:34-112)

(18가)의 '실제적인 정보를 제공하거나 찾기(Imparting and seeking factual information)'는 언어 기능에 해당한다. 이는 다시 하위 기능 범주로 구별(식별하기, 보고하기, 묻기 등)된다(왼쪽 열). 그리고 이러한 하위 기능 범주 각각을 대표할 수 있는 전형적인 표현(언어 형식)이 제시된다(오른쪽 열). (18나)의 공간과 시간(spatial and temporal)은 일반적인 개념에 해당된다. 역시 '장소, 동작, 차원' 등과 같이 하위 개념으로 다시 분류되며, 각각의 대표적인 표현들이 제시된다. (18다)의 기호(likes and dislikes)는 화제와 관련된 개념이다. 역시 '선호, 기피, 행위'와 같이 각각 하위 개념들로 분류되어 각각의 전형적인 표현이 제시된다. 한편 제시된 언어 형식을 잘 보면 P와 R과 같은 지수(exponents)가 오른쪽에 표시되어 있다. P로 되어 있는 언어 형식은 그 언어 형식이 생산적으로 그리고 수용적으로 두루 사용되는 표현을 의미한다. R은 수용적으로만 사용되는 표현을 의미한다. P라고 표시되는 언어 형식은 대개 '말하기'로서 언어 기능을 완수하거나, 개념을 표현하는 데 사용된다. R은 상대방이 해당 언어 형식을 사용할 때 학습자(화자)가 이해해야만 하는 표현들을 뜻한다. 아울러 이러한 언어 형식은 일반적인 그리고/또는 가장 단순한 방법으로 구현된다. 이는 절대적인 것이 아니라 상황에 따라 바뀔 수 있는 일종의 참조적 역할을 한다.[20]

(16바)의 기술 범위(Degree of skill)란 간단히 말해 학습자들이 '어떻게 잘 말하고, 듣고, 쓰고 읽을 수 있어야만 하는지(How 'well' the students must be able to speak, listen, write, read.)'와 관련된 내용과 목표를 설정해야 한다는 의미이다(Van Ek J.A. & Trim J.L.M. 1990:112). 이를 위해서는 학습자들의 상황과 수준을 고려하여 도달 가능한 기술들에 대한 내용 또는 목표의 범위를 설정해야 한다. 그런데 이는 학습자의 모든 개별적인 상황을 고려한 목표 설정이 아니라 효과적인 의사소통을 위한 최소한의 요구 사항과 관련된 일반적인 진술로 기술되어야 한다. 이는 달리 말하면 의사소통의 개별적 상황이나, 학습자의 개인적 특성에서 나타나는 일탈 요소(deviations)까지 교수요목의 목록으로 설정할 필요는 없다는 것을 의미한다. 이를 좀 더 부연하면 다음과 같다.

일반적으로 의사소통은 의사소통 행위에 대한 의도를 깨달을 때(realized) 효과적이다. 학습자(또는 화자)가 상대방에게 자신의 의도를 전달하거나, 또는 상대방이 자신의 상황과 관련과 관련하여 다른 사람의 의도를 올바르게 해석할 때, 의사소통이 성공했다고 말할 수 있다. 예컨대 학습자가 겸손하게 사과하거나 정보를 요구하는 표현하는 경우, 상대방이 그 화자가 겸손하게 사과하였다고 하는 진정성을 이해하거나, 그 화자가 알고 싶어 하는 정보가 있음을 이해하였다면 효과적으로 의사소통을 하였다고 말할 수 있다. 그런데 특정한 상황에서 의사소통이 원활하게 이루어졌다고 하여 그 학습자가 '훌륭한 의사 전달자로서 자신을 증명했다거나, 특정한 수준의 교육 단계가

---

20) Van Ek(1978)에서는 입문기(Threshold) 수준의 언어 형식을 총 1500(P 형식-1050, R 형식-450)을 제시하고 있다.

요구하는 목표를 달성했다'라는 결론을 섣불리 단정할 수는 없다. 호의적인 태도를 가지고 있는 청자(제한된 상황에서 그리고 주의를 집중하는, 또한 경험이 많고 외국인 학습자들에게 우호적인 모국어 청자)라는 특정한 상황에서는, 비록 해당 외국인 학습자들이 '발음이나 어휘 또는 문법적으로 오류를 가진 발화'를 하였다고 하더라도, 이를 이해하려고 노력하는 청자로 인해 의도된 의사소통의 내용이 전달 될 수 있다. 반면에 동일한 발화를 하였지만 비제약적인 환경(예를 들어, 지시 대상이 관찰 불가능하고 상황에 기대어 추론 할 수 있는 여지가 없는 경우) 또는 청자의 화자에 대한 우호적 동기가 적거나 경험이 적을 경우 의사소통이 실패할 수 있다. 특히, 비원어민 청자는 원어민보다 방해 요소(deviance)에 대처하기가 어렵다. 이러한 상황은 서로 다른 모국어를 가진 비원어민들 간에 한국어를 의사소통의 수단으로 사용될 때 주로 나타난다. 하지만 의사소통의 별 어려움이 없는 '원어민 또는 모국어 배경'이 동일한 사람들에서도 청자가 무슨 말을 했는지에 대한 정확한 확인이 필요한 경우가 발생할 수 있다. 예컨대 안전 또는 위험에 대한 경고와 같이 정밀한 의사소통이 필요한 상황에서 의사소통이 실패할 수 있다. 더 나아가 의사소통의 성공과 실패는 학습자의 개인적 성격과 욕구와 같은 개별적 태도와도 관련이 있다. 예컨대, 부끄러움을 많이 가지고 있는 사람의 경우 자신이 자주 잘못된 형태를 만들어내는 것을 지나치게 인식함으로 인해, 의사소통적 대화가 어려울 수 있다. 따라서 이러한 개별적인 상황을 모두 고려하는 기준을 마련한다는 것은 실제로 불가능하나. 그러므로 교수요목의 기술 범위는 수준별로 일반직인 싱황에 대한 진술이 필요하다.

(19) 가. 화자로서의 학습자는, 모국어로 또는 원어민으로 구사하는 청자뿐만 아니라 정상적인 조건 하에 입문기에 도달한 비원어민이 그 발화(화자의 발화)를 쉽게 이해할 수 있다.
나. 청자로서의 학습자는, 원어민 또는 원어민에 가까운 언어를 구사하는 화자뿐만 아니라 정상적인 조건 하에 입문기에 도달한 다른 비원어민 화자가 말한 내용의 본질을 이해할 수 있다. 화자에게 자신의 이해를 위하여 무리한 것을 요구하지 않아도 화자가 말한 내용의 본질을 청자로서의 학습자가, 이해할 수 있는 수준이다.(Van Ek & Trim, 1990:114)

위는 Van Ek의 입문기(Threshold level)의 일반적인 진술이다. 위에서 일반적인 진술이 의미하는 바는 정상적인 조건과 관련이 있는 데, 이는 (20)를 보면 좀 더 쉽게 이해할 수 있다.

> (20) 가. 어떤 정보를 제공 할 때, 자주 단어를 멈춘다거나(두 개의 단어를 표현한 후 멈추는 화자), 짧은 발화에서조차 수많은 문법적 그리고/또는 어휘적 오류를 범하는 화자, 상대편이 익숙하지 않는 비표준 발음을 하는 화자 등은 듣는 사람들에게 큰 부담을 주고 자신의 청중을 잃을 위험이 있기 때문에 효율적으로 의사소통한다고 말할 수 없다.
> 나. 청자(학습자)가 화자가 말한 바를 이해하기 위하여, 청자에게 끊임없이 반복을 요구하거나, 과도하게 천천히 말하도록 요구하거나, 지나치게 쉬운 어휘와 문법으로 표현할 것을 요구하거나, 대화 내내 문장을 바꿔 이야기 해줄 것을 요구하는 경우에도 이와 유사한 효율성 결핍(lack of efficiency)이 있다.(Van Ek & Trim, 1990:114)

입문기 수준은 '잦은 멈춤, 짧은 발화에서 많은 오류, 비표준 발음'을 하지 않는 학습자(화자의 입장), 자신의 이해를 위해 청자에 대한 과도한 요구(천천히 말할 것을 요구하기, 대화 내내 쉬운 문법과 어휘로 바꾸어 말할 것을 요구하기, 청자의 입장)를 하지 않는 학습자라고 하여, 그 목표를 설정하고 있다. Van Ek은 이러한 기준을 '실용적 타당성'이라고 하였다. 이 의미는 해당 언어 수준의 한계를 감안하여 기준을 설정한다는 것을 의미하기도 하며, 주어진 상황에서 요구되는 일반적인 적합성과 관련된 기준을 의미하기도 한다.

4 요약

1) 의사소통 교수요목 설계
   - 의사소통 교수요목은 실제 상황을 '반영한 그리고 적용할 수 있는' 학습자 중심의 교육 내용과, 학습자들의 의사소통능력을 신장을 위한 교수-학습을 구안하기 위한 목적으로 설계된다.

2) 언어 능력
   - 언어 교육에서 중요한 것은 화자(또는 청자)의 '문법과 화용'과 관련된 이상적인 언어지식'을 얻기 위한 언어 능력을 신장시키는 데 있다. 반면에 '언어 수행'은 부차적이다(Chomsky, 1965;1977).

3) 교육적 차원의 의사소통능력
- 언제 화자가 말을 하는지 또는 언제 하지 말아야하는지에 대한 지식, 누구에게, 무엇을, 어디에서 어떤 방식으로 무엇에 대해 말하느냐와 관련된 지식이며, 일련의 발화 행위들을 완성하고, 발화 사건에 참여하며 그리고 다른 사람에 의하여 발화된 것들을 평가하는 능력이다. 의사소통능력은 가능성, 실행성, 타당성, 출현성이라는 4가지 부문으로 구성된다(Hymes, 1972).
- 문법능력, 담화능력, 사회 언어적 능력, 전략적 능력으로 나눌 수 있다(Canale & Swain, 1980)
- 의사소통역량이란 적절한, 그리고 맥락화된 의사소통 언어 사용 환경에서 그 능력을 수행하거나, 시행하기 위한 지식 또는 능력, 그리고 역량이다. 언어 능력, 전략 능력, 그리고 심리생리학적 기재라는 세 가지 부문으로 나뉜다(Bachman, 1990).
- 의사소통능력은 언어적 능력(어휘, 문법, 의미, 음운, 철자, 발음 능력), 사회언어학적능력(사회 관계의 언어적 표지, 정중 표현 규약, 경구 표현, 사용역 차이, 방언과 엑센트), 실용적 능력(담화 능력, 기능 능력)이다(Anthony Green, 2012).

4) 의사소통 교수요목의 항목과 내용 구성

역할(Roles of social and psychological Roles) 항목들

상황(situations) 항목들   기술(skills) 항목들
화제(topics) 항목들   **교수 요목 구성**   기능(functions) 항목들
개념(notions) 항목들   활동(activities) 항목들

언어 형식(language forms 언어 표현)
↓
의사소통능력 신장
(문법적 능력, 담화적 능력, 전략적 능력, 실용적 능력, 사회 언어학적 능력 등)

5 토론과 과제

1) 자신이 생각하는 의사소통능력 신장에 필요한 표현(문장)에는 어떤 것이 있는지를 기술해 보고 이 표현이 의사소통능력의 하위 범주 중 어디에 속하는지를 논의해 보라.

2) 대화가 일어나는 상황을 생각한 후, 이 상황에 맞는 전형적인 사회·심리적 역할, 장소, 화제를 기술해 보라.

3) 언어 기술과 언어 기능의 차이를 설명하라.

4) 수준별로 언어 기능을 나누어 보라.

5) 수준별로 언어 기술을 나누어 보라.

6) 특정 상황에서만 적용될 것 같은 '개념(notion)'을 찾아보라.

7) 일반적인 진술 관점으로 중급 수준의 학습자들을 위한 목표를 만들어 보라.

8) 의사소통 교수요목은 다음과 같은 항목들의 통합적 설계이다. 의사소통능력을 신장시킬 수 있는 대화(또는 장면)들을 생각하면서 각각의 관련 항목들을 선정한 후 이를 목표로 진술해 보라.

역할(Roles of social and psychological Roles) 항목들

상황(situations) 항목들   기술(skills) 항목들
화제(topics) 항목들   교수 요목 구성   기능(functions) 항목들
개념(notions) 항목들   활동(activities) 항목들

언어 형식(language forms 언어 표현)

제6장

의사소통 교수요목 유형

의사소통 교수요목 유형

1. 들어가는 말
2. 분석적 교수요목(Analytic syllabus)
    2.1 분석적 교수요목 개념
    2.2 구조적 그리고 기능적 교수요목(Structural and functional syllabus)
    2.3 구조와 기능 교수요목(Structures and functions syllabus)
    2.4 변수 초점 교수요목(Variable focus syllabus)
    2.5 기능적 교수요목(Functional syllabus)
    2.6 완전 개념 교수요목(Fully notional syllabus)
    2.7 완전 의사소통 교수요목(Fully communicative syllabus)
3. 과제 기반 교수요목(Task-based syllabus)
    3.1 과제 기반 교수요목 개념
    3.2 과정 중심 교수요목(Processes syllabus)
    3.3 절차 중심 교수요목(Procedural syllabus)
    3.4 과제 중심 교수요목(Task-based language teaching)
4. 내용 기반 교수요목(Content-based syllabus)
    4.1 내용 기반 교수요목 개념
    4.2 주제 중심 교수요목(Theme-based language instruction)
    4.3 내용 보호 교수요목(Sheltered content instruction)
    4.4 병존 언어 교수요목(Adjunct language instruction)
    4.5 세 모형의 주요 특징
5. 균형 있는 교수요목(Proportional syllabus)
6. 요약
7. 토론과 과제

1 들어가는 말

이 장의 목적은 의사소통 교수요목의 유형에는 어떤 것이 있는지, 그리고 각각의 유형들이 강조하고자 하는 내용에는 무엇이 있는지를 살펴보는 데 있다. 의사소통 교수요목은 의사소통능력을 신장시키고자 하는 학습 목표, 학습자들이 필요로 하고 실세계에서 적용할 수 있는 내용, 그리고 이를 구현시키기 위한 학습자 중심의 절차와 교수·학습 방법을 구안하고자 하는 특징을 지닌다. 그런데 이러한 목표와 내용 그리고 절차와 교수·학습 방법을 설계하는 양상에 있어서 학자들마다 그 견해를 달리 한다. 이에 이 장에서는 여러 학자들이 제시하는 유형을 살펴보는 가운데, 다양한 측면에서의 의사소통 교수요목의 모습을 이해하고, 각 유형에서 강조하는 부분이 무엇인지 그리고 그것이 어떻게 학습자의 의사소통능력을 신장시키는 것과 관련이 있는지를 알아본다.

2 분석적 교수요목(Analytic syllabus)

분석적 교수요목은 통합적 교수요목의 개념과 대조되는 개념이다. 통합적 교수요목이 부분에서 전체를 지향하는 교육적 설계라고 한다면, 분석적 교수요목은 전체에서 부분을 지향하는 교수적 설계이다. 달리 말해 통합적 교수요목이 개별적 문법 단위에 대한 상향적 교수 학습 방법을 강조한 것이라면 분석적 교수요목은 전체적 의사소통 단위에 대한 하향식 교수 학습 방법을 강조한 것이다.

2.1 분석적 교수요목 개념

교수-방법의 관점에서 교수요목의 유형 분류를 시도한 대표적인 학자에 Wilkins (1972, 1974, 1976)가 있다. Wilkins(1976)는 기존에 존재하는 교수요목을 통합적(synthetic) 교수요목과 분석적(analytic) 교수요목으로 나누었다.

> (1) 통합적 언어 교수 전략(A synthetic language teaching strategy)이란 상이한 언어 부분(parts)들을 독립적으로 그리고 단계적으로(step by step) 가르치는 것이다. 곧 부분들의 점진적인 축적(accumulation)의 과정을 통하여 전체적인 언어구조를 습득(acquisition)하는 것이다.(Wilkins 1976:2)

통합적인 교수요목은 언어 체계를 부분으로 나누어 그 구성 성분을 하나씩 가르쳐 나감으로써, 점차 그 언어의 전체 구조로 접근하게끔 설계하는 항목이다(Type A 교수요목). 통합적 교수요목의 구성 성분은 언어 구조 목록과 어휘 목록으로 이루어진다.[1] 전통적인 문법 중심 교수요목과 이에 따른 교수법(문법 번역식 교수법, 직접식 교수법, 인지적 교수법)이 통합적 교수요목에 해당한다. 통합적 교수요목에서는 문법 범주의 체계 구성이 매우 중요하다. Wilkins는 문법 범주(grammatical criteria)를 나눌 때 각 항목들의 '문법적 복잡성(grammatical complexity)', '출현 빈도(frequency of occurrence)', 그리고 학습자의 제1언어, 상황 요구(situational need), 교육 규범(pedagogic convenience)과 관련한 '대조적 난이도(contrastive difficulty)'에 따라 수준별(be graded)로 항목들(학습 내용)이 배열되어야 한다고 보았다(David Nunan 1988b:27). 이에 반하여 언어를 부분에서 전체가 아니라 '의사소통 표현(언어 수행의 단위)'으로부터 이 의사소통을 수행하는 항목들 간의 관계 학습으로 보는 분석적 관점(analytic syllabus)이 있다(Type B 교수요목).

> (2) 학습자들이 언어를 학습하기 위한 목적과 그 목적에 부합되는 일종의 언어 수행의 관점에서 조직된다(Wilkins 1976:13).

이 관점은 학습 내용이 문법 체계 중심이 아니라 언어가 사용되는 '의사소통 체계' 중심으로 설계된다(David Nunan 1988:28). 이는 언어 학습의 목표를 학습자가 발화를 듣거나 글을 읽고 의미를 이해하고 의사 교환을 할 수 있는 능력을 기르는데 초점을 두기 때문이다. 따라서 분석적 교수요목에서는 학습자들에게 균등한 난이도를 가진 구문(언어 구조)이 아니라 다양한 난이도를 포함하는 구문들을 덩이(chunk)로 제시한다. 이는 학습의 초기부터 학습자의 현재 언어 능력보다 약간 높은 언어구조를 가르칠 수 있다는 의미를 담고 있다. 또한 세밀하게 배열하지 않은 입력(roughy-tuned input) 단위로 문법항목의 구성을 허용함으로써, 언어 수행의 본질 즉, 언어 행위를 할 수 있는 능력을 신장시킨다는 의도가 포함된 것이다(이계순 1987:291-292). 분석적 교수요목은 앞서 살펴본 의사소통 교수요목들이 지향하는 설계로, 이후 많은 학자들이 이와 같은 분류 방법을 기본적으로 원용한다.[2]

---

1) 여기에서 구조는 structure이다. Structure는 보통 문장을 의미하며 문장을 구성하는 항목들의 문법적 배열 순서를 염두에 둔 용어이다. 때로는 그 개념을 확대하여 문장과 함께 어휘도 '구조'에 포함될 수 있다.
2) 통합적 교수요목은 분석된 단위(의사소통 구성 요소 또는 구성 항목)를 큰 단위(의사소통 구성체 또는 덩어리)로의 통합을 지향하기 때문에 상향식 교수요목으로 부를 수 있다. 반면에 분석적 교수요목은 큰 단위(의사소통 구성체 또는 덩어리)를 나누어 하위 단위(의사소통 구성 요소 또는 구성 항목)로의 교수-학습을 지향하기 때문에 하향식 교수요목으로 부를 수 있다. 하향

한편 각각의 교수 항목들 중 무엇을 강조하느냐에 그리고 어떻게 진술하느냐에 따라 의사소통 교수요목을 분류할 수도 있다. 대표적인 견해에 Yalden(1983)이 있다. Yalden (1983)에서는 Wilkins(1976)의 통합적, 분석적 교수요목의 분류 방법에 더하여, 항목과 항목과의 관련성을 강조하여 교수요목의 유형을 분류하였다. Yalden(1978)은 의사소통 교수요목이 갖추어야 할 요건을 다음과 같이 10가지 항목을 제시하였으며, 이를 바탕으로 이 항목들이 어떻게 진술되느냐에 따라 교수요목을 6가지 유형으로 분류하였다(Yalden 1983:101-118).

(3) 가. 학습자들이 목표어를 습득하고자 하는 목적
　　 나. 학습자들이 목표어를 사용하고자 하는 장면 (물질적 측면과 사회적 장면 등)
　　 다. 학습자와 그들의 대화자(interlocutors)가 목표어로 맡게 될 사회적 역할
　　 라. 학습자가 참여하게 될 의사 전달 상황
　　　　 - 일상생활 상황
　　　　 - 학문적 상황
　　　　 - 직업적인 상황 등
　　 마. 학습자가 목표어로 수행하게 될 언어 기능
　　 바. 학습자가 무엇에 관해 이야기를 할 것인가 즉 목표어로 말하게 될 의미(notions)
　　 사. 담화 구성 기술이나 수사적 기술(rhetorical skills)
　　 아. 목표어의 변이형(varieties)과 구어, 문어의 숙달도 수준
　　 자. 필요한 문법 내용

식 교수요목은 학습자들이 의사소통 구성체를 학습하는 가운데 부분적으로 학습을 필요로 하는 구성 요소들(개념, 기능, 기술, 문법 등과 같은 하위 항목 또는 언어 형식에 대한 하위 문법 요소)을 집중적으로 교수 또는 학습한다.
그런데 의사소통 구성체나 구성 요소에 초점을 맞추면, 상향식 교수요목은 의사소통 구성체를 분석한다는 점에서 통합적 교수요목을 분석적 교수요목으로 명칭 할 수 있다. 반대로 하향식 교수요목은 구성 요소를 통합한다는 점에서 분석적 교수요목을 통합적 교수요목으로 명칭 할 수 있다. 따라서 교수요목의 유형을 분류하는 국내 학자들 중에서는 이와 같이 그 용어를 반대로 사용하는 경우가 있다.
하지만 이 글에서는 교수-학습의 지향성에 초점을 맞추어 설명하기 때문에, 본문과 같이 용어를 사용한다. 다만 이 두 개념에 대한 엄밀한 해석이 필요할 경우, Syntactic syllabus, Analytic syllabus라는 영문 표기를 병기한다.

2.2 유형1: 구조적 그리고 기능적 교수요목(Structural and functional syllabus)

이 유형은 약기능적 교수요목 또는 구조적-기능적 교수요목(weak functional or structural-functional syllabus)이라 부를 수 있다. 이 교수요목은 언어 형식과 의사소통기능을 분리하여 각각의 목록을 독립적으로 제시한다. 교수 절차는 언어 형식을 먼저 철저하게 다룬 후 그 다음에 언어 기능을 소개한다. 즉 의사소통에 관한 교수와 언어형식의 결합보다는 문법 중심 교수요목에 기능 중심 교수요목을 하나 더 추가한 교수요목으로 볼 수 있다. 따라서 이 교수요목에 따른 수업은 학습자들이 언어 형식을 충분히 학습한 다음에, 배운 언어를 사용하여 기능 수행과 관련된 활동을 제시하는 순서로 진행된다. 언어 학습은 두 단계로 이루어지는 데 첫 단계는 언어 재료(언어 형식)을 조작하는 단계이며, 두 번째 단계는 자발적인 의사소통 활동(기능 사용 활동, skill-using)을 하는 단계이다.

(4) 교수·학습 절차

교수요목 설계	언어 형식 목록 구성 + 언어 기능 목록 구성
교수·학습 절차	언어 형식 조작 → 의사소통 활동

2.3 유형2: 구조와 기능 교수요목(Structures and functions syllabus))

이 교수요목은 의사소통의 큰 틀 속에서 문법 구조의 배열을 단계적으로 제시하는 모형이다. 일반적으로 기능적인 자료(개념(notion), 기능(function), 상황(situation or setting)과 관련된 자료)가 점진적이고 소규모로 소개되어 가면서 기존의 언어교육 프로그램(문법 교수 프로그램)과 통합되는 과정으로 진행된다. 이와 관련하여 Brumfit(1981:91)는 문화적 의미와 언어적 의미는 언어를 사용하는 사람들 간에 관습적으로 이루어진 타협의 산물이기 때문에, 언어 학습자들에게 도구를 다루는 방법을 가르치기보다는 직접 도구(언어 구조)를 제공함으로써 '조정'을 통하여 '의미'를 이해하도록 하게 하는 것이 바람직하다고 하였다. 요컨대 Brumfit(1981)의 이 주장은 언어 형식을 언어 기능과 의미를 관련시켜야 함을 표현한 것이다.

(5) 구조와 기능 교수요목

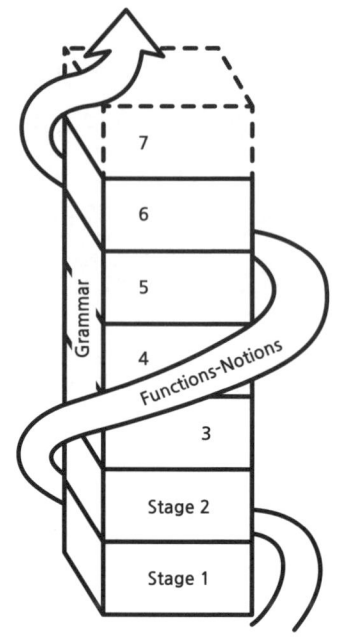

(Yalden, 1983:112)

위 모형을 잘 보면 문법 구조가 복잡성(Complexity)에 따라 단계적으로 배열되면서, 다른 요소 곧 기능-개념 요소들이 문법 구조와 연관되어 나가는 것을 보여주고 있다. 이 유형은 문법 구조의 단계적인 배열을 통하여 정확성을 신장하고, 이를 기능과 개념 항목과 관련지어 교실에서의 상호 의사소통활동을 촉진시킴으로써 유창성을 신장시킨다(이계순, 1987:295-6 참조). 이 모형과 관련하여(구조와 기능 교수요목과 관련하여) Johson (1977:677)은 다음과 같이 해석하였다.

(6) 이 모형은 기능 지향적인(functional orientation) 자료들에 따라,… 중략… 주제 지향적이며 언어 실습 자료들로 구성된 각 교수 단원들이 제공된다. 각 단원은 독립적인 주제를 다룰 수 있다. 특정 주제를 담은 원천 텍스트는 언어 연습과 동시에 기능을 신장시킬 수 있는 출발점이다. 이와 같은 취지를 벗어나지 않는 범위 내에서 주제 제시 방법은 달라질 수 있다. 비록 원천 텍스트가 언어 연습을 위한 동기 유발을 할지라도 각 단원이 이 세 가지 유형의 제시를 위해 특별하게 구성되어야만 하는 이유(제한되어야만 하는 이유)는 없다. 곧 기능 자료들에 대한 순서가 제한되지 않는다. 또한 자료 유형들이 반드시 해당 단원에 독립적으로 나타날 필요도 없다.

> 예를 들어, 소위 특정 주제를 담은 자료들(theme-specific materials)이 먼저 언어 연습용으로 사용된 후 기능 연습용으로 사용될 수도 있으며 그 반대도 가능하다는 것이다.[3]

Jonson(1977)의 설명은 문법 항목과 개념(notion), 기능(function), 상황(situation or setting)이 의사 전달의 테두리에서 자유롭게 통합되는 모형이 이 모형의 핵심이라고 한 것이다. 더 나아가 기존의 프로그램에 언어 기능을 점진적으로 조금씩 통합해 나갈 때 개념, 기능 및 상황의 비중이 조금씩 다르게 하여 각 단원(unit)을 편성할 수 있다는 것이다. '구조와 기능 교수요목' 유형이 필요한 이유는 하나의 발화가 여러 기능으로 사용되고 또한 하나의 기능을 나타내는 언어 표현이 여러 개인 경우가 있어서 완전한 기능 중심 교수요목을 작성하기가 어렵기 때문이다. 하지만 위 모형과 Jonson의 설명을 잘 보면 기능을 중심으로 한다고 표방하였지만, 아직도 문법체계가 핵이 되고 기능이 나선형의 주변적 요소가 되기 때문에 완전한 의사소통 교수요목의 유형은 아니라는 비판을 받는다.

(7) 교수·학습 절차

교수요목 설계	문법 항목 목록 + 언어 기능 목록(기능, 개념, 상황 등)			
교수·학습 절차		언어 형식 조작 → 의사 소통 활동		
	규모 변화	기능 항목	기능 항목	기능 항목
	규모 동일	문법 항목 →	문법 항목 →	문법 항목
		난이도 고려 + 나선형 교수 + 문법 항목의 단계적 제시		

---

3) Under such a scheme coverage of the common core might be provided by a series of teaching units each containing theme-specific and language practice materials. . . alongside materials with a functional orientation. Each unit would cover a separate theme area, and the theme-specific source text would serve as the point of departure for both language practice and functional materials. To this extent the theme area mode of presentation now would be retained. There seems no reason why a specific sequence for the presentation of the three material types within each unit need be mixed, though the fact that the source texts are to provided the stimulus for language practice and functional materials will clearly impose some restrictions on the ordering. Nor should the material types necessarily appear as separate parts of the unit: it would be possible (for example) to move from theme-specific materials to what has been called 'language practice', return to theme-specific followed by functional materials, ending up with more language practice. (Johson, 1977: 677)

2.4 유형3: 변수 초점 교수요목(Variable focus syllabus)

이 유형은 학습자의 언어 능력 수준에 따라 교수 중심을 바꾸어 나가는 모형이다. 곧 교수 초점이 초급 수준에서는 구조 연습과 조작 활동(manipulation)에 치중하고, 중급 수준에서는 기능에 치중하고, 고급 수준에서는 상황이나 화제에 초점을 둔다. 교육의 최종 단계에서는 '언어 사용(language use)'에 중점을 두는 것이다. 곧 문법 교수에서 의사소통능력 신장으로의 초점을 이동한다는 것이다. 이는 Allen(1980)이 Ontario 중등학교에서 적용한 '외국어 교육 3단계'와 관련이 있다. 외국어 교육 3단계란 초급에는 언어 구조에, 중급에서는 담화의 특징에, 고급에서는 습득한 언어를 여러 교과목 학습에서 사용하게 한 단계별 언어 교수 방법이다(이계순, 1987:297-298, 최진황, 1986:16-17 참조). 아래는 Allen이 제시한 3단계 의사소통 능력의 수준이다.

(8)   의사소통 능력 수준(Levels of Communicative Competence)

단계 1 구조적	단계 2 기능적	단계 3 도구적
언어에 대한 초점 (형식 자질) Focus on Language (formal features)	언어에 대한 초점 (담화 자질) Focus on Language (discourse features)	언어 사용에 대한 초점 Focus on Language using
(a) 구조 통제 (Structural control) (b) 단순 구조 언어 재료 (Materials simplified structurally) (c) 구조 연습 중심 (Mainly structural practice)	(a) 담화 통제 (Discourse control) (b) 단순 기능 자료 (Materials simplified structurally) (c) 담화 연습 중심 (Mainly discourse practice)	(a) 상황 또는 화제 통제 (Situational or topic control) (b) 실제적 언어 (Authentic language) (c) 자유 연습 (Free practice)

Allen(1980)

(9) 교수·학습 절차

교수요목 설계	문법 항목 목록 + 언어 기능 목록(기능, 개념, 상황 등)			
교수·학습 절차	규모 변화	언어 형식 조작 → 의사 소통 활동 문법 항목 (형식적 자질)　　　　기능 항목 　　　　　　　　　　(담화 자질)　　　　언어 사용		
	활동	구조 연습/조작 중심 활동 ➡	기능 중심 활동 ➡	상황, 화제 중심 사용 활동

2.5 유형4: 기능적 교수요목(Functional syllabus)

이 유형은 필요한 기능을 먼저 설정하고 관련된 발화 행위(speech act)에 따라 언어 형식을 선택하거나 순서를 정한다. 이는 담화의 여러 가지 기술 유형(듣기, 말하기, 읽기, 쓰기)에 따른 하위 기능들 예컨대 '소개하기, 초대하기, 신청하기' 등을 정한 후 그 기능 신장에 필요한 언어 항목(exponents or realizations)을 제시하며, 이와 관련된 발화 행위 활동을 한다. 예를 들면 다음과 같다(Richards et al. 1992:150).

(10) 담화 유형

담화유형	기술(Skills)	언어 기능(Function)	지표(Exponents)	
			어휘	구조
구어	말하기	방향에 대한 질문	은행 항구 박물관	다음을 말해 줄 수 있니? X가 어디에 있니? 어디에 X가 있니?

유형 4에서는 목표 자체가 언어 형태나 의미가 아니라 의사 전달 기능에 있기 때문에, 언어기능을 먼저 정하고 나중에 문법 항목을 선택하여 배열한다. 이 교수요목은 특정한 언어 기능을 요구하는 특수한 직업을 위한 영어 과정(ESP : English for Special or Specific Purpose)이나 과학 기술 영어 과정(EST : English for Science and Technology), 의사, 간호사, 기술자 등 여러 특수한 직업에서 직무 수행을 위한 준비 교육으로 유용하다(최진황, 1989:19 참조).

(11) **교수·학습 절차**

교수요목 설계	각 기술별 언어 기능 목록 선정 ➡ 관련 언어 항목 선정(어휘, 구조)
교수·학습 절차	기능 신장을 위한 의사소통활동 제시 ➡ 관련 어휘 및 문법 구조 연습

2.6 유형5: 완전 개념 교수요목(Fully notional syllabus)

이 모형은 의사소통능력을 신장시키기 위해 언어 세계를 개념 범주로 구분한 후 이를 항목별로 설계하는 교수요목이다. 이 교수요목의 대표적인 학자에는 Wilkins(1972, 1974, 1976)가 있다. Wilkins(1972)는 구조교수요목이 '어떻게(how)?'에 대한 대답이고 상황 교수요목이 '언제(when)와 어디서(where)?'에 대한 대답이라고 한다면, 개념 교수요목은 외국어학습자가 목표 언어인 외국어를 통해서 표현하려는 의미(notion)가 '무엇(what)'인가에 중점을 둔 교수요목이라고 하였다. 다시 말해서, 개념 교수요목이 기존 구조교수요목 또는 상황교수요목과 다른 점은 개념 범주를 먼저 설계한 후 학습자들이 필요로 하는 내용을 선택하여 가르쳐 줌으로써 의사소통능력을 배양한다는 것이다. 곧 개념교수요목은 언어를 통해서 전달하고자 하는 내용을 우선적으로 구축한다고 할 수 있다. 이에 대하여 4장에서 언급한 Wilkins(1972)의 의도를 이 절에서 다시 부연하여 보겠다.

(12) 가. 외국어를 가르치기 위한 대부분의 교과서는 문법-구조 교수요목을 기초로 한다. 이론은 문법 체계에 한 번에 하나씩 노출되면 학생들이 언어를 배우는 것이 쉽다는 가정이다. …생략…문법-구조 교수요목이 의사소통 능력을 습득하는데 필요한 조건을 제공하지 못한다. …생략…상황별 교수요목은… 그러나 특정 유형의 상황에 따라 적용되기 때문에 모든 학습자의 언어 요구 사항을 충족시키지 못한다. 가능한 해

> 결책은 개연성이 있는 발화 내용을 고려하면서, 이로부터 어떤 형태가 학습자들에게 가장 가치 있는지를 결정하는 '의미 또는 개념 교수요목'을 만들어 내는 것이다.
>
> 나. 언어교육에 있어서 의사소통능력이 길러지기 위해서는 어떤 의미(notion)를 언제, 어떻게 가르칠 것인가에 대한 총괄적인 항목이 제시되고, 교사가 어느 항목이든지 필요할 때 선택할 수 있는 구체적인 자료가 체계적으로 만들어질 필요가 있으므로, 의미범주가 설정되어야 한다. 개념교수항목의 범주를 설정하기 위해서, 발화의 사회적 목적을 나타내는 기능(function)과 문법 내에서의 형태들에 의해 나타내지는 의미 관계인 개념(concept)이라는 용어를 사용할 수 있다.(Wilkins, 1976:23-24).

(13) 가. 의미-문법 범주(Semantico-grammatical categories)
 - 시간(Time): 시간 점(Point of time), 시간 관계(Time relations), 빈도(Frequence), 연속성(Sequence)
 - 양(Quantity): 분할된 참조와 비분할된 참조(Divided and undivided reference)[4], 수사(Numerals), 운용소(Operations)
 - 공간(Space) : 차원(Dimension), 위치(Location), 운동(Motion)
 - 관계적 의미(Relational meaning): 문장 관계(Sentential relation), 서술과 속성(Predication and attribution)
 - 직시(Deixis): 인칭(Person), 시간(Time), 장소(Place)

나. 양태(Modal)
 - 비개인적(Impersonalized): 확실성(Certainty), 개연성(Probability), 가능성(Possibility), 부정(Negation)
 - 개인적(Personalized): 확신(Conviction), 추측(Conjecture), 의심(Doubt), 불신(Disbelief)

---

4) Wilkins는 다음과 같은 것을 이 예로 들었다.
education v. house, all, some, few, etc.

> 다. 의사소통 기능 범주(Categories of communicative function)
> - 판단과 평가(Judgement and evaluation): 가치 평가(Valuation), 의견 평가(Verdiction), 찬성(Approval), 반대(Disapproval)
> - 설득(Suasion): 권유(Inducement), 강요(Compulsion), 예언(Prediction), 관용(Tolerance)
> - 논쟁(Argument): 정보(Information), 일치(Agreement), 불일치(Disagreement), 양보(Concession)
> - 이성적 질문과 설명(Rational enquiry and exposition)
> - 개인적 감정(Personal emotion): 호의적(Positive), 부정적(Negative)
> - 감정적관계(Emotionalrelations): 인사(Greeting), 위로(Sympathy), 감사(Gratitude), 치렛말(Flattery), 적대(Hostility)
>
> Wilkins(1976:22-54)[5], 박수정(1984:7-10) 참조.[6]

Wilkins(1972, 1974, 1976)에서는 문법 교수요목이 언어 문법에만 초점이 맞추어져 있고, 상황 교수요목은 상황을 통하여 의사소통능력을 신장시키기 때문에 모든 상황을 충족할 수 없다는 비판을 한다. 이에 반하여 개념 교수요목은 주요한 문법사항과 함께 의사소통 범주를 포괄하는 먼저

---

[5] Wilkins(1972)의 범주 구분(제 4장 참조)과 Wilkins(1976)의 범주 구분은 차이가 있다. Wilkins (1972)에서는 개념(Notion)에 대하여 '의미 문법적 범주'와 '의사소통 기능 범주'로 구분하였으나, Wilkins(1976)에서는 의미-문법 범주(Sementico-grammatical categories), 양태(Modal), 의사소통 기능 범주(Categories of communicative function)와 같이 3차원으로 구분하였다. Wilkins(1972)에는 양태(Modal)는 의사소통 기능 범주로 분류되었으나, Wilkins(1976)에서는 독립된 범주로 설정하였으며, 미시적으로 각 하위 범주의 내용들을 바꾸었다. 특히 기능 범주의 경우 Wilkins(1972)의 8가지 구분(Modality, Moral discipline and evaluation, Susasion, Argument, Rational inquiry and exposition, Personal emotions, Emotional relations, Interpersonal relations)에서 6가지 범주(Argument, Emotional relations, Judgement and evaluation Personal emotions, Rational enquiry and exposition, Susation)로 축소되었다. 한편 Wilkins와 달리 van Ek(1975)의 Threshold에서는 의사소통 기능을 사실적 정보 분할하기와 찾기(Imparting and seeking factual information), 지적 태도를 표현하고 찾기(Expressing and finding out intellectual attitudes), 감정 표현을 표현하고 찾기(Expressing and finding out emotional attitudes), 도덕적 태도를 표현하고 찾기(Expressing and finding out moral attitudes), 행해진 것 얻기(설득)(Getting things done(suasion)) 사교 표현(Socialising) 등과 같이 구분하였는데, 이를 통해 학자들마다 기능 범주에 대한 범주 분류에 차이가 있음을 알 수 있다. (Anthony Green, 2012:18-22 참조)

[6] 의미-문법 범주(Sementico-grammatical categories)란 언어를 통해서 지각을 표현할 때 사건, 과정, 형태 및 추상에 대한 제반 지각을 나타내는 '관념인지' 및 '명제적 의미'를 포함한다. 이것은 의미와 문법구조가 상당히 조직적이고 규칙적인 상응 관계를 갖는다. 양태 범주(Modal categories)란 말을 하거나 글을 쓸 때의 태도를 표현하는 데 있어서 그 태도를 표현하는 방법을 다룬다. 여기에서는 자기 주관이 섞인다든지 혹은 우연성의 여유를 넣어 발화하는 의미형태로 확신의 정도 등을 표현하는 것이 포함된다. 의사소통 기능 범주(Categories of communicative function) 언어를 통해서 '행하는 것'을 분류하는 데 사용된다. 이 때 '행한다'는 것은 언어를 통해서 '보고한다'는 것과는 구별된다. 여기에는 판단, 평가, 설득, 추천, 토의, 정보 확신, 동의, 감정관계 등의 개념이 포함된다. 이는 특정한 발화에서 기능(function)을 의미한다.(박수정, 1984:7-10 참조)

설정하기 때문에 완전한 의사소통능력을 신장시킬 수 있다고 보았다(Wilkins, 1976 :19). 즉 인간이 가지고 있는 그리고 특히 학습자가 필요로 하는 의미(notions)와 기능(functions)과 관련된 범주를 먼저 설정하는 것이 교수요목 설계의 출발점이 되어야 함을 강조하고 있다. 또한 이러한 의사소통 능력을 신장시키기 위한 개념 교수요목의 항목들이 총괄적으로 제시되어야만 교사 또는 학습자가 필요할 때 어느 항목이든지 선택할 수 있는 구체적인 자료로서 역할을 할 수 있다고 보고 있다. 따라서 이 교수요목은 표면적으로는 개념 교수요목이지만 그 내용을 가만히 들여다보면 의사소통 기능이 포함되어 있기 때문에 Wilkins의 개념 교수요목을 완전 개념 교수요목 또는 기능-개념적 교수요목이라도 부른다.[7]

(14) '기능적인' 그리고 '개념적인' 범주를 아우르는 교수요목이 완전 개념 교수요목이다.[8]

이 유형은 Finocchiaro(1979:12-13)에서 언급한 것처럼 개념 교수요목의 이론적 근거를 언어의 실제 사용으로서 사회 전반적인 의사소통 행위를 강조하는 사회언어학적 요소와 심리언어학적 요소에 기반을 둔다.

(15) 개념 교수항목의 범주를 설정하기 위해서, 발화의 사회적 목적을 나타내는 기능(function)과 문법 내에서의 형태들에 의해 나타내지는 의미 관계인 개념(concept)이라는 용어를 사용할 수 있다(Wilkins, 1976:23-24).

하지만 이 교수요목이 '문법'이나 '상황'을 완전히 제외시킨 것이 아니다. 다만 교과 과정 설계자나 교사들이 '문법'이나 '상황'을 설계나 교육을 함에 있어 이를 일차적인 대상이 아니라 보조적인 대상으로 바라보아야 함을 강조한 것이다. 역으로 말하면 언어의 의미와 기능이 일차적 초점이 되어야 한다는 것을 강조한 것이다. 따라서 개념 교수요목을 설계할 때, 문법과 상황을 포함하기는 하지만 의사소통 기능을 우선적으로 고려한다.

의사소통을 위한 행위는 다양한 사회언어학적인 상황에서 일어날 수 있으므로 언어적인 요소

---

7) 이는 제4장에서 기술한 기능-개념 교수요목의 토대가 되었다
8) …생략…only a syllabus that covered both functional (and modal) and conceptual categories would be a fully notional syllabus.(Wilkins, 1976:24)

와 언어외적인 요소들이 모두 고려되어져야 한다. 곧 의사소통을 위한 교수요목은 대화에 참여하는 사람들의 사회적인 역할, 심리적인 태도, 대화의 장소와 시간, 활동 상황 등의 넓은 영역까지를 모두 포함해야 한다. 결과적으로 개념 교수요목은 의사소통적 목적에 중점을 둔 것으로서 학습자들에게 언어의 의미론적 내용에 그 초점을 두고, 여러 가지 서로 다른 의미, 사상, 그리고 관념들이 어떻게 표현되는가 하는 의사소통기능신장에 목표를 둔다.

그런데 '개념 교수요목'의 설계는 세 가지 교수요목 유형(구조, 상황, 기능) 중 하나만을 선택하여 묶는 것이 아니라, 세 가지 의미(ideational, modal and communicative) 범주를 모두 함께 섞어 짜는(interweave) 방법으로 조직된다. 그리고 그 설계는 단선적인 설계가 아닌 순환 또는 나선형 접근 방식으로 조직한다. 이는 의사소통을 중점적으로 하기 때문에 가르치는 하위 내용이 중복되어 나타날 수 있기도 하며, '섞어 짜기'(interweave)와 같은 중첩을 허용하기 때문이다.

(16) 개념 교수요목은 단선적 접근(linear approach)보다 순환(cycle) 또는 나선형 접근(spiral approach)에 잘 맞다(Finocchiaro 1979:12-14).

또한 개념 교수요목은 언어 교수법의 전략으로서의 지침을 이끌어 낸다. 이 교수요목 및 전략의 근간은 학습자의 요구 분석에서부터 기인되는 언어 수행과 관련된 내용이다.

(17) 가. 개념 교수요목은 이러한 의미를 표현할 필요가 있는 학습자의 초기 요구 분석으로부터 학습 내용을 이끌어내는 언어 교수법의 한 전략으로 정의된다.… 생략 … 이는 특히 내용이나 조직의 문제라기보다는 우리가 일반적인 전략이나 접근법을 다루는 문제이다. 그리고 그 기저에는 타당한 요구 분석이 바탕이 되어야 한다(Wilkins, 1976:23-24).[9]
나. …생략…사람들이 언어를 배우는 목적과 이러한 목적을 달성하는 데 필요한 일종의 언어 수행으로 조직된다(Wilkins, 1976:13).[10]

---

9) A notional syllabus is defined as any strategy of language teaching that derives the content of learning from an initial analysis of the learner's need to express such meanings.…생략… This shows that, firstly, we are dealing with a general strategy or approach, rather than, specifically, questions of content or organization; it also shows that the basis is to be an adequate needs analysis(Wilkins, 1976:23-24).
10) ……"organized in terms of the purposes for which people are learning language and the kinds of language performance that are necessary to meet these purposes."(Wilkins, 1976:13)

개념 교수요목을 설계하고자 할 때의 출발점은 그 언어를 배우려 하는 사람들이 그 언어를 통하여 표현하고자 하는 사상과 관념을 예측하여 이들이 쓰이는 실제적인 기능(function)을 미리 알아서 찾아내야 한다. 따라서 Wilkins(1972, 1974, 1976)의 개념 교수요목을 따르는 교수법은 다음과 같은 특징을 지닌다.

(18) 가. 개념 교수요목에서의 문법적 교과는 문법 체계를 학습자들에게 적절하게 흡수(assimilated) 되도록 보장되어야 한다(Wilkins 1976 : 65).[11]
나. 문법적으로 조직된 적절한 문법능력을 교실수업에서 습득했다고 할지라도 대화 연습 활동이 결여되어 있는 외국어 학습자가 모국어 화자와 대화를 나눌 때 불안감을 갖는 경향이 있는데, 기능에 따라 조직된 개념 교수요목에 입각한 의사소통접근을 활용하면 이러한 부정적인 감정들이 훨씬 더 해소될 수 있다(Segalowitz, 1976:122-131).
다. 개념 교수요목은 학습자가 교육의 중심이 되기 때문에 학습 심리를 완전히 반영한다고 볼 수 있으며, 또한 언어의 현장들을 기능별로 나누어서 제공해 주기 때문에 학습자들을 의사소통 상황 안에서 살아있는 언어에 노출시킬 수 있다(김진우, 1981:129).
라. 전체 학급이나 개인적 수업에도 이용될 수 있는 실제적인 학습과제를 설정한다(Finocchiaro, 1979:12-14).
마. 학습자가 목적의식을 갖고 학습하므로 언어를 보다 성공적으로 학습하게 된다(Harlow, 1978:559-563).

이 교수요목은 의사소통 기능 신장을 중요시하기 때문에 교사가 문법 체계를 가르칠 때에도 문법 구조 자체를 가르치는 것이 아닌 의사소통 맥락 속에서 내용을 구성하여 학습자의 필요에 부합(흡수)되는 것을 선택하여 교육한다(가, 나). 또한 총괄적으로 제시된 개념 범주를 학습자의 필요에 따라 선정한 후 언어 현장의 기능을 염두에 두어 제시한다(다). 이는 실제적인 학습 과제 활동을 통해 교수를 함으로써 실제 상황에 활용할 수 있는 전이 능력을 길러야 한다(라). '맥락 동화, 기능 고려, 그리고 과제 제시'는 학습자의 학습 동기를 부여하고 부정적인 감정을 해소할 수 있다(마).

완전 개념 교수요목은 이후 Munby(1978)가 제시한 유럽공통 참조 기준, van EK(1975, 1990)의 'Threshold level'에 큰 영향을 주었다(제 4장 참조). 이 유형은 정보 전달에 있어서는 개념적 의미

---

11) A notional syllabus, no less than a grammatical syllabus must seek to ensure that the grammatical system is properly assimilated by the learners.(Wilkins, 1976:65)

(ideational meaning)와 담화 측면에서 텍스트 연결 상의 의미(textual meaning), 사회 문화적 측면에서 대인 관계상의 의미(interpersonal meaning)와 함께 심리 교육적 태도와 관련되는 의미까지를 포함하기 때문에 매우 강력한 교수요목이라고 할 수 있다. 하지만 개념의 분류가 실제 세계를 완전히 포괄할 수 있는가 하는 분류 방법에 대한 문제점이 제기된다. 더 나아가 모든 세계를 포괄하려고 하면 그 내용이 매우 방대해 질 수 밖에 없으며, 그 내용을 구현하는 표현들도 걷잡을 수 없이 다양해질 수밖에 없다. 또한 어떤 내용을 교사가 선택해야 하는지 하는 교실 환경에서 실제 적용의 어려움이 많은 비판을 받는다.

(19) **교수·학습 절차**

교수요목 설계	요구 조사 → 개념 항목 구성(의미, 양태, 기능 범주) → 의사소통 전략 개발 → 순환(cycle) 또는 나선형 조직
교수·학습 절차	한 단원 구성: 의미 / 양태 / 기능 → 복합 교수 학습 범주 선택 → 의사소통 활동 제시 → 과제 부여 및 해결

2.7 유형6: 완전 의사소통 교수요목(Fully communicative syllabus)

완전 의사소통 교수요목이란 언어 능력이 의사소통능력의 일부분이라는 점을 강조한 설계이다. 가르쳐야 하는 것은 의사소통을 위한 언어라기보다는 언어를 통한 의사소통 사용이다. 이 교수요목의 목적은 의사소통적 내용에 대한 학생들의 요구를 학생들의 활동(또는 과제)에 적극적으로 반영하여 의사소통 사용 능력을 신장시키고자 한다. 곧 의사소통 도구로서 언어의 '자유로운 그리고 무제한적인' 사용을 강조하며, 실제적인 언어 자료를 바탕으로 한 연습과 활동을 강조한다. 교실에서의 수업은 학생들의 요구에 따른 활동 중심으로 이루어지며 이 활동은 교사가 제시하는 것이 아니라 학습자의 요구에 의한 활동으로 구성된다. 하지만 이는 현실적으로 적용하기 어려운 다분히 이상적인 개념(지향해야 할 교수요목)이라는 비판을 받는다. 이와 관련하여 최진황(1986:15), 이계순(1987:298) 등의 논의를 보면, 이 교수요목은 완전하게 학습자가 중심이 되어 활동이 이루어지기 때문에 입력될 교수요목(input syllabus)이 거의 불필요하지만, 불완전한 의사소통능력을 가지고 있는 외국어 학습의 초기와 중간 단계의 학습자에게는 이러한 '자율적인 의사전달 활동'이 요구되는 이 유형의 적용은 거의 불가능하다는 현실적 적용의 한계를 지적하였다. 그런데 이러한 이상적인 교수요목이라는 말은 달리 말하면, 완전한 의사소통 교수요목으로 지향하기 위하여 실제로 그 내용과 설계가 어떻게 구축되어야 할지에 대한 방법론적 견해가 매우 다양할 수 있음을 말해 준다. 예컨대 학생들의 수준에 따라 교수요목의 유형을 변화시키는 것이(문법 구조 교수요목에서 기능 중심 교수요목으로 다시 기능 중심 교수요목에서 과제 중심 교수요목으로의 전환시키는 것이) 완전한 의사소통교수요목(배분 교수요목, proportional syllabus)임을 주장할 수 있다. 또는 학생들의 활동을 중심으로 이루어져야 하기 때문에 과정이나 과제 중심으로 교수요목을 설계(과정 중심 교수요목, 과제 중심 교수요목)해야만 완전한 의사소통 교수요목이라고 하여, 그 구현 방법에 있어서 다양한 시각이 존재한다. 하지만 이러한 다양한 시각의 근본적인 취지는 앞서 말한 분석적 교수요목(analytic syllabus, Type B)(곧 전체에서 부분으로의 하향적 설계)을 지향하고 있다는 점에서 공통점이 있다.

(20) **교수·학습 절차**

교수요목 설계	의사소통 사용 요구 조사 ➡ 의사소통 내용 선정 ➡ 관련된 언어 표현 항목 선정 ➡ 의사소통 활동 제시
교수·학습 절차	학습자의 필요한 의사소통 내용 선택 ➡ 학습자의 의사소통 활동 선정 ➡ 과제 해결

3 과제 기반 교수요목(Task-based syllabus)

　분석적 교수요목은 2절에서 살펴보았듯이 전체에서 부분을 지향하는 교수요목이다. 곧 의사소통 기능 신장을 위해 필요한 언어 자료를 먼저 선정하고 이를 교수하는 방법이다. 그런데 이러한 유형 구분은 이론적으로 명확하지만 실제로 어떤 교수요목이 분석적 교수요목인지 아니면 통합적 교수요목인지에 대한 구분은 명백하지 않다. 좀 더 쉽게 말하면, Yalden의 교수요목의 유형 모두 의사소통을 목적으로 하기 때문에(문법 교수요목까지) 이를 전부 분석적 교수요목이라고 부를 수 있다는 것이다. 하지만 의사소통이라고 하였을 때 다양한 측면이 얼마만큼 고려됐는지에 대한 종합적 고찰이 필요하다. 곧 ① 학생들이 무엇을 필요로 하느냐 하는 요구조사의 내용을 얼마만큼 설계에 반영하였는지 ② 교육 내용이 실제적인 의사소통능력 신장에 얼마만큼 도움을 주었는지 ③ 학습자 중심의 활동이나 과제의 비중이 얼마만큼 되는지 ④ 그 절차와 과정이 얼마만큼 의사소통적인지, ⑤ 기능과 주제 등이 학습자가 얼마만큼 수용 가능한지 등이 밝혀져야, 당위적 차원의 이상적인 의사소통 교수요목을 넘어선 실제적인 의사소통 교수요목이 실현될 수 있는 것이다.

3.1 과제 기반 교수요목 개념

과제 기반 교수요목(Task-based syllabus)에서 과제란 일반 교육이나 심리학 같은 여러 분야에서 다양하게 정의되고 있지만, L2 학습과 관련하여 교육적 측면의 과제로 범위를 좁히어 정의를 내리면 다음과 같다.

> (21) 언어에 대한 이해(즉 반응으로서의)와 과정 결과로부터 수행되는 활동 또는 행위이다. 예를 들어 테이프를 듣는 동안, 또는 지시문을 듣거나 명령문을 수행하면서 지도를 그리는 것은 과제가 언급된 것이다. 과제는 언어 생산을 포함할 수도 있고 그렇지 않을 수도 있다.…중략…언어 교수에 있어서 상이한 종류의 과제를 사용한다는 것은 점점 더 언어 교수를 좀 더 의사소통적으로 만든다.…중략…그것은 교실 활동을 통하여 자신의 힘으로 언어를 연습하는 것 이상의 효과를 제공한다(Richards et al., 1986: 289). 과제를 수행하는 사람들에게 특정한 대상, 타당한 내용, 명세화된 과업 절차, 그리고 광범위한 결과를 가진 구조, 언어 학습 노력…중략…과제는 따라서 단순하고 짧은 연습 유형에서부터, 집단적 문제 해결 또는 자극과 결정하기와 같은 복잡하고도 지루한 활동인 언어 학습을 용이하게 하는, 전반적인 목적을 가진 광범위한 과업 계획을 지칭하는 것으로 추측된다(Breen, 1987:23).[12]

---

12) An activity or action which is carried out the result of processing or understanding language(i.e. as a response). For example, drawing a map while listening to a tape, listening to an instruction and performing a command, may be referred to as task. Tasks may or may not involve the production of language. a task usually requires the teacher to specify what will be regarded as successful completion of the task. The use of a variety of different kinds of tasks in language teaching is said to make language teaching more communicative . . . since it provides a purpose for a classroom activity which goes beyond the practice of language for its own sake. (Richards et al., 1986: 289) . . . any structural language learning endeavor which has a particular objective, appropriate content, a specified working procedure, and a range of outcomers for those who undertake the task. 'Task'is therefore assumed to refer to a range of workplans which have the overall purpose of facilitating language learning – from the simple and brief exercise type, to more complex and lengthy activities such as group problem-solving or simulations and decision making. (Breen, 1987: 23)

Nunan(1989:11)은 교육적 과제 활동이란 학습자가 형식보다는 의미에 중점을 두고 학습될 목표어를 이해하고 조직하며 표현하거나 상호 관계를 맺을 수 있도록 하는 교실에서 일어나는 일종의 의사소통활동으로 정의하였다. 그리고 과제 중심 의사소통활동과 관련되는 요소를 다음과 같이 제시하였다.

(22) **교수·학습 절차**

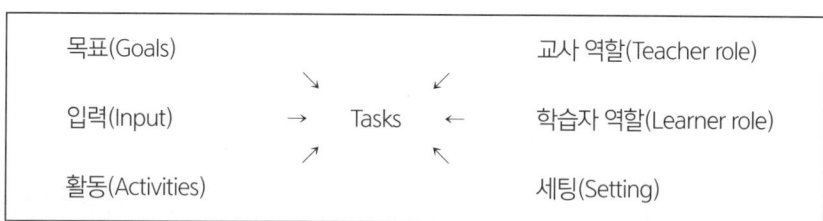

이 교수요목에서 의사소통 활동의 특징은 다음과 같다(Nunan, 1991:279).

(23) 가. 목표어 내에서의 상호작용을 통한 의사소통 학습을 강조한다.
　　　나. 구어적이며 실제적(authentic)인 내용을 학습 장면에 소개한다.
　　　다. 학습자가 언어만이 아니라 학습 과정 자체를 강조할 기회를 제공한다.
　　　라. 교실에서의 학습에 공헌할 수 있는 자신의 개인적 경험을 고취시킨다.
　　　마. 교실에서의 언어 학습을 교실 밖으로 연장할 수 있도록 도와준다.

이러한 의사소통 활동을 원활히 하기 위하여 교사가 교육적 과제를 선정할 때 고려해야 할 점은 다음과 같다.

(24) 가. 가르칠 주제 문제들
　　　나. 언어 재료, 즉 학습자가 관찰하고 조작할 사물들
　　　다. 교사와 학습자들이 수행하는 활동들
　　　라. 과제에 대한 목표들
　　　마. 학습자들의 능력, 요구, 관심들
　　　바. 사회적 교수 맥락과 문화적 교수 맥락들

Nunan(1991: 282)은 과제 기반 의사소통활동의 선택기준을 다음과 같이 제시하였다.

(25) 선택 기준

절차	예시	비율
1. 목표 과제 인식하기	취업 면접에 있어서 개인적 정보를 제공하기	자신들의 실제적 세계 요구와 관련된 언어 기능들을 발전시킬 수 있는 기회를 학습자에게 제공하기
2. 모형 제공하기	학생들이 실제적이고/동기화된 면접으로부터 핵심 정보를 듣고 추출하기	학습자들에게, 원어민 화자 또는 목표어 사용자들이 목표 과제를 수행하는 방법을 듣고 그 방법을 분석하는 기회를 제공하기
3. 기능 증진에 대한 인식하기	do-삽입, wh- 의문문들을 연습하는 연습 문제 풀기	학습자들에게 과제 질문을 수행하는 데 필요한 명시적 지시문과, 가이드용 문법 요소를 제공하기
4. 교육적 과제를 고안하기	역할 카드를 사용하여 시뮬레이션 면접하기	학습자들에게 리허설을 통하여 등장하는 언어 기능들을 사용할 수 있는 기회 제공하기

이상의 정의를 요약하면 과제 활동이란 의미를 중심으로 목표어를 이해하고 표현하며 학습자들의 상호작용을 통하여 학습 목표를 달성하기 위한 활동이다. 따라서 의사소통 활동이 교실에 교수·학습의 많은 이론들의 중심이 되며 이 활동의 총집합체가 교수요목이 된다. 다시 말하면, 과제 기반 교수요목에서는 언어적 요소인 단어, 구조, 개념 또는 기능을 분석의 단위로 삼지 않고 학습자의 목표, 입력 자료, 활동, 환경 및 역할에 따라 의사소통활동을 분석하고 범주화한다. 이 교수요목을 교실에서 이용할 수 있는 대표적인 활동으로 과정적(process), 절차적(procedural), 과제 활동적(task)인 것으로 구분하여 설명할 수 있다.

3.2 과정 중심 교수요목(Processes syllabus)

과제 기반 교수요목에 과정 중심 교수요목(processes syllabus)이 있다. 이 교수요목은 ① 학습은 교사와 학습자간, 그리고 학습자와 학습자간의 협상의 산물이어야 함을 강조한다. 따라서 공동 결정, 합의된 선택, 계속적인 평가, 교실 활동의 상호 작용 등을 중시한다. ② 교수요목 설계자는 학습자의 의사소통능력을 향상시키는데 필요한 항목들로 구성되어야 한다. 곧 학습자와 학습 과정 그리고 학습자가 선호하는 것에 중점을 둔다. ③ 교수요목에 포함되어야 할 내용은 선언적(declarative) 지식이 아니라 참여자(participation), 절차(procedure), 주제 문제(subject-matter) 등과 같은 절차적 지식이어야 한다. 참여자는 전체 학생, 그룹 또는 개별적일 수도 있다(Breen & Candlin:1980, Breen:1984, Candlin:1987). ④ 절차는 누가 무엇을 누구와 함께, 어떤 자료를 가지고, 언제, 어떻게, 그리고 왜에 관한 문제에 대한 해답을 결정하는 것이다. ⑤ 또한 학습 목적에 따라 실시할 활동이나 과제를 결정한다. 이 교수요목의 작성과정은 다음과 같이 4 단계로 설명된다.

(26) **교수요목 작성과정**

단계 1: 교실 언어 학습에 대한 결정
  참여자, 절차, 주제-문제와 관련된 결정(누가 '누구와 함께, 어떤 내용으로, 그리고 어떤 자원을 가지고, 어떻게 그리고 왜' 하는가)

⇩

단계 2: 대안적 절차
  교실의 작업 계약(working contract)을 기반으로 선택되어지는 절차(어떻게 진행할 것인가에 대한 합의 과정)

⇩

단계 3: 대안적 활동
  단계 1의 결정 사항들에 적합한 활동(에 대한 합의 과정)

⇩

단계 4: 대안적 과제
  해당 활동을 수행하는 데 필요한 과제(에 대한 합의 과정)

⇩

지속적인 평가
초기 결정 양식과 관련된 자신들의 타당성과 효율성을 고려한 선택된 과제, 활동 그리고 절차
주요 특징: 교실 내에서 공동의 결정을 요구하는 질문의 틀(질문 뼈대), 그리고 합의된 선택을 요구하는 대안적 지표나 대안책들. 각 단계 또는 각 요소들은 다른 상위의 단계와 상호 관련이 있다.(하위 단계의 요소들은 상위 단계에 수반된다). 실제적인 사용은 적정한 평가(조건화된 평가)를 포함하기 때문에 4단계로부터 1단계로의 역방향 평가가 가능하다.

(Breen, 1984, 47-60)

이와 같은 특징을 지니는 과정 중심 교수요목은 교사가 수업 전 처음 계획했던 것과 실제 교실에서 학생들과 함께 수행한 것을 비교해 봤을 때 이들은 서로 반드시 일치하지 않을 수 있다. 이는 학습이 협의의 과정이기 때문이다. Breen(1987)과 Candlin (1984;1987)은 교수요목의 내용을 미리 결정하는 것에 반대하고, 교사와 학습자가 교실에서 계속적으로 재해석하고 협의하는 과정이 교수요목의 설계에 포함되어야 한다고 주장한다. 즉 과정 교수요목은 학습 내용을 미리 계획한 것이 아니라, 광범위한 학습 자원(learning source) 중에서 지금 현재의 목표에 가장 적절한 내용과 활동 그리고 과제를 학습자와 교사가 그때그때 선택하면서 구성되는 것이라고 할 수 있다. 이에 Candlin (1984)은 과정 교수요목을 수업이 끝난 후에 교실에서 실제로 무엇이 행해졌는지를 회상함으로써 만들어지는 교수요목이라고 하였다. 이러한 과정 교수요목은 학습자의 시시각각 변화하는 다양한 요구를 적극적으로 반영하는 유연성을 갖는다는 점에서 큰 장점이 있다. 그러나 교실에서의 협의 과정이 보다 나은 결과를 가져온다는 결정적인 근거가 없으며, 이와 같이 지나치게 과정과 절차를 강조하는 것은 오히려 학습 목표의 중요성을 약화시킬 수 있다는 비판도 제기되고 있다. 또한 과정 교수요목에서는 교재나 학습 자원의 범위를 제한하지 않고 있는데, 이러한 광범위한 교재와 학습 자원은 실제 수업을 준비하고 운영함에 있어서 많은 부담으로 작용하게 된다.[13]

3.3 절차 중심 교수요목(Procedural syllabus)

과제 기반 교수요목의 또 다른 형태에 절차적 교수요목(procedural syllabus)이 있다. Prabhu(1987)은 언어 구조의 학습은 한 번에 하나씩 이루어지는 절차가 아니라고 지적하면서, 의사소통을 위한 훈련이 아닌 의사소통을 통한 언어 교육을 제안하였다. Prabhu(1987)는 학습자의 초점이 언어 자체가 아니라 과제의 수행에 맞추어졌을 때 언어 구조는 무의식적으로 학습될 수 있다고 주장하였다. 곧 언어 학습은 추상적인 규칙들과 원리의 어떤 내적 조직의 작용을 통해서 준의식적으로 습득된다는 주장이다. 학습자들에게 어렵지만 도전할 만한 수준의 과제나 문제를 제시하되, 문법 항목이나 구조와 같은 언어적 요소는 미리 주어지지 않는 것이 의사소통 능력 신장에 도움이 된다고 말하고 있다. 과제 활동을 위한 교수요목의 작성을 위하여 두 가지 주장을 하였다. 첫째, 교실 언어가 의사소통을 위한 활동에서 파생된 것이라면, 언어를 굳이 체계적으로 구성할 필요가 없다. 달리 말하면 언어학적 차원의 교수요목을 배제하

---

13) 송지현, 2006, 17-18 참조.

여야 한다. 둘째, 교수요목이 명시하는 과제들은 학습자가 전통적인 방법들에 의해서 미리 배운 구조를 단순히 활성화하는 것이 아니라 자신의 활동을 통해서 레퍼토리를 확대하는 것이다. 따라서 형식적인 교수절차가 필요 없다. 이 교수요목에서는 과제 활동을 과제 전(pre-task) 활동과 과제 활동으로 구분하여 설명한다. 과제 전 활동이란 교사가 학습하게 될 과제를 교실 전체를 대상으로 하되 직접 한두 사람을 상대로 행동으로 시범을 보이는 것이다. 이 활동은 학생들이 과제에 어려움의 정도를 파악하면서 관련 있는 언어는 동작화할 수 있다는 점을 학습자들에게 보여주기 위함이다. 이 과정이 끝나면 학생들 적절하게 부여된 과제를 개별적으로 수행하도록 한다. 학습자들이 과제를 수행하는 가운데 교사는 피드백(feedback)을 제공한다. 이 교수요목에서 사용되는 대표적 과제는 의미를 강조하는 추론 차 활동(reasoning-gap activity), 정보 차 활동(information-gap activity), 그리고 의견 차 활동(opinion-gap activity) 등이 있다. '추론 차 활동'은 추출, 연역, 실질적인 추리, 관계나 모형의 인식을 통하여 기존 정보에서 새로운 정보를 끌어내는 활동이다. 예를 들면, 기존의 교실 시간표를 기초로 교사용 시간표를 작성한다거나, 정해진 목적에 따라 어떤 과정이 최고로 또는 가장 싼 가격으로, 아니면 가장 바르게 이루어질 것인가를 결정하는 것이다. '정보 차 활동'이란 어떤 정보를 풀이하거나 암호화하는 활동이다. 예를 들면 두 사람이 각각 완성되지 않은 그림이나 지도를 가지고 상대방에게 구두로 설명하여 그 빈 정보를 메우는 활동이다. '의견 차 활동'은 주어진 상황에 대하여 개인의 기호, 느낌, 또는 태도 등을 확인하고 말하는 것이다. 예를 들면, 주어진 글에서 빠져있는 부분의 완성하기, 사실적 정보를 이용하여 자신의 의견을 정당화하는 토론하기 등이 있다. 이와 같은 Prahbu(1987)의 절차적 교수요목은 언어의 의미와 과제의 완수에 교육적 초점을 맞추고 있다는 점에서 의의를 찾을 수 있다. 그러나 앞에서 살펴본 과정 교수요목이 그 내용과 과제를 학습자와 교사가 협의하여 결정해 가는 학습자 중심적 성격을 갖는 데 반해, 절차적 교수요목은 과제의 선택이 전적으로 교사에 의해 미리 이루어진다.

절차적 교수요목은 과제의 선택 과정에 있어서 어떠한 이론적 근거에 바탕을 둔 것이 아니라 교사나 교수요목 설계자의 직관에 따르고 있다는 점에서 비판을 받는다. Long과 Crookes(1992)는 절차적 교수요목이 갖는 이러한 한계는 결과 중심적인 교수요목들에 비해 절차적 교수요목은 학습자의 언어학습 과정을 반영하고자 했으며, 또 과제의 수행을 강조함으로써 학습자에게 유의미한 언어 사용 기회를 제공하고 동기를 유발하였다는 측면에서 충분히 의의를 가질 수 있다고 주장한다. 그러나 이 교수요목이 어린 아이들의 자연스러운 언어 습득 과정은 성인 학습자에게 그대로 적용되기 어렵다는 사실을 간과한 채, 언어 구조나 형태의 중요성을 과소평가하였다는 점에서 비판을 받을 수 있다.[14]

---

14) 위의 책, 18-19 참조.

3.4 과제 중심 교수요목(Task-based language teaching)

이 교수요목은 과제 기반 언어 교수(Task-based language teaching)라고도 한다.[15] Crookes(1986), Crookes & Long(1987), Long & Crookes(1987), Larsen-freeman & Long(1991)은 제2언어습득과 관련된 여러 실험적 연구들을 진행한 결과, 특정한 언어 구조나 형태는 언어 학습을 위해 반드시 필요할 뿐 아니라, 적절한 조건이 마련되었을 경우에는 학습자에게 언어 구조나 형태에 주의하도록 하는 것이 학습을 보다 촉진시킬 수 있다는 결과들을 밝혀냈다(Lee,2000에서 재인용). 즉 언어가 전달하는 의미에만 초점을 맞추는 것은 정확성을 습득하는 데에 한계가 있다는 것이다. 이에 따라 과정 교수요목과 절차적 교수요목에 대한 비판이 제기되면서 그에 대한 대안으로서 과제 중심 언어 교수를 주장하였다. Long과 Crookes(1992)는 언어의 의미와 형태 모두를 가르칠 수 있는 적절한 조건을 제공하는 것이 과제라고 보았다. 따라서 과제를 교수요목의 단위로 선택하되 언어 형태에도 강조를 두는 과제 중심 언어 교수를 제안하였다. 과제 기반 언어 교수는 학습자들로 하여금 과제의 수행 과정에서 생산되는 언어 형태에 주의를 기울이도록 유도함으로써 언어의 의미를 담는 그릇인 특정한 언어 형태가 학습자의 기억에 저장될 때 비로소 진정한 습득이 이루어진다고 믿는다. 따라서 과제는 의미 있는 상호 작용을 가능하게 하는 동시에 적절한 목표 언어의 표본(sample)을 제공하는 수단이 된다. 학습자는 자신의 인지적 처리 능력을 사용하여 그 특정한 언어 구조를 새롭게 습득하게 되는 것이다. 즉 과제 기반 언어 교수(과정 중심 교수요목)는 과정 교수요목과 절차적 교수요목이 갖는 형태에 대한 빈약한 이론을 보완한 것이라고 할 수 있다. 그러나 과제 기반 언어 교수의 이러한 언어 형태에 대한 강조가 학습 결과에만 초점을 두는 종합적 접근법으로 돌아가는 것을 의미하지는 않는다. Long & Crookes(1992)는 무엇보다도 과제의 수행에 중요성을 두었으며 실제적인 것을 강조하고 있기 때문이다. 여기서 실제적인 과제의 의미는 아래와 같다.

> (27) …생략…무보상 또는 몇 가지 보상을 위하여 자신 또는 다른 사람들에 의하여 수행되는 일련의 작업, 벽 칠하기, 아동을 그리기, 형태를 메꾸기, 신발 사기, 비행기 모형을 만들기 등과 같은 일련의 과제가 포함된다. 다른 말로 말하여 과제란 일상생활에서 수행되는 것들을 의미한다(Long, 1985:89).

과제 기반 언어 교수는 요구 분석을 통해 학습자가 실제 세계에서 수행해야 하는 과제(target task)가 무엇인지 확인하는 것을 교수요목 설계의 첫 단계로 삼는다. 확인된 결과는 과제 선택의 기준을 제공할 뿐 아니라 목표 과제와 최대한 유사한 형태의 교육용 과제(pedagogic task)를 도출

---

15) 이 글을 읽는 독자는 과제 중심 교수요목이 과제 기반 교수요목의 '하위 개념'임을 이해하는 것이 글을 이해하는데 도움이 될 것이다. 또한 '과제 중심 교수요목'과 동일한 개념으로 '과제 기반 언어 교수'라는 명칭을 사용한다는 것도 염두에 둘 필요가 있다.

해 내는 근거가 된다. 실제 세계 과제와 교육용 과제의 차이는 다음과 같다(Nunan, 1989:40).

(28) **실제적인 과제와 교육용 과제**

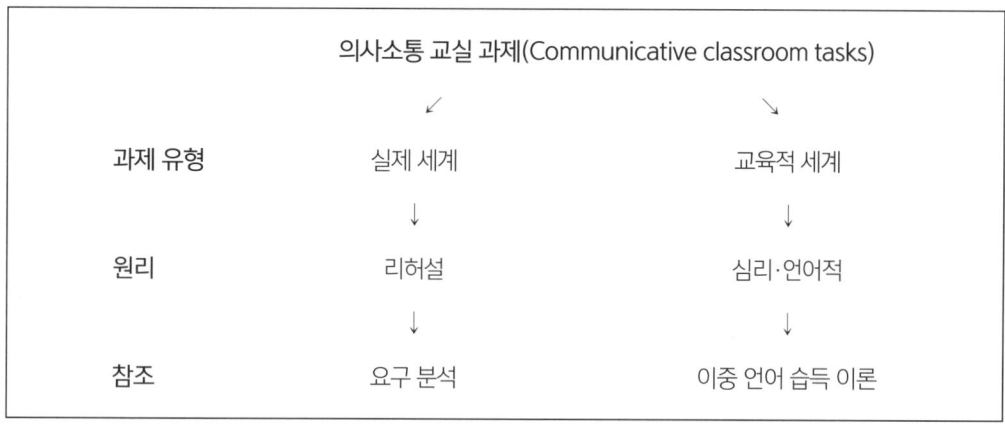

(29) 가. 실제 세계 과제 일기 예보를 듣고 예상되는 최고 또는 최저 온도를 파악하기, 일기 예보를 듣고 우산을 들고 가야 될지 아니면, 따뜻한 옷을 입고 가야 될지 논의하기
나. 교육용 과제학습자가 듣기 자료를 듣고 참과 거짓을 묻는 질문에 대답하기

한편 Candlin(1987)이 제시한 좋은 교육용 과제의 선택기준은 다음과 같다.

(30) **과제 선택 기준**
- 의미, 목적, 협상에 대한 주의력 신장.
- 관련된 자료에 대한 주의력 신장.
- 학습자의 의사소통 요구로부터 대상을 찾아내기.
- 과제, 제공된 상이한 일정, 매체, 참여 모형, 절차 등에 유연한 접근이 가능할 것.
- 학습자에 의하여 그려지는 기능과 전략에 의존한 상이한 해결이 가능할 것.
- 학습자의 공헌, 태도, 영향을 반영할 것.
- 위협이 아니라 위험을 감수할 수 있는 도전성을 함의할 것.
- 교사에 의하여 유도되는 것이 아니라 학습자들의 참여, 지식, 기능이 수반되는 입력 자료를 선택할 것.

- 과제 해결에서 언어 사용을 포함할 것.
- 교사에 의하여 유도되는 것이 아니라 학습자들의 참여, 지식, 기능이 수반되는 입력 자료를 선택할 것.
- 과제 해결에서 언어 사용을 포함할 것.
- 학습자와 교사가 공동으로 과제 수행과 과제에 대한 평가가 가능할 것.
- 주어진 과제의 연속성과 반복성을 평가함으로써 학습자들의 능력을 발전시킬 것.
- 상위 의사소통과 상위 인지에 대한 기회를 제공할 것(즉 학습자가 의사소통에 대해 말하고 학습에 대해 말할 기회를 제공할 것).
- 언어 연습에 대한 기회를 제공할 것.
- 문제 감지와 문제 해결을 위한 학습자 훈련을 증진시킬 것(문제에 대해 인식하기와 해결하기).
- 정보를 공유하는 것과 전문화 능력을 신장시킬 것.
- 학습자와 과제에 대한 감시와 환류 효과를 제공할 것.
- 과정에 대한 학습자의 인식과 사고를 신장시킬 것(즉 이들이 참여하는 학습 과정을 학습자들에게 인지시킬 수 있는 것).
- 언어 학습에 대한 자료와 과정들에 대한 비판적 인식을 증진시킬 것.
- 비용 대비 효율성과 투자 대비 이익을 확실히 할 수 있는 것(즉 주어진 언어를 숙달하는 노력을 통하여 학습자들의 인지와 영향력 있는 발달을 가져 오고 이것이 기능적으로 유용하고, 교실 이외의 의사소통 상황에 적용될 수 있는 것).

위와 같은 근거로 교수요목에 교육용 과제들이 선정되고, 그 순서가 정해지면, 이를 바탕으로 학습자와 교사가 교실에서 적절한 교수법을 사용하여 이러한 과제를 수행하는 것이다.

과제 중심 교수요목은 과정 중심과 절차 중심 교수요목의 문제점을 극복하려는 데에 나왔지만, 이 역시 몇 가지 다음과 같은 문제점을 가지고 있다.

첫째, 과제의 어려움을 판단하기 위해 사용되는 기준들이 아직 충분한 근거를 갖지 못함으로 인해 과제의 순서를 정하는 데 많은 어려움이 있다.

둘째 과제의 범위를 한정하는 것과 관련된 문제로서, 과제가 서로 겹치는 부분이 있고 그 경계가 모호하여 끊임없이 세분화될 수 있다는 것이다.

4 내용 기반 교수요목(Content-based syllabus)

　내용 기반 교수요목(content-based syllabus)은 교과목의 내용이나 주제를 중심으로 교수요목을 설계한 것이다. 학자에 따라 이를 내용 중심 교수요목이라고도 한다.

4.1 내용 기반 교수요목의 개념

　이 교수요목은 의미 있는 내용을 통해 언어 항목을 제공하는 것을 그 기본 개념으로 하며, 언어 학습과 내용 학습 간의 전체적인 통합을 지향한다. 일반적으로 외국어 수업에서는 목표어 중심으로 교수요목이 편성되는 반면에, 내용 기반 교수요목은 교수요목이 타 교과의 내용 중심으로 설계되어 있다. 내용 중심 교수법은 언어의 형태보다는 의미나 정보를 강조한다. 이 교수요목은 돌멩이 하나로 두 마리의 새를 잡을 수 있도록 하는 교수 방법론적 설계이다. 좀 더 구체적으로 말하면 내용 중심의 메시지를 이해하면서 동시에 학습자가 목표어의 언어적 형태, 기능, 문법과 같은 언어 요소를 학습하게 한다는 것이다. 곧 배울 내용을 통해서 언어를 배우며, 언어 발달을 위한 도구로서 내용을 활용한다. 이전의 교수요목이 언어의 형식을 통한 언어 학습이 주가 된 것과 달리, 언어를 가르치기 위해 내용을 이해한다는 것이다. 교수 학습 내용은 '여가 생활', '날씨', '음식' 등과 같이 주제별로 구성된다. 더 나아가 사회, 지리, 역사, 경제, 수학, 음악, 미술과 같은 다른 과목과 연계하여 언어를 학습할 수도 있다.

　이 교수요목은 Krashen의 외국어 습득 가설에 기반을 둔다. Krashen(1985:62)은 학습자가 단어를 외우거나 완전히 연습해서 외국어를 습득하는 것이 아니라 학습자가 이해할 수 있는 입력을 받았을 때 습득이 일어난다고 주장을 하였다. 따라서 학생들이 이해할 수 있는 입력 자료를 많이 제공하면 할수록 성공적인 언어 습득 결과를 낳는다고 하였다. 이러한 Krashen의 시각을 교수요목에 반영한 논문에 Snow et al.(1989)이 있다. 여기에서는 외국어 학습자들이 조직적이고 계획된 교수를 통하여 '이용 가능한 학습 내용'과 '언어 교수'의 통합을 위해 내용 교수요목(content syllabus)을 제안하였다. Snow et al.(1989)은 '내용 중심 언어'와 '내용 언어와 같은 언어'라는 두 가지 유형의 언어 교수 목표를 제시하였다. '내용 중심 언어'란 학습자들이 내용 중심 수업에서 개념이나 자료를 이해하는 데 필요한 언어들(어휘, 기능, 구조들)로서, 이 언어가 없으면 학습자들은 인지적 과정이 요구되는 학문적인 과제(불완전한 맥락을 가진 학문적인 과제)를 다룰 수 없게 된다. 다음에 '내용 언어와 같은 언어'란 내용 중심 자료와 자연스럽게 짝을 이루는 특별한 언어 유형으로, 예를 들면 학습자들이 불규칙 시제와 같은 어려운 문법 형식(내용 언어와 같은 언어)을 문맥화 된 학문적 과제를 통하여 학습할 수 있다. 다시 말하면 이 교수요목은 언어를 통해서 뿐 아니라 언어와 함께 함으로써 학습을 촉진시킨다는 관점에서 기계공학, 의학, 컴퓨터와 같이 실험 중심 교과 영역의 주제를 중심으로 외국어 교육을 실시하기 위한 교수요목이다. 이 교수요목의 필요성은 다음과 같이 설명된다.

> (31) 가. 만약 언어 학습과 주제 문제 학습이 완전히 독립적이고 비관련적인 운용이라면 이러한 목적을 달성할 수 없다. 그러나 언어와 주제 문제는 여전히 서로에 대해 고립적이라고 생각할 수 있다[16](Mohan, 1986:3).
> 나. 주제 문제 학습에 있어서 우리는 학습 매체로서 언어의 역할을 바라볼 수 있다. 언어 학습에서 우리는 이러한 내용이 상호 의사소통적이라는 사실을 알 수 있다(Mohan, 1986:1).[17]

이러한 관점에서 교실 내의 활동에 반영되는 지식구조는 행동과 이론적 이해의 결합으로 이루어진다. 즉 지식과 학습활동을 조직하는데 이용될 수 있는 지식 구조는 특별하면서 실용적인 면과 일반적이면서 이론적인 면으로 구분된다(Mohan, 1986).

> (32) 가. 특별하면서 실용적인 면(주제 내에 있는 특별한 예들과 특별한 경우)
> - 기술: 누가, 무엇, 어디? 어떤 사람들, 자료들, 시설, 항목들, 환경?
> - 연속: 무엇이 일어났는가?, 다음에 무엇이 일어날 것인가?, 구성(plot)은 무엇인가?, 과정, 절차, 또는 일상적인 일과는 어떻게 되는가?
> - 선택: 선택(choices), 갈등(conflicts), 대안(alternatives), 딜레마(dilemmas), 결정(decisions)은?
> 나. 일반적이고 이론적인 면(주제 속의 일반적인 개념, 원리 및 가치는 무엇일까?)
> - 분류: 어떤 개념들이 적용되는가?, 이것들이 어떻게 상호연관이 되는가?
> - 원리: 어떤 원리들이 있는가?(인과, 수단 및 목적, 방법 및 기법, 규칙, 기준, 책략)
> 다. 평가: 어떤 가치와 표준이 적절한가?

---

16) We cannot achieve this goal if we assume that language learning and subject-matter learning are totally separate and unrelated operations. Yet language and subject-matter are still considered in isolation from each other. (Mohan, 1986: iii)
17) In subject matter learning we overlook the role of language as a medium of learning. In language learning we overlook the fact that content is being communicated. (Mohan, 1986: 1)

내용 기반 교수가 언어학습에 효과적이라는 점에 대하여 Brinton et al.(1989)은 아래와 같이 5가지 근거를 제시하였다.

(33) 가. 내용 기반 교육과정은 언어의 형식과 기능에 동시에 초점을 두기 때문에, 언어와 내용 간의 자의적인 차이를 제거한다.
나. 내용 기반 교수는 자신의 동기를 증진시키고 보다 효과적으로 학습을 증진시키려는 학습자들의 요구를 반영한다.
다. L2 지식뿐만 아니라 학문적 환경과 과목에 대한 학습자의 지식도 고려한다.
라. 내용 기반 교수는 학습자들이 정확한 문법적 관습뿐만 아니라 사회 상호 유형 및 보다 큰 담화적 차원을 깨닫도록 유의미적 맥락을 제공하는 데 초점을 둔다.
마. 학습자 유창성 수준과 기술에 맞추어 교육적으로 적응하게 된다는 것이다.

또한 Grabe & Stroller(1997)는 내용 기반 교수가 효과적인 7가지 근거를 다음과 같이 언급하고 있다.

(34) 가. 내용 기반 교수를 통해서 내용을 학습 하는 동안 학습자들은 엄청난 양의 언어에 노출되게 된다.
나. 맥락화된 학습을 유도한다.
다. 내용 기반 교수 교실에서 학습자들은 자신의 지식과 경험 등을 사용할 기회를 증가시키게 된다.
마. 학습자들의 학습 동기를 증가시킨다.
바. 협력 학습, 실습 학습 등과 같은 학습적 접근을 촉진시킨다.
사. 내용 기반 교수는 교육과정 및 여러 다양한 활동 등에 유연하게 잘 적응한다.
아. 그 자체로 학습자 중심 교실 활동을 이끈다.

한편 Brinton et al.(1989)은 내용 중심 교수요목의 세 가지 모델로서 주제 중심 교수(Theme-Based Language Instruction), 내용 보호 교수(Sheltered Content Instruction), 병존 언어 교수(Adjunct Language Instruction)을 제시하고 있다.

4.2 주제 중심 교수요목(Theme-based language instruction)

주제 중심 교수요목은 언어 수업을 앞으로 대화할 때 필요한 주제를 미리 결정하고, 그 주제에 필요한 언어 재료를 내용으로 선정한다. 예를 들면, 날씨, 전화하기, 인사하기, 휴가 등의 주제로 세분해서 교과 내용을 구성한다는 것이다. 이 교수요목은 의사소통 활동에서 필요한 다양한 내용을 주제별로 집단화해서 제시하기 때문에 언어 형태의 난이도는 관심의 대상이 되지 않는다. 하지만 주제를 중심으로 학습 내용을 선정하기 때문에 학습의 일관성 유지가 어렵고 의사소통의 주제가 매우 다양하기 때문에 모두 다 학습의 대상으로 선정할 수 없으며, 더 나아가 한정된 교실 수업에서 가르치는 데는 한계가 있다.

4.3 내용 보호 교수요목(Sheltered content instruction)

'내용 보호 교수'는 목표어 수준이 낮아 수업 내용을 이해할 수 없어서 따로 분리된 학습자 집단에게 내용 중심 전문가가 목표어로 내용을 강의하는 과정으로 구성되어 있다. 내용 보호 교수에서는 학습자들의 언어 유창성 수준을 고려하여 교수 자료 및 내용들이 맞추어진다. 이때 초점을 두는 것은 언어라기보다는 내용적인 부분이며, 학습자들이 이해할 수 있도록 자료를 변형하여 교육시킨다. 예컨대, 원진숙(2015)에서 귀국 학생 대상 특별학급의 보호 프로그램(Sheltered Program)이 여기에 해당한다. 원진숙(2015)에서는 서울의 S 교대 부속 초등학교 귀국 학생 반 한 학급을 대상으로 한 사례 연구를 통해서 귀국 학생들의 학교 적응과 내용 보호 교수 프로그램으로 진행된 한국어 수업의 예를 들었다. 귀국 학생 대상 특별 학급의 보호 프로그램(Sheltered Program) 요지는 ① 장기간의 해외 생활로 인해 한국의 학교생활 적응에 어려움을 보이는 귀국 학생들의 특수성을 고려하여 이들을 일반 학생들과 '분리'하여 교육 시키며 ② 별도의 학급에서 1년에서 2년 정도 '언어 적응, 생활 적응, 문화 적응, 교과 학습 적응 교육'을 함으로써 우리나라 교육 환경에 조속히 적응할 수 있도록 해 주고, ③ 이 수업을 통해 학생들을 일반 학급에 입급할 수 있도록 해 주는 일종의 디딤돌 프로그램을 운영하는 것이다. 아울러 ④ 실제적이면서도 유의미한 학문적 맥락 안에서 교과 내용과 언어를 자연스럽게 배울 수 있는 내용 중심 보호 교수법 차원에서, 귀국 학생의 적응을 위해 반드시 알아야 할 핵심적인 교육 내용을 상위 주제로 설정하고 ⑤ 이 주제를 중심으로 한 범교과 중심의 융복합교육 차원에서, 국제이해교육까지 통합하는 방식으로 귀국학습의 언어와 문화적 배경을 인정하고 존중하는 가운데 문화 적응을 유도하는 상호문화교육을 진행하는 것이다. 즉 내용은 주제 중심이지만, 한국 학생들에 비하여 수준이 낮은 학생들을 위한 별도의 학급을 운영하고, 이 학생들 맞춤형 교육(교육 자료의 변형)을 실시하여, 다시 해당 학년의 학급으로 입급할 수 있도록 하는 프로그램 절차가 바로 '내용 보호 교수'에 해당한다.

4.4 병존 언어 교수요목(Adjunct language instruction)

병존 언어 교수는 학문적 내용을 다루는 강좌와 함께 이와 관련되는 목표 언어 학습을 위한 언어 강좌를 동시에 수강하여 언어와 내용의 학업 성취를 도모하는 방법이다. 달리 말하면 병존 언어 교수에서 학습자들은 두 개의 연결된 과정(언어 과정, 내용 과정)을 동시에 수강하게 되는데, 이 두 개의 과정은 학습자들이 학문적인 대처 능력과 인지 기술을 개발시키도록 돕는다. 예를 들어 전공 단계 학습이 필요한 학부 외국인 유학생들이 학문적 내용을 다루는 전공 강좌와 함께 이를 보충하는 언어 강좌를 동시에 수강하여 언어와 내용의 학업 성취를 도모하고자 하는 방법이 이에 해당한다. 국내 대학기관에 입학하는 외국인 학생들은 중급 정도의 언어능력을 가진 학습자라고 가정할 때, 저학년에서 이들에게 병존 언어 교수모형이 유용할 수 있다는 것이다. 학문 목적 학습자들의 성취 목표로는 전문용어의 이해를 통한 수강능력 향상, 전공 강좌에 대한 내용 이해의 제고와 특정 주제에 대한 보고서 작성, 발표문 작성 및 발표, 토론에서 의견개진, 전문 서적과 논문 읽기, 보고서 제출 등의 능력을 수행하기 위한 지식 함양을 들 수 있다(강현화·박동규, 2004, 3-5 참조).

4.5 세 모형의 주요 특징

이러한 세 모형들은 ① 내용이 그 과정의 중심을 이루거나 출발점이라는 점, ② 실제 과업이나 실제 자료를 사용한다는 점, ③ 제2언어 학습자 요구에 맞춤으로써 학습자가 내용 자료들을 학습하는 것을 돕는다는 점에서 공통점을 가지고 있다. 그러나 이 세 가지 모형들은 아래와 같은 차이를 가지고 있다(진제희, 2005, 359-362 참조).

<표 1> 3가지 내용 중심 모델들의 주요 특징(Brinton et al., 1989:19)

	주제 중심	내용 보호	병존 언어
주요 목적	주요 목적 학습자들이 특정한 주제 영역에 대한 능력을 기르는 것을 돕는다.	학습자들이 내용 자료를 숙지하도록 돕는다.	학습자들이 내용 자료를 숙지하도록 돕는다. 학습자들에게 L2 학문적 담화를 소개하고 전이 가능한 (transferable) 학문적 기술들을 발달시킨다.
교수 체재	ESL 과정	내용 과정	내용 과정 내용과 ESL이 연결된 과정
교수 책임	언어 교사가 언어와 내용 교수를 책임진다.	내용 교사가 내용 교수를 책임진다. 수반되는 언어 교수도 할 수 있다.	내용 교사는 내용 교수를, 언어 교사는 언어 교수를 책임진다.
학습자 분포	비원어민 화자들	비원어민 화자들	비원어민 화자와 원어민 화자가 내용 교수를 위해 통합
평가 초점	언어 기술 및 기능	내용의 숙지	내용의 숙지(내용 수업에서) 언어 기술과 기능(언어 수업에서)

한편, Snow(2001)는 내용 중심 교수의 이 세 가지 전형적 모델들을 포함하여 내용과 언어의 통합 모델들의 연속체를 다음과 같이 제시하고 있다.

<표 2> 내용 중심 언어 교수: 내용과 언어의 통합 연속체(Snow, 2001:305)

언어에 초점 ←----------------------------------→ 내용에 초점

완전 몰입식 교수	부분 몰입식 교수	내용 보호 교수	병존 언어 교수	주제 중심 교수	언어 연습을 위해 내용을 자주 사용하는 언어 교실

5 균형 있는 교수요목(Proportional syllabus)

단기간의 외국어 교육과정에서는 앞에서 언급한 여러 교수요목 중에서 하나를 선택하여 실시할 수도 있으나, 교육과정이 장기간에 걸쳐서 진행되거나 교육 수준이 단계적으로 이어지는 경우에는 균형 있는 교수요목을 제공해야 한다. 이 교수요목은 수시로 변하는 학습자의 필요에 맞게 자유로이 대처할 수 있는 재량권을 주도록 설계된다.

첫째는 구조 단계(structural phase)로서 목표어에 대한 지식이 전혀 없는 절대적 초보자에게는 의사 전달 활동을 기대할 수가 없으므로 목표어에 대한 체계적, 범주적 기본 지식 즉, 언어 형태만을 제시하는데 전체 시간을 할당한다.

둘째는 의사 전달 단계(communicative phases)로서 학습자의 외국어능력에 따라서 초급, 중급, 고급 수준으로 세분화된다. 초급 수준의 학습자에게는 문법과 발음 위주의 언어형태 영역(formal area)이 강조되고, 중급 수준의 학습자에게는 구어에서의 언어기능중심의 대인적 영역(interpersonal area)이 강조되며, 고급 수준의 학습자에게는 담화 기술을 위주로 하여 문어에서의 텍스트 영역(textual area)이 강조가 된다.

셋째는 전문화 단계(specialized phase)로서 교과목이나 주제에 적합한 전문화된 내용을 다루게 된다. 이와 같이 3단계에 맞춰서 교수요목을 설계하려면 먼저 포함시킬 항목을 선정하고 그것을 Canale and Swain(1980)이 제시한 다음과 같은 일정한 기준에 따라서 체계적으로 배열하게 된다.

> (35) 가. 문법적 복잡도(grammatical complexity)
> 나. 의사 전달 기능면에서의 발화의 투명도(transparency with respect to the communicative function of utterance)
> 다. 다른 의사전달 기능에의 일반화 가능성(generalizability to other communicative functions)
> 라. 한 언어형태가 다른 형태의 습득을 촉진하는데 있어서의 역할 (the role of a given form in facilitating acquisition of another form)
> 마. 인지 전략에 의한 수용 가능성(acceptability in terms of perceptual strategies)
> 바. 유표성의 정도(degree of markedness)

문법 항목을 배열할 때에도 직선적 배열이 아니라 의사 전달 능력 배양을 위해 기능적, 담화적, 수사적 부분도 포함되도록 나선형의 순환적 배열이 요구된다.

6　요약

의사소통 교수요목의 특징

- 의사소통 교수요목은 의사소통능력을 신장시키고자 하는 학습 목표, 학습자들이 필요로 하고 실세계에서 적용할 수 있는 내용, 그리고 이를 구현시키기 위한 학습자 중심의 절차와 교수·학습 방법을 구안하고자 하는 특징을 지닌다.

분석적 교수요목

- 언어를 부분에서 전체가 아니라 '의사소통 표현'(언어 수행의 단위)으로부터 이 의사소통을 수행하는 항목들 간의 관계 학습으로 보는 분석적 관점(analytic syllabus)이 있다. 학습자들에게 균등한 난이도를 가진 구문(언어 구조)이 아니라 다양한 난이도를 포함하는 구문들을 덩이(chunk)로 제시한다.
- 유형1: 구조적 그리고 기능적 교수요목(Structural and functional syllabus)
  - 이 교수요목은 언어의 형식과 의사소통기능을 분리하여 각각의 목록을 독립적으로 제시한다.
  - 교수·학습 절차

교수요목 설계	언어 형식 목록 구성 + 언어 기능 목록 구성
교수·학습 절차	언어 형식 조작 → 의사소통 활동

- 유형2: 구조와 기능 교수요목(Structures and functions syllabus)
  - 기능적인 자료(의미(notion), 기능(function), 상황(situation or setting)과 관련된 자료)가 점진적이고 소규모로 소개되어 가면서 기존의 언어교육 프로그램(문법 교수 프로그램)과 통합되는 과정으로 진행된다.
  - 교수·학습 절차

교수요목 설계	문법 항목 목록 + 언어 기능 목록(기능, 개념, 상황 등)		
교수·학습 절차	언어 형식 조작　→　의사 소통 활동		
	규모 변화	기능 항목 / 기능 항목 / 기능 항목	
	규모 동일	문법 항목 →	문법 항목 →	문법 항목
		난이도 고려 + 나선형 교수 + 문법 항목의 단계적 제시		

- 유형3: 변수 초점 교수요목(Variable focus syllabus)
  - 이 유형은 학습자의 언어 능력 수준에 따라 그 중심을 바꾸어 나가는 모형이다. 초급 수준에서는 구조 연습과 조작 활동(manipulation)에 치중하고, 중급 수준에서는 기능에 치중하고, 고급 수준에서는 상황이나 화제에 초점을 둔다. 교육의 최종 단계에서는 '언어 사용(language use)'에 중점을 두는 것이다.
  - 교수·학습 절차

교수요목 설계	문법 항목 목록 + 언어 기능 목록(기능, 개념, 상황 등)			
교수·학습 절차		언어 형식 조작 → 의사 소통 활동		
	규모 변화	문법 항목 (형식적 자질)	기능 항목 (담화 자질)	언어 사용
	활동	구조 연습/조작 중심 활동 ➡	기능 중심 활동 ➡	상황, 화제 중심 사용 활동

- 유형4: 기능적 교수요목(Functional syllabus)
  - 담화의 여러 가지 기술 유형에 따른 하위 기능들 예컨대 '소개하기, 초대하기, 신청하기' 등을 정한 후 그 기능 신장에 필요한 언어 항목(exponents or realizations)을 제시하며, 이와 관련된 발화 행위 활동을 한다.
  - 교수·학습 절차

교수요목 설계	각 기술별 언어 기능 목록 선정 ➡ 관련 언어 항목 선정(어휘, 구조)
교수·학습 절차	기능 신장을 위한 의사소통활동 제시 ➡ 관련 어휘 및 문법 구조 연습

- 유형5: 완전 개념 교수요목(Fully notional syllabus)
  - 이 모형은 의사소통능력을 신장시키기 위해 언어 세계를 개념 범주로 구분한 후 이를 항목별로 설계하는 교수요목이다.

- 교수·학습 절차

교수요목 설계	요구 조사 ➡ 개념 항목 구성(의미, 양태, 기능 범주) ➡ 의사소통 전략 개발 ➡ 순환(cycle) 또는 나선형 조직		
교수·학습 절차	한 단원 구성	의미 / 양태 / 기능	복합
	교수 학습 범주 선택 ➡ 의사소통 활동 제시 ➡ 과제 부여 및 해결		

- 완전 의사소통 교수요목(Fully communicative syllabus)
  - 가르쳐야 하는 것은 의사소통을 위한 언어라기보다는 언어를 통한 의사소통 사용이다. 의사소통 도구로서 언어의 '자유로운 그리고 무제한적인' 사용을 강조하며, 실제적인 언어 자료를 바탕으로 한 연습과 활동을 강조한다.
  - 교수·학습 절차

교수요목 설계	의사소통 사용 요구 조사 ➡ 의사소통 내용 선정 ➡ 관련된 언어 표현 항목 선정 ➡ 의사소통 활동 제시
교수·학습 절차	학습자의 필요한 의사소통 내용 선택 ➡ 학습자의 의사소통 활동 선정 ➡ 과제 해결

과제 기반 교수요목

- 과제 활동을 함으로써 의사소통기능을 신장시킨다. 의미를 중심으로 목표어를 이해하고 표현하며 때로는 학습자들의 상호작용을 통하여 학습 목표를 달성하기 위한 활동을 한다. 과제활동을 중심으로 설계되는 교수요목이다. 의사소통 활동이 교실에 교수·학습의 많은 이론들의 중심이 되며 이 활동의 총집합체가 과제 기반 교수교목이 된다.
- 과정 중심 교수요목(Processes syllabus)
  - 학습은 교사와 학습자간, 그리고 학습자와 학습자간의 협상의 산물이어야 한다.
  - 공동 결정, 합의된 선택, 계속적인 평가, 교실 활동의 상호 작용 등을 중시한다.
  - 교수요목에 포함되어야 할 내용은 참여자(participation), 절차(procedure), 및 주제 문제(subject-matter) 등과 같은 절차적 지식이어야 한다.
  - 절차는 누가 무엇을 누구와 함께, 어떤 자료를 가지고, 언제, 어떻게, 그리고 왜에 관한 문제에

대한 해답을 결정하는 것이다.
- 학습 목적에 따라 실시할 활동이나 과제를 결정한다.
- 절차 중심 교수요목(Procedural syllabus)
  - 학습자의 초점이 언어 자체가 아니라 과제의 수행에 맞추어졌을 때 언어 구조는 무의식적으로 학습될 수 있다. 절차적 교수요목은 언어의 의미와 과제의 완수에 교육적 초점을 맞추고 있다.
- 과제 중심 교수요목(Task-based language teaching)
  - 과제 중심 언어 교수는 학습자들로 하여금 과제의 수행 과정에서 생산되는 언어 형태에 주의를 기울이도록 유도한다. 언어의 의미를 담는 그릇인 특정한 언어 형태가 학습자의 기억에 저장될 때 비로소 진정한 습득이 이루어진다.
  - 절차
    → 요구 분석을 통해 학습자가 실제 세계에서 수행해야 하는 과제(target task)가 무엇인지 확인한다.
    → 목표 과제와 최대한 유사한 형태의 교육용 과제(pedagogic task)를 도출한다.
    → 순서가 정해지면, 이를 바탕으로 학습자와 교사가 교실에서 적절한 교수법을 사용하여 과제 수행을 한다.

내용 기반 교수요목

- 내용 기반 교수요목(Content-based syllabus)은 교과목의 내용이나 주제를 중심으로 교수요목을 설계한 것이다.
- 주제 중심 교수요목(Theme-based language instruction)
  - 주제 중심 교수요목은 언어 수업을 앞으로 대화할 때 필요한 주제를 미리 결정하고, 그 주제에 필요한 언어 재료를 내용으로 선정한다.
- 내용 보호 교수요목(Sheltered content instruction)
  - 목표어 수준이 낮아 수업 내용을 이해할 수 없어서 따로 분리된 학습자 집단에게 내용 중심 전문가가 목표어로 내용을 강의하는 과정으로 구성된다.
  - 초점을 두는 것은 언어라기보다는 내용적인 부분이며, 학습자들이 이해할 수 있도록 자료를 변형하여 교육시킨다.
- 병존 언어 교수요목(Adjunct language instruction)
  - 학문적 내용을 다루는 강좌와 함께 이와 관련되는 목표 언어 학습을 위한 언어 강좌를 동시에 수강하여 언어와 내용의 학업 성취를 도모하는 방법이다.
- 내용과 언어의 통합 연속체

```
←----------------------------------------------------------------------→
      언어에 초점                                    내용에 초점

| 완전 몰입식 | 부분 몰입식 | 내용 보호 | 병존 언어 | 주제 중심 | 언어 연습을 위해 내용을 |
| 교수       | 교수       | 교수     | 교수     | 교수     | 자주 사용하는 언어 교실 |
```

균형 있는 교수요목

- 이 교수요목은 수시로 변하는 학습자의 필요에 맞게 자유로이 대처할 수 있는 재량권을 주도록 설계된다.
- 절차 : 구조 단계(structural phase) → 의사 전달 단계(communicative phases) → 전문화 단계(specialized phase)

6 토론과 과제

1) 의사소통능력 신장을 지향하는 다양한 교수요목들의 공통적 특징은 무엇인가?

2) 분석적 교수요목 중 하나를 들어, 이 교수요목이 지향하는 특징을 생각하면서 교수-학습 지도안을 작성해 보라.

3) 과제 기반 교수요목의 세 유형이 무엇인지를 말하고, 이 세 유형의 차이점을 기술하라.

4) 내용 보호 교수요목과 병존 언어 교수요목의 차이점을 기술하라.

5) 교수요목을 기술할 때 필요한 요소에는 '개념, 문법(어휘, 구조), 기능, 화제, 장면'이 있다. 이러한 요소를 여러분이 생각하는 중요도에 따라 순서를 정하고 그 이유를 말해보라.

제7장

요구 조사

요구 조사

```
1. 요구 조사의 개념                4. 요구 조사 방법
2. 요구 조사 유형                  4.1 정보 수집 방법 유형
   2.1 목표 요구(Target needs)     4.2 요구 조사 원리
   2.2 학습 상황 요구(Learning needs)  5. 요구 분석
3. 요구 조사 내용                  6. 요약
   3.1 거시적 요구 조사            7. 토론과 과제
   3.2 미시적 요구 조사
```

1 요구 조사의 개념

    교육과정은 간단하게 말하여 '교수와 학습을 위한 계획'이다. 그런데 이러한 계획에는 단계별 항목 설정 곧 학습 대상, 교육의 목적과 목표, 교육의 내용, 교수 및 학습 방법, 평가 및 개선에 대한 사항들을 설계하는 작업이 포함된다. 그리고 설계 절차는 '목적과 목표 설정→교육 내용 설정→교수·학습 방법 설정→평가와 개선'의 작업 순서로 이루어진다. 그런데 이러한 항목 설정과 절차에 대한 계획에 앞서 학습자에 대한 요구 조사와 그 결과 분석이 선행되어야 한다.[1] 최근 들어 의사소통 교수요목과 교육과정을 지향하는 현대의 교육 사조에서는 학습자가 필요로 하는 목적과 교육적 상황을 고려하여 이를 설계에 필수적으로 반영한다는 점에서 이 요구 조사와 분석은 교육과정 설계에서 매우 중요한 단계이다. 김정숙(2003)에 따르면 교육과정 개발의 거시적 과정에서 그 순

---

[1] 요구 조사는 학습자의 요구뿐만 아니라, 교사의 요구, 그리고 다양한 층위의 교육 정책가들의 현재 상태(또는 상황)과 원하는 상태(또는 상황)에 대한 조사가 필요하다. 이에 대하여는 후술하고자 한다.

서를 다음과 같이 제시하였는데 이를 보면 요구조사가 이후의 각 교육과정 항목을 설계하는데 가장 선행되는 단계임을 알 수 있다.[2]

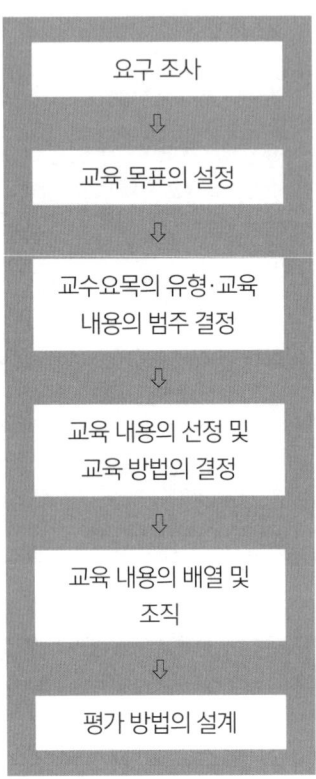

<표 1>

일반적으로 '요구(필요성, needs)'라는 용어는 집단 또는 상황과 관련된 '실제 상태(actual state)'와 '원하는 상태(desired state)'간의 차이에 대한 조정 요청이다. 따라서 '요구 조사와 평가(분석)'는 이 두 차이에 대한 인식의 시도이며, 이 둘의 본질과 원인을 분석하고 향후 행동을 위한 우선 순위

---

[2] 2장에서 교수요목과 교육과정의 공통점과 차이점을 기술하였다. 이를 다시 써보면 아래와 같다.
교육과정은 넓은 의미로 '목표, 내용, 시행, 평가, 계획, 관리, 과정 책략, 방법' 등과 교육의 전반적인 계획과 운용에 대한 진술이다. 좁은 의미로는 특정 강좌나 프로그램을 의미한다. 이 때 좁은 의미의 교육과정이 교수요목과 관련된다. 곧 교수요목은 교육과정의 하위 국면으로 정의할 수 있다. 이는 일반적인 진술을 하는 교육과정과 달리 '교실 상황에서 이루어지는 교수 내용의 선정과 조직, 특정 단원에 대한 기술'과 같은 한정된 개념이며, 교육과정 자체의 평가-교육과정이 잘 구축되었는지 그렇지 않은지에 대한 평가-를 제외한 개념으로도 볼 수 있다. 따라서 김정숙(2003)에서 제시한 <표1>은 교수요목에 대한 설계 절차로 보았지만 넓은 의미의 교육과정으로도 볼 수 있다.

를 구축하고자 하는 시도이다. 또한 이를 기반으로 하여 사회적 문제를 파악하고, 그 정도를 결정하며, 제공될 목표 집단과 이들이 교육을 받고자 하는 요구의 성격을 정확하게 정의하는 체계적인 접근 방식이다(Rossi, P. H., Freeman, H. E. & Lipsey, 1999). 요구 분석은 '누가, 무엇을, 언제, 어디서'에 대한 내용에 대한 해결적 제안이다. 곧 목표 대상(누가 교육을 받을 필요가 있는가), 과제 또는 내용(가르쳐야 할 것이 무엇인가), 맥락 또는 교육 환경(어디서 언제 교육이 시행될 필요가 있는가)에 대한 분석이다(Clark, 1998 참조). 아울러 특정 요구 사항에 대한 분석은 특정 목적을 위한 제2언어 또는 외국어 교육과정 설계에 대한 지침으로서 역할을 한다. 좀 더 구체적으로 말하자면 요구 조사와 분석 과정은 설계된 교육과정이 필요한 이유와 절차를 결정한다는 점에서 중요한 작업이며 이를 토대로, 의사소통을 지향하는 교육과 자료 그리고 제반 교육 환경이 구축될 수 있다(Hutchinson & Waters 1987:53 참조).

요구 분석의 근거는 학생들이 목표로 하는 제2언어 또는 외국어로서의 상황을 파악하여 이를 실제적인 교육의 기초로 사용함으로써 교사가 자신의 과목을 잘 가르치고 학생들에게 이들이 미래에 갖고자 하는 직업에 필요한 특정 언어를 제공할 수 있다는 데 있다(Johns, 1991:67). 요구조사를 하는 이유는 학습자 상황 자료나 상황 구성 항목들과 관련된 자료들에 대한 정당성을 확보하게 해 준다. 또한 학습자들의 개별적 요구 사항들의 공통점(일반성)을 찾아, 유형별 학습자의 요구 사항을 충족시킬 수 있는 자료를 제작하는 데 도움을 주기 때문이다(Long, 2005). 요구 분석은 다음과 같은 목적성을 지니고 있다(Nunan, 1988).

(1) 가. 요구 분석은 강좌의 목표를 설정하고 학습 내용에 대한 선택을 유도할 수 있다.
    나. 교육과정과 방법론을 수정하는데 요구 조사를 활용함으로써, 교사와 학습자의 기대의 차이(gap)를 최소화할 수 있다.
    다. 교사가 예상하는 학습자의 학습 기대와, 학습자가 예상하는 교사의 교수 기대에 대한 차이를 확인할 수 있다.

West(1994)는 요구 분석이 교수요목을 설계하는 사람에게 도움을 주며, 다양한 유형의 학습자들에 대한 통찰 능력을 키워주고, 일반적인 요구를 기반으로 만들어진 강좌에 대한 구성틀(framework)을 알 수 있게 해준다고 보았다. Richards(2001)는 언어 교육 프로그램에서의 요구 분석은 다음과 같은 목적으로 사용될 수 있다고 주장한다.

(2) 가. 학습자가 판매 관리자, 대학생과 같은 특정 역할을 수행하는 데 필요한 언어 기술을 확인하기
    나. 현재의 숙달도와 요구되는 숙달도 수준 간의 간격 파악하기
    다. 학습자의 문제점 파악하기

2 요구 조사 유형

요구 조사 유형에는 크게 학습자가 도달하고자 하는 목표에 대한 요구(목표 요구)와 목표 상황에 의해 설정된 목적지까지의 '경로'와 관련된 학습 상황 요구(학습 환경 요구)가 있다.

2.1 목표 요구(Target Needs)

요구 분석에서 '목표 요구'란 학습자가 목표어 상황에서 도달하여 무엇을 성취하고 싶은지에 대한 사항을 조사하고 이를 분석하는 정교한 과정이다. 달리 말하면 학습자가 목표 상황에서 요구되는 수준에서의 역량을 발휘할 수 있어야 한다는 기대 지식과 능력에 관한 사항이다(Hutchinson & Waters 1987:54 참조). 곧 구체적인 의사소통의 목적을 달성하는 데 필요한 언어 요소가 무엇인지에 대한 조사와 분석이다. 이는 목표 상황과 학생들의 교육 배경인 '학습 또는 직업 요구 사항', '사용자 기관이나 사회가 필요하다고 생각하는 것', '실제로 언어를 습득하기 위해 학습자가 해야 하는 것', '학생들이 교육 과정에서 얻고자 하는 것', '학생들이 외국어로 모르는 것이나 할 수 없는 것' 등을 조사하고 분석하는 것이다(Robinson 1991:7-8, Hutchinson & Waters, 1987:54). 이와 관련하여 Hutchinson & Waters는 '필요한 것, 부족한 것 및 원하는 것(Necessities, Lacks, and Wants)'과 같은 학습자 요구 사항을 세부적으로 제안하였다.

(3) 가. 필요한 것(Necessities)[3]
    이는 목표어 상황에 의해서 결정된다. 학습자가 목표어 상황에서 효과적으로 자신이 필요

---

3) These needs are determined by the demands of the target situation. It means what the learner has to know in

한 기능을 수행하기 위해 알아야만 하는 것들을 의미한다. 예를 들어 사업을 하는 사람은 상용(商用)편지를 이해하는 것과, 판매 회의(sales conferences)에서 효과적으로 의사소통하는 것, 그리고 판매 책자에서 필요한 정보를 얻기를 원한다. 아울러 학습자는 주어진 상황에서 가장 전형적으로(일반적으로) 활용되는 언어적 특성(담화적, 기능적, 구조적, 의미적 특성)을 알기 원한다.

나. 부족한 것(Lacks)[4]

학습자가 이미 알고 있는 것, 그래서 학습자들이 어떤 부분이 부족한지를 결정할 수 있는 것들에 대한 요구 조사이다. 목표어 상황에서 '필요한 것'이 특정한 주제를 가진 텍스트를 읽기에서 학습자가 이를 수행(읽는 것)하는 데 있어 추가적인 설명이 필요하냐 그렇지 않느냐는 자신들이 이를 얼마나 잘 해낼 수 있는지 여부에 달려 있다. 이를 통해 교육이 필요하냐 그렇지 않느냐가 결정된다. 곧 목표어 능숙도가 학습자가 부족한 현재의 능숙도와 불일치한 부분을 조사하는 것이다.

다. 원하는 것(Wants)[5]

학습자들이 스스로 필요하다고 생각하는 것이다. Richterich(1980)에 따르면 기존의 필요(need)는 사람들 자신의 지각과 욕구(perceptions and desires)와 관련이 있다고 한다. 이 필요(need)는 현실에서는 존재하지 않고, 자신들의 환경과 연관 있는 자료를 기반으로 학습자들이 표현하는 개인적 감정의 형상화이다. 그래서 원하는 것은 학습자 자신의 지각에 대한 반영이다. 곧 학습자가 외국어 또는 제2언어를 습득하고자하는 개인적인 기대와 희망, 즉 언어 과정에서 얻고자 하는 것을 의미한다.

---

order to function effectively in the target situation. For instance, a business person might need to understand business letters, to communicate effectively at sales conferences, to get the necessary information from sales catalogues. He or she will also need to know the linguistic features – discoursal, functional, structural, lexical, and most commonly used in the situations identified.

4) It is required to know what the learners knows already, so that it can be decided then which of the necessities the learners' lack. One target situation necessity might be to read texts in a particular subject area. Whether or not the learners need instruction in doing this will depend on how well they can do it already. The target proficiency needs to be matched against the existing proficiency of the learners' lack (Hutchinson & Waters, 1984).

5) The learners too have a view as to what their needs are. According to Richterich (1980) the existence of need is associated with the perceptions and desires of a person. Needs do not exist in reality, it is rather an image of personal feelings that the learners express on the basis of data pertinent to their environment. So, wants are, in fact, the reflection of learners' own perceptions.

교수요목을 구축하는 설계자는 학습자의 목표를 고려해야 하지만 이는 교사에 의해 확인된 결여 부분이나 목표 상황의 필요성과 차이가 있을 수 있다. 이에 따라 Benyelles(2009)가 네 번째 유형의 목표 요구 사항으로 '제약 조건'을 추가하였다.

> (4) 교육과정 설계자가 교육과정을 분석하는 과정 작업을 시작할 때 알 필요가 있는 것에, 국가 정책의 역할이나 재정적 제약과 같은 교육 계획 과정을 통제를 하는 비교육적인 제약(non-pedagogic limits)도 있다(Benyelles 2009: 31).

Benyelles(2009)가 언급한 내용 중 국가 수준 정책이나 재정적 제약은 기관 수준의 정책이나 제약으로 확대하여 해석할 필요가 있다. 그것은 한국어 교육과정이 운영되는 곳에 대학이나, 지자체 등과 같은 관련 기관들이 다수 있기 때문이다.

2.2 학습 상황 요구(Learning Needs)

학습 상황 요구는 목표 상황에 의해 설정된 목적지까지의 '경로'와 관련된다. 교육과정 설계는 단순히 목표 요구만이 반영되는 것은 아니다. 목표 요구에 더하여 방법론적, 행정적 및 심리적 필요들에 대한 요구 분석이 목표 요구만큼 중요하게 고려되어야 한다. 학습은 학습자들에 기계적으로(mechanically) 부여되는 기계적 계획(mechanical project)이 아니다. 학습은 즐겁고도, 기쁘며, 운용 가능하며 생성적이며, 창의적이고도 생산적인 활동으로 학습 상황적 측면이 매우 중요한 요인으로 작동한다. 따라서 목표 요구와 학습 상황 양쪽의 '완전한 가능성과 제약'(full potential and constraints)에 기반한 경우에만 의사소통 교육과정 구축이 정밀하게 된다.

학습(learning)은 학습자(learner)보다 광범위한 용어이다. 학습자는 가장 기본적인 구성 요소이기는 하지만 학습 과정(learning process)의 전체가 아닌 중심적인 부분(central part)일 뿐이다. 달리 말하면 학습자보다 전반적인 학습 과정에서 고려해야 할 부분이 더 많다는 것이다. 따라서 아래와 같은 '학습 상황 요구 조사'와 분석이 필요하다.

<표 2>

심리적 및 인지적 요구	사회학적 요구	방법론적 요구
예: 동기 부여, 여가 및 정서적 필요 (motivational, recreational and emotional needs)	교사의 역할, 주제 요소, 사회적 반응 (teacher's role, subject valence, social responses)	예: 교실 수업, 기술, 기능, 전략 (classroom teaching, techniques, skills and strategies)

↑ 학습 상황 필요

한편 Hutchinson & Waters(1991)에 따르면 목표 상황에 대한 적절한 분석(목표 요구 분석)을 통해 '학습자가 배워야 할 사항'을 알 수 있지만, 제2언어 또는 외국어 학습의 맥락에서 '학습자가 어떻게 배울 것인가'라는 질문도(학습 상황 요구 조사 및 분석과 관련된 질문도) 교육과정의 내용과 설계의 방향을 결정하는 데 있어 핵심적이고도 중요한 역할을 한다고 주장하였다. 곧 학습 상황 요구를 통하여 '기존 자원 및 교사가 학습 자료를 제공하는 데 도움이 될 수 있는 모든 정보나 자료 곧, 학습자의 유형, 문화적 인식 및 외국어 숙달 수준, 사용 가능한 자료, 학습 환경(교육 상황), 환경의 특성, 시간량' 등 학습 상황과 관련된 자료를 구축하는 데 필요한 내용을 찾아야 하며, 이는 교육과정의 내용과 설계의 방향을 결정한다는 것이다. 여기에 더불어 All Wright (1982, West, 1994)에서 말한 바와 같이 학습자의 '학습 개념'에 대한 밑그림을 주는 '선호 학습 유형과 전략'과 같은 요구 조사도 필요하다.

결국 학습 상황 요구는 학습자의 개인적인 관심을 목표로 하지만 목표 요구와 마찬가지로 학습자들은 시험 계획 및 평가에 이르기까지 전반적인 교육과정 설계에 영향을 미친다. 수집 된 자료는 학습자의 특정 상황에서 외국어를 배우기 위한 감정과 태도에 관한 대략적인 정보를 제공한다.

3 요구 조사 내용

요구 조사는 교육 과정 자체에 대한 항목 조사와 배열과 같은 거시적인 측면과 학습자가 필요로 하는 내용이 무엇인지 알아보는 미시적인 측면으로 구분하여 살펴볼 수 있다.

3.1 거시적 요구 조사

거시적 요구 조사는 교육과정 설계 도면에 어떠한 항목이 설치되어야 하는지 그것이 어떤 순위로 배열되어야 하는지, 교육과정 개발자의 철학이 어떻게 투영되어야 하는지, 각 큰 항목 안에 포함될 하위 항목들과 기술들에는 무엇이 있는지 하는 교육과정 자체에 대한 요구 조사이다.

여기에는 교육과정 설계 도면에 어떠한 항목이 설치되어야 하는지에 대한 조사가 있다. 예컨대, 설계 도면에 '성격', '목적', '목표', '대상', '기관', '기간', '교과목', '평가 등급'과 같은 '항목' 필요성에 대한 조사이다.

둘째, 교육과정 자체는 아니지만 교육과정이 구축되었을 때 그 내용을 구체적으로 실현하기 위한, 교재, 교육 자료, 교수법, 교육 환경 등에 관한 지침이 교육과정 안에 항목으로 포함되어야 하는지 그렇지 않은지에 대한 요구 조사이다. 예컨대 '교재 항목'을 설계 도면에 반영할 경우 교재 편찬자에게 교재 구성의 방법과 지침을 제시하기 때문에 통일된 교재를 만들 가능성이 있지만, 그렇지 않을 경우 자율적으로 교재를 구성할 수 있는 선택권이 주어지기 때문에 이와 같은 항목에 대한 고민은 교육과정 설계에 영향을 줄 수 있다.

셋째, 해당 항목들이 어디에 배치되어야 되는지에 대한 조사이다. 예를 들면 '등급 항목(초급, 중급, 고급과 같은 학습자 언어 수준)'이 설계도면에 상위에 배열되는지 아니면 '교과목'이 우선적으로 배열된 후 다른 항목들이 하위에 배치되는지에 대한 조사가 필요하다는 것이다.

넷째, 교육과정 개발자가 의도하는 이론과 철학이 어느 부문에 설명되어야 하는지에 대한 조사도 필요하다. 예를 들어 '교과 중심, 경험 중심, 학문 중심, 인지 중심, 학습자 중심'과 같은 교육 철학, 또는 '상향식, 하향식 또는 통합식 교육'과 같은 교수 방법에 대한 철학, '상위 인지 전략, 과제 학습 전략'과 같은 학습 전략 이론 그리고 기타 사회가 요구하는 이론적, 철학적 기반을 설계도면에 어떻게 그리고 어느 위치에 표시할 것인지에 대한 논의도 필요하다는 것이다. 또한 이러한 이론적, 철학적 가치를 설계도면에 직접적으로 표현할지, 아니면, 예시를 통해 간접적으로 표현할지에 대한 고민을 설계도면에 반영해야 한다. 더불어 각 항목별 이러한 이론적, 철학적 가치를 어떻게 투영할 것인가라는 방법적 기술(skill)도 필요하다.

다섯째, 각 항목 속에 지시될 하위 항목과 기술(skills)을 어느정도까지 상세화 할 것이냐하는 조사가 있다. 여기에는 두 가지 경우가 있다. 예컨대 목표 항목에서 '교수요목' 수준의 수업 시수별 세부 목표를 기술할 것인가 아니면, 전체 교과목의 일반적인 목표만을 기술할 것인가 하는 목표 기술의 구체화에 대한 조사가 그 하나에 해당한다. 다음에 평가 항목에서 한국어 교사가 실제로 활용할 수 있는 모든 평가 방법과 기술을 나열할 것인가, 아니면, 평가의 대략적인 지침만을 기술하여 해당 교육과정을 참조하는 교사에게 최대한 자율적인 권한을 줄 것인가에 대한 조사가 그 두 번째이다.

3.2 미시적 요구 조사

　미시적 요구 조사란 주로 학습자가 배울 내용과 관련된 조사이다. 예컨대 외국인 근로자들이나 여행을 위한 학습자들, 또는 외국인 유학생들에게 말하기에서 어떤 내용을 배우고 싶은지를 묻는 것이 그 일례이다. 보통 배울 내용은 교육 대상의 성격에 따라 달라진다. 예컨대 외국인 근로자의 경우 직장 생활에서의 말하기 요령을 배우고 싶어 하며, 여행을 위한 학습자의 경우 '길 묻기'나 '먹거리, 볼거리' 등과 같은 생존 한국어를 배우고 싶어 한다. 외국인 유학생의 경우는 '발표나 토론하기'와 같은 수업의 이해와 표현과 관련된 말하기 항목을 배우고 싶어 한다. 여기서 주의할 점은 배울 내용에 대한 한계를 정하는 일이다. 만약 배울 내용의 한계를 정하지 않으면 요구 조사는 의미가 없게 된다. 예컨대 외국인 유학생에게 '어떤 것을 배우고 싶은가'라고 물었을 경우 극단적으로 말하면 '전부 다'라고 이야기할 것이기 때문이다. 따라서 수준이나 시간과 같은 한계를 정할 필요가 있다는 것이다. 또한 미시적 요구 조사는 단순히 배우는 사람의 의견만 묻는 것이 아니라 한국어 교사, 정책 결정자, 기관, 전문가의 의견 등 다양한 계층의 조사가 필요하다. 아울러 이러한 조사는 배울 내용에 대한 조사뿐만 아니라 기존 내용에 대한 의견도 반영되어야 한다. 예컨대 기존에 있던 내용(주로 단원)이 필요한지 그렇지 않은지, 더 추가가 필요한 내용(주로 단원)이 있는지, 있다면 무엇이 필요한 지를 묻는 것이 그것이다.

4　요구 조사 방법

4.1 정보 수집 방법 유형

　요구 조사의 일반적인 개발 절차는 우선 '요구분석 대상 집단 선정'과, 이들에게 필요한 교육 요소를 파악하기 위한 '조사 항목의 설계' 그리고 그 결과를 분석하여 목록화하는 것이다. 이후 그 결과를 다음 단계인 교육과정 계획에 반영하는 것이 그 순서이다. 이 때 요구조사 단계의 정보 수집 방법에는 일반적으로 다음과 같은 표와 같이 '설문조사, 자가진단, 면접법, 회의법, 관찰법, 언어 자료 수집법, 과제 분석, 사례 연구, 이용 가능한 정보 분석' 등 매우 다양하다.

<표 3> 요구 조사 방법[6]

정보 수집 절차 유형	특징 및 장점	제한점 및 적용 예
설문조사 (Questionnaires)	- 조사대상이 다수일 때 - 분석하기 용이(도표화 등) - 구조화된 유형/비구조화된 유형	- 다량의 정보를 분석하는 과정에서 정확성이 떨어질 수 있어 경우에 따라서 후속 조사(follow-up)가 필요함
자가진단 (Self-ratings)	- 학습자 스스로 자신의 언어능력을 평가 - 설문조사의 일부로도 활용	- 학습자의 주관적 판단에 의해 수집된 자료가 부정확할 수 있음
면접법 (Interviews)	- 소집단의 경우 유용 - 특정 주제에 대한 자료수집에 활용 - 구조화된 면접의 결과는 신뢰도가 높음 - 면대면/전화면접	- 시간이 오래 걸림 - 대규모 대상에 적용하기 어려움
회의법 (Meetings)	- 다량의 정보 수집이 용이	- 다소 주관적이고 느낌에 의존하는 정보 수집의 우려가 있음 - 교사 대상의 조사에 활용
관찰법 (Observation)	- 목표상황에서의 학습자 행동관찰 - 관찰기술에서 전문적인 기술이 요구됨	- 대상 학습자들의 행동수행에 영향을 줄 수 있음
언어 자료 수집법 (Collecting learner language sample)	- 학습자들의 언어수행과정에서 얻을 수 있는 언어 자료를 수집함 - 학습자 오류유형 수집에 활용	- 쓰기, 말하기 과제 활동 예 수집 - 시뮬레이션, 역할극 등에서의 언어수행능력 기록, 수집 - 성취도 평가, 숙달도 평가에 활용
과제 분석 (Task analysis)	- 직업적, 교육적 환경에서 학습자가 수행해야 할 과제의 종류, 언어특성에 대한 평가와 과제에 대한 요구를 분석함	- 특정 목적 프로그램에서 활용
사례연구 (Case studies)	- 상황의 특성을 조사하기 위하여 학생집단에게 그 상황을 경험하도록 함 - 언어상황, 문제점 등을 일지로 기록	- 다양한 자료로부터 얻은 자료이나 일반화하기 어려움
이용 가능한 정보 분석 (Analysis of available information)	- 관련 서적, 기사, 보고서 등에서 얻을 수 있는 정보 수집	- 요구분석의 초기 단계에서 활용

---

6) 한국어세계화재단(2003:265-270)

설문 조사란 조사 대상이 되는 대상자들에게 설문을 통하여 조사를 하는 방법으로 요구 조사에서 가장 일반적으로 사용된다. 과거에는 지면을 통하여 조사를 하는 방법이 널리 쓰였지만 현재 인터넷과 온라인상 조사를 하는 방법이 많이 개발되어 자료 수집과 분석이 매우 용이해졌다. 설문 조사는 비교적 준비하기가 쉽고 많은 대상자를 대상으로 조사를 할 수 있으며, 대부분 객관식의 조사를 하기 때문에 조작하는데 편리하다. 또한 복잡한 수치를 양적으로 정량화할 수 있기 때문에 그 분석도 비교적 용이하다. 하지만 정보가 표면적이거나 부정확할 수 있다는 점에서 신뢰도가 떨어질 가능성이 높다. 따라서 후속 조사를 다시 하는 경우가 많다.

자가 진단이란 조사 대상 스스로 자신의 지식이나 능력을 평가하는 방법으로 예를 들면 자신의 한국어 수준이 얼마만큼 되는지에 대하여 스스로 평가를 하는 경우가 그것이다. 하지만, 조사된 내용에 대한 주관이 개입될 수 있기 때문에 정확성이 떨어질 수 있다.

면접법이란 대상자에게 직접 면담하여 묻는 경우이다. 조사자가 원하는 항목들에 대하여 구체적으로 질문할 수 있어서, 그 결과가 정확할 수 있다. 하지만 대규모의 집단에 하기는 조사 시간이 많이 걸린다는 단점이 있다.

회의법이란 관련된 대상자들의 서로 토론하고 자신의 의견을 개진하는 방법으로, 다양한 자료와 많은 정보를 얻는 데 활용된다. 하지만, 주제와 관련된 내용 이외의 정보가 많이 나타나는데 여러 내용 중 필요한 정보를 찾고 이를 정리하는 시간이 많이 걸린다. 또한 대상자가 소수로 한정되어 있기 때문에 그것이 다수를 대표할 수 있는 의견인지 아니면, 그 조사 대상자에게만 국한된 것인지를 파악하기 어렵다는 단점이 있다.

관찰법이란 조사 대상자들의 행동을 관찰하는 방법이다. 그런데 이는 전반적인 행동을 관찰하는 것이 아니라 특정한 목적 하에 무엇을 관찰할 지를 설계하는 선행 작업이 필요하다. 대상자의 태도나 우연적인 환경 간섭 등에 영향을 받는 단점이 있다.

언어자료수집법이란 조사 대상자들이 수업 중에 활동한 내용, 수행 평가의 결과물, 학습자들의 쓰기 결과물, 포트폴리오 등과 같은 자료를 통하여 평가를 하는 경우를 뜻한다. 단점은 선 평가가 아니라 후 평가이기 때문에, 요구 조사보다는 평가에 치중할 위험성이 높고, 자료를 수집하는 데 어려움이 있다.

과제 분석이란 미래에 직업이나 교육적인 환경에서 학습자가 수행해야 할 과제의 종류, 언어 특성에 대한 평가의 과제에 대한 요구를 분석하는 방법이다. 학습자들에게 과제 수행 활동을 하게 한 후 이에 대한 처리 능력을 살펴봄으로써, 그 학생의 수준과 능력을 판단하는 것이다.

사례 연구란 한 명의 학생이나 선택된 학생 집단이 상황의 특성을 결정하기 위해 관련 업무나 교육적 경험을 기록하는 경우를 말한다. 예를 들어, 새로운 이민자가 겪는 문제점과 언어적 상황을 알아보기 위하여 특정 대상자들을 관찰 추적한 후 특이한 상황을 일지에 기록하는 방법이 그것이다.

이용 가능한 정보 분석이란, 인터넷, 서적, 기사, 뉴스, 연구 보고서 등 학습자에게 직접 묻는 방식이 아닌, 관련된 주제를 둘러싼 다양한 정보를 간접적으로 수집한 후 이를 분석하는 것이다. 이는 요구 조사를 본격적으로 하기 전에 어떤 항목에 대한 조사를 할지, 그리고 어떤 내용을 물을지 하는 사전 조사의 성격이 짙다.

4.2 요구 조사 원리

이 절에서는 요구 조사 방법 중에 보편적으로 많이 활용되는 설문 조사를 작성할 때 필요한 원리를 구체적으로 살펴본다. 설문 조사는 방금 말했듯이 다수를 대상으로 조사할 수 있는 장점을 가지고 있지만, 신뢰도와 정확성이 상대적으로 떨어진다는 단점이 있다. 따라서 신뢰도와 정확성을 높이기 위해 설문 조사는 사전 조사(Pilot survey)를 한 후 드러난 문제점을 수정하는 작업이 선행되어야 한다. 사전 조사는 10명 안팎으로 하는 것이 보통이며, 그 목적은 다음과 같다.

(5) 가. 조사자의 의도가 응답자에게 제대로 전달되는지를 파악한다.
　　나. 조사할 내용이 빠졌는지, 군더더기 질문이 없는지를 파악한다.
　　다. 응답이 쉽게 되지 않는 어려운 질문이나, 응답 오류가 높은 문항을 파악한다.
　　라. 주요 문항을 응답자가 어떻게 이해했는지 심층면접을 하여 확인할 수도 있다.

다음에 요구 조사는 신뢰도와 정확성을 높이기 위하여 다음과 같은 원리를 고려하여 작성하여야 한다.

(6) **타당성**
　　가. *다음은 한국어 교육 실습 운영의 전문성에 대한 질문입니다. 인문대학의 전임 교원은 몇 명입니까?
　　　　① 1명-5명 ② 6명-10명 ③ 11명-15명 ④ 16-20명 ⑤ 21명-25명
　　나. 한국어 교육 실습 전담 교원은 몇 명입니까?

타당성이란 특정 개념이나 속성을 측정하기 위하여 개발한 측정 도구가 해당 개념과 속성을 얼마만큼 정확히 측정하는가를 말한다. 그런데 (8가)를 보면, '한국어 교육 실습 운영의 전문성'에 대

한 질문인데, 한국어 교육 실습을 담당하는 교원을 묻는 질문이 아닌, 인문대학 전체의 교원을 묻는 질문이다. 따라서 (8나)와 같이 문항을 수정하여 타당성을 확보하여야 한다.[7]

> (7) **목적성**
> 한국어 교육 수업에 대한 만족도 조사의 질문
> *당신의 취미는 무엇입니까?/귀하의 혈액형은 무엇입니까/귀하의 정치적 성향은 무엇입니까?/주로 공부를 하는 장소는 어디입니까?

'목적성'이란 요구 조사로 얻고자 하는 가설이나 내용과 관련된 정보를 파악할 수 있는 문항으로 구성되어야 한다는 원리이다(Hoped for outcome). 목적성에 위반되는 내용이 흔히 나타나는 경우는 응답자의 개인 신상을 과도하게 묻는 인구학적 문항들이다. 따라서 인적 사항 또는 환경적 사항을 묻는 준비 질문에 특히 신경을 써야 한다. 위 '취미, 혈액형, 정치적 성향, 공부 장소'는 한국어 교육 수업의 만족 여부와 직접적인 관련이 없기 때문에 이러한 문항은 삭제되어야 한다.

> (8) **간결성**
> 가. * 한국어 교육 센터는 대구 지역에 많이 있습니다. ○○ 센터, ○○ 센터, ○○ 센터 등이 그것입니다. 그런데 그 위치는 각각 ○○, ○○, ○○입니다. 이러한 센터들의 교육 프로그램은 ○○, ○○, ○○으로 각기 다른 특성을 지니고 있습니다. 교육 프로그램 특성을 본 후 여러분이 가고 싶은 곳을 하나만 선택하세요.
> 나. 3지역의 한국어교육센터의 교육 프로그램들입니다. 이를 보고 여러분이 가고 싶은 곳을 하나만 선택하세요.

'간결성'이란 핵심적인 내용만 질문하라는 원칙이다. 질문이 길어지면 응답자가 읽지 않을 가능성이 크고 원하지 않는 대답을 얻을 가능성이 크기 때문이다. 위 질문의 요지는 '교육과정'을 참고하여 한국어 교육 센터를 선택하라고 하는 것인데, 앞부분에 필요 없는 내용이 장황하게 기술되어 있다. 더 나아가 학습자가 교육과정이 아닌 위치로 한국어 교육 센터를 선택할 수 있기 때문에, 정확한

---

[7] 타당성은 신뢰성과 자주 혼동된다. 신뢰성이란 유사한 측정도구 혹은 동일한 측정도구를 사용하여 동일한 개념을 반복 측정하였을 때 일관성 있는 결과를 얻는 것을 말한다. 즉, 신뢰성은 안정성과 일관성 그리고 예측가능성과 정확성, 의존가능성 등으로 표현될 수 있는 개념으로 관련성과 관계있는 타당성과 그 개념이 다르다.

결과를 얻기가 어렵다. 따라서 군더더기 부분을 삭제하여 (8나)와 같이 간결하게 표현해야 한다.

> (9) **명확성**
> * 귀하의 한국어 능력은 어떻게 되십니까?

'명확성'이란 오해나 잘못 해석될 여지가 없는 표현(어휘, 문장 등)으로 질문지를 만들어야 한다는 것이다. 위의 예에서 '능력'은 매우 주관적이고 범위가 넓어서, 학습자마다 해석이 달라질 수 있다. 따라서 '귀하의 TOPIK은 몇 급입니까?'와 같이 객관적으로 검증 가능한 질문으로 바꾸어야 한다.

> (10) **가치중립성**
> 가. * 한국어 교육에서 교과목에 문화의 중요성이 점차 높아지고 있습니다.…생략…귀하가 우선적으로 배우고 싶은 문화 교과목에는 어떤 것이 있습니까?
> ① 발음 ② 어휘 ③ 문장 ④ 담화 ⑤ 예술
> 나. ① 정치 ② 경제 ③ 사회 ④ 역사 ⑤ 예술

'가치중립성'이란 선택 응답 문항에 응답자가 선택할 가능성이 있는 의견이 포함되어 있어야 하며 특정한 대답을 암시하거나 유도해서는 안 된다는 원리이다. 위 질문에서 '예술'은 문화 영역의 하위 부분에 속하고 '발음, 어휘, 문장, 담화'는 문법 영역 교과목에 해당하므로 설문 대상자들이 ⑤를 선택할 수밖에 없어 '가치중립성'을 지키지 못했다. 따라서 (10나)와 같이 문화 영역에 포함되는 다른 영역, 예컨대 '정치, 경제, 사회, 역사'과 같이 동일한 차원의 교과목을 응답 예시로 제시해야 한다.

> (11) **평이성**
> 가. * 다음은 한국어 학습을 저해하는 요소입니다. 이 중 가장 큰 저해 요인으로 타당한 것은 무엇이라고 생각하십니까?(초급 학습자 대상 설문 조사)
> 나. 다음 중 한국어 학습에서 가장 큰 어려움은 무엇입니까?

응답자의 수준에 맞는 어휘나 문장을 사용하고 전문적인 용어나 비표준어 사용은 피해야 한다는 원리이다. 위 질문을 보면, '저해, 요소, 타당'이라는 어휘는 초급 학습자에게 매우 어려운 어휘에 해당한다. 따라서 외국인 학습자들이 질문을 이해하지 못하여 아무 답이나 적을 가능성이 높다. 그러므로 (11가)를 쉬운 표현으로 조정해야 한다. 예컨대 (11나)와 같이 '저해'를 '어려움'으로 대치하거나, '요소·요인' 등과 같은 어려운 어휘를 생략하는 등, 문항 내용을 쉽게 고쳐야 한다.

(12) **상호 배타성**
 * 귀하가 한국 대학에 입학한 가장 큰 계기는 무엇입니까?
  ① 공부를 계속하고 싶은 학구열 때문에
  ② 졸업 하면 직장을 잘 얻을 수 있을 것이라는 생각 때문에
  ③ 학사라는 학위가 필요해서
  ④ 졸업 하면 취업이 잘 될 수 있을 것이라는 생각 때문에
  ⑤ 주위 사람의 권유로

다중 선택(multiple choice)의 대답이 필요한 경우를 제외하고는 하나의 질문에 응답자가 하나의 대답만을 선택할 수 있어야 한다는 원리이다. 위의 예를 보면, ②의 '직장 얻기'와 ④의 '취업하기'는 상호 배타성을 지키지 않은 문항이므로 응답자가 이 둘을 표시해야 한다. 따라서 ②나 ④ 중 하나를 삭제해야 '상호 배타성'을 준수할 수 있다.

(13) **문항 수의 적절성**
 다음 보기 중 귀하가 생각하는 한국어 말하기 목표 중 가장 중요하다고 생각하는 것은 무엇입니까?
  ① 생존에 필요한 기초적인 말하기 기능, 일상적인 맥락에서 요구되는 간단한 언어 기능을 수행할 수 있다.
  ② 사회적 맥락에서 요구되는 일반적인 언어 기능을 수행할 수 있다.
  ③ 친숙하지 않은 사회적, 추상적 주제나 자신의 전문 분야의 주제에 대해 어느 정도 정확하고 유창하게 말할 수 있다.
  ④ 대학 강의를 듣고 질문하기, 발표하기, 토론하기, 세미나에 참여하기 등의 기능을 수행할 수 있다.
  ⑤ 한국어를 사용하여 대학생활과 관련된 여러 문제(도서관 이용하기, 시험에 대한 정보 얻기, 수강 신청 방법 알아내기, 동아리에 가입하기 등)를 해결할 수 있다.
  ⑥ 대학생활에서 접하는 다양한 계층의 사람들(친구, 직원, 교수 등)과의 대화에 참여하여 관계를 원만하게 유지할 수 있다.

⑦ 직장 내에서 한국어를 사용하여 사회생활을 유지할 수 있으며, 필요한 업무를 한국어로 수행할 수 있다.
⑧ 직장생활에서 접하는 다양한 사람들과 원만한 관계를 유지할 수 있도록 한국어를 구사할 수 있으며, 논의하기, 협력하기, 요청하기, 주장하기 등의 기능을 적절히 수행하여 사회생활을 해 나갈 수 있다.
⑨ 직장(직종) 업무(전화 받기, 회의하기, 홍보하기, 안내하기, 협상하기 등)를 한국어로 수행할 수 있다.
⑩ 한국어를 사용하여 일상생활(물건사기, 주문하기, 예약하기 등)을 영위할 수 있으며, 다양한 사회 환경에 대처하며 사회생활을 할 수 있다.
⑪ 가정에서 가족 간의 대화에 참여할 수 있다.
⑫ 자녀 양육이나 교육과 관련된 일을 한국어로 능숙하게 해결, 수행할 수 있다.

문항 수는 질문의 의도와 대답의 가능성을 고려하여 충분한 선택 문항을 주는 것이 좋지만, 그 수는 특별한 이유가 없는 한 최대 5-6개를 넘지 말아야 한다. 위의 질문에 대한 응답 보기는 각기 그 내용이 장황할 뿐더러 <보기>가 12개나 되어 응답자에게 선택의 어려움을 줄 수 있다. 따라서 질문 내용 중 핵심이 되는 응답 보기만을 남겨 놓고 나머지는 삭제하거나, 응답 보기들을 성격에 따라서 분류한 후 별도의 문항으로 구성해야 한다. 예를 들어 위의 질문은 별도의 문항으로 구성할 수 있다. 예컨대 ①-③은 일반 목적의 한국어 말하기 목표를 묻는 것이며, ④-⑥은 학문 목적의 한국어 말하기 목표를 묻는 것이다. 또한 ⑦-⑨는 직업 목적의 말하기 목표를 묻는 것이며, ⑩-⑫는 결혼이민자를 위한 말하기 목표를 묻는 것으로 각각 성격이 다르다. 따라서 문항을 분할하여 별도로 구성하는 것이 좋다.

(14) **필터 사용**

문항	O	X	모름
1 한국어 교육에서 사투리 교육이 필요하다.			

지식에 관한 질문이나 정책과 관련된 질문의 경우 응답자가 대답하기 어려운 것들이 있다. 이때 어려운 질문의 경우 '모름' 또는 '의견 없음'이라는 필터를 사용하여 학습자의 응답 부담을 줄여 주어야 한다.

(15) **기억이 필요한 사실 질문**
　　가. * 최근 5년 동안 한국어 교육을 받은 기관을 전부 적으시오.
　　　　　　　　　　　　　보기
　　　　[건강가족지원센터, 대학 부설 한국어교육센터, 외국인근로자센터, 결혼이민자센터……]
　　나. * 과거 한국어 교육 기간: 약_____년_____개월
　　다. * 지난 한 달간 한국어 교육 일수:_____일

　오래된 사실이면 기억의 한계가 작동하기 때문에 '가능한 한 회상 기간 짧게'하고, 기억을 도울 수 있는 실마리(예컨대, 일주일 동안, 5시간 등)를 제공하거나, 또는 구체적인 회상이 필요한 질문은 가급적 피해야 한다. 위의 예를 보면 최근 5년 동안 한국어 교육을 묻는 경험인데, 그 장소와 교육 경험에 대한 정확한 기억을 요구하는 질문이어서 응답자들이 이 질문에 답하는 데 많은 부담을 주게 된다. 따라서 '최근 5년 동안 한국어 교육을 받은 적이 있는가?'와 같이 질문 형식을 바꾸어 응답자의 기억 회상의 부담을 줄여주어야 한다.

(16) **우회적 질문**
　　*귀하는 남편에게 폭력을 당해 본 경험이 있습니까? [없다, 있다]

　사적 비밀이나 사회 규범에서 용인되지 않는 질문은 사실대로 대답하지 않을 가능성이 높다. 예컨대, '일탈, 가정폭력, 흡연'과 같은 질문이 그 일례이다. 이러한 질문이 필요한 경우는 '돌려서 묻거나, 길게 묻기, 또는 사전 교감'과 같은 우회적 방법이나 사전 공감을 이끌어내야 한다. 예컨대 '요즘 들어 우리 사회에 언어폭력이나, 물리적 폭력과 같은 사회 문제가 제기되고 있습니다. 내 주위에서도 …….' 등과 같이 부연 설명을 함으로써, 사적 비밀이나 사회 규범에 대한 공감을 시도해야 한다.

(17) **단계적 질문**
　　가. * [전공 글쓰기 교육을 찬성하십니까?]
　　나. [전공 글쓰기라는 말을 들은 적이 있으십니까?] ↴
　　　　[전공에서 자주 사용되는 글쓰기를 배우지 않아서, 수업에 어려움이 있었습니까?] ↴
　　　　[전공 글쓰기 교육을 받은 적이 있습니까?] ↴
　　　　[전공 글쓰기 교육에 찬성하십니까?]

연구자에게 필요한 최종적인 정보를 직접 물으면 질문 응답이 어려울 수 있다. 따라서 단계적으로 사전적 질문을 만들어, 학습자들에게 해당 정보에 대한 충분한 인식을 할 수 있도록 해야 한다. 예컨대 위의 질문은, (17나)와 같은 단계적 이해 절차를 묻는 질문들이 수반돼야 한다.

(18) **리커트 척도 문항(Likert Scale)**
현재 생활에 어느 정도 만족하십니까?
가. (1점은 '전혀 만족 안 한다'이고 5점은 '매우 만족한다')

| 1 | 2 | 3 | 4 | 5 |

리커트 척도 문항이란 응답자들의 만족 정도를 묻는 질문 방법이다. 주의할 점은 첫째, 보기 문항을 만족의 정도성이라는 순서대로 배열해야 하며, 둘째, 좋지 않은 보기부터 먼저 제시해야 한다는 것이다. 한편 리커트 문항의 척도 단계는 보통 5점이지만, 문항에 따라 응답자가 극단을 선택하는 데 부담이 될 경우 7-10점 정도의 척도도 사용 가능하다. ⇨ 리커트 척도 문항이란 응답자들의 만족 정도를 묻는 질문 방법이다. 주의할 점은 첫째, 보기 문항을 만족의 정도성이라는 순서대로 배열해야 하며, 둘째, 일반적으로 좋지 않은 보기부터 먼저 제시해야 한다는 것이다. 한편 리커트 문항의 척도 단계는 보통 5점이지만, 문항에 따라 응답자가 극단을 선택하는 데 부담이 될 경우 7-9점 정도의 척도도 사용 가능하다.

(19) **순위 매기기**
 * 귀하는 한국어를 공부할 때 다음 보기 중 어떤 것이 도움이 되었는지를 순서대로 3가지 골라주십시오.

(1) 정보검색 (2) 이메일 (3) 메신저/채팅 (4) 인터넷 검색 (5) 쇼핑 (6) 시어머니와 의사소통 (7) 여행 (8) 취미 (9) 구직활동 (10) 은행 거래 (11) 식사 (12) 자녀 교육 (13) 교통 (14) 기타(구체적으로)

1순위 _____   2순위 _____   3순위 _____

순위 매기기란 정보의 상대적 가치를 파악하고자 할 때 묻는 질문 방식으로 보기 문항 중 중복되는 것이 없는지[8]를 살펴보아야 한다. 또한 명확하게 순서대로 응답할 수 있도록 1순위, 2순위, 3순위와 같이 그 표현을 명시적으로 써 주어야 한다.

> (20) **질문의 계층적 배열**
> 1. 지금까지 말하기·듣기, 읽기, 쓰기 교육 중 어느 수업을 많이 받았습니까?
>   ① 말하기·듣기 ② 읽기 ③ 쓰기
>
>   ※ ①의 경우 2번에 답하세요.
>   ②의 경우 3번에 답하세요.
>   ③의 경우 4번에 답하세요.
>
> 2. 현재 한국어 교육을 받고 있는 영역의 기간은 얼마나 됩니까?
>   ① 현재 매일 교육을 받고 있음 ② 이틀에 한 번 ③ 일주일에 한 번 ④ 불규칙적임
>
>   ※ ①의 경우 2-1번에 답하세요.
>   ②의 경우 2-2번에 답하세요.
>   ③의 경우 2-3번에 답하세요.
>   ④의 경우 2-4번에 답하세요.
>
> 2-1. 하루 평균 교육량
>   약 1) _____시간 2) 모르겠다.
>   … 생략 ……

질문들이 인과 관계나 순서를 가질 때 위와 같이 계층적으로 기술할 수 있다. 그러나 이러한 계층은 여러 개의 다단으로 구성될 경우 매우 복잡해서 응답자가 이해하기 어렵기 때문에 가급적 순서대로 배열해야 한다. 또한 질문의 배열과 관련하여, 그 순서는 '인적 사항→일반적 질문→구체적 질문'의 순서대로 배열하되, 앞뒤 순서에 따라 영향을 받을 수 있는 질문 배치는 가급적 피해야 한다.

---

8) 위의 예에서 (1) 정보검색과 (4) 인터넷 검색은 중복된 표현이며, (7) 여행과 (8) 취미도 의미가 다소 중복되므로(여행은 취미의 일종이므로), 이 표현들을 각기 다른 표현으로 또는 둘 중의 하나를 생략하는 조정이 필요하다.

5 요구 분석

요구 분석은 요구 조사를 하여 파악된 결과 중에 유의미한 내용을 추출하는 작업이다. 궁극적으로는 그 결과를 토대로 교육과정의 목적이나 내용에 반영한다. 이 절에서는 실제적인 요구 조사 방법을 사용한 논문들 중 몇 가지를 살펴본다. 그리고 해당 논문들의 설문 조사의 목적, 설문 조사의 문항과 그 결과에 대한 해석을 어떻게 하는지를 전반적으로 알아본다.

우선 학습자 대상 요구 조사를 한 황선영 외(2005:105-121)를 예로 들어 설명하여 보겠다. 이 조사는 교육 과정 개발을 목적으로 이주 여성을 대상으로 상황에 따른 언어 사용 표현과 과제 요구에 대한 조사를 진행한 것으로, 요구조사 방법 중 '면접'과 '설문 조사'를 활용하였다. 상황에 따른 응답자의 의견과 과제 요구는 다음과 같다.

(21) 가. 상황에 따른 언어 사용에 대한 응답자의 의견

상황	참여자 의견
물건 사기	·시장이나 대형마트에서 반찬거리, 살림살이 등을 산다. ·가격을 묻고, 원하는 것을 사는 데 큰 어려움이 없다. ·가구나 전자제품 등과 같이 비교적 비싸고 큰 물건을 살 때는 남편과 같이 가는 경우가 많다.
이웃과 대화	·이웃과 이야기를 하지 않는 사람도 있고, 인사만 하는 사람도 있다. 반면, 이웃과 자주 이야기를 하며, 새로운 정보를 주고받는다는 사람도 있다. ·한국어 실력이 늘 수도 있고, 한국 사람과 친해지고 싶어 이웃과 친하게 지내고 싶지만, 자신의 한국어 실력이 부족하고 집안일이 바빠서 이웃과 이야기하기가 어렵다.
공공 시설 이용	·우체국, 은행, 읍사무소, 동사무소를 주로 이용한다. ·한국어에 능숙하지 못하다는 이유로 어린 아이 취급을 받을 때가 있는데, 혼자서도 일을 처리할 수 있으면 좋겠다. ·서류 양식 쓰는 법을 배우고 싶다. ·은행에서 대출 받는 방법에 대해서도 알고 싶다.
약국, 병원	·병원에서 진료를 받고, 약국에서 약을 사는 절차는 대부분 잘 알고 있다. ·병원에 가면 의사가 자신의 말을 정확히 알아들었는지에 대한 확신도 없고, 의사가 하는 말도 알아듣기 어려워 불안하다.
외국인 상담소	·외국인상담소를 이용해 본 사람도 없고, 그런 시설이 있는 줄도 모르고 있다. ·혹시 나중에 남편과 사이가 안 좋아졌을 때를 대비해 아이 양육권에 대한 것 등의 법적 문제 해결 방법을 알고 싶다.

학교, 유치원	·참여자 중 두 명이 학부모이다. ·모든 참여자가 한국의 학교생활과 교육제도에 관심이 많으며, 수업시간에 학교에서 선생님과 하는 대화, 한국의 교육과정 등에 대해 배우고 싶다.
직장	·직장을 구하고 싶지만, 방법을 모른다. ·수업 시간에 이력서 쓰기, 면접 때 하는 말을 배우고 싶다.
기타	·필리핀 여성의 경우, 종교 문제로 갈등이 생길 때가 있다. ·미용실에서 자신의 요구사항을 정확히 표현할 수 없다. ·한국 문화를 이해하고, 아이들에게도 들려줄 수 있도록 한국 전래동화를 배우고 싶다.

나. 과제에 대한 요구

① 참여자들은 일정 수준 이상의 회화가 가능하게 된 이후에도 발음으로 인해 의사소통에 어려움을 겪고 있다고 토로했다. 이에 발음수업에 대한 관심도가 가장 높았으며, 정규 수업 외에 발음을 중점적으로 연습할 수 있는 수업이 필요할 것이다.

② 말하기, 듣기, 읽기, 쓰기의 네 기술 중 참여자들이 가장 자신 있는 기술은 듣기이며, 가장 취약한 부분은 읽기와 쓰기라고 하였다. 이는 이주 여성이 모국에서 한국어를 거의 접하지 않고 한국에 와서 사람들이 말하는 것부터 접하기 때문으로 보인다. 따라서 수업 시간에 생활에 필요한 읽기, 쓰기 활동도 필요하겠다.

③ 그리고 참여자들은 정확한 한국어를 사용하고 싶고, 부정확한 한국어를 사용하다 보면 아이 교육에도 부정적인 영향을 끼칠 수 있다고 생각하기 때문에 문법항목에 대한 공부도 하고 싶다고 하였다.

황선영(2005)에서는 한국어 교육과정 개발을 위하여 교육 요소를 '한국 생활에 가능하고 필요한 상황'을 '물건 사기, 이웃과 대화, 공공시설이용, 약국, 병원, 외국인 상담소, 학교, 유치원, 직장, 기타'로 세분화한 후 이들이 희망하는 요구 사항(도달 목표)을 면접과 설문 조사 방식으로 조사하였다. 그리고 이에 대한 요구 조사 분석을 (나)와 같이 하였다. 즉 분석된 결과를 바탕으로 말하기에서는 참여자들의 '발음 수업', 언어 사용 기술 중에서 '읽기와 쓰기', 그리고 '문법 항목에 대한 공부'가 이들이 희망하는 교육 요소임을 밝혔다.[9] 한편 요구 조사는 그 목적이 무엇이냐 그리고 이를 구현시키기 위한 절차적 방법 측면이 중요한데, 류선숙(2017: 35-72)의 예를 들어 설명하면 다음과 같다.

---

9) 하지만 한국어 교육과정을 명세적으로 개발하기 위해서는 위와 같은 분석 결과보다 좀더 구체성을 띠어야 한다. 예를 들어 말하기 교육에서 필요한 목표를 좀더 세분화하고 체계화하여, 학습자들에게 제시하여야 한다. 여기서는 일반 교육과정의 한국어 교육과정으로의 특수화의 예를 살펴보기 위함이 목적이므로 세부적인 사안은 차후의 과제로 남겨둔다.

(22) 가. 목적

국내 대학에서 수학하고 있는 초급 수준의 학문 목적 한국어 학습자를 대상으로 한 학술적 글쓰기 교육에 대한 학습자 및 교사의 요구를 조사함으로써 학술적 글쓰기 능력을 신장시킬 방안에 대한 제안

나. 대상

① 학생 : 초급 외국인(중급 미만인 학습자들) 37명
(K 대학에 공통 교양으로 개설된 대학 글쓰기 과목인 '사고와 표현 I, II'의 초급반을 수강하고 있는 사람

② 교사 : 현재 대학에서 초급 외국인 학생들에게 학술적 글쓰기를 가르치고 있는 18명의 교강사로 3년 이상의 한국어 교육을 가진 사람

※ 인적 정보의 예(학생)

항목		수(명)	비율(%)
국적	중국	6	16.2
	아랍에미리트	6	16.2
	미국	6	16.2
	말레이시아	5	13.6
	기타	14	37.8
	합계	37	100
전공	국제학부	8	21.6
	경영	6	16.2
	기계공학	4	10.8
	화학	5	13.6
	미디어	2	5.4
	언어학	2	5.4
	기타	10	27.0
	합계	37	100
한국어 수준	1급	11	29.8
	2급	12	32.4
	3급	4	10.8
	등급 없음	10	27.0
	합계	37	100
한국어 학습 기간	6개월 미만	7	18.9
	6개월~1년	20	54.1
	1년~2년	7	18.9
	2년 이상	3	8.1
	합계	37	100

다. 설문 조사 내용

① 학습자

범주	세부 내용
대학에서의 학업 수행에 대한 전반적인 인식	·자신의 한국어 능력이 대학에서의 학업 수행에 충분한지 여부 ·대학에서의 학업 수행을 위해 가장 필요한 기능
학술적 글쓰기에 대한 경험	·입학 전에 쓰기를 배운 경험이 있는지 여부 ·입학 전에 배운 쓰기와 대학에서의 글쓰기가 다른지 여부 ·입학 전에 배운 쓰기가 학술적 글쓰기에 도움이 되는지 여부
학술적 글쓰기에 대한 인식	·자신의 한국어 능력이 학술적 글쓰기 수행에 충분한지 여부 ·학술적 글쓰기를 실제로 수행할 때 어려운 점 ·학술적 글쓰기를 실제로 수행할 때 고려하는 점
학술적 글쓰기 교육에 대한 요구	·학술적 글쓰기 수업을 수강할 때 어려운 점 ·초급 학습자 대상 학술적 글쓰기 수업의 필요성 ·학술적 글쓰기 수업에서 배우고 싶은 내용 ·학술적 글쓰기 수업에서 배우고 싶은 쓰기 과제 ·학술적 글쓰기 수업에서 익히고 싶은 쓰기 활동

② 교사

범주	세부 내용
초급 수준을 위한 학술적 글쓰기 수업 개설 현황	·학술적 글쓰기 수업의 초급 분반 여부 ·학술적 글쓰기 수업을 수강한 학습자의 수준
초급 학습자의 학업 수행에 대한 전반적인 인식	·학습자의 한국어능력이 대학에서의 학업 수행에 충분한지 여부 ·대학에서의 학업 수행을 위해 가장 필요한 기능
학술적 글쓰기에 대한 인식	·학습자의 한국어 능력이 학술적 글쓰기 수행에 충분한지 여부 ·학습자가 학술적 글쓰기를 할 때 어려워하는 점 ·학습자의 쓰기 능력을 평가할 때 고려하는 점
학술적 글쓰기 교육에 대한 요구	·학술적 글쓰기 수업을 할 때 어려운 점 ·초급 학습자 대상 학술적 글쓰기 수업의 필요성 ·학술적 글쓰기 수업의 범위 ·학술적 글쓰기 수업에서 다루어야 할 내용 ·학술적 글쓰기 수업에서 다루어야 할 쓰기 과제 ·학술적 글쓰기 수업에서 다루어야 할 쓰기 활동 ·초급 외국인 학부생의 학술적 글쓰기 교육을 위해 필요한 지원

위를 보면 요구 조사는 '(가)요구 조사의 목적→(나)대상의 수와 인적 정보→(다)조사의 내용'과 같은 계획이 선행된다. 인적 정보에는 국적, 한국어 수준, 한국어 학습 기간과 같은 일반 사항에 대한 조사이며 이는 요구 조사의 목적과 및 교육 내용(여기서는 글쓰기)과 관련된 정보로 한정되어야 한다. 또한 요구 조사는 '대상자의 현재 상황 또는 상태'와 '대상자가 원하는(도달하고자 하는) 미래 상황 또는 상태'로 그 내용이 구분되어야 한다. 위 (다①)의 학습자 측면의 내용 중 '자신의 한국어 능력이 대학에서의 학업 수행에 충분한지 여부, 학술적 글쓰기를 실제로 수행할 때 어려운 점, 입학 전에 쓰기를 배운 경험이 있는지 여부' 등은 학습자의 현재의 상황이나 상태에 대한 질문에 해당한다. 그리고 '학술적 글쓰기 수업에서 배우고 싶은 내용, 학술적 글쓰기 수업에서 배우고 싶은 쓰기 과제, 학술적 글쓰기 수업에서 익히고 싶은 쓰기 활동' 등은 도달하고자 하는 미래의 상황이나 상태에 대한 질문에 해당한다. 또한 (다②)의 교사 측면의 내용 중 '학습자의 한국어 능력이 대학에서의 학업 수행에 충분한지 여부, 학습자의 한국어 능력이 학술적 글쓰기 수행에 충분한지 여부, 학습자가 학술적 글쓰기를 할 때 어려워하는 점' 등은 교사의 입장에서 학생들의 현재 상황이나 상태에 대한 인식이다. 아울러 '학술적 글쓰기 수업에서 다루어야 할 쓰기 과제, 학술적 글쓰기 수업에서 다루어야 할 쓰기 활동'은 교사가 교수-학습에 필요한 글쓰기 교육 희망 내용에 해당한다.

(23) 가. 학술적 글쓰기를 수행할 때 어려워하는 점(학습자)

학술적 글쓰기를 할 때 가장 어려워하는 점	응답(복수 응답 허용)	
	수(명)	비율(%)
맞춤법과 같은 한국어 규칙에 대한 지식 부족	5	27.8
학술적 쓰기에 필요한 어휘나 문법 지식 부족	14	77.8
학문적 쓰기에 어울리는 문체나 표현에 대한 지식 부족	11	61.1
정의, 예시 등 수사학적 기술에 대한 지식 부족	7	38.9
보고서나 에세이 등 학술적 글쓰기 장르에 대한 지식 부족	4	22.2
학술적 글쓰기에 필요한 내용 지식 부족	6	33.3
기타	1	5.6
합계	48	266.7

나. 학술적 글쓰기 수업을 들을 때 어려운 점(학습자)[10]

학술적 글쓰기 수업을 들을 때 어려운 점	응답(복수 응답 허용)	
	수(명)	비율(%)
한국어 능력의 부족	29	78.4
전공 및 교양에 대한 내용 지식의 부족	10	27.0
글쓰기에 대한 필요성과 동기 부족	2	5.4
논리적, 비판적 사고의 어려움	6	16.2
대학에서의 학업 수행 자체가 어려움	5	13.5
기타	6	16.2
합계	58	156.7

다. 학술적 글쓰기 수업에서 배우고 싶은 내용(학습자)

학술적 글쓰기 수업에서 배우고 싶은 내용	응답(복수 응답 허용)	
	수(명)	비율(%)
맞춤법과 같은 한국어 규칙에 대한 지식	15	40.5
학술적 쓰기에서 사용되는 전형적인 어휘나 문법	26	70.3
학술적 쓰기에 어울리는 문체나 표현	12	32.4
정의, 예시, 비교와 대조 등 수사학적 기술	9	24.3
서론, 본론, 결론과 같은 글의 기본 구조	4	10.8
보고서나 에세이 등 학술적 글쓰기 장르의 형식과 특징	8	21.6
학술적 글쓰기에 필요한 내용 지식	5	13.5
주제 선정 및 개요 쓰기의 과정과 방법	5	13.5
인용의 방법과 형식	3	8.1
표지, 목차, 참고문헌목록 등의 작성 방법과 형식	4	10.8
글쓰기 윤리(표절 금지 등)	0	0.0
기타	2	11.1
합계	18	100

---

10) 류선숙(2017:52) 참조

라. 학술적 글쓰기 수업에서 배우고 싶은 쓰기 과제(학습자)

학술적 글쓰기 수업에서 배우고 싶은 쓰기 과제	응답(복수 응답 허용)	
	수(명)	비율(%)
문장이나 짧은 단락 쓰기	12	66.7
동료나 교수님께 이메일 쓰기	4	22.2
시험 답안 작성하기	6	33.3
강의 듣고 필기하기	4	22.2
발표문 쓰기	5	27.8
발표 자료(PPT 등) 만들기	5	27.8
자료 읽고 요약하기	9	50.0
자료 읽고 논평하기	3	16.7
학술적 에세이 쓰기	2	11.1
비평이나 감상문 쓰기	1	5.6
보고서 쓰기	3	16.7
논문 쓰기	0	0.0
합계	54	300.1

또한 요구 조사는 그 결과에 대한 양적 평가를 보여주어야 한다. 예컨대 위 (23가, 나)(학술적 글쓰기를 수행에서의 어려운 점, 글쓰기 수업에서의 어려운 점)는 '현재의 상태'에 대한 양적 평가 결과이며, (23다, 라, 마)(학술적 글쓰기 수업에서 배우고 싶은 내용, 쓰기 과제)는 '희망하는 목표'에 대한 양적 평가의 결과이다.

(24) 가. 학술적 글쓰기 능력을 평가할 때 고려하는 점(교사)

학습자의 학술적 글쓰기 능력을 평가할 때 고려하는 점(	응답(복수 응답 허용)	
	수(명)	비율(%)
문장을 정확하게 쓰고 있는지 여부	9	50.0
학문적 맥락에 맞는 표현과 문체의 사용 여부	11	61.1
쓰기 형식의 준수 여부(예: 보고서의 형식 등)	7	38.9
논리적이고 일관적인 내용 전개 여부	6	33.3
주제 선정의 적절성 여부	10	55.6
다양한 자료의 효과적인 활용 여부	3	16.7
글쓰기 윤리의 준수 여부(예: 표절 금지 등)	2	11.1
기타	2	11.1
합계	50	277.8

나. 학습자에게 학술적 글쓰기를 가르칠 때 어려운 점[11]

학술적 글쓰기 수업을 들을 때 어려운 점	응답(복수 응답 허용)	
	수(명)	비율(%)
한국어 능력 부족	13	72.2
전공 및 교양에 대한 내용 지식의 부족	0	0.0
글쓰기에 대한 필요성과 동기 부족	2	11.1
논리적, 비판적 사고의 어려움	1	5.6
대학에서의 학업 수행 자체가 어려움	0	0.0
기타	2	11.1
합계	18	100

다. 학술적 글쓰기 수업에서 다루어야 할 쓰기 활동 유형(교사)

학술적 글쓰기 수업에서 다루어야 할 쓰기 활동 유형	응답(복수 응답 허용)	
	수(명)	비율(%)
문장을 정확하게 쓰기 위한 반복 연습 활동	12	66.7
여러 자료를 읽고 통합해서 쓰는 활동	7	38.9
설명문, 논설문 등 한 편의 글을 완성하는 활동	11	61.1
보고서 쓰기의 절차를 단계적으로 연습하는 활동	11	61.1
모범글을 보고 모방하는 활동	11	61.1
기타	2	11.1
합계	54	300

라. 학습자의 글쓰기 능력 신장을 위해 필요한 지원(교사)

학습자의 글쓰기 능력 신장을 위해 필요한 지원	응답(복수 응답 허용)	
	수(명)	비율(%)
초급 학습자를 위한 학술적 글쓰기 교재 개발	3	16.7
초급 학습자를 위한 학술적 글쓰기 분반 개설	12	66.7
글쓰기 센터 운영을 통한 개별 상담	2	11.1
무응답	1	5.5
합계	18	100

---

11) 류선숙(2017:59) 참조

아울러 목표가 교사 측면에 대한 요구 조사도 함께 하므로 교사 측면의 양적 평가 결과가 나타나야 한다. 예컨대 위 (24가, 나)(쓰기 능력 평가, 쓰기 교수 시 어려운 점)는 교사 측면의 '현재의 상황'을 양적으로 표현한 것이며 (24다, 라)(학술적 글쓰기 수업에서 다루어야 할 쓰기 활동 유형과 글쓰기 능력 신장을 위해 필요한 지원)는 교사가 희망하는 '미래의 상태'를 양적으로 수치화하여 보여준 것이다.

한편 요구 조사의 대상이 되는 것은 앞서 말한 바와 같이 '학습자'나 '교사'(국내외 한국어 교사 및 교수 등)와 같은 교수·학습의 대상자뿐만 아니라 국내외 교육 기관, 그리고 한국어 정책을 담당하는 기관(문화관광부, 교육부 및 각종 재단 등)과 같은 국가 또는 기관 수준의 요구 조사도 필요하다. 예컨대 이정희(2015: 37-51)의 '한국어 읽기 교육과정 개발 연구'나 (주)프레인(2010)의 '한국어 교육기관 실태 및 수요 조사'에서 교육과정과 관련된 부분이 이에 해당한다. 이정희(2015)에서는 '학습자'나 '교사' 이외에 우수 운영 기관(17개 대학 기관)을 대상으로 설문 조사를 실시하였는데 조사 내용은 '국내외 한국어 교육기관의 수업 개설 현황, 기관별 한국어교육 목적, 주당 수업 시수, 학급당 평균 학생 수, 읽기 교육 현황, 읽기 교육 내용, 등급 체계, 등급별 성취 목표, 읽기 교수·학습 자료, 읽기 교수·학습 방법, 평가 방법 및 유형 등'과 같이 읽기 교육과정을 구축할 때 필요한 항목들을 설문 내용으로 만들었다. 이정희(2015)에서는 이 조사 결과를 토대로 읽기 교육의 현황을 파악해 읽기 교육의 목표 및 적정 읽기 교육 시간, 읽기 교육 내용 등을 살펴보았다. 또한 조사 방법은 해외 기관 관계자를 대상으로 전화 또는 면담을 하거나 온라인 조사를 실시하여 현황을 파악하고 수합된 요구조사 결과를 국가별, 지역별로 분석해 본 후 읽기 교육과정 및 교육자료 개발의 기초 자료로 활용하였다. '(주)프레인(2010)'에서는 그 목적이 한국어 교육기관의 전반적인 실태(시설 및 교사 현황, 한국어 강좌 현황, 재정운영 등 운영 실태 파악 등)에 대한 조사에 해당하나, 강좌 운영과 강좌 수와 같은 교육과정의 일부 항목에 대한 조사도 포함되어 있다. 조사 대상은 국내외 한국어교육기관(국외-문화체육관광부의 한국문화원 11개와 세종학당 17개, 교육과학기술부의 한국교육원 34개, 외교통상부의 한글학교 2,111개 등 총 2,175개 기관, 국내- 문화체육관광부의 국어문화원 14개와 여성가족부의 다문화가족지원센터 100개, 법무부의 이주민센터 5개와 노동부 외국인근로자지원센터 5개 등 총 148개 기관)이다. 조사 방법은 전자우편을 통한 설문조사 안내와 함께 응답자의 설문조사 홈페이지 접속을 통한 웹-설문조사 방식이다. 그러나 설문 대상 기관의 사정에 따라 (예: 인터넷 접속이 용이하지 않은 기관) 우편이나 팩스로 응답 설문지를 수집하는 방식을 병행하였다. 국내 기관의 경우 전화 접촉과 현장 방문으로 설문지를 직접 수거하는 방식을 사용하였다. 조사된 자료에 대한 분석은 SPSS-WIN 프로그램을 통해 전산 통계 방식이다. 관련된 질문의 실제 예는 다음과 같다.

(25) D. 귀 기관에서 현재 개설·운영 중인 한국어 강좌의 현황에 대해 여쭈어 보겠습니다.

D1. 귀 기관에서 현재 개설·운영 중인 한국어 강좌 종류는 몇 개입니까?

※ 총 강좌 수는 (한국 언어 관련 강좌 수 + 한국 문화 관련 강좌 수)입니다.

    D1_1. 한국 언어 관련 강좌 수 (　　)강좌

    D1_2. 한국 문화 관련 강좌 수 (　　)강좌

    D1_3. 총 강좌 수 (　　)강좌 (위 강좌 수의 합계)

D2. 현재 운영 중인 한국어 강좌(D1_1의 한국 언어 관련 강좌)를 교육 수준으로 구분하여 아래 현황표에 해당하는 숫자로 기입해 주십시오.

  - 현 수강생은 해당 강좌에 등록을 하고 1주일 이상 정기적으로 수강하고 있는 학생 기준

  - 09년은 6월말 기준 수료생 규모를, 08년은 1년 동안 강좌를 수료한 전체 수료생 규모 기입

    D2_1. 초급 과정 강좌명: (　　　)

(1) 해당 강좌수	(2) 유/무료		(3) 교육 기간(주 강좌 기준)				(4) 현재 (2009) 수강 인원	(5) 2008 총 수강 인원
개	유료	총 ___개월	교포계	초중고생	대학생	성인	교포	
	무료	총 ___시간	현지인계	초중고생	대학생	성인	현지인	

    D2_2. 초급 과정 강좌명: (　　　) 표 생략

6 요약

요구 조사의 개념

- 의사소통 교수요목을 설계할 때는 학습자가 필요로 하는 목적과 교육적 상황을 고려해야 하며 이를 파악하기 위해서는 요구 조사가 필요하다. 일반적으로 '요구(필요성, needs)'라는 용어는 특정 질문과 관련하여 집단 또는 상황과 관련된 '실제 상태(actual state)'와 '원하는 상태(desired state)' 간의 차이로 정의된다. 따라서 요구 조사 및 평가(분석)는 이 두 차이에 대하여 인식에 대한 시도이며 이 둘의 본질과 원인을 분석하고, 향후 행동을 위한 우선 순위를 구축하는 출발점이다.

요구 조사의 유형

- 목표 요구

    '목표 요구'란 학습자가 목표어 상황에 도달하여 무엇을 성취하고 싶은지에 대한 사항을 조사하고 이를 분석하는 정교한 과정이다. 달리 말하면 학습자가 목표 상황에서 요구되는 수준에서의 역량을 발휘할 수 있어야 한다는 기대 지식과 능력에 관한 사항이다.
- 학습 상황 요구
    - '학습 상황 요구'란 방법론적, 행정적, 심리적 요구들에 대한 사항을 조사하는 것이다. 학습 상황 요구는 목표 상황에 의해 설정된 목적지까지의 '경로'와 관련된다.

요구 조사 내용

- 거시적 요구 조사는 교육과정 설계 도면에 어떠한 항목이 설치되어야 하는지 그것이 어떤 순위로 배열되어야 하는지, 교육과정 개발자의 철학이 어떻게 투영되어야 하는지, 각 큰 항목 안에 포함될 하위 항목들과 기술들에는 무엇이 있는지 등의 교육과정 자체에 대한 요구 조사이다.
- 미시적 요구 조사란 주로 학습자가 배울 내용과 관련된 조사이다. 예컨대 외국인 유학생들에게 말하기에서 어떤 내용을 배우고 싶은지를 묻는 것이 그 일례이다. 보통 배울 내용은 교육 대상의 성격에 따라 달라진다.

요구 조사 방법

- 정보 수집 방법 유형정보 수집 유형에는 일반적으로 "설문조사, 자가진단, 면접법, 회의법, 관찰법, 언어 자료 수집법, 과제 분석, 사례 연구, 이용 가능한 정보 분석 등이 있다.
- 요구 조사 원리
  - 사전 조사: 요구 조사 유형 중 설문 조사는 사전 조사를 통하여 질문지를 보완해야 한다.
  - 타당성: 특정 개념이나 속성을 측정하기 위하여 개발한 측정 도구가 그 개념과 속성을 얼마나 정확히 측정하는가를 말한다.
  - 목적성: 요구 조사로 얻고자 하는 가설이나 내용과 관련된 정보를 파악할 수 있는 문항으로 구성되어야 한다.
  - 간결성: 핵심적인 내용만 질문한다.
  - 명확성: 오해나 잘못 해석될 여지가 없는 표현(어휘, 문장 등)으로 질문지를 구성해야 한다.
  - 가치중립성: 선택 응답 문항에 응답자가 선택할 가능성이 있는 의견이 포함되어 있어야 하며 특정한 대답을 암시하거나 유도해서는 안 된다는 원리이다.
  - 단순성: 응답자의 수준에 맞는 어휘나 문장을 사용하고, 전문적인 용어나 비표준어 사용은 피해야 한다.
  - 상호 배타성: 하나의 질문에 응답자가 하나의 대답만을 선택할 수 있도록 문항을 구성한다.
  - 문항 수의 적절성: 문항 수는 질문의 의도와 대답의 가능성을 고려하여 충분한 선택 문항을 주는 것이 좋지만, 그 수는 보통 5~6개를 넘지 말아야 한다.
  - 필터 사용: 어려운 질문의 경우 '모름' 또는 '의견 없음'이라는 필터를 사용하여 학습자의 응답 부담을 줄여주어야 한다.
  - 기억이 필요한 사실 질문: 구체적인 회상이 필요한 질문은 가급적 피해야 한다.
  - 우회적 질문: 사적 비밀이나 사회 규범에서 용인되지 않는 질문은 '돌려서 묻거나, 길게 묻기, 또는 사전 교감'과 같은 우회적 방법을 사용하여 질문을 하여야 한다.
  - 단계적 질문: 연구자에게 필요한 최종적인 정보를 직접 물으면 질문 응답이 어려울 수 있다. 따라서 단계적으로 사전적 질문을 만들어, 학습자들에게 해당 정보에 대한 충분한 인식을 할 수 있도록 해야 한다.
  - 리커트(Likert) 척도 문항: 리커드 척도 문항이란 응답자들의 만족의 정도성을 묻는 질문 형태로 보기 문항을 만족의 정도에 따라 순서대로 배열해야 하며, 좋지 않은 보기부터 먼저 제시해야 한다.
  - 순위 매기기: 정보의 상대적 가치를 파악하고자 할 때 묻는 질문 방식으로 보기 문항이 중복되는 것이 없는지를 살펴보아야 하며, 명확하게 순서대로 응답할 수 있도록 1순위, 2순위, 3순위

와 같이 그 표현을 명시적으로 써 주어야 한다.
- 질문 배열: 질문들이 인과 관계나 순서를 갖는 경우, 계층적으로 기술하여야 한다.

요구 분석

- 요구 분석은 요구 조사를 하여 파악된 결과 중에 유의미한 내용을 추출하는 작업이다. 궁극적으로는 그 결과를 토대로 교육과정의 목적이나 내용에 반영한다.
- 요구 분석 대상은 '학습자'나 '교사'뿐만 아니라 정책이나 교육을 담당하는 기관도 해당된다.

7 토론과 과제

1) 한국어 말하기 주제 선정과 관련된 설문지 조사를 하려 한다. 질문 항목을 범주별로 분류하고 자신이 계획했던 방향으로 질문 항목을 구체적으로 만들어 보시오.

2) 결혼 이주민 여성을 위한 이주민 교육의 방언 교육이 필요한가? 필요하다면 그 이유를 설명하시오.

3) 결혼 이주민 여성을 위한 방언 교육을 위한 설문지를 작성해 보시오.

4) 인터넷 프로그램을 이용한 요구조사지를 온라인으로 만들어 보시오.
   예) docs.google.com/forms → 오른쪽 하단에서 더하기 버튼 + 클릭 → 새 설문지 개설

5) 내가 만든 설문지 조사 방법이 원리에 비추어 무엇이 좋고 무엇이 보완되어야 할 사항인지를 말해 보시오.
   - 만든 설문지를 학생들에게 설문 조사를 하기
   - 조사된 결과를 분석하기
   - 조사된 결과를 바탕으로 수정되어야 할 내용이 무엇인지 토론해 보기

제8장

교육 영역과 교과목

교육 영역과 교과목

1. 들어가는 말
2. 상위 항목과 교과목
3. 문화 영역
   3.1 문화 항목
   3.2 문화 교육 목표와 내용
   3.3 수준별 문화 교육
4. 실용 영역
5. 요약
6. 토론과 과제

1 들어가는 말

한국어 교육과정을 설계할 때 중요한 작업 중 하나에 교육적 특성이나 속성에 맞는 내용들을 어떻게 나누어 효율적으로 가르칠 것인가 하는 교육 영역 설정이 있으며 이는 교과목 구성과도 밀접한 관련이 있다. 영역별 '교육 내용'의 범위를 어떻게 설정하느냐는 학자들마다 차이가 있지만, 대개 '기능, 문법, 문화'라는 거시적인 경계설정에는 대부분 동의한다.[1] 그런데 의사소통능력의 신장이라는 한국어 교육의 큰 목표 아래에 이 영역들은 교육과정 안에서 때로는 통합적으로 때로는 분석적으로 구성된다. 더 나아가 '기능, 문법, 문화 영역'들은 각기 세부적인 하위 영역들

---

1) 여기에서 '기능'이라 함은 '말하기, 듣기, 읽기, 쓰기'와 같은 skill들을 의미한다. 다른 장에서는 이를 '기술'로 번역하였다. 하지만 이 장에서는 기술(skill)대신 기능으로 표현하였다. 그 이유는 국어와 교육과정의 교육 영역 및 교과목과 한국어의 그것들을 비교하여 설명하는 부분이 있는데, 국어와 교육과정에서는 skill을 기능으로 명칭하였기 때문이다.

로 설정될 수 있다. 예컨대 '기능 영역'은 '말하기, 듣기, 읽기, 쓰기', '문법 영역'은 '발음, 어휘, 문장(통사), 담화', '문화 영역'은 '언어, 정치, 경제, 사회' 등과 같은 하위 영역으로 세분화되는 것이 그 일례이다. 한편 '기능, 문법, 문화'라는 범주화된 영역은 다양한 방식으로 특정 '교과목'으로 대응된다. 좀 더 구체적으로 말하면 어떤 영역을 교과목으로 구성할 것이냐는 '학습자의 수준'과 '교육 기관의 환경과 정책'에 따라, 그리고 '교수의 편의성' 등을 고려하여 다양한 교과목으로 실현된다는 것이다. 곧 특정 영역들의 내용을 독립적으로 설계하여 각각을 하나의 교과목(독립 교과목)으로 구성할 수도 있으며, '특정 영역 간'의 내용을 통합적으로 설계하여 하나의 교과목(통합 교과목)으로 구성할 수도 있다. 이 장에서는 한국어 교육의 상위 영역과 하위 영역들에는 무엇이 있으며 이것이 교과목과 어떤 연관을 갖는지를 전반적으로 살펴본다. 아울러 이러한 논의 가운데 '문화 영역'의 범위와 내용과 그리고 그 설계가 어떻게 되어야 하는지를 알아본다. 이와 함께 '기능, 문법, 문화' 영역 이외의 영역(여기에서는 실용 영역이라 부르고자 한다) 설정에 대한 필요성을 살펴보고자 한다.[2]

2 상위 영역과 교과목

상위 영역 항목이란 의사소통능력을 일차적으로 구분한 일종의 범주이다. 여기에는 '기능, 문법, 문화' 등과 같은 범주가 있다. 이는 교육 내용을 공통된 속성으로 배열한 것이다.

일반적으로 교육과정은 언어 교육 목표(한국어 교육 목표)에 대한 사회적 합의를 통하여 교육의 필요성이 제기되면, 가르칠 또는 학습할 교육 내용에 대한 선정을 하게 된다. 이때 이 내용을 어떻게 구분하여 가르칠지 하는 범주 차원의 논의도 함께 이루어진다. 또한 교육 내용은 '목표'로서 추상적으로 기술되는데, 언어 교육 목표의 가장 큰 기술은 의사소통능력에 대한 '총목표'이다. 그리고 이 '총목표'는 또 다시 '기능, 문법, 문화'와 같은 '영역 목표(또는 교육 내용)'으로 구체화되어 기술된다.

예컨대 초중등 한국인 학습자를 대상으로 하는 국어과 교육과정에서 보면 '국어의 지식, 태도, 기능'과 관련된 '총목표'가 기술된다.

---

2) 실용 영역은 주로 해외 대학에서 교과목으로 구성되는 것으로 '기능, 문법, 문화'라는 세 영역 중 하나로 딱히 귀속시킬 수 없는 영역들을 지칭하는 데 이 절에서는 이를 '실용 영역'이라고 부르고자 한다.

> (1) 국어로 이루어지는 이해·표현 활동 및 문법과 문학의 본질을 이해하고, 의사소통이 이루어지는 맥락의 다양한 요소를 고려하여 품위 있고 개성 있는 국어를 사용하며, 국어문화를 향유하면서 국어의 발전과 국어문화 창조에 이바지하는 능력과 태도를 기른다(교육부a, 2015:4).[3]

다음에 이러한 총목표는 대영역 별로 구분되어 기술된다.

> (2) '국어'의 교수·학습 내용은 듣기·말하기, 읽기, 쓰기, 문법, 문학 영역으로 구성하였다. 각 영역의 내용은 하위 범주별 '핵심 개념'과 '일반화된 지식'을 바탕으로 하여 '학년(군)별 내용 요소'로 전개하였으며, 이를 통해서 각 영역이 추구하는 통합적 '기능'을 신장하도록 하였다(교육부a, 2015:5).

그리고 이 구성된 대영역들은 각각 세부 교육 내용들로 진술된다.

> (3) **중학교 국어과 교육과정(2015)의 영역별 교육 내용**[4]
>   가. 듣기·말하기
>   듣기·말하기는 의미 공유의 과정임을 이해하고 듣기·말하기 활동을 한다.
>   상대의 감정에 공감하며 적절하게 반응하는 대화를 나눈다.
>   목적에 맞게 질문을 준비하여 면담한다.
>   토의에서 의견을 교환하여 합리적으로 문제를 해결한다.

---

3) 교육부(2015a:4-5)의 국어과 교육과정은 총목표에 다음과 같은 세부 내용이 있다.
   가. 다양한 유형의 담화, 글, 작품을 정확하고 비판적으로 이해하고 효과적이고 창의적으로 표현하며 소통하는 데 필요한 기능을 익힌다.
   나. 듣기·말하기, 읽기, 쓰기 활동 및 문법 탐구와 문학 향유에 도움이 되는 기본 지식을 갖춘다.
   다. 국어의 가치와 국어 능력의 중요성을 인식하고 주체적으로 국어생활을 하는 태도를 기른다.
4) 개정된 교육과정은 총목표 다음에 영역을 설정한 후, 학년별로 해당 영역의 교육 내용이 구성된다. 이는 다음 절에서 기술하겠지만, 등급 중심 교육과정으로 한국인 학습자를 대상으로 한 교육과정은 학년에 따라 그 교육과정이 기술되었다. 또한 개정된 교육과정은 각 영역의 교육목표로 표현된 것이 아니라 교육 내용을 중심으로 그리고 성취 목표를 중심으로 기술되었는데, 이는 이전의 교육과정과 다른 기술 설계이다. 아울러 말하기·듣기를 별도의 영역으로 구분하여 설정하지 않았는데, 이는 말하기와 듣기가 유기적인 상호 작용의 특성을 가지고 있다는 점을 반영한 것이다. (교육부b 2015:42-57) 참조).

토론에서 타당한 근거를 들어 논박한다.
청중의 관심과 요구를 고려하여 말한다.
여러 사람 앞에서 말할 때 부딪히는 어려움에 효과적으로 대처한다.
핵심 정보가 잘 드러나도록 내용을 구성하여 발표한다.
설득 전략을 비판적으로 분석하며 듣는다.
내용의 타당성을 판단하며 듣는다.
매체 자료의 효과를 판단하며 듣는다.
언어폭력의 문제점을 인식하고 상대를 배려하며 말하는 태도를 지닌다.

나. 쓰기

쓰기는 주제, 목적, 독자, 매체 등을 고려한 문제 해결 과정임을 이해하고 글을 쓴다.
대상의 특성에 맞는 설명 방법을 사용하여 글을 쓴다.
관찰, 조사, 실험의 절차와 결과가 드러나게 글을 쓴다.
주장하는 내용에 맞게 타당한 근거를 들어 글을 쓴다.
자신의 삶과 경험을 바탕으로 하여 독자에게 감동이나 즐거움을 주는 글을 쓴다.
다양한 자료에서 내용을 선정하여 통일성을 갖춘 글을 쓴다.
생각이나 느낌, 경험을 드러내는 다양한 표현을 활용하여 글을 쓴다.
영상이나 인터넷 등의 매체 특성을 고려하여 생각이나 느낌, 경험을 표현한다.
고쳐 쓰기의 일반 원리를 고려하여 글을 고쳐 쓴다.
쓰기 윤리를 지키며 글을 쓰는 태도를 지닌다.

다. 읽기

글자, 낱말, 문장을 소리 내어 읽는다.
문장과 글을 알맞게 띄어 읽는다.
글을 읽고 주요 내용을 확인한다.
글을 읽고 인물의 처지와 마음을 짐작한다.
읽기에 흥미를 가지고 즐겨 읽는 태도를 지닌다.

라. 문법

언어의 본질에 대한 이해를 바탕으로 하여 국어생활을 한다.
음운의 체계를 알고 그 특성을 이해한다.

단어를 정확하게 발음하고 표기한다.
　　　품사의 종류를 알고 그 특성을 이해한다.
　　　어휘의 체계와 양상을 탐구하고 활용한다.
　　　문장의 짜임과 양상을 탐구하고 활용한다.
　　　담화의 개념과 특성을 이해한다.
　　　한글의 창제 원리를 이해한다.
　　　통일 시대의 국어에 관심을 가지는 태도를 지닌다.
　마. 문학
　　　문학은 심미적 체험을 바탕으로 한 다양한 소통 활동임을 알고 문학 활동을 한다.
　　　비유와 상징의 표현 효과를 바탕으로 작품을 수용하고 생산한다.
　　　갈등의 진행과 해결 과정에 유의하며 작품을 감상한다.
　　　작품에서 보는 이나 말하는 이의 관점에 주목하여 작품을 수용한다.
　　　작품이 창작된 사회·문화적 배경을 바탕으로 작품을 이해한다.
　　　과거의 삶이 반영된 작품을 오늘날의 삶에 비추어 감상한다.
　　　근거의 차이에 따른 다양한 해석을 비교하며 작품을 감상한다.
　　　재구성된 작품을 원작과 비교하고, 변화 양상을 파악하며 감상한다.
　　　자신의 가치 있는 경험을 개성적인 발상과 표현으로 형상화한다.
　　　인간의 성장을 다룬 작품을 읽으며 삶을 성찰하는 태도를 지닌다.

또한 상위 영역은 개별 영역으로 구체화되어(하위 영역들로 세분화되어) 표현될 수 있다. 예컨대 문법 영역의 경우 '음운, 형태, 통사, 의미, 화용 영역'으로 세분화하여 각각의 교육 내용(하위 영역 목표)을 좀 더 구체적으로 기술할 수 있다. 이 중 문법 영역의 세부 목표를 개략적으로 살펴보면 다음과 같다.

(4)　가. 음운
　　　한국어의 음소의 특징, 체계 그리고 음소들의 연결 규칙과 과정에 대한 이해와 이를 표현할 수 있다.

> 나. 어휘
> 한국어의 어휘항목들(단어, 연어, 관용표현 등)이 이루는 어휘구조에 대한 탐구를 목적으로 한다. 단어의 품사 및 내부 구조와 단어형성, 단어의 차용, 어휘 의미와 그 변화, 단어 간 관계, 어휘 체계, 어휘 분류, 어휘의 계량, 단어의 다양한 변종들, 사전 편찬 등에 대한 이해와 표현을 이해하고 이를 표현할 수 있다.
>
> 다. 문장(통사)
> 둘 이상의 단어가 결합하여 구, 절, 문장을 형성하는 원리를 이해한다. 한국어 문장 성분, 문형, 어순, 어미 유형(연결 어미, 문말 어미, 선문말 어미 등), 문법 범주(높임법, 시제, 상, 양태와 서법, 피동 및 사동법), 절의 유형(관계절, 관형사절, 종속절, 명사절, 부사절, 인용절 등) 등에 대한 원리를 이해하고 이를 실제 언어 상황에 적용할 수 있다.
>
> 라. 담화
> 글과 말을 대상으로 문장을 넘어서는 언어 단위인 텍스트와 담화의 구조적 특성과 기능적 특성을 분석하고, 한국어 담화의 문화론적 특성을 찾고 이해한다. 그리고 담화의 특성을 활용한 언어사용 방법의 실제를 탐구한다.

최종적으로는 개별적인 영역의 목표와 내용을 기반으로 하여 실제 교과목(교육 과목)이 구성된다. 여기서 유념할 것은 영역과 교과목의 대응이 1:1의 관계만을 갖지 않는다는 점이다. 개별 영역과 교과서가 대응되는 형태는 크게 '① 1:1, ② 다(多):1, ③ 1:다(多)'이다. 예를 들어 ① '읽기', '쓰기' 영역을 각각 '독서', '화법'이라는 교과목으로 대응시키는 경우는 1:1 대응이며, ② '음운, 형태, 통사, 의미, 화용'과 같은 영역을 '문법'이라는 단일한 교과목을 통합시키는 경우나, '국어와 문학'과 같이 상위 영역 항목들을 '교양 국어'와 같이 하나의 교과목으로 구성할 경우는 '다(多):1' 대응이다. 반면에 ③ 상위 영역인 '문학'을 '시, 소설, 수필, 희곡' 등과 같이 개별적인 교과목으로 분리하는 경우는 1:다(多)의 대응으로 볼 수 있다. 한편 이질적인 교과목 영역 간의 통합도 있을 수 있다. 예컨대, '체육, 음악, 미술'의 이질적인 영역들이 초등학교 저학년의 교과서에서 '즐거운 생활'로 통합되는 경우나, '사회, 과학'이라는 이질적인 영역이 '슬기로운 생활'이라는 하나의 교과목으로 구성되는 경우가 그것이다. 요컨대 교육과정의 구성은 '총영역(총목표), 상위 영역(상위 영역 목표), 하위 영역(하위 영역 목표)'으로 구성되며 이는 교육 철학, 기관의 의도, 학습자의 수준 등에 따라 개별 교과목(교과 목표)이 다양하게 구성될 수 있다는 것이다.

그렇다면 한국어과 교육과정의 경우에는 어떤 구성원이 상위 영역 항목과 하위 영역 항목으로 구성될 수 있는가? 그런데 학계에서 대체로 인정되는 교수-학습 내용 영역이 크게 '한국어 기능', '한국어 문법(한국어 지식)', '한국 문화'(이하 줄여서 각각, 기능, '문법', '문화'라 부른다.) 영역임을 비추어 볼 때, 이 구성원 전체의 집합을 '한국어 상위 영역 항목'이라 명명할 수 있으며 구성되는 개별적인 영역들을 하위 영역(상위 영역의 구성원)이라 부를 수 있을 것이다.

(5) 가. 기능 – 말하기, 듣기, 읽기, 쓰기
    나. 문법 – 음운, 형태, 통사, 화용, 의미
    다. 문화
       ① 협의의 문화
          언어에 투영되어 있는 문화적 특성이나, 한국을 대표할 수 있는 상징 또는 상징물, 정신적 산물로 한정함.
       ② 광의의 문화
          역사, 예술, 과학, 교육, 종교 등과 같은 언어 이외의 다른 영역에서 수용될 수 있는 문화적 속성을 포괄함.

위 (가)의 언어 사용 기능 영역이란 '의사소통을 위한 언어기능 영역'으로 입말의 경우 '말하기, 듣기'가 있으며, 글말의 경우 '읽기, 쓰기'가 있다.

위 (나)의 문법 영역은 한국어의 체계와 규칙 학습과 관련된 지식 영역이다. 여기에는 '음운, 형태, 통사, 화용, 의미' 범주가 있다.

위 (다)의 문화 영역은 한국 사회를 이루는 다양한 행동 또는 생활양식의 총체와 관련된 영역이다. 문화[5] 영역의 필요성은 언어도 문화적 소산이기 때문에 언어를 이해하기 위해서는 해당 사

---

5) 문화에 대한 개념은 오래전부터 많은 학자들에 의하여 시도되었다. 문화인류학자 Tylor(1958)에서는 문화란 사회성원으로서 인간이 획득한 모든 지식과 신앙, 예술, 도덕, 법률, 관습 등에 대한 능력과 습관의 복합체라고 하였다. 곧 문화는 인간의 유형화된 생활양식이라 하였다. James R. Lincoln & Didier Guillot(2004)에서는 문화란 사회적 힘(forces)이며 구체적인 사실로서, 구성원들의 행위를 강제하는 외적이고 구체적인 속성을 가지고 있다고 보았다. 이는 문화가 유형과 무형, 추상성과 구체성의 속성을 아우른다고 보는 것이다. Raymond Williams(1983)는 문화를, ① 지적, 정신적, 심미적인 계발의 일반적 과정, ② 한 인간이나 시대 또는 집단의 특정 생활방식, ③ 지적인 작품이나 실천 행위, 특히 예술적인 활동을 일컫는 용어라 하였다. 여러 학자들의 문화에 대한 정의를 종합해보면 인간 삶의 총체물이며 유형과 무형, 그리고 추상적이면서 정신적인 양식으로서, 사회적 구성원들의 행위를 제약하는 규범적 속성을 가진 것으로 볼 수 있다. 이는 달리 말하면 정신적인 문화와 물질적인 문화, 해당 사회의 규약으로 규정되는 문화로 정의될 수 있다. 문화를 구성하는 요소를 구분, 분류한 사례로 Tomalin & Stempleski(1993)을 들 수 있다. 그는 역사, 지리, 제도, 문학, 미술, 음악, 생활 방식 등과 같이 그 사회 구성원이 성취한 총체적인 문물(big Culture)과 함께, 일반 행위 문화(small Culture) 중에서 언어생활과 생활 공동체에서 접하는 행위 문화(little C)의 중요성을 강조하였

회의 사고방식이나 태도, 가치관 등과 같은 사회적 행동 또는 생활양식(삶)에 대한 이해가 전제되어야만 진정성 있는 의사소통이 가능하기 때문이다. 그런데 이 영역은 국어과 교육과정과 차별된 영역으로 국어과 교육과정에서는 '기능, 문법' 이외에 '문학'이라는 영역으로 구분되지만, 한국어 영역은 문학 대신 문화 영역으로 표현되며, 문학은 문화 범주의 한 구성원으로서 역할을 할 뿐이다. 곧 문학은 현대와 고전 작품 속에 나타난 삶의 분석과 이해, 그리고 감상이라는 지식적 측면이 강조되는 반면, 문화는 '외국인 학습자들에게 필요한 그리고 한국어 의사소통에 필요한' 한국 사회 생활양식들에 대한 포괄적인 내용 지식과 기능적 측면이 강조된다. 따라서 문학보다 넓은 개념의 문화 영역이 한국어 교육과정에 설계된 것이다. 그런데 이러한 문화 영역을 교육적 측면으로 끌어들였을 때, 가르칠 범위를 어디까지 해야 되는가, 그리고 그 내용은 어떤 것이 선정되어야 하는가는 이견이 있다. 곧 한국어 교육에서 교육적 측면에서 다루어야 할 문화 영역을 소위 '한국을 대표할 수 있는 상징 또는 상징물'로 한정한 '협의의 문화' 개념이 있는가 하면, 이 범위를 넓게 보아 '정치, 경제, 역사, 지리' 등 다른 영역의 문화 요소를 포괄한 '광의의 문화' 개념이 있다. 조항록(2000:153-173, 2001:491-510)이나, 한재영 외(2006b:507-539)의 예들은 '협의의 문화 개념'에 해당한다. 이에 반해 박영순(2002:17), 김정숙(1997:317-325)의 문화 영역은 '제도, 기술, 과학, 정치, 경제, 역사, 사회' 등에서 나타나는 전반적인 문화 요소를 교육적인 내용으로 구축했다는 점에서 '광의의 문화 개념'이라고 볼 수 있다.

3 문화 영역

3.1 문화 항목

먼저 언어에 투영된 문화, 상징이나 상징물(문화재)을 문화 영역의 내용 범주로 보는 견해(협의의 문화)를 살펴보면 아래와 같다.

다. 여기에서는 일반 행위 문화를 확대하여 문화의 구성요소를 산물(문학, 민속, 미술, 음악, 가공품), 관념(신념, 가치관, 제도), 행위(관습, 습관, 옷, 음식, 레저)로 제시하였다. Hofstede(1996)에서는 문화의 내재적 측면 곧, 사회유형을 권력과의 거리, 집단주의와 개인주의, 남성적 문화와 여성적 문화, 불확실성의 회피 정도, 유교적 역동성에 따라 구분하였다.

(6) **기존 교재에 나타난 문화 항목**(조항록, 2000:241-269)
    가. 비교적 순수 전통 문화
        백의민족, 십장생, 한국의 전통적 미인, 숫자 4, 한국 사람과 수, 전통 주거형태, 가마, 옛날의 일기예보, 태극기, 애국가, 아리랑, 사물놀이….
    나. 비교적 전통에 기반한 현대 일상 문화
        한국인의 이름, 가족 호칭, 돌과 회갑, 식사 예절, 한국 음식, 가족 관계, 생활 속의 미신, 예의 바른 한국 생활, 한국의 결혼, 백일, 돌, 환갑, 한복, 재미있는 의성어, 인사법, 사회 위계와 호칭, 다양한 인사말, 날짜 쓰기, 한국인의 사적 질문, 음식값 지불 방법, 한국인의 몸짓 언어, 한국 집에 들어갈 때의 예절, 한글과 세종대왕, 한국의 기후, 한국 지도와 관광지, 한국 소개, 서울시 역사 문화 관광, 한국의 시장, 한국의 공휴일, 서울의 박물관……
    다. 비교적 순수 현대 문화: 총 19개 항목
        주부들의 주말, 바람맞다(맥락에 근거함), 한국인의 여가 활동, 명함 교환, 휴일과 고속도로, 서비스 전화번호, 한국의 교육 제도, 한국의 화폐, 근무 시간, 주거지 명칭과 표현 방법, 주택의 종류, 서울, 한국의 주요 전화번호, 신촌과 서강대, 버스전용차로, 한국의 주요 전화번호, 지하철 노선표나 체계……

조항록(2000)에서는 "기존 교재에 나타난 문화 항목"을 '순수 전통 문화, 전통 기반 현대 일상 문화, 순수 현대 문화'로 분류하였다. 그런데, 이러한 분류에 하위 항목들은 언어에 투영된 문화(한국인의 이름, 가족 호칭, 의성어, 인사법, 사회 위계와 호칭, 다양한 인사말, 날짜 쓰기, 몸짓 언어, 바람맞다 등)와, 한국을 상징하는 상징체계나 상징물(백의민족, 십장생, 전통 주거 형태, 가마, 태극기, 사물놀이 등), 그리고 정신적인 산물(아리랑, 생활 속의 미신, 한국 집에 들어갈 때의 예절 등)이 주이다. 반면에 박영순(2002)에서는 언어에 투영된 문화, 상징체계나 상징물, 정신적인 산물 이외에 '생활, 놀이, 기록, 종교, 궁중, 양반, 예술, 과학·기술, 교육, 문화 유산, 문화 인물' 등과 같이 문화의 범위를 '역사, 예술, 과학, 교육, 종교' 등의 영역으로 범위를 확대하였다(광의의 문화).

(7) **박영순**(2002:358)
    가. 한국을 상징하는 것: 한글, 태극기, 한복, 김치, 불고기, 불국사, 석굴암, 무궁화, 태권도, 고려인삼, 종묘제례악, 광화문 등
    나. 언어문화: 한글문자, 경어법, 문화어휘, 속담, 관용어, 은유 등

다. 정신문화: 윤리관과 가치관, 세계관(가족, 우리, 삼강오륜, 음양오행, 효도, 인의예지신, 정 등)
라. 생활문화: 의식주, 관혼상제, 한복, 김치, 불고기, 신선로, 떡, 떡국, 온돌 등
마. 놀이문화: 태권도, 씨름, 오광대놀이, 송파산대놀이, 하회탈놀이, 강강술래 등
바. 기록문화: 고금상정예문, 팔만대장경, 삼국사기, 삼국유사, 조선왕조실록, 승정원일기 등
사. 종교문화: 불국사, 해인사, 법주사, 부석사, 통도사, 화엄사, 전등사, 송광사, 범어사, 직지사, 명동성당, 천도교회관 등
아. 궁중문화: 경복궁, 창경궁, 덕수궁, 광화문, 흥인지문, 숭례문, 종묘, 천마총, 백제금동대향로, 신라금관, 신덕대왕신종 등
자. 양반문화: 성균관, 향교, 양반 가옥, 정자, 민속마을 등
차. 예술문화: 문학, 음악, 미술, 연극, 영화, 애니메이션, 드라마 등
카. 과학기술문화: 금속활자, 온돌, 첨성대, 자동차, 조선, 가전제품, 휴대폰, 컴퓨터 반도체 등
타. 교육문화: 고려대, 연세대, 이화여대의 일부 건물, 도산서원, 병산서원, 소수서원, 성균관 등
파. 세계적 자랑거리 문화유산: 한글, 고인돌, 불국사, 석굴암, 팔만대장경, 수원화성, 창덕궁, 경주 역사 유적지, 경복궁, 거북선, 첨성대, 성덕대왕신종, 금속활자, 고려상감청자, 한지, 모시, 탈춤 등
하. 세계적 문화인물: 세종대왕, 이순신 장군, 이황, 이이, 정약용, 김홍도, 김정희, 백남준, 임권택, 정명훈, 조수미, 장영주 등
거. 현대의 한국문화 유산: 세종문화회관, 예술의 전당, 현대미술관, 국립중앙박물관, 국립경주박물관, 월드컵 경기장 10개, 포항제철소, 광양제철소, 현대자동차 공장, 현대조선소, 삼성전자 공장, 롯데월드, 어린이 대공원, 국립과학관, 국립도서관, 63빌딩, 엑스포과학공원, 무역센터, 올림픽 경기장, 인천공항, 남해대교, 서해대교, 고속도로, 월드컵 경기장 등

김명광(2007d:92-97)에서는 이와 같은 광의의 문화에 대하여 국내 교육과정 중에 사회과 영역의 교육과정과 밀접하게 관련이 있음을 말하고 있다.

(8) **사회과 교육과정**
가. 사회의 여러 현상과 특성을 그 사회의 지리적 환경, 역사적 발전, 정치·경제·사회적 제도 등과 관련지어 이해한다.
나. 인간과 자연 간의 상호 작용에 대한 이해를 통하여 장소에 따른 인간 생활의 다양성을 파악하며, 고장, 지방 및 국토 전체와 세계 여러 지역의 지리적 특성을 체계적으로 이해한다(지리).

> 다. 각 시대의 특색을 중심으로 우리나라의 역사적 전통과 문화의 특수성을 파악하여 민족사의 발전상을 체계적으로 이해하며, 이를 바탕으로 인류 생활의 발달 과정과 각 시대의 문화적 특색을 파악한다(역사).
> 라. 사회생활에 관한 기본적 지식과 정치·경제·사회·문화 현상에 대한 기본적인 원리를 종합적으로 이해하고, 현대사회의 성격 및 민주적 사회생활을 위하여 해결해야 할 여러 문제를 파악한다(정치, 경제, 사회, 문화, 제도). …이하 중략…

즉 사회과 교육과정에서 다루는 주제가 위에서 보는 바와 같이 '역사, 정치, 경제, 제도, 지리' 등을 포괄하고 있다는 점, 사회과의 목표가 일반적으로 '사회의 여러 현상과 특성(해당 사회를 알 수 있는 유무형의 현상)'을 다룬다는 점이 한국어 교육의 문화 차원과 일맥상통함을 주장하고 있다. 다만 사회과 교육과정의 영역에서 다루고 있는 것은 국내뿐만 아니라 국외의 여러 현상과 특성을 다룬다는 점은 한국어 교육과 다르다고 보고 있다. 곧 사회과 교육과정에서 각론을 보면 영역이 '역사, 한국지리, 세계지리, 경제지리, 한국문화사, 세계역사의 이해, 동아시아사, 법과 사회, 정치, 경제' 등인데, 이때의 세계지리나 세계역사의 이해, 동아시아사 등과 같은 국외의 포괄적인 사회 현상도 포함되기 때문이다. 따라서 문화 영역에 세계와 관련된 영역을 제외하면, 한국어 교육의 문화 차원에서 필요한 영역을 쉽게 도출할 수 있다 하겠다. 다시 말하면 김명광(2007)에서는 궁극적인 한국어 교육이 외국인들이 한국 문화를 이해함으로써 현지 문화와 한국 문화의 상호 교류적 접근을 지향한다고 보았을 때, 한국과 해당 국가의 상호 문화 비교와 관련된 내용만이 한국어 문화 영역의 테두리에서 다루어져야 함을 주장하고 있는 것이다. 이러한 면들을 종합적으로 고려해 보았을 때 한국 문화에서 다루어야 할 영역은 대체로 다음과 같다.

> (9) 광의의 문화 영역(한국 역사, 한국 정치, 한국 경제, 한국 제도, 한국 지리, 상호 문화 이해)

권오경(2006)에서는 문화 교육의 학습 내용을, 교사가 가르치고 싶은 내용을 중심으로 할 것인지, 아니면 학습자의 학습 흥미나 관심을 중심으로 할 것인지를 먼저 결정해야 할 것을 주장하고 있다. 또한 교사와 학습자가 상호 합의된 내용을 가지고 학습하는 것이 가장 효과적일 것이라는 제언을 하였다. 그리고 교육적 측면에서의 문화를 '성취문화, 행동문화, 관념문화'로 나누어 내용을 제시하였다. 더 나아가 문화의 대상이 너무 넓기 때문에 이 모두를 다 교육(학습)의 대상으로 삼을 수 없음을 말하였다. 따라서 반드시 가르쳐야 할 내용과 보충, 심화 과정에서 다룰만한 내용을 학습자의 학습단계에 맞추어 교사가 미리 설정할 필요가 있음을 역설하였다.

(10) 가. 성취문화
　　① 성취문화는 한국인이 이룩한 총체물, 소산물로서의 문화를 말한다.
　　② 언어문화를 포함하여 생활문화(의, 식, 주, 여가생활), 예술문화(대중문화-대중음악, 무용, 미술, 영화, 연극), 고급문화(고급음악, 무용, 미술, 영화, 연극)], 제도문화(법, 정치, 사회, 교육, 언론), 문화재(전통 및 현대 무형, 유형문화재), 과학기술문화, 학문문화, 물질문화 등이 모두 이에 해당한다.
　　③ 말문화(속담, 수수께끼), 이야기문화(설화: 신화, 전설, 민담), 노래(민요, 현대가요), 공연문화(판소리, 연극), 영상문화(영화, 드라마), 매체문화(신문, TV), 문학문화(시, 소설)

나. 행동문화
　　① 행동문화는 언어행위(표현과 이해)와 준언어(제스츄어, 윙크 등), 비언어적 행위(일상적 행위)로 나눌 수 있다.
　　② 학습의 단계도 이와 같은 순서가 바람직하지만 꼭 이에 구애될 필요는 없다. 학습자가 문화충격을 받는 상황이나 빈도수를 참고하여 행동문화를 교육하여야 한다. 그리고 행동문화도 관념문화와 유기적 관련성을 지니기 때문에 통합교육이 바람직하다.
　　③ 언어행위(인사법, 호칭법, 전화예절, 초대예절 등), 준언어행위(관습적 몸짓, 눈짓 등), 비언어행위(언어적, 준언어적 행위를 제외한 일상적 행위 모두)

다. 관념문화
　　① 관념문화는 정신문화에 해당하는 것으로 집단 무의식이 전승체계를 따라 대중화 현상으로 나타나는 것이 관념문화이다.
　　② 가치관, 정서, 종교 및 종교관(무속신앙의 현실중심주의, 불교의 내세지향 및 생명 중시, 유교의 현실중심 및 예악 중시, 동학의 인내천사상, 기독교(천주교)의 내세관 및 원죄의식), 상징체계(태극기에 담겨 있는 사상 등), 민족성(자연 순응, 낙천성, 쾌락주의(풍류-낭만), 부귀영화 지향성, 해학성, 골계성(웃음), 대의, 대범성, 단합성(응집력) 등

3.2 문화 교육 목표와 내용

문화 교육의 목표에 대하여 많은 학자들이 언급하였는데 여기에서 그 일부를 들어본다. 우선 Seelye(1988)에서는 문화 교육의 목표를 다음과 같이 7가지로 제시하였다.

(11) 가. 사회의 구성원에게서 문화적으로 조건 되어 나타나는 행위에 대한 이해를 돕는다.
나. 나이, 성, 사회 계층, 주거지역과 같은 사회언어학적 변인이 말과 행동에 어떻게 영향을 주는지에 대한 이해를 돕는다.
다. 목표문화(target culture)의 일반적 상황에서 나타나는 관습적 행동을 인지(awareness)하도록 돕는다.
라. 목표언어(target language)에서 문화적 함의(connotations)가 있는 어구를 인지하도록 돕는다.
마. 목표문화를 일반화한 것에 대해 평가하고 정밀화하는 능력을 발전시키도록 돕는다.
바. 목표문화에 관한 정보를 정리하거나 조직하는 데 필요한 방법을 발전시키도록 돕는다.
사. 목표문화에 대한 학생들의 지적 호기심을 자극하고, 해당 민족에 대해 공감하도록 격려한다.

위는 해당 사회의 행위나, 사회언어학적 변인이 언어나 언어 행동에 미치는 영향, 그리고 목표문화적 함의, 문화 평가와 정보 조직, 지적 호기심 자극 등을 신장시키는 데 도움을 준다고 말하고 있다. 다음에 김정숙(1997)에서는 문화 교육의 목표를 다음과 같이 제시하였다.

(12) 가. 목표언어가 속해 있는 문화의 대략적인 특징을 이해한다.
나. 모문화와 목표문화 간의 공통점과 차이점을 이해한다.
다. 문화적으로 조건화된 행동과 언어표현에 대해 이해하고, 그와 알맞은 행동과 언어적 대응을 적절하게 할 수 있다.
라. 자신의 문화와 언어에 대해 객관적인 분석과 평가를 할 수 있고 다른 언어와 문화를 비교·대조할 수 있다.
마. 목표언어를 구사할 때는 목표언어가 속해 있는 문화적 가치관에 따라 적절하게 수행할 수 있다.
바. 학습자 자신의 모국어 문화와 목표언어 문화와의 공통점과 차이점에 대한 이해를 통하여 두 언어문화에 대한 더 정확한 이해와 사용 능력을 향상시킨다.

김정숙(1997)에서는 목표문화의 특징, 그리고 문화 간 공통점과 차이점에 대한 이해, 문화 배경 언어 표현에 대한 적절한 대응과 정확한 언어 사용 능력을 신장시키는 데 그 목표를 두어야 한다고 말하였다.
권오경(2006)에서는 한국어 문화 교육의 거시적인 목적과 목표를 '이해와 체험 단계'와 '적용과 심화 단계'로 나누어 설정하였다. '이해와 체험 단계'에서는 '지적,정의적' 영역의 목표를 제시하였으며, '적용과 심화 단계'에서는 '지적, 가치, 태도' 영역의 목표를 제시하였다.

<표 1> 한국문화교육목적 체계도

한국문화교육 목적		
한국문화를 이해하고 실생활에 적용하며, 그 문화를 창의적으로 개발하고, 모국문화와 목표문화와의 비교를 통한 자아 정체성을 확립하며 공동체적 삶에 기여하는 인재를 양성함.		

▼ ▼

한국문화교육 목표		
이해 · 체험 단계	– 한국인의 행위를 통한 한국문화 속의 한국인의 의식과 사회제도를 이해한다.	지적 영역
	– 한국의 전통, 현대의 성취문화를 시대적, 영역별로 이해한다.	
	– 한국어문화의 범주와 특성을 이해한다.	
	– 한국인의 '관계 형성'에 관한 정서를 이해하고 실제 체험한다.	정의적 영역
적용 · 심화 단계	– 모국문화와 한국문화의 동이점(同異點)을 비교하고 생활에 활용한다.	지적 영역
	– 한국문화의 가치를 알고 문화 재창조를 위한 방법 학습을 익히고 자기화한다.	가치 영역
	– 한국문화 학습을 통하여 한국 및 한국인과의 친밀도를 강화한다.	태도 영역
	– 문화교육을 통하여 자아 정체성을 확립한다.	

국제 통용 한국어교육 표준 교육과정(2017:200-210)에서는 문화 영역을 '문화 지식, 문화 실행, 문화 관점'으로 분류하였으며, 문화의 유형을 '정보 문화, 행동 문화, 성취 문화'로 구분하여 개별문화들을 분류하였다. 다음에 문화 교육 내용을 '문화 지식, 문화 실행, 문화 관점'으로 나눈 후 이 중 교육기관 혹은 교실에서 교육과정에 의거하여 교육이 가능하다고 판단한 '문화 지식'과 '문화 관점'을 중심으로 교육 목표와 내용을 기술하였다. 기술된 문화의 목표와 내용은 다음과 같다(문화의 세부 기술은 다음 절 참조).

<표 2> 문화 목표 기술

문화 목표 기술
1. 한국의 일상생활 문화를 이해할 수 있다.
2. 한국인의 생활방식을 이해할 수 있다.
3. 한국인의 가치관과 사고방식을 이해할 수 있다.
4. 한국의 근·현대문화와 전통문화를 이해하고 즐길 수 있다.
5. 한국의 정치, 경제, 사회, 문화 전반에 관한 제도를 이해할 수 있다.
6. 한국과 자국의 문화를 비교하여 문화의 다양성과 특수성을 이해할 수 있다.
7. 한국문화에 대한 자신의 태도나 견해를 가질 수 있다.
8. 한국문화와 관련된 일반적인 인식들에 대해 평가할 수 있다.

<표 3> 문화 내용 기술

범주	문화 내용 기술
문화 지식	1. 한국인의 기본적인 의식주 문화를 이해한다.
	2. 한국인의 교통, 기후, 경제 활동 등의 생활문화를 이해한다.
	3. 한국의 가족 문화와 가족생활을 이해한다.
	4. 한국인의 여가 문화와 개인적 문화 활동을 이해한다.
	5. 한국 사회와 한국인의 사회적 활동을 이해한다.
	6. 한국의 지리와 지역적 특성을 이해한다.
	7. 한국의 전통 문화와 세시 풍속을 이해한다.
	8. 한국의 정치, 경제, 사회, 문화, 교육 등 제도문화를 이해한다.
	9. 한국의 역사 및 국가적 상징, 역사적 인물 등을 이해한다.
	10. 한국인의 가치관과 사고방식을 이해한다.
문화 관점	1. 한국인의 의식주 문화를 자국의 문화와 비교·이해한다.
	2. 한국인의 생활문화를 자국의 문화와 비교·이해한다.
	3. 한국의 가족 문화를 자국의 문화와 비교·이해한다.
	4. 한국인의 여가 문화를 자국의 문화와 비교·이해한다.
	5. 한국 사회의 전반적인 특징을 자국 문화의 특징과 비교·이해한다.
	6. 한국의 전통 문화와 세시 풍속을 자국의 문화 및 풍습과 비교·이해한다.
	7. 한국 제도문화의 특징을 자국 문화의 특징과 비교·이해한다.
	8 한국인의 가치관과 사고방식을 자국의 가치관과 비교·이해한다.
	9. 한국문화에 대한 자신의 태도나 견해를 가진다.
	10. 한국문화와 관련된 일반적인 인식을 형성한다.

3.3 수준별 문화 교육

등급별 문화 교육 항목은 쉬운 것에서부터 어려운 것으로 수준별로 배열되어야 한다. 예컨대 자기와 관련된 문화 내용에서부터 그 활동 반경의 범위를 확대하고, 물질적인 문화 내용에서 정신적인 문화 내용으로 확대하여 단계적으로 가르쳐야 한다(권오경:2006 참조).

(13) **등급별 문화 항목 기준**

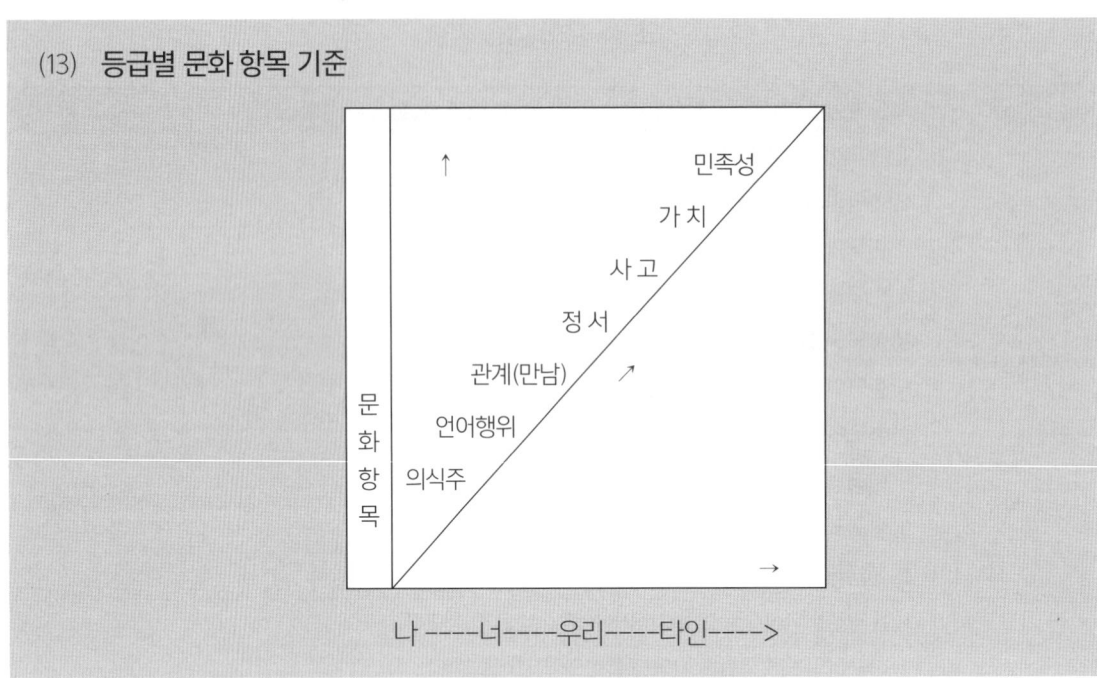

이러한 기준에 의거 권오경(2006)에서는 초급을 위한 교육항목에 한국, 한국인의 전체적 특징, 그리고 나와 너의 관계에 따른 문화 교육으로 순서를 배열할 것을 주장하였다. 각 단계별 교육 내용을 요약해보면 다음과 같다.

(14) **초급을 위한 교육항목**

가. 초급자는 문화적 충격을 받는 단계에 있다. 따라서 문화충격 현상에 따른 부정적 효과를 최대한 줄이고 문화충격을 오히려 학습의 흥미를 유발하는 방향으로 활용해야 한다. 그리고 한국 문화에 대한 선입견이나 고정 관념을 갖지 않고, 한국 문화를 객관적이고 체계적으로 이해하려는 태도를 기르게 하는 것이 중요하다. 따라서 초급 단계에서는 언어행위문화를 특히 중시하여 학습할 필요가 있다.

나. 초급 성취문화: 의식주 문화의 표면적 이해
한국의 지형학적 위치와 계절의 변화를 안다.
한국의 명절을 포함한 세시풍속과 국경일을 배운다.
한국의 지폐 단위를 배운다.
한국의 음식(밥, 김치, 불고기, 국, 찌개, 국수, 나물 등)을 알고 체험한다.

한국의 가요 및 가수, 영화 및 연예인에 대하여 학습한다.
한국의 의상 종류와 실용성, 예술성에 대하여 이해한다.
한국의 사회제도와 경제활동에 관한 기초적 지식을 익힌다.

다. 초급 행위문화: 언어 행위의 표면적 이해
  상황에 맞는 인사법을 익힌다.
  상대에 따른 호칭법을 이해하고 적용한다.
  전화예절을 배우고 적용한다.
  초대하거나 받았을 때의 행동을 이해한다.
  한국의 식사예절을 배운다.
  술집에서 술을 마시는 예절을 안다.
  기초적인 관용적 표현이나 몸짓을 이해한다.
  공공시설, 공공기관 이용과 관련한 문화를 이해하고 적용한다.

라. 초급 관념문화: 한국 정서의 표면적 이해, 사고, 가치, 민족성의 표면적 이해
  지하철이나 버스에서 아주머니가 가방을 빼앗다시피 하며 들어주는 행위
  겨울에 아가씨들이 미니스커트를 입고 다니는 행위
  계산을 서로 하려는 행위(혹은 이와 반대되는 행위)
  찜질방을 좋아하는 행위
  아주머니들이 짐을 머리에 이고 다니는 행위
  국이나 찌개를 여러 사람이 함께 떠먹는 행위

(15) **중급을 위한 교육항목**
가. 중급 학습자부터 본격적인 문화교육이 가능하며, 이때는 '우리' 중심의 문화교육이 필요하다. 또한 문화충격을 이해하고 적용하는 자세를 갖게 해야 한다. 이때, 교육목표는 성취문화나 행위문화와 관념문화의 복합적 문장형태로 구현되는 것이 가장 바람직하다. 예를 들면, '한국의 설화를 학습함으로써(성취문화) 한국인의 인본주의와 정서를 이해할 수 있다.(관념문화) (언어예절 중의) 경어법을 익힘으로써 경로사상을 알 수 있다.' 등이다.

나. 중급 성취문화: 의식주 문화의 표면적-이면적 이해
  한국의 지폐 단위를 배우고 지폐 속의 인물이 갖는 의미를 이해한다.

한국의 지형학적 위치와 계절의 변화를 배움으로써 다양한 문화가 존재하는 이유를 이해한다.
한국의 명절과 국경일을 배우고 한국인의 역사와 가치관을 이해한다.
한국어 문화를 이해하고 그 속에 담긴 의미를 안다.
한국의 사회제도와 풍습을 이해한다.

다. 중급 행위문화: 언어 행위의 표면적-이면적 이해

상황에 맞는 인사법을 익힘으로써 상대를 존중하는 자세를 안다.
상대에 따른 호칭법을 이해하고 적용함으로써 상호존중의 문화를 안다.
전화예절을 배우고 적용하여 상호존중의 문화를 안다.
초대하거나 받았을 때의 행동을 이해하고 겸손한 마음과 감사의 마음 자세를 가진다.
한국의 식사예절을 배우고 겸손과 감사의 자세를 이해한다.
상대방과 대화할 때의 예의를 알고 경청하는 자세를 배운다.
정확하고 상황에 맞는 언어구사법을 배운다.
관용적 표현, 몸짓의 의미를 알고 적용한다.
놀이문화(축제, 생일파티)의 의미를 알고 적용한다.

라. 중급 관념문화: 한국 정서의 이해, 사고, 가치, 민족성의 이해

놀이문화 속의 '신명'을 이해한다.
남에게 보여주기 위한 문화를 이해한다.
혈연, 지연, 학연 중심 문화를 이해하고 집단주의문화와 정의(情, 義) 중심의 문화를 이해한다.
'끼리끼리' 만남(모임)을 통하여 소속을 중시하는 집단문화를 이해한다.
전체 문제에 대한 집단적 합심(合心)문화를 이해하고 전통적 애국(愛國)문화를 안다.
외국인에 대한 친절성을 통하여 한국인의 원초적 민족성을 안다.

(16) **고급을 위한 교육항목**

가. 고급 학습자는 목표어를 원만하게 구사할 수 있는 능력을 갖추고 있다. 따라서 한국 이외에의 국가나 민족과 비교하여 한국문화와 모국문화를 깊이 있게 이해하는 문화교육이 필요하다. 이렇게 함으로써 문화 차이를 이해하고 정체성을 확보할 수 있다. 그리고 한국의 전통 문화를 이해하고 그 문화적 특성을 바르게 이해하며, 나아가 한국문화와 모국문화를 창조적으로 발전시킬 수 있는 능력을 함양하는 것이 고급단계에서 필요하다.

나. 고급 성취문화: 생활문화인 의식주문화의 이면적 속성(질서, 원리)의 이해, 적응, 적용을 학습의 목표로 한다.

한국의 의상, 음식, 온돌문화를 이해하고 모국문화와 비교한다.

한국어문화의 영역과 장르적 특징을 학습하고 체험함으로써 한국어문화 속에 내재하는 한국문화의 특징을 이해한다.

문화 유적지를 답사함으로써 문화 현장을 이해한다.

한국의 전통민속문화를 학습, 체험함으로써 문화를 즐기고 이를 창조적, 현대적으로 발전시킬 수 있는 방안을 모색해본다.

다. 고급 행위문화: 언어 행위의 이면적 속성(질서, 원리)의 이해, 적응, 적용

언어행위-겸손, 존경, 편리(단축)주의, 다양성(지역, 계층, 세대별) 이해

준언어행위-몸짓, 손짓, 눈짓의 의미를 이해한다.

비언어행위-일상 행위의 내면적 문화원리와 질서를 이해한다.

라. 고급 관념문화: 사고, 가치, 민족성의 이면적 속성(질서, 원리)의 이해, 적응, 적용, 결과주의(과정보다는), 형식주의, (본심)은폐의식과 예의, 유성의식(類性意識), 객아(客我)의식, 단독 상향 의식 문화 등에 대한 이해

문화현상의 심층적 의미, 원리나 질서를 이해한다.

덤 문화-에누리, 떨이, 사구려, 한 '턱'의 의미 이해.

상호문화적 이해를 통하여 문화적 정체성을 갖는다.

한국문화에의 동화를 통한 새로운 한국문화 창조에 이바지한다.

국제 통용 한국어교육 표준 교육과정(2017:200-210)에서는 앞 절에서 말한 바와 같이 문화에 대한 세부 기술을 '문화 지식, 문화 실행, 문화 관점'으로 크게 나눈 후, 이에 해당하는 내용을 '일상생활', '가치관', '역사' 등으로 나누어 제시하였다. 그런데, 모든 항목을 1등급부터 6등급까지 위계화한 것이 아니라 최소한의 한국어 숙달도 요구 수준을 '초, 중, 고'와 같이 제시하였으며, 이때의 '초, 중, 고'는 그 등급에서만 교육 가능한 것이 아니라 그 등급에서부터 교육이 가능한 것으로 보았다. 곧 특정 문화 교육 내용을 한 등급에서만 가르치는 것이 아니라 범등급별로 중복하여 교육할 수 있게 하였다. 물론 똑같은 수준으로 가르치는 것이 아니라, 그 내용을 심화시킨다.

문화 지식 영역의 세부 기술과 숙달도 수준을 살펴보면 아래와 같다.(아래에서 검은색으로 표시된 부분은 해당 등급에서 해당 문화 내용을 가르칠 수 있음을 뜻한다.)

<표 4> 문화의 지식 영역의 세부 기술

대분류	중분류	교수 내용	숙달도 요구 수준 초	중	고
일상생활	의생활	한국의 전통 의상	●	●	●
		상황에 따라 달라지는 옷차림(집, 직장, 경조사, 여가 등)	●	●	●
	식생활	한국의 전통 음식(김치, 장, 떡, 전통 음료 등)의 종류	○	●	●
		한국인들이 주식과 식습관(밥, 반찬, 찌개류, 국류 등)	●	●	●
		특별한 날(생일, 시험, 결혼 등)에 먹는 음식	●	●	●
		한국의 계절 음식(삼계탕, 냉면, 팥죽 등)	●	●	●
		한국의 상차림(음식의 위치, 식기의 종류와 용도 등)	●	●	●
		한국의 식생활 예절(식사 예절, 음주 예절)	○	●	●
	주생활	한국의 주거 형태(한옥, 주택, 아파트, 원룸 등)	●	●	●
		한국의 집 계약 방법과 형태(전·월세, 매매, 보증금, 중개료 등)	○	●	●
		한국인의 주거 생활양식(좌식, 온돌 등)	●	●	●
	여가생활	한국인의 대표적인 여가 활동(운동 경기 관람, 영화, 등산 등)	●	●	●
		친목 모임과 동호회(조기 축구, 등산모임, 인터넷 동호회 등)	●	●	●
		한국의 'OO방' 문화(노래방, PC방, 찜질방, DVD방, 멀티방 등)	●	●	●
		한국인의 대표적인 계절 여가 활동(벚꽃 놀이, 단풍 놀이 등)	●	●	●
	경제생활	쇼핑 장소(재래시장, 대형 마트, 백화점, 홈쇼핑, 인터넷 쇼핑 등)와 방법(흥정과 덤, 결제 방법 등)	●	●	●
		한국의 유명한 전통 시장(남대문시장, 가락시장, 자갈치시장 등)	●	●	●
		한국인의 재테크 방법	○	○	●
	공공생활	한국의 공공기관의 종류(은행, 우체국, 주민 센터 등)와 이용 방법	●	●	●
		외국인을 위한 공공기관(출입국관리사무소, 대사관 등) 이용 방법	●	●	●
	언어생활	한국인이 인사하는 방법	●	●	●
		대상과 상황에 따라 달라지는 인사 방법	●	●	●
		한국의 흔한 성씨, 이름과 별명	●	●	●
		한국의 친족 호칭	●	●	●
		한국의 사회적 호칭(OO 씨, 선후배 호칭, 친족 호칭의 확대 사용 등)	●	●	●
		한국의 신조어, 유행어, 통신 언어	○	●	●
		한국에서 자주 쓰이는 관용·비유 표현	○	●	●
		한국인의 몸짓 언어	○	●	●
		대상과 상황에 따라 달라지는 언어 사용(존댓말/반말)	●	●	●
		한국인의 언어 습관(빈말 표현, 돌려 말하기 등)	●	●	●

대분류	중분류	교수 내용	숙달도 요구 수준 초	중	고
가정생활	가정생활	한국의 가족 형태(대가족, 핵가족, 한부모가정, 조손가정, 1인 가구, 딩크족 등)	■		■
		한국의 가족 행사(백일, 돌, 환갑, 칠순 등)		■	■
		가정 방문 예절(집들이 선물 등)	■		■
	학교생활	한국의 대학 문화(대학 축제, 동아리, 소개팅, 아르바이트, 취업 준비 등)		■	■
	직장생활	한국의 직장 내의 조직과 예절(직책, 상사와 부하직원 관계 등)			■
		한국의 직장 문화(회식, 체육대회, 워크숍, 야근 등)			■
가치관	사고방식	한국인의 특징적인 사고방식(빨리빨리, 유교 사상, 체면 중시, 가족주의, 외모지상주의, 가부장주의 등)			■
	정서	한국을 대표하는 정서(정(情), 한(恨), 신명)			■
	종교	한국의 주요 종교(기독교, 천주교, 불교 등)		■	■
		한국의 민간 신앙(미신과 금기행동, 사주, 굿, 풍수지리 등)		■	■
	가치관의 변화	한국 사회의 고정관념과 시대에 따른 변화(세대별 가치관, 성역할, 직업관 등)			■
역사	시대	한국의 전근대사(고조선~조선)			■
		한국의 근현대사(조선 후기, 대한제국, 일제 강점기, 광복, 대한민국 정부 수립, 분단과 전쟁, 민주화 운동 등)			■
	인물	한국의 역사적 인물(위인, 화폐 속 인물 등)		■	■
		한국의 유명 인물(스포츠 스타, 한류 연예인, 정치인, 예술가 등)		■	■
	역사적 사건	한국의 주요 역사적 사건(임진왜란, 을사조약, 독립, 한국전쟁, 유신헌법, 군사정권, 학생운동, IMF, 촛불시위 등)			■
		국경일의 유래(삼일절, 광복절, 제헌절, 개천절, 한글날)		■	■
풍습	명절과 절기	설과 추석의 풍습과 음식	■	■	■
		주요 명절 및 절기(단오, 대보름, 삼복, 동지 등)의 풍습과 음식		■	■
		시대에 따른 명절 풍속의 변화			■
	관혼상제	성년의 날(성인식)	■		■
		한국의 연애 문화(미팅, 소개팅, 맞선, 중매, 결혼정보회사 등)		■	■
		한국의 결혼 문화(결혼적령기, 상견례, 결혼 준비, 결혼식, 축의금 등)		■	■
		한국의 장례 방법과 절차(장례식, 문상, 부의금 등)			■
		제사 지내는 방법과 제사상			■
정치	정치 제도	한국의 국가 체제(대통령제, 정부, 지방자치단체 등)			■
		한국의 정부 조직(대통령, 총리, 장관, 국회의원 등)			■
		한국의 선거 제도(대선, 총선, 주요 정당, 공천 등)			■
	남북 관계	한국의 분단 상황과 대북 정책			■

대분류	중분류	교수 내용	숙달도 요구 수준 초	중	고
경제	국제 관계	남북 교류(정상회담, 이산가족 상봉, 금강산 관광, 개성공단 등)			●
		한국 군대와 징병제			●
		한국과 주변국의 관계(우호적/적대적 관계와 인접국 간의 쟁점 등)			●
	정치 문제	정치 문제 한국의 정치 문제(비리, 부패, 지역주의, 정치 참여 등)			●
	경제 제도	한국의 화폐의 종류(동전, 지폐, 수표)	●		●
		한국의 세금 제도(세금의 종류, 현금영수증, 소득공제, 연말정산 등)			●
	경제 정책	한국의 경제성장과 경제 정책(고용정책, 물가 안정, 자유무역협정(FTA) 등)			●
	경제 문제	한국의 경제 문제(가계 부채, 저성장, 경제 위기, 재벌 등)			●
교육	교육 제도	한국의 학제(각급 학교, 학기제, 학령, 의무교육제도 등)			●
		한국의 입시제도(수능시험, 중·고등학교 입학시험, 대학 입학 전형 등)			●
	교육 문제	교육의 제도적 문제(잦은 입시제도 변동, 교권 추락, 학교 폭력, 체벌 등)			●
		입시 위주의 교육(조기교육, 사교육, 주입식 교육 등)			●
사회	사회 정책	한국의 사회보장제도(의료보험, 고용보험, 국민연금, 산재보험)			●
		한국의 복지 정책(아동, 청소년, 장애인, 노인, 여성, 빈곤계층 등)			●
		한국의 환경 정책(쓰레기 종량제, 자동차 요일제, 분리수거, 대기오염 관련 정책 등)			●
		다문화사회 진입과 관련 정책			●
	사회 문제	한국의 사회문제(빈부격차, 환경 문제, 높은 자살률, 청년 실업 등)			●
지리	기후	한국의 계절과 날씨	●	●	●
	지형	한국의 위치 및 지리적 특성		●	●
	지역	한국의 행정 구역과 주요 도시		●	●
		한국의 주요 관광지와 지역 축제(강릉 단오제, 경주 신라문화제, 보령 머드축제 등)			●
	교통	한국의 주요 교통수단(버스, 지하철, 택시, 기차 등)	●	●	●
		교통수단의 이용 방법(교통카드, 환승, 예매, 노선 등)	●	●	●
		교통질서와 예절(노약자석, 임산부 배려석, 버스 전용차선 등)	●	●	●
과학·기술	산업	한국의 주요 산업(자동차, 반도체, 스마트폰, 디스플레이, 조선, 석유화학 등)			●
	정보통신	한국의 통신 기술의 발달(인터넷 보급률, 스마트폰 보급률, 통신 속도 등)	●	●	●
		디지털 시대의 문제(인터넷 중독, 사생활 침해, 인터넷 윤리, 인터넷 실명제 등)			●

대분류	중분류	교수 내용	숙달도 요구 수준		
			초	중	고
예술	음악	한국의 전통 음악(국악, 판소리, 민요, 전래동요 등)		■	■
		한국의 대중음악(K-POP)		■	■
	미술	한국의 전통 미술(동양화, 서예, 도자기, 공예품 등)			■
		한국의 현대 미술(비디오 아트, 애니메이션, 웹툰 등)		■	■
	공연	한국의 전통 공연(탈춤, 부채춤, 판소리, 사물놀이 등)		■	■
		한국의 현대 공연(난타, 뮤지컬, 비보이, 연극 등)		■	■
	문학	한국의 주요 문학 작품(시, 소설 등)과 작가			■
		한국의 전래동화와 설화(신화, 전설, 민담)			■
	영화·드라마	한국 영화(국제 영화제 수상작, 부산 국제 영화제, 영화 산업 등)	■	■	■
		한국 드라마(시대별 인기 드라마, 해외 방영 드라마 등)		■	■
문화 유산	문화재	한국의 주요 유형 문화재(유적지, 예술품 등)		■	■
		한국의 주요 무형 문화재(전통놀이, 공예, 음악, 무용, 인간문화재 등)		■	■
		한국의 세계문화유산(석굴암, 불국사, 종묘 등)		■	■
	국가 상징물	한국의 국가 상징물(애국가, 태극기, 무궁화, 한글 등)		■	■

다음에 '문화 실행'의 세부 기술은 아래와 같다. 문화 실행의 경우 목표어인 한국어가 아닌 외국어로 수업이 이루어지기 쉬운 측면이 있으며 최소한의 한국어 사용으로 가능하다는 점을 감안하여 모두 초급 단계 이상으로 지정하였다(위의 책, 206). 문학 작품 감상의 경우에 한국어로 된 문학 작품 감상 및 영화·드라마 감상은 언어 숙달도와 매우 밀접한 관계를 가지기 때문에 고급으로 설정하였다.

<표 5> 문화 실행 영역의 세부 기술

대분류	중분류	교수 내용	숙달도 요구 수준		
			초	중	고
일상생활	의생활	한국의 전통 의상 입어보기	■	■	■
	식색활	한국의 음식 먹어보기	■	■	■
		간단한 한국 음식 만들어보기	■	■	■
		한국의 식생활 예절(식사 예절, 음주 예절)에 따라 식사해 보기	■	■	■
	주생활	한국의 온돌 문화 경험해 보기	■	■	■
		한국의 전통적인 주거 양식 경험해 보기	■	■	■

대분류	중분류	교수 내용	숙달도 요구 수준 초	중	고
풍습	여가생활	한국인의 대표적인 여가 활동(운동 경기 관람, 영화, 등산 등) 경험해 보기			
		친목 모임과 동호회 활동 (조기 축구, 등산 모임, 인터넷 동호회 등) 경험해 보기			
		한국의 'OO방' 문화(노래방, PC방, 찜질방, DVD방, 멀티방 등) 경험해 보기			
		한국인의 대표적인 계절 여가 활동(벚꽃 놀이, 단풍놀이 등) 경험해 보기			
	경제생활	쇼핑 장소(재래시장, 대형 마트, 백화점, 홈쇼핑, 인터넷쇼핑 등)와 방법(흥정과 덤, 결제 방법 등) 해 보기			
		한국의 유명한 전통 시장(남대문시장, 가락시장, 자갈치시장 등) 방문해 보기			
	명절과 절기	설과 추석의 풍습과 음식 체험해 보기			
		주요 명절 및 절기(단오, 대보름, 삼복, 동지 등)의 풍습과 음식 체험해 보기			
지리	지역	한국의 주요 관광지와 지역 축제(강릉 단오제, 경주 신라 문화제, 보령 머드축제 등) 체험해 보기			
	교통	한국의 주요 교통수단(버스, 지하철, 택시, 기차 등) 이용해 보기			
		교통수단의 이용 방법(교통카드, 환승, 예매, 노선 등) 체험해 보기			
		교통질서와 예절(노약자석, 임산부 배려석, 버스 전용차선 등) 체험해 보기			
과학·기술	산업	한국의 주요 산업(자동차, 반도체, 스마트폰, 디스플레이, 조선, 석유화학 등)에 대해 경험해 보기			
	정보통신	한국의 통신 기술의 발달(인터넷 보급률, 스마트폰 보급률, 통신 속도 등) 경험해 보기			
예술	음악	한국의 전통 음악(국악, 판소리, 민요, 전래동요 등) 감상해 보기			
		한국의 대중 음악(K-POP) 감상해 보기			
	미술	한국의 전통 미술(동양화, 서예, 도자기, 공예품 등) 감상해 보기			
		한국의 현대 미술(비디오 아트, 애니메이션, 웹툰 등) 감상해 보기			
	공연	한국의 전통 공연(탈춤, 부채춤, 판소리, 사물놀이 등) 감상해 보기			
		한국의 현대 공연(난타, 뮤지컬, 비보이, 연극 등) 감상해 보기			
	문학	한국의 주요 문학 작품(시, 소설 등) 감상해 보기			
		한국의 전래동화와 설화(신화, 전설, 민담) 감상해 보기			
	영화·드라마	한국 영화(국제 영화제 수상작, 부산 국제 영화제, 영화 산업 등) 감상하고 체험해 보기			
		한국 드라마(시대별 인기 드라마, 해외 방영 드라마 등) 감상해 보기			
문화유산	문화재	한국의 주요 유형 문화재(유적지, 예술품 등) 감상해 보기			
		한국의 주요 무형 문화재(전통놀이, 공예, 음악, 무용, 인간문화재 등) 감상해 보기			
		한국의 세계문화유산(석굴암, 불국사, 종묘 등) 방문하기			
	국가 상징물	애국가 들어 보기, 태극기 그려 보기			

또한 문화 관점 영역의 세부 기술은 다음과 같다.

<표 6> 문화 관점 영역의 세부 기술

대분류	중분류	교수 내용	숙달도 요구 수준		
			초	중	고
일상생활	의생활	각 나라의 전통 의상에 대한 비교·이해	■		
		각 나라의 상황에 따른 옷차림에 대한 비교·이해	■	■	
	식생활	각 나라의 전통 음식에 대한 비교·이해	■		
		각 나라의 주식과 식습관에 대한 비교·이해	■		
		각 나라에서 특별한 날에 먹는 음식에 대한 비교·이해	■		
		각 나라의 계절 음식에 대한 비교·이해	■	■	
		각 나라의 상차림에 대한 비교·이해	■	■	
		각 나라의 식생활 예절에 대한 비교·이해		■	
	주생활	각 나라의 주거 형태에 대한 비교·이해	■		
		각 나라의 집 계약 방법과 형태에 대한 비교·이해			■
		각 나라의 주거 생활양식에 대한 비교·이해		■	
	여가생활	각 나라의 여가 활동에 대한 비교·이해	■		
		각 나라의 계절 여가 활동에 대한 비교·이해	■	■	
	경제생활	각 나라의 전통시장에 대한 비교·이해		■	
		각 나라의 재테크 방법에 대한 비교·이해			■
	언어생활	각 나라의 인사 방법에 대한 비교·이해	■		
		각 나라의 흔한 이름과 별명에 대한 비교·이해	■		
		각 나라의 친족 호칭에 대한 비교·이해	■	■	
		각 나라의 사회적 호칭에 대한 비교·이해		■	
		각 나라의 신조어와 유행어에 대한 비교·이해		■	
		각 나라의 특징적인 관용·비유 표현에 대한 비교·이해			■
		각 나라의 몸짓 언어에 대한 비교·이해	■	■	
		각 나라의 언어의 높임법에 대한 비교·이해		■	■
	가정생활	각 나라의 가족 형태에 대한 비교·이해	■		
		각 나라의 가족 행사에 대한 비교·이해		■	
		각 나라의 가정 방문 예절에 대한 비교·이해		■	
	학교생활	각 나라의 대학 문화에 대한 비교·이해		■	
	직장생활	각 나라의 직장 문화에 대한 비교·이해			■
가치관	사고방식	각 나라의 특징적인 사고방식에 대한 상호 문화적 인식 형성			■
	종교	각 나라의 주요 종교에 대한 상호 문화적 인식 형성		■	■
	가치관의 변화	각 나라의 민간 신앙에 대한 상호 문화적 인식 형성		■	■
		각 나라의 고정관념과 그 변화에 대한 상호 문화적 인식 형성			■

대분류	중분류	교수 내용	숙달도 요구 수준 초	중	고
역사	인물	각 나라의 역사적 인물에 대한 상호 문화적 인식 형성			●
		각 나라의 유명 인물에 대한 상호 문화적 인식 형성			●
	역사적 사건	한국과 각 나라의 유사한 역사적 사건에 대한 상호 문화적 인식 형성			●
		각 나라의 국경일의 유래에 대한 상호 문화적 인식 형성		●	●
풍습	명절과 절기	각 나라의 명절에 대한 비교·이해	●	●	
		각 나라의 명절 풍속 변화에 대한 비교·이해		●	●
		각 나라의 기념일에 대한 비교·이해	●	●	
		각 나라의 연애 문화에 대한 비교·이해			●
	관혼상제	각 나라의 결혼 문화에 대한 비교·이해		●	●
		각 나라의 장례 문화에 대한 비교·이해			●
		각 나라의 제사 풍속에 대한 비교·이해			●
정치	정치 제도	각 나라의 국가 체제에 대한 비교·이해			●
		각 나라의 정부 조직에 대한 비교·이해			●
		각 나라의 선거 제도에 대한 비교·이해			●
	남북 관계	세계의 대북 정책에 대한 비교·이해			●
		각 나라의 군대와 병역 의무에 대한 비교·이해			●
	국제 관계	각 나라의 국제 관계와 쟁점에 대한 비교·이해			●
	정치 문제	각 나라의 정치 문제에 대한 비교·이해			●
경제	경제 정책	각 나라의 경제 정책에 대한 비교·이해			●
	경제 문제	세계와 각 나라의 경제 문제에 대한 비교·이해			●
교육	교육 제도	각 나라의 학제에 대한 비교·이해			●
		각 나라의 입시 제도에 대한 비교·이해			●
	교육 문제	각 나라의 교육 문제에 대한 비교·이해			●
사회	사회 정책	각 나라의 사회보장제도에 대한 비교·이해			●
		각 나라의 복지 정책에 대한 비교·이해			●
		각 나라의 환경 정책에 대한 비교·이해			●
		각 나라의 다문화 정책에 대한 비교·이해		●	●
	사회 문제	각 나라의 사회 문제에 대한 비교·이해			●
지리	기후	각 나라의 계절과 날씨에 대한 비교·이해	●	●	●
	지역	각 나라의 주요 도시에 대한 비교·이해	●	●	●
		각 나라의 주요 축제에 대한 비교·이해	●	●	●
	교통	각 나라의 교통수단에 대한 비교·이해	●	●	●
과학·기술	산업	각 나라의 주요 산업에 대한 비교·이해			●
	정보통신	각 나라의 인터넷·통신 관련 문제에 대한 비교·이해			●

대분류	중분류	교수 내용	숙달도 요구 수준		
			초	중	고
예술	음악	각 나라의 전통·현대 음악에 대한 비교·이해		■	■
	미술	각 나라의 전통·현대 미술에 대한 비교·이해		■	■
	공연	각 나라의 유명 공연에 대한 비교·이해		■	■
	문학	각 나라의 주요 문학 작품 및 작가에 대한 비교·이해			■
		각 나라의 전래동화와 설화에 대한 비교·이해			■
	영화·드라마	각 나라의 인기 영화에 대한 비교·이해		■	■
		각 나라의 인기 드라마에 대한 비교·이해		■	■
		세계 각국의 한류(K-POP, K-DRAMA)에 대한 비교·이해		■	■
문화유산	문화재	각 나라의 주요 문화재에 대한 비교·이해		■	■
		각 나라의 세계문화유산에 대한 비교·이해		■	■
	국가 상징물	각 나라의 국가 상징물에 대한 비교·이해		■	■

4 실용 영역

'문법, 기능, 문화' 영역 이외에 기관 별 목적에 따라 실용적인 내용을 교과목으로 설정할 수도 있다. 주로 국외 대학에 해당하는 것으로 예를 들어 '번역'이나 '통역', '한자', '공문서 작성', '비즈니스 한국어'와 같이 해당 대학교 학생들의 취업과 관련된 다분히 실용적인 측면의 교과목이 여기에 해당한다. 태국 대학의 예를 들어 보면 아래와 같은 것들이 이에 속한다.

(17) 가. 나레수안 대학교
  한국어 번역 1, 한국어 통역 1, 한국어 한자, 비즈니스·비서 업무 한국어, 관광 한국어, 한국어 번역 2, 한국어 통역 2 등.
 나. 시나카린 위롯 대학교
  한국어 한자, 여행 실용 한국어, 한국어 번역, 한국어 통역, 자유학습, 비즈니스 한국어, 과학 기술 한국어 등.

> 다. 송클라 대학교
> 　　태한번역 1,2, 한태번역 1,2, 커뮤니케이션 한국어, 비즈니스 한국어, 비서업무 한국어, 호텔 한국어, 관광 한국어 등.
> 라. 실라빠껀 대학교
> 　　한국어 번역 1, 태국어-한국어 번역 2,3, 한국어 한자, 비즈니스 한국어, 관광 한국어 등.

이 중 나레수안 대학교와 시나카린 위롯 대학교의 실용 영역의 목표를 써 보면,

> (18) **나레수안 대학교**
> 　가. 한국어 번역 1: 번역의 원론적 부분을 학습하고 한국어 문서를 태국어로, 혹은 그 반대의 경우를 정확하고 매끄럽게 번역하는 것을 학습한다.
> 　나. 한국어 통역 1: 통역의 원리를 이해하고 주어진 상황에서 짧은 한국어 대화를 태국어로, 혹은 그 반대의 경우를 신속하고 의미에 충실하게 통역하는 것을 연습한다.
> 　다. 한국어 번역 2: 공문, 기사, 뉴스 등 고난이도의 어휘로 구성된 한국어 텍스트를 태국어로 번역, 혹은 반대의 과정을 통해 정확하고 매끄러운 번역을 할 수 있도록 한다.
> 　라. 한국어 통역 2: 길고 복잡한 내용의 한국어 대화를 태국어로, 혹은 반대의 과정의 통역을 통해 공식적인 상황에서 한국어를 바르고 유창하게 구사할 수 있는 능력을 기르도록 한다.
> 　마. 한국어 한자: 한국어 어휘를 이루고 있는 한자에 대한 학습을 통해 단어의 의미를 추측할 수 있도록 한다.
> 　바. 비즈니스, 비서업무 한국어: 한국의 업무 처리 방식을 배우고 업무용 어휘와 표현을 습득하여 공문 작성 등 한국어를 직업적 상황에서 올바르게 사용하는 것을 학습한다.
> 　사. 관광 한국어: 여행 가이드로서, 혹은 관광산업 전반에서 자주 쓰이는 어휘와 표현들을 습득하여 주어진 상황에서 여행객을 인도하는 실습을 한다.

> (19) **시나카린 위롯 대학교**
> 　가. 한국어 한자: 한국어에서의 한자를 읽고 쓰는 능력을 배양한다.
> 　나. 한국어 번역: 한국어로 또는 태국어로 쓰인 기사나 다큐멘터리 등을 태국어 또는 한국어로 번역할 수 있는 능력을 배양한다.

> 다. 한국어 통역: 한국어를 태국어로, 태국어를 한국어로 동시통역할 수 있는 능력을 배양한다.
> 라. 자유학습: 지도 교수의 지도를 통해 개인의 관심사에 따라 한국어나 한국학에 관련된 한 가지 주제를 정해 리포트를 작성해서 제출한다.
> 마. 여행 실용 한국어: 여행 실용 한국어를 학습하며, 실제 여행지와 관련 자료를 통해 한국어 능력을 배양한다.
> 바. 비즈니스 한국어: 비즈니스 행정 융화를 위한 한국어를 습득함으로서 실무상에 있어 서류, 계약, 문서 등을 작성하는데 용이하게 하며, 한국 비즈니스계의 관습과 예의범절을 익힌다.
> 사. 과학 기술 한국어: 과학 기술 분야에서 사용되는 특수 한국어와 어휘들을 습득하여 고급 실무 능력을 배양한다.
> 아. 한국에서의 학습 경험: 한국 현지에서 적어도 1학기 이상의 학습을 통해 한국의 문화와 언어 관련 경험을 쌓으며, 수업 결과물을 제시한다.

위 (18-19)와 같이 구성되어 있어, 각 대학교의 목적(주로 취업 목적)에 따라 '문법, 기능, 문화' 항목과 이외의 취업 또는 진로와 관련된 내용을 다룬 교과목이 편성되어 있는데, 이를 다른 말로 표현하면 실용 영역이라 부를 수 있다.

5 요약

들어가는 말

한국어 교육과정을 설계할 때 중요한 작업 중 하나에 교육적 특성이나 속성에 맞는 내용들을 어떻게 구분하여 효율적으로 가르칠 것인가 하는 교육 영역 설정이 있으며 이는 교과목 구성과도 밀접한 관련이 있다.

상위 영역과 교과목

가. 상위 영역 항목이란 의사소통능력을 일차적으로 구분한 일종의 범주이다. 여기에는 '기능, 문

법, 문화' 등과 같은 범주가 있다. 이는 교육 내용을 공통된 속성으로 배열한 것이다.

나. 언어 교육 목표의 가장 큰 기술은 의사소통능력에 대한 '총목표'이다. 그리고 이 '총목표'는 또 다시 '기능, 문법, 문화'와 같은 '영역 목표(또는 교육 내용)'로 구체화되어 기술되며, 각 영역은 하위 영역으로 다시 세분화되어 그 '영역 목표(또는 교육 내용)'가 상세화된다.

다. 개별적인 영역의 내용과 목표를 기반으로 하여 실제 교과목(교육 과목)이 구성된다. 개별 영역과 교과서가 구성되는 형태는 크게 '① 1:1, ② 다(多):1, ③ 1:다(多)'이다. 더 나아가 이질적인 교과 영역 간의 통합도 있을 수 있다. 예컨대, '체육, 음악, 미술'의 이질적인 영역들이 초등학교 저학년의 교과서에서 '즐거운 생활'로 통합되는 경우가 그것이다.

라. ① 기능(상위 영역) - 말하기, 듣기, 읽기, 쓰기(하위 영역)
② 문법(상위 영역) - 음운, 형태, 통사, 화용, 의미(하위 영역)
③ 문화(상위 영역) - 상징, 상징물, 정신적 산물, 역사 문화, 예술 문화, 과학 문화, 교육 문화, 종교 문화 등(하위 영역)

마. 문화 영역은 한국 사회를 이루는 다양한 행동 또는 생활양식의 총체와 관련된 영역이다.

바. 문화는 국어과 교육과정과 차별된 영역으로 국어과 교육과정에서는 '기능, 문법, 문학'이라는 영역으로 구분되지만, 한국어 영역은 문학 대신 문화 영역이 있으며, 문학은 문화 범주의 한 구성원으로서 역할을 한다.

문화 영역

가. 협의의 문화
- 언어에 투영된 문화(한국인의 이름, 가족 호칭, 의성어, 인사법, 사회 위계와 호칭, 다양한 인사말, 날짜 쓰기, 몸짓 언어, 바람맞다 등)
- 한국을 상징하는 상징체계나 상징물(백의민족, 십장생, 전통 주거 형태, 가마, 태극기, 사물놀이 등)
- 정신적인 산물(아리랑, 생활 속의 미신, 한국 집에 들어갈 때의 예절 등)이 주임.

나. 광의의 문화
- 언어에 투영된 문화, 상징체계나 상징물, 정신적인 산물 이외에 '생활, 놀이, 기록, 종교, 궁중, 양반, 예술, 과학·기술, 교육, 문화 유산, 문화 인물' 등 한국 사회의 전반적인 삶의 총체를 포함함.

다. 교육적 측면의 문화
- 성취문화: 한국인이 이룩한 총체물, 소산물로서의 문화
- 행동문화: 언어행위(표현과 이해)와 준언어(윙크), 비언어적 행위(일상적 행위)

- 관념문화: 정신문화에 해당하는 것으로 집단무의식이 전승체계를 따라 대중화 현상으로 나타나는 것

문화 교육 목표와 내용

가. 문화 목표
- 한국의 일상생활 문화를 이해할 수 있다.
- 한국인의 생활방식을 이해할 수 있다.
- 한국인의 가치관과 사고방식을 이해할 수 있다.
- 한국의 근·현대문화와 전통문화를 이해하고 즐길 수 있다.
- 한국의 정치, 경제, 사회, 문화 전반에 관한 제도를 이해할 수 있다.
- 한국과 자국의 문화를 비교하여 문화의 다양성과 특수성을 이해할 수 있다.
- 한국문화에 대한 자신의 태도나 견해를 가질 수 있다.
- 한국문화와 관련된 일반적인 인식들에 대해 평가할 수 있다.

나. 문화 내용

① 문화 지식
- 한국인의 기본적인 의식주 문화를 이해한다.
- 한국인의 교통, 기후, 경제 활동 등의 생활문화를 이해한다.
- 한국의 가족 문화와 가족생활을 이해한다.
- 한국인의 여가 문화와 개인적 문화 활동을 이해한다.
- 한국 사회와 한국인의 사회적 활동을 이해한다.
- 한국의 지리와 지역적 특성을 이해한다.
- 한국의 전통 문화와 세시 풍속을 이해한다.
- 한국의 정치, 경제, 사회, 문화, 교육 등 제도문화를 이해한다.
- 한국의 역사 및 국가적 상징, 역사적 인물 등을 이해한다.
- 한국인의 가치관과 사고방식을 이해한다.

② 문화 관점
- 한국인의 의식주 문화를 자국의 문화와 비교·이해한다.
- 한국인의 생활문화를 자국의 문화와 비교·이해한다.
- 한국의 가족 문화를 자국의 문화와 비교·이해한다.
- 한국인의 여가 문화를 자국의 문화와 비교·이해한다.
- 한국 사회의 전반적인 특징을 자국 문화의 특징과 비교·이해한다.

- 한국의 전통 문화와 세시 풍속을 자국의 문화 및 풍습과 비교·이해한다.
- 한국 제도문화의 특징을 자국 문화의 특징과 비교·이해한다.
- 한국인의 가치관과 사고방식을 자국의 가치관과 비교·이해한다.
- 한국문화에 대한 자신의 태도나 견해를 가진다.
- 한국문화와 관련된 일반적인 인식을 형성한다.

수준별 문화 교육

가. 등급별 문화 교육 항목은 쉬운 것에서부터 어려운 것으로 수준별로 배열되어야 한다. 예컨대 자기와 관련된 문화 내용에서부터 그 활동 반경의 범위를 확대하고, 물질적인 문화 내용에서 정신적인 문화 내용으로 확대하여 단계적으로 가르쳐야 한다.

나. '문화 지식, 문화 실행, 문화 관점'으로 '일상생활', '가치관', '역사' 등을 내용으로 삼아 수준별로 문화 교육을 해야 한다.

다. 특정 문화 교육 내용을 한 등급에서만 가르치는 것이 아니라 범등급별로 중복하여 교육할 수 있다. 물론 똑같은 수준으로 가르치는 것이 아니라, 그 내용을 심화시킨다.

라. 위 '나, 다'와 관련한 문화 기술을 한 예에는 국제 통용 한국어교육 표준 교육과정(2017)이 대표적이다.

6 토론과 과제

가. 아래의 보기를 보고 한국을 상징할 수 있는 대표적인 문화를 각각 5가지만 들고 그 이유를 설명하라.

<보기>
성취문화, 행동문화, 관념문화

나. 아래와 같은 광의의 문화 영역에서 한국어 교육에서 가르쳐야 할 대표적인 문화 내용을 찾아보라.

- 정치   (_____)
- 경제   (_____)
- 음악   (_____)
- 미술   (_____)
- 체육   (_____)

다. 실용 영역이 한국어 교육 범주에 들 수 있는지 그렇지 않은지를 논하라.

라. 문화 실행과 문화 관점의 교육 내용의 차이점을 비교해보라.

제9장

한국어 교육과정 목표 기술의 원리 I

- 행동 진술성, 위계성, 포괄성, 사용 빈도성 -

한국어 교육과정 목표 기술의 원리 I
– 행동 진술성, 위계성, 포괄성, 사용 빈도성 –

1. 들어가는 말	5. 사용 빈도성
2. 행동 진술성	6. 요약
3. 위계성	7. 토론과 과제
4. 포괄성	

1 들어가는 말

　이 장의 목적은 외국인 학습자를 위한 한국어 교육과정의 목표를 조직하는 원리를 제시하는데 있다. 한국어 교육과정의 목표를 조직하는 원리들에는 '행동 진술성, 위계성, 포괄성, 사용 빈도성, 계열성, 계속성, 나선형, 통합성, 난도' 등 매우 다양한 원리들이 있는데, 이러한 원리들이 상호 복합적으로 적용되어 목표가 기술된다. 이 장과 다음 장에서 이러한 원리를 살펴보고 한국어 교육과정의 목표 기술에서 이들이 어떻게 적용되는지를 고찰한다.

2 행동 진술성(Behavioral Objectives)

　일반적으로 목표를 기술하는 데는 '(조건) – 내용 – 결과 기술'이라는 고전적 목표 기술 구성 방법이 적용된다. 한국어 목표 기술 구성 방법도 일반적 목표 기술의 하위 분야에 속하므로 이러한 고전적 목표 기술 틀이 적용된다. 여기에서는 Tyler(1950), Mager(1962), Gronlund(1973), Gagné(1979) 등이 제안한 목표 진술 방법들이 대표적이다. 또한 이러한 고전 이론을 기반으로 한 김영심(2016)의 견해도 고려할 만하다.[1]

2.1 Tyler(1950)

Tyler는 목표 속에 지도해야 할 '내용 영역'과 '행동 영역'이 동시에 진술되어야 한다고 기술하고 있다. 곧 바람직한 목표는 학습자의 기대되는 행동과, 그 행동에 관련되는 학습 내용을 포함하되, 기대 행동은 반드시 구체화되어야 된다고 보고 있다. 이를 좀 더 상세하게 설명하면 다음과 같다.

첫째, 학습 목표는 내용과 행동 두 가지 요소가 포함되도록 진술되어야 한다. 내용만으로 학습 목표를 진술하면 학습자들이 해당 내용을 어떻게 학습해야 하는지를 나타내지 못한다. 더 나아가 행동만으로 학습 목표를 진술하면, 그러한 행동이 어떤 내용이나 영역(실생활, 학문 영역 등)에 활용되는 것인가를 나타내지 못한다. 따라서 학습 목표는 학습자들이 도달할 행동의 종류와 그러한 행동이 작용되는 내용 영역이라는 두 측면을 함께 표시하는 것이 가장 적합한 형식이다.

둘째, 학습 목표는 학습자 차원에서 진술되어야 한다. 즉, 학습 목표는 교사가 수행해야 할 일을 나타내는 교사의 활동으로 진술하는 것이 아니라 학습자에게 길러져야 할 행동으로 진술되어야 한다.

셋째, 학습 목표 속에는 반드시 학습 내용 또는 학습 자료와 함께 도착점 행동(성취 행동)이 명시되어야 한다. 교과목에서 다룰 내용으로 기술하는 방식이나 일반적인 행동형으로만 진술되는 방식은 학습자가 어떻게 학습해야 하는가, 또는 구체적으로 어떤 학습 내용을 계획해야 하는가에 대한 정보가 불분명하다는 점에서 지양되어야 한다.

요컨대 Tyler의 주된 요지는 바람직하고 실현성 있는 학습목표가 되기 위해서는 그 목표의 진술이 학습자의 행동으로 진술되어야 하며, 학습자들에게 길러져야 할 행동의 종류와 그러한 행동이 작용되는 내용 영역의 두 측면을 함께 표시하는 방식으로 목표가 기술되어야 한다는 것이다. Tyler의 학습목표 진술 방식을 예로 들면 다음과 같다.

---

[1] 김영심(2016:65-93) 및 한국전문대학교교육협의회(2015:26-30) 참조.

(1) 가. <u>한글의 자모 체계를</u> <u>설명할 수 있다.</u>
      　　　내용 영역　　　　　행동 영역

　　나. <u>내 취미를</u> <u>소개할 수 있다.</u>
      　　내용 영역　　　행동 영역

2.2 Mager(1962)

Mager(1962)는 Tyler의 일반적인 목표 진술 방법을 보다 구체화하였다. Mager에 의하면 학습목표는 그 목표의 도달 여부가 관찰될 수 있는 행위 동사를 사용하여 진술되어야 하며, 이때 행위 동사는 '잘못 해석될 여지가 없는' 구체적으로 명시할 수 있는 '행동 용어'로 진술되어야 함을 말하고 하였다. Mager가 제시한 '행동 용어'의 예를 제시하면 다음과 같다.

(2) 가. 잘못 해석될 여지가 '있는' 용어
　　　'안다, 이해한다, 감상한다, 파악한다, 즐긴다, 믿는다, 믿음을 가진다.'
　　나. 잘못 해석될 여지가 '없는' 용어
　　　'쓴다, 암송한다, 확인한다, 구별한다, 푼다, 열거한다, 비교한다, 대조한다.'(박승배, 2001:120)

Mager에 의하면, '잘못 해석될 여지가 있는' 행동 용어, 즉 '안다, 이해한다, 파악한다' 등은 여러 가지 의미로 해석될 수 있기 때문에 목표 진술에 적절하지 않다고 주장한다. 따라서 '잘못 해석될 여지가 없는 용어' 즉 구체적인 행위를 알 수 있는 용어로 목표가 진술되어야 한다고 하였다. 또한 유용한 목표에는 다음과 같은 세 가지 요소가 동시에 포함되어야 함을 언급하고 있다.

첫째, 학습자가 목표에 도달한 증거로 받아들일 수 있는 '종착 행동'을 구체적인 행위 동사로 표현해야 한다.

둘째, 어떤 상황에서 그와 같은 행동이 나타나기를 기대하는가에 대한, 종착 행동이 나타나는 '상황이나 조건'을 제시한다.

셋째, 그 종착 행동이 성공적인 것인지 아닌지를 평가할 수 있는 수락 기준 또는 준거가 명시되어야 한다.

이와 같은 세 가지 요소를 포함시켜 학습목표를 진술하면, 가르치고 배워야 할 내용과 행동이 명확해지고 누구나 동일한 의미로 이해할 수 있어서 학습 지도나 학습의 성과를 평가하는데 용이하다는 것이다(권낙원 외, 2011: 174).

Mager가 제시한 학습목표의 진술 방식의 예를 들면 다음과 같다.

(3) 가. '마트'에 갈 때 '물건 사기 표현'을 2가지 이상 사용하여 물건을 살 수 있다.
　　　　조건　　　　　　도달 기준　　　　　　　행동

'도서관'에서 '책 대출' 표현을 활용하여 책을 대여할 수 있다.
　조건　　　　도달 기준　　　　　행동

2.3 Gronlund(1973)

Gronlund의 진술 방식은 목표를 '일반 목표'와 '명세 목표'와 같이 두 단계로 구분하여 진술하는 것을 제안하고 있다. 먼저 수업의 목적인 일반 목표를 진술할 때는 명세적인 행위 동사와 관계없이 '의사전달만 가능하면 되는 정도'로 진술하며, 이러한 '일반 목표'가 진술되고 난 후 다음에 구체적인 '행동 목표'를 진술한다. 단 이 때의 행위 목표는 행위 동사로 진술할 것을 강조하고 있다. 이런 방식으로 목표를 진술하게 되면, 일반목표에서 진술한 포괄적인 관점의 내용과 행동을 보다 세부적으로 분석함으로써, 거시적인 일반목표의 내용을 구체적인 맥락 속에서 이해하게 되고, 해당 목표들 간의 유기적인 관련성을 파악할 수 있는 장점이 있다.

(4) 가. 요일 표현의 이해(일반적 진술)

나. ① 'NP에는 무엇을 하나요?'가 사용되는 상황 표현을 듣고 친구의 계획을 열거할 수 있다
(명세적 진술).　　　　　　　　　　　　　　　　　　　　　　　　　구체적 행동

② 요일과 관련된 어휘를 익혀, 이를 친구들에게 설명할 수 있다(명세적 진술).
　　　　　　　　　　　　　　　　구체적 행동

③ 시간의 처격 조사(에)를 활용하여 한 주간의 일정표를 만들 수 있다(명세적 진술).
　　　　　　　　　　　　　　　　　　　　구체적 행동

Tylor나 Mager와 달리 Gronlund의 견해에 따르면 일반 목표의 경우 포괄적인 내용을 일반적이고 추상적이고 암묵적인 수준의 동사인 '이해하다' 또는 '알다'와 같은 내재적 행동으로의 진술이 허용된다. 다시 말해 목표가 적절한 일반성의 수준을 유지하려면 내재적 행동으로 진술될 수 있음을 의미한다(4가). 그러나 명세 목표는 반드시 관찰과 측정이 가능한 구체화되고 명세적인 행동동사로 진술해야 한다(4나 ①, ②, ③).

2.4 Gagné 외(1979)

Gagné는 행동 목표의 적합성 여부를 판정하기 위한 몇 가지 준거를 충족시키는 방법으로 목표 진술의 5가지 구성 요소를 제안하고 있다(한국전문대학교교육협의회:2015).

(5) 가. 어떤 상황에서, 어떤 유형의 검사문항이 주어지면(상황: situation)
  나. 어떤 도구를 사용하여, 어떤 제약, 어떤 특정 조건하에서(도구, 제약 조건 및 특정 조건: tools, constraints, and special conditions)
  다. 어떤 관찰 가능한 방법으로(행위 동사: action verb)
  라. 학습자들이 행해야 하는 학습될 능력의 내용(대상: objects)
  마. 특정 유형의 학습된 행동을 위하여(학습될 능력: learned capabilities)

이를 한국어 교육의 교육 목표(단원: 전화 통화)에 적용해 보면 다음과 같이 기술될 것이다.

(6) 가. '전화하기' 역할극 상황을 통하여 학습자는 먼저 이 전에 배운 전화 예절 표현을 생각하면서 전화기를 들고 상대방과 이야기를 한다. 이 때 '속격 조사(의), N(의) N, 평서형 종결어미- V(으)세요, 부정 표현 안, 미래 시제 V-겠-'을 사용하며 대화할 수 있다.
  나. ① '전화하기' 역할극 상황을 통하여 → 상황
  ② 전화 예절 표현을 생각한 후 → 도구/제약조건
  ③ 전화기를 들고, 상대방과 이야기를 한다. → 행위
  ④ '속격 조사(의), N(의) N, 평서형 종결어미- V(으)세요, 부정 표현안, 미래 시제V-겠-'을 → 내용
  ⑤ 사용할 수 있다, 대화 할 수 있다.→ 능력

곧 '상황' ① 속에서 벌어질 수 있는 내용 ④에 대하여 특정 조건 ②과 관찰 가능한 방법 ③을 진술함으로써, 학습자가 궁극적으로 어떤 능력이 신장되는지 ⑤를 보여주어야 한다는 것이 Gagné의 제안이다.

2.5 김영심(2016)

김영심(2016)에서는 고전 이론의 목표 진술 방법을 검토한 후, 다음과 같은 목표 진술 원리를 제시하였다.

첫째, 목표는 학습으로 도달해야 할 학습자의 행동, 즉 학습의 결과로 획득할 수 있는 최종 도달점을 진술해야 한다. 이 원리는 목표가 학습의 내용이나 과정 및 활동 등과 구별되어야 한다는 것을 말한다. 만약 학습자들이 학습해야 할 최종적 도달점이 아니라 학습 활동이나 학습의 과정적 측면으로 진술할 경우, 이는 잘못된 형식이다.

둘째, 목표는 학습 내용과 기대되는 학습자들의 행동 수준이 함께 진술되어야 한다, 내용은 주로 명사(구)로 진술되고 행동은 동사(구)로 진술된다. 내용과 행동의 결합은 원칙적으로 하나의 목표에는 한 번 기술하는 것이 좋다. 둘 이상 기술하는 것은 그 내용이 설령 가치가 있는 것이라 하더라도 학습량을 증가시키거나 어느 하나가 교수·학습 과정에서 무시될 수 있어서 권장되지 않는다.

셋째, 목표는 교사의 활동이 아니라 학습자의 행동으로 진술되어야 한다.

넷째, 목표는 성공적으로 수업을 마친 학습자들이 보여 주어야 할 관찰될 수 있는 행위 동사로 명시되어야 한다. 행위 동사는 누구에게나 명확하게 의사소통이 될 수 있도록 가능하면 구체적 '행동 용어'로 진술되어야 한다는 것이다(김영심, 2016:65-93 참조).

3 위계성(Hierarchy)

'위계성'이라 함은 목표들의 상하 관계에 대한 기술 원리이다. 곧 목표는 계층적으로 구성되고, 상위 목표의 내용은 하위의 목표들을 포괄해야 하며, 기술된 하위의 목표들의 합은 상위의 목표가 되어야 한다는 원리이다. 한국어 교육과정에서 가장 상위의 목표에는 총목표가 있으며, 다음에 등급별 (또는 영역별 목표)가 있다. 또한 등급별(또는 영역별) 목표 아래에는 수업 목표(또는 단원 별 목표)가 있다. 이러한 목표 간의 상하 관계는 하위 목표로 갈수록 그 내용이 구체화되어야 하며, 반대로 상위 영역의 내용은 하위 영역의 개별 목표들을 포괄할 수 있는 내용으로 진술되는 방향으로 설계되어야 한다.

한국어 교육에서 가장 상위의 목표는 1장에서 살펴본 바와 같이 한국어교육의 총목표가 있다. 그 내용을 다시 기술해 보면 다음과 같다.

(7) 외국어 혹은 제2언어로서의 한국어와 한국 문화를 배우려는 학습자들에게 한국어와 한국 문화를 가르침으로써, 유창하고 정확한 의사소통 능력을 신장시키는 데 있다.

이때 '한국어와 한국 문화'는 내용에 해당되며, '유창하고 정확한 의사소통 능력을 신장 시키는 데 있다.'는 '결과'에 해당한다. 그런데 이는 조건이 명시적으로 드러나지 않았다는 점, 학습자 중심의 진술이 아니라 가르치는 교사 중심의 진술(가르침으로써, 신장시킨다)이라는 점, 그리고 '신장시킨다'와 같은 기술은 모호한 행동 진술이라는 점에서 수정이 필요하다.

(8) 외국어 또는 제2언어로서 한국어와 한국 문화를 학습하려는 학습자들이 한국어와 한국 문화가 활용되는 상황에서 맥락에 맞게 이를 유창하고 정확하게 사용할 수 있다.

여기서 한국어가 '활용되는 상황'은 조건에 해당되며, '한국어와 한국 문화를 학습하려는'은 학습자의 입장에서 배워야 할 '학습 내용'이다. 또한 '신장시키다'라는 용어 보다는 '유창하고 정확하게 사용할 수 있다'와 같이 좀 더 명세화 된 행동 동사로 진술하는 것이 좀 더 타당하다. 이 때 '유창하고 정확하게'라는 표현은 '의사소통 능력'을 다시 부연하는 말에 해당하므로 '의사소통 능력'이라는 말을 생략해도 무방하다.

(9) 가. <u>외국어 또는 제2언어로서의</u>
　　　　　　　대상
나. <u>한국어와 한국 문화를 배우려는</u>
　　　　　　내용
다. <u>한국어와 한국 문화가 활용되는 상황에서</u>
　　　　　　　　조건
라. <u>맥락에 맞게 유창하고 정확하게 사용할 수 있다.</u>
　　　　　능력(행동 결과)

이러한 총목표를 달성하기 위해 그 내용은 영역 별 목표들로 하위 구분되어 진술되어야 한다. 의사소통 기능이 '문법, 기술, 문화' 영역과 같은 각각의 세부 목표로 구체화되어야 한다는 것이다.

영역의 목표를 기술할 때 가장 중심이 되는 것은 '대상, 내용, 조건, 능력(행동 결과)' 중에 내용에 해당되며[2], 이 내용을 중심으로 목표를 기술할 때 이를 '영역 별 내용 목표'라고 부를 수 있다.

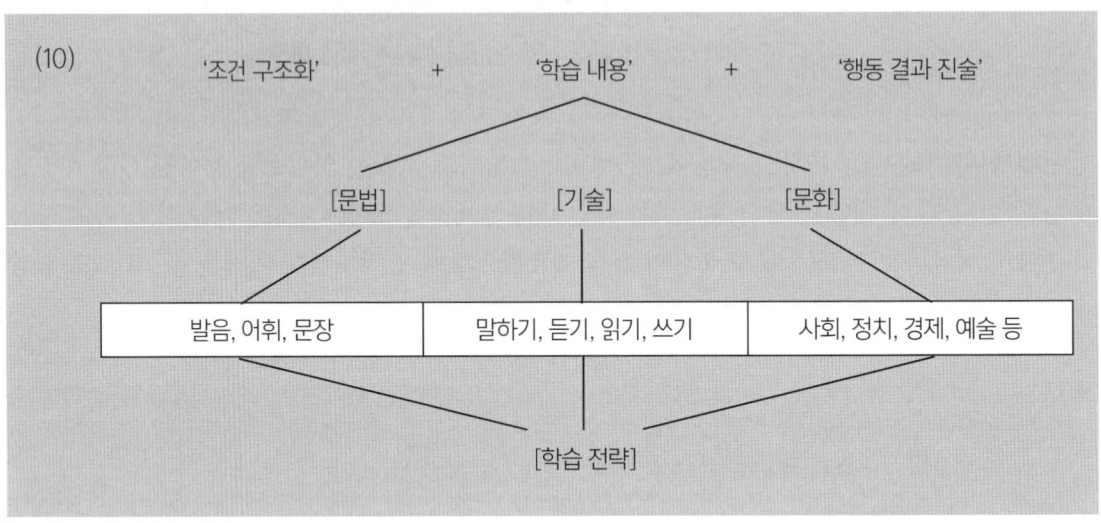

이에 총목표를 '문법, 기술, 문화' 영역로 나누어 기술하면 아래와 같이 된다.

(11) 가. 외국어 또는 제2언어 학습자들이 <u>한국어 문법을</u> 정확하게 이해하고 이를 상황에 맞게 유창하고도 정확하게 사용할 수 있다.
   나. 외국어 또는 제2언어 학습자들이 다양한 유형과 주제에 맞는 <u>한국어 기술을</u> 익혀 이를 의사소통 맥락에 맞게 유창하고도 정확하게 사용할 수 있다.
   다. 외국어 또는 제2언어 학습자들이 <u>한국을 이해하는</u> 데 필요한 <u>한국 문화를</u> 익혀 이를 의사소통 맥락에 맞게 유창하고도 정확하게 사용할 수 있다.

다음에 이 상위 영역 각각은 '한국어 발음, 어휘, 문장'(문법), '한국어 말하기, 듣기, 읽기, 쓰

---

[2] 의사소통 능력이 어떻게 하위 구분되느냐는 학자들마다 견해가 다르다. ___ 그런데 이 세 가지 구성 요소 중에서 가장 중요한 것은 무엇을 학습할 것이냐 하는 '내용'에 해당된다. 한국어 교육에서 그 내용이 어떤 것이 되어야 되는가하는 것은 여러 가지 의견이 있으나 크게 '문법, 기술(Skill), 그리고 문화'가 있다는 점에는 대부분 동의한다(다음 절 참조).

기'(기술), '한국 사회, 제도, 정치, 예술, 역사'(문화) 등의 하위 목표로 분류 될 수 있다. 이 영역별 목표는 각 영역이 담고 있는 하위 영역들을 중심으로 좀 더 구체화되어야 한다.

(12) 가. 문법
  - 외국어 또는 제2언어 학습자들이 한국어 음운, 음절, 음운 현상에 대하여 이해하고 상황에 맞게 유창하고도 정확하게 발음할 수 있다(발음 영역).
  - 외국어 또는 제2언어 학습자들이 다의적 의미, 어휘의 내부 구조, 다른 어휘와의 통합적 또는 연합적 관계, 그리고 화용 정보와 담화적 맥락을 고려하여 어휘를 학습함으로써, 유창하고도 정확하게 이해하고 사용할 수 있다(어휘 영역).
  - 외국어 또는 제2언어 학습자들이 한국어 문장의 구성 성분, 통사적 기능과 의미, 짜임새에 대하여 이해하고 상황에 맞게 유창하고도 정확하게 사용할 수 있다(문장 영역).

나. 기술
  - 외국어 또는 제2언어 학습자들이 의사소통에 필요한 다양한 유형과 주제를 가진 대화의 내용을 상황 맥락을 고려하면서 정확하게 들을 수 있다(듣기 영역).
  - 외국어 또는 제2언어 학습자들이 의사소통에 필요한 다양한 유형과 주제에 대하여 상황 맥락을 고려하면서 정확하고도 유창하게 말할 수 있다(말하기 영역).
  - 외국어 또는 제2언어 학습자들이 의사소통에 필요한 다양한 유형과 주제를 가진 글을 읽고 맥락에 맞게 이해할 수 있다(읽기 영역).
  - 외국어 또는 제2언어 학습자들이 의사소통에 필요한 다양한 유형과 주제에 대한 글을 정확하고도 유창하게 쓸 수 있다(쓰기 영역).

다. 문화
  - 한국 사회를 이해할 수 있는 성취 문화, 행동 문화, 관념 문화 등을 이해하고, 이를 의사소통 상황에 적절하게 사용할 수 있다(한국 사회 영역).
  - 한국 정치를 이해할 수 있는 성취 문화, 행동 문화, 관념 문화 등을 이해하고, 이를 의사소통 상황에 적절하게 사용할 수 있다(한국 정치 영역).
  - 한국 경제를 이해할 수 있는 성취 문화, 행동 문화, 관념 문화 등을 이해하고 이를 상황에 맞게 적절하게 사용할 수 있다(한국 경제 영역).
  - 한국 예술을 이해할 수 있는 성취 문화, 행동 문화, 관념 문화 등을 이해하고 이를 상황에 맞게 유창하고 정확하게 사용할 수 있다(한국 예술 영역).

이와 같은 영역별 목표에 대한 일반적 진술이 이루어지면 학습자들이 각각 수준 별로 도달 가능한 등급 목표로 더 하위 범주화 되어야 하며, 그 내용은 좀 더 구체화되어야 한다. 참고로 김중섭 외(2010:149-151)의 등급별 목표 중 문법에 해당하는 목표를 제시하면 다음과 같다.[3]

<표 1> 발음 목표

등급	내용
1급	1. 자모의 음가를 변별할 수 있다. 2. 자모의 음가를 어느 정도 정확하게 발음할 수 있다. 3. 한국어의 음절 구조를 이해할 수 있다. 4. 한국어의 음절을 어느 정도 정확하게 발음할 수 있다. 5. 평서형, 의문형, 명령형 등의 억양을 어느 정도 구분하여 말할 수 있다. 6. 일상적인 어휘나 표현을 원어민 화자가 알아들을 수 있을 정도로 발음할 수 있다. 7. 기본적인 음운 변화(연음법칙, 자음동화 등)를 이해할 수 있다.
2급	1. 천천히 발화하면 비교적 정확하게 발음할 수 있다. 2. 복잡한('ㄴ'첨가, 절음법칙) 음운 변화를 이해할 수 있다.
3급	1. 복잡한('ㄴ'첨가, 절음법칙) 음운 변화를 이해할 수 있다. 2. 단어 경계를 넘어선 단위에서 음운 변동 규칙을 적용할 수 있다. 3. 억양을 자연스럽게 구사하기는 다소 어렵지만 개별 음운은 정확하게 발음할 수 있다.
4급	1. 음절 단위의 음운 변동을 능숙하게 적용할 수 있다. 2. 단어 경계를 넘어선 단위에서 음운 변동 규칙을 적용할 수 있다. 3. 원어민 화자가 발화하는 대부분의 통용 발음을 듣고 이해할 수 있다. 4. 억양을 자연스럽게 구사하기는 다소 어렵지만 개별 음운은 정확하게 발음할 수 있다. 5. 비원어민의 발음에 익숙하지 않은 원어민도 쉽게 알아들을 수 있을 정도로 발음과 억양을 구사할 수 있다.
5급	1. 억양을 통해 화자의 발화 의도나 태도를 표현할 수 있다. 2. 발화 상황에 맞게 적절하게 어조를 바꾸어 말할 수 있다.
6급	1. 발화 초점에 따라 적절한 발화 속도와 휴지를 유지할 수 있다. 2. 한국의 대표적 방언을 듣고 이해할 수 있다.
7급	1. 아주 제한적인 경우를 제외하고 원어민에 가까운 발음과 억양을 구사할 수 있다.

---

[3] 김중섭 외(2010), (2011)에서는 등급별 목표를 7급으로 나누었다. 그런데 이후 김중섭 외 (2016, 2017)에서는 6급 체계로 등급을 조정하였다. 그 이유로는 해외에서 시행의 어려움, 국내 교육 기관들이 대부분 6급으로 교육을 진행한다는 점을 반영한 것이다. 여기에서 김중섭 외 (2016, 2017)을 제시하지 않은 이유는 발음 부분이 등급별 목표보다는 내용적 측면으로 기술되어 있어서 위계성을 논의하는 이 장의 예로 제시하기는 적합하지 않기 때문이다. 이에 이 절에서는 등급별로 받은 목표가 기술되어 있는 김중섭 외 (2010,2011)의 7등급 체계의 목표를 인용하여 위계성을 설명한다. 이와 함께 논의의 일관성을 위해 다른 영역의 목표들도 7급 체계의 목표를 인용하여 관련 내용을 설명한다. 하지만 제 11장 이후의 기술별 교육과정을 기술할 때에는 6등급 체계를 따라 설명한다.

<표 2> 어휘 목표

등급	내용
1급	1. 일상생활에 필요한 기초적인 어휘를 이해하고 사용할 수 있다. 2. 자신의 생활이 중심이 되는 주변 사물과 장소 등과 관련된 어휘를 이해하고 사용할 수 있다.
2급	1. 일상생활에 필요한 기본적인 어휘를 이해하고 사용할 수 있다. 2. 공공장소(은행, 우체국 등)에서 사용되는 어휘를 이해하고 사용할 수 있다.
3급	1. 일상생활에서 사용되는 대부분의 어휘를 이해하고 사용할 수 있다. 2. 빈도수가 높은 관용어를 이해할 수 있다.
4급	1. 일상생활에서 사용되는 친숙하지 않은 어휘를 사용할 수 있다. 2. 친숙한 사회적 소재(직업, 사랑, 결혼 등)와 관련된 어휘를 사용할 수 있다. 3. 빈도수가 높은 관용어를 사용할 수 있다. 4. 자주 쓰이는 사자성어, 속담 등을 이해할 수 있다.
5급	1. 자주 쓰이는 사자성어, 속담 등을 사용할 수 있다. 2. 자주 쓰이는 시사용어를 이해할 수 있다. 3. 자주 쓰이는 시사용어를 사용할 수 있다. 4. 자신의 전문 분야(직업적, 학문적 영역 등)에서 자주 쓰이는 어휘를 이해하고 사용할 수 있다. 5. 친숙하지 않은 사회적 주제(정치, 경제, 환경, 과학 기술 등)와 관련된 어휘를 이해할 수 있다.
6급	1. 비교적 어려운 사자성어, 속담을 이해할 수 있다. 2. 자신의 관심분야(직업적, 학문적 영역 등)에 쓰이는 대부분의 어휘를 이해하고 사용할 수 있다. 3. 친숙하지 않은 사회적 주제(정치, 경제, 환경, 과학 기술 등)와 관련된 어휘를 사용할 수 있다.
7급	1. 비교적 어려운 사자성어, 속담을 사용할 수 있다. 2. 별 어려움 없이 어감 차이를 고려하여 맥락에 맞는 적절한 어휘를 선택하여 사용할 수 있다.

<표 3> 문법 목표(문장 목표)[4]

등급	내용
1급	1. 한국어의 기본문장 구조를 이해하고 사용할 수 있다. 2. 정형화된 문장 표현들을 목록화하여 이해할 수 있다.

---

[4] 김중섭 외(2010)에서는 하위 영역 중 '문장'을 '문법'으로 기술하였는데, 그 이유는 '발음, 어휘' 이외의 내용을 '문법' 영역으로 기술하고자 하는 의도가 담겨져 있다고 추측된다. 하지만 그 내용은 주로 문장 구조, 표현, 어미, 절 등과 같이 문장 구성이나 표현들이다. 이에 문법의 하위 기술을 논하는 이 절에서 문장 영역 측면의 목표 기술로 김중섭 외 (2010) 문법 목표를 제시하여 설명한다.

2급	1. 빈도수가 높은 연결어미나 관형절이 포함된 문장을 이해하고 사용할 수 있다. 2. 한국어의 시제를 이해하고 사용할 수 있다. 3. 빈도수가 높은 보조용언을 이해하고 사용할 수 있다.
3급	1. 비교적 복잡한 의미 기능을 가진 조사를 이해할 수 있다. 2. 피동법, 사동법을 이해하고 사용할 수 있다. 3. 인용절을 이해할 수 있다.
4급	1. 문어와 구어를 구분하여 문법을 사용할 수 있다. 2. 인용절을 사용할 수 있다. 3. 오류는 있으나 대부분의 문법을 이해하고 사용할 수 있다.
5급	1. 정확하게 사용할 수는 없지만 문법의 미묘한 의미 차이를 이해할 수 있다. 2. 대부분의 문법을 비교적 유창하게 사용할 수 있다.
6급	1. 문법의 미묘한 의미 차이를 이해하고 정확하게 사용할 수 있다.
7급	1. 거의 오류 없이 대부분의 문법을 사용할 수 있다.

곧 김중섭 외(2010)에서는 문법 영역을 아래와 같이 발음, 어휘, 문장으로 세분화하였으며 각 영역에 속하는 내용을 중심으로 기술하였다.[5]

(13) 가. 발음: 음가, 음절, 억양, 음운 규칙.
　　　나. 어휘: 빈도수를 기준으로 한 어휘, 사자성어, 속담, 관용어, 시사용어, 사용되는 분야, 일상, 사회적, 직업적, 학문적 어휘 등
　　　다. 문법: 문장 관련 형식 또는 표현

이러한 내용들의 합은 상위 목표의 진술에 포괄되어야 한다. 이는 기술 영역 또는 문화 영역도 동일하게 적용된다. 곧 기술과 문화 내용을 담고 있는 각각의 하위 영역별 목표들의 합은 상위 목표(기술 목표 또는 문화 목표)의 진술 표현으로 포괄되어야 한다. 그런데 목표를 위계화할 때 영역

---

[5] 한편 김중섭 외(2010)에서는 등급을 7등급으로 나누어 기술하였다. 하지만 김중섭 외(2015)에서는 6등급 체계로 다시 등급을 조정하여 기술하였다. 6등급 체계에서는 그 목표를 내용 중심이 아닌, 의사소통 기능 중심으로 기술하였기 때문에 이 장의 설명에는 맞지 않다. 따라서 김중섭 외(2010)의 7등급 체계의 영역별 목표를 잠시 제시한다. 아울러 6등급 목표는 이 장의 부록으로 제시한다.

별로(문법, 기술, 문화 영역→세부 영역별 목표 기술) 기술한 후 이를 다시 등급별로 나누어 진술하는 '영역 우선 진술형'도 있지만, 등급을 먼저 구분한 후 해당 등급 안에서 영역별로 목표를 나누어 진술하는 '등급 우선 진술형'도 있을 수 있다. 후자의 경우는 아래 <표4>와 같은 것이 대표적이다.

<표 4> 등급 우선 목표 진술(김중섭 외 2010:140-142)

등급	내용
1급	인사하기, 소개하기 등 일상적인 화제로 의사소통 할 수 있으며, 요일, 시간, 장소 등의 기본적인 화제로 구성된 과제를 해결할 수 있다. 일상생활에 관한 간단한 대화를 듣고 이해할 수 있으며, 구, 절 단위 혹은 짧은 문장 단위의 매우 간단한 문장들을 이해하고 쓸 수 있다. 자신의 생활이 중심이 되는 주변 사물과 장소 등과 관련된 어휘를 이해하고 사용할 수 있으며, 자모의 음가, 한국어의 음절 구조, 한국어 기본 문장의 억양을 원어민 화자가 알아들을 수 있을 정도로 발음할 수 있다. 더 나아가 가장 기본적인 한국의 일상생활 문화를 이해할 수 있다.
2급	슈퍼, 식당 등 일상적인 공공장소에서 자주 접하는 화제로 의사소통할 수 있으며, 우체국, 은행 등의 공공장소에서 일어날 수 있는 일반적인 상황들로 구성된 과제를 해결할 수 있다. 공공장소에서 이루어지는 대화뿐만 아니라 친교, 문제 해결 등의 특정 상황에 대한 대화를 듣고 이해할 수 있으며, 일상적인 주제와 관련된 짧고 간단한 글을 읽고 쓸 수 있다. 슈퍼, 식당, 은행, 우체국 등의 공공장소에서 사용되는 어휘를 이해하고 사용할 수 있으며, 복잡한 음운 변화를 이해하여 천천히 발화하면 비교적 정확하게 발음할 수 있다. 더 나아가 한국 사회에 대한 기본적인 이해를 바탕으로 개인 생활을 유지할 수 있다.
3급	일상생활에서 접하는 대부분의 상황에서 별 어려움 없이 의사소통에 임할 수 있으며, 직업, 사랑, 결혼 등의 비교적 친숙한 사회적 주제와 자신의 관심 분야에 대해 최소한의 의사소통을 할 수 있다. 일상적이고 친숙한 주제에 대한 대화를 듣고 이해할 수 있으며, 개인적이고 친한 내용의 글을 읽고, 간단하게 설명하는 글을 쓸 수 있다. 일상생활에서 사용되는 대부분의 어휘를 이해하고 사용할 수 있으며, 빈도수가 높은 관용어를 이해할 수 있다. 복잡한 음운 변화를 이해할 수 있으며, 단어 경계를 넘어선 단위에서 음운 변동 규칙을 스스로 적용하여 개별 음운은 정확하게 발음할 수 있다. 더 나아가 한국인의 일상생활에 반영된 전통 문화를 이해하고, 나이, 성, 지위 등 특수한 상황에서 나타나는 문화적 특징 등을 이해할 수 있다.
4급	공적인 맥락과 상황에서 의사소통을 할 수 있으며, 직장 생활 등 기본적인 사회적 관계에 필요한 과제를 해결할 수 있다. 업무나 공적인 관계에서 이루어지는 대화를 듣고 이해할 수 있으며, 직업, 사랑, 결혼 등의 친숙한 사회적 주제에 대한 글을 읽고 쓸 수 있다. 일상생활에서 사용되는 친숙하지 않은 어휘를 사용할 수 있으며, 빈도수가 높은 관용어, 사자성어, 속담 등을 이해하고 사용할 수 있다. 문어와 구어의 기본적인 특성을 이해하고 사용할 수 있으며, 음운 변동을 능숙하게 적용하여 원어민도 쉽게 알아들을 수 있을 정도로 발음과 억양을 구사할 수 있다. 공적이고 격식적인 한국문화를 이해할 수 있으며, 대중문화를 이해하고 즐길 수 있다.

5급	정치, 경제, 사회 등 사회적 주제를 중심으로 의사소통을 할 수 있으며, 자신의 전문 분야에서의 연구나 업무 수행에 필요한 언어 기능을 어느 정도 수행할 수 있다. 사자성어, 속담, 시사용어, 자신의 전문 분야에서 자주 쓰이는 어휘를 이해하고 사용할 수 있으며, 문법의 미묘한 의미 차이를 이해하고 비교적 유창하게 사용할 수 있다. 억양에 나타난 의미 차이를 파악하여 발화 상황에 맞게 어조를 바꾸어 말할 수 있다. 한국문화 속에 반영된 한국인의 가치관과 사고방식을 이해할 수 있으며 한국 문화와 자국의 문화를 비교하여 문화의 다양성과 특수성을 이해할 수 있다.
6급	사회적, 추상적 주제를 다루는 의사소통에 참여하여 자신의 의사를 표현할 수 있으며, 자신의 전문 분야나 친숙하지 않은 사회적 주제들로 이루어진 글이나 발표, 토론, 대담 등을 이해할 수 있다. 예시, 비유 등 다양한 기법을 활용하여 폭넓고 다양한 주제에 대한 글을 쓸 수 있으며, 어려운 사자성어, 속담, 사회적 주제와 관련된 대부분의 어휘를 이해하고 사용할 수 있다. 한국의 대표적인 방언을 듣고 이해할 수 있으며, 대부분의 문법을 맥락과 상황에 따라 적절히 구분하여 사용할 수 있다. 성취문화, 제도문화, 생활문화에 대한 이해를 바탕으로 사회·문화적인 내용을 이해하고 사용할 수 있다.
7급	정치, 경제, 사회, 문화의 폭넓은 주제에 대해 분명하고 상세하게 의사표현을 할 수 있으며, 의견 조율, 협상 등의 다소 복잡한 과제를 해결할 수 있다. 발표, 토론, 업무 보고서, 사업 계획서 등 자신의 전문분야와 관련된 학술 활동과 업무 활동을 수행할 수 있다. 거의 오류 없이 대부분의 문법을 사용할 수 있으며, 별 어려움 없이 어감 차이를 고려하여 맥락에 맞는 적절한 어휘를 선택하여 사용할 수 있다. 매우 제한적인 경우를 제외하고는 원어민에 가까운 발음과 억양을 구사할 수있다. 한국의 경제, 문화, 과학, 교육 등의 다양한 분야에서의 논의와 성취를 이해하고 평가할 수 있다.

위와 같은 기술 방법은 등급을 우선 정한 후(1-7급) 각 내용을 통합적으로 기술하는 방법이다. 하지만 등급을 우선한다고 하더라도 그 내용은 영역별로 기술되어야 한다. 위 1급을 예로 들어 설명하면 다음과 같다.

(14) 가. 인사하기, 소개하기 등 일상적인 화제로 의사소통 할 수 있으며, 요일, 시간, 장소 등의 기본적인 화제로 구성된 과제를 해결할 수 있다. → 기술
  나. 일상생활에 관한 간단한 대화를 듣고 이해할 수 있으며, 구, 절 단위 혹은 짧은 문장 단위의 매우 간단한 문장들을 이해하고 쓸 수 있다. → 문장
  다. 자신의 생활이 중심이 되는 주변 사물과 장소 등과 관련된 어휘를 이해하고 사용할 수 있으며, → 어휘
  라. 자모의 음가, 한국어의 음절 구조, 한국어 기본 문장의 억양을 원어민 화자가 알아들을 수 있을 정도로 발음할 수 있다. → 발음
  마. 더 나아가 가장 기본적인 한국의 일상생활 문화를 이해할 수 있다. → 문화

(14가-마)에서 보듯이 1급은 기술, 문법(문장, 어휘, 발음), 문화로 기술되어 있다.

한편 문법의 경우는 하위 영역들 별로 좀 더 구체적으로 기술되어 표현되어 있다.

그런데 문법이 '문장, 어휘, 발음'과 같이 하위 영역으로 기술된다면 기술도 하위 영역-말하기, 듣기, 읽기, 쓰기-으로 기술되어야 하고, 역시 문화도 하위 영역으로 나누어-정치, 경제, 사회 등-기술되어야 하나 등급 우선 목표 기술을 한 김중섭 외(2010)에서 이렇게 표현되지 않았다는 점은 문제로 지적될 수 있다.

4 포괄성(Coverage)

방금 앞에서 살펴본 바와 같이 상위 목표는 하위 목표를 포괄해야 한다고 했는데, 이를 도식화하면 아래와 같다.

(15) 상위 목표 ← {하위 목표a, 하위 목표b, 하위 목표c ……}

한국어 교육의 궁극적인 목적이 의사소통능력이라고 하면, 이 능력을 신장시킬 수 있는 하위 목표에 '문법, 기술, 문화'를 포괄해야 하며, 각 영역별 목표는 '발음, 어휘, 문장', '말하기, 듣기, 읽기, 쓰기', 그리고 '사회 정치, 경제 예술 ……' 등을 포괄해야 한다. 또한 '발음, 어휘, 문장'의 각 내용 목표를 설정할 때도 포괄성이 적용된다. 앞서 이야기한 바와 같이 '발음 목표'는 한국어 음운, 음절, 음운 현상을 포괄해야 하며, 어휘 목표는 '어휘의 내부 구조, 다른 어휘와의 의미 관계, 문장과 담화 맥락'을 포함해야 하며 문장 목표는 한국어 문장의 구성 성분, 통사적 기능과 의미, 짜임새 등을 포괄해야 한다는 것이다. 그런데 이 포괄성의 원리는 필요조건으로 이해해야지 필요충분조건으로 여겨서는 안 된다. 예를 들어 의사소통능력을 신장시키기 위하여 '문법, 기술, 문화'가 필요하지만, '문법, 기술, 문화'가 모든 의사소통능력은 아니기 때문이다. 그 이유는 화자의 동기, 필요성, 욕구, 학습 전략 등 다양한 개별적 요소도 의사소통 능력에 영향을 주기 때문이다. 따라서 포괄성의 전제에는 '가능한 한'이라는 의미를 염두에 둘 필요가 있다. 달리 말하면 포괄성이라는 의미가 하위 목표의 구성 요소 모두의 합이 상위 목표와 등가라는 개념을 의미하지 않는다는 것이다. 하위 목표는 궁극적으로 의사소통 능력의 신장이라는 목표를 최대한 달성할 수 있는 방향으로 선정되어야 하지만, 교육 현장에서 또 염두에 두어야 할 내용이 바로 '시간의 한계'도 고려해야 하기 때문이다. 학교 교육에 있어서 '시간의 한계'는 '모두'를 포괄하는 것이 아니라, 의사소통 능력을 가장 최대한 신장시킬 수 있는 대표적인 것 또는 적용 가능성이 높은 것을 포괄해야 한다는 뜻이다. 곧 외국인 학습자에게 모든 것을 가르치는 것이 아니라 대표적인 것만을 그리고 필요한 것만을 가르쳐야 되기 때문에 하위 목표에서 우선적인 순위와 함께 필요 없는 것들은 과감히 삭제할 필요가 있다.

5 사용 빈도성(Frequency)

사용 빈도성이란, 목표를 설계하는 데 가장 핵심이 되는 교육 내용들이 한국어가 사용되는 상황에서 자주 사용 또는 적용 되는 내용을 중심으로 설계해야 한다는 것이다.

교육과정 내용은 앞서 언급하였듯이 가르치는 시간(시수)이 제한되기 때문에, 실생활의 모든 범주를 다 담을 수는 없다. 따라서 해당 교육 내용 중 실제적 환경에서 얼마만큼 자주 사용되느냐 하는 정도성을 따진 후, 우선 순위가 높은 것을 먼저 선정하는 절차가 필요하며, 이를 위주로 학습 목표를 진술해야 한다. 좀 더 구체적으로 말하면 실생활에 얼마만큼 유용하냐 그리고 얼마나 필요하냐, 그리고 얼마만큼 자주 나타나느냐 하는 기준에 따라 가르칠 항목들을 선정한 후, 이를 수준별로 분배하면서 동시에 주어진 수준에서 분배된 항목들이 계열성 있게 제시되야 한다. 사용 빈도성은 '주제, 상황, 기능, 표현, 어휘, 발음, 문장' 등 영역별로 그 사용 빈도를 살펴볼 수 있는데, 이에 따라 '주제 빈도성, 상황 빈도성, 기능 빈도성, 표현 빈도성, 어휘 빈도성, 발음 빈도성, 문장 빈도성' 등으로 명명할 수 있다.

그런데 여기서 한 가지 염두에 두어야 할 점은 빈도성이 곧 사용 가능성을 뜻하지는 않는다는 것이다. 물론 빈도성이 높다면, 그것이 사용 가능성이 높다는 상관 관계를 가질 수 있기 때문에, 상호 밀접한 관련이 있기는 하지만, 엄밀한 의미에서는 서로 다른 개념이기 때문에 이 둘을 구별해야 한다는 것이다. 사용 가능성은 주어진 상황과 관련하여 해당 표현이 사용될 개연성이 높은 것을 의미한다. 예컨대, '시장에서'라는 상황이 주어진다면, 이 상황 안에서 '물건 사기와 물건 팔기'라는 표현이 전형적으로 예상되는 데, 우리는 이 때, '시장에서'라는 상황에서는 '물건 사기와 물건 팔기'라는 표현이 '사용될 가능성이 높다'라고 표현할 수 있다. 곧 사용 가능성은 '상황과 표현, 상황과 주제, 주제와 표현' 등과 같이 이질적인 항목들 간의 상호 연관성이 높은 것들을 연계한다는 관계적 의미를 내포하는[6] 반면, 사용 빈도성이란 이와 같은 연관성보다는 해당 항목들이 얼마만큼 자주 사용되느냐 하는 출현 빈도를 산출 한 후 빈도가 높은 것부터 빈도가 낮은 것까지 그 순위를 일률적으로 정하는 것이다. 따라서 '주제 빈도성' 높은 항목이 반드시 해당 상황에서 사용된다는 필연적인 상관관계를 함의하지는 않는다.

사용 빈도성은 교육과정의 내용 목표를 정하는 데 매우 유용하게 활용된다. 우선 어휘 빈도성과 관련하여 살펴보면 대표적인 연구에 강현화 외(2012, 2013, 2014, 2015)가 있는데, 여기에서는 등급별 어휘를 빈도수를 중심으로 다음과 같이 선정하였다.

<표 5> 등급 별 어휘 수

숙달도	어휘 수	누적 어휘 수
초급	1,835	1,835
중급	3,855	5,690
고급	4,945	10,635

물론 이 연구는 어휘 빈도성이라는 기준 이외에 어휘 교육론의 전문가를 중심으로 한 주관적 선정 방법, 사용 가능성 및 친숙도(availabilty and familarity) 등도 어휘 선정시 고려되었지만, 가장 근간이 되는 것은 강범모, 김흥규(2009), 조남호(2002)의 빈도 사전과, 한국어 교재들의 중복도(각 교재들 간에 사용되었던 어휘들의 중복 빈도), 그리고 한국어능력시험에서 출제되었던 어휘의 중복 빈도와 같이 사용 빈도이다.

사용 빈도와 관련하여 문법 표현 영역의 빈도를 기반으로 하여 그 배열 순서를 사용 빈도가 높은 것부터 제시해야 한다는 논의도 꾸준히 제기되어 왔다. 예컨대 안주호(2004)의 경우 빈도수를 중심으로 수준별 가르칠 내용을 선정하였다. 안주호(2004)에서는 어미를 선어말어미, 어말어미(종결어미, 연결어미, 전성어미) 등으로 나누어 이들의 빈도를 살펴본 후, 빈도가 높은 어휘를 중심으로 하여 수준별 가르칠 표현을 선정하였다. 예를 들어 보면 다음과 같다.

---

6) 해당 언어가 적용될 가능성이 있는 상황을 찾고, 그 상황에 필요한 언어 재료를 내용으로 선정한다(Ur, P., 2000:178) 실생활에서 예상 가능한 상황들과, 이와 관련된 학습 항목을 선정하는 것이다(Kaur, 1990; Wilkins, 1972). 예를 들면, 교육 내용이 되는 표현이 '식당에서, 호텔에서, 우체국에서, 은행에서, 교실에서' 등으로서, 일상에서 벌어지는 일들을 상황별로 정한다.

(16) 가. 문어 종결어미 빈도 다/ㄴ다/는다(98,851)> ㅂ니다/습니다9,524)> 라(8,233)> 아/어/야 (6,557)> 어요/아요(4,519)> ㄴ가/는가(3,922)> 자(2,071))> 지(1,718))> ㄹ까(1,538)……
나. 구어 종결어미 빈도 어/야/ㅕ/ㅓ/ㅏ(35.38%)> 지(7.69%)> 다4.69%)> 구(2.27%) >냐(2.68%)…….

(17) 가. 문어 선어말어미 빈도 었/았(65,982)> 겠 (4,374)> 시/으시 (3,968)> 았었/었었(584)> 더(114)……
나. 구어 선어말어미 빈도 (안주호(2004:287))
셨/샀/ 섰/ 었/ 았/ 썼/ 였(78.74%)
겠(11.06%) > 시(5.04%) > 셨었 / 샀었/ 섰었(2.75%) > 더(2.41%)…….
안주호(2004:287)

(18) 가. 문어 관형형 전성어미 빈도 ㄴ/은(87,410)> -는(60,551)> -ㄹ/을(30,545)> -던 (6,609)…….
나. 구어 관형형 전성어미 빈도 ㄴ/은(36.05%)> -는 (30.33%)> -ㄹ/을(24.28%)> -던(2.77%)…….

(19) 가. 문어 연결어미 빈도
-고(46,687)>-아(26,904)>-어(26,266)>-게(18,406)>-지(12,144)>-면(8,036)>-아서(7,411)>-며(6,125)>-면서(4,274)>-어서(4,202)>-지만(4,075)>-는데(3,881)>-아야(3,454)>-어야(2,827)>-으며(2,168)>-다가(1,862)>-라(1,800)>-으면(1,796)>-도록(1,573)>-거나(1,464)…….

나. 구어 연결어미 빈도
-고(10.67%)>-구(9.51%)>-면(8.36%)>-ㅕ(6.15%)>-는데(5.36%)>-ㅓ(5.16%)>-지(3.94%)>-게(3.88%)>-어(3.17%)>-ㅏ(3.17%)>-ㅕ서(2.88%)>-니까(2.47%)>-ㅏ서(2.45%)>-으면(1.99%)>-ㄴ데(1.47%)>-면서(1.43%)>-라(1.39%)>-ㅕ야(1.18%)>-다(1.17%)>-아(1.16%)…….[7]

---

7) 안주호(2004:292)에서는 구어 연결어미 빈도수를 다른 문법 표현과 달리 %로 계산하여 산정하였다. 이 내용을 그대로 가지고 왔다.

<표 6> 등급별 학습 어미

		초급	중급	고급
종결어미		-ㅂ니다> -ㅂ니까?> -십시오>-ㄴ다	-아요>-아>-냐, -자, -라>- 지>-읍시다	-느냐, -오, -니, -ㄹ지, -거든 -군/구나
선어말어미		-았->-겠->-시-	-았었-	-더-
관형형 전성어미		-ㄴ/은>는>ㄹ	-던	-던
명사형 전성어미				
연결어미	나열	-고>-며		
	대조	-지만	-으나	
	선택		-거나	-든지
	배경	-ㄴ데		
	원인	-아서>-니까	-으므로>-느라고	-기에>-길래
	조건	-면	-어야	-거든
	양보		-어도	-더라도>ㄴ들
	결과	-게	-도록	

안주호(2004)에서는 <표6>과 같은 어미 제시 순서의 기반은 (16-19)와 같은 빈도 순위를 바탕으로 한 것이다. 물론 사용 빈도수 이외에 '활용도가 높은 것부터 낮은 것으로, 제약이 적은 것에서 제약이 많은 것으로, 중심적인 의미 기능을 가진 것부터 주변적 의미 기능을 가진 것으로, 구어와 문어의 비중을 고려하여' 등 다양한 조건을 염두하면서 제시한 것이지만, 그 기본 근간은 국립국어원(2002)의 빈도 사전에 기반한 것이다.

한편, 양명희 외(2015)에서 국립국어원의 사업을 통해 수행한 등급별(초급 및 중급) 문법 표현 항목에 대한 결과들도 눈여겨 볼만하다. 이 연구에서는 김중섭 외(2011)의 등급별 항목을 기본으로 하고 '한국어 능력 시험'(TOPIK)의 항목을 토대로 아래와 같이 문법·표현 항목을 선정하였다. 또한 이 두 자료의 항목이 불일치할 때는 한국어 화자 말뭉치 빈도(세종 말뭉치 빈도), 교수·학습의 실제성(교재 중복도)을 기준으로 등급화를 하여 제시하였다(표7, 8 참조). 그런데,

김중섭 외(2011:35)에서도 문형의 등급화 기준에 빈도수(한국어의 해당 문법 항목이나 문형을 얼마나 많이 사용하는가)[8]와 한국어 능력 시험(TOPIK)에서 자주 사용된 문법 표현 항목을 기준으로 하였기 때문에, 사실상 빈도가 바탕이 된 연구 성과물이다.

<표 7> 중급 문법·표현 항목(113 항목 기술)

조사(29)	이(가), 과(와), 께, 께서, 이나(나1), 을1(를), 이랑(랑), 으로(로), 보다, 에, 에게, 에게로, 에게서, 에서(서), 의, 이다1, 처럼, 하고, 한테, 한테서, 까지, 은1(는2), 도, 마다, 만, 밖에, 부터, 에다가(에다), 에서부터(서부터)
선어말어미(3)	-겠-, -었-(-았-/-였-), -으시-(-시-)
연결어미(3)	(12)-거나, -게1, -고1, -는데1(-은데1/-ㄴ데1), -다가1, -으러(-러), -으면(-면1), -어서(-아서/-여서), -지만, -으려고(-려고), -으면서(-면서), -으니까(-니까)
전성어미(4)	-기, -는1, -은2, -은3, -음, -을2
종결어미(14)	-는군(-군/-는군요/-군요), -는데2(-은데2/-ㄴ데2/-는데요/-은데요/-ㄴ데요), -을게(-ㄹ게/을게요/-ㄹ게요), -을까(-ㄹ까/을까요/-ㄹ까요), -습니까(-ㅂ니까), -습니다(-ㅂ니다), -읍시다(-ㅂ시다), -으세요(-세요/-으셔요/-셔요)/-으시어요/-시어요), -으십시오(-십시오), -어1(-아3/-여2/-어요/-아요/-여요), -지(-지요), -네(-네요), -을래(-을래요/-ㄹ래요), -고2(-고요1)
표현(28)	-고 있다, -어 있다(-아 있다/-여 있다), -기 때문에(-기 때문이다), -기 전에(-기 전), -기로 하다, -을 것 같다(-는 것 같다/-은 것 같다), -은 지(-ㄴ 지), -은 후에(-은 후/-ㄴ 후에/-ㄴ 후)<유의: -은 뒤에(-은 뒤)>, -을 때(-ㄹ 때), -을까 보다(-ㄹ까 보다), -는 동안에(-는 동안), -은 적이 있다(-는 적이 있다)<반의: -은 적이 없다(-는 적이 없다)>, -게 되다, -고 싶다, -을 수밖에 없다, -을 수 있다<반의: -을 수 없다>, -어 보다(-아 보다/-여 보다), -어 주다(-아 주다/-여 주다), -어도 되다(-아도 되다/-여도 되다), -어야 되다(-아야 되다/-여야 되다)<유의: -어야 하다(-아야 하다/-여야 하다)>, -지 말다, -지 못하다, -지 않다, 이 아니다(가 아니다), -는 것, -은 것, -을 것2, -을 것1

---

8) 빈도수 이외에도 문법 항목의 복잡도, 학습자의 난이도, 활용성, 교수·학습의 용이성 등을 고려하였다.

<표 8> 중급 문법·표현 항목(113 항목 기술)

조사(19)	같이, 이고(고4), 이며(하며, 이다2/다2), 커녕(는커녕/은커녕), 이나마(나마), 대로, 이든(이든지/든1/든지2), 이든가(든가), 이라고(라고1/라/이라),이란(란), 으로부터, 만큼, 이면(면2), 보고, 뿐, 아1(야1), 이야(야2), 요, 치고
선어말어미(1)	-었었-(-았었/-였었-)
연결어미(28)	-거니와, -거든1, -고도, -고서, -고자, -기에, -느라고, -는다거나, -는다고, -는다면, -다가2(-다3), -다시피, -더니, -더라도, -던데1, -도록, -든지1, -듯이, -어다가(-아다가/-여다가), -어도(-아도/-여도), -어야(-아야/-여야), -어야지1(-아야지1/-여야지1), -으나(-나2), -으니1(-니3), -으므로(-므로), -을래야(-ㄹ래야), -자마자(-자2), -었더니(-았더니/-였더니)
전성어미(1)	-던-
종결어미(17)	-거든2, -게2(-게요), -고3(-고요2), -는구나(-구나), -는다(-다4), -는다니(-다니, -라니), -더군, -더라, -던데2(-던데요), -어라(-아라/-여라), -잖아,-니1, -자1, -나요, -을걸(-ㄹ걸/-을걸요/-ㄹ걸요), -는다면서(-다면서/-라면서, -는다면서요), -어야지2(-아야지2/-여야지2)
표현(47)	-게

고급 문법·표현 항목은 양명희 외(2015)에서는 연구가 되어 있지 않으나, 김중섭 외(2011)에서는 총 112개의 고급 문법·표현 항목들이 제시되어 있다. 이 중 김중섭 외(2011)에서 최상급으로 제시된 '-듯이, 은들, -을망정, -을라치면(연결어미), -는 통에, -는데도 불구하고(표현)'를 제외하고, 또한 김중섭 외(2011)에서 고급으로 제시된 항목 중 양명희 외(2015)에서 초급 또는 중급에 설정된 항목들(총 14 항목, (20) 참조)을 제외하면 총 108개 항목이 된다(표9 참조).

(20) 가. 종결어미 8개: -을래(-을래요, -ㄹ래요), -자3, -니2(-으니5), -게5(-게요1), -는다면서1(-ㄴ다면서1, -다면서1, -라면서1, -는다면서요, -다면서요, -라면서요), -나3(-나요), -을걸(-ㄹ걸, -을걸요, -ㄹ걸요) -어야지(-아야지2, -여야지2, -어야지요, -아야지요, -여야지요),
나. 조사 1개: -이라고1(라고1, 라3, 이라)
다. 전성어미 1개: -던-
라. 연결어미 4개: -고서(-고서는, -고서야), -는다면1(ㄴ다면1, -다면1, -라면1), -더니, -던데1 [9])

---

9) 김중섭 외(2011)에서 고급으로 설정된 이 14개 항목은 양명희 외(2015)에서 -을래(-을래요, -ㄹ래요)(종결어미)를 제외하고는 모두 중급으로 산정하였으며, 이 '-을래'류는 초급으로 산정되어 있다.

<표 9> 고급 문법·표현 항목(108 항목 기술)

조사(11)	까지2, 이라도(라도1), 으로서(로서), 으로써(로써), 마저, 따라, 조차, 깨나, 이라고2(라고2), 을랑, 이라면(라면1)
선어말어미(0)	
연결어미(19)	-으려면, -려면, -는지(-ㄴ지1, -은지1, -을지), -을수록(-ㄹ수록), -으며(-며2), -고는(-곤, -고는 하다, -곤 하다), -길래, -다가는(-다간, -단1), -을지라도(-ㄹ지라도), -느니1(-느니보다, -느니보다는), -건대, -건만(-건마는), -기로서니, -느니만큼(-니만큼, -으니만큼, <유의> -느니만치, 니만치, -으니만치), -되(-으되, -로되), -디1, -이라야(-라야, -이라야만, -라야만), -으련마는(-련마는, -으련만, -련만), -는다고1(-다고1, -라고3, 으라고1, -자고1), -자면1
전성어미(0)	
종결어미(21)	-다니1(-다니요, -라니1, -라니요1), -거라, -고말고(-고말고요), -는가1(-ㄴ가1, -은가1), -는걸(-ㄴ걸, -은걸, -ㄴ걸요, -는걸요, -은걸요), -데(-데요), -더라고(-더라고요), -거들랑2(-걸랑2), -게3, -게4, -구려2, -네1, -는구만(-구만), -는가2(-ㄴ가2, -은가2), -나3(-나요), -던2, -던가1, -던가2, -라2, -으리오(-리오), -소.
표현(57)	-기는(-긴, -기는요, -긴요), -는 모양이다(-ㄴ 모양이다, -은 모양이다), -는 편이다(-는 편이다), -는가 보다(-는가 보다), -는 중이다, -으려다가(-려다가, -으려다, 려다), -어 보이다(-아보이다, -여 보이다), -는다고3(-ㄴ다고3, -다고3, -라고5, -느냐고2, -냐고2, -으냐고2, -자고3, -으라고3, -라고8), -을 모양이다(-ㄹ 모양이다), -을 뻔하다(-ㄹ 뻔하다), -는대2(-ㄴ대2, -는대요2, -대2, -대요2, -래2, -래요2, -으래2, -으래요2, -래4, -재, -재요), -게 마련이다(-기 마련이다), -게 생겼다, -기 나름이다(-을 나름이다), -기가 바쁘게(<유의> -기가 무섭게), -기가 쉽다(<유의> -기 십상이다), -기만 하다, -기에 따라, -기에 앞서(서), -은 나머지(-ㄴ 나머지), -는 데다가(-ㄴ데다가1, -은 데다가2, -ㄴ 데다가2, -은 데다가1), -는 동시에(-ㄴ 동시에), -는 듯하다(-ㄴ듯하다, -은 듯하다, -ㄹ 듯하다, -을 듯하다), -는 법이다(-ㄴ 법이다, -은 법이다), -는 이상(-ㄴ 이상, -은 이상), -은 채로(-ㄴ 채로), -는 척하다(-ㄴ 척하다, -은 척하다<유의> -는 체하다, -은 체하다), -는 가운데(-은 가운데), 는 말할 것도 없고(은 말할 것도 없고, <유의> 는 고사하고, 은 고사하고), -을 만하다(-ㄹ 만하다), -을 법하다(-ㄹ 법하다), -을 테다(-ㄹ 테다), -을 테면(-ㄹ 테면), -을 테지만(-ㄹ 테지만), -으려나 보다(-려나 보다), 를 가지고(을 가지고), -으면 몰라도(-면 몰라도), 에도 불구하고, -는데도(-ㄴ데도, -은데도), -어 내다(-아 내다, -여 내다), -는다기에(-ㄴ다기에, -다기에, -라기에1), -는다는 것이(-ㄴ다는 것이), -기 일쑤이다(-기 짝이 없다), 는 마당에(-ㄴ 마당에, -은 마당에), -는 한이 있어도(-는 한이 있더라도), -을 바에(-ㄹ 바에), -으려도(-려도), -으리라는(-리라는), 를 막론하고(을 막론하고, <유의> 를 불문하고, 을 불문하고), -어 치우다(-아 치우다, -여 치우다), -는다는(-ㄴ다는, -는단, -다는, -단2, -라는1, -란2), 이라고는(라고는, 이라곤, 라곤), -는다던가1(-다던가1, -라던가1), -으래서야(-래서야2), -으리라고(-리라고), -자면2.

다음에 빈도를 중심으로 무엇을 가르칠 것이냐 하는 기준은 '장면, 주제' 등과 같은 영역에도 적용될 수 있다.

(21) 가. 거리, 버스정류장, 시장, 집, 가게, 식당, 학교, 우체국, 은행, 지하철, 택시 문방구, 세탁소, 백화점, 휴게소, 직장, 슈퍼마켓
나. 공원, 택시정류장, 관광지, 다방, 하숙집, 공항, 기차역, 버스터미널, 매표소, 안내, 세관, 여행사, 교회, 병원, 약국, 미용실, 도서관, 극장, 버스, 비행기, 운동구정, 속옷가게, 캠프용품점, 경찰서, 관리사무소, 경비실, 성당, 사찰, 시골, 운동장

(22) 가. 개인 신상(이름, 나이, 직업, 가족 관계, 싫어하는 것과 좋아하는 것), 주거 상황 (방 개수), 직업(직종), 여가 시간(취미, 흥미), 여행(휴일, 장소), 대인 관계(친구 관계, 이메일, 전화), 건강(건강상태), 교육(학업, 분야), 쇼핑(음식), 음식과 음료 (종류, 외식), 공공시설(전화, 은행), 날씨(기후, 날씨 상태), 한국(경제, 문화, 사고방식, 전통, 습관)
나. 개인 신상(주소, 전화, 출생지, 종교, 성격), 주거 상황(자기집/월세/전세, 지역), 직업(위치, 여건, 전망), 여가 시간(TV, 컴퓨터), 여행(대중교통, 교통상황), 대인 관계 (초대, 편지), 강(보험, 몸), 교육(자격), 쇼핑 (옷/패션, 가격), 공공시설 (우체국, 병원), 한국(정치, 종교, 제도, 국제관계)
다. 정치(현대정치, 외교관계), 경제(경제정책), 사회(교육제도), 문화(식생활, 영화/연극, 유행), 역사(교육제도, 예술문화, 현대역사, 남북문제, 한국인의 사고), 문학(소설), 과학(컴퓨터, 과학기술), 기타(한자, 한자숙어, 속담)
라. 경제(기업, 물가, 시장), 사회(환경, 언론, 시사, 가족제도), 문화(의생활, 결혼, 대중연예, 신문, 스포츠, 전통예술, 민간신앙, 명절, 전통놀이, 문화유산), 역사(선사시대, 정치제도, 신분제도, 민중생활, 여성생활, 전쟁, 식민지생활, 한반도, 한국인의 기원, 한국어의 기원, 역사적 인물), 문학(전설, 현대시, 현대소설, 수필)

(23) 가. 정보를 구하거나 알리는 표현들(확인하기, 요청하기, 설명하기, 비교/대조하기), 지적인 태도를 나타내거나 알아내는 표현들(동의/반대하기, 거절하기, 초대에 응하거나 감정을 나타내거나 알아내는 표현들(즐거움/좋아함을 나타내기, 불쾌함/싫음을 나타내기, 희망을 나타내기, 만족/불만을 나타내기, 걱정이나 두려움을 나타내기, 더 좋아함을 나타내기, 감사를 나타내기, 동정심을 나타내기, 의도/의지를 나타내기, 소원/바람을 나타내기, 도덕성을 나타내거나 찾아내는 표현들(사과하기, 감사하기), 권고나 설득하는 표현들(제안하기, 요구하기, 설득하기), 대인 관계와 관련한 표현들 (인사하기, 사람들과 만나기, 소개하거나 받을 때 인사하기, 헤어질 때 인사하기, 음식을 권하고 받기)

> 나. 정보를 구하거나 알리는 표현들(정보를 재구성하기, 문제를 해결하기, 토의하기), 지적인 태도를 나타내거나 알아내는 표현들(기억이 있고 없음을 표현하고 묻기, 가능성이 있고 없음을 표현하고 묻기, 추론을 나타내거나 묻기, 허락을 하거나 받기), 감정을 나타내거나 알아내는 표현들(실망을 나타내기, 고통을 나타내기, 분노를 나타내기, 슬픔을 나타내기), 도덕성을 나타내거나 찾아내는 표현들(용서하기, 인정 내지 찬성하기, 후회하기), 권고나 설득하는 표현들(초청하기, 충고하기, 금지하기, 권유하기), 대인 관계와 관련한 표현들(주의 끌기, 관심을 나타내기, 식사를 시작할 때의 표현)

위는 외국인 학습자들이 높은 빈도로 접하는 '장면, 주제'에 해당한다. (21가, 나)는 이 절에서 말하는 장면 빈도성에 해당하는데, (21가)의 경우 외국인 학습자들이 가장 빈번하게 접하는 장면이며, (22나)는 보통으로 접하는 장면에 해당한다.

다음에 (22)는 주제 빈도성이다. (22가)는 초급 학습자들이 가장 빈번하게 접하는 주제이고 (22나)는 초급 학습자들이 보통 접하는 주제이다. (22다)는 고급 학습자들이 가장 빈번하게 접하는 주제이며 (22라)는 고급 학습자들이 보통 접하는 주제이다. 또한 (22가, 다)에 비해 (22나, 라)의 내용이 더욱 세분화된 주제를 담고 있다. 이러한 결과는 설문 조사를 바탕으로 하였기 때문에 학습자들이 실제로 접하는 주제 이외에 자주 접하거나 말하고 싶은 주제도 담고 있다. 예컨대 (22가)의 초급 학습자들의 '이메일'이나 '한국경제, 문화, 사고방식, 전통, 습관'와 같은 주제는 일반적인 초급의 표현 수준을 넘는 내용으로 초급 학습자들의 요구가 반영된 주제들이다. 고급 학습자가 자주 접하는 주제인 (22다)는 한국의 전체적 상황과 한국인의 사고방식을 이해하는 데에 필요한 주제이고, 보통 접하는 주제인 (22라)는 한국에 대한 자세한 정보를 담고 있다.[10]

(23가, 나)는 자주 접하는 기능 빈도를 말하는 데 (23가)는 가장 빈번하게 접하는 기능을, (23나)는 보통 접하게 되는 기능들에 해당한다. (23가)가 직접적이고 일반적인 기능을 담고 있는데 비해 (23나)는 고도의 기능적인 내용을 포함하고 있다(안경화·김정화·최은규, 2000:79-85 참조).

그런데 사용 빈도성을 고려한 위와 같은 학습 내용의 선정은 그 자체가 교육과정의 목표가 될

---

10) 한편 안경화 외(2000:79)에서는 고급 응답자가 자주 접하는 주제인 (22다) 중 '컴퓨터'를 든 이유에 대하여, 이는 컴퓨터 세대 학습자의 특징을 드러낸 것임을, 고급 응답자가 보통 접하는 주제인 (22라) 중 고급 읽기 교재에 수록된 문학 작품이 여기에 분류된 이유는 이들이 문학 작품을 통하여 간접적으로 한국이나 한국민에 대하여 이해하기보다는 '더욱 직접적인 자료를 통하여 정보를 얻기를 바라는 학습자의 태도를 반영한 것이다'라고 부연하고 있다.

수 없다. 그 이유는 교육과정의 목표 기술은 내용이 중심이 되지만 그 내용들을 모두 제시하는 것이 아니라 그 내용을 포괄할 수 있는 진술로 표현되어야 하기 때문이다. 내용을 포괄하는 방법은 여러 가지가 있겠으나, 크게 다음과 같이 두 가지 방법이 있다.

첫째, 목표를 진술할 때 가르칠 내용의 수가 정해져 있다면, 그 정해진 수를 목표로 진술하고, 구체적인 내용은 부록으로 제시한다(수치 중심 목표 기술). 예를 들어 '어휘 영역'을 살펴보면 아래와 같다.

(24) 가. 외국어 또는 제2언어 학습자들이 다의적 의미, 어휘의 내부 구조, 다른 어휘와의 통합적 또는 연합적 관계, 그리고 화용 정보와 담화적 맥락을 고려하여 <u>초급 수준의 어휘 1,835개</u>의 어휘를 중점적으로 학습함으로써, 유창하고도 정확하게 이해하고 사용할 수 있다.(초급 어휘 목표)
  나. …생략…<u>중급 수준의 어휘 3,855개</u>…생략….(중급 어휘 목표)
  다. …생략…<u>고급 수준의 어휘 4,945개</u>…생략….(중급 어휘 목표)
  라. '초급, 중급, 고급' 수준의 어휘는 부록으로 제시함.

곧 학습해야 할 어휘를 목표 진술에서 일일이 기술하는 것이 아니라, 그 학습할 수치만 진술하고 구체적인 어휘는 부록으로 제시하는 것이다. 한편 각 수준에서 정해진 어휘의 수는 그 어휘 학습의 질적인 측면을 고려하게 되면 그 양이 늘어날 수도 있다. 예컨대, '다의적 의미, 통합적 또는 연합적 관계' 등과 같이 관련된 어휘의 질적 측면을 고려하면 실제적인 어휘 학습의 수는 좀 더 늘어날 수 있다는 것이다. 좀 더 구체적으로 살펴보기 위하여 강현화 외(2015:29-35)의 산출 결과를 예로 들어 설명하면 다음과 같다.

<표 10> 종합 어휘의 수(전체 등급)

	초급	중급	고급	총합
선정 어휘	1,835	3,855	4,945	10,635
다의 항목	410	716	258	1,384
총합	2,245	4,571	5,203	12,019

<표 11> 노출된 총 어휘 수(전체 등급)

	초급	중급	고급	총합	중복 제거 후 합계
유의어	1,623개	2,829개	3,646개	8,098개	6,817개
반의어	428개	710개	810개	1,948개	1,815개
상위어	120개	137개	107개	364개	207개
하위어	517개	273개	211개	1,001개	926개
참조어	1,150개	1,269개	987개	3,406개	1,814개
합성어와 파생어	4,194개	5,841개	5,916개	16,606개	14,997개
큰말/작은말	45개	78개	91개	214개	214개
센말/여린말	10개	32개	40개	82개	82개
본딧말/준말	62개	89개	43개	194개	194개
높임말/평말	44개	29개	6개	79개	79개
관련어 수	6,939개	10,328개	11,111개	28,378개	23,197개

강현화 외(2015:29-30)[11]

(25) 길잡이말[12]

김치찌개[김치찌개를 끓이다]/의사[치과 의사]/바늘[바늘과 실]/목마르다[목마른 사람], 부럽다[부러운 마음]/윷놀이[윷놀이를 하다] 부정확[발음이 부정확하다] 철저[준비가 철저하다]/철저[준비가 철저하다]/충실[가정에 충실하다]/감정적[감정적 문제]

---

11) 노출된 관련어를 모두 합한 뒤 중복을 제거한 수치이다. 여기에는 해당 숙달도가 아닌 어휘가 포함되어 있을 수 있는데, 예를 들면 초급의 관련어에 중급 어휘가 포함되어 있는 경우, 초급을 기준으로 산정한 관련어이므로 초급 관련어 수에 포함되어 있다.(강현화, 2015:30 참조)

12) 길잡이말이란, 선정된 어휘의 뜻풀이나 세부 정보를 살펴보지 않고도 어떠한 의미인지 파악할 수 있도록 길잡이 역할을 하는 정보로 각 어휘에 부착된 내용을 말한다. 이는 동형어의 구분이나 다의항목의 의미 구분 역할도 겸할 수 있다. 길잡이 말 정보는 공기 관계, 연어 정보와 같은 연합 관계 정보 이외에, 아래와 같은 연합적 관계를 가지는 길잡이말 유형이 있다.
- 상위어 길잡이말 - [색] : 빨간색, 파란색, 빨강, 파랑 등./[나라]: 한국, 일본, 미국 등/[요일]: 월요일, 화요일, 수요일, 목요일 등…….
- 반의어 길잡이말 - '상류-하류', '상반신-하반신', '상위권-하위권' 등
- 파생어 길잡이말 - -가[전문가]/-감[책임감]
- 본말 길잡이말 - 걔[그 아이]

<표10>과 같은 다의 의미, <표11>과 같은 연합적 관계를 이루는 어휘, (25)와 같이 통합적 관계를 가지는 어휘들을 고려하면, 학습자들이 학습해야 할 어휘의 수는 그만큼 더 많이 늘어난다. 하지만, 이러한 어휘의 수까지 합산하여 어휘 목표를 제시할 수는 없다. 왜냐하면 이러한 어휘들은 정해져 있는 것이 아니기 때문이다. 달리 말하면 어휘의 수가 개방적이기 때문이다. 개방적 속성을 고려하여 어휘 목표 기술을 기술하면 위 목표의 진술에서 '초급 수준의 어휘 1,835개의 어휘를 학습함' 보다는 '초급 수준의 어휘 1,835개의 어휘를 학습하되, 어휘의 다양한 맥락과 관계를 고려하여 학습함'으로 기술되어야 한다.

둘째, 가르칠 영역이 정해져 있다면, 그 정해진 영역을 목표로 기술할 수 있다(용어 중심 목표 기술). 이는 다음 장에서 설명할 계열성의 원리와 연관이 있다. 계열성의 원리란 예컨대, '친숙성 – 비친숙성', '나(개인) – 가족 – 주변 – 일상생활 – 사회 생활 – 국가 생활 – 국제 생활', '정형화된 표현 – 비정형화된 표현', '구어 – 문어', '구체적 – 추상적'과 같이 선행 경험과 내용의 깊이와 넓이를 고려한 후 교육 내용을 종적으로 구분하여 조직할 때 적용되는 원리이다. 이러한 원리는 교육 내용이 수치화되지 않는 목표 또는 교육 내용이 개방적일 때 사용될 수 있는 진술 방법이다. 김중섭 외(2017:135)의 수준별 듣기 목표를 예로 들어 설명하면 다음과 같다.

<표 12> 듣기 목표

급	내용
1급	일상생활에서 오가는 매우 간단한 대화와 빈번하게 사용되는 정형화된 표현을 이해할 수 있다.
2급	일상생활에서 자주 접하는 주제의 대화를 이해할 수 있으며 자주 가는 장소에서 흔히 접하는 담화의 주요 정보를 이해할 수 있다.
3급	친숙한 사회적·추상적 주제에 대한 간단한 담화를 이해할 수 있으며 일상생활에서 자주 오가는 대부분의 대화를 이해할 수 있다.
4급	친숙한 사회적·추상적 주제에 대한 대부분의 담화를 이해할 수 있으며 자신의 직업과 관련된 기본적인 업무 상황에서의 대화를 이해할 수 있다.
5급	친숙하지 않은 사회적·추상적 주제 및 자신의 직업이나 학문 영역에서의 간단한 담화를 어느 정도 이해할 수 있다.
6급	친숙하지 않은 사회적·추상적 주제 및 자신의 직업이나 학문 영역에서의 다양한 담화를 거의 대부분 이해할 수 있다. 일상생활에서 일어나는 간단한 대화와 정형화된 표현(인사, 감사, 사과 등)을 듣고 이해할 수 있다.

위 듣기 목표의 진술 내용을 분석해보면 일상적인 주제(1, 2급)→3급과 6급(사회적·추상적 주제), 일상영역(1급-3급)→업무영역(4-6급)→학문영역(5-6급), 친숙성(3급-4급)→비친숙성(5급-6급), 주요 정보 이해(2급)→대부분 이해(3급), 간단한 담화(5급)→다양한 담화(6급)와 같이 '깊이와 넓이'를 표현할 수 있는 용어로 목표가 진술되어 있다. 그러나 이러한 목표 진술 방법은 사용되는 용어의 한계로 인해 가르칠 내용을 전부 포괄할 수 없는 문제가 제기될 수도 있다.

셋째 목표 진술은 두 가지 방법(수치 중심 목표 기술, 용어 중심 목표 기술)을 혼용할 수도 있다. 이는 정해진 수의 교육 내용이 있고, 그 주요 내용이 특정 용어로 포괄할 수 있을 때 가능한 방법이다. 예를 들어 초급 어휘 목표의 수(1,835)는 주로 일상생활과 주변 생활과 관련된 어휘가 대부분이기 때문에 아래 (26가)는

(26) 가. …생략…<u>초급 수준의 어휘</u> 1,835개의 어휘를 중점적으로 학습함으로써…생략…(초급 어휘 목표)
나. …생략… <u>일상 생활과 주변 생활</u>에서 주로 사용되는 어휘 1,835개의 어휘를 중점적으로 학습함으로써…생략…(초급 어휘 목표)

(26나)와 같이 기술할 수 있다. 이렇게 기술하는 이유 중 하나는 등급별 구분 용어 '초급'이라는 용어를 목표 기술에서 그대로 다시 사용하는 순환적인 문제를 해결할 수 있기 때문이다.

6 요약

행동 진술성

1) 개념
   가. 목표는 학습으로 도달해야 할 학습자의 행동, 즉 학습의 결과로 획득할 수 있는 최종 도달점을 진술해야 한다.
   나. 내용은 주로 명사(구)로 진술되고 행동은 동사(구)로 진술된다. 내용과 행동의 결합은 원칙적으로 하나의 목표에는 한 번 기술한다.
   다. 목표는 교사의 활동이 아니라 학습자의 행동으로 진술되어야 한다.
   라. 목표는 성공적으로 수업을 마친 학습자들이 보여 주어야 할 관찰될 수 있는 행위 동사로 명

시되어야 한다. 행위 동사는 가능하면 구체적 '행동 용어'로 진술되어야 한다.
마. 바람직한 목표는 학습자의 기대되는 행동과, 그 행동에 관련되는 학습 내용을 포함하되, 기대 행동은 반드시 구체화되어야 한다(Tyler:1950).
바. 학습목표는 내용과 행동 두 가지 요소가 포함되도록 진술되어야 한다. 학습 목표 속에는 반드시 학습 내용 또는 학습 자료와 함께 도착점 행동(성취 행동)이 명시되어야 한다(Tyler:1950).
사. 학습자가 목표에 도달한 증거로 받아들일 수 있는 '종착 행동'을 구체적인 행위 동사로 표현해야 한다(Mager:1962).
아. 어떤 상황에서 그와 같은 행동이 나타나기를 기대하는가에 대한 '종착 행동이 나타나는 상황이나 조건'을 제시한다(Mager:1962).
자. 종착 행동이 성공적인 것인지 아닌지를 평가할 수 있는 수락 기준 또는 준거가 명시되어야 한다(Mager:1962).
차. 목표를 '일반 목표'와 '명세 목표'로 두 단계로 구분하여 진술해야 한다(Gronlund:1973).
카. 행동 목표의 적합성 여부를 판정하기 위한 준거에는 '상황, 제약 조건, 행위 동사, 대상, 학습될 능력'이 있다(Gagné:1979).

2) 적용
  가. Tyler(1950)식 목표 진술
  - <u>한글의 자모 체계를</u> <u>설명할 수 있다.</u>
      내용 영역   행동 영역

  나. Mager(1962) 식 목표 진술
  - '마트'에 갈 때 '물건 사기 표현'을 2가지 이상 사용하여 <u>물건을 살 수 있다.</u>
      조건   도달 기준   행동

  다. Gronlund(1973)식 목표 진술
  - 요일 표현의 이해(일반적 진술)
  - ① 'NP에는 무엇을 하나요?'가 사용되는 상황 표현을 듣고 <u>친구의 계획을 열거할 수 있다</u>
     (명세적 진술).   구체적 행동
    ② 요일과 관련된 어휘를 익혀, 이를 <u>친구들에게 설명할 수 있다</u>(명세적 진술).
                                    구체적 행동

③ 시간의 처격 조사(에)를 활용하여 한 주간의 <u>일정표를 만들 수 있다</u>(명세적 진술).
구체적 행동

라. Gagné 외(1979)식 목표 진술
- '전화하기' 역할극 상황을 통하여(→ 상황) 학습자는 먼저 이 전에 배운 전화 예절 표현을 생각하면서(→ 도구/제약조건) 전화기를 들고 상대방과 이야기를 한다(→ 행위). 이 때 '속격 조사(의), N(의) N, 평서형 종결어미 V(으)세요, 부정 표현 안, 미래 시제 V-겠-'을(→ 내용) 사용하며 대화할 수 있다(→ 능력).

위계성

1) 개념
   가. 목표는 계층적으로 구성되고, 상위 목표의 내용은 하위의 목표들을 포괄해야 하며, 하위의 목표들은 구체적으로 기술되고, 그리고 그 합은 상위의 목표에서 포괄되어야 한다.

2) 적용
   가. 총목표 → 상위 영역별 목표 → 하위 영역별 목표 → 내용 목표 → 등급별 내용 목표
   나.

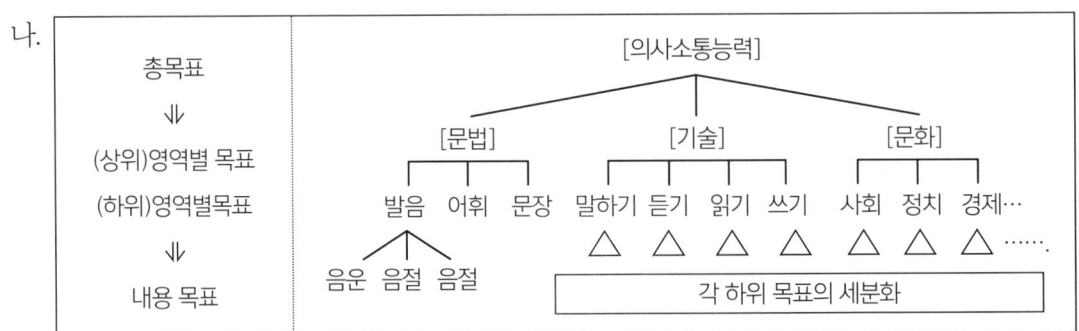

포괄성

가. 상위 목표 ← {하위 목표a, 하위 목표b, 하위 목표c ······}
나. 포괄성의 원리는 필요조건이다.
다. 포괄성의 전제에는 '가능한 한'이라는 의미를 염두에 둘 필요가 있다.
라. 가르칠 내용을 전부 포괄한다는 것이 아니라 의사소통 능력을 가장 최대한 신장시킬 수 있는 대표적인 것 또는 적용 가능성이 높은 것을 포괄해야 한다는 의미이다.

사용 빈도성

1) 개념
   가. 사용 빈도성이란, 목표를 설계하는 데 가장 핵심이 되는 교육 내용들은 한국어가 사용되는 상황에서 자주 사용 또는 적용 되는 내용을 중심으로 설계해야 한다는 것이다.
   나. 사용 빈도성은 '주제, 상황, 기능, 표현, 어휘, 발음, 문장' 등 영역별로 그 사용 빈도를 살펴볼 수 있는데, 이에 따라 '주제 빈도성, 상황 빈도성, 기능 빈도성, 표현 빈도성, 어휘 빈도성, 발음 빈도성, 문장 빈도성' 등으로 명명할 수 있다.
   다. 빈도성이 곧 사용 가능성을 뜻하지는 않는다. 곧 특정 환경에서 빈도가 높다고 하더라도 다른 환경에서는 빈도가 낮을 수 있다. 아울러 특정 환경에서 사용될 가능성이 높다고 하더라도 빈도가 낮을 수 있다.
   라. 사용 빈도성은 교육과정의 내용 목표를 정하는 데 매우 유용하게 활용된다.

2) 사용 빈도성을 반영한 내용 진술 방법
   - 목표를 진술할 때 가르칠 내용의 수가 정해져 있다면, 그 정해진 수를 목표로 진술하고, 구체적인 내용은 부록으로 제시한다(수치 중심 목표 기술).
      예) …생략… 초급 수준의 어휘 1,835개의 어휘를 중점적으로 학습함으로써, 유창하고도 정확하게 이해하고 사용할 수 있다.(초급 어휘 목표)
   - 가르칠 영역이 정해져 있다면, 그 정해진 영역을 목표로 기술할 수 있다(용어 중심 목표 기술).
      예) 일상생활에서 오가는 매우 간단한 대화와 빈번하게 사용되는 정형화된 표현을 이해할 수 있다.
   - 두 가지 방법(수치 중심 목표 기술, 용어 중심 목표 기술)을 혼용할 수도 있다.
      예) …생략… 일상 생활과 주변 생활에서 주로 사용되는 어휘 1,835개의 어휘를 중점적으로 학습함으로써…생략…

7 토론과 과제

1) Mager(1962)의 목표 기술 방법을 활용하여 '약속하기'에 대한 목표를 기술해 보라.

2) 총목표 '의사소통 능력'과 상위 영역별 목표를 '기술'한 다음 하위 영역별 목표 중 '말하기' 목표를 진술하려고 한다. '말하기' 목표를 기술한 후 위계성의 원리에 따라 '내용 목표' 그리고 '등급별 내용 목표'를 기술해 보라.

> 총목표 → 상위 영역별 목표 → 하위 영역별 목표 → 내용 목표 → 등급별 내용 목표

3) 포괄성의 원리는 모든 교육 내용을 포함하는 것이 아니라 대표적인 교육 내용을 기술한다는 대표성의 특성이 포함되어 있다. '사회 문화' 영역 중 우리 사회의 문화를 대표할 수 있는 '교육 내용'을 선정하여, 이를 목표로 기술하고 그 선정 이유를 설명하라.

4) 다음은 고급 문법·표현 항목 중 조사 학습 항목들이다.

> 까지2, 이라도(라도1), 으로서(로서), 으로써(로써), 마저, 따라, 조차, 깨나, 이라고2(라고2), 을랑, 이라면(라면1)

이를 수치 중심의 목표 기술 방법과 용어 중심 목표 기술 방법으로 목표를 진술해 보라.

제10장

한국어 교육과정 목표 기술의 원리 II

- 계열성, 계속성, 나선형, 통합성, 난도 -

한국어 교육과정 목표 기술의 원리 Ⅲ
– 계열성, 계속성, 나선형, 통합성, 난도 –

1. 들어가는 말
2. 계열성(Sequence)
3. 계속성(Continuity)
4. 나선형(Spiral form)
5. 통합성(Integration)
6. 난도(Difficulty)
7. 요약
8. 토론과 과제

1 들어가는 말

이 장의 목적은 앞 장에 이어 외국인 학습자를 위한 한국어 교육과정의 목표를 조직하는 원리들에 대한 개념과 그 원리들의 적용 양상을 살펴보는 데 있다. 앞 장에서 보았듯이 한국어 교육과정의 목표를 조직하는 원리들에는 '행동 진술성, 위계성, 포괄성, 사용 빈도성, 계열성, 계속성, 나선형, 통합성, 난도' 등이 있다. 이러한 원리들은 교육과정의 목표를 기술하는데 있어 상호 복합적으로 적용된다. 이 장에서는 이러한 원리들 중 '계열성, 계속성, 나선형, 통합성, 난도'의 개념을 살펴본다. 아울러 한국어 교육과정의 목표를 기술하는데 이러한 원리들이 어떻게 적용되는지를 함께 고찰하고자 한다.

2 계열성(Sequence)

2.1 개념

'계열성'이란 교육 내용을 종적으로 조직할 때 활용되는 원리 중 하나이다. 이 개념은 선행 경험과 내용들을 기초로 하여 다음 경험과 내용들을 전개하는 원리로, 그 경험과 내용들의 깊이와 넓이를 점진적으로 더해 감으로써 학습을 심화시키는 원리이다. 학습자들의 능력은 언어와 사고가 발달해감에 따라 인지적 능력, 언어 능력, 사고 처리 능력, 지적 능력 등이 발달된다. 따라서 이러한 능력들의 발전적인 변화에 따라 교육과정 속의 학습 내용의 폭과 깊이를 심화·발전시켜 나가야 된다. 예를 들어 읽기의 경우, 단순한 사실적 이해로부터, 추론적 이해, 다음에 비판적 이해와 같이 학습자의 처리 능력을 점차 심화시켜야 한다. 곧 단순한 글에서부터 복잡한 글로, 그리고 기초적 정보를 얻고자 하는 읽기 자료로부터, 자신의 주장과 견해를 피력할 수 있는 보다 복잡한 읽기 자료로 그 내용을 심화시켜나가야 한다는 것이다. 이러한 방향으로 학습 내용을 종적으로 배열하여 조직을 구성하고 학습자들이 단계적으로 학습해나갈 때, 다양한 실제 상황에 해당 학습 내용을 응용할 수 있는 적용 능력 그리고 해당 학습 내용에 대한 자연스러운 습관화를 형성할 수 있다. 그런데 '깊이'와 '넓이'라는 개념은 매우 다양한 범위에서 적용되기 때문에 계열성 원리의 실현 방법도 매우 다양하게 나타난다. 좀 더 구체적으로 말하면 '깊이'와 '넓이'라는 개념은 아래와 같이 매우 다양한 방법으로 구체화 된다.

(1) 가. 간단한 내용에서 복잡한 내용으로
  나. 구체적인 개념에서 추상적이거나 형식적인 개념으로
  다. 부분에서 전체로 또는 전체에서 부분으로
  라. 친숙한 주제에서 비친숙한 주제로
  마. 가까운 곳에서 먼 곳으로
  바. 나와 관련하여 내 주변 또는 일상생활권에서, 직장 또는 사회생활권, 더 나아가 나와 관련 없는 타자의 생활권으로
  사. 하위 기능 또는 요소에서 상위의 기능 또는 요소로
  아. 가까운 시간에서 먼 시간으로
  자. 즉시 그리고 직접적으로 적용되는 것에서 나중 그리고 간접적으로 적용되는 것으로
  차. 일반적인 것에서 특수적인 것으로 또는 특수적인 것에서 일반적인 것으로(연역적 절차 또는 귀납적 절차로)
  카. 선수 학습에서 후속 학습으로 등[1]

---

1) 곽유정(2017), 김혜영(2017), 김경환(2017), 류보라(2016), 장지원(2015), 송현정(2014), 천경록(2013), 한연희·전은주(2011), 한양선(2010), 고순원(1996), 박도순·변영계(1987), Tyler(1949) 참조.

2.2 적용

한국어 교육에서 교육과정을 구축할 때에도 역시 이러한 계열성의 원리가 적용된다. 먼저 국제 통용 한국어 표준 교육과정(2017:135)의 수준별 듣기 목표를 예로 들어 설명하면 다음과 같다.

<표 1> 듣기 목표

1급	일상생활에서 오가는 매우 간단한 대화와 빈번하게 사용되는 정형화된 표현을 이해할 수 있다.
2급	일상생활에서 자주 접하는 주제의 대화를 이해할 수 있으며 자주 가는 장소에서 흔히 접하는 담화의 주요 정보를 이해할 수 있다.
3급	친숙한 사회적·추상적 주제에 대한 간단한 담화를 이해할 수 있으며 일상생활에서 자주 오가는 대부분의 대화를 이해할 수 있다.
4급	친숙한 사회적·추상적 주제에 대한 대부분의 담화를 이해할 수 있으며 자신의 직업과 관련된 기본적인 업무 상황에서의 대화를 이해할 수 있다.
5급	친숙하지 않은 사회적·추상적 주제 및 자신의 직업이나 학문 영역에서의 간단한 담화를 어느 정도 이해할 수 있다.
6급	친숙하지 않은 사회적·추상적 주제 및 자신의 직업이나 학문 영역에서의 다양한 담화를 거의 대부분 이해할 수 있다.

위의 듣기 목표의 내용을 분석해보면 아래에서 보듯이 '깊이와 넓이'를 표현할 수 있는 용어로 목표가 진술되었다.

(2) 가. 일상적인 주제나 표현(1, 2급) → 사회적·추상적 주제나 표현(3급, 6급)
　　나. 일상영역(1급-3급) → 업무영역(4-6급)→학문영역(5-6급)
　　다. 친숙성(3급-4급) → 비친숙성(5급-6급)
　　라. 주요 정보 이해(2급) → 대부분 이해(3급)
　　마. 간단한 담화(5급) → 다양한 담화(6급)

위를 좀 더 자세히 살펴보면, 1급의 '일상생활, 정형화된 표현(인사, 감사, 사과), 개인 신상, 일상생활 문화', 그리고 2급의 '일상생활, 자주 가는 장소(마트, 식당), 기본적인 문화' 등과 같은 주제는 '개인적 친밀성'을 강조한 것이라고 볼 수 있다. 또한 3급의 '친숙한 사회적·추상적 주제(직업, 사랑, 교육 등)나 문어와 구어 구분, 사회와 문화 요소(나이 등)', 4급의 '친숙한 사회적·추상적 주제와 업무 처리, 사회 문화 요소' 등은 그 내용을 '사회적 친밀성'으로 심화·확대해 나간 것이다. 아울러 5급의 '친숙하지 않은 사회적·추상적 주제(정치, 경제, 과학기술 등), 학문적 영역, 공식적인 맥락', 그리고 6급의 '친숙하지 않은 사회적·추상적 주제(정치, 경제, 과학기술 등)나 문화 다양성과 특수성' 등은 '비친밀성'이라는 심리적 거리의 심화와 확대를 염두에 둔 것으로 보인다. 따라서 이러한 배열은 바로 계열성을 고려한 조직 구성이라고 할 수 있다.

다음에 이정희 외(2015)의 읽기 교육과정을 보면 텍스트를 읽고 해석에 관여하는 사고의 절차와 과정을 크게 4가지로 구분하였는데, 이도 역시 계열성과 관련이 있다.

> (3) 한국어 읽기에서의 기술은 텍스트를 읽고 해석에 관여하는 사고의 절차와 과정을 의미하며 사실적 이해, 추론적 이해, 비판적 이해, 감상적 이해로 세분화할 수 있다. 먼저 사실적 이해는 텍스트에 명시적으로 드러난 사실을 객관적으로 파악하는 것을 의미하며 특정 사실이나 사건에 관한 확인이 이에 해당한다. 추론적 이해는 텍스트에 숨겨진 의도나 생략된 내용을 파악하는 것으로 텍스트에 명시적으로 제시된 정보에 대한 이해를 넘어 텍스트 내 정보들 간의 암시적 관계와 텍스트 내용과 학습자의 배경 지식 간의 관계에 대한 이해를 포함한다. 다음으로 비판적 이해는 글의 내용과 자료 및 논증 방식과 표현 등이 적절하고 타당하며 정확한지를 비판적으로 보는 것으로 사실적 이해와 추론적 이해를 바탕으로 텍스트의 정확성, 가치 등에 대한 판단 및 평가 활동을 포함한다. 마지막으로는 문학 작품 등의 텍스트를 읽고 등장인물의 심정을 파악하는 등의 감상적으로 독해하는 감상적 이해가 있다.

위에서 보면 읽고 해석에 관여하는 사고와 절차 과정을 '사실적 이해, 추론적 이해, 비판적 이해 그리고 감상적 이해'로 크게 네 가지로 구분하였다. 이러한 이해 절차 기술은 '간단한 내용에서 복잡한 내용으로'의 관계를 갖는다. 곧 글에서 명시적으로 나타난 사실에 대한 이해(사실적 이해)는 기초적 사고 인지 과정인 반면, '추론적 이해'는, 자신의 텍스트를 이해하기 위해 학습자가 자신의 경험, 배경 지식, 원인과 결과나 시간 순서 등과 같은 일반적인 사고 지식을 활용해 글에 드러나지 않은 정보와, 이를 통해 전달하고자 하는 글의 목적 등을 추론하기 때문에 '사실적 이해'보다 좀 더 복잡한 사고 인지 과정에 해당한다. 또한 '비판적 이해'는 텍스트의 내적 의미의 이해를 넘어, 텍스트의 존재 자체가 지니는 사회적인 효과 그리고 텍스트 외적인 읽기 요인과 관련된다. 따라서 '추론적 이해'보다 좀 더 복잡한 사고 처리 과정을 요구한다. 구체적으로 말하면 '비판적 이해'는 텍스트 생산의 의도, 즉 저자의 집필 의도를 파악해야 할 뿐만 아니라, 텍스트 생산 과정에 작용하는 사회적인 맥락과의 상호 관련성을 파악해야 한다는 점, 더 나아가 텍스트에서 제시하고 있는 문제에 대해 독자적인 해결 방향을 설계하고, 형식면에서 텍스트의 효과를 살릴 수 있는 다양한 표현 방법을 창안해 내는 사고 처리 과정이기 때문에, 글의 문맥 안에서 파악하는 '추론적 이해'보다 좀 더 고도의 인지 처리 과정을 가진다. 한편 '감상적 이해'는 텍스트의 미적 구조와 글에 드러난 사회·문화적 양상을 이해하고 글에 나타나는 인물이나 필자의 생각에 공감하며 감상적인 태도로 텍스트를 이해하기 때문에 '추론적 이해'나 '비판적 이해'의 수준과 비슷한 복잡성을 갖는다. 하지만 감상적 이해의 제재가 보통 '시, 소설, 수필' 등의 문학 작품을 기반으로 하고, 또한 글에 대한 공감과 내면화를 요구한다는 점에서 한국인의 정서와 같은 외적 요인에 대한 또 다른 배경적 지식을 요구한다. 따라서 '비판적 이해' 수준 또는 이 이상의 복잡한 인지 사고 과정을 요구한다고 볼 수 있다(이정희 외, 2015:86-102 참조).

이러한 점을 염두에 두면 초급 단계에서는 아래와 같은 주로 사실적 이해를 요구하는 학습을 목표로 하며, 텍스트 유형으로 주로 정보에 대한 전달과 이해를 도모할 수 있는 주제와 설명적 텍스트를 위주로 한 교육과정이 구성된다.

(4) 가. 사실적 이해
- 한글 자음과 모음, 받침 등을 식별하여 읽는다.
- 각각의 단어를 이해하며 읽는다.
- 문장 구조에 주의를 기울이며 읽는다.
- 글의 중심 소재를 찾는다.

나. 한국어교육용 대화문/담화문, 픽토그램(장소, 위치, 규칙, 일기예보 등), 지도(노선도, 관광지 약도 등), 안내 문구(목적지, 시간, 특정 정보, 출입, 방향 등), 이름, 주소, 학년·반 표시, 신분증, 명함, 티켓(교통편, 공연/장소 입장권 등), 화폐, 간판, 제품명, 메뉴, 일정표(시계, 달력, 시간표, 다이어리 등), 일기예보, 안내문(미아 찾기, 간단한 공지), 내복약 설명서, 현금 자동 지급기 메뉴(이정희 외, 2015:69-70).

이에 반해 중급은 사실적 이해에 대한 반복적 학습뿐만 아니라, '추론적, 비판적, 감상적 이해'에 대한 교육 목표가 설정된다.

(5) 가. 사실적 이해
- 글의 전개 방식을 파악한다.
- 글의 중심 소재를 찾는다.
- 글의 핵심 어휘를 찾는다.
- 각 단락별로 중심 문장과 보조 문장을 구분한다.
- 각 단락별로 중심 내용을 찾는다.
- 글의 인물, 배경, 사건을 파악한다.

나. 추론적 이해
- 글의 주제문을 찾고 주제를 추론한다.
- 작가가 글을 쓴 의도나 동기, 목적을 파악할 수 있는 구절이나 문장, 단락을 찾는다.
- 작가의 감정이나 생각을 유추할 수 있는 구절이나 문장, 단락을 찾는다.
- 시대적, 사회 배경, 문화적 전통 등을 고려하여 의미를 해석한다.

다. 비판적 이해
- 글을 읽고 소재와 관련된 작가의 생각을 비판적으로 이해한다.
- 글을 읽고 작가의 가치관이나 사고방식을 비판적으로 이해한다.

라. 감상적 이해
- 문학 작품을 읽고 작가의 기분과 감정을 이해하고 공감한다.
- 문학 작품을 읽고 작가의 경험에 비추어 자신의 삶을 성찰한다.

이와 더불어 텍스트는 '친숙하거나 실용적인 유형'을 다룬다.

(6) 가. 정보전달과 이해를 위한 텍스트: 친교적 자기소개서, 제품 광고, 간단한 구인/모집 광고, 시설 이용 안내문, 경고/사용불가 안내문, 간단한 주택 매매 광고문, 자세한 길 안내문, 직장 내 표지/안내문, 관공서 이용 절차 안내문, 플래카드의 기본 정보, 평이한 상품/제품 설명서, 여행 안내문, 여행 광고문, 호텔/항공 예약 사이트, 영화/공연 포스터, 분실물 안내문, 사진 신문 기사, 간단한 사건/사고 신문 기사, 연예나 사회 관련 뉴스 헤드라인, 평이한 인터뷰 기사, TV 프로그램명, 책/영화/공연 제목, 한 줄 정도의 서평/영화평/공연평, 영화/공

> 연 포스터, 요리/조리법, 일상생활에 관한 블로그/SNS, 평이한 성격의 텍스트, 시험지 지시문, 성적표, 그래프/도표, 공익광고, 제품광고, 구인/모집 광고, 미술관/박물관 설명문, 친숙한 대상에 관한 설명문
> 나. 문학적 반응과 표현을 위한 텍스트: 노래 제목, 평이한 노래가사, 평이한 수필/여행 감상문/독서 감상문, 평이한 소설/시/시나리오/희곡/만화의 일부분
> 다. 비판적 분석과 평가를 위한 텍스트: 평이한 입사 지원서, 학업 계획서, 평이한 논설문, 평이한 내용의 인터넷 게시글, 평이한 서평/영화평/공연평, 평이한 제안서
> 라. 사회적 상호작용을 위한 텍스트: 안부/축하/감사/위로/격려/문의 메시지/전자우편(이메일)

고급 교육과정의 경우는 '사실적 이해, 추론적, 비판적, 감상적 이해'에 대한 교육 목표가 설정되었다는 점은 중급과 마찬가지이나, 그 내용이 심화되고 텍스트의 유형도 '친숙하지 않은 전문적인 영역'을 다룬다는 점에서 그 깊이와 넓이가 심화된다.

(7) 가. 사실적 이해
- 글의 세부 내용을 파악한다.
- 글에서 세부 정보를 찾는다.
- 글에 나타난 지시어나 지칭어의 대상을 파악한다.
- 글에 나타난 도표나 그래프 등의 시각 자료의 의미를 해석한다.
- 글의 중심 소재를 파악한다.
- 글의 제목을 이해한다.
- 담화 표지에 유의하여 글 전체의 조직 및 전개 방식을 파악한다.

나. 추론적 이해
- 글의 제목, 소재를 통해 주제를 추론한다.
- 문장의 논리적 흐름을 파악한다.
- 단락이나 문장의 순서를 파악한다.
- 글 제목을 추측한다.
- 전후 이야기를 유추한다.
- 문맥에서 의미를 추론한다.

다. 비판적 이해
- 글에 나타난 필자의 의도를 파악한다.
- 글을 쓴 목적과 이유를 파악한다.
- 글의 논점을 파악한다.
- 글의 분위기를 파악한다.
- 글 내용의 정당성이나 적절성을 평가한다.

라. 감상적 이해
- 텍스트의 미적 구조와 글에 드러난 사회·문화적 양상을 이해한다.
- 필자의 심정이나 태도를 이해하고 글의 가치를 판단한다.
- 텍스트의 내용이나 문학적 구조 속에 나타난 비유, 정서, 인물의 심리 및 삶의 태도를 음미한다.
- 텍스트만을 고립적으로 읽지 않고 사회적, 문화적 맥락 속에서 이해하고 감상한다.

(8) 가. 정보 전달과 이해를 위한 텍스트: 설명문, 인터넷 게시 글(정보 제공), 인터넷 뉴스, 신문 헤드라인, 일반적인 신문/잡지 기사, 전문적인 주제의 신문 기사, 다큐멘터리 자막, 시사 프로그램 자막(정보 제공), 영화/드라마 자막, 생활 과학 상식, 백과사전(일반적인 정보), 자신의 전문 분야 강의 자료(PPT/간단한 강의안), 업무 보고서, 각종 계약서
나. 문학적 반응과 표현을 위한 텍스트: 수필/소설/시/시나리오/희곡/만화, 우화/설화/민담
다. 비판적 분석과 평가를 위한 텍스트: 자기소개서, 입사 지원서/학업 계획서, 관찰 보고서, 연구 계획서, 학술 보고서, 학술 논문, 제안서, 기획서, 논설문, 대자보, 인터넷 게시 글(의견), 논설(논평/사설/칼럼), 시사 프로그램 자막(의견피력), 토론 프로그램 자막서평/영화평/공연평
라. 사회적 상호작용을 위한 텍스트: 사회소통 문제 해결을 위한 제안서/건의문/상담문, 일반적인 축사/기념사, 인터넷 댓글, 종교적인 글(성경/경전 등)

좀 더 구체적으로 말하면, 다음과 같은 목표는 중급에 비하여 심화 확대된 목표이다.

(9) 가. 문장의 논리적 흐름을 파악한다. 전후 이야기를 유추한다(추론적 이해).
  나. 글을 쓴 목적과 이유를 파악한다. 글의 논점을 파악한다, 글 내용의 정당성이나 적절성을 평가한다(비판적 이해).
  다. 필자의 심정이나 태도를 이해하고 글의 가치를 판단한다, 텍스트의 내용이나 문학적 구조 속에 나타난 비유, 정서, 인물의 심리 및 삶의 태도를 음미한다(감상적 이해).

더 나아가 뉴스, 다큐멘터리, 설화, 민담, 연구 계획서, 학술 보고서, 논설(논평/사설/칼럼), 기념사, 종교적인 글(성경/경전) 등과 같은 텍스트 유형은 '친숙하지 않은, 전문적인' 영역이라는 점에서 중급보다 좀 더 복잡하고 심화된 주제로 볼 수 있다.

3 계속성(Continuity)

3.1 개념

'계속성'의 원리란 다양한 학습 내용 중 중요한 요소들은 계속해서 반복적으로 학습되도록 교육과정을 설계해야 한다는 것이다. 이는 교육 내용 가운데 중요한 줄거리가 의미 있게 지속적으로 학습 되어야 하며 중요한 '개념, 기능, 능력 그리고 가치 체계'들은 일관성 있게 반복적으로 다루어져야 한다는 뜻을 내포한다. 이 개념도 Tyler(1949)에서 연유하였는데, 1절에서 말한 '계열성'과 더불어 교육과정 구성 항목에 대한 수직적(단계적) 조직 방법의 중요한 원리 중 하나이다.

'계속성'과 '계열성'의 차이는 '계속성'이 학습 요소들 사이의 공통적인 측면을 강조하는 것이라면 '계열성'은 이들 사이의 깊이와 넓이라는 차별성을 강조한다는 점이다. '계속성' 원리는 학습 심리적 측면에서 망각의 법칙과도 관련이 있다. 학습자는 자신이 배운 내용을 망각하지 않게 하기 위해서는 배운 내용에 대한 다각적인 고찰과 다양한 방법을 활용한 지적 처리 과정이 필요한 데, 이를 위하여 학습 목표와 직결된 지식이나 과정 또는 행동 양식을 일정 기간 동안 계속해서 반복 학습이 되도록 조직해야 한다는 것이다. 곧 여러 학습 상황에서 몇 번이고 계속적으로 반복 학습이 되도록 함으로써 학습자들로 하여금 내면화 또는 습관화된 지식이나 능력을 신장시키고자 하는 것이 이 원리의 기본 취지이다. 이 원리는 주요한 학습 내용을 상당한 기간 동안 또는 여러 번 반복함으로써, '학습 강화'의 효과를 얻고자 하는 것이다. 언어 학습은 한 번의 경험으로 습득되는 것이 아니라 여러 번의 누적적인 경험을 통해서 강화가 이루어지기 때문이다.

그렇다면 교육과정에서 반복적으로 제시되어야 할 교육내용은 무엇인가? 미국의 교육과정을 예를 들어 보면 '사실적 지식' 중심의 반복과는 다른 '기능 영역' 중심의 반복을 수용하고 있고(이용숙 외, 1995), 영국의 경우 Tyler에서 예로 제시된 '개념, 가치, 기능적 요인'과 관련된 학습 내용을 반복적으로 제시하고 있다. 곧 계속성과 관련하여 반복되어야 할 교육내용은 '단편적 사실'이나 '사실적 지식' 보다는 각 교과에서 중요하게 다루어지는 핵심적 아이디어, 기본주제, 사고방식, 또는 인지적 기술 등 '일반적이고 고차원적인 수준의 지식'으로 규정되고 있다(황규호, 2013). 고차원적인 수준의 지식은 해당 교과를 이해하고 학습하기 위한 기본적인 지식이면서 동시에 학습의 심화를 통해 교과의 최종 목적을 달성할 수 있는 지식으로 이해될 수 있다.

3.2 적용

한국어교육과정의 분류에서 '계속성'의 원리의 반영 모습을 살펴보기 위해 국제 통용 한국어 표준 교육과정(2017)의 학습 내용 목표 중 일부를 예로 들어 설명하면 다음과 같다.

<표 2> 발음 교육의 목표(국제 통용 한국어 표준 교육과정, 2017:86-89)

대분류	중분류	항목	등급 1	2	3	4	5	6
음운 현상	경음화	장애음 뒤 경음화 현상이 일어난 발화를 듣고 이해한다.		✓				
		장애음 뒤 경음화 현상이 일어나는 환경을 알고 정확하게 발음한다.			✓			
	격음화	격음화 현상이 일어난 발화를 듣고 이해한다.		✓				
		격음화가 일어나는 환경을 알고 정확하게 발음한다.			✓			
	비음화	장애음의 비음화가 일어난 발화를 듣고 이해한다.		✓				
		장애음의 비음화가 일어나는 환경을 알고 정확하게 발음한다.			✓			
		유음의 비음화가 일어난 발화를 듣고 이해한다.		✓				
		유음의 비음화가 일어나는 환경을 알고 정확하게 발음한다.			✓			

			1	2	3	4	5	6
초분절음	유음화	/ㄴ/이 /ㄹ/로 바뀐 발화를 듣고 이해한다.		✓				
		/ㄴ/이 /ㄹ/로 바뀌는 환경을 알고 정확하게 발음한다.			✓			
	/ㄴ/첨가	/ㄴ/이 첨가된 발화를 듣고 이해한다.			✓			
		/ㄴ/이 첨가되는 환경을 알고 정확하게 발음한다.				✓		
	첨가	/ㄷ/이 첨가되어 경음화가 일어난 발화를 듣고 이해한다.			✓			
		/ㄷ/이 첨가되어 경음화가 일어나는 환경을 알고 정확하게 발음한다.				✓		
	구개음화	구개음화가 일어난 발화를 듣고 이해한다.	✓					
		구개음화가 일어나는 환경을 알고 정확하게 발음한다.		✓				
	/ㅎ/탈락	/ㅎ/가 탈락된 발화를 듣고 이해한다.	✓					
		/ㅎ/가 탈락되는 환경을 알고 정확하게 발음한다.		✓				
	끊어 말하기	발화를 듣고 끊어 말하는 단위를 파악한다.	✓					
		이해 가능한 단위로 발화를 끊어 말한다.		✓				
		어느 정도 정확한 단위로 발화를 끊어 말한다.(음운 단어 및 음운구의 실현)			✓			
		끊어 말하기 단위에서 일어나는 음운 현상을 어느 정도 정확하게 발음할 수 있다.				✓		
	어조	상대방의 발화를 듣고 전반적인 어조를 파악한다.				✓		
		상황에 맞게 어조를 구별하여 적절히 구사한다.					✓	
	휴지	소통 장애 극복을 위해 휴지를 적절히 활용한다.		✓				
		자연스러운 의사소통과 발화 효과를 위해 휴지를 적절히 활용한다.				✓		
	발화속도	외국인에게 조정된 속도의 발화를 이해한다.	✓					
		정상적인 속도의 발화를 이해한다.			✓			
		자연스러운 의사소통과 발화 효과를 위해 발화 속도를 적절히 조절해 발화한다.					✓	
	기타	억양이나 휴지, 발화 속도 등을 통해 전달되는 화자의 태도, 발화의 뉘앙스를 이해한다.					✓	
		억양이나 휴지, 발화 속도 등을 통해 자신의 태도, 발화의 뉘앙스를 표현한다.					✓	

현실 발음	약화(수의적 /ㅎ/탈락)	유성음 사이에서 약화된 /ㅎ/를 듣고 정확하게 이해한다.	✓				
		/ㅎ/가 유성음 사이에서 약화됨을 알고 정확하게 발음한다.		✓			
	경음	경음화 환경이 아닌 곳에서 경음으로 발음되는 소리를 듣고 의미를 이해한다.				✓	
	ㄹ첨가	-'(으)려고와 같이 '려' 앞에 [ㄹ]이 첨가되는 소리를 듣고 이해한다.				✓	
	받침	/ㅋ/가 모음으로 시작되는 조사와 연결될 때 [ㄱ]로 발음되는 것을 이해한다.				✓	
		/ㅍ/가 모음으로 시작되는 조사와 연결될 때 [ㅂ]로 발음되는 것을 이해한다.				✓	
		/ㅈ, ㅊ, ㅌ/가 모음으로 시작되는 조사와 연결될 때 [ㅅ]로 발음되는 것을 이해한다.				✓	
	단모음화	이중모음을 단모음에 가깝게 발음하는 것을 듣고 이해한다.				✓	
		/ㅔ/를 [ㅣ]로 발음하는 것을 듣고 이해한다. (예: 네가[니가])			✓		
	모음축약	조사나 어미의 /ㅗ/를 [ㅜ]로 발음하는 것을 듣고 이해한다. (예: 하고[하구])				✓	
		/ㅓ/를 [ㅡ]로 발음하는 것을 듣고 이해한다. (예: 거지[그지])				✓	
		/ㅕ/를 [ㅣ]로 발음하는 것을 듣고 이해한다. (예: 켜다[키다])				✓	
		같은 모음이 반복될 때 소리가 축약되어 발음되는 것을 이해한다. (예: 나았어요[나써요])				✓	

위의 내용은 국제 통용 한국어 표준 교육과정(2017)의 발음 교육 내용 목표에 해당하는 것이다. ✓는 중점적으로 가르쳐야 할 단계에 해당하며 ▨는 상이한 수준에서 반복적으로 가르칠 수 있음을 의미한다. 예컨대 경음화 현상 곧 '장애음 뒤 경음화 현상이 일어난 발화를 듣고 이해한다.'는 중점적으로 교육시키는 단계가 2급이지만, 1단계와 3단계에서도 허용함으로써, 결과적으로 '1, 2, 3'에서 반복적으로 교육될 수 있도록 배열하였다. 역시 '장애음 뒤 경음화 현상이 일어나는 환경을 알고 정확하게 발음한다.'도 중점적으로 교육시키는 단계가 3단계라고 할지라도 1, 2, 4단계에서 반복적으로 가르칠 수 있게 하였다. 그런데 반복성은 그 교육 내용을 그대로 가르친다는 의미가 아니라, 교육 방법이나 사례 또는 연습을 다르게 하여 그 내용을 심화 확대해야 함은 물론이다.[2]

---

2) 한편 위의 내용을 잘 보면, 단계별 반복이 불연속적으로 이루어진 것이 아니라 연속적(sequence)으로 이루어져 있다. 예컨대, 2-3-4급의 연속적 반복 구성은 있어도, 2급에서 3급을 건너뛰어 바로 4급으로 나타나는 불연속적 구성은 없다는 것이다.

그런데 '계속성'의 원리는 등급별 총괄 목표에서는 범등급별로 동일한 표현으로 기술될 수도 있다.

<표 3> 등급별 총괄 목표 진술(국제 통용 한국어 표준 교육과정 2017:32)

등급	내용
1급	일상생활에서 정형화된 표현(인사, 감사, 사과 등)으로 간단하게 의사소통을 할 수 있으며 자신과 다른 사람을 소개할 수 있다. 개인 신상에 관한 간단한 정보를 묻고 답할 수 있다. 또한 가장 기본적인 한국의 일상생활 문화를 이해할 수 있다.
2급	일상생활과 관련된 주제로 간단하게 의사소통을 할 수 있으며 일상생활에서 자주 가는 장소(마트, 식당 등)에서 필요한 정보를 묻고 답할 수 있다. 또한 기본적인 한국의 일상생활 문화를 이해할 수 있다.
3급	친숙한 사회적·추상적 주제(직업, 사랑, 교육 등)와 자신의 관심 분야에 대해 최소한의 의사소통을 할 수 있다. 자신의 경험이나 생각을 간단하게 설명할 수 있다. 의사소통 상황에 따라 문어와 구어를 구분하여 적절하게 사용할 수 있다. 한국인의 일상생활에 반영된 나이 등과 관련된 사회 문화를 이해할 수 있으며 자국의 문화와 비교할 수 있다.
4급	친숙한 사회적·추상적 주제(직업, 사랑, 교육 등)와 업무에 대해 비교적 유창하게 의사소통할 수 있다. 다양한 분야의 주제에 대해 자신의 의견을 말할 수 있다. 대상과 상황에 따라 격식과 비격식을 구분하여 사용할 수 있다. 한국인의 일상생활에 반영된 나이 등과 관련된 사회 문화를 이해할 수 있다. 한국의 사회·문화적 특징을 이해하고 자국의 문화와 비교할 수 있다.
5급	친숙하지 않은 사회적·추상적 주제(정치, 경제, 과학기술 등) 및 자신의 직업이나 학문적 영역에 대해 의사소통 할 수 있다. 자신의 직업이나 학문적 영역에 대해 대체적으로 설명하거나 자신의 의견을 말할 수 있으며 공식적인 맥락에 맞게 격식을 갖추어 말할 수 있다. 또한 한국의 사회 제도를 이해할 수 있으며 자국의 문화를 비교하여 문화의 다양성과 특수성을 이해할 수 있다.
6급	친숙하지 않은 사회적·추상적 주제(정치, 경제, 과학기술 등)를 다루는 의사소통에 참여하여 유창하고 정확하게 자신의 의사를 표현할 수 있으며 자신의 전문 분야에 대해 분명하고 상세하게 의사소통할 수 있다. 한국인이 즐겨 사용하는 담화, 텍스트 구조를 이용해 유창하고 정확하게 말을 하거나 글을 쓸 수 있다. 또한 한국 문화 속에 반영된 한국인의 가치관과 사고방식을 이해할 수 있으며 자국의 문화를 비교하여 문화의 다양성과 특수성을 이해할 수 있다.

위 '일상생활과 관련된 표현, 간단한 의사소통, 기본적인 한국의 일상생활 문화'는 1급과 2급에

이러한 특성도 원리의 일동-예컨데 연속성의 원리-로 설정할 수도 있으나, 원리보다는 교육과정 구성의 일반적 경향으로 이해하는 것이 더 무난할 듯하다 그런데 '계속성'의 원리는 등급별 총괄 목표에서는 범등급별로 동일한 표현으로 기술될 수도 있다. 해당 내용을 특정 등급에 넣기 어려운 경우(해당 등급의 단원들의 내용이 모두 그 학습 내용과 관련이 없을 경우), 그 등급을 건너뛰어 다른 등급에 해당 내용을 다룰 수도 있기 때문이다.

'친숙한 사회적 · 추상적 주제, 한국의 사회·문화적 특징을 이해, 자국의 문화 비교'는 3급과 4급에 그리고 '친숙하지 않은 사회적 · 추상적 주제, 자국 문화를 비교, 문화의 다양성과 특수성'은 5급과 6급에 공통적으로 표현되어 있다.

4 나선형(Spiral Form)

4.1 개념

'나선형' 원리란 Bruner(1966)에서 제안된 개념이다. 이는 교육과정을 구축할 때 이미 학습된 내용을 기초로 하여 새로운 내용을 심화하며, 이전의 내용과 새로운 내용이 등급 간 유기적으로 연결되도록 구성시키는 원리이다. 즉 전 단계에서 학습한 요소를 적절한 상황이나 문맥을 통하여 여러 차례 다시 제시하고 활용하되, 그 내용을 심화하고 이 심화된 학습을 기반으로 하여 다음 단계에서 새로운 내용을 학습하는 데에 근간이 되도록 하는 것이다. 이 개념 속에는 '계속성'과 '계열성'의 개념이 포함되어 있다. 우선 '선행 내용'을 반복한다는 것은 '계속성'을 의미하며, 이 내용을 심화하고 확대한다는 것은 '계열성'의 원리에 해당한다. 하지만 단순히 이 두 개념을 합친 것은 아니다. 곧 '나선형'은 동일한 경험과 내용들을 단계별로 어떻게 배치하고 이를 어떻게 심화시켜 가르쳐야 하는가 하는 방법론적인 측면을 강조한 것이며, 이 경험과 내용이 다른 내용의 학습의 토대가 될 수 있는 방향으로의 구성해야 한다는 개념을 포함하기 때문이다. 나선형 원리를 교육과정에 적용할 때 고려해야 사항에는 여러 가지가 있는데, 이와 관련하여 김재희(2008:64-65)의 내용을 아래에 요약해 본다.

첫째, 의사소통 기능이 등급별 교육 목표에 맞게 선정되어야 한다. 초급에서 점차 수준이 높아질수록 단순하고 구체적인 내용에서 점차 복잡하고 추상적인 내용으로 의사소통 기능을 설정해야 한다. 예를 들어 초급 수준의 학습자들은 자신의 의견을 개진하거나 다른 사람의 의견을 반박하는 '토론하기' 기능을 수행하기 어렵다. '설명하기, 가정하기, 비판하기'와 같은 기능도 마찬가지로 초급에서 다루기에는 무리가 있다. 이러한 기능은 중·고급 단계에서 다루는 것이 적당하다. 초급에서는 '물건사기, 음식 주문하기'와 같이 일상생활과 밀접하게 관련된 기본적이고 단순한 상황에서의 의사소통 기능을 제시하는 것이 바람직하다.

둘째, 의사소통 기능과 문법 형태를 적절하게 연계해야 한다. 학습자에게 모든 문법 항목을 가르칠 필요가 없으므로 학습자의 요구와 필요에 맞는 문법 항목을 선정해야 한다. 이 때 문법 항목을 학습자에게 제시하기 보다는 의사소통 기능과 형태를 연계하여 제시하는 것이 효과적이다. 강현화(2005)에서 언급한 바와 같이 문법을 기능과 연계하여 제시함으로써 담화의 맥락을 살릴 수 있고 학습자에게 문법 형태의 의미를 정확하게 인식시키며 실생활에서 자연스럽게 사용할 수 있게 한다. 그러므로 학습자에게 중요한 의사소통 상황과 기능을 설정하고 그 안에서 필요한 형태를 골라 난이도에 따라 배열해야 한다. 이 때 하나의 형태가 어떤 기능과 어울리는지, 등급에 맞게 설정된 기능에 대해 어떤 문법 형태가 가장 적절한지 판단하는 작업이 중요하다.

셋째, 이미 학습한 기능과 형태라도 반복해서 제시할 수 있다. 동일한 기능이라도 다른 문법 형태를 사용해서 수행될 수 있고, 하나의 문법 형태가 다양한 상황에서 새로운 의미로 사용될 수도 있다. 이처럼 기능과 형태 간에는 1:1 대응이 이루어지지 않으므로 학습한 기능을 새로운 형태로 다시 제시하거나 학습한 형태를 새로운 기능으로 반복해서 제시한다. 그러면 학습자들이 하나의 문법으로 한 가지 기능만을 기계적으로 수행하는 것이 아니라 상황에 맞게 능동적으로 생산해 낼 수 있을 것이다.

넷째, 배열 간격을 고려해서 규칙적으로 재배열해야 한다. 배운 내용을 적기에 환기시키려면 배열 간격이 너무 좁아서도 멀어서도 안 된다. 일정한 간격을 두고 순환론적으로 배열함으로써 학습자의 단기 기억에 들어 온 정보가 장기 기억으로 넘어갈 수 있도록 해야 하며, 학습한 내용과 새로운 내용을 결합함으로써 학습자들의 인지적인 부담을 줄일 수 있을 것이다.

다섯째, 선행 내용과 후속 내용의 난이도를 고려해야 한다. 난이도에 차이가 없다면 학습자의 언어 수준에 관계없이 동일한 내용을 가르치게 된다. 즉 중급에서 학습해야 할 내용이 초급에 들어가거나 초급에서 학습한 내용을 중급에서 그대로 반복하는 결과가 빚어질 수 있다.

여섯째, 의사소통 기능이 반복될수록 내용이 확장되어야 한다. 나선형 원리로 구축되는 교육과정은 한 번 제시된 내용이 다시 반복되므로 양적으로 범위가 넓어질 수밖에 없지만 구체적인 내용들을 모두 반복해야 하는 것은 아니다. 모든 내용을 여과 없이 순환적으로 배열한다면 교재에 담을 항목만 늘어나 학습자에게 인지적인 부담을 주게 된다. 결국 단계가 높아질수록 내용이 늘어나고 어려워져서 학습자는 새로운 내용을 수용할 수가 없게 될 것이다. 그러므로 내용의 양적인 확장보다 질적인 확장이 이루어질 수 있도록 나선형 배열이 적합한 의사소통 기능을 중심으로 재배열하여 내용의 깊이를 더해가야 할 것이다.

일곱째, 의사소통 기능이 다양한 상황에서 제시되어야 한다. 동일하거나 비슷한 기능이라도 의사소통 상황과 대화 참여자가 다르면 대화의 구조와 표현이 달라질 수 있다. 그러므로 대화 참여자의 신분, 연령, 지위 등의 변수나 대화 상황에 따른 변수 등을 고려하여 실제적이고 자연스러운 발화를 생산할 수 있도록 맥락에 대한 이해를 높여야 한다. 즉 대화자 간의 관계를 설정함에 있어 하나의 의사소통 기능에 대해 다양한 사회적 역할을 부여해야 그 기능에 대해 적절한 표현을 사용할 수 있는 능력을 기를 수 있다. 사회적 역할을 다양하게 설정하고, 그것이 어느 하나에 집중되지 않고 골고루 제시하는 것이 바람직하다. 대화 상황 역시 특정한 상황에 편중되지 않도록 해야 하며, 실제 학습자의 다양한 생활 영역을 반영하도록 해야 할 것이다. 즉 학습자들이 각 상황에 맞게 적절한 표현을 사용하는 능력을 기를 수 있도록 하여야 하고 가능한 하나의 기능에 대해 다양한 장소, 대화 참여자를 제시하는 것이 좋다.

여덟째, 학습자의 창조적인 의사소통 활동을 유도해야 한다. 의사소통 기능의 순환적 배열을 통해 동일한 의사소통 기능이라도 다양한 상황에서 나타날 수 있으며 그 때마다 문법이나 표현들이 다르다는 것을 보여 주어 각각의 상황에 맞는 의사소통 기능을 학습자 스스로 생성해낼 수 있도록 해야 할 것이다. 기능과 상황에 부합하는 언어 형태 및 표현을 기계적으로 제시하면 오류는 줄일 수 있지만 정형화된 발화로 자유로운 의사소통 활동을 방해할 수 있다. 그러므로 정확성은 떨어지더라도 학습자가 학습한 내용을 실생활에서 적용하고 창의적으로 언어를 사용할 수가 있게 유도해야 한다.

4.2 적용

이러한 원리를 감안하여 김재희(2015:72-74)에서는 아래와 같이 3가지 기능에 대하여 나선형 원리를 적용한 교육 과정을 제안하였다.

<표 4> 기능에 대한 단계별 교육 내용

의사소통 기능			대화 참여자	새롭게 추가된 문법 및 표현
소개 하기	1단계	학교에서 자신이나 다른 친구를 소개하는 상황	친구/친구	-예요/이예요, -이/가, 은/는
		한국인의 집에 초대를 받고 가서 자기소개를 하는 상황	친구 가족/친구	-을/를, -ㅂ/습니다. -(으)ㄴ, -(으)ㄹ, -고 있다
	2단계	오랜만에 만난 사람에게 안부를 묻고 근황을 알려주는 상황	동창생/동창생	-느라고, -(으)ㄴ 지, -이/가 됐다, -게 되다, -(ㄴ/는)다면, -잖아요
		대학교 입학 면접 시험에서 자기 소개를 하는 상황	교수/학생	-(이-에 대해서, -(으)며, -나 보다, -네요,)라고 하다
	3단계	회사 면접 시험에서 자기 소개를 하는 상황	면접관/지원자	-(으)ㄹ 줄 알다/모르다, -(으)ㄴ/는데, -(이)ㄴ데
물건 사기	1단계	문구점에서 물건을 구입하기 위해 가격을 묻는 상황	과일가게 주인/손님	이/그/저, 한자어 수사(천 이상), -고 싶다
		과일가게에서 물건의 수량과 가격을 묻고 가격을 깎는 상황	점원/손님 점원/손님	고유어 수, 수량명사, (한 개)에, -(으)세요, -(으)십시오, -밖에 + 부정, -아/어 주다

		상황	대상	문법/어휘
	2단계	백화점 옷 매장에서 산 옷을 교환이나 환불하는 상황	점원/손님	-짜리, -어치, -말고, -(으)ㄴ/는데요, 의류 관련 어휘/착탈동사, -(으)니까, -아/어 보다
	3단계	가전제품상가에서 물건에 대한 정보를 묻고 비교하는 상황	점원/손님	-에 비해서, -(이)ㄴ 것 같다, -만큼, -만하다/만 못하다, -다던데
음식 주문 하기	1단계	분식집에서 상대방에게 먹고 싶은 음식을 묻고 비교하는 상황	친구/친구	-(으)ㄹ까요? -(으)ㅂ시다 -아/어 주다
		패스트푸드점에서 음식을 주문하고 포장해 가는 상황	종업원/손님	-아/어 보다, -고 싶다, -(으)ㄹ래요?, -(으)ㄹ게요
	2단계	중국집에서 음식의 맛에 대해 묻고 답하고 주문하는 상황	종업원/손님	-(이)나, -겠(의지), -아/어 주시겠어요?
		피자 가게에 전화로 주문해서 배달 시켜 먹는 상황	피자 가게 주인/손님	-아/어 되다, -지 않다, -는 N, -(으)로 하다
	3단계	한식집에서 음식을 만드는 방법에 대한 설명을 듣고 추가 주문하는 상황	친구/친구 종업원/손님	-고 나서, -아/어 놓다, -군요/구나
교통 수단 이용 하기	1단계	지하철역에서 지하철 이용 방법을 묻는 상황	친구/친구	-(으)로, -(으)세요, 아/어서(순서, -(으)려고 하다
		택시 운전사에게 목적지까지 가는 방법을 설명하는 상황	택시 운전사/승객	-(으)려면, -아/여야 되다, -부터(에서/까지, -기 전에
	2단계	버스를 환승하기 위해 지나가는 사람에게 환승 방법을 묻는 상황	낯선 사람/낯선 사람	-(으)ㄹ 수 있다/없다, -다가, -지 알다/모르다
		지하철에서 일정과 열차 시간을 확인한 후 표를 예매하는 상황	역무원/승객	-(으)ㄹ 텐데, -(으)ㄹ지 모르겠다, -는 곳, -네요
	3단계	여행사에 전화를 걸어 비행기 표를 환불하는 상황	여행사 직원/손님	-지 않아요?, 대신(에), -(으)면 큰일이다

이에 대하여 김재희(2015)는 1단계에서는 각각의 의사소통 기능을 수행하기 위한 가장 일반적이고 기본적인 의미와 내용을 제시하는 단계이며, 2단계는 1단계에서 교육한 내용을 바탕으로 의미와 내용을 심화시키는 단계, 그리고 3단계에서는 1, 2단계에서 배운 내용을 다시 반복함으로써 배운 내용을 환기시키고 새로운 내용과 결합하여 의사소통 기능을 확장하여 수행하게 하기 위한 배열임을 말하였다. 또한 단계가 올라감에 따라 개인적 상황에서 사회적 상황에서의 기능으로, 일상적 상황에서 격식적 상황에서의 기능으로 확장시켰다. 예컨대 '소개하기' 기능을 예로 들면, 1단계는 같은 반 친구나 친구의 가족에게 자신을 소개하는 개인적이고 일상적인 상황이 제시되고 3단계로 올라가면 대학 입학이나 취직을 위한 면접 자리에서 자신을 소개하는 사회적이고 격식적인 상황으로 확대하였음을 말하였다. 아울러 의사소통 기

능이 반복될 때마다 의사소통 상황에 적절한 문법 및 표현을 함께 제시하여 사용할 수 있도록 하였다. 더 나아가 동일한 기능에 대하여 실제 사용에서는 전 단계에서 배운 표현도 함께 사용할 것을 지적하였다.

5 통합성(Integration)

5.1 개념

Tyler(1949)는 교육 내용 조직 원리로 앞서 말한 계속성(continuity), 계열성(sequence)과 함께, 통합성(integration)의 개념을 제시하였다. 앞의 두 원리는 수직적 조직과 관련된 개념이라면, 통합성의 원리는 교육과정의 내용을 수평적으로 연관시키는 조직 구성 원리이다. 곧 각 교과 영역 사이의 학습 내용 요소를 연관시켜 하나의 통일체가 되도록 해야 한다는 횡적 조직 구성의 원리이다. 통합성의 전제 조건은 학습 영역이 적어도 상이한 두 개의 범주가 존재하고 이 상이한 두 범주의 요소들의 상호 통합을 통하여 학습을 구성할 때 '기능, 사고, 조작' 등의 언어 활용 능력을, 통합시키지 않았을 때 보다 상대적으로 더 신장시킬 수 있어야 한다는 것이다. 그런데 이질적인 두 영역의 서로 다른 내용을 단순히 하나의 영역으로 몰아넣어 물리적으로 통합한다고 해서 해당 능력이 신장된다는 보장이 없다. 따라서 영역의 통합 이전에 왜 통합하려 하느냐 하는 통합의 이유와 효과가 먼저 고려되어야 한다. 예컨대 한국어 교육 내용의 체계성, 포괄성을 얻기 위한다거나, 의사소통 능력의 자연스러운 신장을 위한다거나, 또는 '한국어지식'과 '문화'와 같은 통섭활동의 폭과 깊이를 확대하고자 한다거나 하는 등 해당 목표를 달성하는 데 통합 교육이 그렇지 않은 교육보다, 학생들의 의사소통능력신장에 더 도움을 줄 수 있느냐를 먼저 고려해야 한다는 것이다. 이와 관련하여 조병영(2002)은 통합성의 개념을 '교육과정 내용들이 밀접한 관련을 맺고 상호 강화될 수 있도록 의도된 것으로, 수평적으로 내용을 조직하는 원리를 '영역 간 혹은 영역 내 교육 내용 요소간의 수평적 관련성에 관한 원리'로 정의하였다. 이는 통합성을 개념에는 '밀접성, 상호 강화'와 같은 조건이 먼저 있어야 함을 말한 것이다. 또한 이재승(1992)에서는 언어 교육은 "언어와 학습, 학습자에 대한 하나의 관점과 일련의 신념을 바탕으로 실제적이고 의미 있는 상황에서 구어와 문어가 통합되어 이루어지는 자연적인 언어 교육을 의미한다고 하였다. 이는 통합이 의사소통의 자연적 상황을 고려하여 이루어져야 함을 언급한 것이다.

5.2 적용

통합의 전형적인 예는 예컨대, 한국어 기술 영역들(말하기, 듣기, 읽기, 쓰기) 간의 통합이다. 이는 이 기술들이 모두 원활하고 자연스러운 의사소통 기능을 신장시기 위한 목적을 가지고 있으며, 실생활에서는 분리된 활동이 아니라 상호 넘나드는 언어활동이 이루어지기 때문이다. 그럼으로 해서 교육과정이 '말하기와 듣기', 또는 '읽기와 쓰기', 더 나아가 말하기, 듣기, 읽기, 쓰기 영역 등의 관련 기술을 연결시키는 이른바 교과 간 연계 조직 구성을 하는 경우가 많다. 이러한 영역의 통합이 의도하는 바는 언어를 총체적으로 가르쳐야 한다는 관점으로 보는 것이며, 언어 기능을 기술별로 나누어서 가르치기는 것보다는 그렇지 않은 것이 의사소통 능력을 좀 더 바람직하게 신장시킬 수 있다는 의미를 담고 있다. 통합성의 원리는 아래와 같이 다양한 방식으로 나타날 수 있다.

(10) 가. 발음, 어휘, 문장 영역과 같은 문법 영역을 결합하는 방식
나. 교육과정의 구성 요소인 주제, 기능, 텍스트 등과 같은 것들을 독립적으로 기술하지 않고 상호 연계시켜 기술하는 방식
다. 분리형 교재(말하기 교재, 읽기 교재, 듣기 교재와 같이 독립적인 교과목으로 명칭 붙은 교재)가 아니라 한 교재 안에 여러 영역을 함께 구성하는 방법. 예컨대 한국어 1, 한국어 2와 같이 기술을 나누지 않은 채 한 교재 안에 말하기, 듣기, 읽기, 쓰기를 설정하는 방식

아울러 통합이 단순히 영역과 영역의 1:1의 물리적 통합이 아니라고 하면, 실제적인 의사소통 환경이 어떤 기술을 더 많이 요구하느냐에 따라 영역 간 교육 내용 비중을 달리하여 통합시키는 방향으로 그 개념을 확대할 수 있다. 예컨대 초급에서 한국에서 생활하는 데 필요한 구어 차원의 소통적 가치에 중점을 두어 음성언어인 듣기와 말하기 능력의 배양에 상대적으로 높은 비중을 두어 교육 내용을 안배하되, 학습자 수준이 올라 갈수록 문자언어인 읽기와 쓰기의 내용을 상대적으로 더 높게 비중을 두는 것도 통합의 한 유형이다. 더 나아가 실제적인 의사소통의 내용이 무엇을 목표로 하느냐에 따라 그 기능 통합의 상대적 비중을 달리하는 것도 역시 통합성의 원리에 포함된다. 예컨대 보고서 쓰기의 경우 학업 수행 중에 보고서를 작성하도록 관련 자료를 수집하여 읽고 요약하는 과정이 전제된다. 아울러 '발표하기'의 경우 발표문을 작성하는 과정이 필수적으로 요구된다. 따라서 '보고서 쓰기'와 '읽기'를 통합시키고, 발표하기와 쓰기를 통합시킬 수 있다. 곧 세부적인 특정 기능별로 상호 도움을 주는 상이한 영역을 결합시키는 것도 통합성의 원리가 적용된 것이라 볼 수 있다. 한편 김미애(2005:6)에서는 언어 기능에 대한 통합 교육의 기본 방향을 다음과 같이 고찰하였다.

첫째, 언어의 네 기능(이 글에서는 '기술')은 순서를 정하지 않고 활동이나 과제의 종류 및 내용에 따라 통합하여 사용한다.

둘째, 반드시 네 기능 모두 통합하는 것이 아니라 활동이나 과제에 따라 2~3개의 기능만 통합할

수도 있다.

셋째, 언어의 네 기능을 반드시 같은 비율로 통합하는 것이 아니라 활동에 따라 중점적으로 다룰 기능과 부분적으로 다룰 기능을 정할 수 있다.

넷째, 의미 있는 목적을 달성할 수 있는 쪽으로 언어 기능을 통합해야 한다.

6 난도(Difficulty)[3]

6.1 개념

'난도' 원리란 어떤 항목들에 대한 쉬움과 어려움으로 교육 내용을 배열하는 것을 뜻한다. 이는 교육과정을 간단한 것에서 복잡한 것으로, 쉬운 것에서 어려운 것 순으로 교육과정의 목표와 내용을 조직하는 것을 말한다. 그런데 이러한 쉽고 어려움에 대한 판단은 단일 언어 구사자의 경우 해당 L1 언어 체계를 구사하는 동일 언어 언중들과의 상대적 비교를 통하여 비교적 통일성 있게 파악할 수 있지만, L2 언어를 학습하는 이중 언어 학습자(외국인 학습자)들의 경우에는 자신이 가지고 있는 L1과 목표 언어인 L2의 상대적 난도를 고려해야하기 때문에, 전자보다 후자의 난도를 계산하는 것은 상대적으로 어렵다. 예컨대, 발음의 난도를 계산할 때, 단일 언어 구사자의 경우 L1 자체만을 고려하여 보면 한국어 단모음보다 이중모음, 평음보다 마찰음, 마찰음보다 파찰음이 어렵다고 하여 일반적으로 규정 할 수 있다. 하지만, 이중 언어 구사자(외국인 학습자)의 경우는 자신이 가지고 있는 L1 체계의 음이 L2 체계에 있느냐 그렇지 않느냐, L1의 분포가 L2의 분포와 1:1 대응을 하느냐 아니면 1:다(多) 또는 다(多):1로 대응하느냐 등을 고려해야 하기 때문에 상대적으로 난도를 계산하기가 여간 까다롭지 않다. 더 나아가 L1 언어 체계가 언어권별로 달라지기 때문에 그 난도도 언어권별로 상이하게 나타남으로써 이를 일반화하는 데 어려움이 발생한다. 이러한 문제 때문에 난도 기준을 이론적인 기준과 함께, 학습자의 오류 출현 빈도를 실제적인 기준으로 삼을 필요가 있다. 곧 학습자들이 오류를 적게 일으키는 것들은 난도가 쉽고 그렇지 않은 것은 난도가 어렵다는 일반화된 체계를 정리할 필요가 있다는 것이다.

---

[3] 흔히 난도를 난이도로 부른다. 하지만 난이도의 의미는 어려움과 쉬움의 정도를 뜻한다. 이에 반해 난도는 어려움의 정도를 뜻한다. 예컨대 '고난이도'는 '어려움과 쉬움의 정도가 매우 큼'이 되는데 어려움의 정도도 크고, 쉬움의 정도도 크다고 표현되므로 어색한 표현이라고 할 수 있다. 따라서 이 글에서는 어려움의 정도를 뜻하는 용어로 '난이도'대신 '난도'라 명칭한다.

6.2 적용

난도 설정 기준과 관련하여 이론적으로 주목할 만한 견해에 Prator(1972)[4]의 난도 위계(hierarchy of difficulty)가 있다. 여기에서는 일반적인 음소뿐만 아니라 어휘, 문장, 담화 차원의 일반적인 문법 항목에 대한 난도를 6단계로 구분하였다.

(11) 가. 단계0 : 전이(transfer)로서 대조되는 두 개별 언어 간에 차이점이나 대조점이 없다.
    나. 단계1 : 융합(coalescence)으로 모국어의 두 항목이 목표어에서 본질적으로 한 항목으로 합하여진다.
    다. 단계2 : 과소구별(under-differentiation)로서 모국어의 항목이 목표어에 없는 경우이다.
    라. 단계3 : 재해석(reinterpretation)으로서 모국어에 있는 항목이 목표어에서는 새로운 형을 부과하여 그 분포가 달라진다.
    마. 단계4 : 과잉구별(over-differentiation)로서 모국어에는 없지만-있다 하더라도 공통점이 거의 없는- 새로운 항목을 목표어에서 학습하는 경우이다.
    사. 단계5 : 분리(split)로서 모국어의 한 항목이 목표어에서는 둘이나 그 이상으로 나타난다.

음소를 들어 설명하면 위 (가)의 전이(transfer)란 모국어 음소의 음가가 목표어 음소의 음가와 동일하여 두 개별 언어 간 차이점 없는 경우를 뜻한다. 영어와 한국어를 예로 들어보면[5] 영어의 /p^h, t^h, k^h/이 한국어의 격음 'ㅍ,ㅌ,ㅋ'으로 대응되는 경우가 이에 해당한다. (나)의 융합(coalescence)은 모국어에서 두 개의 음소로 변별되는 것이 목표어에서는 한 개의 음소로 합류되는 것을 뜻한다. 영어의 /ʤ, z/ 등이 한국어 'ㅈ'으로 한 개의 음소로 합해지는 경우가 이에 해당한다. 목표어의 입장에서 보면 모국어의 두 개의 음소 중 하나가 음성으로만 역할을 한다. (다)의 과소구별(under-differentiation)이란 모국어에서 음소로 존재하지만 목표어에서는 존재하지 않을 경우, 또는 존재하더라도 음성으로서만 존재하는 경우를 뜻한다. 영어의 /f/가 한국어에 존재하지 않는 경우나 영어의 /b, d, g/가 한국어에서는 음성(변이음)으로만 존재할 경우('가방, 가다, 가고'의 어중 자음)가 이에 해당한다. (라)의 재해석(reinterpretation)이란 모국어에 존재하는 한 항목이 새로운 형태로 나타난다는 것이다. 영어와 한국어는 그 발음 표기가 상호 달라 표기 측면으로 볼 때

---

[4] 이 내용은 Prator(1972)의 강의록이며, 이는 Brown(2000:207-210)에 소개되었다.
[5] 이하 논의는 영어가 L1인 학습자가 한국거 L2를 배운다고 가정한 경우의 난도 가정이다. 달리 말하면 영어가 모국어이며 한국어가 목표어인 학습자들이 음소 난도에 관한 설명이다.

는 그 예를 찾을 수는 없지만, 분포적 측면을 고려하면 해당되는 음들이 있다. 예컨대 영어의 /l/이 첫음절 첫소리에서, 끝소리에서 그리고 어중에서도 발음되지만(lead, feel, doller) 한국어에서는 음절의 종성이나 어중 ㄹ 뒤 초성의 첫소리(말, 빨리)에서만 분포하여서 L1 영어 화자가 L2 한국어를 학습할 때 분포상 재해석이 필요한 예이다. (마)의 과도구별(over- differentiation)이란 모국어에 없는 음소가 목표어에 있는 경우, 또는 모국어에는 음성 차원으로 해석될 뿐 음소로 인식되지 않는 소리가 목표어에서는 음소로 나타나는 경우가 이에 해당한다. 영어의 'spy, stay, sky'의 'p, t, k'가 영어 체계에서 음성-[p'] [t'] [k']-으로서 존재하지만, 한국어에서는 음소로 존재하는 경우가 이에 해당한다. (바)의 분리(Split)란 모국어의 한 음소가 목표어에서 둘 또는 그 이상으로 분리되는 것이다. 이는 학습자들에게 새로운 구별을 요구하는 것으로 이는 1단계 융합(coalescence)의 반대 개념에 해당한다. 음소로 보면 모국어에서 하나의 음소에 해당하는 것이 목표에서는 두 개의 음소로 분리될 경우이다. 영어의 한 음소가 한국어에서 두 음소로 분리되는 것은 없지만, 반대로 한국어의 음소가 /ㅈ/이 영어의 음소 /z, dz, ʤ, ʒ…/로 분리되는 경우가 여기에 속한다.[6]

다음에 난도를 오류 출현과 연관시킨 예에는 안경화(1999)가 있는데, 여기에서는 어휘 부문의 난도를 Prator(1972)의 이론과 오류 빈도 조사를 통하여 어휘 유형을 구분하였다. 예를 들어 Prator(1972)의 이론을 바탕으로 전이에 '겨울(winter)', 융합에 '약속(promise/appointment)', 과소구별에 '친구(Company)', 재해석에 '우리(집)(my)', 과잉구별에 '사귀다(make friends)', 분리에 '씻다, 감다, 빨다(wash)'의 어휘를 들어 어휘에 대한 난도를 구분하였다. 이와 함께 이 논문에서는 어휘를 Nida(1973)의 주요 의미 영역-실재(entities), 사건(events), 추상(abstracts), 관계(relationals)-과[7] 의미 관계 영역('포함, 중첩, 상보 및 연접')[8]으로 구분한 후, 각각의 난도를 학생들의 정답률(역으로 말하면 오류 빈도율)를 기반으로 하여 살펴보았다. 그 결과 의미 영역별 고급의 정답률은 실재(94%), 사건(94%) > 관계 (81%) > 추상(76%) 순으로, 의미 관계 영역은 포함(100%), 상보(94%) > 연

---

6) 다음에 발음 규칙의 경우에도 문법적 난도에 대한 논의가 있는데, 여기에서는 불규칙 용언들의 한국어능력시험에서 불규칙 항목과 관련된 문항에 대한 정답률로 계산하여 국립국제교육원 협조로 21회부터 28회까지의 초급 시험 응시자 문항 반응률 자료를 확보하여 분석하였다. 설문조사 결과를 도수분포표로 나타낸 후 이를 분석하여 저난도에서 고난도로 나열하면 '으 → ㅂ → 르 → ㄷ → ㅅ → ㄹ → ㅎ'불규칙 순으로 선정하였다.(이혜영·이임경:2013) 참조.
7) 실재 유형에는 무생물과 생물의 하의 어휘들(인간, 남자, 건물, 은행 등)이 속한다. 사건 유형은 물리적, 생리적, 충격에 관한 어휘 등(홍수, 폭풍우, 먹다, 움직이다 등)이 포함된다. 추상 유형은 시간, 지위, 속도, 나이, 매력 등의 하의어(부유하다, 진실되다, 유능하다 등)가 속한다. 관계 유형은 공간적, 시간적, 지시적, 논리적 관계들의 하의어(위, 그리고, 그러나, 저것 등)가 포함된다.
8) 포함은 한 단어의 의미가 다른 단어의 의미에 포함된 경우로 '색/흰색', '움직이다/걷다' 등 상의와 하의 관계의 어휘들이 보이는 관계이다. 중첩은 유의어의 의미 관계로 예로는 '속/안'이나 '생명/목숨'등의 의미 관계를 들 수 있다. 상보는 반의어들이 보이는 의미관계로 '시작/끝', '묶다/풀다'등이 있다. 연접은 분명하고 한정된 의미 영역을 차지하면서 선명한 대조를 보이는 단어들이 보이는 의미 관계로 '걷다/(껑충)뛰다/달리다/기다'나 '설교하다/강의하다'등의 어휘 관계를 예로 들 수 있다.

접 (79%) > 중첩 (49%) 순으로 나타났으며, 이를 바탕으로 난도는 '추상>관계>실제, 사건', 그리고 '중첩>연접>상보>포함'의 순임을 말하였다.

　난도는 언어적 유사성 혹은 언어적 보편성과 관련된다. 언어적 유사성에 대해 논의한 대조분석가설에서는, 모국어와 목표어의 비슷한 항목은 학습하기 쉽고, 차이가 큰 항목은 학습하기 어렵다고 주장한다. 즉 학습자들이 쉽게 인지하고 표현이 가능한 것부터 가르쳐야하는데, 어떤 항목이 쉽고 어려운가는 그 항목이 얼마나 보편적인가 혹은 특수한가와 관련이 있다는 것이다. Eckman(1977)에서는 난도를 결정하는 기준으로 보편문법의 원리를 이용하였다. 보편적 경향과 일치하는 목표어 자질은 그렇지 않은 자질보다 더 쉽게 습득된다고 하였다. 보편적으로 유표적인 언어 항목의 학습이 더 어려우므로 무표적인 언어 항목을 먼저 제시해야 한다. 실제 언어권별로 학습자의 오류가 일정하게 나타난다는 점은 이 이론을 지지하는 대표적 근거가 되고 있다. 예를 들어 한국어 음운에서 삼지적 상관속을 이루는 '평음-경음-격음'은 보편문법의 관점에서 보면 매우 유표적인 음운들이다. 대부분의 언어에서 장애음은 유무성 대립을 가지기 때문이다. 따라서 한국인들에게 무표적인 평음이, 외국인 학습자들에게는 매우 유표적인 음운으로 인식되어 그 습득에 오랜 시간이 걸린다. 언어적 무표성만을 고려한다면 격음을 먼저 가르치고, 평음은 뒤에 가르치는 것이 나을 수도 있다. 그러나 다른 한편으로, 현재까지의 문법 구조의 절대적 난도 혹은 상대적 학습의 어려움에 대해서 연구가 거의 이루어진 적이 없다는 것을 고려해 본다면 교육과정을 통해서 문법 구조의 상대적 순서와 학습 방법을 구체적으로 제시하는 것은 한계가 있다.

　다음에 객관적 측정 방법을 활용하여, 난도를 계산하는 경우가 있는데, 이는 주로 문장이나 텍스트 차원의 측정 방법이 그것이다. 대표적인 예가 절 미만의 단위(unit below clause)를 측정하는 MLU 측정법과 절 이상의 단위를 측정하는 T-unit 측정법이 있다. MLU 측정법은 평균 발화 길이로 형태소의 개수로 난도를 측정하는 것으로 한 문장 안에(또는 한 텍스트 안에) 형태소 수가 적으면 난도가 낮은 것으로(문장 단위에서는 이를 복잡성이라고 명명한다), 그렇지 않은 것은 난도가 높은 것으로 판단한다. T-unit 측정법은 문장 대 절의 개수로 난도를 계산한다. 한 문장 안에 절이 얼마나 포함되어 있느냐에 따라서 난도가 결정된다. 난도를 조사하는 방법 중 통사 단위의 경우 제약이 많은 항목이 난도가 높다하여 이를 바탕으로 난도를 계산하는 방법이 있다.[9] 예컨대 이지연(2014)에 따르면 이유 연결어미에 대하여 학습자의 반응 속도와 통사적 제약이 상관관계가 있다고 본 연구 결과물이 이에 해당한다. 이유 연결어미의 경우 통사적 제약의 종류로 주어 유생성 제

---

9) 한편 난도는 외국인 학습자의 난도 측면도 고려하지만, 특정 항목을 가르치는 교수자의 입장에서 쉽게 설명될 수 있느냐 그렇지 않느냐에 따라 난도를 고려하면서, 교육과정을 구성할 수 도 있다.(자세한 내용은 김명광, 2016a.:47-74를 참조하라.)

약, 주어 인칭 제약, 주어 일치 제약, 시제 제약, 서법 제약, 선행 품사 제약, 서술어 제약 등이 있는데, 이러한 제약이 많으면 많을수록 반응 속도가 떨어지거나 불규칙해짐으로 해서 난도가 높아짐을 말하였다. 물론 이에도 여러 가지 변수(예컨대, 노출 빈도에 대한 심리적 거리)가 난도에 영향을 준다고 보았다. 이에 다음과 같은 난도 계산을 통하여,

(12) 가. 정확도가 높은데, 학습자 별로 반응 시간이 일정치 않은 이유 표현은 난이도가 높다.
    나. 통사적 제약이 적은 이유 표현은 정확도가 높은 경향이 있다.
    다. 노출 빈도가 높은 이유 표현은 정확도가 높은 경향이 있다.(이지연, 2014:84)

이유 표현의 난도를 최종적으로 다음과 같이 설정하였다.

(13) **난도 순 이유 표현 목록**

1 -답시고	8 -ㄴ 결과	5 -ㄴ다고1	22 -(으)로 인해
2 -기에	9 -ㄴ 탓에	16 -고 해서	23 -(이)라(서)
3 -는 통에	10 -길래	17 -는 바람에	
4 -므로	11 -기 때문에	18 -아/어/여서 그런지	
5 -라니까	12 -ㄴ다니까	19 -더니	
6 -아/어/여 가지고	13 -느라고	20 -아/어/여서	
7 -ㄴ 덕분에	14 -니까	21 -아/어/여서인지1	

7 요약

계열성(Sequence)

'계열성'이란 교육 내용을 종적으로 조직할 때 활용되는 원리 중 하나이다. 이 개념은 선행 경험과 내용들을 기초로 하여 다음 경험과 내용들을 전개하는 원리로, 그 경험과 내용들을 점차적으로 깊이와 넓이를 더해 감으로써, 학습을 심화시키는 원리이다. 그런데 '깊이'와 '넓이'라는 개념은 매우 다양한 범위에서 적용되기 때문에 계열성 원리의 실현 양상도 매우 다양하다.

계속성(Continuity)

'계속성'의 원리란 다양한 학습 내용 중 중요한 요소들은 계속해서 반복적으로 학습되도록 교육과정을 구성해야 한다는 것이다. 이는 교육 내용 가운데 중요한 줄거리가 의미 있게 지속적으로 학습 되어야 하며 중요한 '개념, 기능, 능력 그리고 가치 체계'들은 일관성 있게 반복적으로 다루어져야 한다는 뜻을 포함한다.

나선형(Spiral Form)

'나선형' 원리란 Bruner(1966)에서 제안된 개념으로 교육과정을 구축할 때 이미 학습된 내용을 기초로 하여 새로운 내용을 심화 시키는 것이다. 각 등급 사이에 유기적인 연결이 이루어지도록 구성해야 한다. 즉, 전 단계에서 학습한 요소를 적절한 상황이나 문맥을 통하여 여러 차례 다시 제시하고 활용하되 그 내용을 심화하고 이 심화된 학습을 기반으로 하여 다음 단계에서 새로운 내용을 학습하는 데에 근간이 되도록 해야 한다. 아울러 나선형의 대상이 되는 경험과 내용은 다른 경험과 내용의 토대가 되어야 한다.

통합성(Integration)

통합성의 원리는 교육과정의 내용을 수평적으로 연관시키는 조직 구성 원리이다. 곧 각 교과 영역 사이의 학습 내용 요소를 연관시켜 하나의 통일체가 되도록 해야 한다는 횡적 구성 조직 구성의 원리이다. 통합성의 전제 조건은 학습 영역이 적어도 상이한 두 개의 범주가 존재하고 이 상이한 두 범주의 요소들의 상호 통합을 통하여 학습을 구성할 때 '기능, 사고, 조작' 등의 언어 활용 능력을, 통합시키지 않았을 때 보다 상대적으로 더 신장시킬 수 있어야 한다는 것이다.

난도(Difficulty)

'난도' 원리란 어떤 항목들에 대한 어려움과 쉬움으로 교육 내용을 배열하는 것을 뜻한다. 이는 교육과정을 간단한 것에서 복잡한 것으로, 쉬운 것에서 어려운 것 순으로 교육과정의 목표와 내용을 조직하는 것을 말한다. 난도 설정 기준과 관련하여 이론적으로 주목할 만한 견해에 Prator(1972)의 난도 위계(hierarchy of difficulty)가 있다. 아울러 난도는 언어적 유사성 혹은 언어적 보편성과 관련된다. 곧 모국어와 목표어의 비슷한 항목은 학습하기 쉽고, 차이가 큰 항목은 학습하기 어렵다는 것이다. 난도를 계산하는 방법에는 T-unit, MLU 측정 방법, 오류율 측정, 학습자들의 반응 시간, 통사적 제약의 많고 적음 등 다양한 견해가 있다.

8 토론과 과제

1) 다음은 계열성의 원리에 해당하는 세부 원리이다.
    가. 간단한 내용에서 복잡한 내용으로
    나. 구체적인 개념에서 추상적이거나 형식적인 개념으로
    다. 부분에서 전체로 또는 전체에서 부분으로
    라. 친숙한 주제에서 비친숙한 주제로
    마. 가까운 곳에서 먼 곳으로
    바. 나와 관련하여 내 주변 또는 일상생활권에서, 직장 또는 사회생활권, 더 나아가 나와 관련 없는 타자의 생활권으로
    사. 하위 기능 또는 요소에서 상위의 기능 또는 요소로
    아. 가까운 시간에서 먼 시간으로
    자. 즉시 그리고 직접적으로 적용되는 것에서 나중 그리고 간접적으로 적용 되는 것으로
    차. 일반적인 것에서 특수적인 것으로 또는 특수적인 것에서 일반적인 것으로(연역적 절차 또는 귀납적 절차로)
    카. 선수 학습에서 후속 학습으로

    위 중 3가지를 들어 한국어교육에서 이와 같은 원리가 투영된 구체적 모습을 살펴보라.

2) 나선형 원리와 '계열성/계속성'와 나선형 원리의 공통점과 차이점을 설명하라.

3) 한국어 교재를 보고 통합성의 원리가 실현되는 예를 찾아 그 이유와 함께 설명하라.

4) '난도'와 '사용 빈도성'과의 상관 관계를 논하라.

제11장

듣기 교육과정

듣기 교육과정

1. 들어가는 말	7. 듣기·교수 학습 방법
2. 듣기 실제성	8. 듣기 평가
3. 듣기의 주제	9. 듣기 교육과정 목표 및
4. 듣기의 기능	성취기준
5. 언어 지식별 듣기 이해	10. 요약
6. 듣기 전략	11. 토론과 과제

1 들어가는 말

　　듣기 교육과정을 구성할 때 염두에 두어야 할 일은 어떠한 유형의 듣기가 외국인 학습자들에게 실제로 필요하며 그 듣기를 잘하기 위해서는 어떤 기능을 성취해야 되는지 하는 방향성이다. 이러한 방향은 목표 설정에 대한 방향을 제시하며, 설정된 목표는 이를 구체적으로 실현하기 위하여 어떤 내용을 가르칠 것이냐 하는 교육 내용에 대한 방향을 설정한다. 또한 교육 내용들은 듣기 특성에 부합하게 조직되고 배열되어야 한다. 구체적으로 말하자면 듣기가 구어적 차원의 이해 능력을 추구한다고 하였을 때, 구어적 차원의 듣기 특성은 무엇이며, 이러한 특성을 고려한 듣기는 어떠한 이해 능력들을 필요로 하는지, 이 이해 능력들을 신장시키기 위한 듣기 내용들은 무엇이 되어야 하는지 등이 고려되어야 한다는 것이다. 다음에 이 자료들을 바탕으로 앞서 살펴본 원리들에 맞게 이 내용들을 조직하고 배열해야, 듣기 교육과정에 대한 설계가 완성된다.

　　일반적으로 우리가 '듣기 능력'을 향상시킨다고 함은 실제적인 상황에서 발화되는 표현들에 대하여 맥락에 맞게 이해를 하는 능력을 향상시키는 것을 의미한다. 이 때 '맥락에 맞게'라고 하는 말은 학습자의 수준뿐만 아니라, '대화 상황과 주제에 맞게'라는 적합성을 의미한다. 따라서 듣기 교육과정에서는 이러한 상황과 주제가 무엇인지에 대한 논의가 있어야 한다. 아울러 듣기에서 무엇을 가르치느냐 하는 내용에 대한 체계화는 의사소통 범주의 큰 틀 속에서 듣기가 가지는 하위 기능은 어떤 것인지 그리고 언어 지식별로 듣기에서 요구되는 능력들은 무엇인지가 밝혀져야 한다. 다음에 듣기의 내용에 대한 이해는 '어떻게'라는 '효율성'이 요구된다. 이 효율성은 듣기 이해의 전략으로 표현된다. 이와 함께 학습자가 제대로 들었는지 그렇지 않은지를 살펴보기 위하여 듣기 평가가 어떻게 구성되어야 하는지가 논의되어야 한다. 물론 이와 같은 내용들은 이전 장에서 기술한 교육과정의 일반적 원리에 부합되게 만들어져야 한다.

2 듣기 실제성

앞선 장에서 논의한 총목표를 보면, '한국어와 한국 문화가 활용되는 상황에 맞게'라는 말과 '유창하고 정확하게 이해하고 사용할 수 있는 능력'을 언급하였는데, 이는 듣기의 방향성과 관련이 있다. 곧 '한국어와 한국 문화가 활용되는 상황'이라 함은 '실제성'과 관련이 있으며, '유창하고 정확하게 이해하는 능력'은 언어 기술 중 '듣기, 읽기'가 관여되는 능력에 해당한다.

(1) 외국어 또는 제2언어로서 한국어와 한국 문화를 학습하려는 학습자들에게 한국어와 한국 문화가 활용되는 상황에서 맥락에 맞게 이를 유창하고 정확하게 이해하고 사용할 수 있다.

'실제성'이란 글자 그대로 '존재하는 사실 또는 상황에 대한 실제적 성질'의 의미를 담고 있다. 그리고 이 용어는 영어의 authenticity로 대응될 수 있는데, 이는 '참, 진정성' 등으로 해석된다. 따라서 '실제성'은 '실세계에서 벌어지는 상황, 표현, 장면들과 유사함'으로 거칠게 정의할 수 있다. 또한 이를 '언어 교육' 차원에 적용해 보면 '실세계 상황에서 사용되는 언어 형식과 표현들과 유사한 성질의 것들 또는 실제적 개연성이 있는 언어 형식과 표현'으로 이해할 수 있다. 곧 '언어 교육' 차원에서 다루어지는 언어 형식과 표현들을 실제적인 상황 안에서 '자주 쓰이는 그리고 자연스럽게 사용되는 것들'을 대상으로 하여 교육이 이루어질 수 있도록 함으로써, 학습자들이 그 배운 내용을 실제적인 삶의 맥락 가운데(실제적인 언어 맥락 가운데) 활용할 수 있는 능력을 갖추도록 해야 한다는 것이다. 또한 교육이 제한된 시간 안에서 이루어지기 때문에 실제성을 가지고 있는 내용만을 골라 가르쳐야 하며, 그 내용은 외국인 학습자들이 필요로 하는 요구들이 반영되어야 한다. 이는 언어를 학습하는 목적이 외국인 학습자들이 목표어를 사용하여 실제 상황에서 무엇을 하기를 원하는가 하는 수행적 의사소통을 달성하는데 있다는 이른바 '목적의 효용성'을 고려해야 함을 의미하는 것이다.

그렇다면 구체적으로 듣기에서의 실제성이란 무엇인가? 실제성은 여러 가지 측면에서 살펴볼 수 있지만, 첫째 '듣기 표현'의 실제성, 둘째 '듣기 영역'의 실제성, 셋째 '듣기 현장'의 실제성으로 구분할 수 있다.

2.1 듣기 표현의 실제성

'듣기 표현의 실제성'이라 함은 '듣기의 특성'과 관련된 것으로, 실제 상황에서 자연스럽게 발화되는 표현들을 해당 상황과 맥락과 맞게 듣기를 할 수 있는 능력을 향상시키기 위한 방향으로 교육과정이 구축되어야 함을 의미한다. 듣기 현장은 잘 알다시피 주변 소음과 함께 '참여자들 간의 순서 없이 끼어 듦', '중복 및 비슷한 말의 반복', '음성적/문자적/통사적/화용적 축약', '우물쭈물 또는 머뭇거림(hedges)', '휴지', '구어체 표현', '횡설수설', '군소리', '비문법적 요소', '빈번한 어순 도치', '방언 사용', '관용어나 은어 표현', '사회문화적 의미가 함축되어 있는 말', '발화속도나 강세 그리고 억양이 내재한 표현', '담화의 상호작용적 표현'들이 뒤섞여 있다.[1] 그런데 이러한 요소들은 제2언어 또는 외국어로서의 한국어를 이해할 때 부가적인 정보 또는 주변적 정보로서의 역할을 하는 것도 있지만 그렇지 않고 담화 이해에 필수적인 요소로 작동하는 경우도 있다. 따라서 외국인 학습자들이 이러한 들려지는 환경 속에서 주변적인 정보는 제거하고 담화 이해에 도움을 주는 중심적인 표현과 내용을 파악하는 능력을 신장시키는 것이 매우 중요하다.

> (2) 가. 끼어 듦
> 우리 부서에서는 내일 회식이 있습니다. 모두~ → <u>저, 그런데요</u>, 내일 직원들이 출장들이 많아서 다른 날로 잡으면 안 될까요?
>
> 나. 중복 및 비슷한 말 반복
> 어제 몸이 안 좋아서, <u>가지, 가지</u>를 못했어요.
> 어제 <u>진짜, 정말, 무지</u> 좋았어.

---

[1] Ur(1984:9)와 Brown(1994:238-241) 참조.

다. 축약
　　'그러니까'→'그니까'(음성적 축약),
　　'하라고 했어'→'하랬어'(형태적 축약)
　　'온다고 해?'→ '온대?'(통사적 축약)
　　질문: '거기 어떠니?' → 대답 → (아주 좋아 대신) 일단 한 번 가봐.(화용적 축약)

라. 머뭇거림
　　오늘 시간 어때? 오후에 나 좀 도와줘. → 어, 어쩌죠? 저, 선약이……

마. 휴지
　　그래서 사냥꾼은 아무도 못 찾았어요. (잠시 말을 하지 않음), 왜냐하면…….

바. 구어체 표현
　　너랑 나랑 가자. 진짜 승질나 죽겠어요.

사. 횡설수설
　　어제 말야 내가 영희를 봤다고 했지. 아참 내가 깜박 집에 두고 온 게 있네. 모르겠다. 방금 내가 뭐 말했지?

아. 군소리
　　이제, 되게, 그니까, 저기 등

자. 비문법적 요소
　　여러 사람이 사용하는 바가지네. 물이(→물을) 입을 대지 않고 먹으면 좋은데.

차. 어순 도치
　　나빴어, 영희 말야.

카. 방언
　　오십시데이. 뭐라 카노?

타. 관용어
　　눈도장 확실히 찍었어?

파. 은어
　　그렇다면 리스펙트!(→존경 받아 마땅해)
　　내가 지금 까인 거니?(→ 소외된 것이니?))

> 하. 억양
>   있어(↗), 있어(-), 있어(↓), 있어(↘)
>
> 거. 발화속도
>   갈게(보통 속도) → 뭐라구? → 간 ~ 다 ~ 구!(느린 속도)
>
> 너. 담화의 상호 작용적 표현[2]
>   음, 정말?, 그런데↗, 맞아요?, 뭐라고 했어요?, 다시 한번이요.

    예컨대 구어에서 '중복되는 말, 군더더기 말'의 경우 담화 상에서 중요한 것인지 그렇지 않은 것인지를 청자가 판단을 해야 한다. 만약, 중요하지 않은 것이라면 이해 처리 과정에서 제외해야 하지만, 그것이 중요한 것이라면 어떤 맥락에서 '중복'이나 '군더더기'표현을 사용하였는지를 판단해 내야 한다. 구체적으로 말하면 사용된 표현이 다음 말의 단서를 제공하는 것인지 아니면, 해당 담화 표현을 강조하기 위하여 사용됐는지 등을 파악해야 한다는 것이다. '휴지'의 경우도 마찬가지이다. 보통 담화에서 휴지를 두는 이유는 해당 담화 중 무리 짓기(clustering)와 무리 짓기(clustering) 사이에 두어 내용의 응집적 이해를 도모하거나 강조를 표현하거나 하는 등 여러 가지 이유가 있다. 만약 청자가 그 휴지의 의도를 파악하지 못하면 해당 담화를 이해하는 데 어려움을 겪을 수밖에 없는 것은 너무나 당연하다. 그러므로 듣기 이해 능력은 이러한 실제적인 환경 속에서의 내용 이해를 향상시키는 데 필요한 능력이라고 볼 수 있다.

    그런데 듣기 교육과정에서 염두에 두어야 할 실제성은 교육적 측면에서 정교화되어야 하는데, 그것은 교육이 교실이라는 설정된(가공된) 환경 속에서 '현실에 존재하는 상황이 아닌 현실에 존재할 것 같은 개연성 있는 상황, 그리고 현실과 유사한 듣기 환경'을 연출해야 하기 때문이다. 또한 이러한 연출된 교육을 통하여 듣기 자료가 실제적 상황에 유용하게 활용될 수 있는 적용성을 지녀야 한다. 따라서 듣기 자료는 녹음하는 청각적 자료 또는 이를 보충하는 시각적 자료인 삽화나 사진들이 실제성을 담아야 한다. 녹음 내용 자체가 실제적이어야 함은 실제 생활에서 들을 수 있는 담화의 상호 작용적 요소, 주변적 소음, 정보의 뒤섞임 등 구두 언어의 제반적 특성 등도 녹음에 반영하여야 함을 의미한다.[3] 좀 더 부연하면 의사소통적 듣기 자료는 들어야 하는 정보의 성격이나

---

[2] 발화에 대한 동의를 표현하거나, 주의 깊게 듣고 있다거나, 들은 내용을 확인하는 반응을 나타냄으로써, 화자와 청자의 상호 작용을 이루게 해주는 표현들을 뜻한다.
[3] 물론 모든 녹음 자료를 다 이렇게 만들어야 한다는 의미는 아니다. 그것은 듣기의 목적에 따라 달라질 수 있기 때문이다.

그 정보를 취하는 환경 등이 실제와 유사하도록 해서 학습자가 학습 내용을 교실 밖 활동으로 쉽게 전이할 수 있도록 구성되어야 한다는 것이다.[4]

2.2 듣기 영역의 실제성

영역 실제성이란 교육과정을 설계할 때 학습자가 자신이 관심이 있는 영역 안에서 학습 자료와 내용들을 교육 요소로 선정해야 한다는 것이다. 예를 들어 학습자가 직장 생활을 잘하기 위한 목적으로 듣기 교육을 받는다면, 직장 생활 위주의 듣기 자료가 만들어져야만 듣기의 실제성이 구현된 것이라는 뜻이다. 만약 이러한 목적에 반하여 이 학습자에게 학문 영역에서 필요한 듣기를 제공한다면, 이 영역의 듣기 자료와 내용들은 이 학습자에게는 실제성을 갖지 못하게 된다. 이와 마찬가지로 학문 목적을 가지는 외국인 유학생에게는 취업 목적의 듣기 내용은 실제적인 내용이 아닐 가능성이 높다. 그러므로 학습자의 목적에 따라 상대적으로 실제성이 달라진다. 따라서 학습자가 필요한 영역의 내용이 무엇인지를 염두에 두고 교육과정이 구성되어야 한다.

한국어 학습자들의 교육과정은 교양이나 흥미 차원의 일반적인 목적과 대학 유학생을 대상으로 하는 학문 목적, 그리고 이주 노동자를 대상으로 하는 근로 목적, 이주 여성 또는 그 자녀를 대상으로 하는 한국 사회 적응 목적 등 매우 다양한데, 듣기 교육의 내용도 해당 목적의 특성에 부합하게 구성되어야 하므로 목적에 따라 그 실제성이 달라질 수밖에 없다. 달리 말하면 실제성 자체에 대한 개념은 동일하더라도 학습자의 목적에 부합하는 교육 내용으로 교육과정이 개별적으로 구성되어야 해당 영역에서의 실제성이 담보된다는 것이다. 예컨대 학문 목적의 한국어 듣기의 경우는 학문적 구어 담화인 강의 듣기 교육의 특징(격식적인 언어와 형식, 빈번한 화제 전환, 담화 표지 사용, 상호 작용적인 요소, 외국어의 빈번한 사용, 강의 보조 자료의 활용 등)이 반영된 교육 내용이 구축되어야 실제성을 가진다. 또한 학문 목적 한국어 학습자는 주로 강의실에서 진행되는 상황에서 전문적인 강의 내용과 주제가 존재하는데 이것이 다른 영역과 차별화되는 실제성에 해당한다. 아울러 기능적 측면에서 강의실에서 나타나는 다양한 의사소통 방식인 '강의 내용 듣기, 발표나 토론의 요지 이해하기, 토론 주제의 핵심 내용 파악하기, 과제 수행 시 동료와 의사소통 듣기, 교수 표현의 듣기, 들은 내용을 조직하기' 등이 실제성을 갖는다. 전략적 측면에서 보면 '강의 유형, 담화 구조, 화용적인 신호들, 상호 작용적인 요소들, 어휘·문법적인 요소, 담화 표지 및 표현 제시,

---

[4] 보통 자료의 실제성은 녹음된 자료의 내용적 실제성에 국한하여 생각하기 쉽지만 그 듣기를 수행할 때 제시되는 시각적 자료의 내용도 실제성이 있어야 한다. 그러므로 사진의 적극적 활용은 권장할 만한 것이다.

학습자의 요구 분석, 강의 듣기 전략 교육, 강의 담화의 특질(오선경, 2005 참조)이 교육 내용에 반영되어야 실제성을 갖게 된다.

　반면에 직업 목적의 한국어 듣기 교육의 실제성의 경우 위 학문 목적의 한국어 듣기 교육의 그것과 다르다. 한국어를 배우는 동기나 목적이 학문 목적과 달리 한국 기업체에 취직을 하거나 한국 내 사회에 정착하여 경제적인 발전을 도모하려는 직업 목적이기 때문이다. 따라서 직장 동료나 상사들의 직업 관련 업무 협조 또는 지시 표현에 대한 이해, 취업 면접이나 면담 등과 관련된 표현에 대한 이해가 이 목적의 학습자들에게 필요한 실제적인 학습 내용이다. 또한 이 목적의 듣기 실제성은 외국인 근로자들의 직장 관련 요구 사항과 직결된다. 외국인 근로자의 경우 작업장 내 의사소통 상황을 필요로 하고, 초급 교재라 할지라도 문법 난이도 순보다는 작업장 특성을 반영한 표현을 학습하기를 원한다. 이와 관련하여 김정은(2006:77-112)에서 외국인 근로자의 교육 내용은 주제 관련 문법 연습, 의미를 고려한 어휘 제공, 언어문화의 내용과 형식들과 함께 '지속적인 발음 연습, 듣기의 보강'이 필요함을 주장하고 있다. 따라서 이와 같은 내용이 교육과정에 반영되는 경우에야 직업 목적 외국인 학습자들의 듣기 실제성이 담보된다.

　한편 결혼을 통해 한국 사회에 정착하게 된 결혼 이민자 가족의 경우, 우리 사회에 적응하는 과정에서 겪는 어려움을 극복하는 표현, 언어와 문화적 차이에서 오는 갈등의 해소, 가족 및 친족 생활에의 적응 문제, 자녀 양육문제 등이 실제적 교육 내용들이다. 김선정(2007)에서는 '표준어뿐 아니라 지역 방언 교육의 병행', '언어 예절에 대한 높임말과 높임 표현 위주의 교육', '국가별 비교 대조적 교수법의 필요성', '실생활 어휘 및 가정 중심 어휘 교육' 등의 내용이 특별히 더 요구됨을 말하였다. 더 나아가 김선정(2007)에서는 결혼 이민자들이 전국에 분포되어 있고, 바쁜 일상과 어려운 주위 여건 때문에 집합 교육을 받기 어려운 형편에 놓여 있다. 따라서 교육 방법에 있어서 '찾아가는 한국어 교육'이나 '방송 교육', 결혼 이민자 가족 지원 센터를 중심으로 이루어지는 '모아 놓고 하는 교육' 등 다각적인 접근이 필요하다고 언급하고 있다. 따라서 이러한 다양한 특성을 고려하여 듣기 자료와 내용을 구성되하여야만 이 영역에서의 실제성이 구현된다.

　요컨대 학문 목적인 학습자의 경우 '강의 내용 파악하기'가 실제적인 내용이지만, 직업 목적의 학습자나 결혼 이민자 여성에게는 이 내용은 실제성을 갖지 못한다. 반대로 직장 동료나 상사들과의 업무 관련 표현은 직업 목적의 학습자들에게는 일차적인 관심이 되지만 학문 목적의 학습자나 결혼 이민자 여성에게는 이 내용은 부차적인 관심이기 때문에 실제성이 떨어지게 된다.

2.3 듣기 현장의 실제성

듣기 현장의 실제성이란 외국인 학습자들에게 실질적으로 들려지는 구체적인 현장에 대한 실제성으로, 듣기가 일어나는 다양한 현장 상황을 염두에 두어 교육과정이 구축되어야 한다는 뜻을 내포한다. 예를 들어 보면 다음과 같은 것이 될 수 있다.

> (3) 가. 엿듣기 상황
> 나. 안내 방송 상황
> 다. 뉴스나 일기 예보 듣기 상황
> 라. 연예 오락 방송 시청하기 상황
> 마. 영화 관람하기 상황
> 바. 노래 듣기 상황
> 사. 강의 듣기 상황
> 아. 전화 듣기 상황

위와 같은 현장에 대한 실제성을 교육과정에서 고려해야만 하는 이유는 상황별에 따라 교육 내용과 전략이 달라지기 때문이다. 예컨대, '엿듣기' 상황의 경우 '듣는 이가 화제에 전혀 끼어들 수 없는 상황'이기 때문에 학습자에게 요구되는 능력은 화제의 중심 내용을 파악하고 스키마를 활용해 화자들이 정보를 유추하는 추론 능력이다. 다음에 '안내 방송' 상황은 공항이나 기차역 등에서 안내되는 방송에 대한 듣기를 의미하는데, 핵심 정보에 민감하고 부차적인 언어 요소는 흘려 듣는 가려듣기 기능이 요구된다. 이 때 핵심 정보의 경우 주로 억양이나 어조에서 전달될 수 있기 때문에 듣기에서 억양이나 어조에 대한 집중적인 교육이 필요하다. '뉴스나 일기 예보 듣기' 상황에서는 기사의 헤드라인에 주의를 집중하는 선별적 정보 파악이 필요하다. '연예 오락 방송 시청하기' 상황에서는 자신이 가진 문화·사회적 사전 지식을 이용해 방송의 재미를 느끼는 감상적 이해가 요구된다. '영화 관람하기' 상황에서 듣기는 이야기의 흐름을 파악하는 것이 주목적이므로 비언어적 요소들(말하는 이들의 표정, 발화 상황 등)에 대한 숙지도 의미 해석에 있어 매우 중요하다. 이에 따라 언어와 비언어적 요소를 복합적으로 파악하는 교육 내용이 필요하다. '노래 듣기' 상황에서는 노래를 들을 때 전체 발화의 의미에 주의를 기울이기보다 운율 등 음악적 요소를 감상하는 감상적 이해가 필요하며, 이와 함께 학습자들이 노래 전체보다 기억에 남는 구절을 따라하게 하고 그것을 단서로 어떤 노래인지 추측하게 하거나 앞뒤의 의미를 유추하는 전략적 차원의 교육이 필요하다. '강의 듣기' 상황에서는 전체적인 강의 주제를 파악하는 이해 활동과 세부적인 내용을 기억하는 이해 활동이 동시에 이루어진다. 또한 강의 중 다양한 신호 담화나 표지에 익숙하게 함으로써 강의 흐름 파악 능력을 요구하는 전략 훈련이 필요하다. '전화 듣기' 상황에서는 통신 기기상의 잡음이 섞여 말소리가 정확하게 전달되지 않는 상황이 발생하기 때문에 이러한 방해를 유연하게 대처한 후 처음 발화에서 전화의 목적을 파악하는 것이 매우 중요하다.

3 듣기의 주제

듣기 영역의 주제에 대해 논의하기 위해서는 김중섭 외(2017)의 국제 통용 한국어 표준 모형에서 제시한 주제 영역을 살펴볼 필요가 있다.[5] '국제 통용 한국어 표준 교육과정 모형'에서는 British Council과 EAQUALS가 공동으로 개발한 'Core Inventory for General English'의 체계와 한국어 교재의 주제 분포, 유럽공통참조기준과 영어과 교육과정 개정안 개발 연구(2011), 한국어능력시험(TOPIK) 문제은행시스템 구축 방안 연구(2013) 등의 다양한 연구 성과와 함께 기존 한국어 교재에서 나타나는 주제들을 검토하여, 아래와 같은 목록을 확정하였다.

<표 1> 주제

범주	항목
개인 신상	이름, 전화번호, 가족, 국적, 고향, 성격, 외모, 연애, 결혼, 직업, 종교
주거와 환경	장소, 숙소, 방, 가구·침구, 주거비, 생활 편의 시설, 지역, 지리, 동식물
일상생활	가정생활, 학교생활
쇼핑	쇼핑 시설, 식품, 의복, 가정용품, 가격
식음료	음식, 음료, 배달, 외식
공공 서비스	우편, 전화, 은행, 병원, 약국, 경찰
여가와 오락	휴일, 취미·관심, 라디오·텔레비전, 영화·공연, 전시회·박물관, 독서, 스포츠

---

[5] 이하 김중섭 외(2017)이 아닌, 국제 통용 한국어 표준 교육과정(2017)로 기술한다. '사람 이름(연도)'로 참고한 글을 표시하는 것이 원칙이나, 이 교육과정이 정부의 공식적인 연구 보고서에 해당한다는 점, 유럽 공통 참조 기준이나 영어과 교육과정 또는 국내 교육과정 등과 같은 '공식적인 문서나 보고서'는 연구 참여자나 책임자가 아닌 '연구 성과물'을 공식적으로 표시한다는 점 등을 감안하여, 11장부터 14장까지는 특별한 이유가 없는 한 '교육과정 명칭(연도)'으로 표기하고자 한다.

일과 직업	취업, 직장생활, 업무
대인 관계	친구·동료·선후배 관계, 초대, 방문, 편지, 모임
건강	신체, 위생, 질병, 치료, 보험
기후	날씨, 계절
여행	관광지, 일정, 짐, 숙소
교통	위치, 거리, 길, 교통수단, 운송, 택배
교육	학교 교육, 교과목, 진로
사회	정치, 경제, 범죄, 제도, 여론, 국제 관계
예술	문학, 음악, 미술
전문 분야	언어학, 과학, 심리학, 철학

국제 통용 한국어 표준 교육과정(2017:26-27) 참조

그리고 이와 같은 주제를 아래와 같이 등급별로 구체화하였다.

<표 2> 등급별 주제

등급	주제
1급	개인 신상(이름, 전화번호, 가족, 국적, 고향), 주거와 환경(장소, 숙소, 방, 생활 편의 시설), 일상생활(가정생활, 학교생활), 쇼핑(쇼핑 시설, 식품, 가격), 식음료(음식, 음료, 외식), 공공 서비스(우편, 은행, 병원, 약국), 여가와 오락(휴일, 취미·관심, 영화·공연, 전시회·박물관), 대인관계(친구·동료 관계, 초대, 방문, 편지), 건강(신체, 질병), 기후(날씨, 계절), 여행(관광지), 교통(길, 교통수단)
2급	개인 신상(이름, 전화번호, 가족, 국적, 고향, 성격, 외모), 주거와 환경(장소, 숙소, 방, 가구·침구, 주거비, 생활 편의 시설, 지역), 일상생활(가정생활, 학교생활), 쇼핑(쇼핑 시설, 식품, 의복, 가정용품, 가격), 식음료(음식, 음료, 배달, 외식), 공공 서비스(우편, 은행, 병원, 약국, 경찰서), 여가와 오락(휴일, 취미·관심, 영화·공연, 전시회·박물관), 대인관계(친구·동료 관계, 초대, 방문, 편지, 모임), 건강(신체, 위생, 질병, 치료), 기후(날씨, 계절), 여행(관광지, 일정, 짐, 숙소), 교통(위치, 거리, 길, 교통수단)
3급	개인 신상(성격, 외모, 연애, 결혼, 직업), 주거와 환경(숙소, 방, 가구·침구, 주거비, 생활 편의 시설, 지역, 지리, 동식물), 일상생활(가정생활, 학교생활), 쇼핑(쇼핑 시설, 식품, 의복, 가정용품), 식음료(음식, 배달, 외식), 공공 서비스(우편, 전화, 은행, 병원, 경찰서), 여가와 오락(휴일, 취미·관심, 라디오·텔레비전, 영화·공연, 전시회·박물관), 일과 직업(취업, 직장생활), 대인관계(친구·동료·선후배 관계, 초대, 방문, 편지, 모임), 건강(신체, 위생, 질병, 치료, 보험), 기후(날씨, 계절), 여행(관광지, 일정, 짐, 숙소), 교통(교통수단), 교육(진로)

급	
4급	개인 신상(성격, 외모, 연애, 결혼, 직업), 주거와 환경(숙소, 방, 가구·침구, 주거비, 지역, 지리, 동식물), 일상생활(가정생활, 학교생활), 쇼핑(쇼핑 시설, 식품, 의복, 가정용품), 식음료(음식), 공공서비스(은행, 경찰서), 여가와 오락(휴일, 취미·관심, 라디오·텔레비전, 영화·공연, 전시회·박물관, 독서, 스포츠), 일과 직업(취업, 직장생활, 업무), 대인관계(친구·동료·선후배 관계, 초대, 방문, 편지, 모임), 건강(신체, 위생, 질병, 치료, 보험), 기후(날씨, 계절), 여행(관광지, 일정, 짐, 숙소), 교통(교통수단, 운송, 택배), 교육(학교 교육, 교과목, 진로)
5급	개인 신상(직업, 종교), 주거와 환경(숙소, 방, 가구·침구, 주거비, 지역, 지리, 동식물), 여가와 오락(라디오·텔레비전, 독서, 스포츠), 일과 직업(취업, 직장생활, 업무), 건강(위생, 질병, 치료, 보험), 기후(날씨, 계절), 여행(관광지, 일정, 짐, 숙소), 교육(학교 교육, 교과목, 진로), 사회(정치, 경제, 범죄, 제도, 여론, 국제 관계), 예술(문학, 음악, 미술), 전문분야(언어학, 과학, 심리학, 철학)
6급	개인 신상(종교), 주거와 환경(지역), 여가와 오락(독서, 스포츠), 일과 직업(취업, 업무), 건강(위생, 질병, 치료, 보험), 사회(정치, 경제, 범죄, 제도, 여론, 국제 관계), 예술(문학, 음악, 미술), 전문분야(언어학, 과학, 심리학, 철학)

국제 통용 한국어 표준 교육과정(2017:30-31) 참조

위의 주제들은 모든 영역(말하기, 듣기, 읽기, 쓰기)에 적용되는 일반성을 지니고 있으므로 '듣기' 영역의 주제에도 해당한다고 볼 수 있다. 아울러 여기서 한 가지 염두에 두어야 할 것은 위 주제들이 등급 간 상호 배타적인 성격을 지니는 것이 아니라 중복성을 가진다는 점이다. 예컨대 개인 신상의 경우 1급에서 6급까지 두루 사용될 수 있는 주제이며, 개인 신상 중 '이름, 전화번호, 가족, 국적, 고향'은 1급과 2급에 공통적으로 등장하는데 이는 한 등급에서 해당 주제를 가르쳤다고 하여 다른 등급에서는 교육을 하지 않는다는 의미가 아니라 등급에 차이가 있다고 하더라도 필요한 주제를 심화하여 가르칠 수 있게 허용한 것이다. 이에 대하여 '국제 통용 한국어 표준 교육과정(2017)'에서는 중점 등급이라고 하여, 범 등급별로 가르칠 수 있되 특정 등급에서 집중적으로 교육이 이루어져야 함을 '·'로 표시하였다. 곧 개인 신상의 범주에서 '이름'은 초급인 1급과 2급에서 가르칠 수 있는 주제이지만, 1급에서 중점적으로 다루어야 함을 '·'로 표시하여 나타내고 있다(자세한 내용은 '국제 통용 한국어 표준 교육과정', 2017:19-23 참조). 한편 이러한 주제들은 2.2에서 언급한 것처럼 학습자의 목적별로 가르칠 주제들을 차별적으로 선택하거나 적어도 교육과정 구성에서 배열을 달리하여야 한다. 예컨대, 결혼 이주자 여성을 대상으로 하는 교육 주제는 '일상생활'에 특히 주목하여, '식당, 우체국, 병원, 약국, 관공서, 사회 복지 기관, 자녀의 학교'들과 같이 이들에게 필요한 공공장소 위주의 주제가 중점적으로 선정되어야 하며, 라디오, 텔레비전, 신문, 인터넷 등(5급의 주제)과 같

이 자주 접하는 대중매체와 관련된 주제에 대한 교육이 이루어져야 한다.[6] 그런데 '일상생활'의 경우 1급과 2급에 '일상생활, 공공생활(위에서는 공공서비스)'이 분포하지만, 라디오, 텔레비전의 경우 5급에 등장하기 때문에, 그 내용을 쉽게 조정하여 가르치는 교육적 설계가 필요하다. 반면에 취업 목적의 외국인 근로자들이 필요한 주제는 직장 생활 또는 산업 현장 등과 관련된 내용이 매우 중요하다. 이와 관련하여 류영석(2008:110-111), 최혜진(2011:29-47)에서는 이들에게 일상생활과 직장이나 기숙사 등 생활 주변의 사물과 작업현장에서 사용하는 물건과 기계, 상담, 의료, 금융 거래, 정보화 교육 등과 관련된 주제, 회식 문화 등의 교육 내용이 필요함을 언급하고 있다.

4 듣기의 기능

기능이란 어떤 것을 할 수 있는 능력, 구실, 역할, 또는 작용의 의미를 가지고 있다. 한국어 교육에서 기능의 개념은 여러 가지로 정의할 수 있으나, 교육을 통해 무엇을 해 낼 수 있는 능력 또는 작용이 일반적인 의미이다. 기능의 가장 큰 범주로 의사소통 기능이 있으며, 이 기능의 하위 부문으로 이해 기능과 표현 기능이 있다. 더 나아가 이 두 기능은 '말하기, 듣기, 읽기, 쓰기'와 같은 하위 부문으로 구현된다.

한국어 교육을 통해 외국인 학습자들이 말을 할 수 있는 능력, 들을 수 있는 능력, 읽을 수 있는 능력, 쓸 수 있는 능력, 달리 말하면 이러한 측면들을 해 낼 수 있는 것을 바로 '기능'이라 부를 수 있다. 그런데 이러한 기능의 범주 구분을 교육과정에 적용하려면 좀 더 세분화되어야 되

---

[6] 이와 관련하여 허용 외(2009:43)에서 한국어교육과정에서 여성결혼이민자들이 필요한 주제들에 대해 언급한 것을 주목할 필요가 있다. 그 내용을 기술해 보면 다음과 같다.
학습자들이 주로 어떤 장소에서 한국어를 필요로 하는지, 그 장소에서 얼마나 자주 한국어로 이야기하는지에 대한 설문 결과는 집> 가게/시장> 식당/대중교통 순이었다. 학습자들이 어떤 주제에 대해 얼마나 자주 한국어로 이야기하는지에 대한 설문 결과는 하루일과> 취미와 생활> 한국사람> 주말계획> 가족과 친척 순이었다. 학습자들이 자주 경험하게 되는 상황에 대한 설문 결과는 대중교통 이용하기>감사인사하기> 전화하기> 문자 보내기> 이웃주민과 인사하기> 자녀 칭찬하기>손님맞이하기> 의견말하기> 외식하기 순이었다. 따라서 교재와 교육과정은 이와 같은 학습자들의 요구를 반영하여 학습내용이 구성되어야 한다. 문화 영역에 대해서는 한국 문화와 관련된 주제는 어느 정도 포괄하고 있다는 의견이었으나 학습자 본국의 문화적 특성을 적절하게 반영하였는가에 대해서는 아주 부정적이었다. 이는 최근 다문화사회의 언어 문화 교육의 목표인 "쌍방향의 문화 교류"라는 취지와는 상당히 거리가 있다. 문화 교육의 내용으로 주로 다루어져야 할 것으로는 사고방식 등 가치 문화, 일상문화, 정치, 경제, 사회 등 정보 문화 순이었다. 따라서 문화 교육의 내용으로는 가치문화나 일상문화 등을 포함하여 한국인의 생각과 삶의 양식을 다양하게 담을 수 있는 방법을 모색해야 한다.

는데, 이 때 범주 구분은 학자들마다 그 분류 방법이 다르다. 예컨대, Halliday(1973)는 의사소통 기능을 ① 도구적 기능 ② 규정적 기능 ③ 표상적 기능 ④ 교제적 기능 ⑤ 개인적 기능 ⑥ 발견적 기능 ⑦ 상상적 기능으로 범주화하였으며, Wilkins(1976)의 경우 ① 양상(확신, 필요, 신념, 의지, 의무, 관용 표현하기) ② 도덕적 판단(판단, 허락, 불허) ③ 권고(설득, 권고, 예측) ④ 주장(정보 및 의견 교환, 단언, 동의, 부정, 양보) ⑤ 이성적 탐구(암시, 하위 범주에서 주장, 판단과 비슷함) ⑥ 개인적 감정(긍정적인 감정과 부정적인 감정) ⑦ 정서적 관계(인사, 아부, 반감) ⑧ 대인관계(공손함, 지위, 형식성 정도)로 기능을 분류하였다. 또한 Finocchiaro & Brumfit(1983)는 ① 개인적 기능 ② 대인적 기능 ③ 지령적 기능 ④ 지시적 기능 ⑤ 상상적 기능으로 범주화하였다. 이때 '개인적 기능'은 개인의 생각과 느낌을 표현하는 기능을 일컫는다. 또한 '대인적 기능'은 사회적 관계의 설정과 이를 유지하는 기능을 가리키며 '지령적 기능'은 다른 사람의 행동에 영향을 미치거나 지시를 받아들이거나 거절하는 기능을 뜻한다. '지시적 기능'은 사물, 행동, 사건, 사람들에 관해 이야기하거나 보고하는 기능을 가리키며 '상상적 기능'은 상상하여 표현하거나 이야기를 확장할 수 있는 기능을 의미한다(국제 통용 한국어 표준 교육과정, 2016:60-62 참조). 한편 van EK(1980)은 기능을 ① 사실적 정보 주고받기 ② 지적 태도 표현 ③ 정서 표현하기 ④ 도덕적 태도 표현 ⑤ 설득하기 ⑥ 사교적 활동하기로 범주화하였다. 이 범주 체계를 수정 보완한 van Ek&Trim(2001)에서는 ① 정보 전달하기와 요구하기 ② 태도 표현하기와 이해하기 ③ 설득·권고하기 ④ 사고 활동하기 ⑤ 담화 구성하기 ⑥ 의사소통 개선하기로 구분한 후 각각을 하위 분류하였다. van EK(1980)과 van Ek&Trim(2001)의 기능 분류는 우리나라의 2009 개정 영어과 교육과정'과 '국제 통용 한국어 표준 교육과정(2017)'의 기능 설정의 기반이 되었다. '국제 통용 한국어 표준 교육과정(2017)'에서는 기존 연구들의 연구 성과와 함께 '기능'과 '과제'를 연계하여, 하나의 기능에 여러 개의 과제를 제시하였다. 이러한 분류 방법은 2009의 국내 영어과 교육과정[7]을 참조한 것이다.

---

7) 국내 영어과 교육과정(2009)도 van EK(1980)와 van Ek&Trim(2001)이 주도한 유럽공통참조기준의 기능 범주 분류 체계를 따르고 있다.

<표 3> 기능 범주

범주	항목
정보 요청하기와 정보 전달하기	설명하기, 진술하기, 보고하기, 묘사하기, 서술하기, 기술하기, 확인하기, 비교하기, 대조하기, 수정하기, 질문하고 답하기
설득하기와 권고하기	제안하기, 권유하기, 요청하기, 경고하기, 충고하기/충고구하기, 조언하기/조언구하기, 허락하기/허락구하기, 명령하기, 금지하기, 주의주기/주의하기, 지시하기
태도 표현하기	동의하기, 반대하기, 부인하기, 추측하기, 문제 제기하기, 의도 표현하기, 바람·희망·기대 표현하기, 가능/불가능 표현하기, 능력 표현하기, 의무 표현하기, 사과 표현하기, 거절 표현하기
감정 표현하기	만족/불만족 표현하기, 걱정 표현하기, 고민 표현하기, 위로 표현하기, 불평·불만 표현하기, 후회 표현하기, 안도 표현하기, 놀람 표현하기, 선호 표현하기, 희로애락 표현하기, 심정 표현하기
사교적 활동하기	인사하기, 소개하기, 감사하기, 축하하기, 칭찬하기, 환영하기, 호칭하기

국제 통용 한국어 표준 교육과정, 2017:44-45 참조

예컨대 기능 대범주 '정보 요청하기와 정보 전달하기'의 하위 항목인 '설명하기'의 경우 아래와 같은 여러 과제를 제시하였다.

<표 4> '설명하기' 과제의 예[8]

항목	세부 사항
설명하기	• 일상적인 내용(주변인물, 사물, 일과, 간단한 계획 등)에 대해 설명하기 • 자신의 관심분야(사진의 전공 분야, 직업 관련 분야)에 대해 설명하기 • 전문 분야(학문, 업무 관련 화제 등)에 대해 설명하기 • 추상적인 내용(정치, 사회, 문화, 경제 전반의 현상 등)에 대해 설명하기 • 내용(책 내용, 강의 내용, 발표 내용 등) 설명하기 • 방법(학습 방법, 스트레스 해소 방법, 문제 해결 방법 등) 설명하기 • 특징(인물, 사물, 지역적 특징 등) 설명하기 • 상황(업무 진행 상황, 피해 상황, 경제 상황 등) 설명하기 • 사건(사건 사고, 역사적 사건 등) 설명하기

---

[8] 국제 통용 한국어 표준 교육과정(2017:49-68)에서는 기능 목록이 5개 범주(대범주)의 52개 하위 항목들이 모두에 대해 이와 같은 과제의 예들을 제시하였다. 이와 더불어 '등급판정', '등급별 과제 선택 지침'도 함께 제시하였다.

그리고 '국제 통용 한국어 표준 교육과정(2017)'에서는 위의 기능 목록들을 등급별로 제시하였는데 그 내용은 아래와 같다.

<표 5> 등급별 기능[9]

등급	기능
1급	정보 요청하기와 정보 전달하기(설명하기, 질문하고 답하기), 설득하기와 권고하기(제안하기, 요청하기, 허락하기/허락구하기, 명령하기, 금지하기), 태도 표현하기(동의하기, 바람·희망·기대 표현하기, 사과 표현하기, 거절 표현하기), 감정 표현하기(희로애락 표현하기), 사교적 활동하기(인사하기, 소개하기, 감사하기, 축하하기, 환영하기, 호칭하기)
2급	정보 요청하기와 정보 전달하기(설명하기, 확인하기, 비교하기, 대조하기, 질문하고 답하기), 설득하기와 권고하기(제안하기, 요청하기, 허락하기/허락구하기, 명령하기, 금지하기), 태도 표현하기(동의하기, 추측하기, 바람·희망·기대 표현하기, 가능/불가능 표현하기, 능력 표현하기, 의무 표현하기, 사과 표현하기, 거절 표현하기), 감정 표현하기(놀람 표현하기, 선호 표현하기, 희로애락 표현하기), 사교적 활동하기(인사하기, 소개하기, 감사하기, 축하하기, 환영하기, 호칭하기)
3급	정보 요청하기와 정보 전달하기(설명하기, 묘사하기, 서술하기, 기술하기, 확인하기, 비교하기, 대조하기, 수정하기, 질문하고 답하기), 설득하기와 권고하기(제안하기, 권유하기, 요청하기, 충고하기/충고구하기, 조언하기/조언구하기, 허락하기/허락구하기, 명령하기, 금지하기, 주의주기/주의하기, 지시하기), 태도 표현하기(동의하기, 반대하기, 부인하기, 추측하기, 의도 표현하기, 바람·희망·기대 표현하기, 가능/불가능 표현하기, 능력 표현하기, 의무 표현하기, 사과 표현하기, 거절 표현하기), 감정 표현하기(만족/불만족 표현하기, 걱정 표현하기, 고민 표현하기, 위로 표현하기, 불평·불만 표현하기, 후회 표현하기, 놀람 표현하기, 선호 표현하기, 희로애락 표현하기), 사교적 활동하기(인사하기, 소개하기, 감사하기, 축하하기, 칭찬하기, 환영하기, 호칭하기)

---

[9] '국제 통용 한국어 표준 교육과정(2017)'에서 위 기능 내용은 앞 절의 '주제' 영역과 마찬가지로 중복적으로 가르칠 수 있도록 허용을 하였다. 예컨대, '설명하기, 확인하기'의 경우 1급에서 6급 모두 가르칠 수 있도록 중복 설정되었으며, '의무 표현하기'는 2급에서 6급까지에서 가르칠 수 있도록 하였다. 이러한 중복 교수 허용은 해당 기능을 수행할 수 있는 등급을 빗금으로 처리하고 주제 영역과 마찬가지로 중점 등급을 함께 제시하였다.(중점 교수 등급에는 '·'로 표시하였음). 그런데 '주제'와 다른 점은, 기능의 경우 주제보다 다소 넓은 범위의 등급 설정을 하였다는 점이다. 이는 등급에 따라 기능을 활용할 수 있는 범위가 더 넓기 때문이다. 다음에 기능과 함께 과제를 제시하였다. 예컨대 '설명하기'는 1~6급까지 설정하고 4급에서 중점적인 교수 학습이 이루어져야 한다는 '등급 판정'을 제시한 후 아래와 같이 '과제의 예'를 제시하였다.(김중섭 외, 2017:38~69 참조) 일상적인 내용(주변 인물, 사물, 일과, 간단한 계획 등)에 대해 설명하기/자신의 관심 분야(자신의 전공 분야, 직업 관련 분야)에 대해 설명하기/전문 분야(학문, 업무 관련 화제 등)에 대해 설명하기/추상적인 내용(정치, 사회, 문화, 경제 전반의 현상 등)에 대해 설명하기/내용(책 내용, 강의 내용, 발표 내용 등) 설명하기/방법(학습 방법, 스트레스 해소 방법, 문제 해결 방법 등) 설명하기/특징(인물, 사물, 지역적 특징 등) 설명하기/상황(업무 진행 상황, 피해 상황, 경제 상황 등) 설명하기, 사건(사건 사고, 역사적 사건) 등 설명하기

급	기능
4급	정보 요청하기와 정보 전달하기(설명하기, 진술하기, 보고하기, 묘사하기, 서술하기, 기술하기, 확인하기, 비교하기, 대조하기, 수정하기, 질문하고 답하기), 설득하기와 권고하기(제안하기, 권유하기, 요청하기, 경고하기, 충고하기/충고구하기, 조언하기/조언구하기, 허락하기/허락구하기, 명령하기, 금지하기, 주의주기/주의하기, 지시하기), 태도 표현하기(동의하기, 반대하기, 부인하기, 추측하기, 의도 표현하기, 바람·희망·기대 표현하기, 가능/불가능 표현하기, 능력 표현하기, 의무 표현하기, 사과 표현하기, 거절 표현하기), 감정 표현하기(만족/불만족 표현하기, 걱정 표현하기, 고민 표현하기, 위로 표현하기, 불평·불만 표현하기, 후회 표현하기, 안도 표현하기, 놀람 표현하기, 선호 표현하기, 희로애락 표현하기), 사교적 활동하기(인사하기, 소개하기, 감사하기, 축하하기, 칭찬하기, 환영하기, 호칭하기)
5급	정보 요청하기와 정보 전달하기(설명하기, 진술하기, 보고하기, 묘사하기, 서술하기, 기술하기, 확인하기, 비교하기, 대조하기, 수정하기, 질문하고 답하기), 설득하기와 권고하기(제안하기, 권유하기, 요청하기, 경고하기, 충고하기/충고구하기, 조언하기/조언구하기, 허락하기/허락구하기, 명령하기, 금지하기, 주의주기/주의하기, 지시하기), 태도 표현하기(동의하기, 반대하기, 부인하기, 추측하기, 문제 제기하기, 의도 표현하기, 바람·희망·기대 표현하기, 가능/불가능 표현하기, 능력 표현하기, 의무 표현하기, 사과 표현하기, 거절 표현하기), 감정 표현하기(만족/불만족 표현하기, 걱정 표현하기, 고민 표현하기, 위로 표현하기, 불평·불만 표현하기, 후회 표현하기, 안도 표현하기, 놀람 표현하기, 선호 표현하기, 희로애락 표현하기, 심정 표현하기), 사교적 활동하기(인사하기, 소개하기, 감사하기, 축하하기, 칭찬하기, 환영하기, 호칭하기)
6급	정보 요청하기와 정보 전달하기(설명하기, 진술하기, 보고하기, 묘사하기, 서술하기, 기술하기, 확인하기, 비교하기, 대조하기, 수정하기, 질문하고 답하기), 설득하기와 권고하기(제안하기, 권유하기, 요청하기, 경고하기, 충고하기/충고구하기, 조언하기/조언구하기, 허락하기/허락구하기, 명령하기, 금지하기, 주의주기/주의하기, 지시하기), 태도 표현하기(동의하기, 반대하기, 부인하기, 추측하기, 문제 제기하기, 의도표현하기, 바람·희망·기대 표현하기, 가능/불가능 표현하기, 능력 표현하기, 의무표현하기, 사과 표현하기, 거절 표현하기), 감정 표현하기(만족/불만족 표현하기, 걱정 표현하기, 고민 표현하기, 위로 표현하기, 불평·불만 표현하기, 후회 표현하기, 안도 표현하기, 놀람 표현하기, 선호 표현하기, 희로애락 표현하기, 심정 표현하기), 사교적 활동하기(인사하기, 소개하기, 감사하기, 축하하기, 칭찬하기, 환영하기, 호칭하기)

그런데 위와 같은 분류는 앞 절에서 살펴본 '주제'와 같이 말하기, 듣기, 읽기, 쓰기에 두루 적용될 수 있는 범 교차적 기능에 해당하기 때문에 당연히 '듣기'에도 적용되는 일반성을 가지고 있다. 다만 위의 내용을 잘 보면 '-하기'로 되어 있어 '표현'과 '이해'의 부분 중 '표현'으로 진술되어 있음으로 해서 '이해'(듣기와 읽기) 측면에 적용하려면 '이해, 해석, 수용, 식별, 구별' 등과 같은 인식과 관련된 심리 동사 중심의 언어 기술로 표현되어야 한다. 예컨대 1급의 '정보 요청하기와 정보 전달하기, 설득하기와 권고하기, 태도 표현하기, 감정 표현하기, 사교적 활동하기' 등은 '정보 요청 표현에 대한 이해, 정보 전달 표현에 대한 해석, 설득과 권고에 대한 식별, 태도 표현에 대한 화자의 의도 식별' 등과 같이 진술되어야 한다는 것이다. 그런데 여기서 한 가지 유념해야 할 일은 이러한 심리 인식 내용은 목표 기술로 진술할 때 앞 장들에서 살펴본 바와 같이 도달한 결과를 가시적으로 파악할 수 있는 '행동 진술 동사나 표현'이 동반되어야 한다.

(4) 가. 정보 요청 표현을 이해함으로써, <u>요청된 정보에 대하여 상대방에게 이야기할 수 있다.</u>
　　나. 정보 전달 표현을 이해하고, <u>이를 다른 이에게 정확하게 전달할 수 있다.</u>
　　다. 설득과 권고에 대한 내용을 식별한 후, <u>수용 또는 거부 의사를 표현할 수 있다.</u>
　　라. 화자의 표현을 듣고 이 표현에 대한 화자의 태도와 의도를 파악하여, <u>상황에 맞게 상대방에게 행동할 수 있다.</u>

　듣는 이가 이해를 했는지 그렇지 않은지를 알 수 있는 표현 곧 '요청된 정보에 대하여 상대방에게 이야기할 수 있다, 이를 다른 이에게 정확하게 전달할 수 있다, 수용 또는 거부 의사를 표현할 수 있다, 상황에 맞게 상대방에게 행동할 수 있다.'와 같이 '행동 진술 표현'이 동반되어야 한다.[10]

5　언어 지식별 듣기 이해

　언어 지식별 듣기 이해란 주로 문법 지식 (발음, 어휘, 문법 표현, 담화 등)과 관련된 듣기 이해를 의미한다. 먼저 발음 지식의 이해와 관련되어 설명하면 아래와 같다.

(5) 발음 지식의 이해
　　가. 개별 음소나 음절에 대한 이해
　　나. 억양이나 길이에 대한 이해
　　다. 발음 규칙에 대한 이해

　'발음 지식의 이해'란 '개별 음소나 음절, 억양이나 길이, 발음 규칙' 등과 같은 '한국어 소리나 체계'에 대한 인식을 의미한다. 좀 더 구체적으로 살펴보면, '개별 음소나 음절에 대한 이해'라 함은 '단모음, 이중모음'과 같은 모음에 대한 식별, '평음, 경음, 격음, 비음'과 같은 자음의 식별, '(C)V(C)'와 같은 음절 체계에 대한 인식을 말한다. '억양이나 길이에 대한 이해'라 함은 평서문, 의문문(설명

---

[10] 물론 상위 목표로 갈수록 행동 진술 표현이 생략될 수 있다. 하지만 하위 목표, 특히 단원 학습 목표와 같은 미시적인 목표를 표현할 때는 행동 진술 표현이 동반되어야 한다.

의문문, 판정 의문문)과 같이 '문장 말미'에 나타나는 억양 방식이나, '문장 내'에서 나타나는 억양 방식(패턴)에 대한 이해 그리고 '억양에 따라 달라지는 화용적 의미'에 대한 파악, '길이에 따라 의미가 달라지는 표현'이나 '느리고 빠른 발화 속도에 적절하게 대처하여 발화 내용을 정확히 이해'하는 능력으로, 주로 '억양과 길이'의 차이가 의미에 어떤 변화를 주는지에 대한 상관적 이해와 관련이 있다. '발음 규칙에 대한 이해'란 '음운의 연쇄에서 나타나는 소리의 변동을 파악하면서 해당 소리에 대한 심리적 복원 능력'(변동된 음소를 듣고 변동되지 않았을 때의 음소를 정확하게 추측해 낼 수 있는 능력)을 의미한다. 여기에는 '경음화, 격음화, 7종성, 비음화, 연음, 구개음화, 유음화, ㅎ탈락, ㄴ첨가, 조음 위치 동화' 등과 같은 자음 변동 규칙, '반모음화, 원순 모음화, 모음 축약'과 같은 모음 변동 규칙, '휴지로 나타나는 발음의 변동'과 같은 인식과 구별 능력이 속한다.

둘째 어휘 지식 차원에서 외국인 학습자들이 신장시켜야 이해 능력은 주로 다음과 같을 것이다.[11]

> (6) 어휘 지식의 이해
> 　　가. 기본 정보에 대한 이해
> 　　나. 구 구성 정보에 대한 이해
> 　　다. 관련어 정보에 대한 이해
> 　　라. 구성 정보에 대한 이해
> 　　마. 화용 정보에 대한 이해

'기본 정보'의 이해란 '해당 어휘 자체의 철자, 발음, 기본 의미, 그리고 주변 의미'에 대한 기

---

11) 어휘 지식의 이해는 수용적 인지 능력을 의미한다. 예컨대 단어 '밟히다'에 대한 수용적 인지 능력은 다음과 같다.
　　* 이해 어휘 측면
　　　가. '밟히다'를 듣고 이 의미를 인식할 수 있다.
　　　나. '밟히다'의 형식을 알고 있고, 들었을 때 그 형식을 인식할 수 있다.
　　　다. '밟히다'가 '밟'과 '-히-'의 구성소로 구성되어 있다는 것을 인식하고 있고, 구성소들을 그 의미와 관련시킬 수 있다.
　　　라. '밟히다'가 개별적인 의미를 나타낸다는 것을 안다.
　　　마. 현재의 특정 문맥에서 '밟히다'가 의미하는 바를 안다.
　　　바. '밟히다'의 숨겨진 개념을 알며, 다양한 문맥에서 이해할 수 있다.
　　　사. '밟히다', '좁히다', '넓히다' 등과 같은 관련어가 있다는 것을 안다.
　　　아. 현재의 문맥에서 '밟히다'가 정확하게 사용되고 있다는 것을 인식할 수 있다.
　　　자. '눈에 밟히다', '꼬리를 밟히다', '뒤를 밟히다'에서 '눈, 꼬리, 뒤'와 같은 단어가 '밟히다'의 전형적인 연어의 한 부분임을 인식할 수 있다.
　　　차. '밟히다'가 여성어, 차별어, 금기어가 아님을 안다.

초적 측면의 이해를 뜻한다. '구 구성 정보'에 대한 이해란 연어와 관용어와 같이 개별 어휘 각각의 의미가 아니라 자주 사용되는 어휘 연쇄체나 문장 연쇄체가 의미가 굳어져서 통합적으로 파악해야 하는 것들에 대한 이해 능력이다. '관련어 정보' 이해란 '유의어, 반의어, 상위어, 하위어, 참조어, 파생어, 높임말/낮춤말, 큰말/작은말, 센말/여린말, 본딧말/준말'과 같이 해당 어휘와 계열 관계를 맺는 다른 어휘에 대한 이해를 의미한다. '조어 정보'에 대한 이해란, 관련 어휘의 구조 파악에 필요한 문법 지식, 예컨대 '파생어, 합성어'가 어떻게 구성되는지에 대한 분석 능력을 의미한다. '화용 정보'에 대한 이해란 구어/문어, 비어, 은어, 속어, 비유(긍정/부정), 사용자별 특징을 지니는 어휘(유아어/남성어/여성어)에 대한 이해를 이르는 말이다. 이는 놀림조, 얕잡아/낮잡아(요놈/대가리), 귀엽게, 친근하게/정답게 등의 정감적 표현과 강조 표현, 완곡 표현과 같은 정보에 대한 이해를 포함한다.[12]

어휘 이해에 대한 정보는 교육과정에 구축할 시 학습자들이 학습해야 할 전체 어휘량 산정이 중요한데, 이와 관련하여 강현화 외(2012, 2013, 2014, 2015)에서 교육 활용 어휘를 선정 결과를 참고할 만하다. 여기에서는 2000년대에 발간된 교재 중 대학 부설 기관에서 사용되며 초급에서 고급까지의 교재가 완간된 5종의 한국어 교재를 분석한 결과와 함께 어휘의 빈도수, 한국어능력시험(1-33회) 텍스트에 출현한 어휘 등을 분석한후 외국인 학습자를 위한 수준별 학습 어휘를 제시하였다.

<표 5> 등급별 학습 어휘 수

등급	어휘 수	수준별 누적 어휘 수
1급	735	1,835
2급	1,100	
3급	1,655	3,855
4급	2,200	
5급	2,365	4,945
6급	2,580	
합계	10,635	10,635

---

12) 강현화 외(2012:132-133)의 어휘 정보 항목 구성 및 제시 방법 참조

'초급'(1단계, 2단계) 어휘들의 경우 학습자에게 친숙한 일상적 주제와 관련된 어휘가 주로 되었으며, '중급'에서는 조금 더 확장된 사회적 주제와 관련된 어휘들이 추가되었다. 그리고 '고급'단계에서는 학습자에게 다소 친숙하지 않은 사회적 주제와 전문적 주제를 다룬 어휘들이 제시되었다. 아울러 숙달도 단계별 어휘의 특성은 아래와 같다.

<표 7> 숙달도 단계별 어휘의 특성

	1단계(초급)	2단계(중급)	3단계(고급)
기본 방향	• 기초어휘 중심의 기본어휘	• 확장된 기본어휘	• 더 확장된 어휘
주제 및 상황	• 일상적 • 친숙	• 일상적 • 사회적	• 사회적 • 전문적 • 친숙하지 않음
어휘 유형	• 고유어 중심 • 단일어 중심	• (+)한자어, 외래어 • (+)파생어, 합성어	• (+)한자어, 외래어 • (+)파생어, 합성어 • (+)전문어, 관용어

강현화 외(2015:6 참조)

다음에 '문법 표현의 이해'란 언어 형식에서 주로 문법적 의미를 담당하는 표현들에 대한 이해를 뜻한다. 여기에는 다음과 같은 것들이 있다.

(7) 문법 표현의 이해
　　가. 조사가 결합된 표현들의 이해
　　나. 선어말어미가 결합된 표현들의 이해
　　다. 연결어미가 결합된 표현들의 이해
　　라. 전성어미가 결합된 표현들의 이해
　　마. 종결어미가 결합된 표현들의 이해
　　바. 기타 표현들의 이해

그런데 위에서 문법적인 의미를 가지는 표현은 단순히 그 형식 자체의 의미보다도 이 표현들이 '구나 문장' 전체의 의미에 관여하기 때문에 전체 구조 속에서의 문법적 의미 역할을 파악하는 것이 중요하다. 좀 더 구체적으로 말하면 위의 조사, 선어말어미, 연결어미, 전성어미, 종결어미 그리고 '이 이외의 성분들'은 '구나 문장' 의미에 영향을 주기 때문에 비록 문법 표현이 하나의 단어로 나타날지라도 그것의 의미 파악은 '구나 문장'의 명제적 의미와 어떻게 연결되는지에 대한 통합적 관계(호응 관계)를 우선적으로 고려해야 한다는 것이다. 이를 좀 더 구체적으로 살펴보기 위하여 양명희 외(2013, 2014)에서 등급별 문법 표현 항목을 제시한 후 여기에 나타난 예들을 바탕으로 설명하면 다음과 같다.

<표 8> 초급 문법·표현 항목(92항목 기술)

조사(29)	이(가), 과(와), 께, 께서, 이나(나1), 을1(를), 이랑(랑), 으로(로), 보다, 에, 에게, 에게로, 에게서, 에서(서), 의, 이다1, 처럼, 하고, 한테, 한테서, 까지, 은1(는2), 도, 마다, 만, 밖에, 부터, 에다가(에다), 에서부터(서부터)
선어말어미(3)	-겠-, -었-(-았-/-였-), -으시-(-시-)
연결어미(12)	-거나, -게1, -고1, -는데1(-은데1/-ㄴ데1), -다가1, -으러(-러), -으면(-면1), -어서(-아서/-여서), -지만, -으려고(-려고), -으면서(-면서), -으니까(-니까)
전성어미(6)	-기, -는1, -은2, -은3, -음, -을2
종결어미(14)	-는군(-군/-는군요/-군요), -는데2(-은데2/-ㄴ데2/-는데요/-은데요/-ㄴ데요), -을게(-ㄹ게/을게요/-ㄹ게요), -을까(-ㄹ까/을까요/-ㄹ까요), -습니까(-ㅂ니까), -습니다(-ㅂ니다), -읍시다(-ㅂ시다), -으세요(-세요/-으셔요/-셔요/-으시어요/-시어요), -으십시오(-십시오), -어1(-아3/-여2/-어요/-아요/-여요), -지(-지요), -네(-네요), -을래(-을래요/-ㄹ래요), -고2(-고요1)
표현(28)	-고 있다, -어 있다(-아 있다/-여 있다), -기 때문에(-기 때문이다), -기 전에(-기 전), -기로 하다, -을 것 같다(-는 것 같다/-은 것 같다), -은 지(-ㄴ 지), -은 후에(-은 후/-ㄴ 후에/-ㄴ 후)<유의: -은 뒤에(-은 뒤)>, -을 때(-ㄹ 때), -을까 보다(-ㄹ까 보다), -는 동안에(-는 동안), -은 적이 있다(-는 적이 있다)<반의: -은 적이 없다(-는 적이 없다)>, -게 되다, -고 싶다, -을 수밖에 없다, -을 수 있다<반의: -을 수 없다>, -어 보다(-아 보다/-여 보다), -어 주다(-아 주다/-여 주다), -어도 되다(-아도 되다/-여도 되다), -어야 되다(-아야 되다/-여야 되다)<유의: -어야 하다(-아야 하다/-여야 하다)>, -지 말다, -지 못하다, -지 않다, 이 아니다(가 아니다), -는 것, -은 것, -을 것2, -을 것1

<표 9> 중급 문법·표현 항목(113항목 기술)

조사(19)	같이, 이고(고4), 이며(하며, 이다2/다2), 커녕(는커녕/은커녕), 이나마(나마), 대로, 이든(이든지/든1/든지), 이든가(든가), 이라고(라고1/라/이라), 이란(란), 으로부터, 만큼, 이면(면2), 보고, 뿐, 아1(야1), 이야(야2), 요, 치고
선어말어미(1)	-었었-(-았었/-였었-)
연결어미(28)	-거니와, -거든1, -고도, -고서, -고자, -기에, -느라고, -는다거나1, -는다고, -는다면, -다가2(-다3), -다시피, -더니, -더라도, -던데1, -도록, -든지1, -듯이, -어다가(-아다가/-여다가), -어도(-아도/-여도), -어야(-아야/-여야), -어야지1(-아야지1/-여야지1), -으나(-나2), -으니1(-니3), -으므로(-므로), -을래야(-ㄹ래야), -자마자(-자2), -었더니(-았더니/-였더니)
전성어미(1)	-던-

종결어미(17)	-거든2, -게2(-게요), -고3(-고요), -는구나(-구나), -는다(-다4), -는다니(-다니, -라니), -더군, -더라, -던데2(-던데요), -어라(-아라/-여라), -잖아, -니1, -자1, -나요, -을걸(-ㄹ걸/-을걸요/-ㄹ걸요), -는다면서(-다면서/-라면서, -는다면서요), -어야지2(-아야지2/-여야지2)
표현(47)	-게 하다, -고 나다, -고 말다, -고 보다, -고 싶어 하다, -고 해서, -기 위해(을 위해), -은 결과, -는 김에, -은 다음에, -는 대로(-은 대로), -는 대신에, -는 듯(-은 듯/-을 듯), -는 만큼(-은 만큼1/-을 만큼), -는 반면(-은 반면), -는 줄(-은 줄), -는 탓에, -는다거나2, -나 보다, -나 싶다, -는 바람에, -는 사이에, -는 한, -을 따름이다(-ㄹ 따름이다), -을 테니(-ㄹ 테니), -을 텐데(-ㄹ 텐데), -으면 안 되다(-면 되다), -으면 좋겠다(-면 좋겠다), -어 가다, -어 가지고, -어 놓다, -어 대다, -어두다, -어 드리다, -어 버리다, -어 오다, -어서인지, -어야겠-, -어지다, -으라니(-라니), -으로 인하여(로 인하여), -만 같아도, -만 아니면, 에 대하여, 에 따라, 에 비하여, 에 의하면, -으려고 들다

우선 (표8)의 조사 '-께서'를 보면, 이 형식이 존대의 의미를 갖는다는 점 이외에도 이 조사와 결합하는 선행 어휘에 존대의 의미를 가지는 유정 명사가 온다는 사실을 알아야 한다. 선어말 어미의 경우도 마찬가지인데 예컨대 선어말 어미 중 '-시-'를 보면 그 자체가 존대라는 의미를 가지고 있다는 것과 함께 문장 안의 주체에 대한 높임에 관여한다는 점을 인식하는 것이 중요하다. 역시 전성어미도 선행 구 또는 절 성분 자체를 다른 품사로 바꾸어주는 역할을 하고, 종결어미도 '-는 군'에서 보듯이 결합하는 명제가 낮춤의 의미와 감탄의 의미를 더해준다는 관계적 속성을 이해하여야 한다. 표현의 경우도 '-고 있다'는 단순히 진행상의 문법적 의미보다는 선행 명제 예컨대 '철수가 밥을 먹다'라는 사건이 진행의 의미를 가지고 있다는 의미가 중요하다. 즉, 해당 형식과 결합하는 다른 형식과의 전체적인 통합적 의미도 알아야만 비로소 해당 문법 형식에 대한 이해 능력을 갖추었다고 말할 수 있는 것이다.[13] 한편 듣기의 경우는 문어 표현 이외에 구어 표현의 특성을 지니는 것들이 많이 있는데 예컨대 '이랑, 하고, 한테, -을게(-ㄹ게/-을게요/-ㄹ게요)'의 경우가 구어 표현에 자주 사용된다는 점, 따라서 화자가 이러한 표현들을 들었을 때, 공식적 표현보다는 개인적 친교 관계의 대화에서 많이 들을 수 있다는 점과 같은 '사용 구별 인식'이 필요하다.

> (8) 담화 차원의 이해
>   가. 사실적 이해
>   나. 추론적 이해
>   다. 비판적 이해
>   라. 감상적 이해

---

13) 표<7, 8>의 문법 표현은 '듣기'뿐만 아니라 '말하기, 읽기, 쓰기'에도 관여한다는 점은 앞서 이야기한 '주제'나 '기능'과 마찬가지이다.

담화 차원의 이해란, 화자와 청자 간의 대화하는 내용을 올바로 인지하는 능력을 뜻한다. 여기에는 대화 내용에 드러난 정보를 바탕으로 중심 내용, 주제, 대화의 구조와 전개 방식 등을 파악하는 '사실적 이해' 능력이 있다. 또한 대화에는 드러나지 않은 정보를 예측하여 화자의 의도나 대화의 목적, 숨겨진 주제, 생략된 내용을 추론하며 듣는 '추론적 이해'도 있다. 아울러 대화에 드러난 관점이나 내용, 대화에 쓰인 표현 방법, 청자의 의도나 사회·문화적 맥락을 비판적으로 받아들이는 '비판적 이해' 능력과 대화에서 공감하거나 정서적 동감 부분을 찾고 이를 바탕으로 대화가 주는 즐거움과 깨달음을 수용하는 '감상적 이해' 능력이 있다.

6 듣기 전략

듣기 교육과정에서 염두에 두어야 할 것에는 '듣기 전략'이 있다. 이는 듣기 교육 내용을 '어떻게' 효과적으로 숙달하느냐 하는 방법적 측면에 해당하는 것이다. 곧 듣기 전략은 청자가 들리는 듣기 정보를 효율적으로 이해하기 위한 방법에 대한 인식으로 특히 단원 목표와 같이 구체적인 목표를 설정할 때는 이 듣기 전략이 목표 진술에 포함되어야 한다. 그런데 이러한 듣기 전략에는 어떤 것이 있는지는 학자마다 차이가 있다. 우선 O'Malley와 Chamot(1990)은 듣기 전략을 듣기 학습 단계별로 나누어 듣기 전 전략, 듣기 중 전략, 듣기 후 전략으로 제시하였다. 듣기 전 전략은 무엇에 집중해 들을 것인지 미리 계획하는 선택적 듣기 전략과 학습자가 자신의 배경지식을 이용해 들을 내용을 예상하는 예측 전략을 포함한다. 듣기 중 전략은 실제 필요한 부분에만 집중하여 듣도록 하는 유도된 집중 전략을 의미한다. 듣기 후 전략은 주로 듣기 중 전략과 관련해 학습자가 앞서 추측했던 내용에 대해 전반적으로 확인하고 평가하는 자기평가 전략을 포함한다. 이 외에 모든 단계에 걸쳐 필요할 때마다 선택하여 보충할 수 있도록 추측 전략, 반복 전략 등의 부가적 전략들을 제시하였다. Bacon(1992)은 O'Malley와 Chamot(1990)의 학습전략 분류 방식에 따라 듣기 전략을 분류하였지만 이를 정보처리 과정의 관점으로 좀더 세분화하였다. 그는 듣기 전략을 크게 상위인지 전략, 인지 전략, 사회적 전략, 정의적 전략으로 분류하였다. 상위인지 전략은 다시 듣기 전, 듣기 중, 듣기 후 전략으로 나누고 인지 전략은 상향식 듣기 과정, 하향식 듣기 과정, 요약, 번역, 연상과 전이 등으로 분류하였다. 사회적 전략은 타인과 상호작용하는 활동과 관련된 전략이다. 질문하기, 동료와의 협동 등이 이에 포함된다. 정의적 전략은 외국어 듣기의 불안을 줄이고 자신감을 가지는 전략으로써 학습과 관련해 자신의 감정을 잘 조절할 수 있게 돕는 전략이다. Oxford(1990)는 듣기 전략을 먼저 언어 학습 재료와의 직접적인 관련 여부에 따라 직접 전략과 간접 전략으로 나누고 다시 여섯 개의 범주로 분류하였으며 그 세부적인 전략들까지 명시하였다. 직접 전략은 언어 학습과 언어 재료의 처리에 직접 관련이 있는 것으로 기억 전략, 인지 전략, 보상 전략이 포함된다. 간접 전략은 간접적으로 학습을 도와주며 전반적인 학습 관리와 관련이 있는 것으로써 상위인지 전략, 정의적 전략, 사회적 전략으로 구분된다. 기억 전략은 언어 지식을 저장하고 기억해내기 위한 전략으로 핵심어를 이용하거나 복습하는 것으로 구성되어 있고, 인지 전략은 언어 지식을 이해하고 사용하도록 해 주는 전략으로 연습하고 추론하는 전략들이 주를 이룬다. 보상 전략은 부족한 언어 지식을 보충하기 위해 언어적, 비언어적 단서들을 이용하여 의미를 추측하는 전략이며, 상위인지 전략은 학습 상황을 인지하고 컨트롤하기 위한 전략으로 듣기 공부를 계획하고 평가하는 전략들로 구성되어 있다. 정의적 전략은 듣기 불안감을 완화시키고 마음의 안정을 찾도록 하는 전략을 의미하며 사회적 전략은 다른 사람과의 협동을 통해 학습효과를 높이는 전략이다. 그 세부적인 내용은 다음과 같다.

<표 10> 전략 내용

분류		세부 전략
기억 전략	머릿속에서 관련짓기	모둠 짓기, 연상하기·다듬기 새 단어를 맥락 속에 넣어 보기
	이미지·소리 이용하기	이미지 이용하기 의미지도 그리기 핵심어 이용하기 기억 속에 소리 새겨 넣기
	복습을 잘하기	체계적으로 복습하기
	동작 이용하기	신체반응·감각 이용하기 기계적인 방법 이용하기
인지 전략	연습하기	반복하기, 재구성하기 소리·쓰기 체계 정식으로 연습하기 고정표현·패턴 인식하고 이용하기 자연스러운 상황에서 연습하기
	메시지 주고받기	신속하게 개념 파악하기 메시지를 주고받는 데 참고 자료 이용하기
	분석·추론하기	연역적으로 추론하기, 표현 분석하기 (언어 간) 대조적으로 분석하기 번역하기, 전이시키기

	체계적으로 입·출력하기	메모하기, 요약하기 중요한 부분을 강조하기
	아는 것을 토대로 짐작하기	언어적 단서 이용하기 비언어적 단서 이용하기
보상 전략	말하기·쓰기의 부족함을 극복하기	모국어로 전환하기 도움 구하기 새단어 만들기 마임, 제스처 이용하기 의사소통을 일부 또는 전부 회피하기 화제를 선택하기 메시지를 조정하거나 비슷하게 만들기 우회적인 표현, 동의어 사용하기
	학습에 집중하기	전체를 보고 이미 아는 내용과 연결하기 주의 기울이기 말하기를 늦추고 듣기에 집중하기
인지 전략	학습을 준비하고 계획하기	언어 학습에 대해 알아보기 조직하기, 목적과 목표 세우기 언어과제의 목적 파악하기(목적이 있는 듣기, 읽기, 말하기, 쓰기) 언어 과제수행을 위한 계획 짜기 연습 기회 찾기
	학습을 평가하기	자기 모니터하기 자기 평가하기
	불안감 낮추기	점진적인 긴장완화 심호흡·명상 이용하기 음악 이용하기 웃음 이용하기
정의적 전략	스스로 격려하기	긍정적인 말하기 지혜롭게 모험하기 스스로 보상하기
	감정 다스리기	자기 몸에 귀 기울이기 체크리스트 이용하기 언어 학습 일기 쓰기 다른 사람과 자기감정에 대해 토론하기

사회적 전략	질문하기	명확성 또는 확인을 요청하기 수정을 요청하기
	다른 사람과 협력하기	또래와 협력하기 능숙한 외국어 사용자와 협력하기
	다른 사람에게 감정 이입하기	문화 이해력 높이기 다른 사람의 생각과 감정을 인식하기

7 듣기·교수 학습 방법

한국어 표준 교육과정(2020:22)에서는 듣기를 이해 처리 과정의 일환으로 보면서 청자를 화자와 더불어 메시지를 구성하는 공동의 담화 참여자로 인식하고 있음을 주목하였다. 이에 따라 한국어 듣기 교육은 주어진 정보를 정확히 듣고 이해하는 수준의 교수·학습에 머무르지 않고, 학습자가 선행 지식을 바탕으로 창조적이고 능동적으로 듣기 활동에 참여하고 담화 참여자 혹은 텍스트와의 상호작용을 극대화할 수 있도록 설계되어야 함을 강조하였다. 듣기의 목적에 있어서도 일상생활 수준에서 필요로 하는 단순한 정보 교환적 듣기에서부터 즐거움의 추구를 위한 오락적·심미적 듣기, 나아가 특수한 목적 하의 한국어 학습을 염두에 둔 학문적·전문적 듣기 등이 포함되어야 함을 말하였다. 이를 위해 다음과 같은 교수·학습 방법을 제시하였다.

(9) 가. 목적과 기대를 가지고 듣기 담화의 내용을 이해하고 재해석하여 능동적, 상호작용적인 듣기가 되도록 교수한다.
　　나. 여러 유형의 담화와 매체를 활용하고 대화 참여자의 관계와 듣기 내용을 다양화하여 한국어 담화 상황과 매체 특성에 맞게 듣고 적절하게 반응할 수 있도록 지도한다.
　　다. 핵심 단어에 초점 맞추기, 맥락에서 추론하기 등의 전략을 활용해 듣기 목적에 맞는 이해가 가능하도록 교수한다.
　　라. 한국어 구어의 음운적, 통사적 특성을 알고 비언어적인 단서를 활용할 수 있도록 교수한다.
　　마. 개별 소리를 듣고 구분하며, 단어, 문장, 담화를 듣고 의미를 파악할 수 있도록 지도한다.

8 듣기 평가[14]

8.1 듣기 평가의 목표

한국어 듣기 평가의 목표는 학습자들의 '듣기 능력'이 어느 정도인지를 알아보는 데 있다. 이 때 듣기 능력은 화자가 말한 내용을 그대로 이해하는 것을 의미하는 것이 아니라 그 의도에 맞게 이해하는 능력이다. 따라서 듣기 능력은 단일한 능력이 아니라 여러 가지 하위 능력이나 기능들로 구성된 복합적인 능력이다. 곧 듣기는 정보의 확인, 내용의 이해뿐만 아니라 내용에 대한 비판, 내용에 대한 평가와 감상 등의 층위를 가지는 다양한 언어활동으로서 단순히 수동적으로 듣기만 하는 활동이 아니라 능동적인 의미 구성 활동이라는 점을 고려해야 한다. 따라서 의사소통 능력의 한 하위 범주로서의 듣기 능력의 평가는 정보를 확인하고 내용을 이해하는 것뿐만 아니라 내용을 비판하고 평가, 감상하는 수준을 판단하는 것을 목표로 해야 한다. 한편 교육과정을 보면 듣기의 구체적인 학습 목표의 달성 여부를 측정하는 것이 또 하나의 목적이 된다. 즉 교육 현장에서 이루어지는 듣기의 교수·학습 과정을 개선하기 위해 각종 정보를 수집하고 교육적으로 가치 판단을 하기 위한 질적 평가가 필요한 것이다. 이와 같이 질적 평가를 하는 경우에는 학습자 개개인의 듣기 능력 향상을 위해 학습자 개개인의 강점과 약점을 파악하는 것이 중요한 평가 목적이 된다. 또한 듣기 학습을 통해 학습자의 듣기 능력이 어떻게 변화하는지에 대해서도 평가할 필요가 있다(한재영 외:2003참조). 더불어 언어 평가는 기본적으로 학습자의 언어 능력을 측정하는 데 목적이 있지만, 교육 과정 내에서 이루어지는 언어 평가는 이러한 기본적인 기능 이외에도 교수·학습 효과를 진단하기 위한 자료 제공의 기능과 교수법 및 학습 방법의 개선에의 활용에도 그 기능이 있다. 즉 언어 평가의 기능은 궁극적으로 학습자의 언어 능력 및 성취 수준을 측정하고, 측정 결과를 좀 더 질 높은 교수·학습에 활용하는 데 있다. 이를 한국어 듣기 평가에 적용해 보면, 한국어 듣기 평가의 기능은 평가의 결과를 통해 학습자의 한국어 듣기 능력 및 수업의 성취 수준을 정확히 판단하고, 그 결과를 토대로 한국어 듣기 학습의 문제점을 분석하여 이를 교수 및 학습의 양 측면에서 학습자의 듣기 능력을 향상시키는 바람직한 교수·학습 방안을 마련하는 데 활용하는 것이다. 이상의 내용을 바탕으로 한국어 듣기 평가의 기능을 간단히 정리하면 다음과 같다.

첫째, 한국어 듣기 평가는 학습자의 한국어 듣기 능력 및 듣기 학습의 성취 수준에 대한 정확한

---

[14] 듣기 평가에 대한 내용은 한재영 외(2013)의 연구 결과를 요약 정리한 것임을 밝혀 둔다.

정보를 제공하는 기능을 수행한다.

둘째, 한국어 듣기 평가는 교사에게 자신의 듣기 교수 방법을 개선하는 데 필요한 적절한 정보를 제공하는 기능을 수행한다.

셋째, 한국어 듣기 평가는 학습자에게는 자신들의 듣기 수행에 있어 강점과 약점을 파악하여 자신들의 학습 방법의 수정이나 개선의 기능을 수행한다.

넷째, 한국어 듣기 평가 자체가 학습자들에게 또 다른 듣기 활동의 한 경험으로서, 이러한 경험을 통해 학습자들에게 듣기 학습에 대한 동기 부여 및 동기 강화의 기능을 수행한다. 즉 듣기 평가가 학습자에게 듣기 활동에 대한 목표 의식을 갖게 해주는 것으로, 평가가 갖는 긍정적 피드백 효과의 일종이라 할 수 있겠다.

8.2 한국어 듣기 평가의 범주

앞서 말한 바와 같이 듣기 평가는 단일한 능력이 아니라 여러 가지 하위 능력이나 기능들로 구성된 복합적인 능력이다. 그런데 이러한 복합적인 능력을 어떻게 범주화하느냐는 학자들마다 다르지만 여기에서는 Canale & Swain(1983)에서 제시한 의사소통 능력의 범주 구분 곧 문법적 능력, 사회언어학적 능력, 담화구성 능력, 전략적 능력으로 나누어 평가 범주를 구분한다. 먼저 문법적 능력을 측정한다 함은 수험자가 듣기 평가 상황에서 한국어의 언어적 규칙을 정확하게 이해하여 이에 적절하게 반응할 수 있는 능력을 가리킨다. 여기에는 아래와 같은 하위 범주들이 있다.

(10) 문법적 능력
   가. 개별 음운을 식별할 수 있는 능력
   나. 한국어 단어의 축약형을 파악할 수 있는 능력
   다. 한국어의 발음 규칙을 이해할 수 있는 능력
   라. 한국어의 중요한 문법적 형태와 통사적 장치를 아는 능력
   마. 한국어의 문장 구조를 이해할 수 있는 능력
   바. 한국어 어휘의 의미나 쓰임을 이해할 수 있는 능력
   사. 문맥으로부터 어휘의 의미를 추측해 낼 수 있는 능력

둘째, 사회언어학적 능력을 측정한다 함은 음성언어로 이루어지는 의사소통 상황에서 화자, 청자,

의미(메시지), 장면 등을 고려해 내용을 이해할 수 있는 능력을 말한다. 즉 화자와 청자의 관계에 따라 주어진 메시지를 해석할 수 있는가, 또 연령과 사회적 계층, 그리고 성의 차이에 따라 달리 사용되는 언어 예절이나 존대법 등을 제대로 이해할 수 있는가, 이야기의 주제나 배경 등에 따라 달리 사용되는 언어 형태를 이해할 수 있는가를 말하는 것이다. 여기에는 아래와 같은 하위 능력들이 있다.

(11) 사회언어학적 능력
　　가. 한국어 문장 종결형의 기능이나 의미를 이해할 수 있는 능력
　　나. 한국어 높임법 체계를 이해할 수 있는 능력
　　다. 휴지나 억양 등의 어조를 이해할 수 있는 능력
　　라. 한국어의 특수한 표현을 이해할 수 있는 능력
　　마. 한국어에 포함된 문화적 내용을 이해할 수 있는 능력
　　바. 한국어 구어의 다양한 사용역을 구별할 수 있는 능력
　　사. 발화 상황, 참여자, 목표에 따른 발화의 의사소통적 기능을 인식할 수 있는 능력

셋째, 담화 구성 능력을 측정한다 함은 대화 상황에서 어떤 내용을 듣고 얼마나 잘 이해할 수 있는가, 들은 내용에 대해 논리적이고 정확하게 응답할 수 있는가, 그리고 담화의 내용에 담긴 논리와 내용의 일관성을 이해하고 정리할 수 있는가 하는 능력을 말하는 것으로, 개별 어휘나 문장의 내용 이해를 넘어서 담화로서의 긴 문장을 이해하는 능력이 필요하다. 여기에는 아래와 같은 하위 능력들이 있다.

(12) 담화 구성 능력
　　가. 한국어 접속어의 쓰임을 이해할 수 있는 능력
　　나. 문맥의 의미를 이해할 수 있는 능력
　　다. 한국어 인용문을 이해할 수 있는 능력
　　라. 생략이나 도치된 문장을 이해할 수 있는 능력
　　마. 담화 상황, 담화 주제, 담화 기능을 이해할 수 있는 능력
　　바. 의미 단위로 휴지를 두어 끊어 말한 발화를 이해할 수 있는 능력
　　사. 중심 생각, 예시, 가정, 일반화 등을 파악할 수 있는 능력

넷째, 전략적 능력을 측정한다 함은 대화 도중에 언어 능력의 부족으로 인해 대화에 단절이나 공백이 생겼을 때 이를 적절히 피해 가는 능력을 말하는 것으로 주로 말하기 능력의 구성 요소로 간주되어 왔으며, 구체적으로는 회피 전략, 바꾸기 전략, 도움 요청 전략, 비언어적 의사소통 전략 등이 있다. 여기에는 아래와 같은 하위 능력들이 있다.

(13) 전략적 능력
　　가. 실제 세계의 지식과 경험을 활용할 수 있는 능력
　　나. 의미 파악을 위해 부차적인 정보를 활용할 수 있는 능력
　　다. 사건 간의 연관 관계를 해석해 낼 수 있는 추론 능력
　　라. 화자의 발화 내용으로부터 발화 맥락을 파악해 낼 수 있는 유추 능력

이러한 듣기 능력을 내용화하여 수준별로 그 목표를 제시할 필요가 있다. 우선 초급 듣기 평가에서는 기본적인 일상적 듣기 상황에서의 듣기 이해 능력을 중심으로 측정한다. 즉 한국어의 기본적인 음운을 식별할 수 있고, 일상생활과 관련 있는 간단하고 평이한 질문을 듣고 대답할 수 있는지, 실생활에서 자주 접하는 친숙한 소재에 대한 대화나 이야기, 실용적인 담화를 듣고 내용을 파악할 수 있는지 등이 평가의 목표이자 내용이 된다.

<표 11> 초급 듣기 평가의 목표 및 내용

분류	내용
평가의 목표	- 일상생활의 아주 기본적이면서도 개인적인 소재나 주제, 기능을 다룬 간단한 대화나 이야기를 이해할 수 있다. - 자음, 모음, 받침, 음운의 변화 등을 식별하여 들을 수 있다. - 사적이고 친숙한 대화나 이야기의 내용을 이해할 수 있다. - 단문에서 시작하여 짧은 대화, 광고, 안내 방송 등 점차 간단하면서도 다양한 담화의 내용을 이해할 수 있다.
주제 및 소재	- 생존에 필요한 기본적인 소재 　(음식, 쇼핑, 장소 이동, 교통, 병원, 날씨, 날짜 및 시간, 전화 등) - 일상생활에서 자주 접하는 주제 　(소개, 인사, 학교생활, 집에서의 생활, 위치, 가족, 취미, 여행, 모양, 색 등)

평가의 범주	기능	- 음운 식별하기 (간단한 음운 식별부터 구별하기 어려운 음운 식별하기까지) - 간단하고 평이한 질문 듣고 대답하기 - 일상생활과 관련된 간단한 대화 듣고 내용 파악하기 - 사적이고 친숙한 소재의 이야기 이해하기 - 물건 사기, 인사 표현 이해하기 - 간단한 대화나 이야기의 내용 이해하기 - 간단한 안내 방송 등 실용 담화 듣고 내용 파악하기

	어휘 및 문법	- 생존에 필요한 기본 어휘
		  (일상생활의 기본적인 어휘, 사물 이름, 위치, 수와 셈, 기본적인 동사/형용사 등)
		- 일상생활에서 자주 접하는 화제나 소재와 관련된 어휘
		  (물건 사기, 음식 주문하기 등과 관련된 어휘)
		- 공공시설 이용 시 자주 사용되는 기본 어휘
		- 한국어의 기본 문장 구조와 기초적인 문법 규칙
		  (기본적인 문장 구조, 문장의 종류, 의문사, 기본 조사, 기본적인 연결 어미, 기본적인 보조 동사, 관형형, 기본 시제, 불규칙 활용, 부정문 등)

	텍스트 유형	- 짧은 문장(1-2) - 일상생활과 관련된 간단한 대화나 이야기 - 실생활에서 자주 접하는 간단한 안내 방송이나 광고 - 친숙한 소재의 생활문

중급 듣기 평가에서는 대부분의 일상 대화를 듣고 내용을 파악할 수 있고, 친숙한 사회적 소재를 다룬 대화나 담화를 듣고 내용을 파악할 수 있는지를 측정하고 진단한다. 즉 대부분의 일상적인 듣기 상황에서의 내용 이해가 가능하고 어느 정도 복잡한 맥락을 갖는 담화에 대한 내용 이해 및 함축된 의미 파악 능력이 평가의 목표이다.

<표 12> 중급 듣기 평가의 목표 및 내용

분류	내용
평가의 목표	- 여행사, 인터넷, 직업 등 친숙한 사회적 소재를 다룬 대화나 이야기를 이해할 수 있다. - 사회적 관계 유지에 필요한 대화나 담화를 이해할 수 있다. - 광고나 인터뷰, 일기 예보 등의 실용 담화나 비교적 평이한 내용을 다룬 뉴스, 토론 등을 듣고 내용을 이해할 수 있다.

평가의 범주	주제 및 소재	- 일상생활에서 비교적 자주 접하는 추상적 소재나 사회적 관심사 (직업, 건강, 보람, 국가와 도시, 걱정과 충고, 언어생활, 경제 형편, 문화 예술, 결혼, 성격, 모양, 교육, 사건, 사고, 스포츠, 대중문화, 과소비, 저축, 결혼, 교통 문제, 환경 문제 등) - 빈번하게 접하는 공식적인 상황(공공기관 이용, 직장생활, 병원이나 은행 이용 등)
	기능	- 친숙한 대화나 이야기를 듣고 내용 이해하기 - 친숙한 사회적 소재를 다룬 대화나 담화를 듣고 내용 이해하기 - 광고, 인터뷰 등의 실용 담화를 듣고 대체적인 내용 파악하기 - 복잡한 맥락의 담화 듣고 함축된 의미 파악하기 - 간단한 뉴스 듣고 내용 파악하기 - 친숙하고 평이한 소재를 다룬 토론 내용 이해하기
	어휘 및 문법	- 일상생활에서 사용되는 대부분의 어휘 - 업무나 사회 현상과 관련된 기본 어휘 - 일상생활에서 비교적 자주 접하는 추상적인 소재 관련 어휘 - 비교적 빈번하게 접하는 공식적인 상황에서 필요한 어휘(직장 생활, 병원 이용, 은행 이용 등) - 기본적인 한자어 - 뉴스 등에 자주 등장하는 어휘 - 빈도가 높은 관용어와 속담 - 복잡한 의미를 갖는 조사 - 복잡한 의미나 체계를 갖는 연결 어미, 보조 용언 - 논리적인 서술이나 표현에 필요한 문법 표현
	텍스트 유형	- 대부분의 일상 대화 - 사적이고 친숙한 대부분의 이야기 - 광고, 안내 방송, 인터넷, 일기예보 등의 생활문 - 설명문, 수필 - 뉴스, 토론 - 간단한 내용의 강연이나 좌담회

고급 듣기 평가에서는 업무 영역이나 전문적인 영역에서의 듣기 이해 능력을 주로 진단한다. 즉 일상적인 주제나 기능보다는 사회적이고 추상적인 주제나 소재를 다룬 강연, 대담, 토론 등을 듣고 내용을 파악하고 이해할 수 있는지가 주요 평가 대상이 되는 것이다.

<표 14> 고급 듣기 평가의 목표 및 내용

분류	내용
평가의 목표	- 고유 업무 영역이나 전문 연구 분야와 관련된 소재와 내용을 이해할 수 있다 - 주례사, 추모사 등 특수한 실생활에서의 담화를 듣고 대체적인 내용을 이해할 수 있다. - 한국의 정치, 경제, 사회, 교육, 문화 등 전 영역에 대해 심도 깊게 다룬 소재를 이해할 수 있다. - 복잡한 연설문, 강연, 대담 등의 내용을 비판적으로 이해할 수 있다.

평가의 범주	주제 및 소재	- 직장에서의 구체적인 직무 수행 활동 영역 - 추상적이거나 사회적인 소재나 주제 - 정치적 상황, 경제 현황, 사회적 현상, 시대적 흐름 등의 주요 특징 - 다양한 전문적인 영역 - 소재 및 주제의 예 (소비, 재해, 회원 모집, 교육 제도, 정치 제도, 경제 활동, 가치관, 과학, 보도, 우주, 자유, 문화, 벼룩시장, 태권도, 행사, 야생동물, 전통 문화, 전화 서비스, 문화 유적, 사명, 인간복제, 언어학습, 여성흡연, 민족, 예술의 기능, 한국인의 정서, 사회보장제도, 한국사, 인류문명, 윤리, 과학 기술, 경제 현상, 안락사, 시장의 기능, 과학이론, 지방자치제도, 협상 등)
	기능	- 업무 수행 영역이나 전문 분야 연구와 관련 있는 대화나 담화의 내용 이해하기 - 친숙한 소재를 다룬 강연, 대담 등의 내용 이해하기 - 화자의 의도를 파악하거나 의도 추론하기 - 특수한 상황에서의 담화 내용 파악하기 - 대부분의 뉴스나 방송 담화 듣고 내용 파악하기 - 널리 알려진 방언 듣고 이해하기
	어휘 및 문법	- 사회 현상을 표현하는 데 필요한 추상적인 어휘 - 직장에서의 특정 영역과 관련된 어휘 - 세부적인 의미를 표현하는 데 필요한 어휘 - 널리 알려진 방언, 자주 쓰이는 약어, 은어, 속어 - 대부분의 시사용어 - 사회의 특정 영역에서 쓰이는 외래어(이데올로기, 매스컴 등) - 다양한 상황에서 사용되는 복잡한 의미를 갖는 속담이나 관용어 - 전문적인 영역에서 사용되는 문법 표현 - 다양한 텍스트에서 자주 사용되는 문법 표현
	텍스트 유형	- 업무나 전문 연구 분야와 관련된 소재를 다룬 대화나 담화 - 친숙한 사회적, 추상적 소재를 다룬 강연이나 대담 - 주례사나 추모사 등 특수한 상황이나 소재를 다룬 담화 - 논설문, 사회적 소재를 다룬 대부분의 뉴스나 방송 담화

8.3 듣기 평가의 방법

듣기 평가의 방법에 대하여, 한국어 표준 교육과정(2020:27-28)에서는 직접 평가, 수행 평가를 지향해야 함을 말하고 있다. 듣기 평가는 직접 평가, 수행 평가가 어려운 측면이 있으나 가급적 선다형 평가를 지양하고 학습자의 직접적인 듣기 수행 능력을 평가해야 함을 강조하고 있다. 말하기와 통합하여 평가를 하는 것도 대안이 될 수 있으며 듣기만 분리하여 평가하는 경우에도 지엽적인 정보 파악과 같은 미시적인 평가에만 집중할 것이 아니라, 중심 내용 찾기, 화자의 의도 파악하기 등 듣기의 목적에 맞게 평가할 수 있도록 구성한다. 또한 등급별 목적과 텍스트 유형에 맞는 듣기 활동이 일어날 수 있도록 평가를 구성해야 한다고 하고 있다.

(14) 가. 핵심 단어에 초점 맞추기, 맥락에서 추론하기 등의 전략을 활용해 듣기 목적에 맞는 이해 능력을 평가한다.
나. 개별 소리를 듣고 구분하는 것부터 단어, 문장, 담화를 듣고 의미를 파악할 수 있는 능력을 평가한다.
다. 한국어의 구어적 특성을 파악할 수 있으며, 한국어 구어 담화의 특성을 이해할 수 있는지 평가한다.
라. 온라인 동영상 자료나 텔레비전 프로그램과 같은 시청각 자료 등 다양한 실제적 자료를 활용하여 한국어의 자연스러운 발화를 이해할 수 있는 능력을 평가한다.
마. 듣기 평가 자료의 속도는 실제성을 추구하되 학습자의 수준에 따라 적절히 조절한다.

9 듣기 교육과정 목표 및 성취기준

실제적인 듣기를 고려하여 듣기의 주제, 기능 언어 지식별 이해, 전략 등이 설정되면 이전 절에서 살펴본 한국어 교육과정의 목표를 조직하는 원리들('행동 진술성, 위계성, 포괄성, 사용 빈도성, 계열성, 계속성, 나선형, 통합성, 난도' 등)을 적용하여 듣기 목표와 성취기준을 배열하여야 한다. 지면상 이에 대한 논의를 하는 것보다도 이러한 원리들을 고려하여 종합적으로 만들어진 '한국어 표준 교육과정(2020:11-12)'의 듣기 목표를 제시하는 것으로 이 장을 마치고자 한다.

<표 15> 등급별 목표 및 성취기준

구분		내용
1급	목표	기초적이고 일상적인 내용의 짧은 대화를 이해할 수 있으며, 인사 나 소개 등의 의사소통 기능을 수행할 수 있다.

급		내용
2급	성취 기준	1. 주변에서 자주 접하게 되는 일상적인 소재의 대화를 이해할 수 있다. 2. 개인적이고 친숙한 상황에서의 대화를 이해할 수 있다. 3. 단순한 정보를 파악하거나 들은 내용의 대략적인 의미를 이해 할 수 있다. 4. 정형화된 표현이나 한두 문장 내외의 간단한 대화를 이해할 수 있다. 5. 기초 어휘와 기본적인 구조의 문장을 듣고 이해할 수 있고, 분명하고 천천히 말하는 모국어 화자의 발화를 이해할 수 있다.
	목표	일상적으로 접하는 공적 상황에서의 간단한 대화를 이해할 수 있으며, 정보에 관해 묻고 답하기, 허락과 요청 등의 의사소통 기능을 수행할 수 있다.
	성취 기준	1. 일상에서의 친교적인 대화나 구체적인 소재의 대화를 이해할 수 있다. 2. 친숙한 공공장소나 비격식적 상황에서 사용되는 표현이나 내용을 이해할 수 있다. 3. 명시적인 정보를 통해 담화 상황이나 발화의 주요 정보 등을 파악할 수 있다. 4. 두 차례 이상의 말차례를 가진 대화나 간단한 안내 방송 등의 발화를 이해할 수 있다. 5. 간단한 문장 구조를 알고, 빠르지 않은 모국어 화자의 발화를 이해할 수 있다.
3급	목표	자주 접하는 사회적 상황에서의 대화를 이해할 수 있으며, 권유나 조언 등의 의사소통 기능을 수행할 수 있다.
	성취 기준	1. 자신의 삶과 관련된 사회적 소재의 대화를 이해할 수 있다. 2. 공적 관계의 사람들과 격식적 상황에서 이루어지는 담화를 이해할 수 있다. 3. 담화의 주요 내용과 화자의 의도를 파악하며 전반적인 내용을 이해할 수 있다. 4. 복잡한 일상 대화나 쉬운 수준의 안내, 인터뷰 등을 이해할 수 있다. 5. 다양한 문장 구조를 알고, 정확한 억양과 보통의 속도로 말하는 모국어 화자의 발화를 이해할 수 있다.
4급	목표	친숙한 사회적·추상적 소재나 직장에서의 기본적인 업무와 관련된 담화를 이해할 수 있으며, 동의와 반대, 지시와 보고 등의 의사소통 기능을 수행할 수 있다.
	성취 기준	1. 직업, 교육 등과 같은 보편적인 사회적·추상적 소재의 담화를 이해할 수 있다. 2. 업무 상황이나 공적인 상황에서 사용되는 표현이나 내용을 이해할 수 있다. 3. 담화의 주요 내용과 구체적 세부 정보를 대부분 파악할 수 있다. 4. 정형화된 구조와 형식을 갖춘 인터뷰, 뉴스 등을 이해할 수 있다. 5. 다양하고 복잡한 구조의 문장을 알고, 자연스러운 억양과 속도로 말하는 모국어 화자의 발화를 이해할 수 있다.
5급	목표	사회 전반에 대한 소재와 자신의 업무나 학업과 관련한 담화를 이해할 수 있으며, 업무 보고, 협의 등의 의사소통 기능을 수행할 수 있다.
	성취 기준	1. 사회적·추상적 소재나 자신의 전문 분야에 대한 담화를 이해할 수 있다. 2. 일부 전문적이고 격식적인 상황에서 이루어지는 담화를 이해할 수 있다. 3. 발화의 주요 내용 및 세부 내용을 이해하고 드러나지 않은 화자의 의도를 파악할 수 있다. 4. 다양한 서사 구조의 영화, 다큐멘터리, 교양 프로그램 등을 이해할 수 있다. 5. 업무와 학업에 필요한 어휘와 표현을 알고, 발화자의 의도에 따라 발음, 억양, 속도 등이 달라지는 모국어 화자의 발화를 이해 할 수 있다.

	목표	전문적이거나 학술적인 영역의 담화를 이해할 수 있으며, 설득이나 권고 등의 의사소통 기능을 수행할 수 있다.
6급	성취 기준	1. 자신이 종사하는 전문 분야에 등장하는 대부분의 소재를 다룬 담화를 이해할 수 있다. 2. 대부분의 전문적 상황에서 이루어지는 격식적인 담화를 이해할 수 있다. 3. 발화의 논리적 흐름과 인과 관계를 분석하고 내용을 추론하며 의미를 파악할 수 있다. 4. 복잡한 논리 구조의 대담과 강연, 토론 등을 이해할 수 있다. 5. 전문적이고 학술적인 표현을 알고, 발음, 억양, 속도 등에서 개인적 특성이 드러나는 모국어 화자의 발화를 이해할 수 있다.

한국어 표준 교육과정(2020:11-12)

각 등급별 특징을 살펴보면 1급과 2급에서는 일상생활에서 접하는 표현을 이해하는 것을 목표로 한다. 하지만 1급이 인사나 소개와 같은 정형화된 표현을, 2급은 공적 상황에서의 표현과 정보 파악을 성취기준으로 두었다는 점은 차이가 있다. 3급과 4급은 자주 접하는 사회적 소재에 대한 담화 이해를 목표로 한다는 점에서 공통적이나 3급의 경우 자신의 삶과 관련된 소재를, 4급의 경우 직업, 교육 등과 같은 보편적이면서도 추상적 소재의 담화 이해를 목표로 한다는 점에 있어서는 다소 차이가 있다. 5급과 6급은 전문 분야에 대한 담화를 이해하는 데는 공통적이지만, 5급의 경우 자신의 업무나 학업을, 6급은 학술 분야나 복잡한 논리 구조에 대한 이해 등의 차이를 보이고 있다.

10 요약

가. 듣기 실제성

- '언어 교육' 차원에서 듣기의 실제성이란 '실세계 상황에서 사용되는 언어 형식과 표현들과 유사한 성질의 것들 또는 실제적 개연성이 있는 언어 형식과 표현'을 의미한다.
- 이 실제성에는 '듣기 표현들'의 실제성, '듣기 영역'의 실제성 그리고 '듣기 주제'의 실제성으로 나누어진다. 교육과정을 구축할 때 이러한 듣기 실제성이 반영되어야 한다.
- 듣기 표현의 실제성을 반영한 교육과정 설계는 '듣기의 특성'과 관련된 것으로, 실제 상황에서 자연스럽게 발화되는 표현들을 해당 상황과 맥락과 맞게 듣기를 할 수 있는 능력을 신장시킬 수 있는 내용이 반영되어야 한다.
- 듣기 영역의 실제성을 반영한 교육과정 설계는 학습자가 자신이 관심이 있는 영역 안에서 학

습 자료와 내용들을 구성해야 한다는 것이다.
- 듣기의 실제성이란 외국인 학습자들에게 실질적으로 들려지는 현장 상황을 반영해야 한다는 것이다.

나. 듣기의 주제

- 듣기의 주제는 크게, '개인 신상, 주거와 환경, 일상생활, 쇼핑, 식음료, 공공 서비스, 여가와 오락, 일과 직업, 대인 관계, 건강, 기후, 여행, 교통, 교육, 사회, 예술' 등으로 범주 구분이 되며 각각의 주제들은 하위 주제로 좀 더 세분화된다.
- 이와 같은 주제 범주들은 듣기만이 아니라 말하기, 읽기, 쓰기에 두루 적용되는 일반성을 지닌다.
- 이 주제들은 학습자의 수준별로 만들어져야 한다. 이러한 주제들은 등급 간 상호 배타적인 성격을 지니는 것이 아니라 중복성을 가지며 상위 수준을 갈 수록 그 내용이 심화·확대된다.
- 이 주제들은 학습자의 목적에 따라 가르칠 주제들이 차별적으로 선택되거나 적어도 교육과정 구성에서 배열을 달리하여야 한다.

다. 듣기의 기능

- 듣기 기능은 정보 요청하기와 정보 전달하기, 설득하기와 권고하기, 태도 표현하기, 감정 표현하기, 사교적 활동하기로 범주화되고 각각은 하위 범주로 세분화된다.
- 이 기능들은 듣기뿐만 아니라, 말하기, 읽기, 쓰기에 두루 적용된다.
- 듣기 기능을 목표로 진술할 때는 주의할 점이 있는데, '이해, 해석, 수용, 식별, 구별' 등과 같은 인식과 관련된 심리 동사 중심의 언어 진술과 관련이 있다. 다만 학습 목표 차원에서는 이해 관련 심리 동사와 함께 학습자가 실제로 이해했는지를 구체적으로 알 수 있도록 행동 동사로 그 진술이 표현되어야 한다.
- 이 기능은 수준별로 등급화 되어야 하며, 학습자의 목적에 따라 기능의 주안점이 달라져야 한다.

다. 언어 지식별 듣기 이해

- 언어 지식별 듣기 이해란 주로 문법 지식 곧 발음, 어휘, 문법 표현, 담화 등과 관련된 지식 차원에서 고려해야 될 듣기 이해를 의미한다.
- 발음 지식의 이해에는 '개별 음소나 음절에 대한 이해, 억양이나 길이에 대한 이해, 발음 규칙에 대한 이해'가 있다.

- 어휘 지식의 이해 능력에는 '기본 정보에 대한 이해, 구 구성 정보에 대한 이해, 관련어 정보에 대한 이해, 조어 정보에 대한 이해, 화용 정보에 대한 이해'가 있다. 듣기 차원의 어휘 교육은 이해 측면에서 바라봐야 되기 때문에, 표현 측면에서 바라보는 어휘 교육의 내용과 다르다.
- '문법 표현의 이해'란 언어 형식에서 주로 문법적 의미를 담당하는 표현들에 대한 이해를 뜻한다. 여기에는 '조사가 결합된 표현의 이해, 선어말어미가 결합된 표현들의 이해, 연결어미가 결합된 표현들의 이해, 전성어미가 결합된 표현들의 이해, 종결어미가 결합된 표현들의 이해, 기타 표현들의 이해'가 있다. 이는 학습자의 수준별로 제시되는 항목들이 다름을 염두에 둘 필요가 있다.
- '담화 차원의 이해'란 화자와 청자 간의 대화하는 내용을 파악하는 능력을 뜻한다. 여기에는 대화 내용에 드러난 정보를 바탕으로 중심 내용, 주제, 대화의 구조와 전개 방식 등을 파악하는 '사실적 이해' 능력이 있다. 또한 대화에는 드러나지 않은 정보를 예측하여 화자의 의도나 대화의 목적, 숨겨진 주제, 생략된 내용을 추론하며 듣는 '추론적 이해'도 있다. 아울러 대화에 드러난 관점이나 내용, 대화에 쓰인 표현 방법, 청자의 의도나 사회·문화적 맥락을 비판적으로 받아들이는 '비판적 이해' 능력과 대화에서 공감하거나 정서적 동감 부분을 찾고 이를 바탕으로 대화가 주는 즐거움과 깨달음을 수용하는 '감상적 이해' 능력이 있다.

라. 듣기 전략

- 듣기 전략은 듣기 교육 내용을 '어떻게' 효과적으로 숙달하느냐 하는 방법적 측면에 해당하는 것이다.
- Oxford(1990)는 듣기 전략을 먼저 언어 학습 재료와의 직접적인 관련 여부에 따라 직접 전략과 간접 전략으로 나누고 다시 여섯 개의 범주로 분류하였다. 직접 전략은 언어 학습과 언어 재료의 처리에 직접 관련이 있는 것으로 기억 전략, 인지 전략, 보상 전략이 이에 포함되고, 간접 전략은 간접적으로 학습을 도와주며 전반적인 학습 관리와 관련이 있는 것으로써 상위인지 전략, 정의적 전략, 사회적 전략으로 나누어진다.

마. 듣기 평가

- 한국어 듣기 평가의 목표는 학습자들의 '듣기 능력'이 어느 정도인지를 알아보는 데 있다.
- 이 때 듣기 능력은 화자가 말한 내용을 그대로 이해하는 것을 의미하는 것이 아니라 그 의도에 맞게 이해하는 능력이다. 따라서 듣기 능력은 단일한 능력이 아니라 여러 가지 하위 능력이나 기능들로 구성된 복합적인 능력이다.

- 듣기 평가의 범주는 문법적 능력, 사회언어학적 능력, 담화구성 능력, 전략적 능력으로 나누어 범주를 구분한다. 우선 문법적 능력을 측정한다 함은 수험자가 듣기 평가 상황에서 한국어의 언어적 규칙을 정확하게 이해하여 이에 적절하게 반응할 수 있는 능력을 측정하는 것이다. 둘째 사회언어학적 능력을 측정한다 함은 음성언어로 이루어지는 의사소통 상황에서 화자, 청자, 의미(메시지), 장면 등을 고려해 내용을 이해할 수 있는 능력을 말한다. 셋째, 담화구성 능력을 측정한다 함은 대화 상황에서 어떤 내용을 듣고 얼마나 잘 이해할 수 있는가, 들은 내용에 대해 논리적이고 정확하게 응답할 수 있는가, 그리고 담화의 내용에 담긴 논리와 내용의 일관성을 이해하고 정리할 수 있는가 하는 능력을 말한다. 넷째, 전략적 능력을 측정한다 함은 대화 도중에 언어 능력의 부족으로 인해 대화에 단절이나 공백이 생겼을 때 이를 적절히 피해 가는 능력을 말하는 것이다. 이러한 듣기 평가를 교육과정에 반영할 때도 학습자의 수준별로 나누어야 한다.

바. 원리에 따른 듣기 교육과정 구성

- 실제적인 듣기를 고려하여 듣기의 주제, 기능 언어 지식별 이해, 전략 등이 설정되면 한국어 교육과정의 목표를 조직하는 원리들('행동 진술성, 위계성, 포괄성, 사용 빈도성, 계열성, 계속성, 나선형, 통합성, 난도' 등)을 적용하여 듣기 교육 목표 내용을 배열하여야 한다.

사. 듣기·교수 학습 방법

- 목적과 기대를 가지고 듣기 담화의 내용을 이해하고 재해석하여 능동적, 상호작용적인 듣기가 되도록 교수한다.
- 한국어 담화 상황과 매체 특성에 맞게 듣고 적절하게 반응할 수 있도록 지도한다.
- 핵심 단어에 초점 맞추기, 맥락에서 추론하기 등의 전략을 활용해 듣기 목적에 맞는 이해가 가능하도록 교수한다.
- 한국어 구어의 음운적, 통사적 특성을 알고 비언어적인 단서를 활용할 수 있도록 교수한다.
- 개별 소리를 듣고 구분하며, 단어, 문장, 담화를 듣고 의미를 파악할 수 있도록 지도한다.

아. 듣기 평가의 방법

- 핵심 단어에 초점 맞추기, 맥락에서 추론하기 등의 전략을 활용해 듣기 목적에 맞는 이해 능력을 평가한다.

- 개별 소리를 듣고 구분하는 것부터 단어, 문장, 담화를 듣고 의미를 파악할 수 있는 능력을 평가한다.
- 한국어 구어 담화의 특성을 파악하고 이해할 수 있는지 평가한다.
- 다양한 실제적 자료를 활용하여 한국어의 자연스러운 발화를 이해할 수 있는 능력을 평가한다.
- 듣기 평가 자료의 속도는 실제성을 추구하되 학습자의 수준에 따라 적절히 조절한다.

차. 듣기 교육과정 목표 및 성취 기준

- <표15> 참조.

10 토론과 과제

가. 듣기 상황별 적합한 듣기 주제를 예를 들어 설명하라.

나. 여러 가지 기능 중 듣기에 주로 적용될 기능들을 찾아보고 그 이유를 설명해 보라.

다. 명사 어휘를 예로 들어 이해 어휘 측면의 학습 목표를 진술해 보라.

라. 듣기 목표를 만들 때, 전략 측면의 내용을 듣기 목표에 반영하여 진술해 보라.

마. 고급 듣기 평가의 유형 중 텍스트 차원의 평가 목표를 만들어보라.

제12장
말하기 교육과정

말하기 교육과정

1. 들어가는 말
2. 말하기의 실제성
3. 말하기의 주제와 기능
4. 언어 지식별 말하기
5. 말하기 전략
6. 말하기 교수·학습 방법
7. 말하기 평가
8. 말하기 교육과정 목표 및 성취기준
9. 요약
10. 토론과 과제

1 들어가는 말

말하기 교육과정을 구성할 때 염두에 두어야 할 일은 어떠한 유형의 말하기가 외국인 학습자들에게 실제로 필요하며, 말하기를 잘하기 위해 어떤 기능을 성취해야 되는지 하는 방향 설정이다. 이러한 방향은 목표 설정에 대한 방향을 설정하며 설정된 목표는 이를 구체적으로 실현하기 위하여 어떤 내용을 가르칠 것이냐 하는 교육 내용의 방향을 결정한다. 또한 결정된 교육 내용들은 외국인 학습자의 수준과 특성에 부합하게 조직되고 배열되어야 한다. 구체적으로 말하자면 말하기가 구어적 차원의 표현 능력을 추구한다고 하였을 때, 구어적 차원의 말하기 특성은 무엇이며, 이러한 특성을 고려한 말하기는 어떠한 표현 능력들을 필요로 하는지, 이 표현 능력들을 신장시키기 위한 말하기 내용들에 어떤 것을 담아야 하는지 등이 고려되어야 한다는 것이다. 다음에 이 자료들을 바탕으로 앞서 살펴본 원리들에 맞게 내용들을 조직하고 배열해야, 말하기 교육과정에 대한 설계가 완성되는 것이다.

일반적으로 우리가 '말하기 능력을 향상시킨다'라는 의미는 실제적인 상황에서 발화되는 표현들에 대하여 '맥락에 맞게 표현 할 수 있는 능력을 신장시킨다'라는 의미를 내포한다. 이 때 '맥락에 맞게'는 '대화 상황과 주제에 적합하게'로 해석할 수 있다. 따라서 말하기 교육과정에서는 이러한 상황과 주제가 무엇인지에 대한 논의가 있어야 한다. 아울러 말하기에서 무엇을 가르치느냐 하는 내용에 대한 체계화를 위해서는, 의사소통 범주의 큰 틀 속에서 말하기가 가지는 하위 기능은 어떤 것인지 그리고 언어 지식별로 말하기에서 요구되는 능력들은 무엇인지가 먼저 밝혀져야 한다. 더불어 말하기의 내용에 대한 표현은 '어떻게'라는 '효율성'이 요구되는데, 이 효율성은 말하기 표현 전략으로 구현된다. 또한 학습자가 제대로 자신의 의도를 표현했는지 그렇지 않은지를 살펴보기 위해서는 말하기 평가가 논의되어야 한다. 물론 이와 같은 내용들은 교육과정의 일반적 원리에 부합되게 만들어져야 함은 물론이다.

2 말하기의 실제성

말하기의 교육과정을 구성할 때 우선적으로 염두에 두어야 할 것에 '듣기' 교육과정과 마찬가지로 '실제성'에 대한 고려가 매우 중요하다. 따라서 듣기 교육과정에서 살펴본 '표현, 영역, 현장'이라는 세 가지 실제성은 말하기 교육과정에 대부분 적용된다. 다만 듣기는 청자의 입장에서 고려된 것이라면 말하기는 화자의 입장에서 고려되는 관점의 차이가 있다. 이러한 관점에서 실제성을 설명하면 다음과 같다.

우선 말하기 표현의 실제성에 '어순 바꾸기, 다시 말하기, 천천히 말하기(발화 속도), 몸짓 활용하기, 풀어 말하기, 크게 말하기, 머뭇거림, 돌려 말하기' 등과 같은 것들이 있다. 이와 같은 표현들은 화자의 의도가 개입되어 있을 수도 있으며, 그렇지 않을 수도 있다. 예컨대, 청자에게 해당 내용 중 특정 부분을 강조하기 위하여 일반적인 '어순'으로 말하지 않고 '어순'을 뒤바꾸어 말하는 경우, 청자의 이해를 명확하게 하기 위하여 표현한 내용을 다시 말하거나 천천히 말하는 경우, 청자의 이해를 높이기 위하여 화자가 자신이 의도하는 내용을 쉬운 표현으로 풀어 말하거나 특정한 부분을 다른 부분보다 크게 또는 천천히 말하는 경우, 청자에게 이야기하기 어려운 내용을 전달하기 위해서 머뭇거리면서 말하거나, 내용을 완곡하게 표현하는 경우 등이 있을 수 있다. 이러한 경우는 화자의 의도가 개입된 표현들이다. 따라서 실제적인 언어 환경에서 자주 이용되는 말하기의 전략적 측면에 해당되므로 교육과정을 구축할 때 반드시 고려되어야 한다. 하지만 말하기 표현 유형이 모두 교육적 테두리에 들어가는 것은 아니다. 예컨대 의도가 개입되지 않고 '단순한 실수'로 인해 발생한 말하기 표현들은 치료나 수정 차원으로 받아들여져야 한다는 것이다. 또한 '참여자들 간의 순서 없이 끼어 듦', '중언부언', '횡설수설', '군소리', '비문법적 표현', '음성적/문자적/통사적/화용적 차원의 과도한 축약'과 같은 경우 보통의 상황에서는 지양되어야 할 '실제성'이다. 즉 청자의 입장에선 '듣기 요소'에 고려되어야 할 사항이지만 화자의 입장에서는 '말하기 요소'로 고려되지 않아야 하므로(청자의 이해를 방해하는 요소에 해당하기 때문에) 말하기 교육에서 이와 같은 요소를 학습자가 사용하지 않도록 하는 교육이 필요하다. 더 나아가 '방언 사용', '은어 표현' 등과 같은 경우는 학습자의 목적이 무엇이냐에 따라 교육이 필요할 수도 있으며 그렇지 않을 수도 있는 선택적 사항에 해당한다.[1]

둘째, 말하기 영역의 실제성이란 학습자가 필요하고도 관심이 있는 영역 안에서 학습 자료와 내용들을 선정해야 한다는 것을 의미한다. 예를 들어 학습자가 취업을 목적으로 한국어를 공부한다면, 면접, 직장 상사의 업무 지시, 해당 회사의 업종에서 사용되는 어휘 말하기(예컨대, 가공, 가구, 건설, 기계, 섬유 등의 업종에 따른 어휘 표현), 직장 상사에게 적절한 높임말 사용하기, 노동과 의료 관련된 표현 말하기 등과 같은 내용이 중점적으로 교육되어야만 그 실제성을 보장 받는다. 반면에 학문 목적의 말하기의 경우 '강의에 대한 질문하기나 보충 설명하기, 토론 중 자신의 의견 말하기, 표나 그래프를 이용하여 발표하기, 자신의 가설을 논증하기, 논리적 절차를 설명하기'와 같은 말하기 영역의 내용이 중점적으로 교육되어야만 한다. 마찬가지로 이러한 말하기 영역의 내용은 다문화가정 자녀, 그리고 결혼 이주민, 교양 차원의 학습자 등 그 목적을 달리 하는 경우에도 해당 목적의 개별적 말하기 특성이 반영되어야 한다. 즉 목적별로 개별적인 말하기 영역의 내용들이 구체화되어야 하며, 구현된 교육 내용은 개별 목적이 요구하는 중요도에 따라 배열 순서를 변화시켜야 한다는 것이다.

셋째, 말하기 현장의 실제성이란 말하기가 일어나는 다양한 실제 현장 상황을 염두에 두어 교육과정을 구축하여야 한다는 뜻을 내포한다. 현장에 대한 분류는 교실 안이냐 밖이냐 하는 거시적 개념으로 구분할 수도 있으며, 친교적 활동이 주로 일어나는 공간(카페, 쇼핑몰, 식당, 영화관 등)이나 그렇지 않고 공식적 말하기 활동이 일어나는 공간(연설장, 강의실, 회사 등)으로 구분할 수 있다. 또는 해당 공간이 심리적 공간(우호적/비우호적/중립적/감정적/논리적 상황 등)이냐 구체적인 물리적 상황이냐 등으로 구분할 수 있다. 말하기 현장에 대한 구분이 비록 학자마다 다르지만, 말하기가 실제하는 다양한 상황에 맞게 교육과정이 구성되어야 한다는 점은 모든 학자들의 공통된 견해이다.

이상은 편의상 말하기의 관점에서 '실제성'을 살펴보았지만, '말하기와 듣기'가 대화 속에서 분리될 수 없는 경우가 대부분이다. 곧 자연스러운 상황에서 말하기는 듣기와 연계되어 하나의 '대화'를 구성하기 때문에, 동전의 앞뒤 면처럼 듣기의 실제성은 곧 말하기의 실제성과 밀접하게 연결됨을 유념할 필요가 있다. 따라서 말하기와 듣기가 통합된 의사소통 상황의 관점에서 '실제성'을

---

1) 듣기에서 청자에게 고려될 사항이지만 말하기 곧 화자의 의도와 관계없는 실제성도 있다. '주변 소음'이 그 일례이다.

구성하는 요소를 유기적으로 관련시켜 언급할 필요가 있다. 곧 통합적 의사소통 상황에는 대화에 참여하는 사람들(participants), 대화가 이루어지고 있는 장소(setting), 논의되는 화제(topic) 등이 포함되는데, 같은 언어 형태라도 상황에 따라서 전달하는 기능이나 내용이 달라질 수 있어서 의사소통 기능을 학습할 때 이러한 요소들의 유기적 상황에 대한 고찰은 필수적이다. 이와 관련하여 Richterich(1971)는 의사소통 행위를 언어 상황(language situation)과 실행(operation)으로 구분하였으며, 언어 상황은 대화 참여자, 시간, 장소의 범주에 의해서 규정된다고 정의하였다. 구체적인 내용은 다음과 같다.

(1) Richterich(1971)
  가. 대화 참여자
    ① 신원확인: 직업, 나이, 성별, 이름, 거주지, 사회적 지위
    ② 상황 속에 등장하는 사람의 수
    ③ 역할
      - 사회적 역할: 통치자/복종자, 연장자/연소자, 부모/자녀, 친구/친구, 동료/동료, 파는 사람/사는 사람, 남편/아내, 부모/부모, 낯선 사람/낯선 사람
      - 심리적 역할: 존경, 복종, 반감, 경멸, 중립, 동등, 두려움, 동정, 미움, 질투
  나. 시간
    ① 하루 중 대화시간
    ② 대화 지속 시간
    ③ 빈도: 처음으로, 때때로, 정기적으로
    ④ 사건: 과거, 현재, 미래
  다. 장소
    ① 지리적 위치: 나라, 지역
    ② 장소
      - 실외: 거리, 광장, 해변, 건물 앞, 시골, 호수, 산, 숲, 운동할 수 있는 곳, 테라스
      - 실내: 개인 생활공간과 공공 생활공간
    ③ 교통수단: 자동차, 버스, 기차, 비행기, 지하철, 배
    ④ 인간적 배경: 가족들, 친구들, 모르는 사람들, 안면이 있는 사람들
    ⑤ 대화의 주변 배경

한편 van Ek(1980)의 경우는 언어 상황의 구성요소를 제시하는데 있어 대화자의 역할을 사회적 역할과 심리적 역할로 구분하였고, 장소를 보다 큰 개념인 대화의 배경(settings) 항목에 따라 분류하였다. 또한, 학습자들이 배워야 할 대화의 소재를 14가지로 나누어 세부항목과 함께 제시하였는데 그 구체적인 사항은 다음과 같다.

(2) an Ek(1980)
  가. 사회적 역할: 낯선 사람/낯선 사람, 친구/친구, 개인/공무원, 환자/의사
  나. 심리적 역할: 중립, 동등, 동정, 반감
  다. 대화의 배경 설정(settings)
    ① 지리적 위치: 목표어가 모국어인 외국, 목표어가 모국어가 아닌 외국, 자국
    ② 장소
      - 실외: 공원, 거리, 광장, 해변, 테라스, 시골, 호수, 산, 바닷가
      - 실내: 개인생활(집), 공공생활(구매하는 곳, 먹고 마시는 곳, 숙박시설, 운송수단, 종교기관, 의료시설, 학습 공간, 전시관, 여가시설, 통신시설, 금융 기관, 작업장, 교통수단)
    ③ 인간적 배경: 가족, 친구, 친지, 낯선 사람
  라. 화제 목록
    ① 개인적 신분: 이름, 주소, 전화번호, 생일, 나이, 성별, 국적, 가족, 종교, 성격
    ② 가정: 주거지의 형태, 방, 가구, 정원
    ③ 직업: 직업, 작업 장소, 수입, 전망
    ④ 여가 활동: 취미, 흥미, 대중매체, 영화, 오페라, 음악회, 박물관, 스포츠
    ⑤ 여행: 휴일, 요금, 교통수단, 호텔, 국가와 장소
    ⑥ 타인과의 관계: 우정, 초대, 클럽 활동, 정치적·사회적 견해
    ⑦ 건강: 신체의 부위, 질병, 사고, 보험, 의료시설, 연금
    ⑧ 교육: 학교교육, 과목, 자격증
    ⑨ 구매: 쇼핑시설, 의류, 가정제품, 담배
    ⑩ 음식: 음식과 음료의 종류, 외식
    ⑪ 편의제공: 우체국, 은행, 경찰, 병원, 주유소, 수선점, 전보
    ⑫ 장소: 길이나 건물의 위치를 묻고 대답하기
    ⑬ 외국 언어: 능력, 이해, 정확성
    ⑭ 날씨: 기후, 날씨 상황

반면에 Finocchiaro와 Brumfit(1983: 82-90)은 11가지 대화의 소재를 중심으로, 의사소통의 상황을 구분하였다. 그리고 그 배열 순서는 개인적인 내용에서 학교나 공동체, 국가 등에 대한 내용으로 확대되며, 쉬운 것에서부터 좀 더 어렵고 복잡한 형태로 제시되는 특징을 보인다.

> (3) Finocchiaro와 Brumfit(1983: 82-90)
> 가. 소개와 신분 밝히기
> 나. 인접한 교실
> 다. 학교
> 라. 가족
> 마. 학교와 가정이 직접 속하는 공동체
> 바. 보다 넓은 공동체
> 사. 문화적 유산
> 아. 목표 언어국의 문화
> 자. 인적 안내
> 차. 기타 자신의 나라와 다른 세계와의 관계

3 말하기의 주제와 기능

이전 장에서 우리는 '국제 통용 한국어 표준 교육과정(2017)'에서 제시한 듣기 영역의 주제나 기능 영역을 살펴보았다. 또한 이전 장에서 살펴본 주제나 기능 영역은 모든 영역(말하기, 말하기, 읽기, 쓰기)에 두루 적용되는 일반성을 지니고 있음을 말하였다. 따라서 '듣기' 교육과정에서 설정된 주제나 기능들은 '말하기' 영역의 주제와 공통되므로 이 절에서는 별도의 설명을 하지 않는다. 다만, '안내 방송, 뉴스, 라디오, 녹음된 메시지, 엿듣는 대화, 공연'에서 사용되는 주제 등은 듣기에 주로 선호되는 주제(주로 들리기 상황)인 반면 '토론, 토의, 회의 등에서 공유되는 주제'는 말하기와 듣기가 상호 교섭적으로 나타나는 대화형 주제일 수 있다는 점은 염두에 둘 필요가 있다.

기능의 경우도 역시 '말하기'에 주로 사용되는 기능이 있을 수 있으며(예를 들어, '설득하기, 토론하기, 설명하기, 전달하기, 묻기, 요구하기, 명령하기, 소개하기 등'), 듣기에 주로 사용될 수 있는 기능(예를 들어, '요약하기, 확인하기, 주의하기, 답하기, 해석하기, 수용하기, 식별하기, 구별하기, 종합하기 등')이 있을 수 있다. 따라서 말하기 교육과정을 구성할 때 말하기에 주로 사용되는 '주제나 기능' 또는 '말하기와 듣기'가 활발하게 일어날 수 있는 주제나 기능들을 적절하게 선택하여야 함은 물론이다.

4 언어 지식별 말하기

언어 지식별 말하기 기능이란 학습자들이 구어적 문법 지식 곧 발음, 어휘, 문법 표현, 담화 등과 관련된 지식 기능 차원의 일종이다. 이도 역시 '듣기'의 구성 맥락과 유사하다.

(4) **발음 지식의 표현**
가. 개별 음소나 음절에 대한 표현
나. 억양이나 길이에 대한 표현
다. 발음 규칙에 대한 표현

(5) **어휘 지식의 표현**
가. 기본 정보에 대한 표현
나. 구 구성 정보에 대한 표현
다. 관련어 정보에 대한 표현
라. 조어 정보에 대한 표현
마. 화용 정보에 대한 표현

(6) **문법 표현의 사용**
가. 조사가 결합된 표현
나. 선어말어미가 결합된 표현
다. 연결어미가 결합된 표현
라. 전성어미가 결합된 표현
마. 종결어미가 결합된 표현
바. 기타 표현

(7) 담화 차원의 표현
   가. 사실적 표현
   나. 추론적 표현
   다. 비판적 표현
   라. 감상적 표현

그런데 위와 같은 말하기 표현 교육 내용이 듣기 이해 교육 내용과 큰 틀은 공유하지만 그 세부 교육 내용에 대한 질적 차원의 접근 방식은 상호 다르다. 그 이유는 듣기가 수용적 능력 신장과 관련이 있는 반면 말하기가 구어적 생산 능력 신장과 관련이 있기 때문이다. 말하기에서 '구어적 차원의 생산적 표현'이란, 메시지를 타자에게 전달하기 위해 말하기 지식과 관련된 언어형식들을 산출한다는 의미를 가진다. 따라서 질적 교육 내용의 범위는 이해 측면과 다를 수밖에 없다. 생산 측면의 어휘 관점에서, '밟히다'를 안다는 것에는 다음과 같은 측면들이 포함된다.[2]

(8) 생산적 사용 측면
   가. 정확한 발음으로 '밟히다'를 말할 수 있다.
   나. '밟히다'의 철자를 정확하게 쓸 수 있다.
   다. '밟'과 접사 '-히-'와 같은 요소를 정확히 결합하여 '밟히다'를 형성할 수 있다.
   라. 문맥에 맞게 '밟히다'를 정확하게 사용할 수 있다.
   마. 다양한 문맥에서 '밟히다'를 산출할 수 있다.
   바. '밟히다'의 동의어와 반의어를 산출할 수 있다.
   사. '밟히다'와 공기하는 단어들을 연상하여 말할 수 있다.
   아. 특정 상황에서 '밟히다'를 사용할 것인지, 사용하지 않을 것인지 결정할 수 있다. 높임의 대상이 되는 사람에게 전형적인 의미를 가지고 있는 '밟히다'는 잘 사용할 수 없음을 알 수 있다.

따라서 말하기에서 어휘 부분에 대한 교육 목표를 설정할 때는 (8)과 같은 생산적 사용 측면(생산적 표현 측면) 어휘 목표를 설정해야 한다. 이는 발음, 문법 표현, 담화와도 그 궤를 같이 한다. 우선 발음 측

---

[2] 듣기의 수용적 능력 신장에 대하여는 11장 참조.

면의 경우 듣기와 마찬가지로 개별 음소나 음절, 억양이나 길이, 발음 규칙이 교육과정 구성의 대상이 되나, 이러한 측면의 목표는 발화의 관점에서 청자를 고려한 목표 설정이 되어야 한다. 이는 달리 말하면, 조음과 발음의 정확성이 매우 중요하다는 것이다. 곧 들리는 말의 경우 주변 다른 음들과의 관계 속에서 추측이 가능하지만, 표현의 경우 발음을 정확하게 조음하는 방법을 알아야만 소리를 생성해 낼 수 있기 때문이다. 예컨대 경음화나 격음화, 연음, 종성 규칙, 유음화, 비음화 등의 영향을 받아 나타나는 현실 발음에 대한 주목하기, 그리고 대조 언어학적 관점에서 L1의 영향에 간섭을 받는 음의 교정에 대한 연습 등에 대한 실제적 목표 설정을 통하여, 표현의 정확성을 향상시켜야 한다는 것이다. 이는 앞 장에서 살펴본 바와 같이 교육에 있어서 국가별로 목표 설정의 난도 순서도 달라야 한다. 앞 서 우리는 음소의 난도 설정 기준과 관련하여 주목할 만한 견해에 Prator(1972)의 난이도 위계(hierarchy of difficulty)가 있음을 말하였다. 편의상 이를 여기에 다시 제시하여 국가별 난도 배열을 설명하면 다음과 같다.[3]

(9) 가. 단계0: 전이(transfer)로서 대조되는 두 개별 언어 간에 차이점이나 대조점이 없다.
나. 단계1: 융합(coalescence)으로 모국어의 두 항목이 목표어에서 본질적으로 한 항목으로 합하여진다.
다. 단계2: 과소구별(under-differentiation)로서 모국어의 항목이 목표어에 없는 경우이다.
라. 단계3: 재해석(reinterpretation)으로서 모국어에 있는 항목이 목표어에서는 새로운 형을 부과하여 그 분포가 달라진다.
마. 단계4: 과잉구별(over-differentiation)로서 모국어에는 없지만-있다 하더라도 공통점이 거의 없는- 새로운 항목을 목표어에서 학습하는 경우이다.
바. 단계5: 분리(split)로서 모국어의 한 항목이 목표어에서는 둘이나 그 이상으로 나타난다.

예컨대 영어권의 경우, 한국어 /ㅍ, ㅌ, ㅋ/에 대응되는 음소 /ph, th, kh/가 존재하므로 격음 학습의 순서를 교육 내용 배열시 앞에 설정하는 반면, 스페인어 권은 이러한 격음보다 /ㅃ, ㄸ, ㄲ/에 대응되는 스페인어 /p', t,' k'/가 있음으로 해서, 경음 학습을 앞에 배치하여 가르쳐야 한다. 그러나 교육과정의 목표 설정이 언어권별로 구체적 음가에 대한 배열 순서를 다 기술 할 수 없기 때문에, Prator(1972)에서 설정된 용어 '전이, 융합, 과소구별, 재해석, 과잉구별, 분리'와 같은 용어를 사용하여 'L1과 전이 관계에 있는 한국어 음소에 대한 표현을 할 수 있다', 'L1과 융합 관계에 있는 한국어 음

---

[3] 이에 대한 설명은 제10장 한국어 교육과정 목표 기술의 원리 중 난도(difficulty)에서 설명하였으나, 논의를 위해 이 장에서 다시 부연한다.

소에 대한 표현을 할 수 있다' 등과 같이 다소 추상적으로 표현하는 방법도 한 방안이라 하겠다.

다음에 '문법 표현의 사용'이란 언어 형식에서 주로 문법적 의미를 담당하는 표현들에 대해 정확하게 인출(output)을 하는 데에 그 교육 목표의 중점을 두어야 한다. 이는 단순히 특정한 문법 표현에 대한 의미 이해 또는 맥락적 추론 파악이 중요한 듣기 이해와 달리, 말하기 교육에서는 해당 표현을 자유자재로 사용하기 위해서는 다양한 사용 제약에 대한 숙달을 전제로 한다. 예컨대 연결 어미의 경우 이 연결 어미를 사용하여 말하기를 잘 할 수 있으려면 (달리 말하면 생산적 인출(productive output)을 자유자재로 하기 위해) 연결 어미 자체의 의미뿐만 아니라, 선·후행 주어 제약이나, 해당 연결 어미와 결합하는 다른 문법 어미 제약, 다양한 서법 관계를 갖는 후행 어미와의 제약 등에 대한 정확한 숙지가 바탕이 되어야 하며, 더 나아가 이러한 숙지는 계속적인 연습활동을 통한 내재화가 특히 필요하다. 이에 대한 이해를 좀 더 쉽게 하기 위하여 원인이나 이유 또는 근거를 나타내는 연결 어미 '-길래'를 들어 표현 교육에서 강조해야 될 것을 알아보면 다음과 같다.

(10) 가. 평서문 '-길래'
　　가) 주어 제약
　　　① 선행절과 후행절의 주어가 같으면 안 된다.(*그가 뭐하길래 그가 온다.)
　　　② 보통 선행절의 주어는 2인칭이나 3인칭, 후행절의 주어는 1인칭이어야 자연스럽다.((너가) 공부 하길래, (나는) 조용히 나갔지.)
　　　③ 선행절에 간접화법이 쓰였을 때 자연스러운 경우가 많다.(영희가 왔다길래, 찾아갔지.)
　　　④ 말하는 사람이 스스로 지각할 수 있는 상황이면 선행절의 주어가 1인칭이 될 수 있다.(가: 왜 어제 학교에 안 왔어? 나: 머리가 아프길래 그냥 쉬었어.)
　　나) 서술어 및 서법 제약
　　　① 선행절의 서술어는 '동사, 형용사, N이다'와 같은 서술어를 모두 사용할 수 있다. (가길래, 예쁘길래, 이길래……)
　　　② 후행절의 서술어는 동사만 올 수 있다. (가길래 왔지.↔ *예쁘길래 좁았지.)
　　　③ 후행절 서술어의 시제는 과거나 현재여야 한다.(빨랫감이 쌓였길래, 빨래를 했어요. 빨랫감이 쌓였길래, 빨래를 하지.↔ *빨랫감이 쌓였길래 빨래를 할 것이다.)
　　　④ 후행절 서술어에 '-(으)려고 하다'와 같은 의지나 의도를 나타내는 표현이 오면 자연스럽다.(빨랫감이 쌓였길래 빨래를 하려 한다.)
　　　⑤ 후행절의 서술어로 '-(으)세요', '-(으)ㅂ시다', '(으)ㄹ까요?', '라', '자'와 같은 명령형이나 청유형은 사용할 수 없다.(*빨랫감이 쌓였길래 빨래를 하자. *빨랫감이 쌓였길래 빨래를 해라.)

⑥ 후행절의 서술어는 '-아/어야 하다'나 '-아/어야 되다'와 같은 당위나 의무, 필요성을 나타내는 표현은 사용할 수 없다.(*빨랫감이 쌓였길래 빨래를 해야 한다.)

다) 연결 어미 앞의 문법 형식 제약

① '-길래' 앞에 과거 시제 '-았/었-'이 쓰일 수 있다.(우리나라가 이겼길래 철수한테 한턱을 냈어요.).

② '-길래' 앞에는 추측이나 추정을 나타내는 표현인 '-겠-'이나 '-(으)ㄹ 듯하다'가 쓰일 수 있지만, 미래를 나타낼 경우 사용에 제약이 있다.(비가 올 듯하길래 집에 뛰어갔어요.↔ *태풍이 올 거길래 수업이 끝나자마자 집에 돌아가요.)

나. 의문문 '-길래'

가) 주어 제약

① 선행절과 후행절의 주어가 같든지 다르든지 상관이 없다.([너가] 뭘 했길래 그가 갔니? [너가] 뭘 했길래 [너가] 그렇게 허둥지둥하니?)

② 선행절과 후행절의 주어로 2인칭이나 3인칭을 쓸 수 있다.([너가] 뭘 했길래 그가 갔니?, 철수가 뭘 하길래 그렇게 바쁘니?)

나) 서술어 및 서법 제약

① 선행절의 서술어로는 '왜, 언제, 누가, 무엇, 어떻게, 얼마나, 무슨+명사, 어느+명사, 어떤+명사와 같은 의문사가 있는 의문문만 올 수 있다.(지금 뭘 하길래 인터넷이 연결 안 돼요?)

위에서 보듯이 선행절과 후행절과의 문법적 관계는 매우 다양한데, 듣기의 경우 이러한 결합 관계에 대해 추측이 작용할 수 있어서 학습 부담량이 적은 반면, 말하기의 경우 이러한 결합 관계에 대한 정확하고도 완전하게 숙지를 해야지만 청자들이 이 형식을 자신감 있게 사용할 수 있다는 점에서 학습 부담량이 듣기 보다 상대적으로 높다. 한편 이전 장에서 살펴본 초급 문법 항목, 중급 문법 항목, 고급 문법 항목 목록(양명희:2013, 2014)에 대한 학습 내용은 동일할지라도, 말하기 차원에서 이 내용을 기술할 때는, '생산적 사용'에 부합하는 용어로 진술되어야 한다. 역시 담화 차원의 표현도 마찬가지인데 정보를 사실적으로 표현하는 능력(사실적 표현), 들은 정보에 대하여 추측하여 표현하는 능력(추론적 표현), 그리고 들은 내용이나 텍스트에 대해 비판적인 시각으로 표현하는 능력(비판적 표현), 텍스트나 들은 내용에 대하여 공감하는 대화를 생산하는 능력(감상적 표현)으로 진술되어야 한다.

5 말하기 전략

말하기 교육과정을 설계할 때 염두에 두어야 할 것에는 '말하기 전략'이 있다. 이는 학습자가 말하기 상황에서 자신의 생각과 의도를 상대편에게 적절하게 전달할 수 있는 방법론적 측면의 목표 설정에 해당한다. 구체적으로 말하면 말하기 전략은 화자가 자신의 생각과 의도를, 자신의 언어 수준에서, 청자에게 최대한 효율적으로 전달하려 할 때 다양한 방법들이 필요한데, 이러한 방법적인 내용이 말하기 전략이다. 이를 달리 말하면 의사소통의 참여자는 원활한 의사소통 목적을 달성하기 위해서는 언어적 지식, 사회 문화적 지식뿐만 아니라 일정한 전략적인 지식도 학습해야 함을 의미한다. 이러한 전략은 상위 목표에서는 '정확하게'라는 추상적 표현으로 진술되지만, 하위 목표(예컨대 단원 목표)에서는 그 정확성을 구체화할 전략들을 제시하는 방식으로 진술된다.

그런데 말하기 상황은 일방적으로 전달되는 상황이 아니라 보통 듣기의 상황과 연결되기 때문에 상호 작용적(상호 교섭적)인 의사소통 차원에서 다루어져야 함은 이미 앞에서 말을 하였다. 따라서 말하기 전략은 상호 교섭적 의사소통 전략으로 바꾸어 말을 할 수 있으며, 이는 학습자가 상대방의 말을 이해하고 자기의 의사를 표현하는 과정에서 의식적으로 사용하는 계획된 방법이자 기술로 볼 수 있다. 그런데 외국인 학습자의 경우 제한된 한국어 수준을 가지고 있기 때문에[4] 이러한 상호 교섭적 차원의 의사소통이 한국어 화자보다 훨씬 더 어려울 수 있다. 달리 말하면 의사소통의 참여자가 특정한 언어 표현 수단이 결여되어 있을 경우, 상호 작용적인 말하기·듣기 행위를 원만하게 이어나가기 위한 언어 표현뿐만 아니라 그 밖의 다른 의사소통 수단을 이용하거나, 또는 심리적인 안정성을 유지하기 위한 방법을 모색해야 한다는 것이다. 따라서 전략 학습을 통하여 언어적 곤경에 처해 있는 학습자들이 부딪치는 문제를 극복하고 발화의 효율성을 높임으로써 그들이 하려는 의사소통을 순조롭게 할 수 있도록 도와주는 수단으로서 전략이 필요한 것이다. 이러한 전략이 무엇인지는 학자마다 그 분류 방법이 다르다. 우선 Tarone(1981)는 의사소통 전략을 다음과 같이 다섯 가지로 분류했다.

(11) 가. 풀어 말하기(paraphrase)
　　　　가) 유사어(approximation)
　　　　나) 단어 신조(word coinage)
　　　　다) 우회적 표현(circumlocution)

---

[4] 초급으로 갈수록 이러한 표현의 한계가 더 크다.

> 나. 빌려오기(borrowing)
>   가) 직역(literal translation)
>   나) 언어 전환(language switch)
>   다) 도움 요청(asking for assistance)
> 다. 흉내내기(gestures)(비언어적 전략)
> 라. 회피(avoidance)
> 마. 주제 회피(topic avoidance)
> 바. 메시지 포기(message abandonment)

　　Bialystok(1983)는 상호 작용적 의사소통 전략을 제1언어 근거 전략(L1 based strategies), 제2언어 근거 전략(L2 based strategies), 비언어적 전략으로 분류했다. 이 중 제1언어 근거 전략을 다시 ① 언어 전환(language switch), ② 외국어화(foreignizing), ③ 직역(transliteration)으로 나누었고, 제2언어 근거 전략을 다시 ① 의미 대체(같은 의미의 단어로 새 단어를 대체하는 전략), ② 묘사(어떤 사물의 일반적인 물리적 속성, 특징 그리고 기능에 대해 묘사하는 전략), ③ 단어 신조(해당 언어의 조어 방법을 통해 L1 화자가 이해 가능한 어휘를 만드는 전략)로 나누었다. 여기에서는 주제 회피, 메시지 포기와 같은 '회피 전략'는 제외시켰다. '회피'를 전략에서 제외한 이유는 해당 주제 자체를 포기하는 전략이기 때문에 대화가 지속적으로 이어지지 못하게 되기 때문이다. 반면에 Faerch & Kasper(1983)는 '회피'에 대하여 학습자가 의사소통하면서 어려움을 겪을 때 일반적으로 '회피와 해결 시도'라는 두 가지 방법을 택한다고 지적하고, 회피하려고 할 때 '축소 전략'을 이용하고, 해결하려고 할 때 '성취 전략'을 이용한다고 보았다. 특히 주제 회피, 메세지 포기로 회피도 학습자들이 대사를 이어나가게 하는 하나의 방법의 일종이기 때문에 의사소통 전략으로 포함시켰다.

<표 1> Faerch & Kasper(1983)의 의사소통 전략 유형 분류

의사소통전략	축소 전략 reduction strategies	형식적 축소	학습자가 제2언어에 대한 적절한 용어나 규칙이 부족함을 스스로 알고 있기 때문에 잘못된 발화를 하는 것을 피하기 위해 축소된 체계로써 의사소통을 한다.
		기능적 축소	학습자가 문제를 회피하기 위해서 자신의 의사소통 목표를 축소하는 것이다. 다시 '주제 회피', '메시지 포기', '의미 대체'로 나뉜다.

의사소통 전략	성취 전략 achievement strategies	비협동적 전략	의사소통 상대방의 도움을 요청하지 않는 전략. 이는 다시 모국어를 근거한 전략, 외국어를 근거한 전략, 비언어적 전략으로 나뉜다. ① 모국어에 근거한 전략: 코드 전환, 외국어화, 직역 ② 중간언어에 근거한 전략: 대체, 기술, 단어 신조, 재구성하기 ③ 비언어적 행위에 근거한 전략: 몸짓
		협동적 전략	의사소통 상대방의 도움을 받아 의사소통 목적을 달성하는 전략. 다시 직접적 도움 요청과 간접적 도움 요청으로 나뉜다.
		검색 전략 retrieval strategies	학습자가 어떤 수단을 통하여 이미 기억된 외국어 항목을 회상한다. 다시 기다리기(waiting), 의미장을 이용하기(using semantic field), 다른 언어를 사용하기(using other languages)로 나뉜다.

한편 강승혜(1999)에서는 상호 작용적 의사소통 기능 향상을 위한 학습 전략으로 '기억 전략, 인지 전략 그리고 보상 전략'으로 분류한 후 각각의 범주에 대한 하위 세부 전략을 다음과 같이 제시하였다.

<표 2> 강승혜(1990)의 말하기 기능 향상을 위한 학습 전략

기억 전략	·문맥에 새로운 단어로 교체하여 외운다. ·소리로 기억한다. ·체계적으로 잘 복습한다. ·기계적으로 암기한다.
인지 전략	·여러 번 반복한다. ·소리 체계나 쓰기 체계에 따라 연습을 한다. ·언어 규칙이나 문법 유형들을 의식적으로 사용한다. ·아는 정보와 재결합시킨다. ·자연스러운 상황으로 연습한다. ·사전 등 학습 자원을 활용한다. ·연역적으로 추론한다. ·모국어로 번역한다. ·전이시킨다.

보상 전략	· 모르는 단어나 어휘를 모국어로 말한다. · 다른 사람에게 도움을 청한다. · 손짓이나 몸짓을 사용한다. · 모르는 내용에 대해 얘기해야 할 때는 부분적으로나 전적으로 대화를 피한다. · 내가 주제를 선택한다. · 대화 내용을 알고 있는 내용으로 끼워 맞추거나 짐작한다. · 다른 표현으로 말하거나 비슷한 단어를 사용한다.

아울러 이와 같은 전략과 함께, 태도적 측면의 전략도 필요하다. 대화 참여자들의 '순서 교대'나 '공손성'과 관련된 전략들이 여기에 해당한다. '순서 교대'란 대화 중 상대편의 말에 자연스럽게 참여하는 '적절한' 시점에 자신의 생각이나 의도를 표현하는 방법에 대한 전략이다. 이 때 '적절한 시점'의 의미는 보통 상대편이 말을 마친 시점이다. 하지만 화자의 발화를 중단(interruption)시키거나 중복(overlap)을 일으킬 수 있는 '상대편의 말이 끝나기 전'일 수도 있다. 언뜻 보기에 상호 대화에서 자신의 순서를 유지하려고 하는 반응이 수시로 오고가므로 매우 혼란스러워 보인다. 하지만 이러한 대화 상황에서도 의사소통이 무리 없이 이루어지는 것은 대화 참여자간 일정한 규칙에 의해 대화를 진행시켜 나가기 때문이다. 한국어 모어 화자들은 대화 시 통사적으로 완결성을 지닌 발화나 억양이나 휴지와 같은 음운적 요소, 또는 비언어적 행동을 통하여 교체 적정 지점을 쉽게 파악한다. 그러나 외국인 학습자는 한국어의 언어적 정보를 정확히 파악하는 것도 쉽지 않은 일이다. 따라서 음운적, 통사적, 화용적 단서가 복합적으로 작용하는 상황에서 적절한 교체 지점을 파악하기는 쉽지 않은 일이다. 그러므로 적절한 지점에서 순서를 바꾸는 방법을 학습하여, 원활한 대화 진행을 유지하면서 상대방의 말에 적절한 대응을 하는 것도 대화 진행에서 중요한 부분을 차지한다. 이와 관련하여 Sacks et al.(1974)에서는 순서 교대 시 다음과 같은 규칙이 적용된다고 하였다.

(12) 가. 규칙 1: 순서 교대는 교체 적정 지점에서 적용된다.
　　　　가) 이전 화자가 다음 화자를 선택하면 이전 화자는 말하기를 멈추며, 다음 화자가 말을 한다. 순서 교대는 다음 화자를 선택한 이후 처음 나타나는 교체 적정 지점에서 일어난다.
　　　　나) 이전 화자가 다음 화자를 선택하지 않으면 대화 참여자 중 누구나 다음 화자가 될 수 있고, 제일 먼저 말한 사람이 순서를 가질 권리를 갖는다.
　　　　다) 이전 화자가 다음 화자를 선택하지 않았고, 아무도 스스로 선택하지 않으면 이전 화자는 말을 계속할 수도 있다.
　　나. 규칙 2: 다음에 이어지는 모든 교체 적정 지점에 적용된다.

이와 같은 순서 교대의 유형에는 '끼어들기'와 '반응하기'가 있으며 '끼어들기'는 우발적 끼어들기와 의도적 끼어들기 그리고 '의도적 끼어들기'에는 '반응적 끼어들기, 우호적 끼어들기, 비우호적 끼어들기'로 분류할 수 있다. 다음에 '반응하기'란 청자반응신호의 일종으로 상대방이 말을 하는 동안 그 말에 대한 관심이나 참여, 관여의 표시로서 짧게 보내는 '예, 네, 음, 어, 글쎄' 등을 가리킨다. 여기에는 '순서 유지하기, 순서 양보하기, 대답하기'가 있다(김유정·구수연:2012 참조).

<표 3> 끼어들기 유형 분류

유형	하위 구분	
끼어들기	우발적 끼어들기	
	의도적 끼어들기	반응적 끼어들기
		우호적 끼어들기
		비우호적 끼어들기

<표 4> 반응하기 유형 분류

유형	하위 구분
반응하기	순서 유지하기
	순서 양보하기
	대답하기

더불어 태도와 관련해서 언어 예절을 지켜야 된다는 원리로 '공손성'도 있는데, 이는 비단 한국어에서만 적용되는 것이 아니라 범언어적으로 적용된다는 점에서 전략보다 상위의 개념인 '원리'에 해당한다. '공손성'은 대화를 할 때 상대방을 배려하고 존중하면서, 겸손하고 예절 바르게 말해야 한다는 원리이다. 여기에는 다양한 하위 전략이 포함된다. '동의하며 말하기, 진실된 이야기를 하기, 겸손하게 말하기, 칭찬하며 말하기, 내 탓으로 돌려서 말하기, 부담스럽지 않게 말하기' 등이 그 대표적인 전략이다. 이 모두 대화에서 예의를 지키고자 하는 일종의 태도 전략이다. 비록 '공손성'의 내용이 원리적 측면이라고 하더라도 그 표현을 한국어로 해야 되기 때문에 공손성을 구체적으로 구현하는 내용들은 전략적 측면에서 고려되어야 하며, 이는 목표를 설정할 때 반드시 염두에 두어야 할 목록이다.

6 말하기 교수·학습 방법

6.1 말하기 평가의 목표

한국어 표준 교육과정(2020:22)에서는 말하기를 의사소통을 위한 가장 기본적인 언어기술로, 학습자의 언어 능력을 판단하는 일차적인 지표가 됨을 말하였다. 오늘날의 말하기 교육은 정확성과 유창성 모두를 중시하며 더불어 목표어 담화 공동체가 생성하는 담화와의 유사성, 목표어 사용 사회에서 수용될 수 있는 적절성, 참여 과정에서의 적극적 태도 또한 중요시하기 때문에 한국어 말하기의 교수·학습은 문법적으로 정확한 문장을 생성하여 의미를 전달하는 것에 머무르지 않고, 학습한 한국어 지식을 바탕으로 자신의 의사를 효율적으로 전달하도록 하는 데에도 주안점을 둔다. 이를 위해 담화 참여자와 적극적으로 의미 협상을 하고 다양한 상황에서 사용되는 한국어 담화를 분석할 수 있는 능력을 키우도록 할 필요가 있음을 주장하였다. 또한 담화 참여자들의 관계를 파악하고 한국어의 담화 특징을 알아 한국인이 말하는 방식으로 자연스럽게 발화하도록 교육하는 것도 중요함을 피력하였다. 이를 위해 아래와 같은 교수·학습 방법을 제시하였다.

(13) 가. 학습 목적에 맞추어 문법적으로 정확하게 말하는 것과 의미 중심으로 유창하게 말하는 것을 균형 있게 선택하고 교수한다.
나. 계획적, 비계획적 상황에서의 말하기와 사교적, 정보 교류적 상황에서의 대화 등 다양한 구어 상황에 맞게 생각과 느낌, 정보를 표현하도록 지도한다.
다. 한국인의 담화 관습을 이해하고, 축약, 생략, 관용 표현 등의 한국어 구어의 특징을 알고 익혀 한국어를 자연스럽게 말하도록 교수한다.
라. 한국어 모어 화자가 이해 가능한 발음과 억양, 속도로 말할 수 있도록 학습자의 언어 수준에 맞게 교수한다.
마. 잘못된 표현이나 발음이 화석화되지 않도록 적절한 피드백을 제공한다.

7 말하기 평가[5]

7.1 말하기 평가의 목표

교육과정 속에서의 말하기 평가의 목적은 미시적으로 보면 학습자들이 상황에 맞게 적절하게 구어적 의사소통을 잘 수행하는가 하는 판단에 대한 가시적 측정이며, 거시적으로 보면 평가를 통해 교육목표와 교수 및 평가 방법 등의 적합성과 효율성을 재고하는 데 있다. 이를 통해 그 평가 결과를 다음 실제 교수·학습 과정에 반영하거나 다음 교육과정의 설계에 반영하는 것이다. 평가가 교육과정에서 중요한 이유는 '환류 효과(역파급 효과, washback, backwash)'가 있기 때문이다. '환류 효과(역파급 효과)'란 교육의 결과를 측정하는 평가가 오히려 교육에 대해 적극적으로 영향력을 행사하고 교육의 방향을 제시하며 교육의 목표와 내용, 방법까지 지배하는 것을 말한다. 예컨대 말하기를 평가에서 실시하게 되면, 학생들이 학습해야 할 과목에서 '말하기'가 설정되게 되며, 또한 그 평가 항목들이 어떻게 되느냐에 따라서 말하기 교육의 세부적인 방향이 바뀌기 때문이다.

말하기 평가의 의의는 개별적인 학습자들에게 교육적 피드백을 받을 수 있게끔 해 준다는 데 있다. 곧 학습자는 평가를 통하여, 자신의 수행 과정을 되돌아보면서 성취 정도를 스스로 판단하는 과정에서 교육적 피드백을 받게 된다. 그리고 다른 학습자의 수행을 관찰하면서 모방과 자기 수정의 과정을 경험하게 된다.

이처럼 말하기 평가가 다양한 부문에서 사용되기 때문에 그 평가가 정밀하게 이루어져야 한다. 아울러 이러한 목적은 목표로서 그 내용이 좀 더 구체화되어야 하며, 그 목표는 학습자들의 실제적인 구어 상황과 맥락에 적절하게 표현하는 능력을 신장시키는 데 있어야 한다. 좀 더 구체적으로 말하면 말하기 평가는 실제적 담화 상황에서 수행되어야 함을 의미하며, 이러한 경험이나 적용, 연습 없이는 진정한 의미에서의 의사소통 능력의 신장은 불가능하다. 그러므로 평가 또한 실제 수행 과정 속에서 한국어로 의사소통 능력을 평가하는 방식으로 이루어져야 한다. 이를 좀 더 일반화하여 말하자면, 말하기 평가가 구인에 맞게 신뢰도와 타당도를 가진 평가 기준과 내용 그리고 방법이 개발되어야 한다는 것이다.

---

[5] 말하기 평가에 대한 내용은 한재영 외(2013)의 연구 결과를 요약 정리한 것임을 밝혀 둔다.

7.2 한국어 말하기 평가의 범주

그렇다면 신뢰도와 타당도를 가진 말하기 평가란 무엇인가? 달리 말하면 무엇을 평가해야만 구어 표현 능력을 향상시킬 수 있는가? 좀 더 구체적으로 말하면, 자신의 생각과 감정, 의도, 정보를 상대방에게 어떻게 효과적으로 잘 전달할 수 있는가? 앞 장에서 기술하였듯이, 이는 청자와 관련이 있는 소통 능력에 해당하는데 Canale과 Swain(1980)이 말한 '언어적 능력, 사회언어학적 능력, 담화적 능력, 전략적 능력'의 복합적 상호 작용 능력으로 발현된다. 물론 이 모든 능력들이 등가의 가치를 지니지는 않는다. 대화의 맥락, 그리고 무엇을 전달하느냐하는 상황에 따라 이 능력 중 특정 능력들이 강조되거나 약화될 수 있다. 무엇보다도, 실제적인 상황에서 얼마나 잘 대처하여 표현할 수 있느냐하는 수행 부분이 강조되어야 하며, 각 능력별로 적합한 구어 표현 능력들이 구축되어야 한다. 이와 관련하여 한재영(2005a)에서는 말하기 평가에서 과제 수행력 평가가 반드시 이루어져야 함과, 말하기의 평가 범주를 목적과 맥락에 맞게 아래와 같이 세분화되어야 함을 주장하고 있다.

<표 5> 한국어 말하기 평가 범주와 항목

평가 범주	평가 항목
문법적 능력	정확한 발음
	적절한 어휘의 사용
	자연스러운 억양
	문법의 정확한 활용
사회언어학적 능력	상황에 맞는 어법 사용
	기능에 맞는 언어 사용
	경어법 사용
	관용 표현의 사용
	축약어 사용
담화적 능력	이야기 구성 능력
	유창하게 표현하는 능력
	적절한 응집 장치 사용 능력
	적절한 담화 표지 사용 능력
전략적 능력	발화 상황을 적절히 파악하고 대처하는 능력
	자신의 발화를 효율적으로 전달하는 능력
	질문에 대해 적절히 반응하는 능력

위에서 말한 능력들에 대하여 한재영(2005a)에서 기술한 내용을 요약하면 아래와 같다.

(14) 가. '문법적 능력'이란 문법 능력, 어휘 능력, 발음 능력이고, 모두 문법적 언어능력의 구성 요소로 말하기의 정확성과 관련된다. 여기에서는 얼마나 정확하게 문법 요소를 사용하고 있는가, 어느 정도의 어휘 실력을 가지고 있는가, 발음이 의사소통에 지장을 주지는 않는가 등을 평가한다.

나. '사회언어학적 능력'이란 학습자가 한국어로 담화가 이루어지는 상황에 맞는 적절한 언어사용 능력을 평가하기 위한 범주이다. 화자·청자의 다양한 관계 속에서 상황에 적절하고 격식에 맞는 언어를 사용하는지에 대한 평가가 이루어질 수 있다. 비공식적 상황과 공식적 상황에 맞는 어법의 사용, 또한 경어법 사용이나 설명하기, 나열하기, 주장하기와 같은 여러 가지 기능에 맞는 언어사용 능력, 그리고 속담이나 관용어, 유행어, 축약어, 고사성어 등과 같은 것들을 이해하고 사용할 수 있는 능력이 있는지를 판단한다.

다. '담화적 능력'이란 한국어로 자신의 생각을 논리적으로 조리 있게 표현하는 능력으로서 고립된 단어나 문장 차원이 아니라 상황에 알맞은 담화를 구성할 수 있는 능력을 의미한다. 담화 구성력은 한국어로 얼마나 논리 정연하게 구성했는지, 문장 연결에 있어서 적절한 응집장치를 사용하고 있는지, 담화의 내용면에서 일관성을 유지하는지 등에 대해 초점을 둔 것이다. 이러한 담화 능력은 학습자의 수준에 맞게 적절히 평가되어야 한다. 즉, 초급 단계에서는 문장 단위에서부터 짧은 문단 단위로 평가하고 고급으로 갈수록 보다 복합적인 담화 구성 능력을 평가해야 한다. 담화적 능력에는 '거침없이 능숙하게 표현하는' 능력인 유창성이 포함된다. 유창성에는 '속도'의 개념이 도입되는데 여기에서의 속도란 절대적인 속도가 아닌 학습자의 여러 상황을 고려한 상대적인 속도를 의미한다. 여기에서도 등급에 맞는 상대적인 속도와 개인이 처한 특수한 상황을 인식하면서 '유창성' 평가가 이루어져야 한다.

라. '전략적 능력'이란 의사소통의 효율성을 높이고 의사소통에서 일어나는 장애를 회피하거나 불충분한 언어능력 때문에 생기는 좌절이나 실패를 보상하기 위해 사용하는 언어적·비언어적 전략을 의미한다. 이러한 말하기 상황에서 사용할 수 있는 전략으로는 어렵고 애매한 표현들을 회피한다거나 좀 더 쉬운 말로 바꾸어 말하거나 도움을 요청하는 것 등을 들 수 있다. 초급의 학습자가 자신이 가지고 있는 언어적 능력의 범위 내에서 의사소통을 하기 위해 전략적 능력을 사용한다면 긍정적으로 평가될 수 있지만 학습자가 문제가 되는 의사소통 상황을 회피하기 위해 고의로 의사소통의 목표를 축소하는 전략을 사용한다면 이는 부정적으로 평가되어야 할 것이다.

요컨대 말하기 평가에서 염두에 두어야 할 요지는 '적절하게 상황/목적, 대상/주제에 맞게 대처하는 것', '실제적이면서도 실제 적용 가능한 수행적 능력'이지만, 또한 그 대상자의 수준을 고려해야 한다는 것이다. 곧 대상자가 지금 가능한 표현 능력을 염두에 두고 평가의 목적이 설정되어야 한다. 이에 따른 한국어 말하기의 평가 내용을 초급, 중급, 고급으로 구분하여 정리해 보면 다음과 같다.

<표 6> 초급 말하기 평가의 목표 및 내용

분류		내용
평가의 목표		• 기본적인 생활에 필요한 언어생활과 관련된 기본 어휘와 기초적인 문법 규칙을 이해하고 사용할 수 있다 • 일상생활의 아주 기본적이면서도 개인적인 소재나 주제, 기능을 다룬 간단한 대화나 이야기를 할 수 있다 • 일상적인 생활에서 자주 접하는 화제나 아주 기본적인 공식적 상황에서 접하는 화제와 관련된 말하기를 수행할 수 있다.
평가의 범주	주제 및 소재	• 자기소개, 인사, 가족, 휴가, 위치, 물건사기, 날짜, 날씨, 취미, 병원, 주문, 약속, 장소, 교통, 시간, 이유, 영화, 은행, 병원, 모양, 색 등 일상생활에서 자주 접하는 기본적이면서도 개인적인 소재
	기능	• 한글의 자모를 정확히 발음한다. • 일상생활에 필요한 기본적인 의사소통을 한다. • 상황에 적절한 표현을 익혀 간단한 주문이나 요청, 제안 등을 할 수 있다. • 경어법을 사용할 수 있다. • 제한된 맥락에서의 공식적 상황에서 대화가 가능하다. • 학습한 어휘와 문형의 연습을 통해 어느 정도 자연스러운 속도로 이야기 할 수 있다.

	어휘 및 문법	• 생존에 필요한 기본 어휘
		  (일상생활의 기본적인 어휘, 사물 이름, 위치, 수와 셈, 기본적인 동사/형용사 등)
		• 일상생활에서 자주 접하는 화제나 소재와 관련된 어휘
		  (물건 사기, 음식 주문하기 등과 관련된 어휘)
		• 공공시설 이용 시 자주 사용되는 기본 어휘
		• 한국어의 기본 문장 구조와 기초적인 문법 규칙
		  (기본적인 문장 구조, 문장의 종류, 의문사, 기본 조사, 기본적인 연결 어미, 기본적인 보조 동사, 관형형, 기본 시제, 불규칙 활용, 부정문 등)

	텍스트 유형	• 질문 듣고 대답하기 • 역할극 • 간단한 인터뷰 • 지도 보고 설명하기 • 그림이나 사진 묘사하기 • 표 보고 설명하기 • 준비된 이야기 발표하기

<표 7> 중급 말하기 평가의 목표 및 내용

분류		내용
평가의 목표		• 일상생활과 관련하여 비교적 깊이 있는 의사소통에 필요한 발화를 할 수 있다. • 공식적 상황에서 필요한 어휘와 문법을 이해하고 활용할 수 있다. • 한국의 사회·문화적 내용을 배경으로 하는 어휘와 논리적으로 서술하거나 토론하는 데 필요한 표현들을 활용할 수 있다.
평가의 범주	소재	• 모임에서의 대화, 만남과 이별, 걱정과 충고, 건강 등 일상생활에서 자주 접하는 다소 비교적 추상적인 소재 • 직장 생활, 사건, 사고, 환경, 경제, 문화, 예술 등 사회의 주요 관심 영역 • 한국의 풍습이나 한국인의 독특한 사고방식 등 배경 지식을 요구하는 소재
	기능	• 음운 변동에 익숙하여 비교적 자연스럽게 발음할 수 있다. • 일상 회화에 별 어려움을 느끼지 않을 정도로 발화할 수 있다. • 일상적인 주제에 대해 자신의 의견을 정확하게 표현할 수 있다. • 주변의 도움 없이 간단한 공공 업무를 처리할 수 있다. • 예기치 않은 일에 대해 말로써 문제를 해결할 수 있다. • 자신의 의견을 구체적으로 표현할 수 있으며 간단한 토론이 가능하다. • 자신의 감정을 적절히 표현할 수 있다. • 주어진 텍스트를 요약하고 간단히 비판할 수 있다.
	어휘 및 문법	• 일상생활에서 사용되는 대부분의 어휘 • 업무나 사회 현상과 관련된 기본 어휘 • 일상생활에서 비교적 자주 접하는 추상적인 소재 관련 어휘 • 비교적 빈번하게 접하는 공식적인 상황에서 필요한 어휘 (직장 생활, 병원 이용, 은행 이용 등) • 기본적인 한자어 • 뉴스 등에 자주 등장하는 어휘 • 빈도가 높은 관용어와 속담 • 복잡한 의미를 갖는 조사 • 복잡한 의미나 체계를 갖는 연결 어미, 보조 용언 • 논리적인 서술이나 표현에 필요한 문법 표현
	텍스트 유형	• 질문에 대답하기 • 알고 있는 정보 소개하기 • 상황극 • 주제 발표하기 • 간단한 토론하기 • 그림 보고 이야기 만들기 • 찬반 견해 말하기

<표 8> 고급 말하기 평가의 목표 및 내용

분류		내용
평가의 목표		• 고유 업무 영역이나 전문 연구 분야와 관련하여 깊이 있는 의사소통을 할 수 있다. • 한국의 정치, 경제, 사회, 교육, 문화 등 전 영역과 관련된 깊이 있는 토론을 할 수 있다.
평가의 범주	소재	• 정치, 경제적 상황, 사회적 미담이나 쟁점, 문화 현상의 주요 특징, 시대적 흐름과 같은 사회의 전문적인 영역
	기능	• 교육받은 모국어 화자 수준에 준하는 자연스러운 억양과 발음으로 발화 수행 • 다양한 상황에 맞게 적절한 언어를 유창하고 정확하게 표현하기 • 전문적인 업무 수행에 필요한 표현이나 다양한 담화 양식에 적절한 발화 수행 (예: 인터뷰, 토론, 발표 등) • 논리적으로 타당하고 적절하며 내용 연결이 긴밀한 발화 수행
	어휘 및 문법	• 사회 현상을 표현하는 데 필요한 추상적인 어휘 • 직장에서의 특정 영역과 관련된 어휘 • 세부적인 의미를 표현하는 데 필요한 어휘 • 널리 알려진 방언, 자주 쓰이는 약어, 은어, 속어 • 대부분의 시사용어 • 사회의 특정 영역에서 쓰이는 외래어(이데올로기, 매스컴 등) • 다양한 상황에서 사용되는 복잡한 의미를 갖는 속담이나 관용어 • 전문적인 영역에서 사용되는 문법 표현 • 다양한 텍스트에서 자주 사용되는 문법 표현
	텍스트 유형	• 인터뷰 • 발표(조사 발표, 연구 발표 등) • 공식적 상황에서의 대화와 토론

한편 말하기 능력을 정확하게 표현하기 위하여 다양한 방법의 평가 유형이 있는데 이는 하위 목표(예를 들어 단원별 목표)로 갈수록 이에 대한 중요성이 부각된다. 방법적인 평가 유형의 예를 들어 보면 아래와 같다.

(15) 소리 내어 읽기, 질문 읽고 대답하기, 질문 듣고 대답하기, 인터뷰(개인적인 인터뷰, 짝짓기 인터뷰, 학생이 교사 인터뷰하기), 그림이나 자료를 활용한 말하기 평가, 정보 결함활동, 역할놀이, 시청각 자료의 내용 이야기하기, 토론하기, 발표하기, 통역하기, TOP Test(구두 숙달도 시험), 포트폴리오 평가 등.

7.3 말하기 평가 방법

말하기 평가의 방법에 대하여, 한국어 표준 교육과정(2020:28)에서는 직접 평가, 수행 평가로 실시하여야 함을 강조하고 있다. 말하기 평가에서는 한국어 담화 공동체의 언어 습관에 맞는 말하기 방식을 평가할 수 있어야 하며, 등급별 목표와 성격에 맞게 대화와 독백의 형식의 과제를 다양하게 포함해야 한다. 또한 담화 참여자와의 관계, 격식성과 공식성의 정도 등 사회적 맥락을 적절히 다루어야 한다. 평가 후에는 한국어 의사소통 능력 향상을 위해 학습자에게 평가 결과에 대한 피드백을 구체적으로 제공한다.

(16) 가. 평가의 목적과 평가의 과제에 맞게 의미를 구성할 수 있는 능력을 평가한다.
나. 문법적 능력, 담화 구성 능력, 사회언어학적 능력, 전략적 능력을 평가하기 위해 과제 수행 및 내용 구성 능력, 유창성, 정확성, 적절성 등의 평가 구인을 설정하여 평가한다.
다. 교사와의 인터뷰, 짝 활동, 모둠별 역할극, 발표 등 평가 내용에 적합한 평가 방식을 선택하여 평가한다.
라. 수행의 결과뿐만 아니라 과제 수행의 과정과 과제 수행에 임한 태도를 평가한다.
마. 한국어 모어 화자가 이해 가능한 발음과 억양, 속도로 말할 수 있는 능력을 평가한다.

8 말하기 교육과정 목표 및 성취기준

말하기 교육과정의 목표는 앞서 살펴본 한국어 교육과정의 목표를 조직하는 원리들('행동 진술성, 위계성, 포괄성, 사용 빈도성, 계열성, 계속성, 나선형, 통합성, 난도' 등)을 바탕으로 조직되어야 한다. 이러한 원리를 종합적으로 고려한 한국어 표준 교육과정(2020:13-14)의 말하기 목표와 성취기준을 제시하는 것으로 이 장을 마친다.

<표 9> 말하기 목표 및 성취기준

	세부 내용
목표	기초적이고 일상적인 내용의 짧은 대화를 할 수 있으며, 인사나 소개 등의 의사소통 기능을 수행할 수 있다.

급수	구분	내용
1급	성취 기준	1. 자신과 주변의 일상적인 대상이나 사물에 대해 말할 수 있다. 2. 개인적이고 친숙한 상황에서 필요한 대화를 할 수 있다. 3. 단순한 정보를 전달하기 위한 말하기를 할 수 있다. 4. 정형화된 표현을 사용하거나 두세 번의 말차례를 가진 대화를 할 수 있다. 5. 기초 어휘와 기본적인 구조의 문장을 사용하여 부정확하지만 비원어민 화자의 발화에 익숙한 한국인이 이해할 수 있는 발음과 억양으로 말할 수 있다.
2급	목표	일상적으로 접하는 공적 상황에서 필요한 대화를 할 수 있으며, 정보에 관해 묻고 답하기, 허락과 요청 등의 의사소통 기능을 수행할 수 있다.
2급	성취 기준	1. 일상에서의 친교적인 대화를 할 수 있으며 구체적인 소재에 대해 말할 수 있다. 2. 친숙한 공공장소나 비격식적인 상황에서 필요한 대화를 할 수 있다. 3. 자신의 기본적인 의사를 표현하기 위한 말하기를 할 수 있다. 4. 전형적인 구조의 대화를 하거나 짧은 독백을 할 수 있다. 5. 간단한 구조의 문장을 활용하여 부정확하지만, 의사소통이 가능한 정도의 발음과 억양으로 말할 수 있다.
3급	목표	자주 접하는 사회적 상황에서 필요한 대화를 할 수 있으며, 권유나 조언 등의 의사소통 기능을 수행할 수 있다.
3급	성취 기준	1. 자신의 삶과 관련된 사회적 소재에 대해 말할 수 있다. 2. 격식적 상황과 비격식적 상황을 구분하여 대화할 수 있다. 3. 자신의 경험이나 생각에 대해 간단한 담화를 구성하여 말할 수 있다. 4. 복잡한 구조의 대화를 하거나 짧은 내용의 발표를 할 수 있다. 5. 다소 복잡한 문장 구조를 활용하여 비원어민의 발화에 익숙하지 않은 한국인도 이해할 수 있는 발음과 억양으로 말할 수 있다.
4급	목표	친숙한 사회적·추상적 소재나 직장에서의 기본적인 업무에 필요한 발화를 할 수 있으며, 동의와 반대, 지시와 보고 등의 의사소통 기능을 수행할 수 있다.
4급	성취 기준	1. 직업, 교육 등과 같은 보편적인 사회적·추상적 소재의 대화에 참여할 수 있다. 2. 업무 상황이나 공적인 상황에서 격식과 비격식 표현을 구분하여 대화할 수 있다. 3. 객관적인 사건이나 상황에 대해 사실적으로 말할 수 있다. 4. 간단한 업무 보고나 짧은 분량의 업무 관련 발표를 수행할 수 있다. 5. 다양한 구조의 문장을 사용하여 자연스러운 발음과 억양으로 말할 수 있다.
5급	목표	사회 전반에 대한 소재와 자신의 업무나 학업에 필요한 발화를 할 수 있으며, 업무 보고, 협의 등의 의사소통 기능을 수행할 수 있다.
5급	성취 기준	1. 사회적·추상적 소재나 자신의 전문 분야에 대해 말할 수 있다. 2. 일부 전문적이고 격식적인 상황에서 적절한 발화를 할 수 있다. 4. 자신의 생각과 의견을 유창하게 말할 수 있다. 4. 보고나 사실 전달을 위한 프레젠테이션을 수행하거나 회의에 참여할 수 있다. 5. 업무와 학업에 필요한 어휘와 표현을 사용하여 유창한 발음과 억양으로 말할 수 있다.

	목표	전문적이거나 학술적인 영역에서 필요한 발화를 할 수 있으며, 설득이나 권고 등의 의사소통 기능을 수행할 수 있다.
6급	성취 기준	1. 자신이 종사하는 전문 분야에 등장하는 대부분의 소재에 대해 말할 수 있다. 2. 대부분의 전문적 상황에서 격식에 맞는 발화를 할 수 있다. 3. 타당한 근거를 들어 논리적으로 자신의 의견을 말할 수 있다. 4. 의견의 교환이 활발한 토론이나 토의에 참여할 수 있다. 5. 전문적이고 학술적인 표현을 사용하여 의도에 따라 발음과 억양을 조절하며 유창하고 정확하게 말할 수 있다.

한국어 표준 교육과정(2020:13-14)

위 교육과정의 각 등급별 특징을 살펴보면 일상생활에서 자주 접하는 대화에서, 친숙한 사회적·추상적 주제로, 그리고 고급으로 갈수록 업무, 학문 영역 및 전문 영역으로 심화된다. 이중 6급의 경우 대부분의 전문 분야나 학술적인 영역에서 '격식 발화, 타당한 논리, 의견 교환, 토론, 토의' 등과 같은 성취 항목들을 유창하고 정확하게 말할 수 있음을 그 기준으로 들고 있다. 5급도 전문 분야를 다루기는 하나 대부분이 아닌 일부 전문적 상황으로 제한성을 두었다. 또한 6급이 학술 표현이나 자신이 종사하고 있는 전문 분야의 말하기 신장과 같이 특수성을 강조한 반면 5급의 경우 업무와 학업과 같은 일반성을 강조한 성취기준을 제시하였다.

9 요약

가. 말하기의 실제성

- 말하기 표현의 특성에는 '어순 바꾸기, 다시 말하기, 천천히 말하기(발화 속도), 몸짓 활용하기, 풀어 말하기, 크게 말하기, 머뭇거림, 돌려 말하기' 등과 실제 발화에서 자주 사용되는 표현의 실제성이 있다. 이와 같은 표현들 중 실제적인 언어 환경에서 자주 이용되면서, 화자의 의도를 반영하는 요소들은 학습이 필요한 바, 이러한 내용은 교육과정을 구축할 때 고려되어야 한다.
- 말하기 실제성에는 '영역의 실제성'이 있는데, 이는 학습자가 자신이 관심이 있는 영역 안에서 학습 자료와 내용들이 교육 과정으로 설계되어야 한다. 특히 학습자의 다양한 목적(취업, 학문, 다문화가정 또는 자녀 등)에 맞게 그 내용이 구성되어야 한다.

- 말하기 실제성에 '현장의 실제성'이 있는데, 이는 말하기가 일어나는 다양한 실제 현장 상황을 염두에 두어 교육과정이 구축되어야 한다는 뜻을 내포한다. 말하기는 교실 안 또는 밖, 친교적 상황, 공식적 상황, 심리적 상황, 물리적 상황 등 다양한 현장성을 가지고 있는데, 이러한 다양한 상황에 맞게 교육과정이 구성되어야 한다.
- 말하기의 실제성은 듣기의 실제성과 따로 생각할 수 없다. 곧 자연스러운 상황에서 말하기는 듣기와 반드시 연계되어 하나의 '대화'를 구성하기 때문에, 동전의 앞뒤면처럼 듣기의 실제성은 곧 말하기의 실제성과 밀접하게 연결됨을 유념해야 한다.
- 말하기와 듣기가 통합된 의사소통 상황의 관점에서 '실제성'을 구성하는 요소를 유기적으로 관련시켜 언급할 필요가 있다. 곧 통합적 의사소통 상황에는 대화에 참여하는 사람들(participants), 대화가 이루어지고 있는 장소(setting), 논의되는 있는 화제(topic) 등이 포함되는데, 같은 언어 형태라도 상황에 따라서 전달하는 기능이나 내용이 달라질 수 있어 의사소통 기능을 학습할 때 이러한 요소들의 유기적 상황에 대한 고찰은 필수적이다.

나. 말하기의 주제와 기능

- '안내 방송, 뉴스, 라디오, 녹음된 메시지, 엿듣는 대화, 공연'에서 사용되는 주제 등은 듣기에서 주로 선호되는 주제(주로 들리기 상황)인 반면 '토론, 토의, 회의에서 등에서 공유되는 주제'는 말하기와 듣기가 상호 교섭적으로 나타나는 대화형 주제이다.
- 기능의 경우도 '말하기'에 주로 사용되는 기능들이 있을 수 있으며(예를 들어, '설득하기, 토론하기, 설명하기, 전달하기, 묻기, 요구하기, 명령하기, 소개하기' 등), 듣기에 주로 사용될 수 있는 기능들(예를 들어, '요약하기, 확인하기, 주의하기, 답하기, 해석하기, 수용하기, 식별하기, 구별하기, 종합하기' 등)이 있다.

다. 언어 지식별 말하기

- 듣기 지식 영역과 마찬가지로 발음, 어휘, 문법 표현, 담화 지식 등이 이에 속한다.
- 말하기 표현 교육 내용이 듣기 이해 교육 내용과 큰 틀은 공유하지만 그 세부 교육 내용에 대한 질적 차원의 접근 방식은 상호 다름을 염두에 둘 필요가 있다. 그 이유는 말하기가 구어적 생산 능력 신장과 관련이 있으며, 듣기가 수용적 능력 신장과 관련이 있기 때문이다. 이에 따라 언어 지식별 말하기 교육 내용들은 생산적 측면의 관점에서 기술되어야 한다.

라. 말하기 전략

- 학습자가 말하기 상황에서 자신의 생각과 의도를 상대편에게 적절하게 전달할 수 있는 방법론적 측면을 의미한다.
- 말하기 전략은 화자가 자신의 생각과 의도를, 자신의 언어 수준에서, 청자에게 최대한 효율적으로 전달하려 할 때 다양한 방법들이 필요한데, 이러한 방법적인 내용이 말하기 전략이다.
- 이러한 전략은 상위 목표에서는 '정확하게'라는 추상적 표현으로 사용되지만, 하위 목표 예컨대 단원 목표와 같이 구체적 목표를 설정할 때는 '정확성'을 구체적으로 구현할 '세부적인 말하기 전략 내용들'이 진술되어야 한다.

  전략의 유형에는 풀어 말하기(paraphrase), 빌려오기(borrowing), 흉내내기(gestures), 회피(avoidance), 주제 회피(topic avoidance), 메시지 포기(message abandonment) 등이 있다.
- 강승혜(1999)의 경우 상호 작용적 의사소통 기능 향상을 위한 학습 전략으로 '기억 전략, 인지 전략 그리고 보상 전략'으로 분류한 후 각각의 범주에 대한 하위 세부 전략을 제시하였다.
- 전략에는 태도적 측면의 전략도 있다. 대화 참여자들의 '순서 교대'나 '공손성'과 관련된 전략들이 이에 해당한다.

마. 말하기 평가

- 교육과정 속에서의 말하기 평가의 목적은 학생, 교사, 교수 학습 내용, 그리고 교육과정 자체에 많은 영향을 준다.
- 말하기 평가의 목표는 학습자들의 실제적인 구어 상황과 맥락에 적절하게 상대방에게 표현하는 능력을 신장시키는 데 있다. 곧 말하기 평가가 실제적 담화 상황에서 수행되어야 함을 의미하며, 이러한 경험이나 적용, 연습 없이는 진정한 의미에서의 의사소통 능력의 신장은 불가능하다. 그러므로 평가 또한 실제 수행 과정 속에서 한국어로 의사소통 능력을 평가하는 방식으로 이루어져야 한다.
- 말하기 평가의 범주에는 문법적 능력, 사회언어학적 능력, 담화적 능력, 전략적 능력이 있으며, 각각은 표현적 측면, 생산적 측면으로 그 범주가 하위 분류된다.
- 말하기 평가에서 염두에 두어야 할 요지는 '적절하게 상황/목적, 대상/주제에 맞게 대처하는 능력', '실제적이면서도 실제 적용 가능한 수행적 능력'을 측정하는데, 여기에서 그 대상자의 수준을 고려해야 한다. 즉 대상자가 지금 가능한 표현 능력을 염두에 두고 평가의 목적이 설정되어야 한다.
- 말하기 능력을 정확하게 표현하기 위하여 다양한 방법의 평가 유형이 있다. 예컨대, '소리 내어 읽기, 질문 읽고 대답하기, 질문 듣고 대답하기, 인터뷰(개인적인 인터뷰, 짝짓기 인터뷰, 학생이 교사 인터

뷰하기), 그림이나 자료를 활용한 말하기 평가, 정보 결함활동, 역할놀이, 시청각 자료의 내용 이야기하기, 토론하기, 발표하기, 통역하기 TOP Test(구두 숙달도 시험), 포트폴리오 평가 등'이 그것이다.

바. 원리에 따른 말하기 교육과정 구성

- 실제적인 말하기를 고려하여 말하기의 주제, 기능 언어 지식별 표현, 전략 등이 설정되면 한국어 교육과정의 목표를 조직하는 원리들('행동 진술성, 위계성, 포괄성, 사용 빈도성, 계열성, 계속성, 나선형, 통합성, 난도' 등)을 적용하여 말하기 교육 목표 내용을 배열하여야 한다.

사. 말하기 교수·학습 방법

- 학습 목적에 맞추어 문법적 정확성과 의미적 유창성을 균형 있게 선택하고 교수한다.
- 다양한 구어 상황에 맞게 생각과 느낌, 정보를 표현하도록 지도한다.
- 한국인의 담화 관습과 한국어 구어의 특징에 맞게 한국어를 자연스럽게 말하도록 교수한다.
- 한국어 모어 화자가 이해 가능한 발음과 억양, 속도로 말할 수 있도록 학습자의 언어 수준에 맞게 교수한다.
- 잘못된 표현이나 발음이 화석화되지 않도록 적절한 피드백을 제공한다.

아. 말하기 평가의 방법

- 평가의 목적과 평가의 과제에 맞게 의미를 구성할 수 있는 능력을 평가한다.
- 문법적, 담화 구성, 사회언어학적, 전략적 능력을 평가하기 위해 과제 수행 및 내용 구성 능력, 유창성, 정확성, 적절성 등의 평가 구인을 설정하여 평가한다.
- 교사와의 인터뷰, 짝 활동, 모둠별 역할극, 발표 등 평가 내용에 적합한 평가 방식을 선택하여 평가한다.
- 수행의 결과뿐만 아니라 과제 수행의 과정과 과제 수행에 임한 태도를 평가한다.
- 한국어 모어 화자가 이해 가능한 발음과 억양, 속도로 말할 수 있는 능력을 평가한다.

자. 말하기 교육과정 목표 및 성취 기준

- 학습자의 수준이 올라감에 따라, 일상생활에서 자주 접하는 대화에서, 친숙한 사회적·추상적 주제로, 그리고 고급으로 갈수록 업무, 학문 영역 및 전문 영역으로 심화된다.

10 토론과 과제

가. 말하기 상황 별로 적합한 말하기 주제를 예를 들어 설명하라.

나. 여러 가지 기능 중 말하기에 주로 적용될 기능들을 찾아보고 그 이유를 설명해 보라.

다. 전략 측면의 내용을 말하기 목표에 반영하여 진술해 보라.

라. 중급 말하기 평가의 범주 중 텍스트 유형의 평가 목표를 구체적으로 만들어 보라.

마. 말하기 수행과 관련된 평가에는 어떤 것이 있는지를 기술하라.

제13장

읽기 교육과정

읽기 교육과정

1. 들어가는 말	7. 읽기 교수·학습 방법
2. 읽기의 실제성	8. 읽기 평가
3. 읽기의 주제와 텍스트 유형	9. 원리에 따른 읽기 교육
4. 읽기의 기능	과정 구성
5. 언어 지식별 읽기	10. 요약
6. 읽기 전략	11. 토론과 과제

1 들어가는 말

읽기는 바라보는 관점에 따라 여러 가지로 정의된다. 우선 고전적 개념은 '문자를 해독 (decoding)하는 것'이 읽기라고 단순하게 정의한다. 하지만, 읽기가 복잡한 인지 능력이 요구된다는 점이 부각되면서, 그 개념에 대한 정의도 매우 다양해졌다. 곧 읽기가 독자가 텍스트의 내용에 대해 예측해야 한다는 점을 주목하게 되면서 '독자가 자신이 가지고 있는 배경지식과 목적을 토대로 예측하는 것'이 '읽기'라고 보거나(Smith, 1983; Goodman, 1976a, b), 독자가 텍스트를 이해하기 위하여 다양한 정보 체계를 활용한다는 점에 주목하여, 독자와 텍스트 이해를 도모하는 다른 부문 또는 작가와의 상호 작용 과정을 '읽기'의 본질이라고 정의한 것(van Dijk, Kintsch, 1983)이 그 일례이다. 또한 읽기를 독자가 '작가의 전달 의도나 생각을 이해'하는 심리 과정(Wallace, 1992), 작자가 시각적으로 부호화한 '의미'를 독자가 심리적 의미로 다시 변환하는 과정(Gephart, W. I, 1973, Robinson, 1990), 글에 나와 있는 정보를 바탕으로 의미를 재구성하는 과정(Anderson 외, 1984)이라고 하여 '의미 해독과 구성'에 중점을 두어 정의하는 등 다양한 견해가 존재한다. 이러한 정의를 종합해보면 읽기는, ① 독자가 자신의 언어적 지식 및 선험적 지식을 포함한 모든 지식(배경지식)

을 활용하여, ② 다양한 부문의 정보를 종합한 후 작가의 의도와 사고에 대한 이해를 바탕으로 ③ 독자가 상호 교섭적으로 예측을 하는 과정을 거치게 되며, ④ 독자가 목적에 맞게 텍스트 메시지의 의미를 파악하거나 재구성하는 복합적인 정신 과정이라고 할 수 있다. 그런데 이러한 읽기의 개념적 정의는 외국인 학습자를 대상으로 하는 한국어 읽기와 같이 그 대상을 달리하게 될 경우 읽기의 양상이 달라 질 수 있다. Grabe & Stoller(2002)는 이에 대하여 외국어의 읽기가 모국어 읽기와 다른 점을 밝혔는데, 그 내용을 제시해 보면 아래와 같다.

첫째, 모국어 읽기에서는 구두 언어로 기본적인 단어와 문법 구조를 이미 습득한 후 그 단어나 문법 구조를 문자 언어로 접하게 되지만, 외국어 읽기에서는 구두 언어와 문자 언어 학습이 동시에 일어나거나 또는 문자언어 학습만 이루어지는 경우도 있다.
둘째, 외국어 읽기에서는 글의 구성, 문장, 연결 등에 대한 담화적 지식이 부족하다.
셋째, 외국어 교육에서의 독자는 모국어로서 국어를 배우는 독자에 비해 글을 접하는 기회가 매우 적다.
넷째, 외국어교육에서의 읽기는 모국어와 외국어의 언어적 차이의 영향을 받는다.

이처럼 외국어 읽기는 모국어 읽기와는 다른 특징을 지닌다. 따라서 외국어로서의 한국어 읽기 교육은 이들의 읽기 특성에 맞게 교육이 이루어져야 한다. 곧 자연스럽게 구어를 습득한 후에 문어를 습득하는 모국어 학습자와는 달리, 외국인 학습자는 문어인 읽기 기능을 통해 다른 기능을 학습해 나가므로, 외국어 교육에서 읽기는 해당 기능을 신장시키는 방향으로 설정되어야 한다. 또한 읽기를 통해 정보와 지식의 습득 수단이자 문화 수용의 통로라는 측면이 있기 때문에, 도구적 관점에서 읽기 교육의 방향이 구성되어야 한다. 따라서 읽기에 대한 교육 방향을 제시하는 교육과정에서, 일반적 읽기에 대한 개념과 외국인 학습자들에게 요구되는 특수적인 개념이 복합적으로 고려된 후 설계되어야 한다. 물론 이와 같은 읽기 활동은 ① 내용을 요약하거나 숨어져 있는 내용을 적는 쓰기 활동, ② 글 내용을 예측하거나 이해한 내용을 토론하는 것과 같은 말하기 활동, ③ 해당 내용을 화자가 이야기를 하였을 때 올바로 의미를 파악하는 듣기 활동과 연계하여 함께 가르치거나 배우는 '통합적 측면'도 함께 고려되어야 함은 물론이다. 아울러 외국어로서의 한국어 교육에서의 읽기의 목표는 이해와 사용의 차원을 모두 고려하여 접근해야 할 필요가 있다. 이는 지식, 방법, 태도적 측면을 종합적으로 고려한 목표 설정이 필요함을 의미한다. 이러한 맥락에서 이정희 외(2015)에서는 읽기 교육의 일반적 목표를 다음과 같이 설정하였다.

(1) **읽기 목표**
  가. 한국어 어휘와 문법과 관련된 읽기의 기초 지식을 안다.
  나. 한국어로 표현된 글의 의사소통 기능을 이해한다.
  다. 한국어로 표현된 다양한 글의 유형과 특성을 이해한다.
  라. 한국어로 표현된 글의 사회·문화적 의미를 이해한다.
  마. 한국어 읽기에 흥미를 갖고 자발적으로 읽는 태도를 기른다.

(2) **세부적인 읽기 목표**
  가. 한국어 어휘와 문법과 관련된 읽기의 기초 지식을 안다.
    - 한글의 짜임을 아는 것, 즉 자음과 모음을 구별하고 그 결합 방식을 파악하는 것부터 시작하여 간단한 글자부터 복잡한 글자까지의 짜임을 이해할 수 있다.
    - 쉽고 간단한 낱말과 문장을 정확히 소리 내어 읽고 의미가 잘 드러나도록 글을 알맞게 띄어 읽을 수 있다.
  나. 한국어로 표현된 글의 의사소통 기능을 이해한다.
    - 글의 의사소통 기능을 이해하기 위하여 글의 내용을 확인하는 단계로 사실적 이해, 추론적 이해, 비판적 이해, 감상적 이해 능력을 향상시키는 것을 목표로 한다.
    - 한국어로 표현된 다양한 글의 의사소통 기능과 쓰임을 이해하는 것을 목표로 한다.(예를 들어 안내문이나 제품 사용 설명서, 표지판 등이 정보 전달의 기능을 가짐을 안다.)
  다. 한국어로 표현된 다양한 글의 유형과 특성을 이해한다.
    - 한국어로 표현된 다양한 글을 몇 가지의 유형(정보 전달의 글, 설득하는 글, 친교 및 정서 표현의 글 등/설명적인 글, 논증적인 글, 문학적인 글 등)으로 나누고 각 유형의 구조(미시적, 거시적 구조 등)를 이해하는 것을 목표로 한다.
    - 글의 유형에 따른 글의 특성과 구조를 파악하고 실제적인 다양한 읽기 자료를 활용함으로써 학습자의 읽기에 대한 흥미를 갖는 것을 목표로 한다.
  라. 한국어로 표현된 글의 사회·문화적 의미를 이해한다.
    - 한국어로 표현된 글에 포함되어 있는 사회·문화적 의미를 어휘와 문법, 글의 구조, 주제 등을 통해 이해하는 것을 목표로 한다. 이와 같은 목표를 달성하기 위해 상호 문화적 관점에 기반하여 다른 영역과의 통합 활동을 할 수 있다.

> 마. 한국어 읽기에 흥미를 갖고 자발적으로 읽는 태도를 기른다.
> - 한국어로 된 글을 읽는 읽기 자체에 흥미를 갖고 즐거움을 느끼도록 하며 자발적으로 읽는 태도를 기르는 것을 목표로 한다. 더 나아가 궁극적으로는 읽기를 통해 자신의 삶을 성찰하고 타 문화의 보편성과 특수성을 이해하는 능력을 기르도록 한다.

2. 읽기의 실제성

학습자들의 요구와 필요에 부합하면서, 그 내용이 실생활에 적용될 수 있을 가능성이 높은 것들, 읽기 자료가 한국인들이 자주 사용하는 자연스러운 표현들이어야 한다는 것이 읽기의 실제성이라고 볼 수 있다. 여기에 더하여 학습자가 글을 읽는 목적에 맞게 그리고 학습자의 수준을 고려하여 읽기 자료를 선정하는 것, 한국 문화 요소를 잘 드러내는 읽기 자료를 선정하되 지나친 전통 문화 위주의 지식이나 한국인의 우월성을 드러내는 자료는 피해야 한다는 것들도 읽기의 실제성과 관련된다. 이는 읽기 자료가 문어적 특성이 강하기는 하나 읽기의 본질이 읽기를 통한 의사소통이라는 점에서 실제 생활에서의 활용 능력도 깊이 있게 고려해야 함을 의미한다. 따라서 실제적인 자료를 제시하여 이해도를 높이는 수업이 초급 단계부터 필요하다. 물론 학습자의 수준별 숙달도에 따라 실제적 자료를 활용하는 비율과 중점 고려사항은 조정되어야 한다. 아울러 실제적 활동이 가능한 교육 자료(읽기 자료)가 단순히 이해 영역의 자료로만 국한될 수 없다. 읽기를 통하여 학습자들이 다양한 기능을 수행할 수 있도록 다양한 유형의 자료를 제시하는 것(예를 들어 설명 글, 논증 글, 비판 글, 설득 글)도 실제적인 읽기 교육과정을 설계할 때 고려해야 되는 사항인 것이다.

3. 읽기의 주제와 텍스트 유형

읽기의 주제는 학습자의 수준에서 교육이 가능한 범위 내에서 선정되어야 한다. 곧 초급의 경우 주로 '나, 일상생활, 주변생활'을 위주로, 중급의 경우 '사회생활, 직장생활'을 위주로, 고급의 경우 '과학, 경제, 정치 등'과 같은 '학문 또는 전문 분야'의 주제(해당 수준에서 접근 가능한 범위 내의 주제)로 구성되어야 한다. 이에 대하여 이정희 외(2015)에서는 다양한 한국어 운영 기관 관련자들에게 요구조사를 실시한 바, 각 수준별 텍스트 주제로 적합한 것에 다음과 같은 결과를 제시하였다.

<표 1> 텍스트 주제로 적합한 것

초급	가족, 건강, 물건 사기, 미디어, 생활, 수, 인사, 일과 직업, 취미와 여가, 한글과 한국어, 휴일
중급	가족, 건강, 과학, 교육, 뉴스/시사 문제, 미디어, 생활, 수, 예술, 일과 직업, 책과 문학, 취미와 여가, 한글과 한국어, 휴일
고급	건강, 과학, 교육, 뉴스/시사 문제, 미디어, 생활, 예술, 일과 직업, 전문 분야, 책과 문학, 한글과 한국어, 휴일

그런데 이러한 주제들은 해당 주제를 구현할 텍스트의 유형과 연관 지어 구성되어야 한다. 예컨대, 초급에서는 '안내 방송 글, 일기 예보 글, 신분증, 간판/포장 문구, 소개글, 안내문'과 같이 '나 또는 일상(주변)생활'과 관련된 텍스트를 선정해야 한다. 중급에서는 이러한 초급 텍스트의 나선적 활용과 함께, '사회생활에 필요한 내용들, 공증/공문서, 신청서, 계획서, 공식적 담화 글' 등에 대한 주제가 더해져야 한다. 고급에서는 초급과 중급의 유형과 공유할 수 있는 내용도 필요하면서 동시에 '학업/학술문, 보고서, 선언문'과 같이 전문 분야의 주제에 맞는 텍스트 유형이 별도로 선정되어야 한다.

<표 2> 텍스트 유형으로 적합한 것

초급	한국어교육용 담화, 안내 방송, 일기 예보, 픽토그램, 간판/포장 문구, 신분증, 소개글, 광고, 안내문, 게시문, 설명문, 신청서, 계획서, 메시지, 생활문, 드라마, 동화, 감상문, 수필
중급	한국어교육용 담화, 안내 방송, 일기 예보, 픽토그램, 간판/포장 문구, 소개글, 광고, 안내문, 게시문, 설명문, 공증/공문서, 신문기사, 교양방송프로그램, 평, 신청서, 계획서, 보고서, 학업/학술문, 메시지, 매체 담화, 생활문, 사회 소통/문제 해결적 글, 공식적 담화, 드라마, 오락방송프로그램, 동화, 감상문, 수필, 전기문, 시, 소설, 설화/민담, 희곡
고급	소개글, 광고, 안내문, 게시문, 설명문, 공증/공문서, 신문기사, 교양방송프로그램, 평, 신청서, 계획서, 보고서, 선언문, 학업/학술문, 메시지, 매체 담화, 생활문, 사회 소통/문제 해결적 글, 공식적 담화, 드라마, 오락방송프로그램, 동화, 감상문, 수필, 전기문, 시, 소설, 설화/민담, 희곡

이정희 외(2015:48-49)

그런데 위의 텍스트의 유형은 '정보전달과 이해를 위한 텍스트 유형'이냐, '사회적 상호 작용을 위한 텍스트'이냐, '문학적 반응과 표현을 위한 텍스트'이냐 아니면 '비판적 분석과 평가를 위한 텍스트'이냐와 같이 읽기의 목적에 따라 그리고 쉽고 어려움의 정도(수준)에 따라 분류할 수 있다. 아래는 텍스트 유형을 읽기의 목적과 수준 별로 나눈 대표적인 예들이다.

<표 3> 수준 별 텍스트 유형과 목적

가. 초급

텍스트 주제		가족 소개, 약속, 하루생활, 날짜, 요일, 시간, 가격, 자기소개, 개인 정보, 인사말, 한글 소개, 한국어 소개
텍스트 유형	【정보전달과 이해를 위한 텍스트】	한국어교육용 대화문/담화문, 픽토그램(장소, 위치, 규칙, 일기예보 등), 지도(노선도, 관광지 약도 등), 안내 문구(목적지, 시간, 특정 정보, 출입, 방향 등), 이름, 주소, 학년 반 표시, 신분증, 명함, 티켓(교통편, 공연/장소 입장권 등), 화폐, 간판, 제품명, 메뉴, 일정표(시계, 달력, 시간표, 다이어리 등), 일기예보, 안내문(미아 찾기, 간단한 공지), 내복약 설명서, 현금 자동 지급기 메뉴
	【사회적 상호 작용을 위한 텍스트】	간단한 문자/SNS 메시지(인사, 질문, 약속 확인, 축하, 감사 등), 축하 카드, 초대장, 간단한 안부/감사 편지, 일상적인 내용의 짧은 일기

나. 중급

텍스트 주제		가족, 건강, 교육, 사건, 사고, 재해, 음식과 요리, 주거와 집, 초대, 방문, 모임, 교통, 일상 생활, 성격과 감정, 날씨와 기후, 공연과 감상, 직장 생활, 여가와 문화, 여행과 숙박
텍스트 유형	【정보전달과 이해를 위한 텍스트】	친교적 자기소개서, 제품 광고, 간단한 구인/모집 광고, 시설 이용 안내문, 경고/사용불가 안내문, 간단한 주택 매매 광고문, 자세한 길 안내문, 직장 내 표지/안내문, 관공서 이용 절차 안내문, 플래카드의 기본 정보, 평이한 상품/제품 설명서, 여행 안내문, 여행 광고문, 호텔/항공 예약 사이트, 영화/공연 포스터, 분실물 안내문, 사진 신문 기사, 간단한 사건/사고 신문 기사, 연예나 사회 관련 뉴스 헤드라인, 평이한 인터뷰 기사, TV 프로그램명, 책/영화/공연 제목, 한 줄 정도의 서평/영화평/공연평, 영화/공연 포스터, 요리/조리법, 일상생활에 관한 블로그/SNS, 평이한 성격의 텍스트, 시험지 지시문, 성적표, 그래프/도표, 공익광고, 제품광고, 구인/모집 광고, 미술관/박물관 설명문, 친숙한 대상에 관한 설명문
	【문학적 반응과 표현을 위한 텍스트】	노래 제목, 평이한 노래가사, 평이한 수필/여행 감상문/독서 감상문, 평이한 소설/시/시나리오/희곡/만화의 일부분
	【비판적 분석과 평가를 위한 텍스트】	평이한 입사 지원서, 학업 계획서, 평이한 논설문, 평이한 내용의 인터넷 게시글, 평이한 서평/영화평/공연평, 평이한 제안서
	【사회적 상호작용을 위한 텍스트】	안부/축하/감사/위로/격려/문의 메시지/전자우편(이메일)

다. 고급

텍스트 주제		건강, 과학, 교육, 뉴스/시사 문제, 미디어, 생활, 예술, 일과 직업, 전문 분야, 책과 문학, 한글과 한국어, 휴일
텍스트 유형	【정보전달과 이해를 위한 텍스트】	설명문, 인터넷 게시 글(정보 제공), 인터넷 뉴스, 신문 헤드라인, 일반적인 신문/잡지 기사, 전문적인 주제의 신문 기사, 다큐멘터리 자막, 시사 프로그램 자막(정보 제공), 영화/드라마 자막, 생활 과학 상식, 백과사전(일반적인 정보), 자신의 전문 분야 강의 자료(PPT/간단한 강의안), 업무 보고서, 각종 계약서
	【문학적 반응과 표현을 위한 텍스트】	수필/소설/시/시나리오/희곡/만화, 우화/설화/민담
	【비판적 분석과 평가를 위한 텍스트】	자기소개서, 입사 지원서/학업 계획서, 관찰 보고서, 연구 계획서, 학술 보고서, 학술 논문, 제안서, 기획서, 논설문, 대자보, 인터넷 게시 글(의견), 논설(논평/사설/칼럼), 시사 프로그램 자막(의견피력), 토론 프로그램 자막서평/영화평/공연평
	【사회적 상호작용을 위한 텍스트】	사회소통 문제 해결을 위한 제안서/건의문/상담문, 일반적인 축사/기념사, 인터넷 댓글, 종교적인 글(성경/경전 등)

이정희 외(2015:69-76)

이정희 외(2015:115-123)에서는 학습자의 학습 목적과 수준에 따라, 동일한 내용에 대하여 수준별로 그리고 시간적 상황을 고려하면서 교육의 비중을 달리하는 탄력적 운영을 해야 함을 주장하고 있다. 그 주요 내용을 살펴보면 아래와 같다.

> (3) **주요 내용**
> 가. 초급의 경우 주로 정보 전달과 사회적 상호 작용(주로 친교적 목적)을 위한 이해를 목적으로 '일상생활 속의 간단한 단어나 간단한 글, 또는 쉽고 간단한 주제가 담긴 글을 읽고 전체적인 내용을 이해하거나 중요한 내용'을 파악할 수 있도록 하는데 중점을 둔다. 다만 읽기 수업 시간이 상대적으로 적다면, 전체적인 내용 이해나 중요한 내용 파악은 초급 상에서 가르치는 탄력적 운영이 필요하다.
>
> 나. 중급은 지식의 정보 전달, 사회적 상호 작용을 목적으로 하는 글의 이해도 다루지만 '문학적 반응과 표현, 비판적 분석이나 평가를 위한 텍스트에 대한 이해'를 비중 있게 학습한다. 물론 정보전달, 사회적 상호 작용의 경우, 그 주제나 내용을 초급보다 상대적으로 어렵게 하고 그 내용도 심화시켜야 하지만, '문학과 비판적 텍스트에 대한 분석'은 학습자들이 비

교적 이해하고 접근하기 쉬운 것을 다루어야 한다. 수업 시간이 이를 다 가르치기에 부족하다면, 문학적 반응, 비판적 분석은 제외하거나 축소하여 가르치는 것이 필요하다. …중략… 따라서 중급에서는 실용문, 설명문 등과 같이 일상적인 내용의 글이나 사회적으로 친숙한 글을 읽고 내용을 파악하는 것이 기본적으로 수행되어야 한다. 주장하는 글이나 사회, 문화적 소재의 글을 읽고 글에 나타난 상황, 주장, 근거를 파악할 수 있어야 한다는 점이나 비전문적인 글의 경우 사전을 활용해 읽을 수 있어야 한다는 점은 필수적으로 교육이 이루어져야 한다. 반면에 그러나 짧고 단순한 문학 작품을 읽고 이해, 자신의 문화 비교와 같은 내용은 교육 시간이 적다면, 고급의 목표로 재수립 또는 비중을 적게 하여 가르쳐야 한다.

다. 고급은 4가지 영역을 다 다루지만, 학습자의 학습 목적과 수준에 따라, 정보 전달과 이해를 위한 텍스트가 차지하는 비중을 다른 등급에 비해 줄일 필요가 있다. 따라서 중급에서는 비교적 덜 다룬 비판적 분석과 평가를 위한 텍스트, 문학적 반응과 표현을 위한 텍스트, 사회적 상호 작용을 위한 텍스트 등을 더 비중 있게 다루는 것이 학습자들에게 도움이 된다. 고급의 기본적인 읽기 목표는 친숙하지 않은 소재의 글이나 다양한 장르의 전문적인 글을 읽고 내용, 함축된 의미, 작가 의도, 글의 전체적인 분위기 등을 파악하는 것이다. 교육 시간이 적을 경우, 한자 어휘 이해, 문학 작품을 읽고 당시의 시대상과 역사적, 문화적 배경을 파악하는 것, 새로운 관점의 글을 읽고 자신의 입장과 비교하는 것, 학술적인 글을 통해서 학문적 주제에 대해 탐구하는 읽기 태도를 지니도록 하는 것 등은 선택적인 목표로 삼아야 된다.

다음에 '국제 통용 한국어 표준 교육과정(2017)'에서는 등급별로 가르칠 텍스트 유형을 <표4>와 같이 제시하였다. 여기서 주목할 점은 텍스트 유형 중 구어에 주로 사용되는 것, 문어에 주로 사용되는 것 그리고 구어와 문어에 두루 사용될 수 있는 유형을 분류하였다. 또한 등급 별로 어떤 소재가 적합한지를 제시하였다. 특징적인 것은 해당 텍스트 유형을 특정 수준에서만 가르치는 것이 아니라, 동일한 유형을 여러 수준에서 가르칠 수 있도록 허용하였다는 점이다.[1] '(교육용) 대화문'을 예로 들어 설명하면, 우선 이 유형은 구어와 문어에서 두루 사용될 수 있기 때문에 문어적 성격을 가지고 있는 읽기 교육에서 가르칠 수 있고(구현 방식), 이는 빗금(검은색 부분)을 통하여 알 수 있듯이 1급, 2급과 같이 두 영역에서 다룰 수 있는 유형이다.

---

1) 물론 이 의미는 동일한 내용을 가르치라는 것이 아니라, 유형은 같되 그 내용을 심화하여 가르쳐야 된다는 뜻을 담고 있다.

<표 4> 등급별 텍스트 유형(국제 통용 한국어 표준 교육과정, 2017:186-192)

대범주	중범주	항목	구현 방식 구어	구현 방식 문어	등급 1	등급 2	등급 3	등급 4	등급 5	등급 6
1수준 정보 전달과 이해를 위한 텍스트	한국어 교육용 담화	(교육용) 대화문	V	V	■	■				
		짧은 서술문	V	V	■	■				
	안내방송	장소(공항/역) 안내방송	V		■	■				
		교통(지하철/버스) 안내방송	V	V	■	■				
		상황(미아/분실물) 안내방송	V			■	■			
	일기예보	일기예보 방송	V	V	■	■				
		일기예보 기사		V	■	■				
	강연	교양강연	V						■	■
		설교	V						■	■
		전공 강의	V							■
	그림문자	장소(화장실/비상구) 안내 그림문자		V	■	■				
		행동(정숙/금연) 안내 그림문자		V	■	■				
		교통안내 표지판		V	■	■				
		세탁 라벨, 태그		V	■	■				
		간판/포장 기관/상호 명		V	■	■				
	(제품) 문구	제품명		V	■	■				
	신분증	명함		V	■	■				
		주민등록증, 학생증, 외국인등록증		V	■	■				
		여권		V	■	■				
	소개글	신간 소개글		V		■	■			
		영화/공연 추천평		V		■	■			
		(친교적) 자기소개서		V		■	■			
	광고	전단지		V	■	■				
		구인/모집광고		V		■	■			
		제품광고	V	V		■	■			

수준	유형	텍스트 종류	유무	1급	2급	3급	4급	5급	6급
1수준 정보 전달과 이해를 위한 텍스트	안내문	약도/관광안내도	V	■					
		버스/지하철 노선도	V	■					
		티켓(항공, 기차, 공연, 영화)	V	■					
		안내표지/층별 안내문구	V	■					
		시설 이용 안내문	V		■	■			
		관광/여행안내소책자	V		■				
		메뉴	V	■					
	게시문	표어	V			■	■		
		영화/공연 포스터	V		■	■			
		생활 공고문	V			■	■		
		채용/공모 게시물	V			■	■		
	설명문	제품 상세 정보	V			■	■		
		요리/조리법	V		■	■			
		(교육용) 문화 해설	V		■	■	■		
		투약설명서	V		■				
		제품 사용설명서	V				■	■	■
		생활/과학 상식	V				■	■	
		(백과)사전	V				■	■	
	공증/공문서	영수증	V	■					
		등록증	V		■				
		위임장/위촉장	V					■	
		증명서	V				■	■	
		제품보증서	V				■	■	
		고지서	V				■	■	
		승인서	V						■
		계약서	V				■	■	
		업무관련 서류	V						■

구분	대분류	소분류	1	2	3	4	5	6	7
	신문기사	사진, 기사		V			■	■	
		그래프, 도표		V				■	
		사건/사고 보도기사		V				■	
	노래	노래	V			■			
	연극	연극	V						■
	영화	만화영화	V				■	■	
		국내영화	V					■	
		외화	V						
	드라마	드라마	V					■	
	스포츠중계	스포츠중계	V			■	■		
	오락방송 프로그램	음악프로그램	V				■	■	
		버라이어티쇼	V				■	■	
		토크쇼	V				■	■	
		퀴즈쇼	V	V			■		
		코미디	V						■
2수준 문학적 반응과 표현을 위한 텍스트	동화	전래동화		V			■	■	
		창작동화		V			■	■	
		교훈적인 글/우화		V				■	
	감상문	독후감상문		V			■	■	
		여행 감상문		V				■	
		공연/전시 감상문	V	V				■	
	기행문	기행문		V				■	
	수필17)	수필		V				■	
	전기문	전기문		V			■		
	시	시		V			■		
	소설	소설		V				■	
	설화, 민담	설화, 민담		V				■	
	희곡	희곡		V					■

수준	분류	텍스트 유형							
3수준 비판적 분석과 평가를 위한 텍스트	교양방송 프로그램	뉴스	V	V		■	■	■	■
		정보 프로그램	V				■	■	■
		인터뷰	V			■	■		■
		대담	V			■	■		■
		다큐멘터리	V				■	■	■
		시사 프로그램	V				■		■
		토론프로그램	V				■	■	■
	광고	기업광고	V	V		■	■		■
		공익광고	V	V		■	■		■
	평	서평		V			■	■	■
		영화평		V			■	■	■
		공연/전시회 평		V			■	■	■
		평론		V			■		■
	신문기사	사진 기사		V		■	■		■
		그래프, 도표		V			■		■
		사건/사고 보도 기사		V			■	■	■
		기획/화제 기사		V			■	■	■
		인터뷰 기사		V			■	■	■
		해설 기사		V			■	■	■
		논설(논평/사설/칼럼) 기사		V			■		■
	신청서	입사지원서		V			■	■	■
		자기소개서		V			■	■	■
	계획서	학업계획서		V			■	■	■
		연구계획서		V			■		■
		업무계획서		V			■	■	■
	보고서	관찰보고서		V		■	■		■
		탐방기		V		■		■	■
		기술보고서		V			■	■	■
		조사보고서		V			■	■	■

	선언문	헌장		∨				
		선서	∨	∨				
	학업/학술문	시험지		∨				
		(논술) 답안지		∨				
		학술서적		∨				
		학술보고서		∨				
		학술논문		∨				
4수준 사회적 상호 작용을 위한 텍스트	개인적 대화	일상생활	∨					
	사회적 대화	격식적 소개	∨					
		주문	∨					
		생활정보교환	∨					
		관공서, 시설 상황/목적별 대화	∨					
	메시지	축하 메시지		∨				
		감사 메시지		∨				
		사과 메시지		∨				
		위로/격려메시지		∨				
	매체 담화	전화대화(일상)	∨					
		전화문의/상담/요청	∨					
		채팅		∨				
		인터넷 댓글(답글/덧글)		∨				
		인터넷 게시판 글		∨				
	생활문	메모		∨				
		일기		∨				
		(안부, 친교) 편지, 엽서		∨				
		(안부, 친교) 전자우편(이메일)		∨				
		기념일 카드		∨				
		청첩장, 초청장		∨				

사회소통/문제 해결적 글	고객만족 카드		V					
	제안하는 글		V					
	문의하는 글		V					
	건의문		V					
	상담하는 글		V					
공식적 담화	신년사	V	V					
	송년사	V	V					
	축사/기념사	V	V					

4 읽기 기능

　읽기 기능이란 읽기를 통하여 외국인 학습자들이 해 낼 수 있는 것이 무엇인가 하는 '작용이나 구실'의 측면에서의 능력을 의미한다. 우리는 읽기 교육을 통하여, 외국인 학습자들에게 기대하는 바는 특정 글자와 특정 글자를 '구별'하거나 또는 '식별'하는 것(구별하기, 식별하기), 그리고 표기와 발음의 차이를 인식하는 것(인식하기)과 같은 기초적 기능뿐만 아니라, 텍스트의 내용을 올바로 파악하는 행위(파악하기), 또 텍스트에 숨어 있는 문맥적 의미를 추론하여, 글쓴이가 미처 생각하지 못하는 것을 이해하는 행위(추측하기), 해당 텍스트에서 얻어낼 수 있는 정보를 얻고(획득하기), 텍스트가 가진 논지에 대한 비판적 또는 창의적으로 발전 시켜 이해하는 것(비판하기), 글의 구조를 이해하기(구조화하기) 등, 다양한 기능을 배우기를 기대한다. 이는 읽기 자료를 구성하는 구성 요소(제재, 주제/단어, 문장, 문단)에 '분류, 정의, 분석, 서사, 묘사, 특수화, 일반화, 비교와 대조, 추상화, 형상화' 등과 같은 원리적 기능을 적절하게 연계시키는 것도 포함한다. 그런데 이 기능들은 읽기 교육과정을 설계할 때 '구별하기, 식별하기, 인식하기, 파악하기, 추론하기, 획득하기, 비판하기' 등과 같은 일반적인 이해 관련 동사를 사용하여 기술된다. 또한 이러한 기능들은 읽기 자료(텍스트)와 연계되어 '중심내용 파악하기, 중심 문장 찾기, 소재와 주제 찾기, 배경 지식을 알고 이를 텍스트와 관련짓기, 줄거리 요약하기, 중요한 단어 찾기, 텍스트에 생략되어 있는 문장 찾기, 주인공으로 가정하여 다른 등장인물을 바라보기' 등과 같이 텍스트 지향적인 하위 기능으로 좀 더 구체화 될 수 있다. 이러한 내용들은 단원 목표 또는 학습 내용 목표에서 구체화된다.

한편 이전 장(말하기와 듣기 교육과정)에서 살펴본 주제나 기능 영역은 모든 영역(말하기, 듣기, 읽기, 쓰기)에 두루 적용되는 일반성을 지니므로 ('국제 통용 한국어 표준 교육과정(2017)'에서 제시된 기능 영역), 역시 '읽기 교육과정'에서도 적용될 수 있다. 다만 이 내용은 구체적으로 목표를 설정할 때, 위에서 살펴본 바와 같이 읽기에 적합한 기능들과 연결되어 기술되어야 한다.

5 언어 지식별 읽기

언어 지식별 읽기 기능이란 학습자들의 '철자(또는 문자), 어휘, 문법 표현, 텍스트' 등과 관련된 이해 능력을 의미한다. 우선 철자(또는 문자) 읽기와 관련된 구체적인 기능들에는 아래와 같은 것들이 있다.

> (4) 철자(또는 문자)와 발음 관계에 대한 이해
> 　가. 한글의 자모를 올바르게 식별하기
> 　나. 한글 자음과 모음, 받침 등을 식별하기
> 　다. 글자의 체계와 짜임 이해하기
> 　라. 철자 또는 문자에 대응되는 소리의 체계 또는 음성적 특성을 이해하기
> 　마. 단어, 어절, 문장 등을 발음 규칙에 따라 정확하게 읽기
> 　바. 다양한 표기 형식(단어, 어절, 문장 등)을 억양, 강세 등을 살려 읽기

'철자(또는 문자)와 발음 관계에 대한 이해'란 글로 쓰인 다양한 형식들에 대한 정확한 읽기에 대한 능력이다. 이 지식은 읽기의 가장 기초적인 기능 학습에 해당하는 것이다. 곧 '글자, 글자와 소리, 발음 규칙과 글자, 쓰인 글의 억양/강세를 얹기'에 대한 정확한 이해는 해독 능력 또는 문식력을 신장시키는 데 바탕이 된다. 아울러 가르치는 순서는 자음과 모음의 결합 방식을 이해한 후, 간단하고 쉬운 한 글자 단어부터 시작하여 점차 복잡하고 어려운 글자의 짜임을 익히는 데 초점을 두어야 한다.

> (5) **어휘 지식의 이해**
> 　가. 기본 정보에 대한 이해
> 　나. 관련어 정보에 대한 이해
> 　다. 단어 구성 정보에 대한 이해
> 　라. 화용 정보에 대한 이해

어휘 지식에 대한 이해에서 '기본 정보'란 '관련 어휘의 기본적인 의미와 품사, 철자, 때로는 대응되는 L1 언어와 같은 기초적인 정보'를 뜻한다. '관련어 정보'란 '하나의 어휘와 연합적 관계를 맺는 관련어'들로서, '유의어, 반의어, 상위어, 하위어, 참조어, 파생어, 높임말/낮춤말, 큰말/작은말, 센말/여린말, 본딧말/준말과 같은 정보'와 같이 해당 어휘와의 일정한 관계를 가진 다른 어휘 부류를 뜻한다. '화용 정보'란 어휘가 가지고 있는 '사용적/사회계층적/정서적 정보'로서 '구어/문어, 비어, 은어, 속어, 긍정/부정적 어조, 계층어 또는 성별어(사용자어-유아어/남성어/여성어), 격식/비격식, 한자어/비한자어, 정감적 느낌(놀림조인지, 얕잡는 말인지, 귀여운 의미인지, 친근한지, 정다운지 하는 느낌)' 등을 의미한다. 단어 구성 정보란, 단어 내부의 구조 관계로 파생 구조 또는 합성 구조에 대한 지식을 의미한다. 이 때 기본 정보 이외의 다른 정보들은 어휘를 둘러싼 배경 지식이라고 볼 수 있는데, 해당 어휘에 대한 배경지식을 얼마만큼 아느냐에 따라 '텍스트 이해를 온전하게 하느냐 불완전하게 하느냐'가 결정된다.

읽기 이해에서 '어휘량'에 대한 수준별 배워야 할 어휘와 그 학습 배열도 매우 중요하다. 어휘량이라 함은 어휘 지식의 폭과 깊이의 양을 뜻한다. 곧 단순히 양적인 의미도 포함하지만, 해당 어휘를 둘러싼 어휘 지식의 폭(깊이도 포함)이라는 질적인 의미도 포함한다. 읽기와 어휘 지식의 상관관계가 있음은 주지의 사실이다. 즉 텍스트 독해력 신장에 있어서 어휘 지식의 폭과 양이 차지하는 바는 매우 크다는 것이다. 듣기나 말하기의 경우 억양, 손동작, 표정 등을 통해 의미 해석이나 전달에 도움을 받을 수 있고, 쓰기는 표현 영역이므로 본인이 아는 어휘 내에서 최대한 표현을 시도할 수 있지만, 읽기는 단어의 의미를 모르면 텍스트를 이해하는데 어려움을 가질 수 밖에 없기 때문이다. 이와 관련하여 Hu & Nation(2001)은 적절한 읽기 이해가 가능한 수준은 해당 텍스트 내에 아는 단어(기지어)가 98%의 커버율(coverage)이어야 함을 주장하였다. 또한 용인 가능한 최소 수준의 텍스트 이해에도 95%이어야 함을 실험을 통해 밝혔다. 이는 텍스트에 대한 어휘 지식이 어느 정도 수준에 도달했을 때 적절한 읽기 이해도가 이루어질 가능성이 높아진다는 것을 보여준 연구이다. 아울러 텍스트가 주어졌을 때 어느 정도의 단어를 알아야 텍스트를 이해할 수 있는지 하는 것과 학습자들에게 필요한 최소한의 어휘 지식의 양을 파악하는 것도 매우 중요하다. 이 연구에서는 모국어 화자들의 경우, 대학 교육을 받은 성인들을 기준으로 약 20,000개의 단어가 필요하다고 보고 있다. 또한 외국인 유학생의 경우 텍스트에 자주 나타나는 고빈도어 약 2000개, 학문적 텍스트에 공통적으로 사용되는 어휘 약 600개, 그리고 자신의 전공 분야에서 자주 사용되는 전문 어휘 약1,000개(총 약 3,600개)가 최소한 필요하다고 하는 연구 결과가 있다(West, 1953, Nation and Hwang, 1995). 한편 이러한 어휘량은 외국인 유학생들에게 필요한 것으로, 만약 그 대상이 달라진다면 예컨대, 외국인 근로자, 다문화 가정 외국인 배우자 등이라고 한다면 각 대상별로 필요한 학문 어휘와 전문 어휘의 내용과 어휘량은 달라져야 한다. 국내(한국어) 어휘량에 대한 연구는 강현화(2013, 2014, 2015)의 연구 결과가 있다. 곧 초급 1,836, 중급 3,855개, 고급 4,950개(총 10,641개)로 산정하였으며, 최대 20,000개와 최소 3,600개의 중간 정도의 어휘량을 제시하고 있다. 더 나아가 읽기에 있어서 방금 말한 어휘량도 중요하지만, '텍스트 속에서 다른 어휘, 구, 문장, 문단 등과 관련되어 추론 될 수 있는 통합적 지식'도 독해력 증진에 도움을 준다. 이는 외국인 학습자들에게 해당 어휘의 지시적 의미 이외에 '맥락적 의미, 함축적 의미, 또는 비유적 의미' 등을 원활하게 파악할 수 있는 방향으로 어휘 연습이나 활동 또는 과제들이 부여되어야 함을 의미한다.

(6) 문법 표현의 이해
   가. 조사가 결합된 표현 이해
   나. 선어말어미가 결합된 표현 이해
   다. 연결어미가 결합된 표현 이해
   라. 전성어미가 결합된 표현 이해
   마. 종결어미가 결합된 표현 이해

읽기에 있어서 '조사, 선어말 어미, 연결어미, 전성어미, 종결 어미 그리고 기타 표현들'의 이해는 문장 내 성분과 성분들의 관계 또는 선 후행절 간의 응집성(coherence)을 명확하게 드러내 준다는 점에서 그리고 텍스트의 다양한 의미적 관계를 유기적으로 결속시켜 준다는 점에서 중요한 학습 항목이다.

예컨대 조사가 없는 문장에서 조사가 나타날 경우 해당 조사의 문법적(격조사) 또는 어휘적 의미(보조 조사)를 명확하게 드러내 준다는 것은 너무나 당연하다. 선어말 어미의 경우도 명제에 대한 '높임, 시제, 보고, 존대, 겸양' 등의 다양한 의미를 부가시키기 때문에 명제를 정밀하게 해석하는 데 도움을 준다. 연결 어미의 경우에도 선행절과 후행절 간의 의미에 기초한 문장 의미간의 논리적 추론 관계(causal inference)을 불러일으킨다는 점에서, 읽기 이해에 매우 중요한 역할을 한다. 예를 들어 연결 어미 '-서'가 선행절과 후행절 사이에 연결되는 경우에 앞의 절은 '원인'이 되고 뒤의 문장은 '결과'가 됨을 알려준다. 즉 연결 어미의 경우, 해당 의미가 다음에 제시될 절을 예견하는 데 도움을 줄 수 있으며, 두 절의 의미 통합에 영향을 주기 때문이다. 따라서 '연결 어미'를 안다는 것은 글의 텍스트의 해석에 매우 중요한 역할을 한다. '전성어미, 종결 어미' 등의 경우도 글의 통합성 유지와 선후행절의 논리적 관계를 명시적으로 밝혀 준다는 점에서 읽기에 큰 역할을 함은 물론이다. 따라서 앞 장(듣기, 말하기 교육과정)에서 제시한 수준별 문법 표현들의 예들은 동일하다고 하더라도, 해당 의미가 어떤 성분 또는 명제를 응집하는지에 대한 고려가 교육과정 내용에 기술되어야 한다.

(7) 텍스트 차원의 이해
　가. 사실적 이해
　나. 추론적 이해
　다. 비판적 이해
　라. 감상적 이해

텍스트 차원의 읽기는 우선 사실적 이해를 위한 읽기 내용이 있다. 사실적 이해는 텍스트의 구조에 나타난 사실(구조상의 정보)과 글에 명시적으로 드러난 사실(내용상의 정보)을 객관적으로 파악하거나, 특정 사실이나 사건에 관한 확인이 주된 내용이다. 여기에는 '글의 세부 내용이나 정보, 글에 나타난 지시어나 지칭어의 대상을 파악하거나, 글에 나타난 다양한 시각 자료의 의미, 중심 소재나 제목, 담화 표지에 도움을 받아 글 전체의 조직 및 전개 방식을 파악하는 것' 등이 포함된다. 한편 정보에 대한 사실적 이해는 추론적 이해나 비판적 이해의 기초가 되는 기본적인 독해 기능이다. 이러한 사실적 이해 교육 내용은 물론 아래와 같이 수준별로 기술되어야 한다(이하 이정희 외, 2015:63-76 참조).[2]

(8)　가. 사실적 이해(초급)
　　- 한글 자음과 모음, 받침 등을 식별하여 읽는다.
　　- 각각의 단어를 이해하며 읽는다.
　　- 문장 구조에 주의를 기울이며 읽는다.
　　- 글의 중심 소재를 찾는다.

---

2) (8)-(12)의 예는 제9장 계열성의 원리에서 제시된 내용이나, 논의의 편의상 이 장에서 다시 제시한다.

나. 사실적 이해(중급)
- 글의 전개 방식을 파악한다.
- 글의 중심 소재를 찾는다.
- 글의 핵심 어휘를 찾는다.
- 각 단락별로 중심 문장과 보조 문장을 구분한다.
- 각 단락별로 중심 내용을 찾는다.
- 글의 인물, 배경, 사건을 파악한다.

다. 사실적 이해(고급)
- 글의 세부 내용을 파악한다.
- 글에서 세부 정보를 찾는다.
- 글에 나타난 지시어나 지칭어의 대상을 파악한다.
- 글에 나타난 도표나 그래프 등의 시각 자료의 의미를 해석한다.
- 글의 중심 소재를 파악한다.
- 글의 제목을 이해한다.
- 담화 표지에 유의하여 글 전체의 조직 및 전개 방식을 파악한다.

다음에 텍스트 이해에 추론적 이해가 있는데, 이는 텍스트에 숨겨진 의도나 생략된 내용을 파악하는 것이다. '텍스트에 명시적으로 제시된 정보에 대한 이해를 넘어 텍스트 내 정보들 간의 암시적 관계와 텍스트 내용과 학습자의 배경 지식 간의 관계에 대한 이해'를 포함한다. 예컨대, '글의 제목, 소재를 통해 주제를 추론하거나, 문장의 논리적 흐름 또는 단락이나 문장의 순서를 파악하는 것, 글 제목을 추측하는 활동, 전후 이야기를 유추하거나 문맥에서 드러나지 않은 의미를 파악하는 것'들이 이에 속한다. 이러한 추론적 이해는 글에 표현되지 않은 내용들을 파악하는 것이 중심이기 때문에, 사실적 이해와 비교하여 상대적으로 높은 수준에서 학습되어야 하는 것으로 보통 중급 이상에서 그 교육 내용이 기술된다.

(9) 가. 추론적 이해(중급)
- 글의 주제문을 찾고 주제를 추론한다.
- 작가가 글을 쓴 의도나 동기, 목적을 파악할 수 있는 구절이나 문장, 단락을 찾는다.
- 작가의 감정이나 생각을 유추할 수 있는 구절이나 문장, 단락을 찾는다.
- 시대적, 사회 배경, 문화적 전통 등을 고려하여 의미를 해석한다.

> 나. 추론적 이해(고급)
> - 글의 제목, 소재를 통해 주제를 추론한다.
> - 문장의 논리적 흐름을 파악한다.
> - 단락이나 문장의 순서를 파악한다.
> - 글 제목을 추측한다.
> - 전후 이야기를 유추한다.
> - 문맥에서 의미를 추론한다.

'비판적 이해'는 글의 내용과 자료 및 논증 방식과 표현 등이 적절하고 타당하며 정확한지를 비판적으로 보는 것이다. 사실적 이해와 추론적 이해를 바탕으로 '텍스트의 정확성, 가치 등에 대한 판단 및 평가 활동'을 포함한다. 따라서 중급 이상의 수준에서 그 내용이 기술된다.

> (10) 가. 비판적 이해(중급)
> - 글을 읽고 소재와 관련된 작가의 생각을 비판적으로 이해한다.
> - 글을 읽고 작가의 가치관이나 사고방식을 비판적으로 이해한다.
> 나. 비판적 이해(고급)
> - 글에 나타난 필자의 의도를 파악한다.
> - 글을 쓴 목적과 이유를 파악한다.
> - 글의 논점을 파악한다.
> - 글의 분위기를 파악한다.
> - 글 내용의 정당성이나 적절성을 평가한다.

감상적 이해는 문학 작품 등의 텍스트를 읽고 등장인물의 심정을 파악하는 등의 감상적으로 읽는 방법이다. 역시 텍스트의 사실적 이해를 바탕이 되어야만 글의 감상적 평가가 올바로 이루어질 수 있으므로 중급 이상에서 기술되어야 할 항목이다.

(11) 가. 감상적 이해(중급)
- 문학 작품을 읽고 작가의 기분과 감정을 이해하고 공감한다.
- 문학 작품을 읽고 작가의 경험에 비추어 자신의 삶을 성찰한다.

나. 감상적 이해(고급)
- 텍스트의 미적 구조와 글에 드러난 사회·문화적 양상을 이해한다.
- 필자의 심정이나 태도를 이해하고 글의 가치를 판단한다.
- 텍스트의 내용이나 문학적 구조 속에 나타난 비유, 정서, 인물의 심리 및 삶의 태도를 음미한다.
- 텍스트만을 읽지 않고 사회적, 문화적 맥락 속에서 이해하고 감상한다.

6 읽기 전략

여러 가지 읽기의 목적을 효율적으로 그리고 정확하게 수행하기 위해서는 그에 따른 전략이 필요하다. 학습자가 특정한 목적을 가지고 텍스트를 읽고 그 의미를 구성하려고 할 때 사용하는 전략은 텍스트의 의미를 이해하고 학습자의 배경 지식과 텍스트 사이의 활발한 상호 작용을 가능하게 한다. 이러한 전략은 특히 독자가 지식의 부족으로 인해 읽기 텍스트의 내용을 이해할 수 없을 때, 이를 해결할 수 있는 전략도 포함된다. 단어나 문법 하나 하나에 대한 정확한 이해보다는 전후 문맥을 통해 문장의 의미를 파악하거나, 글의 전체적인 흐름을 통해 텍스트의 기능을 유추하는 능력 등도 전략의 일부분이다(한재영 외:2006a). 한국어 읽기교육과정에서의 전략에 대한 유형을 살펴본 이정희 외(2015)에서는 전략을 크게 '상위 인지적 전략, 인지적 전략, 보조적 전략'으로 나누었다. 상위 인지적 전략은 자신의 인지적 활동에 대한 지식과 조절을 의미하는 것이다. 학습자 스스로가 무엇을 알고 모르는지에 대해 아는 것에서부터 자신이 모르는 부분을 보완하기 위한 계획과 그 계획의 실행 과정을 평가하는 것에 이르는 일반적인 전략을 의미한다. 인지적 전략에는 음소, 음절, 단어, 절, 문장으로 조합의 범위를 확장해 글의 의미를 구성하는 상향식 전략과 작가나 세상에 대한 지식, 유추를 통해 글의 의미를 구성하는 하향식 전략이 있다. 보조적 전략은 인지적이나 정의적인 활동 외에 보조적인 방법을 통하여 텍스트를 이해하려는 전략을 말한다. 이도 역시 수준별로 전략이 나누어져 기술되어야 한다.(이하 이정희 외:2015, 63-76 참조).

(12) **초급**
   가. 상위 인지적 전략
      집중하기, 오류 모니터하기, 메시지의 중요한 측면 인지하기, 읽기 속도 조절하기, 멈추고 생각하기, 읽기의 목적을 분명히 하기, 목표가 성취되었는지 안 되었는지를 결정하는 자기 질문하기
   나. 인지적 전략
      쉽고 간단한 어휘를 정확하게 소리 내어 읽기, 문장 구조에 주의 기울이기, 문법 형태 이용하기, 예상하기, 다시 읽기, 시각적 이미지 활용하기
   다. 보조적 전략
      표시하면서 읽기, 메모하면서 읽기, 사전을 찾으면서 읽기

(13) **중급**
   가. 상위 인지적 전략
      자신의 과정 평가하기, 집중하기, 읽기의 목적을 분명히 하기, 목표가 성취되었는지, 안 되었는지를 결정하는 자기 질문하기, 이해에 있어서 실패가 감지될 때 행동을 수정하기, 읽기 속도 조절하기, 읽기 방법 조절하기, 읽기 방법 생각하기, 멈추고 생각하기, 평가하기
   나. 인지적 전략
      쉽고 간단한 어휘를 정확하게 소리 내어 읽기, 문장 구조에 주의 기울이기, 문법 형태 이용하기, 예상하기, 다시 읽기, 시각적 이미지 활용하기, 음절로 나눠 읽기, 각각의 대명사 이해하기, 문장 구조에 주의 기울이며 읽기, 각각의 단어를 이해하며 읽기, 제목이나 사진 이용하여 내용 추측하기, 훑어 읽기, 건너뛰기, 배경지식 이용하기, 문맥이용하기, 다시 읽기, 예상하기, 글의 구조 파악하기
   다. 보조적 전략
      핵심 어휘나 내용에 표시하면서 읽기, 메모하면서 읽기, 사전을 찾으면서 읽기

(14) **고급**
   가. 상위 인지적 전략
      글을 읽는 목적 설정하기, 글 읽는 속도 조절하기, 글의 유형에 따라 읽는 방법 정하기, 글의 내용을 평가하면서 읽기, 글을 읽으면서 잘못된 이해를 알아차리고 멈추거나 다시 읽기, 읽기 과정이나 전략을 인식하면서 글 읽기

나. 인지적 전략

글의 부분에 주의 기울이기, 번역하기, 문장 구조에 주의 기울이기, 음절로 나누기, 어절로 나누기, 환언하기, 각각의 지시대명사 이해하기, 문법 형태 이용하기, 제목 이용하기, 훑어 읽기, 건너뛰기, 배경지식 이용하기, 문맥 이용하기, 가려 읽기, 다시 읽기, 마음에 그림 그리기, 번역하지 않기, 예상하기, 감정 조절하기

다. 보조적 전략

핵심 어휘나 내용에 표시하면서 읽기, 메모하면서 읽기, 사전을 찾으면서 읽기, 보조 읽기 자료 사용하기

7 읽기 교수·학습 방법

한국어 표준 교육과정(2020:23)에서는 읽기를 도구적 성격이 강한 언어기술로 학습자들은 문어로 된 자료를 통해 필요한 정보나 지식을 접하는 일이 매우 빈번하게 발생함을 강조하였다. 이에 따라 일상생활에서뿐만 아니라 교실에서도 읽기는 새로운 내용과 지식 학습을 위해 가장 효율적으로 활용될 수 있는 언어기술임을 말하였다. 읽기 교육은 문장 수준의 이해 처리가 아니라 광범위한 수준의 내용 처리를 목적으로 그 관점이 변해 왔는데, 한국어 읽기 교수·학습도 문장에서 담화로, 구조에서 내용으로 그 교육의 초점을 확대해 가고 있음을 밝히고 있다. 특히 읽기 텍스트는 한국인의 사고와 문화 등 다양하고 방대한 지식과 정보를 제공할 수 있는 도구가 될 수 있으므로 이러한 특성을 살려 다양한 매체의 여러 장르와 주제의 읽기가 학습 목적에 맞게 제공될 수 있도록 해야 함을 언급하고 있다. 이에 다음과 같은 교수·학습 방법을 제시하고 있다.

(15) 가. 소리와 철자를 익히는 것에서 출발하여 텍스트의 내용과 형식에 대한 사실적 이해, 추론적 이해, 비판적 이해, 감상적 이해를 목적으로 교수한다.
나. 문장과 문장, 문단과 문단 간에 사용된 담화 표지를 활용하고 텍스트의 구조와 내용을 이해하도록 가르쳐 확장적 읽기가 가능하도록 지도한다.
다. 배경지식을 활용해 읽기, 훑어 읽기, 추측하며 읽기 등 읽기 목적에 맞는 다양한 전략을 활용하여 효과적인 읽기가 가능하도록 교수한다.

라. 사실 정보 이해를 목표로 하는 생활문, 설명문과 즐거움을 향유할 수 있는 소설, 수필 등의 다양한 글을 접하고 목적에 맞는 읽기를 할 수 있도록 지도한다.

마. 문자 언어뿐만 아니라 한국 문화와 한국인의 의식이 내포된 그림, 동영상 등 다양한 다중 매체(멀티미디어) 자료를 활용해 교육함으로써 한국어와 문화 이해 능력이 발달할 수 있도록 교수한다.

8 읽기 평가

8.1 읽기 평가의 목표

읽기 평가의 목표는 학습자의 텍스트 이해 능력이 어느 정도인지를 알아보는 데 있다. 외국어로서의 한국어 읽기는 ① 철자, 어휘, 문장 등에 대한 기초적 해석뿐만 아니라, ② 어휘나 문장이 사용되는 맥락에 대한 이해, ③ 텍스트 내에 나타나는 응집성에 대한 이해에 대한 평가가 이루어져야 한다. 또한 ④ 읽기는 독자의 스키마와 배경지식의 폭과 깊이와도 관련이 있기 때문에 전략적 능력도 평가 대상이다. 읽기 평가는 학습자의 성취도 평가뿐만 아니라 교육과정 자체에 대한 점검, 그리고 교육 현장에서 이루어지는 읽기의 교수·학습 과정을 개선하거나 교재가 읽기 목적에 맞는지를 평가하는 등 다양한 의의를 지닌다.

8.2 읽기 평가의 범주

한재영 외(2006b)에서는 Hymes(1972)의 의사소통 능력 구성 요소 곧 '문법적 능력, 사회언어학적 능력, 담화구성 능력, 전략적 능력' 등으로 읽기 평가 내용을 구축하였는데, 이에 대한 내용을 요약하여 기술하면 다음과 같다.

'문법적 능력'의 평가는 언어 지식과 관련된 평가로 해당 언어에 관한 지식을 얼마나 많이, 그리고 얼마나 정확하게 알고 있느냐와 관련된 능력이다. 이는 어휘나 문법 규칙 하나하나의 형태적, 의미적 영역을 함께 인식하여 사용할 수 있는지와 관련된 능력이다. 읽기 평가에서의 문법적 능력이란 수험자가 읽기 평가 상황에서 한국어 어휘, 한국어의 언어적 규칙을 얼마나 정확하게 이해하여 이에 반응할 수 있는가를 말한다. 여기에는 다음과 같은 능력을 평가하는 것이 포함된다.

(16) 가. 철자에 대한 이해 능력
    나. 문장 구조에 대한 이해 능력
    다. 문법 규칙에 대한 이해 능력
    라. 어휘의 의미나 쓰임을 이해할 수 있는 능력
    마. 문맥으로부터 어휘의 의미를 추측해 낼 수 있는 능력

사회언어학적 능력 평가는 텍스트가 구성되어지는 사회언어학적 상황을 파악하고 해당 상황에 맞는 언어를 사용할 수 있는지를 보는 능력이다. 즉 청자와 화자의 관계, 상황, 격식에 맞게 언어를 사용하고 있는지 등, 문장 안에 사용되는 사회언어학적 표지들을 이해하고 담화 상황을 이해할 수 있는 능력을 말한다. 읽기 평가에서 사회언어학적 능력을 평가하기 위해서는 '담화 상황에 맞는 기능 수행 능력, 상황에 맞는 어법 사용 능력, 청자·화자의 관계에 따른 경어법 사용 능력, 부탁하기, 사과하기, 설명하기, 설득하기' 등 여러 기능에 맞는 언어 사용에 대한 이해 능력이 평가되어야 한다. 여기에는 다음과 같은 내용이 포함된다.

(17) 가. 문장 종결형의 기능이나 의미를 이해할 수 있는 능력
    나. 높임법 체계를 이해할 수 있는 능력
    다. 언어권별로 특수한 표현(속담이나 관용적 표현 등)을 이해할 수 있는 능력
    라. 문화적 내용을 이해할 수 있는 능력

담화 이해 능력 평가는 '텍스트에서 구현된 상황에서 어떤 내용을 읽고 얼마나 잘 이해하고 논리적이고 정확하게 응답할 수 있는지, 그리고 담화의 내용에 담긴 논리와 내용의 일관성을 이해하고 정리할 수 있는지'를 알아보는 능력이다. 읽기 평가에서의 담화 이해 능력은 담화 표지 등을 사용하여 담화를 전체적으로 이해할 수 있는 능력을 말한다. 여기에는 다음과 같은 내용이 포함된다.

(18) 가. 접속어의 쓰임을 이해할 수 있는 능력
    나. 문맥의 의미를 이해할 수 있는 능력
    다. 문장 간, 문단 간 관계를 이해할 수 있는 능력
    라. 담화 구성 방법 및 전개 방법을 이해할 수 있는 능력

마. 담화의 맥락(시간, 장소, 상황)을 이해할 수 있는 능력
바. 담화의 주제를 이해할 수 있는 능력
사. 담화의 기능을 이해할 수 있는 능력
아. 담화의 전체 내용 및 세부 내용을 이해할 수 있는 능력

읽기에서 전략적 능력이란 화자가 언어 지식의 부족으로 인해 읽기 텍스트의 내용을 이해할 수 없을 때, 이를 해결할 수 있는 언어적 전략으로 확장해서 생각해 볼 수 있다. 읽기에서 이러한 전략적 능력은 단어나 문법 하나하나에 대한 정확한 이해보다는 전후 문맥을 통해 문장의 의미를 파악하거나, 글의 전체적인 흐름을 통해 텍스트의 기능을 유추하는 능력 등이 예로 언급될 수 있다.

(19) 가. 유추나 추론 등을 이용해 텍스트를 이해할 수 있는 능력
나. 실제 세계의 지식과 경험을 활용할 수 있는 능력
다. 읽기 목적에 따라 읽기 전략을 활용할 수 있는 능력

위에서 제시한 한국어 읽기 평가의 범주와 구체적인 평가 항목을 표로 정리하면 다음과 같다.

<표 5> 읽기 평가의 범주와 평가 항목

평가 범주	평가 항목
문법적 능력	철자의 이해
	문장 구조의 이해
	문법 규칙의 이해
	어휘의 의미나 쓰임의 이해
	문맥으로부터 어휘의 의미 유추하기
사회언어학적 능력	문장 종결형의 기능 및 의미 이해
	높임법 체계의 이해
	상황이나 기능에 맞는 텍스트 유형 이해
	언어권별 특수한 표현의 이해

분류	내용
담화 이해 능력	접속어나 담화 표지의 이해
	문맥의 의미 이해
	문장 간/문단 간 관계 이해
	담화 구성 방법 및 전개의 이해
	담화의 맥락(시간, 장소, 상황)의 이해
	담화 주제의 이해
	담화 기능의 이해
	담화의 전체 내용 및 세부 내용 이해
전략적 능력	유추나 추론 등을 이용한 텍스트 이해 능력
	실생활에서의 경험이나 배경지식을 활용하는 능력
	읽기 목적에 따른 읽기 전략 활용 능력

이러한 내용들도 학습자에 수준에 맞추어 평가되어야 함은 물론이다.

<표 6> 초급 읽기 평가의 목표 및 내용

분류		내용
평가의 목표		- 일상생활과 관련이 있는 표지나 표지어를 이해할 수 있다. - 일상생활에서 자주 접하는 화제, 소재, 주제, 기능을 다룬 간단한 글을 읽고 내용을 이해할 수 있다. - 생활하는 데 필요한 간단한 생활문과 광고나 안내문 등의 실용문을 읽고, 정보와 내용을 파악할 수 있다. - 단문에서 시작하여 짧은 서술문, 광고문, 안내문 등 점차 간단하면서도 다양한 담화의 내용을 이해할 수 있다.

평가의 범주	주제 및 소재	- 생존에 필요한 기본적인 소재
		  (음식, 쇼핑, 장소 이동, 교통, 병원, 날씨, 날짜 및 시간, 전화 등)
		- 일상생활에서 자주 접하는 주제
		  (소개, 인사, 학교생활, 집에서의 생활, 위치, 가족, 취미, 여행, 모양, 색 등)

	기능	- 실생활에서 흔히 접하는 간단한 표지나 표지어 읽기 - 짧은 서술문 읽기 - 일기, 편지 등 일상생활과 관련된 간단한 생활문이나 설명문 읽기 - 생활하는 데 필요한 메모, 영수증, 광고나 안내문 등 간단한 실용문 읽기 - 간단하고 평이한 질문 듣고 대답하기 - 사적이고 친숙한 소재의 이야기 이해하기

평가의 범주	어휘 및 문법	- 생존에 필요한 기본 어휘
		  (일상생활의 기본적인 어휘, 사물 이름, 위치, 수와 셈, 기본적인 동사/형용사 등)
		- 일상생활에서 자주 접하는 화제나 소재와 관련된 어휘
		  (물건 사기, 음식 주문하기 등과 관련된 어휘)
		- 공공시설 이용 시 자주 사용되는 기본 어휘
		- 한국어의 기본 문장 구조와 기초적인 문법 규칙
		  (기본적인 문장 구조, 문장의 종류, 의문사, 기본 조사, 기본적인 연결 어미, 기본적인 보조 동사, 관형형, 기본 시제, 불규칙 활용, 부정문 등)

	텍스트 유형	- 광고, 안내문, 메모, 소개의 글 - 편지글, 일기, 영수증, 명함, 메모 등 - 실생활에서 자주 접하는 친숙한 소재나 주제의 생활문

<표 7> 중급 읽기 평가의 목표 및 내용

분류		내용
	평가의 목표	- 친숙하고 구체적인 사회, 문화 소재를 다룬 간단한 글을 읽고 이해할 수 있다. - 광고, 안내문 등의 실용문을 읽고 중요한 정보를 파악할 수 있다. - 비교적 친숙한 사회적 주제를 다룬 논설문이나 설명문 등을 이해할 수 있다. - 가벼운 수필이나 동화, 간단한 시 등의 작품을 읽고 내용을 파악할 수 있다. - 사회적 관계 유지에 필요한 텍스트를 읽고 이해할 수 있다. - 비교적 평이한 내용을 다룬 시사적인 글을 읽고 내용을 이해할 수 있다.
평가의 범주	주제 및 소재	- 일상생활에서 비교적 자주 접하는 추상적 소재나 사회적 관심사 (직업, 건강, 보람, 국가와 도시, 걱정과 충고, 언어생활, 경제 형편, 문화 예술, 결혼, 성격, 모양, 교육, 사건, 사고, 스포츠, 대중문화, 저축, 결혼, 교통 문제, 환경문제 등) - 빈번하게 접하는 공식적인 상황(공공기관 이용, 직장생활, 병원이나 은행 이용 등)
	기능	- 사회·문화 등의 친숙하고 구체적인 소재를 다룬 간단한 글 일고 이해하기 - 광고, 안내문 등의 실용문 읽고 정보 파악하기 - 비교적 친숙한 주제를 다룬 논설문, 설명문을 읽기 - 안내문, 광고, 사용설명서 등을 읽고 정보 파악하기 - 건의문 등을 읽고 글의 목적 파악하기 - 시나 수필을 읽고 작자의 의도 파악하기 - 복잡한 맥락의 담화 읽고 함축된 의미 파악하기 - 간단한 신문기사를 읽고 내용 파악하기

평가의 범주	어휘 및 문법	- 일상생활에서 사용되는 대부분의 어휘 - 업무나 사회 현상과 관련된 기본 어휘 - 일상생활에서 비교적 자주 접하는 추상적인 소재 관련 어휘 - 비교적 빈번하게 접하는 공식적인 상황에서 필요한 어휘 (직장, 병원, 은행 이용 등) - 기본적인 한자어 - 뉴스 등에 자주 등장하는 어휘 - 빈도가 높은 관용어와 속담 - 복잡한 의미를 갖는 조사 - 복잡한 의미나 체계를 갖는 연결 어미, 보조 용언 - 논리적인 서술이나 표현에 필요한 문법 표현
	텍스트 유형	- 신문 기사 등의 시사적인 글 - 초대장, 안내문, 만화, 각종 광고, 설명문 등의 각종 생활문 - 수필, 시 등의 쉬운 문학작품 - 건의문 등의 간단하고 쉬운 서식

<표 8> 고급 읽기 평가의 목표 및 내용

분류		내용
평가의 목표		- 정치, 경제, 사회, 문화 등에 걸쳐 전문적으로 다룬 글을 읽고 이해할 수 있다. - 사회적이고 추상적인 내용을 다룬 논설문, 설명문 등의 글을 이해할 수 있다. - 본격적인 수필, 동화 등의 작품을 읽고 내용을 파악할 수 있다. - 한국 문학의 대표적인 작품을 읽고 감상할 수 있다. - 다양한 종류의 글을 읽고 글을 쓴 의도를 파악할 수 있다. - 고유 업무 영역이나 전문 연구 분야와 관련된 글을 이해할 수 있다
평가의 범주	주제 및 소재	- 직장에서의 구체적인 직무 수행 활동 영역 - 추상적이거나 사회적인 소재나 주제 - 정치적 상황, 경제 현황, 사회적 현상, 시대적 흐름 등의 주요 특징 - 다양한 전문적인 영역 - 소재 및 주제의 예 (소비, 재해, 회원 모집, 교육 제도, 정치 제도, 경제 활동, 가치관, 과학, 보도, 우주, 자유, 문화, 벼룩시장, 태권도, 행사, 야생동물, 전통 문화, 전화 서비스, 문화 유적, 사명, 인간복제, 언어학습, 여성흡연, 민족, 예술의 기능, 한국인의 정서, 사회보장제도, 한국사, 인류문명, 윤리, 과학기술, 경제 현상, 안락사 등)

평가의 범주	기능	- 친숙하지 않은 소재를 다룬 논설문이나 설명문을 읽고, 글의 종류를 파악하고 결과를 예측하거나 생략된 내용 파악하기 - 수필과 동화를 읽고 작자의 태도와 내용 추론하기 - 표제어를 읽고 글의 내용 추론하기 - 여러 종류의 글을 읽고 내용 파악하기, 화자의 의도, 함축적 의미 파악하기 - 긴 소설이나 희곡을 읽고 인물의 심리, 작중 상황을 파악하기 - 추상적이고 전문적인 소재를 다룬 논설문이나 설명문을 읽고 주제 파악하거나 정보 파악하기
	어휘 및 문법	- 사회 현상을 표현하는 데 필요한 추상적인 어휘 - 직장에서의 특정 영역과 관련된 어휘 - 세부적인 의미를 표현하는 데 필요한 어휘 - 널리 알려진 방언, 자주 쓰이는 약어, 은어, 속어 - 대부분의 시사용어 - 사회의 특정 영역에서 쓰이는 외래어 (이데올로기, 매스컴 등) - 다양한 상황에서 사용되는 복잡한 의미를 갖는 속담이나 관용어 - 전문적인 영역에서 사용되는 문법 표현
	텍스트 유형	설명문, 논설문, 동화, 수필, 시, 소설, 신문기사, 안내문, 연설문, 광고, 편지, 광고문, 서평, 각종 식사(式辭) 등 모든 종류의 텍스트

8.3 읽기 평가 방법

읽기 평가의 방법에 대하여, 한국어 표준 교육과정(2020:28-29)에서는 읽기의 등급별 목표에 맞는 주제와 기능의 텍스트를 선정하여 평가를 구성해야 함을 말하고 있다. 짧은 평가용 텍스트를 읽고 답하는 전통적 방식의 평가에 머무르지 않고, 등급에 따라서는 확장적 읽기, 전략을 사용한 상세화된 텍스트 읽기 등의 평가 유형도 포함하도록 함을 강조하였다. 또한 이해 처리 과정을 고려하여 상향식, 하향식 읽기 능력을 고르게 평가할 수 있는 평가를 구성해야 함을 밝혔다.

(20) 가. 훑어 읽기, 추측하며 읽기 등 읽기 목표에 맞는 다양한 전략을 활용한 읽기 능력을 평가한다.
    나. 학습자 수준에 따라 소리와 철자를 읽는 능력, 사실적 이해, 추론적 이해, 비판적 이해 능력을 평가한다.
    다. 내용에 대한 이해뿐만 아니라 한국인이 생성한 텍스트가 갖는 형식과 구조 측면의 특성을 파악할 수 있는지 평가한다.

> 라. 사실 정보 이해를 목표로 하는 생활문, 설명문 등의 글과 즐거움을 향유할 수 있는 소설, 수필 등의 다양한 글을 평가 자료로 활용한다.
> 마. 문자 언어뿐만 아니라 한국 문화와 관련된 그림, 동영상 등 다양한 다중 매체(멀티미디어) 자료를 활용한 평가 문항을 제작한다.

9 원리에 따른 읽기 교육과정 구성

 읽기 교육과정의 설계에는 앞서 말한 원리가 적용되어야 한다. 우선 그 내용이 읽기 교육을 통해 도달해야 할 기능을 최대한 포괄할 수 있느냐 '포괄성'원리를 기반으로 만들어져야 한다. 이 때 교육할 내용이 '모든 것'이 아니라, 여러 기능을 함께 신장시킬 수 있어야 함을 의미하기도 하며, 사용 가능성이 높고 학습자의 요구에 부합하는 대표적인 것들을 선택하여야 한다. 읽기 교육에서 다루어져야 할 부분은 지식, 기능, 전략 등인데, 각각의 영역에서 대표적인 항목들을 선정하여 포괄적으로 기술하고 각 학습 등급별로 도달해야 할 목표 능력 수준을 제시해 주어야 한다.

 다음에 그 내용이 계열성의 원리를 준수해야 한다. 여기에는 읽기에서 요구되는 '기본적인 문식적 개념에서부터 텍스트 차원의 복잡한 응집성을 요구하는 개념'으로, '활용성이 높은 기능에서 제한적인 용도의 기능으로', '기본적인 이해에서 추론적 이해, 추론적 이해에서 비판적 이해로의 전환 곧 인지 기능에서 초인지 기능으로'의 배열 원리가 필요하다. 또한 텍스트의 종류도 '기본 장르(실용문 차원)에서 복잡한 정보에 대한 이해를 요구하는 장르(설명문, 논설문 등)로, 더 나아가 정보에 대한 비판적 또는 심미적 감상을 요구하는 장르(소설, 비평 등)'로 배열을 해야 한다. 한편 이러한 내용들은 학습자의 수준 별로 그 목표가 기술되어야 한다. 읽기 교육에서 필요한 원리에 '계속성'도 있다. 학습자들의 읽기능력의 지속적인 향상을 위해서는 어떤 주요 개념이나 주제, 형태를 가진 텍스트를 연속적이면서도 반복적으로 접하게 해야 한다는 것이다. 그러므로 읽기 교육과정을 설계할 때는 교육과정의 각 요소를 수직적으로 배열하되 동일한 주제를 여러 등급에서 중복·확장·심화되게 하여야 한다. 나선형 구조의 교육과정이 되도록 하여 누적적이고 지속적인 읽기 학습이 이루어질 수 있도록 해야 한다는 것이다. 이러한 원리는 상호 배타적이 아니라, 통합적으로 고려되어야 한다. 다음에 이러한 다양한 원리를 기반으로 한 '한국어 표준 교육과정(2020:15-16)'의 읽기 목표와 성취기준을 제시함으로 이 장을 마치고자 한다.

<표 9> 읽기 목표 및 성취기준

		세부 내용
1급	목표	일상에서 자주 접하는 짧은 글을 이해할 수 있으며, 단순한 정보의 이해나 교환 등 기초적인 의사소통 기능을 수행할 수 있다.
	성취기준	1. 일상적이고 구체적인 소재에 대한 글을 읽고 이해할 수 있다. 2. 개인적인 상황에서 사용되는 글을 읽고 이해할 수 있다. 3. 읽은 내용을 대체로 이해하고 간단한 정보를 확인할 수 있다. 4. 짧은 생활문이나 간단한 안내 표지, 간판 등을 읽을 수 있다. 5. 발음과 표기가 다를 수 있음을 알고 기초 어휘와 짧은 문장을 바르게 읽을 수 있다.
2급	목표	주변에서 접하게 되는 공적 상황에서의 글을 이해할 수 있으며, 메시지의 이해나 교환 등의 의사소통 기능을 수행할 수 있다.
	성취기준	1. 경험적이고 생활적인 소재에 대한 글을 읽고 이해할 수 있다. 2. 일상에서 흔히 접하는 공적인 글을 읽고 이해할 수 있다. 3. 읽은 내용을 전반적으로 이해하고 필요한 정보를 파악할 수 있다. 4. 안내문, 메모 등과 같은 단순한 구조의 실용문이나 생활문을 읽을 수 있다. 5. 구조가 단순한 문장으로 구성된 글을 읽고 이해할 수 있다.
3급	목표	자신의 삶과 관련된 사회적 소재의 글을 이해할 수 있으며, 필자의 생각을 이해하고 정보를 교류하는 등의 의사소통 기능을 수행 할 수 있다.
	성취기준	1. 친숙한 사회적 주제에 관한 글을 읽고 이해할 수 있다. 2. 불특정 다수나 사회적 맥락의 독자를 대상으로 한 격식적인 글을 읽고 이해할 수 있다. 3. 글의 핵심 내용을 이해하고 세부 정보를 파악할 수 있다. 4. 다양한 종류의 실용문이나 복잡한 구조의 생활문, 단순한 구조의 설명문을 읽을 수 있다. 5. 다소 복잡한 구조의 문장이 포함된 글을 읽고 이해할 수 있다.
4급	목표	평소에 관심이 있는 사회적·추상적 주제에 대한 글을 이해할 수 있으며, 필자의 생각이나 의도를 이해하는 등의 의사소통 기능을 수행할 수 있다.
	성취기준	1. 친숙한 사회적·추상적 주제에 관한 글을 읽고 정확하게 이해 할 수 있다. 2. 익숙한 업무 상황에서 사용되는 격식적인 글을 읽고 이해할 수 있다. 3. 글의 주요 내용과 글의 목적을 파악하며 이해할 수 있다. 4. 복잡한 구조의 설명문이나 단순한 구조의 논설문, 비교적 쉽고 길이가 짧은 문학작품을 읽을 수 있다. 5. 비교, 대조, 나열 등의 전개 방식을 파악하여 복잡한 구조의 문장이 포함된 글을 이해할 수 있다.

5급	목표	사회적이거나 일부 전문적인 내용의 글을 이해할 수 있으며, 의견이나 주장에 대한 이해와 공유 등의 의사소통 기능을 수행할 수 있다.
	성취 기준	1. 사회 전반에 대한 주제나 자신의 전문 분야에 관한 글을 읽고 이해할 수 있다. 2. 업무나 학업 맥락에서 사용되는 격식적인 글을 읽고 이해할 수 있다. 3. 글의 논리적 흐름을 파악하고 핵심 내용과 세부 내용을 구분하여 이해할 수 있다. 4. 복잡한 구조의 논설문, 길이가 짧고 전개 구조가 단순한 문학 작품을 읽을 수 있다. 5. 문단에서 활용된 정의, 인용, 부연, 분석 등 다양한 전개 방식을 파악하여 글을 이해할 수 있다.
6급	목표	전문적이거나 학술적인 소재의 글을 이해할 수 있으며, 필자의 의견을 논리적으로 이해하고 판단하는 등의 의사소통 기능을 수행 할 수 있다.
	성취 기준	1. 사회·문화적 특수성이 드러나는 소재나 전문 분야의 글을 읽고 이해할 수 있다. 2. 전문적이거나 학술적인 상황에서 사용되는 격식적인 글을 읽고 이해할 수 있다. 3. 글의 논리적 의미 관계를 파악하고 필자의 의도를 추론하여 글을 이해할 수 있다. 4. 평론, 보고서, 논문 등의 논리적 구조와 형식을 갖춘 글, 복잡하지 않은 구조의 문학작품을 읽을 수 있다. 5. 비유나 함축과 같은 문학적 표현과 다양한 수사법에 대한 이해를 바탕으로 글을 이해할 수 있다.

한국어 표준 교육과정(2020:15-16)

예컨대, 학습자들의 수준별로 목표들의 계열성을 고려한 내용을 살펴보면 아래와 같다.

(21) 간단한 안내 표지, 간판 등을 읽고 정보 확인하기(1급) → 안내문, 메모 등과 같은 실용문, 생활문 등을 이해하기(2급) → 다양한 종류의 실용문이나 다소 복잡한 생활문 이해하기(3급) → 친숙하지만 복잡한 구조의 설명문, 비교적 쉬운 문학작품 이해하기(4급) → 복잡한 구조의 논설문과 전개 구조가 단순한 문학 작품 이해하기(5급) → 평론, 보고서, 논문 등의 논리적 구조와 형식을 가진 글을 이해하기

위는 장르를 중심으로 성취기준들의 깊이와 넓이를 점진적으로 더해가는 계열성의 원리를 적용한 것이다. 특히 1, 2급의 글의 사실적 이해(정보 확인하기, 정보 파악하기)에서 출발하여, 3급의 사회적 맥락(독자) 고려하기, 4급의 비교, 대조, 나열 등과 같은 구조적 이해, 그리고 5급의 의견이나 주장에 대한 이해, 6급의 필자의 의도를 추론하기와 의견을 판단하는 비판적 이해 특성은 읽기 내용을 학습자의 수준에 따라 심화시킨 계열성의 원리가 반영되었음을 잘 알려준다.

10 요약

가. 읽기 실제성

- 학습자들의 요구와 필요에 부합하면서, 그 내용이 실생활에 적용될 수 있을 가능성이 높은 것들, 한국인들이 자주 사용하는 자연스러운 표현들을 읽기 자료에 반영하는 것이 읽기의 실제성이다.
- 학습자가 글을 읽는 목적에 맞는 자료, 학습자의 수준을 고려하여 읽기 자료를 선정하는 것, 한국 문화 요소를 잘 드러내는 읽기 자료를 선정하되, 지나친 전통 문화 위주의 지식이나 한국인의 우월성을 드러내는 자료는 피해야 한다는 것들도 읽기의 실제성과 관련된다.

나. 읽기의 주제와 텍스트 유형

- 읽기의 주제는 학습자의 수준에서 교육이 가능한 범위 내에서 선정되어야 한다. 곧 초급의 경우, 주로 '나, 일상생활, 주변 생활'을 위주로, 중급의 경우 '사회생활, 직장 생활'을 위주로, 고급의 경우, '학문 분야, 문학, 과학 또는 전문 분야'와 같이 해당 수준에서 접근 가능한 범위 내의 주제가 선정되어야 한다.
- 읽기의 주제와 텍스트 유형은 수준별로 설계되어야 한다.
- 읽기의 주제와 텍스트 내용은 수준 별로 상호 배타적으로 설계되는 것이 아니라, 깊이(심화)를 고려하여 중복적으로 설정될 수 있다.
- 텍스트 주제로 적합한 것

초급	가족, 건강, 물건 사기, 미디어, 생활, 수, 인사, 일과 직업, 취미와 여가, 한글과 한국어, 휴일
중급	가족, 건강, 과학, 교육, 뉴스/시사 문제, 미디어, 생활, 수, 예술, 일과 직업, 책과 문학, 취미와 여가, 한글과 한국어, 휴일
고급	건강, 과학, 교육, 뉴스/시사 문제, 미디어, 생활, 예술, 일과 직업, 전문 분야, 책과 문학, 한글과 한국어, 휴일

- 텍스트 유형으로 적합한 것

초급	한국어교육용 담화, 안내 방송, 일기 예보, 픽토그램, 간판/포장 문구, 신분증, 소개글, 광고, 안내문, 게시문, 설명문, 신청서, 계획서, 메시지, 생활문, 드라마, 동화, 감상문, 수필

중급	한국어교육용 담화, 안내 방송, 일기 예보, 픽토그램, 간판/포장 문구, 소개글, 광고, 안내문, 게시문, 설명문, 공증/공문서, 신문기사, 교양방송프로그램, 평, 신청서, 계획서, 보고서, 학업/학술문, 메시지, 매체 담화, 생활문, 사회 소통/문제 해결적 글, 공식적 담화, 드라마, 오락방송프로그램, 동화, 감상문, 수필, 전기문, 시, 소설, 설화/민담, 희곡
고급	소개글, 광고, 안내문, 게시문, 설명문, 공증/공문서, 신문기사, 교양방송프로그램, 평, 신청서, 계획서, 보고서, 선언문, 학업/학술문, 메시지, 매체 담화, 생활문, 사회 소통/문제 해결적 글, 공식적 담화, 드라마, 오락방송프로그램, 동화, 감상문, 수필, 전기문, 시, 소설, 설화/민담, 희곡

다. 읽기 기능

- 읽기를 통하여 외국인 학습자들이 해 낼 수 있는 것이 무엇인가 하는 '작용이나 구실'의 측면에서의 능력을 의미한다.
- 읽기 교육과정을 설계할 때 '구별하기, 식별하기, 인식하기, 파악하기, 추론하기, 획득하기, 비판하기' 등과 같은 일반적인 이해 관련 동사를 사용하여 기술한다.

라. 언어 지식별 읽기

- 학습자들이 '철자(또는 문자), 어휘, 문법 표현, 텍스트' 등과 관련된 이해 능력을 의미한다.
- 철자(또는 문자)와 발음 관계에 대한 이해에는 '한글의 자모를 올바로 식별하기, 한글 자음과 모음, 받침 등을 식별하기, 글자의 체계와 짜임 이해하기, 철자 또는 문자에 대응되는 소리의 체계 또는 음성적 특성을 이해하기, 단어, 어절, 문장 등을 발음 규칙에 따라 정확하게 읽기, 다양한 표기 형식(단어, 어절, 문장 등)을 억양, 강세 등을 살려 읽기' 등이 있다.
- 어휘 지식에 대한 이해에는 '기본 정보, 관련어 정보, 단어 구성 정보, 화용 정보'에 대한 이해가 있다. 이러한 정보는 어휘 지식적 측면의 이해이다. 더불어 읽기 이해에서 '어휘량'에 대한 수준별 배워야 할 어휘와 그 학습 배열도 매우 중요하다. 어휘량이라 함은 어휘 지식의 폭과 깊이의 양을 뜻한다. 곧 단순히 양적인 의미도 포함하지만, 해당 어휘를 둘러싼 어휘 지식의 파악이라는 질적인 의미도 포함한다.
- 문법 표현의 이해에는 '조사, 선어말 어미, 연결 어미, 전성 어미, 종결 어미'의 이해가 있다. 이러한 표현들에 대한 이해는 문장 내 성분과 성분들의 관계 또는 선 후행절 간의 응집성(coherence)을 명확하게 알 수 있게 해 준다는 점 그리고 텍스트의 다양한 의미적 관계를 유기적으로 결속시켜 준다는 점에서 매우 중요한 학습 항목이다.
- 텍스트 차원의 이해에는 '사실적, 추론적, 비판적, 감상적 이해'가 있다. 사실적 이해는 텍스트의 구조에 나타난 사실(구조상의 정보)과 글에 명시적으로 드러난 사실(내용상의 정보)을 객

관적으로 파악하거나, 특정 사실이나 사건에 관한 확인이 주된 내용이다. 추론적 이해는 텍스트에 숨겨진 의도나 생략된 내용을 파악하는 것으로 '텍스트에 명시적으로 제시된 정보에 대한 이해를 넘어 텍스트 내 정보들 간의 암시적 관계와 텍스트 내용과 학습자의 배경 지식 간의 관계에 대한 이해'를 포함한다. 이는 사실적 이해가 바탕이 되어야 하므로 중급 이상의 수준에서 적용된다. '비판적 이해'는 글의 내용과 자료 및 논증 방식과 표현 등이 적절하고 타당하며 정확한지를 비판적으로 보는 것으로 사실적 이해와 추론적 이해를 바탕으로 '텍스트의 정확성, 가치 등에 대한 판단 및 평가 활동'을 포함한다. 따라서 이도 중급 이상의 수준에서 그 내용이 기술된다. 감상적 이해는 문학 작품 등의 텍스트를 읽고 등장인물의 심정을 파악하는 등의 감상적으로 읽는 방법이다. 역시 '중급'이상에서 기술되어야 할 항목이다.

마. 읽기 전략

- 여러 가지 읽기의 목적을 효율적으로 그리고 정확하게 수행하기 위해서는 그에 따른 전략이 필요하다.
- 한국어 읽기교육과정에서의 전략에는 크게 '상위 인지적 전략, 인지적 전략, 보조적 전략'이 있다.
- 상위 인지적 전략은 자신의 인지적 활동에 대한 지식과 조절을 의미하는 것으로 학습자 스스로가 무엇을 알고 모르는지에 대해 아는 것에서부터 자신이 모르는 부분을 보완하기 위한 계획과 그 계획의 실행 과정을 평가하는 것에 이르는 일반적인 전략을 의미한다.
- 인지적 전략은 음소, 음절, 단어, 절, 문장으로 조합의 범위를 확장해 글의 의미를 구성하는 상향식 전략과 작가나 세상에 대한 지식, 유추를 통해 글의 의미를 구성하는 하향식 전략으로 구성된다.
- 보조적 전략은 인지적이나 정의적인 활동 외에 보조적인 방법을 통하여 텍스트를 이해하려는 전략을 말한다. 이도 역시 수준별로 전략이 나누어져 기술되어야 한다.
- 이러한 전략도 수준별로 교수·학습에 적합한 세부 내용이 기술되어야 한다.

바. 읽기 평가의 범주와 평가 항목

평가 범주	평가 항목
문법적 능력	철자의 이해
	문장 구조의 이해
	문법 규칙의 이해
	어휘의 의미나 쓰임의 이해
	문맥으로부터 어휘의 의미 유추하기

사회언어학적 능력	문장 종결형의 기능 및 의미 이해	
	높임법 체계의 이해	
	상황이나 기능에 맞는 텍스트 유형 이해	
	언어권별 특수한 표현의 이해	
담화 이해 능력	접속어나 담화 표지의 이해	
	문맥의 의미 이해	
	문장 간/문단 간 관계 이해	
	담화 구성 방법 및 전개의 이해	
	담화의 맥락(시간, 장소, 상황)의 이해	
	담화 주제의 이해	
	담화 기능의 이해	
	담화의 전체 내용 및 세부 내용 이해	
전략적 능력	유추나 추론 등을 이용한 텍스트 이해 능력	
	실생활에서의 경험이나 배경지식을 활용하는 능력	
	읽기 목적에 따른 읽기 전략 활용 능력	

사. 읽기 교수·학습 방법

- 소리와 철자를 익히는 것에서 출발하여 텍스트의 내용과 형식에 대한 사실적 이해, 추론적 이해, 비판적 이해, 감상적 이해를 목적으로 교수한다.
- 문장과 문장, 문단과 문단 간에 사용된 담화 표지를 활용하고 텍스트의 구조와 내용을 이해하도록 가르쳐 확장적 읽기가 가능하도록 지도한다.
- 배경지식을 활용해 읽기, 훑어 읽기, 추측하며 읽기 등 읽기 목적에 맞는 다양한 전략을 활용하여 효과적인 읽기가 가능하도록 교수한다.
- 사실 정보 이해를 목표로 하는 생활문, 설명문과 즐거움을 향유할 수 있는 소설, 수필 등의 다양한 글을 접하고 목적에 맞는 읽기를 할 수 있도록 지도한다.
- 문자 언어뿐만 아니라 한국 문화와 한국인의 의식이 내포된 다양한 매체(멀티미디어) 자료를 활용해 교육함으로써 한국어와 문화 이해 능력이 발달할 수 있도록 교수한다.

아. 읽기 평가의 방법

- 읽기 목표에 맞는 다양한 전략을 활용한 읽기 능력을 평가한다.

- 학습자 수준에 따라 소리와 철자를 읽는 능력, 사실적 이해, 추론적 이해, 비판적 이해 능력을 평가한다.
- 내용에 대한 이해뿐만 아니라 한국인이 생성한 텍스트가 갖는 형식과 구조 측면의 특성을 파악할 수 있는지 평가한다.
- 사실 정보 이해를 목표로 하는 생활문, 설명문 등의 글과 즐거움을 향유할 수 있는 소설, 수필 등의 다양한 글을 평가 자료로 활용한다.
- 문자 언어뿐만 아니라 한국 문화와 관련된 그림, 동영상 등 다양한 다중 매체(멀티미디어) 자료를 활용한 평가 문항을 제작한다.

11 토론과 과제

- 학습자들이 읽기 기능(구별하기, 식별하기, 인식하기, 파악하기, 추론하기, 획득하기, 비판하기)을 학습했음을 구체적으로 파악할 수 있도록 읽기 목표를 만들어 보라.

- 사실적 이해, 추론적 이해, 비판적 이해, 감상적 이해에 해당 하는 평가 문제를 만들어 보라.

- 읽기 측면에서 '상위 인지적 전략, 인지적 전략, 보조적 전략'에 해당되는 예를 든 후, 이에 대한 설명을 하라.

제14장

쓰기 교육과정

쓰기 교육과정

1. 들어가는 말	7. 쓰기 교수·학습 방법
2. 쓰기의 실제성	8. 쓰기 평가
3. 쓰기의 주제와 텍스트 유형	9. 원리에 따른 쓰기 교육
4. 쓰기 기능	과정 구성
5. 언어 지식별 쓰기	10. 요약
6. 쓰기전략	11. 토론과 과제

1 들어가는 말

　쓰기는 문자 언어를 바탕으로 자신의 생각을 정확하게 그리고 유창하게 표현하는 기술 활동의 하나이다. 쓰기는 음성 언어의 문자 언어로의 축자적 전환이라는 문식적인 표현 기능에서부터, 자신의 생각을 창의적으로 표현하는 높은 수준의 응집적인 표현 기능에 이르기까지 그 범위가 매우 넓다. 전통적인 견해는 이러한 다양한 기능을 가진 쓰기 개념을 단순히 '쓰는 행위 또는 결과' 위주로 접근하였다. 1960년대 중반까지 유행한 규범 문법의 준수와 모범적인 텍스트를 모방해서 쓰기, 그리고 어법에 맞게 정확하게 쓰기 등을 중요시하는 형식주의(Formalism)에 바탕을 둔 쓰기 이론이 대표적이다. 하지만 1960년대 후반부터 쓰기 연구의 방향이 과정과 활동을 중시하는 쪽으로 바뀌었다. 예컨대 Flower & Hayes(1981)의 인지 구성주의적 관점으로 접근한 '과정 중심의 문제 해결 쓰기 교육 모형'이 그 대표적인 예일 것이다. 과정 중심 쓰기 이론도 1980년대로 오면서 언어 사용 차원에서 쓰기를 사회 공동체 구성원들의 해석적 관점으로 바라보는 이른바 '사회 구성주의 쓰기 이론'으로 변화를 겪게 되었다. 이 관점에서 바라본 쓰기는 개인적·개별적으로 이루어지지 않고, 의미를 구성해가는 과정에 있어, 담화 공동체가 요구하는 조건을 만족시켜 나가는 심리적 협업 과정이 쓰기라고 정의한다. 곧 쓰기 활동에서 과정과 독자와의 상호작용을 강조한 것이다. 이러한 견해들로 인하여 오늘날의 쓰기는 전통적인 생각과 많은 점에서 달라지게 되었다. 그 전환된 사고의 주요 개념은 다음과 같다.

> (1) 가. 쓰기 위해서 필요한 자료나 배경 지식을 활성화하는 확장적 사고, 자신의 생각을 체계화하는 수렴적 사고와 같은 인지적 처리 과정이 중요하다.
> 나. 쓰는 도중에 다양한 기능들이 상호 역동적으로 상호작용을 기반으로 한다.
> 다. 적용 방법과 같은 전략적 측면이나 문제 해결 과정의 절차가 수반된다.
> 라. 쓰기 외의 다른 기술들과의 통합적 연계가 필요하다.
> 마. 다양한 기능들이 복합적으로 요구되는 과제 활동이 요구된다.
> 바. 쓰기 결과물이 독자들에게 어떠한 파급 효과를 가질 것인가를 예상해서 써야 되는 예측 쓰기 전략이 수반된다.
> 사. 학습자의 목적에 따라 그리고 어떤 장르의 글쓰기를 할 것이냐에 따라서 교육이 달리 되어야 한다.

요컨대 쓰기를 결과 중심으로만 바라볼 것이 아니라, 쓰는 절차 곧 '준비 - 쓰는 과정 - 결과'라는 각 단계를 총체적으로 바라보아야 된다는 시각으로 글쓰기의 개념이 전환된 것이다. 이에 따라 외국인 학습자들에게 쓰기를 가르칠 때 단순히 글쓰기 결과에 대한 수정이나 분석 이외에도 '배경 지식을 활성화하는 방법, 쓰기 단계 별 절차와 전략을 활용하는 방법'에 대한 교육적 설계(교육과정 설계)가 요구된다. 아울러 쓰기 기술과 다른 기술을 연계하여 가르치는 통합적 활동이 필요하며, 독자를 염두에 두는 예측 쓰기 활동 그리고 명시화된 과정에 대한 절차적 지식 등이 교육과정 목표와 내용을 설계할 때 매우 중요한 고려 사항으로 받아들여지게 되었다. 다시 말하면 쓰기 교육과정을 기술 할 때 결과 지향적인 목표 설정이나 내용 구성이 아니라, 전체적인 조망을 통하여 글을 쓸 때 투입되는 다양한 기술과 전략 변인들을 적극적으로 받아들이고 있다.

2 쓰기의 실제성

학습자들의 요구와 목적에 부합하면서 그 내용이 실세계에서 유용하여야 한다는 점은 앞선 절들에서 언급한 다른 기술들의 실제성의 개념과 유사하다.

우선 '학습자들의 요구와 목적에 부합해야 한다.' 함은 학습자들의 목적에 따라 학습 내용이 달라져야 함을 의미한다. 예컨대 이주 노동자의 경우 일상생활에서 필요한 글쓰기 이외에, '지시 사항 메모하기, 이력서, 공식적 자기소개서 작성하기, 구직신청서나 표준근로계약서 작성하기' 등 업무에 필요한 문서와 같은 글쓰기가 필요하다. 그 대상자가 외국인 유학생일 경우 일상생활의 글쓰기에 더하여, '보고서 쓰기', '발표문 작성하기' 등과 같은 학술적 글쓰기나 '자료 읽고 요약하기', '시험 답안 작성하기', '강의 듣고 필기하기', '컴퓨터로 한국어 문서 작성하고 편집하기', '학교 포털사이트에 수업 자료 올리기', '교수님께 이메일 보내기' 등 학업 수행에 필요한 쓰기가 요구된다.

다음에 쓴 결과물들이 실제 환경에서 유용하게 사용될 수 있어야 한다. 예컨대 이주 노동자의 경우, 쓴 글이 구직을 할 때 또는 직장 생활을 할 때 유용하게 사용되어야 한다. 또 유학생의 경우 전공이나 대학 생활에 유용하게 사용되어야 한다. 따라서 교육과정 구성에 있어서 이러한 학습자의 요구와 목적에 맞는 유용한 내용을 찾고, 이를 반영하는 것이 실제가 반영된 쓰기 교육과정인 것이다. 그런데 다른 기술과 달리 쓰기에서 좀 더 주목해야 할 실제성에는 다음 몇 가지가 더 있다.

우선 ① 쓰는 과정에서 당면한 문제를 해결하는 절차와 전략이 실제적인지, ② 글을 쓰는 의도와 목적이 그 글을 읽는 이의 요구와 필요에 부합하는지를 살펴보는 것도 실제성에 속한다.

①과 관련하여, 우리는 1960년대 후반에 인지적 관점의 과정 중심 교수법에 대하여 살펴볼 필요가 있다. 인지적 과정 중심 교수법이란, 이전의 교수법이 결과에 집중한 반면 이 교수법은 결과를 도출하기까지 이루어지는 심리·인지적 단계와 절차, 곧 '글 쓰는 과정'을 중시하는 교육 방법이다. 이 교수법이 가정하는 단계에는 '글쓰기 준비 단계가 있으며(계획하기), 글을 쓰고(작성하기) 쓴 글을 다시 보는 과정(재고하기)'이 있다. Moffet(1968)의 경우 쓰기는 '학습자들이 자신의 삶을 반영할 때', 그리고 '학습자들 자신이 가지고 있는 사전 지식을 활용할 때' 쓰기 행위가 활발히 이루어 진다고 주장했는데, 이는 준비 단계(계획하기 단계)의 중요성을 언급한 것이다. Flower & Hayes(1981)에서는 '계획하기(planning), 작성하기(translating), 재고하기(reviewing)'와 같은 글쓰기의 절차나 과정을 단계적으로 구축해야 함을 역설하였다. 더 나아가 Flower& Hayes(1981)에서는 이러한 '계획하기, 작성하기, 재고하기'의 과정이 선조적이 아니라 '순환적이고 회귀적인 성격'을 지녀야 함을 말하였는데, 이는 쓰기의 절차적 특성을 중시하는 견해이다.

그런데 이러한 단계와 절차는 글쓰기 과정의 실제성과 관련이 깊다. 보통 글을 쓴다는 것은 한 번에 갑자기 이루어지는 것이 아니라, 여러 단계를 거치고 또한 이 단계들은 순환적(회기적)인 절차 과정을 가지게 되는데 이는 조작적인 것이 아니라 보통의 글쓰기에서 자연스럽게 나타나는 현상이다. 달리 말하면 외국인 학습자들의 '아이디어를 생성하고, 조직하며, 이를 협의하고 수정하는 과정' 그리고 각 단계마다 부딪치게 되는 여러 문제들에 대해 해결하기 위한 전략을 세우거나 자료를 찾거나 다른 사람과 협의를 하는 활동들은 수업에서만 필요한 조작적 행위가 아니라, 글쓰기 작업을 하는 일반 사람들에게 벌어지는 실제적인 전개 양상인 것이다.

'순환적'이라는 말도 실제성과 밀접한 관련이 있다. 왜냐하면 실제적인 글쓰기는 한 번에 물 흐르듯이 이루어지지 않기 때문이다. 곧 쓰기 과정이 단순한 단선적(linear)으로 이루어지는 것이 아니라 회귀적(recursive)인 양상을 띠는 데, 이는 인위적인 조작이 아니라 쓰기 과정에서 자연스럽게 나타나는 현상인 것이다. 좀 더 구체적으로 말하면 특정 단계에서 부딪치는 문제를 해결하기 위해서 이전 단계를 되돌아보거나 또는 이후 단계를 예측하는 일이 얼마든지 벌어질 수 있기 때문이다.

다음에 글 쓰는 이는 효율적으로 글을 쓰기 위하여 글쓰기 과정 속에서 많은 전략을 세우는데, 이 또한 실제적인 글쓰기의 한 단면인 것이다. 예컨대, 학습자들이 '글을 쓰는 과정 자체를 이해'하거나, '완성한 글을 다시 고쳐 쓰는 절차', 글을 쓸 때 무엇을 말하고 싶어 하는가 하는 끊임없이 '목표와 비교하는 행위', '주제를 선정하고 아이디어를 구상하거나 활성화하여 초고를 작성하는 행위', '설득력 있게 글을 쓰기 위해 고민하는 행위', '학습자, 도움 받을 수 있는 사전이나 매체, 또는 주변 지인을 통하여 생각을 협의하는 과정을 통해 타인의 생각을 받아들이거나 수정하는 행위', '자신의 생각을 독자에게 효과적으로 전달하는 방법을 찾는 것' 등도 글을 쓸 때 자연스럽게 벌어지는 양상이다.

이러한 단계와 절차, 그리고 전략을 교육적 내용으로 도입할 때, 우리는 이를 명시적으로 체계화해야 하며, 각 단계별로 부딪치는 문제를 원활하게 해결하기 위한 효율적인 전략도 수립해야 한다. 이는 쓰기 교육과정의 구성에서 염두에 두어야 하는 것으로 쓰기 목표와 내용을 단순히 결과 측면에서만 기술하는 것이 아니라, 글쓰기가 진행되는 과정 측면의 내용과 전략적 측면들이 기술되어야 함을 의미한다. 곧 계획하기, 아이디어 구상하기, 배경지식 활성화하기, 작성하기, 재고하기(고쳐 쓰기)와 같은 '단계'와, 각 단계들이 단선적 과정이 아니라 순환적 또는 회귀적 과정임을 명시화해야 한다. 또한 '글 쓰는 목적과 비교하기, 주제 선정하기, 전략 세우기, 동료 또는 교사와의 상호 협의하기' 등과 같은 전략적 측면들이 목표와 내용에 제시되어야만 쓰기 교육과정의 '실제성'이 담보된다.

②는 의사소통적 맥락의 실제성과 관련이 있다. 흔히 의사소통이라고 하면 구어적 측면(말하기와 듣기 간)에서 눈에 보이는 화자와 청자 간의 의사소통이라고 생각하지만, 쓰기의 경우도 쓴 글을 읽는 독자가 있다는 측면에서 문어적 측면의 의사소통이 형성된다. 잘 알다시피 말하기에서 화자는 '쓰기'에서 '작가'로 대응되며, 청자는 '쓰기'에서 '독자'로 대응된다. 이와 같은 사실은 쓰기 기능도 의사소통 맥락 속에서 발현되는 기능임을 알려주는 데 충분하다. 다만 말하기와 쓰기의 차이는 '청자가 지금 현재 존재하느냐 그렇지 않느냐'이다. 이러한 차별화된 특성은 글쓰기 교육과 교육과정에서 염두에 두어야 할 사항이다. 쓰기에서 글 쓰는 이(작가)는 '자신이 쓰고자 하는 글쓰기의 내용과 목적'을 생각하고, 그 목적과 내용이 '글을 읽는 독자의 요구에 적합한지를 간접적으로

예상'해야 하기 때문이다. 곧 구어 담화에서는 듣는 사람의 감정이나 입장을 보면서 예측할 수 있지만, 쓰기에서는 간접적으로 예상해야 한다. 이에 따라 화자를 직접 보고 예상하는 것과 그렇지 않을 때의 예상은 그 인지적 부담을 비교해 보았을 때, 당연히 후자(쓰기)가 훨씬 높은 것은 자명하다. 더 나아가 구어 상황에서는 대화 가운데 청자의 반응을 바로 알 수 있으며, 그 청자는 다시금 화자가 되어 '되묻거나 새로운 정보를 제공'하는 등 '상황 주고받기'가 매우 유연하다. 반면에 쓰기 상황에서는 작가는 청자의 반응을 바로 알 수 없기 때문에 '반응을 예상'하여 글을 써야 한다. 이는 '작가가 독자'로의 역할 전환 곧 '독자의 입장'이 되어 '작가에게 되묻거나 정보 제공에 대한 반응'의 역할도 함께 해야 하기 때문이다. 따라서 쓰기에서 '의사소통적 맥락'이라 하면 두 측면, 무엇을 쓰는가 하는 글쓰기 목적에 대한 부합성, 그리고 예상되는 독자와의 부합성에 대한 고려가 필요하다. 먼저 작가가 무엇을 어떤 목적을 갖고 쓰느냐에 따라 쓰기 내용은 달라 질 수밖에 없다. 예를 들어 근로를 목적으로 하는 외국인 학습자의 경우, 작업 일지 쓰기는 이들에게 실제성을 갖지만, 학문 목적의 학습자들에게는 실제성이 떨어진다. 반대로 학문 목적의 학습자들에게는 학술 보고서가 실제적인 글쓰기에 해당하지만, 근로 목적의 외국인 학습자들에게는 그렇지 않다. 그런데 외국인 학습자가 염두에 두어야 할 독자는 새로운 그리고 낯선 한국인이라는 점에서, 한국인들이 글을 쓰는 상황에 비하여 좀 더 특수한 상황에 직면한다. 곧 이들에게 필요한 것은 새로운 그리고 낯선 독자들인 한국인을 고려하여 어떻게 글을 써야 하는가에 관한 것이다. 이는 한국인 독자가 인지하고 있는 내용 체계, 형식과 규범에 맞추어 글쓰기가 이루어져야 한다는 뜻을 내포한다. 단순히 글쓰기에서 요구되는 문어적 표현 이외에, 생산된 글이 한국인이 생각하는 글의 형식과 규범, 더 나아가 문화적 양식에 적합한지에 대한 지식 숙달이 필요하다는 것이다. 이에 따라 외국인 학습자가 갖는 언어적인 한계와 외국어로서 한국어의 특수성을 이해하고 목표 언어(한국어)의 언어적 세계관을 바탕으로 하여 한국어 담화 공동체가 가지는 쓰기 방식에 맞게 자신이 표현하고자 하는 바를 쓸 수 있도록 하는 교육적 설계가 필요하다. 쓰기를 교육할 때 해야 할 일은 학습자가 한국인 공동체가 잠정적으로 합의한 방식에 친숙하게 하는 것이며 담화 공동체가 지니고 있는 이상적인 형태, 방식, 그리고 관습 등에 초점을 두게 해야 한다. 즉 학습자가 텍스트를 생산하는 목적에 맞게, 쓰기에 작용하는 맥락을 인식하여, 담화 공동체가 공유하는 형식에 맞추어 글을 써야한다. 이는 문장 구조, 내용의 논리적인 전개, 장르에 따른 글의 구성 방식, 담화 범주, 다양한 담화의 유형이 갖는 형식적·수사적 글쓰기, 정형화된 표현이나 담화표지, 텍스트의 조직 등을 한국인의 그것과 합치시켜야 함을 의미한다. 그런데 여기서 한 가지 염두에 두어야 할 것은 이러한 합치가 단순히 일정한 형식적인 패턴의 합치만이 아니라, 텍스트가 놓인 상황 맥락과 글쓰기의 목적과의 합치(작가와 독자와의 의사소통 맥락 속에서의 합치)라는 점이다. 따라서 학습자로 하여금 예문을 그대로 모방하는 것 이외에 처한 상황 맥락과 텍스트를 생산하는 목적간의 분명한 상관 관계를 인식시켜야, 그 때에 생산된 글쓰기가 비로소 실제성을 갖게 된다.

3 쓰기의 주제와 텍스트 유형

우리는 앞 장의 읽기 교육과정 주제와 유형에 대해 논의하였다. 이러한 논의된 내용은 문어의 성격을 갖는 쓰기에서도 대부분 적용된다. 앞 장에서 이야기한 바를 바탕으로 쓰기 주제와 유형을 좀 더 살펴보면 다음과 같다.

첫째, 쓰기는 현재의 학습자의 수준에서 '할 수 있는' 주제로 선정되어야 한다. 곧 초급의 경우, '나, 일상생활, 주변 생활' 등을 위주로 한 주제로(자기소개, 가족 소개, 주변 친구나 친척 소개, 취미 활동, 하루 일과, 음식, 고향 등과 같은 주제), 중급의 경우 '사회생활, 직장 생활'을 위주로, 고급의 경우 '과학, 경제, 정치 등'과 같은 '학문 또는 전문 분야'로 체계화되어야만 해당 수준에서 접근 가능한 쓰기 활동이 이루어진다. 그렇다면 이와 같은 주제(할 수 있는 주제)들이 수준별로 어떻게 구현되는지 TOPIK 평가 주제를 중심으로 설명하면 아래와 같다.

아래 <표>에서 보듯이 TOPIK 초급 수준은 '나, 일상생활, 그리고 주변 생활'은 '여행, 가게 소개, 가고 싶은 곳, 좋아하는 계절, 자기소개, 주말 활동, 가족 소개, 자신이 잘하는 것, 살고 싶은 곳, 만나고 싶은 사람, 여행 경험, 취미 소개, 친구 소개, 계획, 자주 가는 장소, 여가 활동, 취미 활동, 선물'과 같이 실현된다.

<표 1> 제10-34회(2006년-2014년) 초급 TOPIK 쓰기 문항

횟수	문제
제34회 (2014)	여러분은 함께 여행하고 싶은 사람이 누구입니까? 왜 그 사람과 여행하고 싶습니까? 그 사람과 함께 여행을 가서 무엇을 하고 싶습니까? 여러분이 함께 여행하고 싶은 사람에 대해서 쓰십시오.
제33회	여러분이 자주 가는 가게는 어떤 가게입니까? 어디에 있습니까? 거기에서 무엇을 삽니까? 왜 자주 갑니까? 여러분이 자주 가는 가게에 대해서 쓰십시오.
제32회	여러분은 어디에 다시 가고 싶습니까? 언제 그곳에 처음 갔습니까? 왜 그곳에 다시 가고 싶습니까? 그곳에 다시 가면 무엇을 하고 싶습니까? 여러분이 다시 가고 싶은 곳에 대해 쓰십시오.
제31회	여러분은 봄, 여름, 가을, 겨울 중 어느 계절을 좋아합니까? 그 계절은 어떻습니까? 그 계절에는 보통 어디에 갑니까? 거기에서 무엇을 합니까? 여러분이 좋아하는 계절과 그 계절에 가는 곳에 대해 쓰십시오.
제30회	여러분은 무슨 일을 합니까? 무엇을 좋아합니까? 왜 한국어를 공부합니까? 자기를 소개해 보십시오.

제29회	여러분은 토요일, 일요일에 보통 무엇을 합니까? 어디에서 합니까? 누구하고 같이 합니까? 여러분의 주말 이야기를 쓰십시오.
제28회	여러분의 가족은 누가 있습니까? 무슨 일을 합니까? 무엇을 좋아합니까? 여러분의 가족에 대해 쓰십시오.
제27회	여러분은 무엇을 잘합니까? 잘하려고 어떻게 했습니까? 그것을 잘해서 무엇이 좋습니까? 여러분이 잘하는 것에 대해서 쓰십시오.
제26회	여러분은 어디에서 살고 싶습니까? 왜 그곳에서 살고 싶습니까? 그곳에 살면서 무엇을 하고 싶습니까? 여러분이 살고 싶은 곳에 대해서 쓰십시오.
제25회	여러분은 누구를 만나고 싶습니까? 그 사람을 왜 만나고 싶습니까? 그 사람을 만나서 무엇을 하고 싶습니까? 여러분이 만나고 싶은 사람에 대해 쓰십시오.
제24회	여러분은 어디에 여행을 가 봤습니까? 그곳에서 무엇을 했습니까? 어땠습니까? 여러분의 여행 경험에 대해 쓰십시오.
제23회	여러분의 취미는 무엇입니까? 무엇을 하는 것을 좋아합니까? 언제 그것을 합니까? 왜 그것을 하는 것이 좋습니까? 여러분의 취미를 소개하는 글을 쓰십시오.
제22회	지금 여러분과 가장 친한 친구는 누구입니까? 그 친구를 언제 만났습니까? 그 친구를 만나면 무엇을 합니까? 여러분의 가장 친한 친구에 대해 쓰십시오.
제21회	여러분은 올해 무엇을 하고 싶습니까? 왜 그것을 하고 싶습니까? 2011년(올해)에 하고 싶은 것에 대해 쓰십시오.
제20회	여러분은 어디에 자주 갑니까? 왜 그곳에 갑니까? 거기에서 무엇을 합니까? 여러분이 자주 가는 장소에 대해서 쓰십시오.
제19회	여러분은 시간이 있으면 무엇을 하고 싶습니까? 그것을 누구와 하고 싶습니까? 왜 그것을 하고 싶습니까? 여러분이 하고 싶은 것에 대해 쓰십시오.
제18회	여러분은 토요일이나 일요일에 무엇을 합니까? 어디에 갑니까? 누구를 만납니까? 여러분의 주말이야기를 쓰십시오.
제17회	여러분이 가장 좋아하는 친구는 누구입니까? 그 친구는 무엇을 합니까? 왜 그 친구를 좋아합니까? 여러분이 가장 좋아하는 친구를 소개해 보십시오.
제16회	여러분은 뭐 하는 것을 좋아합니까? 왜 그것을 좋아합니까? 그것을 얼마나 자주 합니까? 여러분의 취미에 대해서 쓰십시오.
제15회	여러분의 가족에 대해 쓰십시오. 누가 있습니까? 무슨 일을 합니까? 무엇을 좋아합니까?
제14회	어느 계절을 좋아합니까? 왜 그 계절을 좋아합니까? 그 계절에 특별히 무엇을 합니까?
제13회	자기를 소개해 보십시오. 이름이 무엇입니까? 어느 나라 사람입니까? 무엇을 합니까? 무엇을 좋아합니까?
제12회	좋아하는 친구가 있습니까? 왜 그 친구를 좋아합니까? 좋아하는 친구에 대해서 소개해 보십시오.
제11회	여러분은 어떤 선물을 받고 싶습니까? 왜 그 선물을 받고 싶습니까? 쓰십시오.
제10회 (2006)	여러분은 여행을 좋아합니까? 특별히 좋아하는 장소가 있습니까? 왜 그 장소를 좋아합니까? 쓰십시오.

또한 아래 <표2>에서 보듯이 TOPIK 중급 수준의 '사회생활, 직장생활'은, '갖고 싶은 직업, 10년 후의 나의 모습, 10년 후의 나의 계획, 내가 닮고 싶은 사람, 10년 후의 나의 모습' 등과 같이 실현된다. 물론 초급 주제('인생에서 가장 행복한 하루, 내가 존경하는 사람, 하지 못한 일, 내가 취미로 배우고 싶은 것, 내가 가지고 싶은 능력)도 나선형의 원리에 의거 중급 주제로 선정될 수 있다. 물론 동일한 주제라도 그 내용의 깊이는 심화 및 확대가 된다.

<표 2> 제10-34회(2006년-2014년) 중급 TOPIK 쓰기 문항

횟수	문제
제34회 (2014)	여러분은 인생에서 가장 행복했던 하루가 언제였습니까? '인생에서 가장 행복했던 하루'라는 제목으로 글을 쓰십시오. 단, 아래의 제시된 내용이 모두 포함되어야 합니다. [그날은 언제였습니까?/그 때 무슨 일이 있었습니까?/얼마나 행복했습니까?]
제33회	여러분은 존경하는 사람이 있습니까? '내가 존경하는 사람'이라는 제목으로 글을 쓰십시오. 단, 아래에 제시된 내용이 모두 포함되어야 합니다. [존경하는 사람은 누구입니까?(* 아버지, 어머니, 할아버지, 할머니 등 가족은 쓰지 마십시오.)/왜 그 사람을 존경합니까? 존경하는 이유 두 가지를 쓰십시오.]
제32회	여러분은 지금까지 살면서 하고 싶었는데 하지 못한 일이 있습니까? '하지 못한 일'이라는 제목으로 글을 쓰십시오. 단, 아래에 제시된 내용이 모두 포함되어야 합니다. [하고 싶었는데 하지 못한 일은 무엇인가?/왜 그 일을 못 했는가?/그때로 돌아간다면 어떻게 하겠는가?]
제31회	여러분은 취미로 무엇을 배우고 싶습니까? '내가 취미로 배우고 싶은 것'이라는 제목으로 글을 쓰십시오. 단, 아래에 제시된 내용이 모두 포함되어야 합니다. 취미로 배우고 싶은 것은 무엇인가? (한국어를 배우고 싶다는 내용은 쓰지 마십시오.) [왜 그것을 배우고 싶은가?/그것을 배운 후에 무엇을 하고 싶은가?]
제30회	여러분은 다른 사람의 능력 중에서 가지고 싶은 능력이 있습니까? '내가 가지고 싶은 능력'이라는 제목으로 글을 쓰십시오. 단, 아래에 제시한 내용이 모두 포함되어야 합니다. [어떤 능력을 가지고 싶은가?/왜 그 능력을 가지고 싶은가?/그 능력이 생기면 무엇을 하고 싶은가?]
제29회	여러분은 살면서 다시 돌아가 보고 싶은 때가 있습니까? '내가 돌아가고 싶은 때'라는 제목으로 글을 쓰십시오. 단, 아래에 제시된 내용이 모두 포함되어야 합니다. [언제로 돌아가고 싶은가?/그때로 돌아가고 싶은 이유는 무엇인가?/그때로 돌아가면 무엇을 하고 싶은가?]
제28회	여러분은 어떤 장점과 단점을 가지고 있습니까? '나의 장점과 단점'이라는 제목으로 글을 쓰십시오. 단, 아래에 제시한 내용이 모두 포함되어야 합니다. [장점은 무엇인가? 장점이 있어서 무엇이 좋은가?/단점은 무엇인가? 단점을 고치기 위해서 어떻게 해야 하는가?]
제27회	여러분이 소중하게 생각해서 사랑하는 물건은 무엇입니까? '내가 가장 아끼는 물건'이라는 제목으로 글을 쓰십시오. 단, 아래에 제시된 내용이 모두 포함되어야 합니다. [가장 아끼는 물건 무엇인가?/왜 그 물건을 아끼는가?/어떻게 그 물건을 가지게 되었는가?]

제26회	여러분에게 가장 기억에 남는 여행이나 소풍, 나들이는 무엇입니까? 왜 가장 기억에 남습니까? '가장 기억에 남는 여행(소풍, 나들이)'이라는 제목으로 글을 쓰십시오. 단, 아래에 제시한 내용이 모두 포함되어야 합니다. [가장 기억에 남는 여행(소풍, 나들이)은 무엇인가?/왜 가장 기억에 남는가?]
제25회	여러분은 어떤 집에서 살고 싶습니까? 그 이유는 무엇입니까? '내가 살고 싶은 집'이라는 제목으로 글을 쓰십시오. 단, 아래에 제시한 내용이 모두 포함되어야 합니다. [살고 싶은 집은 어떤 집인가?/왜 그런 집에서 살고 싶은가?]
제24회	여러분은 10년 후에 어떻게 살고 싶습니까? 그 이유는 무엇입니까? '10년 후의 나의 계획'이라는 제목으로 글을 쓰십시오. 단, 아래에 제시한 내용이 모두 포함되어야 합니다. [10년 후에 어떻게 살고 싶은가?/그 이유는 무엇인가?/무엇을 준비해야 하는가?]
제23회	여러분은 갖고 싶은 직업이 있습니까? 그 이유는 무엇입니까? '갖고 싶은 직업'이라는 제목으로 글을 쓰십시오. 단, 아래에 제시한 내용이 모두 포함되어야 합니다. [갖고 싶은 직업은 무엇인가?/그 이유는 무엇인가?/무엇을 준비해야 하는가?]
제22회	여러분은 단점이나 고치고 싶은 점이 있습니까? 그 이유는 무엇입니까? '내가 고쳐야 할 점'이라는 제목으로 글을 쓰십시오. 단, 아래에 제시한 내용이 모두 포함되어야 합니다. [고치고 싶은 점은 무엇인가?/그 이유는 무엇인가?/그 점을 고치기 위해서 어떻게 해야 하는가?]
제21회	여러분이 받은 선물 중에 가장 기억에 남는 것은 무엇이었습니까? '기억에 남는 선물'이라는 제목으로 글을 쓰십시오. 단, 아래에 제시된 내용이 모두 포함되어야 합니다. [어떤 선물입니까?/그 선물은 누구한테서, 언제 받았습니까?/그 선물이 왜 기억에 남습니까?]
제20회	'내가 좋아하는 책'이라는 제목으로 글을 쓰십시오. 단, 아래에 제시된 내용이 모두 포함되어야 합니다. [가장 좋아하는 책은 무엇인가?/그 책은 어떤 내용인가?/그 책을 좋아하는 이유는 무엇인가?]
제19회	여러분은 어떤 사람처럼 되고 싶습니까? 왜 그 사람처럼 되고 싶습니까? '내가 닮고 싶은 사람'이라는 제목으로 글을 쓰십시오. 단, 아래에 제시된 내용이 모두 포함되어야 합니다. [닮고 싶은 사람은 누구인가?/왜 그 사람처럼 되고 싶은가?/그 사람처럼 되기 위해서 어떻게 해야 하는가?]
제18회	여러분이 좋아하는 도시는 어디입니까? 왜 그곳을 좋아합니까? 여러분이 좋아 하는 도시나 지금 살고 있는 곳을 소개해 보십시오. 단, 아래에 제시된 내용이 모두 포함되어야 합니다. [도시의 이름과 위치, 유명한 것, 소개하는 이유]
제17회	여러분에게 가장 필요한 물건은 무엇입니까? 어떤 물건이며 왜 그 물건이 필요합니까? '가장 필요한 물건'이라는 제목으로 글을 쓰십시오. 단, 아래에 제시된 내용이 모두 포함되어야 합니다. [가장 필요한 물건이 무엇인가?/왜 그 물건이 필요한가?/그 물건을 얻기 위해 무엇을 해야 하는가?]
제16회	'내가 생각하는 행복'이라는 제목으로 글을 쓰십시오. 단, 아래에 제시된 내용이 모두 포함되어야 합니다. [언제 행복하다고 느끼는가?/행복은 무엇이라고 생각하는가?/행복을 위해서 어떤 노력을 하는가?]
제15회	여러분은 늦잠을 자거나 누워서 책을 보는 것과 같은 고치고 싶은 생활 습관이 있습니까? '고치고 싶은 나의 생활 습관'이라는 제목으로 글을 쓰십시오. 단, 아래에 제시된 내용이 모두 포함되어야 합니다. [나의 나쁜 생활 습관/습관 때문에 생기는 불편하거나 안 좋은 점/습관을 고치기 위해 해야 할 일]
제14회	'잊지 못할 추억'이라는 제목으로 글을 쓰십시오. 단, 아래에 제시된 내용이 모두 포함되어야 합니다. [어떤 추억인가?/왜 지금까지 기억에 남아 있는가?/언제 그 추억이 떠오르는가?]

제13회	'꼭 만나보고 싶은 사람'이라는 제목으로 글을 쓰십시오. 단, 아래에 제시된 내용이 모두 포함되어야 합니다. [만나고 싶은 사람 소개, 만나고 싶은 이유, 만나면 하고 싶은 말이나 일]
제12회	'10년 후의 나의 모습'이라는 제목으로 글을 써 보십시오. 단, 아래에 제시된 내용이 모두 포함되어야 합니다. [일의 내용, 일의 의미와 가치, 현재의 나의 노력]
제11회	'나의 성격'이라는 제목으로 글을 써 보십시오. 단 아래에 제시된 내용이 모두 포함되어야 합니다. [성격의 특징, 장점과 단점, 고치고 싶은 부분과 그 이유]
제10회 (2006)	'갖고 싶은 직업'이라는 제목으로 글을 써 보십시오. 단 아래에 제시된 내용이 모두 포함되어야 합니다. [직업명, 하는 일, 그 일을 하려는 이유, 그 일에 필요한 조건]

다음에 아래 <표3>에서 보듯이 TOPIK 고급 수준의 '학문 또는 전문 분야 주제'는 '자연 보존과 자연 개발, 토론, 경쟁, 통계 자료의 양면성, 감시 카메라, 동물실험, 나눔의 필요성, 자기 개발의 개인적·사회적 가치' 등과 같이, '나와 간접적으로 연결되는 우리 사회의 이슈나 전문적인 주제'들로 실현된다.

<표 3> 제10-34회(2006년-2014년) 고급 TOPIK 쓰기 문항

횟수	문제
제34회 (2014)	자연을 그대로 보존해야 한다는 주장과 인간을 위해 자연을 개발해야 한다는 주장이 있습니다. 이에 대한 자신의 견해를 서술하십시오. 단, 아래에 제시된 내용이 모두 포함되어야 합니다. < 자연 보존과 자연 개발 > 자연 보존과 자연 개발 중 어느 것이 더 중요하다고 생각하는가? 그렇게 생각하는 이유는 무엇인가? (2가지 이상 쓰시오.)
제33회	직업을 선택할 때 중요하게 생각하는 조건은 무엇입니까? 이에 대해 자신의 의견을 서술하십시오. 단, 아래에 제시된 내용이 모두 포함되어야 합니다. < 직업 선택의 조건 > 중요하게 생각하는 조건 세 가지는 무엇인가?/그 중에서 가장 중요하다고 생각하는 것은 무엇인가?/그것이 왜 다른 조건보다 더 중요하다고 생각하는가?
제32회	여러분은 대학이 어떤 곳이라고 생각합니까? 학문을 위한 곳이라고 생각합니까, 아니면 미래의 직업을 준비하는 곳이라고 생각합니까? 이에 대한 자신의 견해를 서술하십시오. 단, 아래에 제시한 내용이 모두 포함되어야 합니다. < 대학의 역할 > 대학의 역할은 무엇이라고 생각하는가?/대학이 그 역할을 잘 수행하기 위해서는 어떤 요건을 갖추어야 하는가?
제31회	인간은 누구나 행복하게 살기를 원합니다. 행복한 삶의 조건에 대한 자신의 견해를 서술하십시오. 단, 아래에 제시된 내용이 모두 포함되어야 합니다. < 행복한 삶의 조건 > 행복한 삶이란 무엇인가?/행복하게 살기 위해 충족되어야 할 조건은 무엇인가?

회차	문제
제30회	학교에서는 음악이나 미술과 같은 교육이 이루어지고 있습니다. 이러한 예술 교육이 왜 필요하다고 생각합니까? 이에 대한 자신의 견해를 서술하십시오. 단, 아래에 제시한 내용이 모두 포함되어야 합니다. < 예술 교육의 필요성 > 예술 교육이 왜 필요한가?/예술 교육을 통해 얻을 수 있는 효과는 무엇인가?
제29회	공동체 내에서 문제를 해결하기 위해서는 토론이 중요한 역할을 합니다. 토론에 대한 여러분의 견해를 서술하십시오. 단, 아래에 제시된 내용이 모두 포함되어야 합니다. < 토론에 필요한 자세 > 토론은 왜 필요한가?/토론을 잘하기 위해서는 어떤 준비를 해야 하는가?/상대방과 토론을 할 때에는 어떤 자세로 임해야 하는가?
제28회	여러분은 무엇이 선의의 거짓말이라고 생각합니까? 어떤 경우에 그런 거짓말을 할 수 있다고 생각합니까? 이에 대한 자신의 견해를 서술하십시오. 단, 아래에 제시된 내용이 모두 포함되어야 합니다. < 선의의 거짓말이란 > 선의의 거짓말이란 무엇인가?/선의의 거짓말은 언제 필요한가?/선의의 거짓말이 가질 수 있는 문제점은 무엇인가?
제27회	인간은 사회적 동물인 만큼 경쟁 없이 살아갈 수 없습니다. 그러나 이러한 경쟁에는 긍정적인 면과 함께 부정적인 면이 있습니다. 이에 대한 자신의 견해를 서술하십시오. 단, 아래에 제시한 내용이 모두 포함되어야 합니다. < 경쟁의 긍정적인 면과 부정적인 면 > 현대 사회에서 경쟁이 심해지는 이유는 무엇이라고 생각하는가?/경쟁이 가지는 긍정적인 측면은 무엇인가?/경쟁이 미치는 부정적인 영향은 무엇인가?
제26회	대중 매체에서 사건을 보도할 때, 시청자의 알 권리를 위해 사건과 관련된 사람들의 개인 정보를 공개해도 된다는 주장과 개인 정보 공개는 사생활 침해라는 주장이 있습니다. 이에 대한 자신의 견해를 서술하십시오. 단, 아래에 제시한 내용이 모두 포함되어야 합니다. < 개인 정보 공개와 시청자의 알 권리 > 시청자의 알 권리와 사생활 보호 중 무엇을 더 우선시해야 하는가?/그렇게 생각하는 이유는 무엇인가?/대중 매체의 올바른 보도 자세는 무엇인가?
제25회	여러분은 성공이 무엇이라고 생각하십니까? 그리고 그러한 성공을 이루기 위해 필요한 것이 무엇이라고 생각하십니까? 이와 관련된 자신의 견해를 서술하십시오. 단, 아래에 제시한 내용이 모두 포함되어야 합니다. < 내가 생각하는 성공의 기준 > 내가 생각하는 성공이란 무엇인가?/그것을 이루기 위해 필요한 것은 무엇인가?/그 이유는 무엇인가?
제24회	여러분은 힘들고 괴로웠던 적이 있습니까? 그 일을 극복하면서 무엇을 배웠습니까? 이와 관련된 여러분의 경험을 서술하십시오. 단, 아래에 제시한 내용이 모두 포함되어야 합니다. < 고난과 시련을 통해 배운 것 > 지금까지 살면서 겪었던 고난과 시련/그 일을 극복하는 과정과 그 속에서 배우게 된 것/그 일이 인생을 살아가는 데 미친 영향

제23회	인간은 다른 사람들과의 관계 속에서 살아가는 만큼 바람직한 인간관계가 중요할 수 밖에 없습니다. '바람직한 인간관계'에 대한 자신의 견해를 서술하십시오. 단, 아래에 제시한 내용이 모두 포함되어야 합니다. < 바람직한 인간관계 > 인간관계가 중요한 이유/자신이 생각하는 바람직한 인간관계/바람직한 인간관계를 맺고 유지할 수 있는 방법
제22회	지식과 정보가 넘쳐나는 현대 사회에서는 창의적으로 사고하는 능력이 반드시 필요하다고 합니다. 이에 대한 자신의 견해를 서술하십시오. 단, 아래에 제시한 내용이 모두 포함되어야 합니다. < 창의적인 사고 능력의 필요성 > 창의적인 사고 능력이 필요한 이유/기존의 지식이나 정보를 대하는 태도/창의적인 사고 능력을 통해 얻을 수 있는 것
제21회	'진정한 리더십'에 대한 자신의 견해를 서술하십시오. 단, 아래에 제시한 내용을 모두 포함하여 쓰되, 그렇게 생각한 이유를 반드시 써야 합니다. < 진정한 리더십 > 자신이 생각하는 '리더(지도자)'의 정의/리더(지도자)로서 갖추어야 할 자질이나 덕목/리더(지도자)가 경계해야 할 것
제20회	'통계 자료의 양면성'에 대한 자신의 견해를 서술하십시오. 단, 아래에 제시한 통계 자료의 긍정적인 면과 부정적인 면에서 각각 두 가지 이상을 선택하여 서술하되, 통계 자료를 대하는 바른 태도에 관한 내용을 포함해야 합니다. < 통계 자료의 양면성 > 긍정적인 면/사회 현상에 대한 이해 증진/제도 마련의 토대/생활 정보 제공/부정적인 면/사회 현상 왜곡/제도 마련의 근거로 오용/생활에 불편 초래
제19회	'왜 영화나 소설 속의 주인공은 모두 착하고 현명하고 아름다운가?'에 대해 자신의 견해를 서술하십시오. 단, 아래에 제시한 항목 중 두 가지 이상을 선택하여 쓰십시오. < 이야기 속 주인공이 뛰어난 인물로 설정되는 이유 > 감정 이입이 용이함/독자를 설득하는 데에 유리함/인간의 본성은 긍정적인 것을 선호함/주인공과 자신을 동일시하여 대리 만족을 느낌
제18회	다음 글을 읽고 '자기 계발의 필요성'에 대한 자신의 견해를 서술하십시오. 단, 아래에 제시한 두 차원의 가치 중 각각 두 가지 이상을 선택하여 쓰되, 그것이 필요하다고 생각하는 이유를 포함해야 합니다. < 자기 계발의 개인적 ~ 사회적 가치 > 개인 차원/소질 발견 및 계발/자기 가치 증대/삶의 질 향상/사회 차원/우수한 인재 발굴 및 계발/업무 성과 증대/직무 만족도 향상
제17회	다음 글을 읽고 '현대 사회에서 바람직한 신문의 기능'에 대한 자신의 견해를 서술하십시오. 단, 아래에 제시한 기능 중에서 두 가지 이상을 선택하여 쓰되, 그 기능이 현대 사회에서 중요하다고 생각하는 이유를 포함해야 합니다. < 신문의 기능 > 사건 보도/정보 제공/여론 조성/소통의 분위기 조성

제16회	다음 글을 읽고 '세계화 시대에 필요한 인재상'에 대한 자신의 견해를 서술하십시오. 단, 아래에 제시한 요건 중에서 두 가지를 선택하여 쓰되, 그것이 필요하다고 생각하는 이유를 포함해야 합니다. < 세계화 시대에 필요한 인재가 갖추어야 할 요건 > 타 문화에 대한 열린 자세/세계에 대한 폭넓은 지식/타인에 대한 배려심/정보의 수집 및 활용 능력
제15회	다음 글을 읽고 '감시 카메라 설치 확대'에 대한 자신의 견해를 서술하십시오. (찬성하거나 반대하는 입장 중 하나를 선택하여 서술할 것. 단, 아래 제시된 각 입장의 논거 중 두 개 이상을 제시할 것.) 최근 들어 각종 범죄가 급증하면서 감시 카메라 설치가 사회적 문제로 대두되고 있다. 지금까지 감시 카메라는 은행이나 지하 주차장 등에 주로 설치되어 있었으나 이제는 설치 장소를 대폭 확대하자는 것이다. 이러한 감시 카메라 설치 확대에 대해 어떻게 생각하는가? 찬성/사회 안전 유지/범죄 예방/인권보다 공익이 우선/반대/개인의 사생활 침해/범죄 예방 효과 불분명/가해자의 인권 보호
제14회	'올바른 인터넷 사용 태도'에 대한 자신의 견해를 서술하십시오. 단, 아래 제시한 <올바른 인터넷 사용 태도의 예 >중에서 세 가지를 선택하여 쓰되, 각각의 태도를 지키지 않았을 경우에 나타나는 부작용의 예를 포함해야 합니다. < 올바른 인터넷 사용 태도의 예 > 상대방의 인격 존중하기/타인의 사생활 보호하기/의견 차이 인정하기/바른 언어 사용하기/정확한 정보 올리기
제13회	< 이 시대가 원하는 지도자 >에 대한 자신의 견해를 서술하십시오. 단, 아래에 제시한 <지도자의 조건 >에서 두 가지를 선택하여 쓰고 나머지 한 가지는 자신이 중요하게 생각하는 지도자의 조건을 쓰되, 선택의 근거를 논리적으로 밝히십시오. < 지도자의 조건 > 겸손함/도덕성/책임감/추진력/통솔력
제12회	다음 글을 읽고 '동물실험'에 대한 자신의 견해를 서술하십시오. (찬성하거나 반대하는 입장 중 하나를 선택하여 서술하되, 아래 제시된 각 입장의 논거 중 두 개 이상을 사용할 것) 전 세계적으로 의학, 약학, 생물학 등 다양한 분야에서 동물실험이 이루어지고 있다. 동물들은 의약품이나 식품의 안전성 평가 및 개발을 위한연구에 주로 이용된다. 이러한 동물실험에 대해 찬성하는 입장과 반대하는 입장이 대립하고 있다. 찬성/인간의 생명 연장/안전성/경제성/반대/동물의 생명권/인간의 이기적 태도/자연과의 공존
제11회	다음 글을 읽고 '현대 사회에서 나눔(분배)의 필요성'에 대해 서술하십시오. 단, 자신의 계획을 반드시 포함하십시오. 얼마 전 해외의 한 갑부가 자신의 재산 85%를 사회에 기부한다고 말해서 화제가 되었다. 세계 2위의 부자가 자신이 모은 재산의 대부분을 사회에 환원하는 모습을 보면서 부러운 생각도 든다. 하지만 부자만이 자신의 것을 남과 나눌 수 있는 것은 아니다. 우리 자신이 가진 것 중에서 작은 것이라도 사회에 기부하고 남과 나눌 수 있다면 그 가치는 부자들의 기부와 다를 바가 없을 것이다.

제10회 (2006)	< 올바른 사과는 무엇인가 >에 대한 자신의 의견을 다음 글에 이어서 쓰십시오. 단, 아래 제시한 < 잘못된 사과 > 중에서 세 가지를 선택하여 비판하는 내용을 포함하십시오. < 올바른 사과는 무엇인가 > 사회가 복잡해질수록 사과가 필요한 사건이나 사고가 끊이지 않는다. 그리고 실제로 사과도 자주 하게 된다. 그런데 그 사과를 듣는 경우에 용서를 하기는커녕 속으로 분노를 더 키우게 될 때가 있다. 왜 그럴까? 사과의 기술이 부족한 탓이다. < 잘못된 사과 > 변명과 만론, 돌려서 말하기, 때늦은 사과, 성급한 사과, 책임지지 않기

둘째, 쓰기는 해당 주제를 구현할 텍스트의 유형을 고려하여야 한다. 예컨대, 초급에서는 '나, 일상생활, 주변생활'과 관련되므로, '간단한 메모, 편지, 안내글, 광고글, 소개글'과 관련된 텍스트가 선정된다. 중급에서는 이러한 초급의 텍스트 유형을 심화 확대한 유형과 함께, '생활 공고문, 조리법, 제품 사용설명서, 생활/과학 상식, 증명서, 제품보증서, 사진 기사, 독후 감상문, 여행 감상문, 기업 또는 공익 광고, 문의하는 글, 건의문, 상담하는 글'과 같이 '사회생활, 직장생활'과 관련된 텍스트로 그 영역이 확대된다. 역시 고급의 경우, 초급과 중급의 유형과 공유할 수 있는 내용도 필요하면서, 동시에 '연구계획서, 논문, 희곡, 소설, 평론, 학술보고서, 학술논문, 공식적 문서(축사/기념사), 조사 또는 기술 보고서'와 같은 학문적·전문적인 주제에 적합한 텍스트 유형이 별도로 선정된다. 이러한 수준별 유형에 대하여 앞 장에서 살펴본 '국제 통용 한국어 표준 교육과정(2017)'의 '최종 등급별 텍스트 유형'을 다시 들어 본다. 참고로 여기에서는 문어에 적용되는 텍스트 유형만을 제시하였다. 달리 말하면 구현 방식이 구어에만 해당되는 텍스트 유형은 제외하였다.

<표 4> 최종 등급별 텍스트 유형(국제 통용 한국어 표준 교육과정, 2017:186-192)

대범주	중범주	항목	구현 방식	
			구어	문어
1수준 정보 전달과 이해를 위한 텍스트	한국어 교육용 담화	(교육용) 대화문	V	V
		짧은 서술문	V	V
	안내방송	교통(지하철/버스) 안내방송	V	V
	일기예보	일기예보 방송	V	V
		일기예보 기사		V

	그림문자	장소(화장실/비상구) 안내 그림 문자		V
		행동(정숙/금연) 안내 그림문자		V
		교통안내 표지판		V
		세탁 라벨, 태그		V
		간판/포장 기관/상호명		V
	(제품) 문구	제품명		V
	신분증	명함		V
		주민등록증, 학생증, 외국인등록증		V
		여권		V
	소개글	신간 소개글		V
		영화/공연 추천평		V
		(친교적) 자기소개서		V
	광고	전단지		V
		구인/모집광고		V
		제품광고	V	V
	안내문	약도/관광안내도		V
		버스/지하철 노선도		V
		티켓(항공, 기차, 공연, 영화)		V
		안내표지/층별 안내문구		V
		시설 이용 안내문		V
		관광/여행안내소책자		V
	게시문	메뉴		V
		표어		V
		영화/공연 포스터		V
		생활 공고문		V
		채용/공모 게시물		V

	설명문	제품 상세 정보		V
		요리/조리법		V
		(교육용) 문화 해설		V
		투약설명서		V
		제품 사용설명서		V
		생활/과학 상식		V
		(백과)사전		V
	공증/공문서	영수증		V
		등록증		V
		위임장/위촉장		V
		증명서		V
		제품보증서		V
		고지서		V
		승인서		V
		계약서		V
		업무관련 서류		V
	신문기사	사진 기사		V
		그래프, 도표		V
		사건/사고 보도기사		V
	오락방송프로그램	퀴즈쇼	V	V
2수준 문학적 반응과 표현을 위한 텍스트	동화	전래동화		V
		창작동화		V
		교훈적인 글/우화		V
	감상문	독후감상문		V
		여행감상문		V
		공연/전시 감상문	V	V
	기행문	기행문		V

	수필	수필		V
	전기문	전기문		V
	시	시		V
	소설	소설		V
	설화, 민담	설화, 민담		V
	희곡	희곡		V
	교양방송프로그램	뉴스	V	V
	광고	기업광고	V	V
		공익광고	V	V
	평	서평		V
		영화평		V
3수준 비판적 분석과 평가를 위한 텍스트		공연/전시회 평		V
		평론		V
	신문기사	사진 기사		V
		그래프, 도표		V
		사건/사고 보도 기사		V
		기획/화제 기사		V
		인터뷰 기사		V
		해설 기사		V
		논설(논평/사설/칼럼) 기사		V
	신청서	입사지원서		V
		자기소개서		V
	계획서	학업계획서		V
		연구계획서		V
		업무계획서		V

	보고서	관찰보고서		V
		탐방기		V
		기술보고서		V
		조사보고서		V
	선언문	헌장		V
		선서	V	V
	학업/학술문	시험지		V
		(논술) 답안지		V
		학술서적		V
		학술보고서		V
		학술논문		V
	메시지	축하 메시지		V
		감사 메시지		V
		사과 메시지		V
		위로/격려메시지		V
	매체 담화	채팅		V
		인터넷 댓글(답글/덧글)		V
		인터넷 게시판 글		V
4수준 사회적 상호 작용을 위한 텍스트	생활문	메모		V
		일기		V
		(안부, 친교) 편지, 엽서		V
		(안부, 친교) 전자우편(이메일)		V
		기념일 카드		V
		청첩장, 초청장		V
	사회소통/ 문제 해결적 글	고객만족 카드		V
		제안하는 글		V
		문의하는 글		V
		건의문		V
		상담하는 글		V

		신년사	V	V
	공식적 담화	송년사	V	V
		축사/기념사	V	V

4 쓰기 기능

쓰기 기능이란 간단하게 말해 쓰기를 통하여 외국인 학습자들이 해 낼 수 있는 것이 무엇인가 하는 '작용이나 구실'이다. 쓰기 교육을 통하여 외국인 학습자들에게 기대하는 기능들은 아래와 같이 다양하게 나타난다.

(2) 가. 올바른 정서법(발음대로 쓰지 않고 형태를 밝혀 적거나, 좌우의 획을 한국인의 철자 쓰기에 맞추어 표현하기 등)으로 단어, 문장, 그리고 글을 쓰는 기초적인 문식 표현 능력을 함양하기(표현하기)
나. 독자에게 객관적 또는 사실적 정보를 알려주되 쉽게 이해할 수 있도록 설명하는 능력 신장시키기(설명하기)
다. 자신의 논지를 합리적인 이유와 근거를 들어 설득하는 능력 신장시키기(설득하기)
라. 글을 체계적으로 구조화하는 능력을 갖추기(구조화하기)
마. 자신의 감정이나 느낌을 상대방에게 전달하는 능력 기르기(전달하기 또는 감정 표현하기)
바. 특정 정보에 대하여 비판적인 시각으로 글쓰기(비판하기)
사. 다양한 정보나 매체에 대하여 비판적 또는 우호적으로 평가를 하는 능력(비평하기 또는 평가하기) 등

그런데 이 기능들은 쓰기 교육과정을 설계할 때 '표현하기, 설명하기, 설득하기, 구조화하기, 전달하기, 감정 표현하기, 비판하기, 비평하기, 평가하기' 등과 같이 일반적인 표현 관련 동사를 사용하여 진술된다. 아울러 이러한 기능은 하위 기능으로 좀 더 세분화된다. 예컨대, '설명하기'는, 그 설명을 어떻게 하느냐 하는 수사적 방법에 따라 '정의하기, 비교하기, 대조하기, 예시하기, 묘사하기, 분석하기, 분류하기, 특수화하기, 일반화하기, 유추하기' 등으로 구체화된다.

(3) 가. 독자에게 특정 정보를 효과적으로 설명하기 위하여 해당 정보 또는 용어나 사물의 의미를 명확히 규정하기(정의하기)

나. 둘 이상의 대상 사이에 존재하는 공통점을 설명하기(비교하기)

다. 둘 이상의 대상 사이에 존재하는 차이점을 중심으로 설명하기(대조하기)

라. 많은 사례들을 풍부하게 제시하기(예시하기)

마. 독자에게 해당되는 내용을 주관적 감정을 담아 그리고 그림처럼 설명하기(묘사하기)

바. 해당 내용을 다양한 각도로 면밀하게 살펴보기(분석하기)

사. 유사한 사례나 내용들을 모아 설명하기(분류하기)

아. 일반적인 내용을 특정한 사건이나 경험에 비추어 설명하기(특수화하기)

자. 여러 사례의 공통점을 발견하여 이를 일반화하기(일반화하기)

차. 잘 알려지지 않은 것을 잘 알려진 것을 통해 설명하기(유추하기) 등

물론 이러한 기능들은 목표를 설정할 때 내용과 함께 행동 동사로 구현된다.

한편 이와 같은 기능들은 말하기 교육과정(12장)에서 살펴본 기능 영역과 맥락을 같이 한다. 그 이유는 말하기도 표현 기능의 일종이기 때문이다. 참고로 '국제 통용 한국어 표준 교육과정 (2017:44-45)'의 기능 범주를 다시 써보면 아래와 같다.

<표 5> 기능 범주

범주	항목
정보 요청하기와 정보 전달하기	설명하기, 진술하기, 보고하기, 묘사하기, 서술하기, 기술하기, 확인하기, 비교하기, 대조하기, 수정하기, 질문하고 답하기
설득하기와 권고하기	제안하기, 권유하기, 요청하기, 경고하기, 충고하기/충고구하기, 조언하기/조언구하기, 허락하기/허락구하기, 명령하기, 금지하기, 주의주기/주의하기, 지시하기
태도 표현하기	동의하기, 반대하기, 부인하기, 추측하기, 문제 제기하기, 의도 표현하기, 바람·희망·기대 표현하기, 가능/불가능 표현하기, 능력 표현하기, 의무 표현하기, 사과 표현하기, 거절 표현하기
감정 표현하기	만족/불만족 표현하기, 걱정 표현하기, 고민 표현하기, 위로 표현하기, 불평·불만 표현하기, 후회 표현하기, 안도 표현하기, 놀람 표현하기, 선호 표현하기, 희로애락 표현하기, 심정 표현하기
사교적 활동하기	인사하기, 소개하기, 감사하기, 축하하기, 칭찬하기, 환영하기, 호칭하기

5 언어 지식별 쓰기

언어 지식별 쓰기 기능이란 학습자들의 '철자(또는 문자), 어휘, 문법 표현, 텍스트' 등과 관련된 표현 능력을 의미한다. 우선 철자(또는 문자) 쓰기와 관련된 구체적인 기능들에는 아래와 같은 것들이 있다.

> (4) **철자 표현 지식**
> 가. 한국인들이 글자를 인식할 수 있도록 바르게 글씨 쓰기(handwriting)
> 나. 한글의 자소를 알고 철자법에 따라 쓰기
> 다. 맞춤법에 맞추어 글쓰기(띄어쓰기, 문장 부호 사용하기 포함)

쓰기의 궁극적 목적은 의미를 전달하는 것이다(양민화·윤보은, 2006). 쓰기는 크게 글씨 쓰기(handwriting), 철자 쓰기(spelling), 작문(composition)으로 나뉜다(Lerner, 2000).

글씨 쓰기는 학습자들이 쓴 철자를 한국인들이 제대로 알 수 있도록 올바르게 쓰는 것을 뜻하며, 철자 쓰기는 맞춤법에 맞추어 정확히 쓰는 것을 말한다(김애화 외, 2013; 김명광, 2014). 이러한 능력은 읽기의 문식성과 같이 기초적인 기능에 해당한다. 그런데 이 지식들은 작문 쓰기 능력(응집성이 요구되는 텍스트 차원의 글쓰기 능력)을 가늠할 수 있는 중요한 기술이다(Graham et al., 1997). 따라서 이 지식을 갖추지 못할 경우(글씨 쓰기나 철자 쓰기에 반복적인 실패를 경험할 경우), 상위 기능인 작문 쓰기에 부정적인 영향을 미칠 수밖에 없다(Alber & Walshe, 2004). 아울러 철자 쓰기는 한국어의 표기 체계에 영향을 받는다. 곧 한국어는 영어와 달리 자소에 따라 가로 또는 세로로 쓰는 방법, 그리고 초성-중성-종성의 음절 단위(syllable block)를 기반으로 하여 표기되는 특징을 갖는다(Kim, 2008). 이러한 표기는 '소리대로 적되, 어법에 맞도록'이라는 맞춤법의 원리에 맞게 글쓰기가 이루어져야 한다. 이 때 '어법에 맞도록' 표기하는 것은 구어의 형태·음운규칙과 밀접하게 관련이 있다. 한국어는 발음과 표기가 상호 부합되지 않는 경우가 있다. 이 경우는 대부분 음운 규칙을 예측할 수 있어서 발음 나는 대로 적지 않기 때문이다. 따라서 외국인 학습자들이 막힘없이 철자 쓰기를 하기 위해서는 소리 나는 대로 적는 원리와 그렇지 적지 않고 어법에 맞도록 적는 원리를 함께 이해해야 한다. 이는 구어의 발음과 문어의 표기가 상호 연관 관계(발음 규칙과 표기 규칙의 연관 관계)를 가진다는 사실을 알아야만 진정한 작문 쓰기가 이루어질 수 있음을 의미한다. 그런데 발음법과 달리, 맞춤법의 경우는 수많은 예외나, 대규칙 안의 소규칙들이 있어서, 실제로는 외국인 학습자들에게 학습 부담량이 매우 클 수밖에 없다. 이러한 학습 부담량은 쓰기 과정에서 맞춤법 수정이 왜 쓰는 도중이 아니라 수정이나 검토 단계에서 해야만 하는지를 설명해 준다. 만약 철자 쓰기가 쉬운 것이라면 글 쓰는 도중에 '철자 쓰기' 활동을 해도 무리가 없어야 한다. 하지만 철자 쓰기는 이와 같이 발음보다 상대적으로 어려운 능력이 요구되기 때문에, 쓰기 과정에서 철자 수정 활동을 하게 되면 정작 작문의 본질인 응집적인 글 구성 활동에 지장을 줄 수밖에 없다. 따라서 보통 맞춤법에 맞게 고치는 과정은 글쓰기에서 후행 단계에 위치할 수 밖에 없다. 이러한 점은 '발음 표현 내용'이 교육과정 안에서 초급에 집중적으로 분포되어 있는 반면, '철자 쓰기 내용'은 맞춤법의 난도나 적용되는 '개별 어휘 또는 어휘 무리의 특성'에 따라 '초급, 중급, 고급'에 분산하여 배치된 이유이기도 하다.

> (5) 어휘 표현 지식[1]
> 가. 기본 정보(기본적 의미와 발음 등)에 해당되는 어휘를 연상한 후 이를 쓰기 맥락에 맞게 적용할 수 있는 지식
> 나. 특정 어휘와 관련된 다른 어휘를 연상하여 쓸 수 있는 지식
> 다. 문장(문단 또는 텍스트) 속에서 맥락에 맞게 다양한 어휘를 풍부하게 삽입하는 지식
> 라. 특정한 접사 또는 어근과 결합하여 새로운 어휘를 만들어 이를 문어로 표현할 수 있는 조어 지식
> 마. 문장(문단 또는 텍스트) 맥락 안에서 특정 어휘와 이웃하는 어휘의 공기 관계를 이루는 형식을 정확히 알고 이를 사용할 수 있는 지식
> 바. 해당 어휘가 가지고 있는 구성 정보에 맞게 문장(문단 또는 텍스트)을 생성하는 지식
> 사. 특정한 화용 맥락에 맞는 어휘를 선택하여 이를 정확하게 글로 표현하는 지식

쓰기에서 요구되는 지식은 수용적 측면의 이해 지식이 아니라, (가-사)와 같은 표현 또는 사용적 측면의 생성 지식이다.

(가)는 특정한 기본 정보 지식들(기본적 의미나, 발음 등)에 대응되는 적정한 어휘를 찾아 이를 문장(문단 또는 텍스트)으로 정확히 나타낼 수 있는 능력이다. 달리 말하면 자신의 생각을 정확하게 드러낼 수 있는 문장(문단 또는 텍스트) 구성에 필요한 적정 어휘를 정확하게 찾아 글에 삽입할

---

[1] 쓰기에서 어휘 능력이란 단어를 많이 아는 것이 아닌 영어를 이해하거나 표현하기 위해서 자기 스스로 문맥에 맞게 단어를 선택하여 어군을 만들어 사용하는 능력을 의미한다. 쓰기에서 어휘를 안다는 것은 철자와 뜻만을 아는 것이 아닌 형태(form)와 의미(meaning)를 알고 상황에 맞는 적절한 사용법(use) 안다는 것이다. 어휘의 소리를 듣고 이해하며 읽을 줄 아는 것은 형태(form)에 해당하며, 단어의 다양한 뜻을 알며 단어를 조합하고 문맥적 의미를 유추하는 것은 의미(meaning)에 해당하고, 문법적인 기능과 연어를 사용하여 발화하는 것은 사용법(use)에 해당한다.(Nation, 2001, Lewis, 1997 등)

수 있는 능동적인 생성 지식이다. 예컨대, [한 곳에서 다른 곳으로 장소를 이동하다]라는 의미를 내포하고, 발음이 [가다]라는 기본적인 정보들을 바탕으로 '가다'라는 어휘를 연상해 내고 이를 글로 정확하게 쓸 수 있는 능력이 여기에 해당한다. 더 나아가 '철수가 집으로 X'라는 글 맥락 안에서, X가 '가다'의 기본적 의미와 관련이 있음을 알고 해당하는 어휘 '가다'를 정확하게 찾아 '철수가 집으로 가다'라는 문장을 만들어 낼 수 있는 능력이 '기본 정보 지식의 표현'에 해당한다.

(나)는 주어진 여러 어휘들 간의 관계를 이해하는 수용적 능력이 아니라, 특정한 어휘와 연상되는 다른 어휘들을 능동적으로 찾아 쓸 수 있는 능력이 '관련어 표현 능력'이다. 예컨대, '가다'라는 어휘와 [반대어]라는 관련성을 맺고 있는 어휘인 '오다'를 표기할 수 있는 능력, [유의어]라는 관련성을 맺고 있는 어휘 '이동하다'라는 어휘를 정확하게 추출하여 글로 표현할 수 있는 능력이다.

(다)는 다양한 어휘 중 문장(문단 또는 텍스트) 안에서 가장 적합한 어휘를 선택하여 글에 적용할 수 있는 능력이다. 예를 들어 '상인들이 길거리에서 물건을 X'라는 문장을 만들 때, '팔다, 사다, 판매하다, 놓다' 등과 같이 여러 어휘들 중에, 글 쓰는 이가 생각하여 해당 명제를 가장 잘 드러낼 어휘를 선택하여 삽입할 수 있는 능력이다.

(라)는 만들어진 어휘에 대한 분석 능력이 아니라, 어휘 접사나 어근을 가지고 자신이 필요한 어휘를 만들어 내는 조어 능력이다. 예컨대, [서투른 사랑]이라는 개념을 어휘로 대응시키기 위하여 '풋-'과 '사랑'을 통합시켜, '풋사랑'을 만들어 내는 능력이다.

(마)는 어휘와 어휘와의 공기 관계(연어나 관용어구의 내부 구성 성분 간에 상호 자주 연결되는 형식들의 연결 관계)를 연상하고 이를 표현할 수 있는 능력을 의미한다. 예컨대, '가축'과 공기하는 동사에 '키우다, 기르다, 팔다'가 있다는 정보를 토대로-반대로 '양육하다, 입다, 끄다' 류와는 잘 결합하지 않는다는 정보도 포함하여-, '가축을 키우다, 가축을 기르다, 가축을 팔다'와 같이 연어 형식을 구성할 수 있는 능력이다.

(바)는 해당 어휘의 어휘 정보가 문장 또는 구 구조의 틀과 부합하는지를 알고 이를 표현할 수 있는 능력이다. 예컨대, '좋다'와 '좋아하다'의 어휘 정보(각각 형용사와 타동사 정보)를 토대로 전자는 'X가'라는 문장틀로 표현하며, 후자는 'X가 Y를'이라는 문장틀로 표현해야 하며, 반대로 표현하면 비문이 됨을 알 수 있는 능력이다.

(사)는 '구어/문어, 비어, 은어, 속어, 긍정/부정적 어조, 계층어 또는 성별어, 격식/비격식, 한자어/비한자어, 정감적 느낌' 등을 고려하면서, 어휘를 선택하여 사용할 수 있는 능력이다. 예를 들어 조사 '이랑'과 '와/과'라는 화용 맥락의 차이를 인식하여 공식적인 문서에 '이랑'이 아니라 '와/과'를 사용하여 글을 쓸 수 있는 능력이다.

(6) 문법 표현 사용 지식
　　가. 조사가 결합된 표현에 대한 쓰기 적용 지식
　　나. 선어말어미가 결합된 표현에 대한 쓰기 적용 지식
　　다. 연결어미가 결합된 표현에 대한 쓰기 적용 지식
　　라. 전성어미가 결합된 표현에 대한 쓰기 적용 지식
　　바. 종결어미가 결합된 표현에 대한 쓰기 적용 지식

　문법 표현들에 대한 쓰기 능력도 생산과 관련이 되어 있다. 글을 쓸 때 글 쓰는 이는 자신이 의도하는 명제적 의미를 가장 잘 드러낼 표현들을 선택해야 한다. 이는 글의 응집성을 염두에 두어 해당 문법 표현을 사용해야 함을 의미한다. 앞 절에서도 살펴본 바와 같이, 조사나 어미는 문장과 문장, 단락과 단락, 그리고 글 전체에 대한 응집성에 영향을 준다. 특히 시제, 양상, 서법 등을 담당하는 어미의 경우는 단순히 서술어의 의미에 한하여 영향을 주는 것이 아니라 그 서술어를 포함하는 전체 명제의 의미에 영향을 준다. 더 나아가, 복합문(대등문, 접속문, 종속문 등)을 생성시키는 전성 어미나 연결 어미의 경우 선·후행절과의 응집성에 영향을 준다. 조사의 경우도 선행 문법 형식에 영향을 주는 것도 있지만, 문장 전체에 영향을 주는 조사, 문장과 문장 간을 결속시키는 조사가 있다. 역시 응집성과 밀접한 관련이 있다. 따라서 문법 표현에 대한 정확한 사용 지식이 교육과정 안에서 중요하게 기술되어야 한다. 요컨대 쓰기에서 문법 표현 사용 지식은 해당 문법 표현들의 정보를 인지하는 것뿐만 아니라, 이를 자신의 생각과 의도에 맞게 선택, 조정, 적용을 하는 지식이 요구된다.

(7) 텍스트 표현 지식
　　가. 사실적 표현 지식
　　나. 추론적 표현 지식
　　다. 비판적 표현 또는 창의적 표현 지식
　　라. 감상적 표현 지식

　텍스트 표현 지식은 위에서 보듯이 4가지 유형으로 나뉜다. 여기에는 첫째, 텍스트에 대하여 정보나 사실을 전달하는 '사실적 표현 지식'이 있다. 둘째, 어떤 주제나 사태 중 드러나지 않은 부분이나 정황적으로 파악되어야 할 성질의 것을 글 쓰는 이가 추측하여 전달하는 '추론적 표현 지식'이 있다. 셋째, 다른 사람이 생각하는 관점에서 벗어나 글 쓰는 이의 관점에서 비판하거나 비평하는

'비판적 표현 지식'이 있다. 이는 주어진 사태나 내용에 관한 타인의 입장을 수용하여 전달하는 것이 아니라 자신의 입장에서 새롭게 해석하거나 견해나 사태 자체를 새롭게 만들어 내는 과정이기 때문에 창의적 표현 지식으로 바꾸어 말할 수 있다. 넷째, 어떤 사태, 사건 등에 대한 해석이 아니라 그에 대한 자신의 느낌이나 감정을 표현하는 '감상적 표현 지식'이 있다.[2]

한편 텍스트 표현 지식은 해당 내용을 구현시키는 구조나 형식 체계에 대한 표현 지식도 포함된다. 구체적으로 말하면 글 쓰는 이가 자신이 의도하는 '정보, 사실, 지식, 원리, 개념'와 같은 내용에 대하여 글을 읽는 이에게 어떻게 효과적으로 전달할 것인가를 고민하게 되는데, 이 고민은 그 내용을 어떠한 구조로 표현할 것이냐 하는 구조 지식 표현과 연관된다는 것이다. 예컨대, 해당 내용을 객관적·사실적으로 전달할지(설명 어조로 할지), 아니면 주관적·논증적인 주장을 통하여 독자를 설득할지(내용을 전달할 때 설득 어조로 할지)에 따라 요구되는 표현 지식(설명 지식 : 논증 지식)은 달리 된다.

만약 내용을 객관적·사실적으로 기술한다면, '머리말-본문-맺음말'이라는 구조 지식을 알아야 한다. 구체적으로 말하면 ① 머리말(서두)에는 설명할 대상이나 동기, 목적, 방법 등을 제시하고 ② 본문(중간)에는 설명할 대상을 쉬운 어휘와 간결한 문장으로 설명하여야 하며, ③ 맺음말(말미)에서는 본문에서 설명한 내용을 요약, 정리하여 마무리한다는 구조 지식을 알아야 한다. 더 나아가 설명할 내용에 대한 형식도 알아야 한다. 예컨대 설명할 내용을 '정태적 형식'으로 표현할지 아니면 '동태적 형식'으로 표현할 지에 따라 전달 방식이 달라지게 된다. 만약 정태적 형식을 선택하면 글 쓰는 이는 시간의 흐름을 고려하지 않게 되고 이에 따라 '정의, 예시, 분류, 분석, 비교, 대조, 설명, 묘사, 그리고 논증' 형식과 같은 표현 방식을 사용해야 한다. 만약 동태적 형식을 선택한다면 시간의 흐름을 중시하게 되어 이와 관련이 있는 '서사, 과정, 인과'라는 형식을 사용해야 한다. 그런데 이러한 앎은 이해와 함께 글쓰기에 어떻게 적용되는지를 구체적으로 알아야 한다. 만약 '서사[3], 과정[4], 인과[5]'라는 지식을 알게 된다면, 이를 아래와 같이 구체적인 예를 통해 그 지식이 적용 및 생성되어야 한다.

---

[2] 텍스트 표현 언어 지식은 '기술' 부분과 겹쳐지는 부분이다. 언어 지식은 크게 '발음, 어휘, 문장, 화용(텍스트)'에 대한 지식인데, 언어 지식 중 가장 큰 단위인 화용(텍스트) 지식은 기술(말하기, 듣기, 읽기, 쓰기) 단위이기 때문이다. 곧 '말하기, 듣기'의 경우 구어 담화 형식에 해당하며, 읽기, 쓰기는 텍스트 담화 형식에 해당하므로 언어지식의 화용(텍스트)과 매우 밀접한 관련이 있다. 따라서 텍스트를 기능적 측면에서 바라보는 '정보 요청하기와 정보 전달하기, 설득하기와 권고하기, 태도 표현하기, 감정 표현하기, 사교적 활동하기'의 기능과 상호 매우 밀접한 관련이 있다. 곧 '정보 요청하기와 정보 전달하기'는 '사실적 표현', '설득하기와 권고하기'는 '사실적 표현과 추론적 표현', '태도 표현하기'는 '비판적(창의적) 표현', '감정 표현하기'나 '사교적 표현'은 '감상적 표현'과 상당 부분 그 영역이 교차한다.
[3] 일정한 시간의 흐름에 따라 일어나는 사건이나 행동의 변화를 서술해 나가는 진술 방법.
[4] 어떤 결과를 가져오게 하는 변화나 작용을 중심(절차와 순서)으로 내용을 전개하는 방법.
[5] 어떤 일이 일어나게 된 원인과 그것 때문에 생긴 결과를 밝혀 내용을 전개하는 방법.

> (8) **적용 표현**
> 가. 우리 일행은 오전 9시에 수락산을 가기 위해 마포역에서 출발했다. 경부 고속도로를 달려 12시에 ○○휴게소에 도착하였다. 2시간 남짓 서울의 끝자락에 있는 수락산에 도착하였다. 잠시 쉰 후 우리는 수락산 정상을 향해 올라갔다. 3시간 뒤 우리는 수락산 정상에 도착하였다.(서사)
> 나. 라면을 끓이기 위해서는 먼저 물을 붓고, 끓기를 기다린다. 끓는 물에 라면을 넣은 다음, 스프와 함께, 숙주나물, 소시지 등을 넣는다. 계란은 풀어서 맨 나중에 넣는다.(과정)
> 다. 철수가 며칠간 밤을 세워 영어 공부를 하였다. 그랬더니 1학년 때보다 두 배 이상의 성적을 받았다.(인과)

다음에 글 쓰는 이가 주관적·논증적인 주장을 통하여 독자를 설득하려고 할 때에는 '서론-본론-결론'과 같은 구조를 전형적으로 활용해야 함을 알아야 한다. 구체적으로 말하면 ① 서론 부분이 읽는 사람의 주의를 끌면서 자기주장을 펼치기 위해 어떤 문제를 제기해야 하는 부분이며, 이를 위해 '동기와 목적', '문제의 제기', '주제에 대한 암시'와 같은 형식적 지식을 알아야 한다. 그리고 ② 본론 부분이 자기의 주장을 명확히 펼치기 위한 장이어서 사실이나 현상에 대한 자신의 주장이나 생각을 쓴 다음에, 그 내용을 뒷받침할 수 있는 '원인이나 증거, 보기'를 들어야 함을 알아야 한다. 이와 더불어 논리를 명확하게 하기 위하여 '주장에 대한 이유', '인용 제시', '실천적 방법 제시', '보기나 자료 제시'와 같은 형식적 지식을 알아야 한다. 다음에 ③ 결론이 자신이 주장한 내용을 요약하고 간결하게 마무리 짓는 부분이며 이를 명확하게 하기 위하여 '주장한 내용을 요약하기', '태도나 대안을 제시하기', '한계점 밝히기'와 같은 형식적 지식을 알아야 한다는 것이다. 이도 역시 주어진 형식들을 보고 그 구조나 지식을 파악하는 것이 아니라, 자신이 의도하는 바를 아래와 같이 구체적인 예를 통해 그 지식을 적용 및 생성해야 한다.

> (9) **적용 표현**
> 가. 만화책을 어렸을 때 보는 것이 좋다. 그 이유는 만화책에는 실제적인 문제에 대한 대처 능력, 정서적 표현 등이 많이 담겨 있기 때문이다.(주장에 대한 이유)
> 나. 화력 발전소 건설을 점진적으로 줄여야 한다. 신문 기사에 따르면 공기의 질이 10년 전보다 2배 이상 악화되었다고 한다. 그 이유 중 하나가 화력 발전소 때문이다.(인용 제시)
> 다. 자연 보호는 생각이 아니라 실천을 해야 한다. 경유 자동차를 점차적으로 없애야 한다. 나무를 더 많이 심어야 한다.(실천적 방법 제시)

이러한 표현 지식은 쓰기 교육과정에서 외국인 학습자들에게 수준별로 기술되어야 하며 학습자의 목적별로 그 내용이 달라져야 함은 물론이다.

6 쓰기 전략

쓰기 교육과정에서 기술될 부분에는 목표와 내용뿐만 아니라, 쓰기를 어떻게 효과적으로 할 수 있을 지에 대한 계획이나 방법론적인 측면에 대한 전략 지식도 필요하다. 최근 들어 글쓰기 능력이 학습자를 능동적인 학습의 주체로 보게 되면서 쓰기 전략 사용 능력이 중시되고 있다(백희숙 2003). 이러한 전략은 쓰기가 쓰기 전 단계, 쓰기 단계, 쓰기 후 단계와 같이 단계별로 제시되어야 한다. 이와 관련하여 O'Malley & Valdez(1996)에서는 세 단계의 사용 전략에 대하여 다음과 같이 밝히고 있다.

(10) 가. 쓰기 전 단계: 주제 선정하기, 주제에 관해 토의하기, 글의 구성 계획하기, 개요 구성하기 등.
나. 쓰기 단계: 초고를 쓰고 나서 다시 읽어보기, 문장 다듬기 등.
다. 쓰기 후 단계: 글을 쓴 후 이에 대한 제3차 피드백 받기, 어휘, 문장, 구성, 내용 측면에서 전반적으로 편집하기 등.

McGowan(2011)에서는 쓰기 전 단계(pre-writing)에서 '아이디어를 일반화시키고 아이디어를 표현하기 위한 주제들을 발달시키는 일련의 활동'과 쓰기 후 단계(post-writing)에서 '텍스트를 평가하기(evaluation), 편집하기(editing), 수정하기(revising)'를 들어 전략을 강조하고 있다. 그리고 Whalen & Menard(1995)에서는 쓰기 과정에서 '계획하기, 평가하기, 수정하기, 기술하기, 번역하기'가 있음을 말하였다. 이 밖에 개별적인 전략으로 Zamel(1983)은 '포괄적 의미에 집중하기', Mckay(1983)는 '사고구술하기 기법(think-aloud), 완곡한 표현 전략, 메시지 포기 전략', Wang & Wen(2002)은 '작문 순서 통제 전략(단어와 시간 제한, 아이디어 배열, 아이디어 생성, 구문 생성), 모국어 사용 전략, 외국어 사용 전략' 등의 효과에 대하여 말하였다. 한편 Oxford(1990)는 쓰기에 유용한 전략들을 다음과 같이 기억 전략, 인지 전략, 보상 전략, 상위인지 전략, 정의적 전략, 사회적 전략으로 크게 분류하고 각각의 전략에 대표 전략을 두어 설명하였다. Oxford(1990)가 정리한 쓰기에 유용한 전략은 <표6>과 같다.

<표 6> 쓰기에 유용한 전략(Oxford, 1990)

전략 분류	대표 전략
기억 전략	• 정신적 연결고리 강조하기 • 이미지와 소리 적용하기 • 검토하기 • 행동하기
인지 전략	• 연습하기 • 메시지 교환하기 • 분석 및 추론하기 • 구조 만들기
보상 전략	• 쓰기에서 한계 극복하기
상위 인지 전략[6]	• 학습에 집중하기 • 학습 준비·계획하기 • 학습 평가하기
정의적 전략	• 불안감 낮추기 • 격려하기 • 정서 체크하기
사회적 전략	• 질문하기 • 협동하기 • 공감하기

이러한 쓰기 전략도 다른 교육과정과 마찬가지로 외국인 학습자들에게 수준별로 기술되어야 하며 학습자의 목적별로 그 내용이 달라져야 한다[7].

---

6) '학습에 집중하기'는 학습할 내용을 기존에 알고 있는 지식들과 연결해 보거나, 과제 자체, 글의 구조 또는 내용에 집중하면서 글을 쓰는 전략이다. '학습을 준비하고 계획하기'는 주변 환경을 과제 수행에 적당한 환경으로 만들고 연습 시간을 조정하고 쓰기에 필요한 노트 만들기 등 쓰기에 필요한 도구를 미리 준비하는 전략이다. 그리고 목표와 대상을 정하고 과제 목적을 결정하는 전략, 과제가 요구하는 것이 무엇이고 과제 수행을 위해 필요한 것이 있는지를 살펴보는 전략, 연습 기회를 만들기 위해 노력하는 전략을 포함한다. '평가하기'에는 자기 점검하기 전략과 자기 평가하기 전략이 있다. 자기 점검하기 전략은 쓰기 과제 수행 중에 나타나는 자신의 오류를 파악하고 수정하는 전략이고 자기 평가하기 전략은 자신의 글을 모범이 되는 글과 비교하면서 스스로 평가해 보는 전략으로 문장의 길이나 사고의 복잡성, 주제의 명확성, 글의 구성, 표현의 정확성, 사회적인 적절성 등이 평가 기준이 될 수 있다.

7) '읽기'에서 수준별, 목적별 전략의 대략적인 내용을 설명하였다. 다만 '읽기'가 문어 이해 측면의 기술이라면, '쓰기'는 문어 표현 측면의 기술로 바뀌어야 한다. 문어 표현 측면의 전략 목표와 내용에 대한 상세한 기술은 독자들의 몫으로 남겨둔다.

7 쓰기 교수·학습 방법

한국어 표준 교육과정(2020:23)에서는 쓰기를 말하기에 비하여 내용을 산출할 수 있는 시간을 상대적으로 길게 확보할 수 있고, 상대방과의 상호작용도 덜 빈번하게 발생한다는 특징을 지닌다고 언급하였다. 이 때문에 쓰기는 같은 표현 영역에 해당하는 말하기에 비해 과정 중심적으로 접근하는 것이 훨씬 용이하다고 하였다. 한국어 쓰기 교수·학습에 있어서도 학습자가 충분한 시간을 가지고 과정 중심적인 쓰기 과제를 수행할 수 있도록 해야 하며, 단계별로 활용이 가능한 다양한 전략을 구사할 수 있도록 지도해야 함을 강조하였다. 쓰기 전후 단계를 활용하여 한국어 텍스트의 구조와 형식에 맞고 주어진 장르에 적합한 글을 생성했는지 스스로 파악할 수 있게 하여야 함을 말하였다. 한편, 쓰기는 다른 언어기술에 비해 숙달도가 더디게 향상되는 만큼 초급 단계부터 학습자의 관심과 흥미를 고려하여 학습 동기가 유발되도록 교육할 필요가 있다는 점을 강조하였다. 이를 위해 다음과 같은 교수·학습 방법을 제시하였다.

(11) 가. 문자를 철자대로 쓰는 것부터 시작하여 단어, 문장, 문단 차원으로 확장된 글쓰기를 할 수 있도록 단계적, 점진적으로 교수한다.
나. 문법과 문장 구조를 정확히 알고 문장 부호를 적절히 활용하여 한국어 글의 구조와 형식에 맞는 글을 쓰도록 지도한다.
다. 학습자의 요구가 반영된 쓰기 과제를 계획하고 실생활에서 쓸 수 있고 의사소통할 수 있는 실용적인 과제를 통해 교수한다.
라. 생활문, 설명문, 논설문, 감상문 등 다양한 장르의 글을 한국어 담화 공동체가 기대하는 방식에 맞추어 쓸 수 있도록 지도한다.
마. 쓰기 전, 쓰기, 쓰기 후와 같이 단계별로 과정 중심의 쓰기를 추구하고 교사의 피드백 또는 학습자 간 피드백을 통해 효과적인 쓰기를 할 수 있도록 지도한다.

8 쓰기 평가

8.1 쓰기 평가의 목표

쓰기 교육과정의 기술 항목 중 쓰기 평가가 있는데, 쓰기 평가에서 우선적으로 고려해야 할 사항은 학습자들이 쓰기 교육 목표에 얼마만큼 도달했는가를 평가하는 것이다. 쓰기는 학습자가 지닌 모든 지식과 능력을 사용하여 창조적이고 일관성 있는 글의 구성과 자신의 생각, 경험 등을 의사소통할 수 있다는 점에서 통합적·총체적 언어 기능이다. 따라서 한국어 쓰기 교육의 목표는 한국어의 어휘, 문법, 문장 구조를 정확하게 익혀서 원어민 화자 수준으로까지 자기의 생각이나 느낌을 바르게 표현하고 전달하는 힘을 길러 주는 데 있다(손연자, 1996:3). 그러므로 쓰기 평가의 목적은 글을 통해 학습자가 자신의 의사를 얼마나 성공적으로 표현하느냐를 알아봄으로써 쓰기 교육의 목표 달성 여부를 측정하는 것이라고 할 수 있다. 학습자는 자신의 문장이나 표현의 통사론적, 수사학적, 화용론적 측면을 점검하여 좀 더 나은 한국어 문장 구조와 표현 방법, 그리고 이들의 논리적인 구성을 시도할 수 있다.

8.2 쓰기 평가의 범주

외국어로서의 한국어교육에서 쓰기 능력을 평가하는 평가 내용 범주로 한재영(2006a:250-256)에서는 '문법적, 담화적, 사회 언어학적, 전략적 능력'을 제시하고 각각의 하위 항목들에 대한 평가 항목을 들고 있다.

<표 7> 쓰기의 평가 범주와 평가 항목

쓰기 평가의 범주		평가 항목
문법적 능력	맞춤법	기초적인 한글 자·모 쓰기, 맞춤법의 정확한 사용
	어휘 사용 능력	학습자 수준에 적절한 어휘의 정확한 이해와 활용 능력
	문법 활용 능력	학습자 수준에 맞는 문법 활용 능력과 담화 상황에 맞는 적절한 사용 능력
담화적 능력	담화 구성 능력	문장, 대화, 담화 상황에서 내용의 긴밀한 연관성과 일관성을 유지하는 능력
	수사적 조직 능력	글의 특성에 따른 내용 조직 전개 방법과 관련된 수사적 조직 능력(서론, 본론, 결론에 따른 구성 등)
	구조적 긴밀성	특수한 담화 장치들의 적절한 활용(그러므로, 따라서, 반면에 등)
사회 언어학적 능력		경어법의 사용 등과 같은 사회 문화적 기능의 활용과 메모나 일상적 글쓰기, 주장이나 반론하기 등 평가에서 요구하는 기능을 수행하는 능력
전략적 능력		주어진 과제 해결을 위한 전략 활용 능력

최근의 글쓰기가 과정 중심의 글쓰기를 강조하기 때문에 이와 관련된 평가가 중시된다.

우선 단계별 학습자가 일정 기간을 두고 쓴 여러 편의 글을 모은 작품집(portfolio)을 대상으로 하는 ① 포트폴리오 평가(원진숙 1999: 208)가 중요시된다. 또한 ② '평가 계획→평가→평가 활용'이라는 거시적 절차에 대한 기술과 함께, ③ 각 단계(쓰기 전-쓰기-쓰기 후)에서 요구하는 과정을 제대로 수행해 내고 있는지 단계별 평가, ④ 자신의 수준에 맞는 목표를 설정하고 이 목표에 도달했는지 수준별 학습자 성취 목표, ⑤ 교사에 의한 평가만이 아닌 상호 협의와 자기 평가, 동료 평가 등과 같이 다양한 주체가 고려된 평가 방법, ⑥ 학습자들이 각 단계별 어떠한 전략을 활용하고 있는지에 대한 단계별 전략 사용 능력도 중요하게 평가된다. ⑦ 더 나아가 학습자들의 쓰기 활동에서 강조했던 내용을 중심으로 학습자들의 쓰기 전 과정(쓰기 전체 과정)을 점검할 수 있는 '자기 점검 방법'도 중요시되고 있다. 따라서 쓰기 교육과정에 포트폴리오 평가가 추구하는 평가 방법, 각 단계별 평가 내용, 평가 주체, 단계별 전략 활용, 자기 점검 평가 내용 등을 교육과정 평가 항목을 구축할 때 염두에 두어야 한다. 과정 중심의 평가 기술에서 고려되어야 할 쓰기 평가 범주는 아래와 같다.

<표 8> 평가 단계에서의 쓰기 평가 범주

단계	계획하기	쓰기	다시 쓰기
쓰기 과정에 따른 평가 범주	• 글을 쓰는 목적에 대한 인식 능력(독자, 글의 성격 등) • 정확한 글의 방향(주제) 설정 능력 • 핵심 아이디어 탐색 • 핵심 아이디어를 발견하기 위한 아이디어 조직 능력	• 주제문과 배경 정보 제시 능력 • 논리적 문단 구성력 • 자신의 의도 표현 능력 • 핵심 아이디어에 집중 하는 능력 • 사전을 활용한 적절한 표현 능력	• 글의 일관성, 통일성 • 주제 표출 능력 • 글의 내용적 긴밀성 • 주제문 확인 • 맞춤법, 어휘, 문법의 정확성 • 흥미 있는 글쓰기
조정하기	• 계획하기 단계의 활동에 대해 점검, 조정	• 초고 쓰기에 대해 점검과 조정	• 교사-학생, 학생-학생 사이의 피드백
학습 전략에 따른 평가 범주	• 개요 쓰기 • 브레인스토밍 • 자유 연상 • 가치 규명 • 마인드맵 • 묶어서 생각하기 • 빨리 쓰기 • 정보 수집활동 • 상의하기	• 시간 내에 쓰기 • 정교화 전략 • 줄이기 전략 • 주제문 쓰기 • 빨리 쓰기 • 상의하기 • 소집단 활동	• 다시 쓰기 • 고쳐 쓰기 • 돌려 읽기 • 동료 의견 듣기 • 집단 수정 활동 • 교사 의견 듣기 • 점검하기 • 상의하기

아울러 쓰기 평가는 수준별로 그 평가 내용이 고려되어야 한다. 초급 쓰기의 내용은 주로 기본적이고도 간단한 문장을 생성할 수 있는 능력을 평가하는 내용이 요구된다. 즉, 한국어의 기본적인 음운을 맞춤법에 맞게 쓸 수 있으며, 기본 어휘와 문법 규칙을 활용하여 일상생활에서 필요한 간단한 대화문이나 생활문 등을 생성해 낼 수 있는지 등이 평가의 목표 및 내용이 된다. 중급 쓰기 평가의 내용은 초급에서 목표로 했던 간단하고 일상적인 쓰기에서 좀 더 발전된 형태의 정확하고 유창한 쓰기 능력과 관련된 내용이 요구된다. 중급 쓰기 평가에서는 일상생활과 관련된 쓰기뿐만 아니라 사회적 소재와 관련된 쓰기, 그리고 간단하나마 자신의 생각을 논리적으로 표현하는 것과 같은 보다 다양한 기능의 쓰기로 그 목표와 내용이 확대된다. 또한 텍스트 유형도 초급에서보다 더욱 다양해진다. 고급 쓰기 평가 내용은 정치, 경제, 사회, 문화 전반에 걸친 전문적인 분야와 관련된 주제들을 글로 표현할 수 있는 능력들이다. 또한 자신이 표현하고자 하는 내용을 다양한 문법과 어휘를 활용하여 논리적으로 격식에 맞게 표현하는 능력 등이 평가된다. 여기에서는 보다 시사적이고 추상적이며 복잡한 의미를 갖는 어휘와 문법의 사용이 평가의 목표 및 내용이 된다(한재영 외 2006a:258-261참조).

8.3 쓰기 평가 방법

쓰기 평가의 방법에 대하여, 한국어 표준 교육과정(2020:29)에서는 직접 평가, 과정 중심 평가로 운용하여 학습자의 실제 쓰기 수행 능력을 평가해야 함을 말하고 있다. 또한 평가 후에는 반드시 평가 결과에 대해 학습자에게 피드백을 제공해야 하며, 피드백을 제공할 때에는 글의 내용, 과제의 수행, 구성에 대한 피드백을 주어 학습자가 문법 오류에만 집중하지 않고 전체적인 의미에 집중할 수 있도록 해야 함을 주의점으로 들고 있다. 평가 후에 피드백을 제공할 때에는 학습자가 피드백의 내용을 참고하여 스스로 자신의 글을 고쳐 다시 써 보면서 문제점을 개선할 수 있도록 도와야 함을 강조하고 있다.

(12) 가. 과제 수행 및 내용 구성 능력, 전개 구조, 언어 사용, 사회언어학적 능력 등의 평가 구인을 설정하여 평가한다.
나. 시험 상황에서 생성한 글뿐만 아니라 평상시 수업 중에 생성한 다양한 글을 관찰하고 진단하여 학습자의 쓰기 능력을 평가한다.
다. 쓰기 성취기준에 따라 일기와 같은 생활문, 다양한 구조의 설명문, 평론과 같은 논설문, 학술 보고서 등 다양한 글을 장르 특성에 맞게 쓰는 능력을 평가한다.
라. 실생활에서 쓸 수 있고 의사소통할 수 있는 실용적인 평가 과제를 제작한다.

> 마. 쓰기 결과물에 대한 평가뿐 아니라 계획하기, 개요 쓰기, 초고 쓰기, 다시 쓰기의 단계별 쓰기 과정을 평가에 포함한다.

9 원리에 따른 쓰기 교육과정 구성

　쓰기 교육과정을 설계할 때 다양한 원리가 적용된다. 우선 쓰기 교육을 통해 도달해야 할 기능이나 내용을 최대한 포괄해야 한다는 '포괄성' 원리를 기반으로 만들어져야 한다. 예를 들어 쓰기 기능의 경우 상위 기능에 '정보 요청하기와 정보전달하기, 설득하기와 권고하기, 태도 표현하기, 감정 표현하기, 사교적 활동하기'가 있는데, 이러한 기능들 중 어느 하나를 제외하지 않고 골고루 그 내용을 구성해야 한다는 것이다. 더 나아가 이는 각각의 하위 기능들을 신장시키는 내용들도 가능하면 전부 포괄해야 한다. 예컨대, '정보 요청하기와 정보 전달하기'의 하위 기능들에 '설명하기, 진술하기, 보고하기, 묘사하기, 서술하기, 기술하기, 확인하기, 비교하기, 대조하기, 수정하기, 질문하고 답하기'가 있는데, 이러한 하위 기능들을 위한 교육 내용들이 가능한 한 최대로 제시되어야 한다는 것이다. 그런데 각각의 하위 기능들을 충족시키는 교육 내용들은 매우 다양하지만, 모든 하위 기능 내용들을 전부 교육과정의 목표와 내용으로 다룰 수는 없다. 이는 교육과정이 실현되는 시간이 제약성을 가지고 있기 때문이다. 따라서 포괄성의 개념을 정확히 말하자면 각 기능을 구현할 교육할 내용을 '모든 것'을 구현하는 것이 아니며, '최대한' 또는 '가능한'의 의미로 받아들여져야 한다. 좀 더 구체적으로 말하면 상위 기능들이 하위 기능들로 분화될수록 그 학습 내용은 좀 더 많아지기 때문에(시간적 제약이 좀 더 심화됨으로 인해), '모든 것'을 구현하기는 매우 어렵다. 그러므로 하위 기능으로 갈수록 해당 기능을 실현할 때, 사용 가능성이 높고 기능을 대표할 수 있는 내용 그리고, 여러 기능을 통합적으로 가르쳐야 할 것이다. 따라서 교육과정에서 ① 우선적으로 가르쳐야 될 것을 먼저 배열하고 그렇지 않은 것은 과감하게 생략하거나, ② 다음 단계(등급)에서 제외된(그렇지만 교육이 필요한) 기능들을 배치하거나 ③ 여러 기능을 포괄할 수 있는 교육 내용을 선정하는 설계의 묘를 발휘해야 한다. 예를 들어 '정보 요청하기와 정보전달하기'의 하위 기능이 시간 상 제약 때문에 이를 전부 구현하지 못하면 하위 기능 중 난도가 높거나 사용 빈도가 낮은 하위 기능은 과감하게 생략하거나 다음 수준으로 또는 하위 기능들을 통합적으로 구성함으로써-설명하기와 진술하기를 포괄할 수 있는 교육 내용-'포괄성'의 개념을 최대한 유지시켜야 한다.

다음에 쓰기 교육과정에는 구체적인 것에서 추상적인 것으로, 가까운 것에서부터 먼 것으로, 단순한 것에서 복잡한 것으로 등, 수준별 내용 배열과 조직에 필요한 계열성의 원리가 적용된다. 예를 들어 다음과 같은 것들이 그 일례일 것이다.

> (13) 가. '생활문, 자기 소개서'와 같이 구체적 경험 중심의 글쓰기에서 '기사문, 업무 관련 서류'와 같은 간접적 경험이나 사회적 경험 중심의 글쓰기로 나아가 학술보고서나 연구보고서와 같이 논리적이고도 추상적인 경험 중심의 글쓰기로 배열하기
> 나. 나→ 내 주변 공간 → 직장 또는 사회적 공간 → 전문적 공간'과 같이 공간을 확대하여 주제를 설정하기
> 다. 철자 쓰기와 같은 단순한 문식적 표현 능력에서 성분 간의 호응이 요구되는 문장 쓰기로, 더 나아가 복잡한 응집성이 요구되는 텍스트 쓰기로 교육 내용을 배열하기
> 라. 의도하는 메시지에 대한 적합한 형식이 생각나지 않을 때, '메시지를 포기하는 전략'을 사용하는 기초적 전략에서부터, '다른 형식으로 바꾸거나 어휘를 문장으로 풀어 쓰는 전략' 사용하기. 더 나아가 해당하는 메시지를 직접적으로 표현하지 않고 '완곡한 표현으로 바꾸는 전략'과 같은 사고의 복잡성의 순서로 전략을 배열하기

아울러 중요한 쓰기 지식 내용이나 주제 등을 익숙하게 사용될 수 있을 때까지 그 내용을 반복적으로 노출시키는 계속성의 원리(중복성의 원리), 쓰기 학습 내용을 가능한 한 이웃하는 단원이나 단계와 이어지게 배열하여야 한다는 연속성의 원리, 그리고 학습 내용(또는 말하기, 듣기 읽기 쓰기 기술들이)들이 서로 상관없이 떨어져 있는 것이 아니라 그 낱낱의 내용(또는 각 기술들이)들이 서로 연결되고 통합되도록 조직해야 한다는 '통합성'의 원리들이 복합적으로 적용된다. 다음에 이러한 다양한 원리를 고려한 한국어 표준 교육과정(2020:17-18) 중 쓰기 교육과정의 목표와 내용을 제시한다.

<표 9> 쓰기 목표 및 성취기준

		세부 내용
1급	목표	일상에서 자주 접하는 소재의 글을 쓸 수 있으며, 간단한 메시지의 작성이나 교환 등 기초적인 의사소통 기능을 수행할 수 있다.

1급	성취 기준	1. 일상적이고 구체적인 소재에 대한 글을 쓸 수 있다. 2. 개인적 상황에서 사용되는 최소한의 글을 쓸 수 있다. 3. 사실이나 생각을 간단한 문장으로 쓸 수 있다. 4. 간단한 메모를 하거나 몇 문장 수준의 문단을 쓸 수 있다. 5. 자음과 모음의 결합을 통해 글자를 구성할 수 있고, 맞춤법에 맞는 문장을 쓸 수 있다.
2급	목표	주변에서 접하게 되는 공적 상황에서 필요한 글을 쓸 수 있으며, 간단한 정보를 제공하거나 명시적 사실에 관해 기술하는 의사소통 기능을 수행할 수 있다.
	성취 기준	1. 경험적이고 생활적인 소재에 대해 글을 쓸 수 있다. 2. 개인적이며 비격식적인 상황에서 사용되는 글을 쓸 수 있다. 3. 문장과 문장을 자연스럽게 연결하여 일관성 있는 글을 쓸 수 있다. 4. 일기와 같은 생활문이나 주변의 인물이나 사물을 소개하는 글을 쓸 수 있다. 5. 기본적인 어휘와 문법을 활용하여 구조가 단순한 문장을 쓸 수 있다.
3급	목표	자신의 삶과 관련된 사회적 소재의 글을 쓸 수 있으며, 정보를 전달하거나 설명하는 의사소통 기능을 수행할 수 있다.
	성취 기준	1. 친숙한 사회적 소재에 대해 글을 쓸 수 있다. 2. 익숙한 공적 상황에서 사용되는 격식적인 글을 쓸 수 있다. 3. 자신의 의견과 객관적인 사실을 구분하여 글을 쓸 수 있다. 4. 다양한 종류의 실용문이나 단순한 구조의 설명문을 쓸 수 있다. 5. 다소 복잡한 구조의 문장을 활용하여 비교적 정확하게 글을 쓸 수 있다.
4급	목표	평소에 관심이 있는 사회적·추상적 소재의 글을 쓸 수 있으며, 대상을 설명하거나 자신의 생각을 표현하는 의사소통 기능을 수행할 수 있다.
	성취 기준	1. 관심이 있는 사회적·추상적인 소재에 대해 글을 쓸 수 있다. 2. 익숙한 업무 상황에서 격식적으로 사용되는 글을 쓸 수 있다. 3. 핵심 내용이 잘 드러나도록 문단을 구성하여 글을 쓸 수 있다. 4. 다양한 구조의 설명문이나 단순한 구조의 논설문을 쓸 수 있다. 5. 구조가 복잡한 문장을 사용할 수 있고 비교, 대조, 나열 등의 전개 방식으로 글을 쓸 수 있다.
5급	목표	사회적이거나 일부 전문적인 소재의 글을 쓸 수 있으며, 체계적으로 정보를 전달하거나 자신의 견해를 밝히는 의사소통 기능을 수행할 수 있다.
	성취 기준	1. 사회 전반에 대한 소재나 자신의 전문 분야와 관련된 글을 쓸 수 있다. 2. 업무나 학업 맥락에서 필요한 격식적인 글을 쓸 수 있다. 3. 내용의 통일성과 응집성을 고려하여 짜임새 있는 글을 쓸 수 있다. 4. 논리적 구조와 기본적인 형식을 갖춘 짧은 분량의 보고서를 쓸 수 있다. 5. 자신의 업무나 학업에 필요한 어휘와 표현을 사용하고 다양한 전개 방식을 활용하여 글을 쓸 수 있다.

	목표	전문적이거나 학술적인 소재의 글을 쓸 수 있으며, 논리적이고 효과적으로 자신의 의견을 제시하는 등의 의사소통 기능을 수행할 수 있다.
6급	성취 기준	1. 사회·문화적 특수성이 드러나는 소재의 글이나 전문 분야의 글을 쓸 수 있다. 2. 전문적이거나 학술적인 상황에서 사용되는 격식적인 글을 쓸 수 있다. 3. 예상 독자를 고려하며 목적에 부합하는 글을 쓸 수 있다. 4. 타당한 근거를 들어 논리적이고 형식적으로 완결성을 갖춘 평론, 학술 논문 등을 쓸 수 있다. 5. 전문적인 어휘와 표현을 사용하고 장르에 맞는 다양한 수사법을 활용하여 글을 쓸 수 있다.

한국어 표준 교육과정(2020:17-18)

참고로 한국어 표준 교육과정(2020)은 위와 같은 교육과정의 구축에 대하여 아래와 같이 주로 '계열성'의 원리로 위를 설명하고 있다.

(14) 가. 각 등급별 특징을 살펴보면 1급과 2급은 모두 일상생활과 관련된 주제의 글을 쓰되 급별 발달을 고려하여 세부 주제의 확대와 문장 수준과 글 수준에서 차이를 두었다.

나. 3급과 4급은 친숙한 사회적·추상적 주제로 된 글을 쓰는 것을 목표로 하되 3급에서는 단순한 구조의 실용문 쓰기에, 4급에서는 단순한 구조의 설명문이나, 논설문이 확장되어 의견을 전달하는 글로 발달되도록 하였다. 5급과 6급은 사회 전반의 소재나 전문 분야의 글을 어느 정도 쓸 수 있도록 하는 데에 목표를 두었다. 5급에서는 내용의 통일성과 복잡성을 고려하여, 논리적 구조와 기본적인 형식을 갖춘 보고서 쓰기에서 6급에서는 학술적인 상황, 예상 독자를 고려한 글, 타당한 근거를 통한 완결성 등을 갖춘 평론, 학술 논문으로 확대하여 논리적인 글쓰기가 되도록 제시하였다.

다. 2급에서는 문장과 문장의 연결하는 일관성 있는 글쓰기, 4급에서는 문단 구성과 비교, 대조, 나열 등과 같은 전개 방식을 염두에 둔 글쓰기, 6급에서는 글의 전체적인 완결성과 다양한 수사법을 활용한 글쓰기를 강조하여 급간의 위계를 고려하여 내용을 구성하였다.

10 요약

가. 쓰기 실제성

- 쓰기 교육과정에서는 실제성을 반영해야 한다. 곧 학습자의 요구와 목적에 맞는 유용한 내용을 찾고, 이를 교육과정에 반영하는 것이 실제성을 지닌 쓰기 교육과정이다.
- 쓰기에서 주목해야 할 실제성에는 ① 쓰는 과정에서 당면한 문제를 해결하는 절차와 전략이 실제적인지, ② 글을 쓰는 의도와 목적이 그 글을 읽는 이의 요구와 필요에 부합하는지를 살펴보는 것과 관련된 실제성이 있다.

나. 쓰기의 주제와 텍스트 유형

- 쓰기는 현재의 학습자의 수준에서 '할 수 있는' 주제로 선정되어야 한다. 초급은 '나, 일상생활, 주변 생활', 중급 '사회생활, 직장 생활'을 위주로, 고급은 '학문 분야, 문학, 과학 또는 전문 분야' 위주의 주제를 선정한다.
- 쓰기는 해당 주제를 구현할 텍스트의 유형을 고려하여 이루어져야 한다. 예컨대, 초급에는 '간단한 메모, 편지, 안내글, 광고글, 소개글', 중급의 경우 '동화, 영화/공연 포스터, 생활 공고문, 조리법, 제품 사용설명서, 생활/과학 상식, 증명서, 제품보증서, 사진 기사, 독후 감상문, 여행 감상문, 기업 또는 공익 광고, 문의하는 글, 건의문, 상담하는 글', 고급은 '연구계획서, 논문, 희곡, 소설, 평론, 학술보고서, 학술논문, 공식적 문서(축사/기념사), 조사 또는 기술 보고서'와 같은 텍스트 유형이 있다.
- 이와 같은 주제는 배타적으로 적용되는 것이 아니라, 등급 간 중복적으로 배열하여 교육 내용을 심화·확대될 수 있다.

다. 쓰기 기능

- 쓰기와 관련된 상위 범주에는 '정보 요청하기와 정보전달하기, 설득하기와 권고하기, 태도 표현하기, 감정 표현하기, 사교적 활동하기'가 있다.
- 이러한 기능들은 쓰기 교육과정 안에서 '표현, 설명, 구조화, 전달, 비판, 비평, 평가' 등과 같이 일반적인 표현 관련 동사로 전달된다.
- 각각의 기능들은 좀 더 세분화되는데 예컨대, 설명하기는 '정의하기, 비교하기, 대조하기, 예시하기, 묘사하기, 분석하기, 분류하기, 특수화하기, 일반화하기, 유추하기' 등으로 나눌 수 있다.

라. 언어 지식별 쓰기

- 언어 지식별 쓰기란 학습자들이 '철자(또는 문자), 어휘, 문법 표현, 텍스트' 등과 관련된 이해 능력을 의미한다.
- 철자 표현 지식에는 '한국인들이 외국인 학습자들이 쓴 글자를 인식할 수 있도록 바르게 글씨 쓰기(handwriting), 한글의 자소를 알고 철자법에 따라 쓰기, 맞춤법에 맞추어 글쓰기(띄어쓰기, 문장 부호 사용하기 포함)' 등이 있다.
- 어휘 표현 지식에는 '어휘의 기본 정보를 바탕으로 해당 어휘를 연상한 후 이를 쓰기 맥락에 맞게 적용할 수 있는 지식, 특정 어휘와 관련된 다른 어휘를 연상하여 쓸 수 있는 지식, 문장(문단 또는 텍스트) 속에서 맥락에 맞게 다양한 어휘를 풍부하게 삽입하는 지식, 특정한 접사 또는 어근과 결합하여 새로운 어휘를 만들어 이를 문어로 표현할 수 있는 조어 지식, 문장(문단 또는 텍스트) 맥락 안에서 특정 어휘와 이웃하는 어휘의 공기 관계를 이루는 형식을 정확히 알고 이를 사용할 수 있는 지식, 해당 어휘가 가지고 있는 구 구성 정보에 맞게 문장(문단 또는 텍스트)을 생성하는 지식, 특정한 화용 맥락에 맞는 어휘를 선택하여 이를 정확하게 글로 표현하는 지식 등이 있다.
- 문법 표현 사용 지식에는 조사, 선어말어미, 연결어미, 전성어미, 종결어미가 결합된 표현에 대한 쓰기 적용 지식이 있다. 이들은 성분과 성분, 문장과 문장, 구와 구, 단락과 단락, 글 전체에 대한 응집성과 관련된 지식이다.
- 텍스트 표현 지식에는 텍스트에 대하여 정보나 사실을 전달하는 '사실적 표현', 어떤 주제나 사태 중 숨어있는 내용을 글 쓰는 이가 추측하여 전달하는 '추론적 표현', 그리고 글 쓰는 이의 관점에서 다른 사람의 관점을 비판하거나 비평하는 '비판적 표현(또는 창의적 표현)', 그리고 어떤 사태, 사건 등에 대해 자신의 느낌이나 감정을 표현하는 '감상적 표현'이 있다
- 이러한 표현 지식은 쓰기 교육과정에서 외국인 학습자들에게 수준별로 기술되어야 하며 학습자의 목적별로 그 내용이 달라져야 함은 물론이다.

마. 쓰기 전략

- 쓰기에 유용한 전략에 '기억 전략(정신적 연결고리 강조하기, 이미지와 소리 적용하기, 검토하기, 행동하기 등), 인지 전략(연습하기, 메시지 교환하기, 분석 및 추론하기, 구조 만들기), 보상 전략(쓰기에서 한계 극복하기), 상위 인지 전략(학습에 집중하기, 학습 준비·계획하기, 학습 평가하기)이 있다.
- 쓰기 전략은 각 단계별로(쓰기 전 단계, 쓰기 단계, 쓰기 후 단계) 구분되어 기술되어야 한다.

- 쓰기 전략은 외국인 학습자들에게 수준별로 기술되어야 하며 학습자의 목적별로 그 내용이 달라진다.

바. 쓰기 평가

쓰기 평가의 범주		평가 항목
문법적 능력	맞춤법	기초적인 한글 자·모 쓰기, 맞춤법의 정확한 사용
	어휘 사용 능력	학습자 수준에 적절한 어휘의 정확한 이해와 활용 능력
	문법 활용 능력	학습자 수준에 맞는 문법 활용 능력과 담화 상황에 맞는 적절한 사용 능력
담화적 능력	담화 구성 능력	문장, 대화, 담화 상황에서 내용의 긴밀한 연관성과 일관성을 유지하는 능력
	수사적 조직 능력	글의 특성에 따른 내용 조직 전개 방법과 관련된 수사적 조직 능력(서론, 본론, 결론에 따른 구성 등)
	구조적 긴밀성	특수한 담화 장치들의 적절한 활용(그러므로, 따라서, 반면에 등)
사회 언어학적 능력		경어법의 사용 등과 같은 사회 문화적 기능의 활용과 메모나 일상적 글쓰기, 주장이나 반론하기 등 평가에서 요구하는 기능을 수행하는 능력
전략적 능력		주어진 과제 해결을 위한 전략 활용 능력

- 쓰기 교육과정에 포트폴리오 평가가 추구하는 평가 방법, 각 단계별 평가 내용, 평가 주체, 단계별 전략 활용, 자기 점검 평가 내용 등을 교육과정 평가 항목을 구축할 때 염두에 두어야 한다.

사. 원리에 따른 쓰기 교육과정 구성

- 쓰기 교육을 통해 도달해야 할 기능이나 내용을 최대한 포괄해야 한다는 '포괄성' 원리를 기반으로 만들어져야 한다.
- 구체적인 것에서 추상적인 것으로, 가까운 것에서부터 먼 것으로, 단순한 것에서 복잡한 것으로 등, 수준별 내용 배열과 조직에 필요한 계열성의 원리를 적용시킨다.
- 중요한 쓰기 지식 내용이나 주제 등을 익숙하게 사용될 수 있을 때까지 그 내용을 반복적으로 노출시키는 계속성의 원리(중복성의 원리)를 적용시킨다.
- 쓰기 학습 내용을 가능한 한 이웃하는 단원이나 단계와 이어지게 배열하여야 한다는 연속성의 원리를 적용시킨다.
- 학습 내용들을 서로 연결되고 통합되도록 조직해야 한다는 '통합성'의 원리들을 적용시킨다.

아. 쓰기 교수·학습 방법

- 문자를 철자대로 쓰는 것부터 시작하여 단어, 문장, 문단 차원으로 확장된 글쓰기를 할 수 있도록 단계적, 점진적으로 교수한다.
- 문법과 문장 구조를 정확히 알고 문장 부호를 적절히 활용하여 한국어 글의 구조와 형식에 맞는 글을 쓰도록 지도한다.
- 학습자의 요구가 반영된 쓰기 과제를 계획하고 실생활에서 쓸 수 있고 의사소통할 수 있는 실용적인 과제를 통해 교수한다.
- 생활문, 설명문, 논설문, 감상문 등 다양한 장르의 글을 한국어 담화 공동체가 기대하는 방식에 맞추어 쓸 수 있도록 지도한다.
- 쓰기 전, 쓰기, 쓰기 후와 같이 단계별로 과정 중심의 쓰기를 추구하고 교사의 피드백 또는 학습자 간 피드백을 통해 효과적인 쓰기를 할 수 있도록 지도한다.

자. 쓰기 평가의 방법

- 과제 수행 및 내용 구성 능력, 전개 구조, 언어 사용, 사회언어학적 능력 등의 평가 구인을 설정하여 평가한다.
- 시험 상황에서 생성한 글뿐만 아니라 평상시 수업 중에 생성한 다양한 글을 관찰하고 진단하여 학습자의 쓰기 능력을 평가한다.
- 쓰기 성취기준에 따라 일기와 같은 생활문, 다양한 구조의 설명문, 평론과 같은 논설문, 학술 보고서 등 다양한 글을 장르 특성에 맞게 쓰는 능력을 평가한다.
- 실생활에서 쓸 수 있고 의사소통할 수 있는 실용적인 평가 과제를 제작한다.
- 쓰기 결과물에 대한 평가뿐 아니라 계획하기, 개요 쓰기, 초고 쓰기, 다시 쓰기의 단계별 쓰기 과정을 평가에 포함한다.

11 토론과 과제

- '연속성'의 원리가 쓰기 교육과정에서 어떻게 구현될 수 있는지를 설명하라.

- 본문에서 제시된 전략 이외에 단계별(쓰기 전 단계, 쓰기 단계, 쓰기 후 단계) 쓰기 전략이 있는지를 살펴보고 이를 제시하라.

- 설명문이나 논설문 이외의 텍스트 유형을 들고, 그 유형의 텍스트 구조는 어떤 특징을 지니는지 구체적으로 설명하라.

- '말하기 교육 내용'과 '쓰기 교육 내용'의 차이를 설명하라.

- '읽기 교육 내용'과 '쓰기 교육 내용'의 차이를 설명하라.

부록

제3장 부 록

부록 1 외적 사용 맥락(EXTERNAL CONTEXT OF USE)

Domain	Locations	Institutions	Persons	Objects
Personal	Home: 　　own house 　　(of family) rooms 　　(of friends) garden Own space in hostel, hotel The countryside, seaside, etc.	The Family Social networks	(Grand)Parents, Offspring, Siblings, Aunts, Uncles, Cousins, In-laws, Spouses Intimates, Friends, Acquaintances	Furnishing & furniture Clothing Household equipment Toys, tools, personal hygiene Objets d'art, Books, Pets, Wild / domestic animals, Trees, Plants, Lawn, Ponds, Household goods, Handbags, leisure/sports equipment
Public	Public spaces: 　street, square, park, etc. Public transport Shops (super)markets Hospitals, surgeries, clinic Sports stadia, fields, halls Theatre, cinema, entertainment Restaurant, pub, hotel Places of worship	Public authorities Political bodies The law Public Health Services clubs Societies Political parties Denominations	Members of the Public Officials Shop personnel Police, army, security Drivers, conductors, Passengers Players, fans, spectators Actors, audiences Waiters, barpersons Receptionists Priests, Congregation	Money, purse, wallet Forms, Goods Weapons Rucksacks Cases, Grips Balls Programmes Meals, Drinks, Snacks Passports, Licences
Occup-pational	Offices Factories Workshops Ports, railways Farms Airports Stores, shops, etc. Service industries Hotels	Firms Civil Service Multinational Corporations Nationalised industries Trade Unions	Employers/ees Managers Colleagues Subordinates Workmates Clients Customers Receptionists, Secretaries Cleaners, etc.	Business machinery Industrial machinery Industrial & craft tools
Educa-tional	Schools: Hall Classrooms, Playground, Sports fields, corridors Colleges Universities Lecture Theatres Seminar rooms Student Union Halls of Residence Laboratories Canteen	School College University Learned societies Professional Institutions Adult education bodies	Class teachers Teaching staff Caretakers Assistant staff Parents Classmates Professors, lecturers (Fellow) Students Library & laboratory staff Refectory staff, cleaners Porters, Secretaries, etc.	Writing material School uniforms Games equipment & clothing Food Audio-visual equipment Black-board & chalk Computers Briefcases & School bags

Domain	Events	Operations	Texts
Personal	Family occasions Encounters Incidents, accidents, Natural phenomena Parties, visits Walking, cycling, motoring Holidays, excursions Sports events	Living routines (dressing, undressing cooking, eating, washing, etc.) DIY, gardening Reading, Radio & TV Entertaining Hobbies Games & sports	Teletext Guarantees Recipes Instructional material Novels, magazines, Newspapers Junk mail Brochures Personal letters Broadcast and recorded spoken texts
Public	Incidents Accidents, Illnesses Public meetings Law-suits, Court trials Rag-days, Fines, Arrests Matches, contests Performances Weddings, Funerals	Buying and obtaining public services Using medical services Journeys by road/rails/ship/air Public entertainment and leisure activities Religious services	Public announcements and notices Labels & packaging Leaflets, Graffiti Tickets, Timetables Notices, Regulations Programmes Contracts Menus Sacred texts Sermons, Hymns
Occup- pational	Meetings Interviews Receptions Conferences Trade fairs Consultations Seasonal sales Industrial accidents Industrial disputes	Business admin. Industrial management Production operations Office procedures Trucking Sales operations Selling, marketing Computer operation Works office Maintenance	Business letter Report Memorandum Life & safety notices Instructional manuals Regulations Advertising material Labelling & packaging Job description Sign posting Visiting cards, etc.
Educa- tional	Return to school/entry Breaking up Visits and Exchanges Parents days / evenings Sports days, Matches Disciplinary problems	Assembly Lessons Games Playtime Clubs & societies Lectures, Essay writing Laboratory work Library work Seminars & tutorials homework Debates & discussions	Authentic texts (as above) Textbooks, Readers Reference books Blackboard text OP text Computer screen text Videotext Exercise materials Journal articles Abstracts Dictionaries

(Sophie BAILLY, et, al, 2003:207)

부록 2 유럽 공통참조기준의 일반참조 수준 : 범용 척도(Common Reference Levels: global scale)

Proficient User	C2	Can understand with ease virtually everything heard or read. Can summarise information from different spoken and written sources, reconstructing arguments and accounts in a coherent presentation. Can express him/herself spontaneously, very fluently and precisely, differentiating finer shades of meaning even in more complex situations.
	C1	Can understand a wide range of demanding, longer texts, and recognise implicit meaning. Can express him/herself fluently and spontaneously without much obvious searching for expressions. Can use language flexibly and effectively for social, academic and professional purposes. Can produce clear, well-structured, detailed text on complex subjects, showing controlled use of organisational patterns, connectors and cohesive devices.
Independent User	B2	Can understand the main ideas of complex text on both concrete and abstract topics, including technical discussions in his/her field of specialisation. Can interact with a degree of fluency and spontaneity that makes regular interaction with native speakers quite possible without strain for either party. Can produce clear, detailed text on a wide range of subjects and explain a viewpoint on a topical issue giving the advantages and disadvantages of various options.
	B1	Can understand the main points of clear standard input on familiar matters regularly encountered in work, school, leisure, etc. Can deal with most situations likely to arise whilst travelling in an area where the language is spoken. Can produce simple connected text on topics which are familiar or of personal interest. Can describe experiences and events, dreams, hopes and ambitions and briefly give reasons and explanations for opinions and plans.
Basic User	A2	Can understand sentences and frequently used expressions related to areas of most immediate relevance (e.g. very basic personal and family information, shopping, local geography, employment). Can communicate in simple and routine tasks requiring a simple and direct exchange of information on familiar and routine matters. Can describe in simple terms aspects of his/her background, immediate environment and matters in areas of immediate need.
	A1	Can understand and use familiar everyday expressions and very basic phrases aimed at the satisfaction of needs of a concrete type. Can introduce him/herself and others and can ask and answer questions about personal details such as where he/she lives, people he/she knows and things he/she has. Can interact in a simple way provided the other person talks slowly and clearly and is prepared to help.

(Council of Europe, 2017:24)

부록 3 영어과 교육과정 중학교 및 고등학교 공통 내용 체계표

[중학교]

영역	핵심 개념	일반화된 지식	내용 요소	기능
듣기	소리	소리, 강세, 리듬, 억양을 식별한다.	• 어구나 문장의 연음, 축약	식별하기
	어휘 및 문장	낱말, 어구, 문장을 이해한다.		파악하기
	세부 정보	말이나 대화의 세부 정보를 이해한다.	• 대상, 주제·그림, 사진, 도표	파악하기
	중심 내용	말이나 대화의 중심 내용을 이해한다.	• 줄거리, 주제, 요지	파악하기 추론하기
	맥락	말이나 대화의 흐름을 이해한다.	• 일이나 사건의 순서, 전후 관계 • 일이나 사건의 원인, 결과 • 상황 및 화자 간의 관계 • 화자의 의도, 목적 • 화자의 심정, 태도	파악하기 추론하기
말하기	소리	소리를 따라 말한다.		모방하기
	어휘 및 문장	낱말이나 문장을 말한다.		모방하기 표현하기 적용하기
	담화	의미를 전달한다.	• 사람, 사물 • 장소 • 의견, 감정 • 그림, 사진, 도표 • 방법, 절차 • 자기소개	설명하기 표현하기
		의미를 교환한다.	• 사람, 사물 • 위치, 장소 • 경험, 계획 • 일이나 사건의 순서, 전후 관계 • 일이나 사건의 원인, 결과	설명하기 표현하기
읽기	철자	소리와 철자 관계를 이해한다.		식별하기 적용하기
	어휘 및 문장	낱말이나 문장을 이해한다.	• 어구, 문장	파악하기
	세부 정보	글의 세부 정보를 이해한다.	• 그림, 사진, 도표 • 대상, 주제	파악하기
	중심 내용	글의 중심 내용을 이해한다.	• 줄거리, 주제, 요지	파악하기 추론하기
	맥락	글의 논리적 관계를 이해한다.	• 일이나 사건의 순서, 전후 관계 • 일이나 사건의 원인, 결과 • 필자의 의도, 목적 • 필자의 심정, 태도	파악하기 추론하기
	함축적 의미	글의 행간의 의미를 이해한다.	• 문맥 속 낱말, 어구, 문장의 의미	추론하기
쓰기	철자	알파벳을 쓴다.		구별하기 적용하기
	어휘 및 문장	낱말이나 어구를 쓴다.		모방하기 적용하기
	문장	문장을 쓴다.	• 대상, 상황 • 의견, 감정 • 그림, 사진, 도표 • 경험, 계획	표현하기 설명하기
	작문	상황과 목적에 맞는 글을 쓴다.	• 초대, 감사 • 축하, 위로 글 • 일기, 편지 • 자신, 주변 사람, 일상생활	표현하기 설명하기

[고등학교-공통]

영역	핵심 개념	일반화된 지식	내용 요소	기능
듣기	소리	소리, 강세, 리듬, 억양을 식별한다.		식별하기
	어휘 및 문장	낱말, 어구, 문장을 이해한다.		파악하기
	세부 정보	말이나 대화의 세부 정보를 이해한다.	• 대상, 주제 • 그림, 사진, 도표	파악하기
	중심 내용	말이나 대화의 중심 내용을 이해한다.	• 줄거리, 주제, 요지	파악하기 추론하기
	맥락	말이나 대화의 흐름을 이해한다.	• 일이나 사건의 순서, 전후 관계 • 일이나 사건의 원인, 결과 • 상황 및 화자 간의 관계 • 화자의 의도, 목적 • 화자의 심정, 태도	파악하기 추론하기
말하기	소리	소리를 따라 말한다.		모방하기
	어휘 및 문장	낱말이나 문장을 말한다.		모방하기 표현하기 적용하기
	담화	의미를 전달한다.	• 사람, 사물 • 장소 • 의견, 감정 • 그림, 사진, 도표 • 방법, 절차 • 자기소개 • 주제, 요지	설명하기 표현하기
		의미를 교환한다.	• 사람, 사물 • 장소 • 그림, 사진, 도표 • 경험, 계획 • 일이나 사건의 순서, 전후 관계 • 일이나 사건의 원인, 결과 • 의견, 감정	설명하기 표현하기
읽기	철자	소리와 철자 관계를 이해한다.		식별하기 적용하기
	어휘 및 문장	낱말이나 문장을 이해한다.		파악하기
	세부 정보	글의 세부 정보를 이해한다.	• 그림, 사진, 도표 • 대상, 주제	파악하기
	중심 내용	글의 중심 내용을 이해한다.	• 줄거리, 주제, 요지	파악하기 추론하기
	맥락	글의 논리적 관계를 이해한다.	• 일이나 사건의 순서, 전후 관계 • 일이나 사건의 원인, 결과 • 필자의 의도, 목적 • 필자의 심정, 태도	파악하기 추론하기
	함축적 의미	글의 행간의 의미를 이해한다.	• 문맥 속 낱말, 어구, 문장의 의미 • 글의 숨겨진 의미	추론하기

쓰기	철자	알파벳을 쓴다.		구별하기 적용하기
	어휘 및 문장	낱말이나 어구를 쓴다.		모방하기 적용하기
	문장	문장을 쓴다.	• 대상, 상황 • 의견, 감정 • 그림, 사진, 도표 • 경험, 계획 • 주제, 요지	표현하기 설명하기
	작문	상황과 목적에 맞는 글을 쓴다.	• 대상, 상황 • 그림, 도표 • 서식, 이메일, 메모	표현하기 설명하기

※빈칸은 이전 학교 급의 내용 요소와 연계하여 학습하되 중학교·고등학교 급에 해당 성취기준이 없음을 의미한다.

(교육부, 2015:7-10)

부록 4 영어과 교육과정 영역 소재

> 일상생활과 친숙한 일반적인 화제를 중심으로 학습자들이 관심을 가지고 흥미를 느낄 수 있는 소재를 선택하되 학습자들의 의사소통능력, 탐구 능력, 문제 해결 능력 및 창의력을 기르는 데 도움이 되는 내용으로 한다.

1. 개인 생활에 관한 내용
2. 가정생활과 의식주에 관한 내용
3. 학교생활과 교우 관계에 관한 내용
4. 사회생활과 대인 관계에 관한 내용
5. 취미, 오락, 여행, 건강, 운동 등 여가 선용에 관한 내용
6. 동·식물 또는 계절, 날씨 등 자연 현상에 관한 내용
7. 영어 문화권에서 사용되는 다양한 의사소통 방식에 관한 내용
8. 다양한 문화권에 속한 사람들의 일상생활에 관한 내용
9. 우리 문화와 다른 문화의 언어적, 문화적 차이에 관한 내용
10. 우리의 문화와 생활양식을 소개하는 데 도움이 되는 내용
11. 공중도덕, 예절, 협력, 배려, 봉사, 책임감 등에 관한 내용
12. 환경 문제, 자원과 에너지 문제, 기후 변화 등 환경 보전에 관한 내용
13. 문학, 예술 등 심미적 심성을 기르고 창의력, 상상력을 확장할 수 있는 내용
14. 인구 문제, 청소년 문제, 고령화, 다문화 사회, 정보 통신 윤리 등 변화하는 사회에 관한 내용
15. 진로 문제, 직업, 노동 등 개인 복지 증진에 관한 내용
16. 민주 시민 생활, 인권, 양성 평등, 글로벌 에티켓 등 시민 의식 및 세계 시민 의식을 고취하는 내용
17. 애국심, 평화, 안보 및 통일에 관한 내용
18. 정치, 경제, 역사, 지리, 수학, 과학, 교통, 정보 통신, 우주, 해양, 탐험 등 일반교양을 넓히는 데 도움이 되는 내용
19. 인문학, 사회 과학, 자연 과학, 예술 분야의 학문적 소양을 기를 수 있는 내용

부록 5 영어과 교육과정 의사소통기능

1. 정보 전달하기와 요구하기	1.1. (정체) 확인하기와 상술하기 1.2. 진술하기와 보고하기 1.3. 수정하기 1.4. 질문하기 1.5. 질문에 답하기	7. 도덕적 태도 표현하기	7.1. 도덕적 의무 표현하기 7.2. 승인하기 7.3. 거부하기 7.4. 승인이나 거부 여부 묻기 7.5. 비난을 하거나 수용하기 7.6. 비난 거부하기 7.7. 사과하기 7.8. 사과 수용하기
2. 사실에 대한 태도 표현하기	2.1. 동의하기 2.2. 이의 제기하기 2.3. 동의나 이의 여부 묻기 2.4. 부인하기 2.1. 동의하기 2.2. 이의 제기하기 2.3. 동의나 이의 여부 묻기 2.4. 부인하기	8. 설득·권고하기	8.1. 제안·권유하기 8.2. 도움 제안하기 8.3. 요청하기 8.4. (도움) 제안, 권유, 요청에 답하기 8.5. 충고하기 8.6. 충고 구하기 8.7. 경고하기 8.8. 허락 요청하기 8.9. 허락 요청에 답하기 8.10. 금지하기
3. 지식, 기억, 믿음 표현하기	3.1. 알고 있음 표현하기 3.2. 알고 있는지 묻기 3.3. 궁금증 표현하기 3.4. 모르고 있음 표현하기 3.5. 기억이나 망각 표현하기 3.6. 기억이나 망각 여부 묻기 3.7. 상기시켜 주기 3.8. 확실성 정도 표현하기		
4. 양상 표현하기	4.1. 가능성 정도 묻기 4.2. 가능성 정도 표현하기 4.3. 의무 여부 묻기 4.4. 의무 표현하기 4.5. 의무 부인하기 4.6. 허가 여부 묻기 4.7. 허가하기 4.8. 불허하기 4.9. 능력 여부 묻기 4.10. 능력 표현하기 4.11. 능력 부인하기	9. 사교활동 하기	9.1. 주의 끌기 9.2. 만날 때 인사하기 9.3. 안부 묻기 9.4. 안부 묻기에 답하기 9.5. 제삼자에게의 안부 부탁하기 9.6. 호칭하기 9.7. 자기소개하기 9.8. 다른 사람 소개하기 9.9. 소개에 답하기 9.10. 소개가 필요한지 묻기 9.11. 환영하기 9.12. 음식 권하기 9.13. 음식 권유에 답하기 9.14. 감사하기 9.15. 감사에 답하기 9.16. 축하, 칭찬하기 9.17. 격려하기 9.18. 축하, 칭찬, 격려에 답하기 9.19. 기원하기 9.20. 헤어질 때 인사하기
5. 의지 표현하기	5.1. 바람, 소원, 요망 표현하기 5.2. 바람, 소원, 요망에 대해 묻기 5.3. 의도 표현하기 5.4. 의도 묻기		

6. 감정 표현 하기	6.1. 기쁨 표현하기 6.2. 슬픔 표현하기 6.3. 기쁨이나 슬픔에 대해 묻기 6.4. 슬픔, 불만족, 실망의 원인에 대해 묻기 6.5. 낙담 위로하기 6.6. 유감이나 동정 표현하기 6.7. 희망, 기대 표현하기 6.8. 실망 표현하기 6.9. 걱정, 두려움 표현하기 6.10. 걱정, 두려움 묻기 6.11. 안심시키기 6.12. 안도감 표현하기 6.13. 좋아하는 것 표현하기 6.14. 싫어하는 것 표현하기 6.15. 좋아하는 것 또는 싫어하는 것 묻기 6.16. 선호 표현하기 6.17. 선호에 대해 묻기 6.18. 만족 표현하기 6.19. 불만족 표현하기 6.20. 만족이나 불만족에 대해 묻기 6.21. 불평하기 6.22. 화냄 표현하기 6.23. 화냄에 응대하기 6.24. 관심 표현하기 6.25. 무관심 표현하기 6.26. 관심에 대해 묻기 6.27. 놀람 표현하기 6.28. 놀람 여부 묻기	10. 담화 구성 하기	10.1. 주제 소개하기 10.2. 의견 표현하기 10.3. 의견 묻기 10.4. 열거하기 10.5. 강조하기 10.6. 정의하기 10.7. 요약하기 10.8. 주제 바꾸기 10.9. 이해 상태 나타내기 10.10 대화에 끼어들기 10.11. 전화를 하거나 받기
		11. 의사소통 개선하기	11.1. 천천히 말해 달라고 요청하기 11.2. 반복 요청하기 11.3. 반복해 주기 11.4. 확인 요청하기 11.5. 설명 요청하기 11.6. 철자·필기 요청하기 11.7. 철자 알려주기 11.8. 표현 요청하기 11.9. 표현 제안하기 11.10. 이해 점검하기 11.11. 오해 지적해 주기 11.12. 생각할 시간 요청하기

※ 각각의 전형적인 표현 예시문은 교육부(2015:142-153)을 참조할 것.

부록 6 미국 외국어교육위원회 평가기준 영역별 명인급(Distinguished) 세부 지침

(10) 가. 말하기: 정확성과 유창성이 결합되어 능수능란하게 언어를 다룰 수 있다. 교육 수준이 높고 자신의 생각을 논리정연하게 표현할 수 있다. 다양한 국제적 사안들과 고도로 추상적인 개념에 관해 문화적 코드에 위배됨 없이 자신의 의견을 개진할 수 있다. 가설에 기반한 담론을 설득력 있게 이끌어나가, 반드시 자신의 주장이 아니더라도 특정 논지를 옹호하는 담론을 전개할 수 있다. 청중과 대상에 따라 문화적으로 적절한 방식으로 언설 및 언어 사용역을 채택하고 발화를 조절할 수 있다. Distinguished 단계의 화자는 매우 복잡하고 논리정연하게 구성된 긴 담화가 가능하다. 동시에 문화적, 역사적 준거들을 사용하여 짧은 말에 많은 의미를 담아 간명하게 이야기할 수도 있다. 이 단계에 있는 화자의 구두 담화는 보통 문어 담화의 특성을 더 많이 지닌다. 원어민이 아님을 드러내는 악센트나, 원어민 특유 표현의 이해 부족, 깊이 내포된 문화적 준거 기준에 대한 지식 등이 제한되어 있어서 간혹 한두 개의 실수가 등장할 수 있다.

나. 쓰기: 공식 서한, 성명서, 기사문 등의 공식적 글쓰기를 수행할 수 있다. 전문적, 학술적, 사회적 이슈에 관해 분석적인 글쓰기가 가능하며, 고도로 추상화된 방식으로 국제적 이슈들에 관해 의견을 개진할 수 있다. 가설에 기반한 담론을 설득력 있게 이끌어나가, 반드시 자신의 주장이 아니더라도 특정 논지를 옹호하는 담론을 전개할 수 있다. 미묘한 뉘앙스를 이해, 전달할 수도 있다. 이 단계의 글은 정교하면서도 세련되어, 지적 수준 높은 독자층을 겨냥한다. 이 단계의 글쓴이는 독자의 수준에 맞추어 자신의 언어를 조정할 수 있다. 이 단계의 글은 밀도가 높고 복잡하지만 동시에 표현의 경제성을 추구한다. 글은 노련하게 조직되고, 해당 독자층이 속한 문화의 사고 패턴을 고려하여 짜여진다. 길이는 결정적 요소가 아니다. 시처럼 짧을 수도, 논문처럼 길 수도 있다. 어휘, 문법, 구문, 스타일 등 전반적인 면에서 언어의 특성에 관해 잘 숙지하고 있다. 글의 구조 및 구두법은 단지 의미를 조직화하는 것에 그치지 않고 보다 강화된 짜임새를 위해 전략적으로 배치되며, 대개 목표 언어의 문화와 텍스트 양식에 부합한다.

다. 듣기: 청중에 따라 형태, 스타일, 어조를 달리하는 고도로 전문적인 다양한 주제들에 관해 듣고 이해할 수 있다. 고전 연극, 예술 영화, 전문 좌담회, 학술 토론, 공공정책 성명서, 문학 작품, 대부분의 농담과 말장난을 이해한다. 겉으로 드러나지 않은 정보, 어조, 관점을 유추해 낼 수 있으며 정교하게 짜여진 설득조의 논쟁의 흐름을 따라갈 수 있다. 복잡한 주제를 다룰 때 발생하는 예상치 못한 사고의 전환을 이해할 수 있다. 또한 문화적 준거들과 그에 따른 암시들에 관해 깊고 폭넓은 이해를 가지고 있으며, 음성 언어의 풍부함을 충분히 이해하고 있다. 고도로 추상적이거나 전문적인 언설과 더불어 복잡한 수사적 구조와 엄밀하고 빈도수 낮은 어휘가 포함된 언설도 이해할 수 있다. 길고 조밀하며 복잡한 구조, 풍부한 문화적 준거 기준들, 관용적, 구어적 표현으로 이루어진 언설도 이해한다. 이 단계의 청자들은 미묘하거나 고도로 전문적인 정보는 물론, 언어적 군더더기가 거의 혹은 전혀 없는 매우 짧은 텍스트의 문화적 의미에 관해서도 완전히 이해

하고 있다. 해당 언어가 가진 문화적 틀을 바탕으로 그 언어를 이해하고, 화자의 미묘한 뉘앙스를 짚어낼 수 있다. 그러나 특정 사투리 및 비표준적인 언어들을 이해하는 데 있어서는 여전히 어려움이 있을 수 있다.

라. 읽기: 전문적, 기술적, 학술적, 문학적인 글을 비롯한 다양한 장르의 텍스트를 이해할 수 있다. 이러한 텍스트는 고도로 추상적이고 엄밀하며 독특한 어휘, 밀도 높은 정보, 문화적 준거, 복잡한 구조와 같은 특징을 지닌다. 이 단계의 독자는 겉으로 드러나지 않은 정보, 어조, 관점을 유추해낼 수 있으며 정교한 설득조의 논쟁의 흐름을 따라갈 수 있다. 복잡한 주제를 다룰 때 발생하는 예상치 못한 사고의 전환을 이해할 수 있다. 특정 독자층을 겨냥한 글은 물론이고 다수의 역사적, 지역적, 구어적인 언어의 변이 형태도 이해 가능하다. 이들은 문자 언어의 풍부함을 잘 이해하고 있다. 미묘하고 전문적인 정보를 전달하기 위해 복잡하고 수사적인 문장구조뿐 아니라 고도로 엄밀하고 빈도수 낮은 어휘가 사용된 텍스트도 이해하고 감상할 수 있다. 그러한 텍스트는 보통 에세이 길이일 때가 많으나, 보다 긴 텍스트의 발췌문일 수도 있다. 해당 언어가 가진 문화적 틀을 바탕으로 언어를 이해하고 글에 담겨 있는 미묘한 뉘앙스를 이해할 수 있다. 그러나 특정 비표준적 언어들을 이해하는 데 있어서는 여전히 어려움이 있을 수 있다.

부록 7 미국 외국어교육위원회 평가기준 등급별 세부 지침(읽기)

가. DISTINGUISHED

전문적, 기술적, 학술적, 문학적인 글을 비롯한 다양한 장르의 텍스트를 이해할 수 있다. 이러한 텍스트는 고도로 추상적이고 엄밀하며 독특한 어휘, 밀도 높은 정보, 문화적 준거, 복잡한 구조와 같은 특징을 지닌다. 이 단계의 독자는 겉으로 드러나지 않은 정보, 어조, 관점을 유추해낼 수 있으며 정교한 설득조의 논쟁의 흐름을 따라갈 수 있다. 복잡한 주제를 다룰 때 발생하는 예상치 못한 사고의 전환을 이해할 수 있다. 특정 독자층을 겨냥한 글은 물론이고 다수의 역사적, 지역적, 구어적인 언어의 변이 형태도 이해 가능하다. 이들은 문자 언어의 풍부함을 잘 이해하고 있다. 미묘하고 전문적인 정보를 전달하기 위해 복잡하고 수사적인 문장구조뿐 아니라 고도로 엄밀하고 빈도수 낮은 어휘가 사용된 텍스트도 이해하고 감상할 수 있다. 그러한 텍스트는 보통 에세이 길이일 때가 많으나, 보다 긴 텍스트의 발췌문일 수도 있다. 해당 언어가 가진 문화적 틀을 바탕으로 언어를 이해하고 글에 담겨 있는 미묘한 뉘앙스를 이해할 수 있다. 그러나 특정 비표준적 언어들을 이해하는 데 있어서는 여전히 어려움이 있을 수 있다.

나. SUPERIOR

주제의 익숙함과 상관없이 다양한 장르의 텍스트를 이해할 수 있다. 익숙한 주제에만 이해가 제한된 것이 아니라, 방대한 어휘, 복잡한 문장구조의 이해, 해당 문화에 대한 지식이 뒷받침 되는 목표 언어 실력이 이해를 가능케 한다. 이 수준의 독자는 텍스트 자체만 아니라 언어 외적인 단서에서도 의미를 유추해낼 수 있다. 엄밀하고 특수한 어휘와 복잡한 문장 구조가 사용된 텍스트를 이해할 수 있다. 이러한 텍스트는 논증, 부연설명, 가정 등의 특징을 띄고 있으며 학술적, 전문적인 글에서 발견되는 추상적 어구 등을 사용한다. 그러한 텍스트는 대개 분석적 성격을 띠고 있어 논리적 추론이 요구되며, 종종 문화적 준거들을 포함하고 있다. 이들은 전문적, 학술적, 문학적 성격의 장문의 텍스트도 이해 가능하다. 언어의 미학적 속성과 문학적 스타일에 대해 전반적으로 잘 이해하고 있지만, 깊숙이 내포된 문화적 준거들과 가정들에 대해서는 온전히 이해하지 못할 수도 있다.

다. ADVANCED

실제적인 서술 및 묘사문의 핵심사항들과 그를 뒷받침하는 세부사항들을 이해할 수 있다. 어휘와 문법적 지식에 있어서의 한계를 문맥상의 단서를 이용하여 보충할 능력이 있다. 언어에 대한 관습적 지식 (명사·형용사 일치, 동사 배치 등)을 동원하기도 한다. 주제가 익숙한 경우, 핵심 논지를 인지한다든가 하는 식으로 명료한 논쟁적 텍스트에서 어느 정도 의미를 끌어낼 수 있다. 명확하고 예측 가능한 구조를 가진 텍스트를 이해할 수 있다. 이에 해당하는 텍스트는 주로 일반적 성격의 실질적 주제를 다루는 복잡하지 않은 산문들이다. 익숙하지 않은 새로운 주제들에 관해 읽을 수 있는 독자적 능력이 있다. 표준적 언어 관습에 대해 숙지하고 있어 사건의 연결, 시제, 연대기 등을 이해할 수 있다. 그러나 추상적인 논의를 다루는 텍스트는 이해가 어려울 수도 있다.

- Advanced High

  길이에 상관없이 관습적 서술문 및 묘사문은 물론, 그보다 복잡하고 사실적 자료에 관한 글을 무리 없이 완전히 이해할 수 있다. 특정 관심사나 지식을 다루는 논쟁적 글의 핵심사항들을 다소 이해할 수 있다. 익숙하지 않은 주제와 상황을 다루는 글도 일부 이해 가능하다. 텍스트에 적힌 사실들을 이해하는 데 그치지 않고 저자가 의도한 내재적 함의들을 추론해내기 시작한다. 언어의 미학적 속성과 문학적 스타일을 이해하기 시작하는 단계로, 광범위한 텍스트에 대한 이해가 가능해진다. 구조적, 개념적으로 보다 복잡한 글을 읽을 때는 오해가 발생할 수도 있다.

- Advanced Mid

  사람, 사물, 장소에 관한 확장된 묘사나 과거, 현재, 미래의 사건에 관한 서술 같은 관습적 서술문 및 묘사문을 이해할 수 있다. 이러한 텍스트는 문어의 표준적 관습을 충실히 따를 경우, 독자들이 앞으로의 내용을 예상할 수 있다는 특징이 있다. 핵심사항들, 사실들, 이를 뒷받침하는 다수의 세부사항들을 이해하는데, 이는 주제나 상황에 익숙해서만이 아니라 언어적 지식 자체에 기반하고 있기도 하다. 구조적, 개념적으로 보다 복잡한 텍스트의 의미도 어느 정도 이해할 수 있다.

- Advanced Low

  매우 명확한 구조를 가진 관습적 서술 및 묘사문을 이해할 수 있지만 이해 정도는 균일하지 않다. 이 경우, 대개의 텍스트는 빈도수 높은 어휘와 구조로 이루어져 있다. 핵심사항들과 몇몇 세부사항들을 이해하지만, 이는 주로 주제나 상황에 대한 지식 덕분이다. 좀더 복잡한 텍스트를 이해하는 데는 곤란을 겪을 수 있다.

라. INTERMEDIATE

단순하고 예측 가능하며 느슨하게 연결된 글을 이해할 수 있지만, 문맥상의 단서에 크게 의존한다. 일기예보나 공지사항처럼 익숙한 형식의 글일 경우 정보를 가장 잘 이해한다. 발표문, 공지사항, 온라인 게시판, 포럼처럼 복잡하지 않고 예측 가능한 설명 패턴을 사용해 기본적인 정보를 전달하는 텍스트를 이해할 수 있다. 이러한 담화는 응집성이 약하며, 매우 빈도수 높은 어휘들이 사용된 개별 문장들의 연쇄인 경우가 대부분이다. 단순하고 명확한 텍스트일 경우에 가장 정확하게 이해할 수 있는 것이 이 단계의 특징으로, 매우 익숙한 일상적 맥락에서 발견되는 메시지를 이해할 수 있다. 상세한 설명이 있는 텍스트 혹은 순서, 시제, 연대 파악을 위해 언어 구조에 관한 이해가 필수적으로 선행되어야 하는 텍스트는 온전히 이해하지 못할 수도 있다.

- Intermediate High

  기본정보를 전달하고 개인적 관심사나 지식과 결부된 개인적, 사회적 주제를 다루는 짧고 복잡하지 않은 텍스트를 무리 없이 완전히 이해할 수 있다. 서술과 묘사로 이루어진 짧고 일관된 텍스트도 이해 가능한 경우도 있지만, 어휘, 구조, 글쓰기 관습에 관한 제한된 지식으로 인해 때로 이해에 간극이 생길 수 있다.

- Intermediate Mid

  기본정보를 전달하고 개인적 관심사나 지식과 결부된 개인적, 사회적 주제를 다루는 짧고 복잡하지 않은 텍스트를 이해할 수 있으나, 잘못 이해할 가능성이 있다. 익숙한 주제의 경우 서술과 묘사로 이루어진 짧고 일관된 텍스트를 이해할 수 있을 때도 있다.

- Intermediate Low

개인적, 사회적 요구와 관계된 가장 단순한 형태의 일관된 몇몇 텍스트에서 약간의 정보를 이해할 수 있지만, 이해를 잘못하는 경우가 빈번하게 발생한다. 길이를 막론하고 전반적으로 일관된 텍스트의 의미 파악이 어렵다.

마. NOVICE

키워드와 동족어, 문맥상 의미가 매우 분명한 정형화된 어구들을 이해할 수 있다. 호텔 계산서, 신용카드 영수증, 기상도처럼 매우 익숙한 주제 안에서 고도로 예측 가능한 텍스트를 부분적으로 이해할 수 있다. 배경지식 및 언어 외적인 도움(기상도의 그림정보, 신용카드 영수증의 포맷 등)에 크게 의존한다. 예측 가능한 정보를 접할 때 가장 잘 이해하며, 키워드, 동족어, 정형화된 어구들을 인지하는 방식을 사용하여 이해한다.

- Novice High

명확한 문맥을 가진 일련의 텍스트에서 키워드, 동족어, 정형화된 어구를 비교적 무리 없이 완전히 이해할 수 있다. 이미 알고 있는 단어가 등장하는 경우라면 기차 시간표, 도로지도, 거리 표지판 등에서 보이는 예측 가능한 언어와 메시지를 이해한다. 문맥 및 언어 외적인 도움이 있을 경우, 기본적인 정보를 전달하고 짧고 복잡하지 않은 텍스트는 대부분 이해할 수 있다.

- Novice Mid

음소 문자 체계의 문자, 혹은 음절 문자 체계의 기호, 혹은 표어문자 체계의 제한된 수의 글자나 기호들을 이해할 수 있다. 동족어와 차용어를 포함해 문맥상 의미가 매우 분명한 단어와 어구를 다수 이해할 수 있으나, 하나 이상의 어구는 이해가 거의 불가능하다. 반복해서 읽어야 할 경우가 많다.

- Novice Low

제한된 수의 문자, 기호, 글자를 인지할 수 있다. 문맥이 매우 명확할 경우 높은 빈도수의 단어와 어구를 이해할 수 있는 경우도 있다.

제4장 부 록

부록 1 교수요목에 대한 견해

가. The syllabus replaces the concept of 'method', and the syllabus is now seen as an instrument by which the teacher, with the help of the syllabus designer, can achieve a degree of 'fit'between the needs and aims of the learner (as social being and as individual) and the activities which will take place in the classroom.…… A syllabus must be seen as making explicit what will be taught, not what will be learned.(Yalden, 1984:13-21)

나. A syllabus is a more circumscribed document, usually one which has been prepared for a particular group of learners. In some places, the terms syllabus and course outline means the same thing, although recently the term syllabus has taken on a special meaning concerning the specification of language content alone. (Dubin, F., Olshtain E,, 1986:3)

다. A syllabus is a particular scheme fashioned for a particular content area. A syllabus, then, defines a subject. …… the syllabus is simply a framework within which activities can be carried it: a teaching device to facilitate learning. It only becomes a threat to pedagogy when it is regarded as absolute rules for determining what is to be learned rather than points of reference from which bearings can be taken.(Widclowson, 1984: 23, 26)

라. Any syllabus will express—however indirectly—certain assumptions about language, about the psychological process of learning, and about the pedagogic and social processes within a classroom.(Breen, 1984:49)

마. Syllabus …… focuses more narrowly on the selection and grading of content.(Nunan, 1988:8)

바. A specification of the content of a course of instruction and lists what will be taught and tested.(Richards, 2001:2)

사. Ways of organizing courses and materials.(Brown, 1995:14)

아. At syllabus'simplest level a syllabus can be described as a statement of what is to be learnt. It reflects language and linguistic performance.(Hutchinson & waters, 1987:80)

자. This syllabus type "generally consisted of two components: a list of linguistic structures (the 'grammar'to be taught) and a list of words (the lexicon to be taught)".(Gibbons, 1984:272-280)

차. Criteria for the selection of syllabus units include frequency, usefulness, simplicity, learnability and authenticity. (Rodgers, 2013:6).

카. A statement of content, sequence, and (often) recommended teaching techniques.(Strevens, 1977:61)

타. A syllabus provides a focus for what should be studied, along with a rationale for how that content should be selected and ordered. Currently, the literature reflects three major types of syllabuses: structural, situational, and notional.(McKay, 1978:11)

부록 2 교육과정과 교수요목의 차이

가. The terms "syllabus", "syllabus design" and "curriculum design" have given rise to confusion in terms of their definitions and use. The field of curriculum studies is part of the discipline of educational studies. In its broadest sense, it refers to the study of goals, content, implementation and evaluation of an educational system. In its restricted sense, curriculum refers to a course of study or the content of particular course or programme. It is in this narrower sense of curriculum that the term "syllabus" is employed. … "syllabus design" is just one phase in a system of interrelated curriculum development activities.(Stern, 1983:10-11)

나. Curriculum is concerned with making general statements about language learning, learning purpose, experience, evaluation, and the role and relationships of teachers and learners. Syllabuses, on the other hand, are more localized and are based on accounts and records of what actually happens at the classroom level as teachers and learners apply a given curriculum to their own situation.(Candlin, 1984:31)

다. 'Curriculum' is concerned with planning, implementation, evaluation, management, and administration of education programs. 'Syllabus', on the other hand, focuses more narrowly on the selection and grading of content.(Nunan, 1993:8)

라. Shaw's (1975) The curriculum includes the goals, objectives, content, processes resources, and means of evaluation of all the learning experiences planned for pupils both in and out of the school and community, through classroom instruction and related programs. Syllabus is a statement of the plan for any part of the curriculum, excluding the element of curriculum evaluation itself.(Kaur, 1990:2)

마. curriculum is a very general concept which involves consideration of the whole complex of philosophical, social and administrative factors which contribute to the planning of an educational program. Syllabus, on the other hand, refers to that subpart of curriculum which is concerned with a specification of what units will be taught (as distinct from how they will be taught, which is a matter for methodology).(Allen, 1984:61)

부록 3 Brown(2000:74-75)의 청화식 교수법의 특성

가. New material is presented in dialog form.

나. There is dependence on mimicry, memorization of set phrases, and overlearning.

다. Structures are sequenced by means of contrastive analysis and taught one at a time.

라. Structural patterns are taught using repetitive drills.

마. There is little or no grammatical explanation: grammar is taught by inductive analogy rather than deductive explanation.

바. Vocabulary is strictly limited and learned in context.

사. There is much use of tapes, language labs, and visual aids.

아. Great importance is attached to pronunciation.

자. Very little use of the mother tongue by teachers is permitted.

차. Successful responses are immediately reinforced.

카. There is a great effort to get students to produce error-free utterances.

타. There is a tendency to manipulate language and disregard content.

제5장 부 록

부록 1 Yalden(1983:86-87)의 교수요목 설계에서 고려해야 할 요건

가. As detailed a consideration as possible of the purposes for which the learners wish to acquire the target language.

나. Some idea of the setting in which they will want to use the target language (physical aspects need to be considered, as well as social setting).

다. The socially defined role the learners will assume in the target language, as well as the roles of their interlocutors.

라. The communicative events in which the learners will participate: everyday situations, vocational or professional situations, academic situations, and so on.

마. The language functions involved in these events, or what the learner will need to be able to do with or through the language.

바. The notions involved, or what the learner will need to able to talk about.

사. The skills involved in the "knitting together" of discourse: discourse and rhetorical skills.

아. The variety or varieties of the target language that will be needed, and the levels in the spoken and written language which the learners will need to reach.

자. The grammatical content that will be needed.

차. The lexical content that will be needed.

부록 2 언어의 미시적 기능

언어의 미시적 기능에는 다음과 같은 것들이 있다(Munby, J 1990:185-189 참조).

1. 확실성 척도(Scale of certainty)

    가. 비개인적(Impersonalised) - 단언(Affirmation), 확실성(Certainty), 개연성(Probability), 가능성(Possibility), 비확실성(Nil certainty)

    나. 개인적(personalised) - 확신(Conviction), 추측(Conjecture), 의심(Doubt), 불신(Disbelief)

2. 수행 척도(Scale of commitment)

    가. 의도(Intention)- 자발적 의지(volition), 의지(will), 비의지(unwilling); 바람(wish), 소원(want), 욕구(desire), 선택(choice), 경향(inclination), 선호(prefer); 방법(mean), 의도(intention), 숙고(contemplate), 계획(plan), 목적(propose); 약속(promise), 보증(undertake), 보장(assure), 보증(guaranties)

    나. 의무(Obligation)- 당위적 의무(obligation), 사회적 필요(necessity(social)), 책임(onus), 의존(liability), 의무(duty), 성실(allegiance), 책무(responsibility), 신중(conscientiousness).

3. 평가 판단(Judgement and evaluation)

    가. 평가(Valuation)

        가) 사정(assess), 판단(judge), 견적(estimate), 가치(value); 순위매기기(rank), 장소(place), 성적(grade)

        나) 오판(misjudge), 편견(prejudge), 과도평가(overestimate)

    나. 평결(Verdiction) - 선언(Pronounce), 규칙(rule), 조사(find), 보상(award)

        가) 회부(Committal) - 비난(condemn), 유죄 선고(convict), 추방(proscribe), 판결(sentence)

        나) 방면(Release) -방면(release), 면제(exempt), 취하(acquit), 해고(discharge), 벌금(let off), 변명(excuse); 관용(pardon), 용서(forgive), 무죄 증명(exculpate), 혐의 면제(exonerate), 책임 면제(absolve), 형정지(reprieve); 조정(conciliate), 화해(reconcile), 경감(extenuate)

    다. 찬성(Approval) - 찬성(approve), 좋게 생각하기(think well), 감사(appreciate), 신용 얻기(give credit), 가치(value); 칭찬(commend), 감사 표현(praise), 박수(applaud); 가치 인정(deserve), 장점(merit), 권리 부여(entitle)

    라. 불찬성(Disapproval) - 불찬성(disapprove), 찡그리기(frown upon), 평가 절하(deprecate), 뉘우침(deplore); 항의(remonstrate), 불평(complain), 주장(allege), 책임 전가(impute), 변명(accuse), 책임(charge); 비난(blame), 질책(reproach), 명예 훼손(disparage), 질책(reprimand), 탄핵(denounce), 규탄(condemn)

4. 설득호소(Suasion)

    가. 유인(Inducement) - 설득(persuade), 목적(propose), 제안(suggest), 조언(advise), 추천(recommend), 옹호(advocate), 장려(exhort), 부탁(beg), 재촉(urge), 선동(incite)

나. 충동(Compulsion) – 요구(command), 명령(order), 지시(dictate), 감독(direct), 강요(compel), 강제(force), 의무(oblige); 막기(prohibit), 금지(forbid), 각하(disallow)

다. 예상(Prediction) – 예상(predict), 경고(warn), 주의(caution), 위협(menace), 협박(threaten), 지시(instruct), 명령(direct), 초청(invite)

라. 관용(Tolerance) – 허락(allow), 관용(tolerate), 부여(grant), 동의(consent to), 일치(agree to), 허용(permit), 권위부여(authorise)

5. 논쟁(Argument)

가. 정보(Information)

가) 진술/단언(State/asserted) – state, inform, tell, express, report, describe, publish, know; proclaim, declare, assert, emphasise, affirm, maintain; argue, advocate, claim, contend, protest

나) 정보 찾기(Sought) – question, query; request

다) 거절(Denied) – deny, refute, disclaim, protest; oppose, refuse, decline, reject; disprove, confute, negate

나. 일치(Agreement) – 동의(agree), 합의(concur), 동조(assent), 묵인(acquiesce), 동의(consent); 확신(confirm), 협동(corroborate), 가입(endorse), 지지(support), 비준(ratify), 승인(approve)

다. 불일치(Disagreement) – 불일치(disagree), 반대(demur), 항변(dissent); 논쟁(dispute), 반대(contradict), 거부(repudiate)

라. 동의(Concession)– 동의(concede), 수락(grant), 인정(admit), 양보(yield), 연기(defer), 허락(allow), 제시(submit), 포기(renounce), 철회(withdraw), 신앙포기(abjure), 단념(abandon), 취소(retract), 사임(resign); 고백(confess), 사과(apologie)

6. 이성적 질문과 설명(Rational enqury and exposition)

가. 건의(proposition), 가설 설정(hypothesis); 추론(corollary), 전제(presupposition)

나. 실증(substantiation), 정당화(verification), 변호(justification, 증명(proof)

다. 추측(supposition), 추론(conjecture), 가정(assumption

라. 함축(implication), 연역추론(inference), 귀납추론(deduction), 예증(illustration), 예시(exemplification)

7. 공식적 담화(Formulate communication)

가. 인사(Greeting, 송별(farewell)

나. 인정(acknowledgement), 감사(thanks); 후회(regret), 사과(apology)

다. 좋은 소망(good wishes), 축하(congratulations)

라. 우려(solicitude), 위로(condolence), 동정(commiseration)

마. 주목(attention), 신호(signals)

색 인

(A)

A1	93, 94, 95, 114
A2	93, 94, 95, 113
abstracts	352
accent	172
acceptability	219
accumulation	188
acquisition	188, 219
ACTFL	88, 102, 103, 104
action verb	301
action- oriented approach	92
activities	176, 183, 184
actual state	228, 256
Adequate Operational Proficiency	94
Adequate response to situations normally encountered	93
adjacency pairs	168
Adjunct Language Instruction	215, 216, 223
Advanced	103, 116, 527
advice	177
Agreement	145, 198, 535
Alber & Walshe	493
All Wright	233
Allen	126, 194
American Council on the Teaching ofForeign Languages	102, 115
Analysis of available information	236
analytic syllabus	188, 189, 203, 220
appeals for help	168
Appropriateness	156, 157
Approval	145, 198, 534
approximation	168, 412
Argument	145, 177, 198, 535
assimilated	201
attribution	197
audio-lingual method	128
auditory channel	165
authentic	205
authenticity	125, 152, 360
availabilty and familarity	313
avoidance	168, 413, 428

(B)

B1	93, 95, 518
B2	93, 95, 518
Bachman	161, 162, 163
backchannelling	168
backwash	418
be graded	189
behaviour	155, 157
Benyelles	232
Bialystok	413
borrowing	413, 428
Breakthrough	93
Breen	124, 204, 207
Brown	125, 130, 531
Brumfit	191, 371, 406

(C)

C1	93, 94, 114, 518
C2	93, 94, 114, 518
Can do	94, 114
Canale & Swain	159, 160, 161, 162
Candlin	125, 207, 208, 211
Capacity	134, 162
Carroll	131
Case studies	236
Categories of communicative function	143, 198
Cause	145
CEFR	113, 119
Celce-Murcia	167, 168
Certainty	145, 197

channel	165
Chomsky	131, 152, 154
circumlocution	168, 412
Clark	229
CLB1	169
CLB10	169
CLB11	169
CLB12	169
CLB2	169
CLB3	169
CLB4	169
CLB5	169
CLB6	169
CLB7	169
CLB8	169
CLB9	169
closings	168
clustering	363
coalescence	351
code switching	168
cognitive approach method	128
cognitive process	165
Coherence	168, 449, 467
coherent	91, 114, 518
Cohesion	163, 168
Collecting learner language sample	236
Communication	159
Communicative competence	155, 159
communicative function	144
Communicative language ability, CLA	161
Communicative language competences	172
Communicative Language Teaching, CLT	42
communicative phases	219
Communicative syllabus	126
Compensatory strategies	168, 414
competence	161
Complexity	192
comprehension checks	168
comprehensive	91, 114
Comprehensive Mastery	94
Comprehensive Operational Proficency	94
Compulsion	198, 535
concept	197, 199
Concession	145, 198, 535
Conclusion	145
Condition	145
Conjecture	197, 534
conjunction	168
constraints	232, 301
content schemata	165
content-based syllabus	213
context of situation	134, 165
contextual settings	134
Continuity	339
contradiction	91
contrastive difficulty	189
Conversational structure	168
Conviction	145, 197
Core Inventory for General English	367
course outline	124
coverage	311
creativity	159
criterion-referenced	105
Crookes	134, 209. 210
Crookes & Long	210
currere	21
Curriculum	21, 125
cycle	200

(D)	
declarative	207
decoding	433
deficiencies	91
Definition	145
degree	174, 180, 219
Degree of skill	174, 180

Deixis	144, 168, 178, 197
deixis	178
Denial	145
descriptive grammar	127, 146
desired state	228, 256
desires	231
development	91
deviations	180
Dewey	65
Dialect	172
Difficulty	350
Dimension	144, 179, 197
Disagreement	198, 535
Disapproval	145, 198, 534
Disbelief	197
discourse	159, 176
Discourse competence	172
Doubt	197, 534
Dubin & Olshtain	124

(E)

Eckman	352
editing	499
Effective Operational Proficiency	94
Effective Proficiency	94
ellipsis	168
Emotional relations	145
entities	352
equivocations	91
error-free utterances	130
ESP : English for Special or Specific Purpose	196
EST : English for Science and Technology	196
Evaluation	135, 198
evaluation	499
event	176, 352, 517
execution	165
executive	166
existential	178

Explanation	145
explanation	177
exponents	180, 195, 221
exponents	180, 195, 221
exposition	145, 177, 198
Expressions of folk wisdom	172

(F)

Faerch & Kasper	413
Familiarity	101, 115
Feasibility	156, 157
feedback	209
Finocchiaro	199, 200, 406
Finocchiaro & Brumfit	917
Flattery	145, 198
Flower & Hayes	473, 475
foreignizing	168, 413
formal area	219
Formality	145
Formulaic Proficiency	93
framework	229
Frequence	144, 197
Frequency	115, 312
frequency	125
frequency of occurrence	189
FSI(Foreign Service Institute)	102
FSI-Language Proficiency Level Description	102
full potential and constraints	232
Fully communicative syllabus	202
Fully Notional syllabus	221
Function	195
function	108, 191, 193
function of the utterances	144
Functional competence	172
Functional Notion Syllabus	142
functional orientation	192
Functional syllabus	195
Functional/Notional syllabus	126

functions	134, 142, 174

(G)

Gagné	298, 301, 325
Gagné, Robert, M. & Briggs, Leslie J.	580
gap	229
General Notions	174
General notions	174
generalizability	219
Genre	168
Gephart, W. I.	433
gestures	413
Goodlad	70
Goodman	433
Grabe & Stroller	215
Graham et al.	493
grammar-translation method	128
Grammatical competence	153, 159, 172
grammatical complexity	189, 219
grammatical criteria	189
Grammatical-Structural syllabus	126
Gratitude	145, 198
Greeting	145, 198
Gronlund	298, 300, 325

(H)

Halliday	371
hedges	361
hesitation devices	168
hierarchy of difficulty	350, 355, 409
high	103
Hofstede	268
Hostility	145, 198
how	196
Hu & Nation	448
Hutchinson & Waters	125, 229, 233
Hymes	154, 158, 183 456
Hypothesis	145

(I)

ideational meaning	202
ILR	102
ILR(Interagency Language Roundtable)	102
Imparting factual information	179
Impersonalized	197
Implementation	135
Implication	145
indicators	168
Inducement	198
Information	198
Information asserted and sought	145
information-gap activity	209
input syllabus	202
intake	132
Integration	348
Interactional strategies	168
Intermediate	103
interpersonal area	219
interruption	415
Interviews	236
interweave	200
Introductory	93
invitation	177

(J)

J.S Bruner	68
James R. Lincoln & Didier Guillot	267
Johnson	134
Judgement	145, 198

(K)

Kaur	126, 133, 313
knowledge	162
Krashen	213
KSL(Korean as a Second Language)	8

(L)

L1 based strategies	413
L2 based strategies	413
lack of efficiency	182
Lacks	230
Language activities	174
language competence	162
Language functions	174
language situation	404
language skills	142, 148
language switch	413
language use	194, 221
Larsen-freeman & Long	210
Laufer	40
learnability	152
learned capabilities	301
learner	232
learning	232
Learning Needs	232
learning process	232
Lewis	494
lexical chains	168
Likert Scale	244
Limited Operational Proficiency	93
linear	476
Linguistic competence	152
Linguistic markers of social relations	172
Linguistic performance	152
Lingusitic competences	172
literal translation	168, 413
Liu and Feng	134
Location	144, 197
Long	210, 229
Long & Crookes	134, 209, 210
Low	103

(M)

macro	177
Mager	298, 299, 325
management of old and new information	168
manipulation	194, 221
markedness	219
Mastery	94
McGowan	499
McKay	499
Meetings	236, 517
mental	178
message abandonment	168, 413, 428
message replacement	168
micro	177
Mid	103
mimicry	130
MLU 측정법	353
Modal	200
Modality	145
modality	165
Moffet	475
Mohan	214
Moral evaluation and discipline	143, 145
Motion	197
multi-purpose	91
Multilingualism	118
multiple choice	241
Munby	201, 534

(N)

Nation	448, 449, 494
Nation and Hwang	449
Necessarity	145
Necessities	230
needs	232, 256
Negation	197
Negative	145, 198
non-dogmatic	92, 114
Non-language outcomes	134
non-linguistic means	168

non-pedagogic limits	232
Notion	142, 144, 198
Notions	142, 174, 178
notions	183, 190
Novice	103, 116, 529
Numerals	144, 197
Nunan	205, 211, 229

(O)

O'Malley & Chamot	381
O'Malley & Valdez	499
objects	301
Obligation imposed	145
Obligation incurred	145
Observation	236
Occurrence	156, 157
open and dynamic	91, 114
openings	168
operation	404
Operations	144, 197
opinion-gap activity	209
orthodoxy	91
Orthoepic competence	172
Orthographic competence	172
over-differentiation	351, 409
over-learning	130
Oxford	381, 395, 499, 500

(P)

paraphrase	413, 428
participant	404, 427
participation	207, 222
parts	188
Pawlikowska-Smith	169, 172
perceptions	231
performance	154, 159
Person	144, 197
personal	168
Personal emotion	145, 198
personal identification	178
Personalized	197
persuation	177
Phonological competence	172
Piaget	66
Place	144
Point of time	144, 197
Politeness	145
Politeness conventions	172
portfolio	503
Positive	145, 198
Possibility	156, 197
post-writing	499
Prabhu	208
Pragmatic competence	153, 168, 172
pre-task	209
pre-writing	499
preclosings	168
Predication	145, 197
Prediction	198
Probability	197
procedural	206
procedural syllabus	208, 223
procedure	207, 222
process	206
processes resources	126
processes syllabus	206, 222
productive mode	165
proficiency	129
Proportional Syllabus	219
proportional syllabus	203
propositional structures	168
psycho-physiological mechanisms	162

(Q)

qualitative	178
quantitative	178

Quantity	198, 144
Questionnaires	263

(R)

Range	101, 115
Rational enquiry	145, 198
rational enquiry	177
realizations	195, 221
reasoning-gap activity	209
receptive mode	165
recursive	476
Reduction strategies	168, 413
register	164
Register differences	172
reinterpretation	351, 409
relational	178
Relational meaning	197
relationals	352
Release	145, 534
relinquishing the floor	168
reopenings	168
repetition	168
responses	168
restructuring	168
retrieval	168
reviewing	475
revising	499
Richards	124
Richterich	231, 404
Robinson	230, 433
Rodgers	125
Roles of social and psychological Roles	174, 183
Rossi, P. H., Freeman, H. E. & Lipsey	229
roughy-tuned input	189

(S)

Sacks et al.	415
seeking factual information	179, 180
Seelye	272
Segalowitz	201
selective	91
self-initiated repair	168
Self-monitoring strategies	168
Self-ratings	236
self-rephrasing	168
Semantic competence	172
semantico-grammatical categories	142, 144
Sementico-grammatical categories	197
Sentential relation	197
Sequence	144, 197, 331
sequence	342, 348
setting	135, 191, 404
Settings	174, 175, 176
Sheltered Content Instruction	215
Sheltered Program	216
simplicity	125
situation	301
Situation or setting	191, 193, 220
Situation-contextual syllabus	126
situational reinforcement	138
Skill-based syllabus	126
skills	164, 170, 176, 183
Smith	433
Snow	218
Snow et al.	213
socio-semantic	177
sociocultural	159
Sociolinguistic competence	160
Sociolinguistic competences	172
Space	197
spatial	168, 178, 179
special conditions	301
specialized phase	219, 224
specification	124
Specification of situations	174

speech act	195	textual	168
spiral approach	200	textual area	219
Spiral Form	344, 355	textual meaning	202
split	351, 409	theme-rheme development	168
Status	145	Theme-Based Language Instruction	215
step by step	188	think-aloud	499
Stern	125	Threshold	93, 180
Strategic competence	160, 162, 166	Threshold level	181, 201
strategical competence	162	Time relations	144, 197
Strevens	125	Time-gaining strategies	168
Structural and functional syllabus	191, 220	Tolerance	145, 198
Structural patterns	130	Tomalin & Stempleski	268
structural phase	219, 224	tools	301
structural-functional syllabus	191	TOP Test	423, 429
Structures and Functions syllabus	191, 220	topic	133, 404, 427
Suasion	145, 198	topic avoidance	168, 413, 428
subject-matter	207, 222	topic establishment	168
Successful responses	130	Topic-based syllabus	129
Superior	103, 116, 527	Topic-related notions	174
supposition	177	Topics	174
Swender	105	TOPIK	30, 41, 88, 105
syllable block	493	TOPIK 평가 주제	478
syllabus	123, 125	TOPIK: Test of Proficiency in Korean	105
Sympathy	145, 198	transfer	351, 409
synthetic language teaching strategy	188	translating	475
synthetic syllabus	134, 147	transliteration	413
		transparency	219

(T)

		transparent	91, 114
T-unit 측정법	353	Trimm, J. L. M.	93
tacit knowledge	157	Tyler	297, 298, 325, 339
Target Needs	230	Tylor	267, 301
Tarone	412	Type A 교수요목	189
task	205, 206	Type B	203
Task analysis	236	Type B 교수요목	189
Task-based language teaching	126, 210, 223		
Task-based syllabus	203, 204		

(U)

temporal	168, 178
temporal continuity	168
under-differentiation	351, 409
Undivided reference	197

unpredictability	159	가정	177
urging	177	가치 평가	198
usefulness	125	가치중립성	240, 257
user-friendly	91, 114	간결성	239, 257
uses of language	144	감사	145, 198
		감상적 이해	53, 334, 366
(V)		감상적 이해(고급)	453
Valuation	198, 534	감상적 이해(중급)	453
Van Ek	135, 137, 142, 179	감상적 표현 지식	496
Van Ek & Trim	181	감정 표현하기	497, 505, 509, 524
Vantage	93	감정적 관계	143, 145, 198
Variable Focus syllabus	194, 221	강범모, 김흥규	313
Verdiction	198, 534	강세	98
Verification	145, 535	강승혜	414, 428
visual channel	165	강요	198, 535
Volition	145	강좌 개요	124
		강현화	313, 321, 344, 376
(W)		강현화, 박동규	217
Wallace	433	강혜옥	132
Wang & Wen	499	강화	131, 147
Wants	231	개념	54, 125, 131, 142
warning	177	개념 교수요목	123, 142, 148
washback	418	개념 범주	143, 148, 196
Waystage	93	개념적 의미	201
weak functional syllabus	191	개별 영역과 교과서	290
Whalen & Menard	499	개연성	143, 175, 178
when	196	개인	46, 159, 168, 176
where	196	개인적	46, 145, 170
Widdowson	124	개인적 감정	143, 145, 148, 198
Wilkins	133, 140, 142, 188	개인적 기능	371
word-coinage	168	개인적 친밀성	334
		거시적 요구 조사	234
(Z)		거시적인 교육방법	42
Zais	65	거시적인 언어 기능	177
Zamel	499	검색	414
		격식/비격식,	448
(ㄱ)		결과	43, 53, 59, 66
가능성	156, 158, 197	결과 기술	298

결과(Result),	145	공연문화	272
결과치	23	과소구별	351, 409
결속성	160, 168	과잉구별	351, 409
결혼 이민자	31, 58, 78	과정	497
경고하기	177, 372, 492, 523	과정 중심 교수요목	203, 206, 210
경구 표현	172	과정 중심의 문제 해결 쓰기 교육 모형	473
경로	230, 232, 256	과정적	206
경음화 현상	340, 342	과제	207, 209
경험 중심 교육과정	64, 66, 82	과제 기반 교수요목	203, 222
계속성	46, 297, 331, 339	과제 기반 언어 교수	210
계속성과 계열성의 차이	339	과제 기반 의사소통활동	206
계열성	46, 297, 312, 323	과제 분석	235, 236, 237
계층어	448, 495	과제 요구	246
계층적 배열	245	과제 전 활동	209
계획	52, 125, 146, 163	과제 중심 교수요목	210, 212, 223
계획, 시행, 평가, 관리	125	과제 해결	92, 203, 222
계획하기	382, 475, 499	과제분석	235, 236
고급	45	과학 기술 영어 과정	196
고급 듣기 평가의 목표 및 내용	390	과학기술문화	270, 272
고급 말하기 평가의 목표 및 내용	423	관계	178
고급 문법·표현 항목	317	관계적 의미	197, 313
고급 수준 어휘	321	관념문화	46, 237, 272
고급 읽기 평가의 목표 및 내용	461	관련어 수	322
고급문화	272	관련어 표현 능력	495
고등학교 목표	98	관용	96, 114, 145
고빈도어	39, 449	관용어	173, 269, 307, 308
고시	33	관용어구	495
고용허가제	30, 59	관찰법	235, 236
고쳐 쓰기	45, 476	광역형 교육과정	65
공간	136, 143, 144, 148	광의의 문화	267, 268, 269
공공시설 이용 기능	109	광의의 문화 영역	271, 292
공기 관계	322, 494, 510	괴리	91
공동체 역량	96, 114	교과 중심 교육과정	64, 68, 82
공손성	145, 415, 416, 428	교과목	234, 140, 261
공식적 상황	108, 117, 174	교사 수준의 교육과정	71, 80
공식적인 맥락	46, 334, 343	교수요목	29, 32, 81, 94
공약된 목표로서의 교육과정	70	교육 내용	22, 24, 28, 42
공여 관계	135	교육 목표	54, 55, 56

교육 방법	22, 28, 42	국가 수준 정책	232
교육 순서	22, 28, 46	국가 수준의 교육과정	8, 32, 72
교육 시수	22, 28, 44	국어 기본법 19조	80
교육 시행의 구성 요소	32	국어기본법 제19조	77
교육 영역	40, 65, 92	국어기본법 제19조 2항	77
교육 절차	22, 23, 28, 45	군더더기	104, 238, 240
교육 평가	22, 28, 47	군소리	361, 362, 403
교육 환경	24, 48, 229	궁중문화	270
교육과정	229, 232, 234	권고	319, 320, 371
교육과정 조직	297	권수현	47
교육량	22, 28, 45	권순용	47
교육문화	270, 290	권오경	271, 275
교제적 기능	371	권유	29, 198
교통수단	176, 282, 368	귀납적 절차	332, 356
교포	24, 26, 255	규정적 기능	371
구두 숙달도 시험	423, 429	균형 있는 교수요목	219
구별	94, 99, 112	글 쓰는 목적과 비교하기	476
구성틀	229	긍정/부정적 어조	448, 495
구어	27, 50, 53	기능	35, 36, 38, 42
구어 관형형 전성어미 빈도	314	기능 능력	172
구어 선어말어미 빈도	314	기능 빈도성	312
구어 연결어미 빈도	314	기능 영역	340, 406, 447
구어 종결어미 빈도	314	기능 중심 교수요목	126, 142, 191
구어/문어	376, 448, 495	기능 지향적	192
구어적 차원	359, 401, 408	기능-개념 교수요목	102, 126, 142
구어체 표현	361, 362	기능-개념 중심 교수요목	142
구정보	168	기능-개념적 교수요목	199
구조 단계	219, 224	기능에 대한 단계별 교육 내용	346
구조 생성	133	기능적 교수요목	195
구조 연습	194, 195, 196	기능적 능력	172
구조 연습 중심	194	기능적/개념적 교수요목	105, 116
구조 통제	194	기능중심 교수요목	126, 142, 191
구조와 기능 교수요목	220	기대치	23
구조적 그리고 기능적 교수요목	191	기록문화	270
구조적-기능적 교수요목	191	기술	39, 42, 45, 47
구조화단계	132	기술 문법	127, 146
구조화하기	133, 446, 491	기술 범위	174, 180
구체적 행동	300, 325	기억 전략	381, 382, 395

기초적언어사용	95
기초적인 언어 기능	108
기피	179, 180
길잡이말	322
김명광	39, 45, 353, 493
김미애	349
김봉수	297
김상경	47
김선	141
김애화	493
김영심	298, 302
김용일	32
김유정, 구수연	416
김재희	344, 346, 347
김정숙	227, 268, 273
김정은	365
김종서	71
김중섭	306, 308, 309
김지연	96
김창구	39, 40
김호권	70
깊이	278, 323
끼어 듦	361

(ㄴ)

나레수안 대학교	287, 288
나선형	297, 331, 344
나선형 배열	345
나선형 접근	200
난도	297, 331, 350
난도 순 이유 표현 목록	354
난도 위계	350, 355
난이도	365
낯설게 하기	168
내부 결함	91
내부 모순	91
내용	22, 23, 32
내용 기반 교수	215
내용 기반 교수요목	213
내용 보호 교수	215, 216, 217
내용 보호 교수요목	216
내용 스키마	168
내용 영역	124, 298, 299
내용 중심 교수요목	213
내용 중심 보호 교수법	215
내용 중심의 언어교수법	42, 43, 56
내용 체계	57, 96, 98
내용의 선정과 조직	125
내재화	129, 130, 131
넓이	179, 323, 324
노래 문화	272
논리적 상황	403
논쟁	104, 177, 198
논증 지식	497
논항	143, 145, 148
놀이문화	270, 278
높임말/평말	322
능력	162

(ㄷ)

다(多):1	266, 289, 350
다른 사람들과의 상호 작용	169, 170
다목적성	91, 113
다문화 배경 학생	31, 76, 77
다문화가정 자녀	26, 30, 403
다문화가족지원법	78, 79
다시 말하기	402, 426
다양성	47, 89, 90
다언어주의	90, 118
다의 의미	323
다의적 의미	305, 320
다중 선택	241
다중언어주의	34, 90, 113, 118
단계	476
단계0	351
단계1	351

단계2	351	도덕적 태도 표현하기	101, 523
단계3	351	도덕적 판단	371
단계4	351	도덕적 평가와 수양	143, 145, 148
단계5	351	도움 요청하기	168
단계적 질문	244, 257	도착점 행동	298, 325
단방향 응답	168	독립 교과목	262
단선적 과정	476	돌려 말하기	280, 402
단선적 접근	200	동료 또는 교사와의 상호 협의하기	476
단순성	125, 147, 257	동작	179, 180
단어 목록	125	동태적 형식	497
단어 신조	412, 413	동포	26
담화	158	동화	112, 132
담화 구성 능력	385, 395, 420	듣기 교육과정	359, 363
담화 구성하기	101, 371, 523	듣기 능력	359, 384
담화 구조	168, 364	듣기 목표	323, 333, 392
담화 능력	166, 167, 172	듣기 실제성	393, 394
담화 연습 중심	194	듣기 전 전략	381
담화 이해 능력 평가	457	듣기 전략	380, 381
담화 차원의 이해	380, 395	듣기 중 전략	381
담화 차원의 표현	408, 411	듣기 평가	384, 391
담화 통제	194	듣기 현장의 실제성	366, 394
담화적 능력	159, 160, 161	듣기 후 전략	381
대상	233, 420	듣기의 기능	394
대영역	263	듣기의 목표 및 내용 기술	392
대응	266	등급 우선 목표 진술	41, 309
대인 관계	49, 96, 143	등급별 기능	372
대인적 기능	371	등급별 주제	368
대인적 영역	219	등급별 총괄 목표 진술	343
대조	314, 464	등급별 텍스트 유형	441, 486
대조적 난이도	189		
대조하기	319, 371, 372	(ㄹ)	
대화 조직	164	류선숙	248
대화 참여자	345, 346, 383	리커트 척도 문항	244
도구	302, 325, 455		
도구적 기능	371	(ㅁ)	
도달 기준	30	마스트리흐트 조약	88
도달점	302	말문화	272
도덕적 태도 표현	101, 371,	말하기 기능	407, 414

말하기 영역의 실제성	403	목표 진술 방법	298, 299, 302, 324
말하기 전략	413	목표어 능숙도	231
말하기 주제	258, 430	몸짓 활용하기	402, 426
말하기 평가	402, 418	묘사	164
말하기 평가의 목표	428	묘사하기	47, 149, 372, 421
말하기 표현의 실제성	402	무리 짓기	363
말하기 현장의 실제성	403	무엇(what)	142, 148, 196
말하기의 목표 및 내용 기술	424	무표적	353
말하기의 실제성	402, 423	문법	125, 131, 142, 182
망각	339, 523	문법 능력	163, 172, 183, 420
망설임	168	문법 목표	307
매체문화	272	문법 번역식 교수법	189
맥락	46, 48, 49, 300	문법 범주	127, 144, 146, 189
맥락 동화	201	문법 영역	37, 38, 240, 261
맥락 설정 상황	134	문법 의식 고양	132
머뭇거림	361, 362, 402	문법 중심 교수요목	189, 191
메시지 대체	168	문법 표현 사용 지식	496, 510
메시지 포기	168, 413, 428	문법 표현의 사용	407, 410
메시지 포기 전략	499	문법 표현의 이해	378, 395, 449, 467
메타인지적 부문	166	문법-구조 교수요목	123, 126, 127, 128
면접	206, 246, 247	문법-번역식 교수법	128, 129, 130, 131
면접법	235, 236, 237, 257	문법적 교수요목	105
명세 목표	300, 301, 325	문법적 능력	153, 154, 159, 160
명세적 진술	325	문법적 범주	144, 198
명세적인 교육방법	42	문법적 복잡도	219
명세화	43, 56, 124	문어	27, 108, 109, 117
명세화된 기술	177	문어 관형형 전성어미 빈도	314
명세화된 언어 형식	174	문어 선어말어미 빈도	314
명시적 지식	131	문어 연결어미 빈도	314
명제 구조	168	문어 종결어미 빈도	314
명확성	240, 257, 383	문자 언어	165, 349, 434, 456
모국어 사용 전략	499	문장 관계	197
모방	130, 146	문장 구조에 대한 이해 능력	457
목국어 읽기	434	문장 빈도성	312, 327
목적, 목표, 내용, 과정 책략	126	문장 완성형	107
목적성	229, 238, 256	문학문화	272
목표 요구	229, 230, 232, 256	문학적 반응과 표현을 위한 텍스트	337, 338, 437, 438
목표 지향적 평가방법	105	문화	45, 65, 112, 262

문화 관점	274, 275, 279, 285	발음 교육 목표	340
문화 관점 영역	285	발음 능력	172, 183, 420
문화 교육 목표	272	발음 목표	306, 311
문화 내용 기술	275	발음 빈도성	312, 327
문화 다양성	334	발음 지식의 이해	374, 375, 395
문화 목표 기술	274	발음 지식의 표현	407
문화 실행	274, 279, 283, 292	발전 고급 능력	169
문화 실행 영역	283	발전 중급 능력	169
문화 영역	101, 268, 274, 290	발전 초급 능력	169, 170
문화 지식	172, 274, 275, 279	발화 능력	163, 164
문화 지식 영역	279	발화 속도	341, 363, 375, 402
문화 항목	268, 269, 276	발화 행위	160, 167, 195
문화유산	64, 82, 269, 270	발화속도	341, 361, 363
문화인물	269, 270, 290	발화의 기능	144
문화재	268, 272, 283	방법론적 요구	233
묻기	179	방식	177
물리적 상황	144, 175, 403, 427	방언	164, 172, 362
물리적·심리적 세계	142	방언 사용	361, 403
물질문화	272	방해	153, 167
미국 외국어교육위원회	88, 102, 103, 115	방향에 대하여 묻기	142
미시적 교육 방법	43	배경	315
미시적 요구 조사	235	배경 설정	405
미시적인 언어 기능	177	배경 지식	43, 81, 334, 381
민현식	24	배경지식 활성화하기	476
밀접성	348	배분 교수요목	203
		배열	52
(ㅂ)		백희숙	499
박광진	47	법학문적 수학 능력	35
박선윤	47	법적 구속력	72, 74, 77
박영순	22, 268, 269	변수 초점 교수요목	194, 220
반대	198, 392, 535	병존 언어 교수	215, 217, 218, 224
반복	69, 131	병존 언어 교수요목	217, 223, 224
반복 전략	381	보고하기	179, 180, 372
반복과 모방	131	보상 전략	168, 381, 382, 414
반응	131, 139	보조적 전략	453, 454, 468
반의어	322, 376, 408	보호 프로그램	216
발견적 기능	371	복잡성	91, 124, 146, 508
발달	67, 91	본딧말/준말	322, 376, 448

부분 몰입식 교수	218, 224	비판적 이해(고급)	452
부적격	156	비판적 이해(중급)	452
부정	145, 197	비판적 표현	408, 411, 510
부정적	198	비판적 표현 지식	497
부족한 것	230, 231	비판하기	344, 346, 467, 470
분과형 교육과정	64, 65	빈도	39, 144, 189, 196
분류	164, 214	빈도성	125
분리	66, 216, 351, 352	빈도수	40, 41, 56
분리형 교재	349	빌려오기	413, 428
분석	382, 497		
분석적 관점	189, 220	**(ㅅ)**	
분석적 교수요목	188, 189, 190, 203	사건	352
분석하기	43, 491, 492, 509	사고구술하기 기법	499
분할된 참조	197	사교 활동하기	101, 371, 523
불신	190, 534	사교적 활동하기	371, 372, 509
불일치	23, 24, 145, 198	사교활동 하기	101, 370, 523
비-언어적 산출물	135	사례 연구	235, 236
비개인적	197, 534	사실에 대한 태도 표현하기	101, 115, 523
비공식적 상황	108, 109, 117, 420	사실적 이해	170, 332, 334, 335
비교	82, 275	사실적 이해(고급)	451
비교와 대조	131, 251, 253, 446	사실적 이해(중급)	451
비교육적인 제약	232	사실적 이해(초급)	450
비교하기	49, 372, 373, 492	사실적 정보 주고받기	371
비문법적 요소	361, 362	사실적 표현	408, 411, 497, 510
비문법적 표현	403	사실적 표현 지식	496
비분할된 참조	197	사용 가능성	312, 313, 327, 463
비어	376, 448, 495	사용 빈도	11, 124
비언어적 수단	168	사용 빈도성	46, 297, 312, 327
비언어적 전략	413, 414, 420	사용범위	101, 115
비언어적 행위	272, 290, 414	사용역	164
비언어행위	272, 279	사용역 차이	172, 183
비우호적 상황	403	사용자 친화적	91, 114
비이론적 성격	91, 114	사용적 측면	125, 145, 161
비정형화	46, 323	사전 조사	238, 257
비친밀성	334	사전종결	168
비친숙성	46, 323, 324, 333	사태	82, 176, 496
비판적 분석과 평가를 위한 텍스트	438, 439, 440, 44	사회 구성주의 쓰기 이론	473
비판적 이해	334, 336, 339, 395	사회 문화적 능력	167, 172, 173

사회 언어학적 지식	164	상호 교섭적	406, 412, 427, 434
사회 언어학적인 능력	160	상호 배타성	241, 257
사회, 문화적인 내용	109	상호 작용 과정	433
사회·심리적 역할	174, 184	상호반응전략	168
사회·의미적 능력	177	상호작용적 요소	363
사회과 교육과정	270, 271	상황	48, 133, 134
사회과 목표	271	상황 강화 교수법	138, 139, 147
사회관계의 언어적 표지	172, 183	상황 강화 교수법의 목표	139, 147
사회문화적 능력	167, 172, 173	상황 교수요목	133, 134, 135, 139
사회언어적 능력	159, 163, 165	상황 명세화	174
사회언어학적 능력	160, 161, 164	상황 빈도성	312, 327
사회와 문화 요소	334	상황 요구	189
사회적 관계 유지 기능	109	상황 지속	168
사회적 상호 작용을 위한 텍스트	337, 338, 437, 438	상황 통제	194
사회적 역할	135, 147, 175, 190	상황 포기	168
사회적 전략	381, 383, 395, 499	상황-맥락 교수요목	123, 126, 133
사회적 친밀성	334	생략	176
사회적, 추상적 소재	109, 390	생산적	180
사회적·추상적 주제	51, 323, 426, 464	생산적 사용	411
사회학적 요구	233	생산적 사용 측면	408
삼지적 상관속	353	생산적 표현	408
상관형(관련) 교육과정	65	생성 지식	494
상보	352	생성형 교육과정	67, 68
상상적 기능	163, 371	생활문	108, 109, 110, 445
상위 목표	302, 308, 311	생활문화	111, 270, 272
상위 범주	101, 115, 118, 509	서답형	107
상위 영역	262, 265, 289	서법	128, 145, 266, 353
상위 영역 항목	262, 266, 289	서사	392, 446
상위 인지 구성	164	서술	37, 128, 197
상위 인지 전략	234, 381, 395	섞어 짜기	200
상위 인지적 전략	453, 454, 468	선언적	207
상위어	322, 376	선정	23, 64, 125
상위인지 전략	234, 381, 395	선조적	475
상징	267, 290	선택 기준	206, 211
상징물	267, 268, 269, 282	선택적	91
상징체계	269, 272, 290	선행 내용	344
상향적 교수 학습 방법	188	선행 내용과 후속 내용	345
상호 강화	348	선호	180, 534

설계 절차	227, 228	수행	49, 152
설득	51, 101, 142, 145	수혜자	135
설득·권고하기	101, 371, 523	숙달된 언어사용	94
설득하기	171, 177, 319, 371	순서화	124, 167
설명	99, 145, 177	순위 매기기	244, 257, 534
설명 지식	497	순환	200, 202, 219
설문 조사	235, 236, 237	순환론적	345
설정 상황	134, 135, 136	순환적	219, 475, 476
성취 문화	46, 271, 274	스스로 바꾸어 말하기	168
성취 행동	298, 325	스키마	164, 165, 366
성취기준	42, 48, 49	습관화	139, 332, 339
성취도 평가	23, 47, 57, 88	습득	188
성취문화	46, 271, 272	시각적인 통로	165
세밀하게 배열하지 않은 입력	189	시간	44, 143, 144
세부 전공 수학 능력	36	시간 관계	144, 197
세종 말뭉치 빈도	315	시간 벌기 전략	168
세종학당재단 설립	77	시간 연속성	168
센말/여린말	322, 376, 448	시간 점	144, 197
속성	135, 155, 197	시간의 한계	312
속어	102, 390	시나카린 위롯 대학교	287, 288
손연자	502	시범자	138, 139, 147
송지현	208	시작	45, 168
송클라 대학교	288	시행	125, 135, 163
수사	144, 197, 346	시행(Implementation	135
수사 조직	163, 164,	식별	374, 394
수업 속에 반영된 교육과정	70	식별하기	98, 99, 171
수용 가능성	219	신뢰도	236, 237, 418
수용적	92	신분적 관계	135
수용적 능력 신장	480, 427	신원 확인	178, 404
수용적 양식	165	신정보	168
수정하기	372, 373, 523	신조어	168, 280
수준 별 텍스트 유형과 목적	438	실라빠껀 대학교	288
수준별	38	실수	402
수준별 교육과정	70	실용 능력	163, 164
수준별 문화 교육	275, 292	실용 영역	262, 287, 288
수준별(등급별) 내용 목표	38	실용문	108, 109, 112, 440
수치 중심 목표 기술	321, 324, 327	실용적 능력	172, 173, 183
수평적 관련성	348	실용적 타당성	182

실재	352	양상 표현하기	101, 523
실제	387	양태	197, 198, 202
실제 상태	228, 256	어디서(where)	196
실제성	125, 315, 360	어떤 것을 얻기	169, 171
실행	404	어떻게	52, 140, 196
실행성	156, 157, 158	어림	168
실현성	298	어미 제시 순서	315
심리	35, 178	어순 도치	361, 362
심리생리학적 기제	162, 165, 166	어순 바꾸기	402, 426
심리생리학적 연동 장치	162, 165, 166	어휘 능력	172, 420, 494
심리적 및 인지적 요구	233	어휘 목표	41, 307, 311
심리적 역할	135, 136, 147, 174	어휘 빈도성	312, 313
심재경	47	어휘 연쇄	168, 376
심화	332, 334	어휘 지식의 이해	375, 376
쓰기 교육과정	473	어휘 지식의 표현	407
쓰기 교육과정의 목표와 내용	506	어휘 커버율	39
쓰기 기능	491, 509	어휘 표현 지식	494, 510
쓰기 단계	474, 499	어휘량	448, 467
쓰기 전 단계	499, 510	억양	99, 363
쓰기 전략	499	언어 기능	108, 174
쓰기 평가	501	언어 기술	44, 148
쓰기 후 단계	499	언어 능력	152, 153, 154
쓰기의 실제성	474	언어 능력 체계	154
쓰기의 주제	478	언어 목록	91, 124
쓰는 과정	474, 475, 509	언어 부분	188
		언어 사용	144

(ㅇ)

아이디어 구상하기	476	언어 사용 기능 영역	267
안내하기	177, 242	언어 상황	236, 266, 404
안주호	313, 314, 315	언어 수행	152, 153
알림 표지	168	언어 수행 능력	124, 133
암묵적 지식	157	언어 수행적 지식	154
약 기능적 교수요목	191	언어 자료 수집법	235, 236, 237
양	23, 178	언어 전환	168, 413
양명희	45, 315, 317	언어 지식별 말하기	407, 427
양민화, 윤보은	493	언어 지식별 쓰기	493, 510
양반문화	270	언어 지식별 읽기	447, 467
양상	142, 143, 148	언어 항목	135, 195, 221
		언어 형식	42, 140, 174, 178

언어 화자	142, 153, 154
언어 활동	174, 177
언어문화	269, 272
언어수행능력	124, 133, 236
언어에 투영된 문화	268, 269, 290
언어자료수집법	235, 236, 237, 257
언어적 구조 목록	125
언어적 능력	172, 419
언어적 역량	172
언어적 유사성	352, 355
언어적 전략	420
언어적 통합	89
언어전환	168, 413
언어중개	92
언어행위	272, 278, 279
언어형태 영역	219
언제(when)	196
업무영역	324, 333, 390
엑센트	173, 183
여과	168
역사, 정치, 경제, 제도, 지리	271
역파급 효과	417
역할	184, 404
역할극	42, 139, 301, 421
연속성	144, 197, 463, 513
연속적	342
연습	130
연어	495
연역적 설계	23, 133
연역적 절차	332, 356
연역적인 문법 항목	131
연역적인 방식	129
연접	352
연합적 관계	305, 321, 322, 448
엿듣기	366
영상문화	272
영어 의사소통 역량	97, 114
영어과 교육과정	96, 119, 371

영역 목표	38, 290
영역 별 내용 목표	38, 304
영역별 비중	44
영역별 세부 평가기준	110
예술문화	267, 272, 290, 319
예시하기	491, 492, 509
예언	198
예측	145, 371
오류	153, 158, 182
오류 빈도율	352
오선경	365
완곡 표현	168, 376
완곡한 표현 전략	499
완전 개념 교수요목	196, 199, 221
완전 몰입식 교수	218, 224
완전 의사소통 교수요목	202, 222
완전한 가능성	232
완전한 의사소통교수요목	193, 203
완전한 전문화 단계	102
외국국적동포	26
외국어 교육과정	87, 142
외국어 사용 전략	499
외국어 읽기	434
외국어화	413, 414
외국인 유학생	30, 39, 235
외국인근로자	25, 30, 365
외국인근로자의 고용 등에 관한 법률	78
요구	205, 228
요구 분석	52, 246
요구 조사	173, 202, 227
요구 조사 내용	233, 256
요구 조사 원리	238
요구 조사 유형	230, 257
요구하기	101, 115, 182, 406
욕구	36, 311
용어 중심 목표 기술	323, 324, 327
우물쭈물	361
우회적 질문	243, 257

운동	144, 197	의미-라임 발달	168
운용소	197	의사	140
원리	66, 279	의사 전달 단계	219, 224
원어민 화자 수준의 단계	102	의사소통	46, 142
원진숙	33, 216, 503	의사소통 개선하기	101, 371, 524
원하는 것	230, 231, 246	의사소통 기능 범주	144, 198
원하는 상태	227, 228, 256	의사소통 언어능력	172
위계성	46, 302, 326	의사소통 전략 유형 분류	413
위로	198, 337, 438	의사소통 중심의 교육	42, 56
위치	142, 144, 171	의사소통 활동 교수요목	126
유럽 공통 참조 기준	87, 88, 90	의사소통능력	27, 28, 37, 38
유럽문화협력위원회 산하 교육위원회	90	의사소통역량	96, 161, 162
유럽평의회	90, 93, 142	의사소통적 맥락	132, 476, 477
유용성	65, 125, 141, 152	의심	197, 534
유의어	322, 352, 376	의지 표현하기	101, 523
유재택	33	의표	14
유창 고급 능력	169	이계순	189, 192, 194, 202
유창 중급 능력	169	이미혜	43
유창 초급 능력	169, 170, 171	이상적인 화자	153, 154
유창성	27, 129, 173	이성적 질문	143, 145, 148, 177
유추하기	458, 468, 491, 492	이성적 탐구	371
유표성	219	이야기문화	272
유표적	352, 353	이야기하기	179
유현경	127	이용 가능한 정보 분석	235, 236, 238, 257
융복합교육	216	이용숙	340
융합	351, 352, 409	이재승	348
은어	362, 376, 390	이정희	254, 334, 335
음운 능력	172	이지연	353
음절 단위	306, 493	이창섭	64
응답	131	이해 단계	132
응집성	91, 129, 159, 163	이해 어휘 측면	375, 397
의견 개진	177, 217	이해 점검	168
의견 차 활동	209	이해영	36, 113
의견 평가	198	이혜경, 이임경	352
의미 능력	172	인간적 배경	404, 405
의미 대체	413	인과	497, 498
의미 또는 개념 교수요목	143, 196	인사	46, 50, 99, 145
의미 문법적 범주	144, 198	인식하기	260, 446

인접쌍	168	입력될 교수요목	202
인지 구성주의적 관점	473	입문 고급 능력	169
인지 기능	463	입문 단계	131, 142
인지 전략	219, 381, 500	입문 중급 능력	169
인지적 과정	131, 132, 165	입문 초급 능력	169, 170, 171
인지적 과정 중심 교수법	475	입문기	180, 181
인지적 교수법	131, 189		
인지적 전략	453, 454	(ㅈ)	
인지주의 교수법	133, 147	자가진단	235, 236, 237, 257
인지주의식 교수법	128	자극, 반응, 훈련	139, 147
인칭	144, 197	자기 소개하기	108, 117, 142, 523
일관성	53, 64, 91, 103	자기 점검 전략	168
일반 개념	178	자기 점검하기 전략	500
일반 목적	29, 242	자기 평가하기 전략	500
일반 목표	300, 301	자기관리 역량	96
일반 선택 중심 교육과정	101	자기주도 자기수정	168
일반적 개념	21, 174	자동화	132
일반적이고 이론적인 면	214	자립적언어사용	95
일반적인 개념	154, 179, 180, 214	자유 연습	194
일반화	387, 446	작문 순서 통제 전략	499
일반화 가능성	219	작문형	107
일반화하기	140, 236, 491, 492	작성하기	475
일상생활	46, 178, 280	잠재적 교육과정	71, 81
일상생활에 필요한 기능	108, 109, 117	장관위원회의 권고문 R18	90
일상영역	324, 333	장관위원회의 권고문 R6	90
일상적 행위	272, 290	장규수	29
일치	145, 535	장르	168
일탈 요소	180	장면	224, 318
읽기 교육과정	433	장소	142, 144, 171, 178
읽기 기능	446, 447, 470	장소 목록	175
읽기 목표	435, 463	장소 설정	174, 175, 176
읽기 전략	453	재고하기	475
읽기 평가	456	재구성	45, 94, 173
읽기 평가의 범주와 평가 항목	458, 468	재구조	168
읽기의 실제성	436	재구조화	132
읽기의 주제	436	재구조화 단계	132
임찬빈	96, 118	재시작	168
입력단계	132	재외국민	26, 74

재외동포	26, 31, 74, 77	정보 전달과 이해를 위한 텍스트	336, 338, 437, 438
재외동포를 위한 교육과정	74	정보 전달하기	101, 115, 371, 372
재정적 제약	232	정보 차 활동	209
재촉하기	177	정보전달과 이해를 위한 텍스트	336, 338, 437, 438
재해석	351, 408	정보전달과 이해를 위한 텍스트 유형	437
적격	156	정서 표현하기	371
적대	145, 198	정서적 관계	371
적용 단계	132, 133	정서적인 스키마	165
적절성	172, 241, 252, 257	정신문화	270, 272, 291
적정 고급 능력	169	정신적인 산물	269, 290
적정 중급 능력	169	정의	24, 251, 497
적정 초급 능력	169, 170	정의적 전략	381, 383, 395
전공 계열 기초 목표	38	정의적 측면	125
전공 계열 기초 수학 능력	36	정의하기	38, 491, 492, 509
전공 세부 목표	38	정중 표현 규약	172, 183
전략	161	정책 결정자	22, 235
전략 내용	382, 428	정태적 형식	496
전략 능력	162, 164, 167, 168	정형화	110, 333
전략 세우기	476	정확성	27, 129, 131, 158
전략적 능력	159, 160, 161, 62	제1 언어 근거 전략	413
전략적 지식	164	제2 언어 근거 전략	413
전문 분야	41, 42, 95	제공자	135
전문 분야 연구 기능	110	제도문화	272, 275, 291
전문 어휘	39, 40, 41, 449	제안하기	142, 319, 372
전문적 업무	103	제약 조건	232, 301, 325
전문화 단계	102, 129, 224	제한성	331, 391, 396, 424
전은주	110	조건	145, 298, 303, 315
전이	40, 65, 351, 409	조건 형성	131
절차	22, 52	조남호	313
절차 중심 교수요목	208, 212, 223	조병영	348
절차적	206	조어 능력	495
절차적 지식	69, 207, 222, 474	조언하기	177, 372, 373
접속	168	조작 활동	194, 221
정감적 느낌	448, 495	조재윤	96
정도	156, 438	조직 능력	163, 164
정명숙	107	조항록	268, 269
정보	198	존재	178
정보 문화	274, 370	종결	168

종교문화	270, 290	지식·기억·믿음 표현하기	101
종착 행동	299, 325	지식정보처리 역량	96, 97, 114
종합 어휘의 수	45, 46, 321	지적 태도 표현	371
종합적 접근법	210	직시	143, 144, 148, 168
주목	132, 535	직역	413, 414
주변 배경	404	직접 전략	381, 395
주변 생활	324, 436, 466	직접식 교수법	189
주장	371, 440, 534	직접적인 자극	138
주제	57, 100, 312	진정성(authenticity)	152
주제 문제	144, 207, 214, 222	진제희	217
주제 빈도성	312, 313, 320	질	178
주제 선정하기	476, 499	집행	165

주제 중심 교수	218, 224		
주제 중심 교수요목	126, 216, 223	(ㅊ)	
주제 회피	413, 428	차상위 숙달도	102
준비	474	차원	144, 179
준언어	272, 290	찬성	198, 485, 534
중급	41, 45, 103, 108	참여자	146, 207, 222
중급 듣기 평가의 목표 및 내용	389	창의적 표현 지식	496, 497
중급 말하기 평가의 목표 및 내용	422	척도 단계	244
중급 문법·표현 항목	316, 317	천천히 말하기	160, 402, 426
중급 읽기 평가의 목표 및 내용	460	철자 능력	172
중복	91, 361, 415	철자 표현 지식	493, 510
중복도	313	철자(또는 문자)와 발음 관계에 대한 이해	447, 467
중복성	369, 506	철자에 대한 이해 능력	457
중언부언	403	청각적인 통로	165
중첩	200, 352	청화식 교수법	128, 130, 131, 133
중학교 목표	98, 115	체화	132
지각	231	초·중등교육법	72, 73, 76
지구촌 한류 동호회	29	초·중등교육법 시행령	73, 75, 76
지령적 기능	371	초급	41, 45, 92, 103
지리적 위치	136, 404, 405	초급 듣기 평가의 목표 및 내용	388
지수	180	초급 말하기 평가의 목표 및 내용	421
지시 표현	171, 365	초급 문법·표현 항목	378
지시자	138, 139	초급 읽기 평가의 목표 및 내용	459
지시적 기능	371	초등학교 목표	98, 114
지식	66, 157, 164	초인지 기능	463
지식 능력	164	총 어휘 수	322

총괄기준	107, 108
총목표	262, 266, 290
총영역	266
최상급	103, 104, 116
최종 등급별 텍스트 유형	486
최진황	194, 196, 202
추론 능력	366, 387
추론 차 활동	209
추론적 이해	332, 334, 335, 336
추론적 표현	408, 411, 510
추론적 표현 지식	496
추상	352
추상화	446
추측	197, 534
추측 전략	381
추측하기	372, 373, 446, 492
축소	168
축소 전략	413
축약	362, 417
축자적 전이	168
축적	66
출력 단계	132
출현 빈도	189, 313, 350
출현성	156, 157, 158, 161
충고하기	142, 177, 320, 372
취업 또는 근로 목적	29
치렛말	198
친소 관계	135
친숙도	101, 115, 313
친숙성	46, 323, 324, 333
친숙하지 않은 사회적·추상적 주제	323, 333, 334
친숙하지 않은 소재	108, 110, 117, 440
친숙한 사회적 소재	108, 109, 111, 117
친숙한 사회적·추상적 주제	323, 333, 426, 464
친숙한 화제	108, 109, 117

(ㅋ)

커버	39
커버율	39, 40, 448
크게 말하기	402, 426
큰말/작은말	322, 376, 448

(ㅌ)

타당성	23, 53, 156, 157
태도 측면	273
태도 표현하기와 이해하기	371
텍스트 역량	172
텍스트 영역	219
텍스트 유형	54, 335, 339
텍스트 주제	437, 438, 439
텍스트 지식	164
텍스트 차원의 이해	450, 467
텍스트 표현 지식	496, 497, 510
텍스트적	168
토론하기	38, 47, 56, 208
통로	165, 434
통사적 제약	353, 355
통합	66
통합 교과목	262
통합 교육의 기본 방향	349
통합성	46, 297, 348, 391
통합적 관계	323, 376, 378
통합적 교수요목	134, 147, 188, 189
통합적 언어 교수 전략	188
통합적 연계	474
통합적 측면	434
투명	91
투명도	219
특별하면서 실용적인 면	214
특수화	446
특정 조건	301

(ㅍ)

파생어	332, 376, 377
파악하기	98, 99, 211, 230
판단	145, 534

편의성	53, 262
편집하기	475, 499
평가	22, 23, 28, 39
평가 단계에서의 쓰기 평가 범주	503
평가하기	105, 165, 382, 420
평균 발화 길이	353
평생교육	91, 97
평음-경음-격음	353
평이성	240
포괄성	46, 114, 297, 311
포괄적	91, 101, 268, 271
포트폴리오 평가	423, 429, 503, 511
포함	352
표상적 기능	371
표현 빈도성	312, 327
표현적인 양식	165
풀어 말하기	402, 412, 426, 428
피드백	52, 209
필요	92, 145
필요성	228
필요조건	311
필요한 것	230
필터	242, 257

(ㅎ)

하위 기능 범주	180
하위 목표	56, 311, 326
하위 영역	265, 290, 311
하위 영역 목표	265, 266
하위어	322, 376, 448
하향적 설계	203
학문 기초 목표	37
학문 목적	29, 30, 35, 36
학문 어휘	39, 41, 45, 57
학문 중심 교육과정	64, 68, 69
학문영역	46, 298, 333, 426
학문적 기초 기능	35
학문적 기초 내용	36
학문적 영역	112, 307, 334, 343
학생 수준의 교육과정	71, 80, 81, 83
학술적 글쓰기	248, 249, 250, 251
학습	271
학습 가능성	124, 125
학습 강화	340
학습 과정	232
학습 목표	188, 220
학습 부담량	411, 493
학습 상황 요구	230, 232, 233
학습 성과로서의 교육과정	70
학습 어휘량	39
학습 용이성	134, 147
학습 환경 요구	230
학습될 능력	301, 325
학습에 집중하기	382, 450, 500, 510
학습을 준비하고 계획하기	382, 500
학습자	32, 182, 232
한국 사회 적응 목적	29, 364
한국어 교육과정	21, 28
한국어 말하기 평가 범주와 항목	419
한국어 표준 교육과정	34, 47, 50
한국어 표준 교육과정 문화체육관광부 고시	44
한국어능력시험	30, 105
한류	29
한상미	47
한자어/비한자어	448, 495
한재영	268, 384, 418, 419
한혜정	80
합성어	322, 376, 377
해독	433
행동	66
행동 문화	46, 271, 272, 290
행동 영역	298, 299, 325
행동 용어	299, 302, 324
행동 진술성	237, 298, 324
행동동사	301, 303, 394
행동문화	46, 271, 272, 290

행동주의	130, 131, 134, 135	효율성 결핍	182
행위	81, 179	훈련 단계	132, 133
행위 능력	154, 162, 167	휴지	341, 361, 362,
행위 동사	299, 300, 301, 302	흉내내기	413, 428
행위 지향 접근법	92, 114	흡수	132, 201
행위동사	301		
허용	33		
현대 한국문화 유산	270		
현대어분과	90		
현재의 능숙도	231		
협의의 문화	267, 268, 290		
형상화	231, 265, 446		
호의적	181, 198		
홍비표	139, 141		
화시	178		
화용적 능력	153, 154		
화제	135, 147, 174, 176		
화제 목록	135, 147, 405		
화제 바꾸기	168		
화제 설정	168		
화제 통제	194		
화제 회피	168		
화제와 관련된 개념	174, 178, 180		
확신	145, 197, 371, 535		
확실성	197, 534		
확장적 사고	474		
환류 효과	53, 212, 418		
활동적	206		
활동형 교육과정	67		
황규호	340		
황선영	246, 247		
회귀적	475, 476		
회의법	235, 236, 237, 257		
회피	168, 413, 428		
회피 전략	387, 413		
획득하기	446, 467, 470		
횡설수설	361, 362, 403		
횡적 조직 구성의 원리	348		

강범모·김흥규(2009), 한국어 사용 빈도, 한국문화사
강승혜 외(2003), 제13차 국제 한국어 교육 학회 발표집, 국제한국어교육학회.
강승혜(1999), 학습자 중심 교수 전략의 모색을 위한 검토, 이중언어학 16-1, 이중언어학회, pp.77-99.
강정희(2018), 한국어 학습자의 어휘력 발달과 어휘 사용 양상 연구-쓰기 텍스트에 나타난 어휘 측정을 중심으로-, 이중언어학 제71호, 이중언어학회.
강현주(2013), 한국어 말하기 평가의 구인으로서 상호작용능력 연구, 고려대학교 박사학위논문.
강현화 외(2005), 외국어로서의 한국어 교육학, 한국방송통신대학교 평생교육원 편. 한국방송통신대학교출판부.
강현화 외(2012), 한국어 어휘 교육 내용 개발(1단계) 최종보고서, 국립국어원.
강현화 외(2013), 한국어 어휘 교육 내용 개발(2단계) 최종보고서, 국립국어원.
강현화 외(2014), 한국어 어휘 교육 내용 개발(3단계) 최종보고서, 국립국어원.
강현화 외(2015), 한국어 어휘 교육 내용 개발(4단계) 최종보고서, 국립국어원.
강현화(2014), 한국어교육용 중급 어휘 선정에 대한 연구, 외국어로서의 한국어교육 제40권, 연세대학교 언어연구교육원 한국어학당.
강현화(2015), 한국어교육용 고급 어휘 선정에 대한 연구, 외국어로서의 한국어교육 제41권, 연세대학교 언어연구교육원 한국어학당.
강현화·박동규(2004), 학문 목적의 병존 언어 교수 모델 적용 연구 - 경영학 전공 학습자를 대상으로 -, 한국어 교육 제15권 2호, 국제한국어교육학회, 1-22.
강혜옥(2006), 한국어 문법 교수를 위한 문법 의식 상승 과제 설계 연구, 서울대학교 석사학위 논문.
고경석(2003), 영어학습교재의 이해와 적용, 교육논총 제21권, 인천교육대학교 초등교육연구소, 125-156.
고순원(1996), 國民學校 敎育課程 組織에 적용된 系列性 原理 分析, 한국교원대학교 석사 학위 논문.
곽유정(2017), 다문화 배경 초등학생 대상『표준 한국어』교재 분석 연구-'학습 한국어'의 계열성과 범위를 중심으로-, 초등교육연구 제30권 1호, 한국초등교육학회, pp.21-46.
교육부(1998), 제7차 국어과 교육과정, 대한교과서주식회사.
교육부(2006) 다문화가정 품어 안는 교육 지원 대책, 교육과학기술부.
교육부(2007) 2007 다문화가정 자녀 교육지원계획, 교육과학기술부.

교육부(2015a), 국어과 교육과정, 교육부 고시 제2015-74호 [별책 6].
교육부(2015b), 중학교 교육과정, 교육부 고시 제2015-74호 [별책 3].
교육부(2015c), 영어과 교육과정, 교육부 고시 제2015-75.
교육부(2016), 2016년 교육기본통계, 교육부.
교육부 보도자료(2017.09.29.), 다문화학생 맞춤형 한국어 교육으로 의사소통 능력 키워요! - 체계적인 한국어(KSL) 교육을 위한 한국어 교육과정 개정·고시 -.
국립국어원(2016), 작문과 국어 능력 향상- 작문 능력 향상을 위한 특별 과정 교재-, 국립국어원.
권수현(2013),학문 목적 학습자를 위한 한국어능력 평가 도구 개발 방안, 경희대학교 석사학위논문.
권순용(2015), 학문 목적 한국어 학습자의 말하기 평가 도구 개발 연구, 부경대학교 석사학위논문.
권오경(2006), 한국어교육에서의 한국문화교육의 방향, 어문론총 45, 한국문학언어학회.
권오경(2009), 한국어교육에서 문화교육 내용 구축 방안, 언어와문화 제5권 2호, 49-72.
김건우(2012), 건설업에 종사하는 외국인근로자의 산업재해 분석 및 예방대책, 충주대학교 석사학위 논문
김경령(2010), 한국어 교수 방법에 대한 고찰. 세계한국어문학 제4권, 세계한국어문학회, 131-150.
김경환(2017), 2015 국어과 교육과정 쓰기영역 성취기준의 응집성과 계열성에 대한 교사의 인식, 우리말교육현장연구 제11권 제2호, 우리말교육현장학회, 325-356.
김광수(1985), 의사소통 접근을 위한 통합교수요목-그 필요성과 몇가지 고려사항-, 춘천교육대학교논문집 제25권, 37-59.
김덕기 외(1999), 중등영어 수행능력 절대평가 기준 제안: 표현 기능을 중심으로, 영어교육 54권 2호, 한국영어교육학회, 175-200.
김동일 외(2018), 읽기성취 수준별 어휘능력과 읽기이해력 간의관계 분석, 학습자중심교과교육연구 제18권 제13호, 505-522.
김명광(2003), 외국인 근로자를 위한 한국어 교육의 방향, 한국어 교육 20호, 한국어문교육학회, 1-18.
김명광(2007a), 국외 한국어 교육 현황과 과제-고용허가제 국가를 중심으로-, 박이정.
김명광(2007b), 국어과 교육과정과 한국어과 교육과정의 비교와 대조, 한국초등국어교육 34호, 한국초등국어교육학회.

김명광(2007c), 한국어 교육과정의 표준화에서 고려되어야 할 몇 문제, 새국어교육 76호, 한국국어교육학회.

김명광(2007d) 상위 영역 항목 속에서 바라본 한국어 교과목에 대한 일고찰 : 태국의 한국어 설치 대학을 중심으로 국어교육 제124호, 한국어교육학회

김명광(2009), 아시아 국가 한국어교육과정 현황 -고용허가제 국가를 중심으로-, 시학과 언어학회, 시학과 언어학, 17권, 35-65.

김명광(2011), 국내외 외국인 근로자 정책과 대안: 특수 목적 한국어 교육을 중심으로, 현대사회와 다문화, 대구대학교 다문화정책연구소, 200-225.

김명광(2011), 외국인 학습자를 위한 단어 형태와 음운 연결의 효율성에 대한 일고, 언어와 문화, 제7권 3호, 47-83.

김명광(2014), 초등학생 겹받침 오류 빈도, 유형 및 사용 양상: 6학년 일기문 자료를 중심으로. 학습자중심교과교육연구, 제14권 4호, 학습자중심교과교육연구회, 107-126.

김명광(2015), 독일어권 한국어 학습자를 위한 한국어 초성 자음 학습 순서에 대한 연구, 국제어문 제67권, 국제어문학회, 579-606.

김명광(2016a), 외국인 유학생들의 적정 어휘학습량에 대한 일고, 국제어문 제69집, 국제어문학회, 289-307.

김명광(2016b), 스페인어권 한국어 학습자를 위한 한국어 초성 자음 학습 순서에 대한 연구, 우리말교육현장연구 제10권 제1호, 우리말교육현장학회, 427-459.

김명광(2016c), 다문화 학습자 통사적 복잡성 측정법에 대한 현황과 과제, 현대사회와 다문화 제6권 2호, 47~74.

김미애(2005), 언어 기능 통합 교수 학습의 효과에 대한 연구, 청주교육대학교 석사학위논문.

김민재(2004), 외국인 유학생을 위한 내용중심 대학예비교육과정 설계연구, 경희대교육대학원 석사학위논문.

김봉수(1982), 교육과정, 학문사.

김상경(2015), 학문 목적 한국어 학습자의 말하기 능력 평가 방안 연구, 경희대학교 박사학위논문.

김상경·박동호(2014), 한국어교육학: 학문 목적 한국어 말하기 평가 과제 유형 개발 연구-다국면 라쉬 모형과 일반화가능도 이론 적용을 중심으로, 새국어교육 100권, 한국국어교육학회, 115-141.

김선(1993), 의사-기능중심 교수요목에 대한 연구, 전남대학교 석사학위논문.

김선정 외(2017), KFL 학습자의 읽기 능력 및 어휘력 비교 - 한자문화권 학습자와 비한자문화권 학습자의 비교를 중심으로, 언어와 문화, 13:1, 1-22.

김선정(2010), 교육부정책과제결과보고서-해외 초·중등학교 한국어 표준교육과정 개발 연구, 교육부.

김세진(2016), 어휘지식과 연어지식이 초등학생의 영어 쓰기 능력에 미치는 영향 : 초등학교 6학년을 대상으로, 광주교육대학교 석사학위논문.

김순우(2005), 의사소통 접근법을 중심으로 한 한국어 교재의 분석-단원의 구성 중심으로, 선문대학교 석사학위논문.

김애화(2009), 초등학교 학생의 철자 특성 연구: 철자 발달 패턴 및 오류 분석. 초등교육연구, 제22권 4호, 초등교육연구소, 85-113.

김애화·김의정·김자경·최승숙(2013), 학습장애 이론과 실제. 서울: 학지사.

김영심(2016), <<표준 한국어>> 교재의 학습목표 진술 방식 분석, 국어교육연구 제37권, 서울대학교 국어교육연구소, 65-93.

김용일(1994), 미군정하의 교육정책연구, 고려대학교 박사학위논문.

김원경(2013), 한국어능력시험의 쓰기 평가 과제 구성 요소 분석, 새국어교육 제94호, 한국어교육학회.

김유미·박동호(2009), 학문 목적 학습자를 위한 한국어 교육과정 설계 연구-한국어학 전공생을 위한 내용 중심 접근 방법-, 언어와 문화 제5권 3호, 한국언어문화교육학회, 193-215.

김유미·강현화(2008), 학문목적 학습자를 위한 학술 전문어휘 선정 연구 -한국어, 문학, 경영학, 컴퓨터공학 전공을 대상으로, 한국어 교육 19권 3호, 국제한국어교육학회, 1-24.

김이연(2017), 한국어 쓰기 교육에서 통합 피드백의 효과 검증 및 활용 방안 연구, 고려대학교 석사학위논문.

김인규(2003), "학문 목적을 위한 한국어 교수요목", 국제한국어교육학회 제13차 국제학술대회, 521-543쪽.

김재건(2005), Tyler와 Bruner의 교육과정 이론의 관계 재분석, 교육연구 제1권, 상명대학교 교육연구소, 1-21.

김재복(1996), 교육과정의 내용조직 유형에 관한 연구, 교육과정연구, 14권3호, 73-93, 한국교육과정학회.

김재희(2008), 나선형 한국어 교육과정 구성 방안 연구, 고려대학교 석사학위논문.

김정숙·원진숙(1992), 외국어로서의 한국어교육의 반성과 새로운 방법론 모색, <어문논집>

31-1, 안암어문학회, 117-141.
김정숙(1997), 한국어 숙달도 배양을 위한 한국 문화 교육 방안, 교육 한글 10, 한글학회.
김정숙(2000), 학문적 목적의 한국어 교육과정 설계를 위한 기초 연구, 한국어 교육11-2, 국제 한국어교육학회, 521-543쪽.
김정숙(2003), 통합 교육을 위한 한국어 교수요목 설계 방안 연구, 한국어교육 14, 119-143.
김종서(1993), 교육연구의 방법, 배영사.
김중섭 외(2010), 국제 통용 한국어교육 표준 모형 개발(1단계), 국립국어원.
김중섭 외(2011), 국제 통용 한국어교육 표준 모형 개발(2단계), 국립국어원.
김중섭 외(2015), 국제 통용 한국어 표준 교육과정 활용 점검 및 보완 연구, 국립국어원.
김중섭 외(2016), 국제 통용 한국어 표준 교육과정 활용 점검 및 보완 연구(3단계), 국립국어원.
김중섭 외(2017), 2017년 국제 통용 한국어 표준 교육과정 적용 연구(4단계), 국립국어원.
김진우(1981), 문형연습의 재평가, 영어교육 17, 25-37.
김진희(2010), 쓰기 교육을 통한 어휘력 향상에 대한 고찰, 원광대학교 석사학위논문.
김한란 외 번역 (2007), 언어학습, 교수, 평가를 위한 공통참조기준, 한국문화사.
김혜영(2017)『(초등학생을 위한) 표준 한국어』교재 학습 한국어 영역의 국어과 문법 내용 고찰, 돈암어문학 제32집, 383-410.
김호권·이돈희·이홍우(1993), 교육과정의 전개, 현대 교육과정론, 교육과학사, 109-194,
김호정·김가람(2017), 체계적 문헌 고찰을 통한 한국어 교육과정 연구 동향 분석, 제14권 제1호, 한국언어문화학, 국제한국언어문화학회, 75-110.
김희진(2012), 학문 목적 학습자를 위한 쓰기 전략의 교수 방안 연구, 계명대학교 석사학위논문.
나미희(2013), 이주노동자를 대상으로 하는 한국어 쓰기 교육 방안 연구, 경희대학교 석사학위논문.
남기춘 외(2004), 연결어미가 글 이해와 기억에 미치는 효과, 언어청각장애연구 제9권 3호, 한국언어청각임상학회, 51-71.
류마리아(2019), 요구분석에 기반한 성인 쓰기교육 내용 연구, 전남대학교 박사학위논문.
류보라(2016), 2015 개정 국어과 교육과정의 계열성 – 초등학교 국어 성취기준을 중심으로 – , 새국어교육 107권, 한국국어교육학회, 111-133.
류선숙(2017), 초급 수준의 학문 목적 한국어 학습자를 위한 학술적 글쓰기에 대한 요구 분석 연구, Journal of Korean Culture, 38, 35-72.
류영석(2008), 이주 노동자를 위한 한국어 교육과정 개발 연구-취업 전 해외 한국어 학습자를 중심으로, 선문대학교 교육대학원 석사학위논문.
류영석(2008), 이주 노동자를 위한 한국어 교육과정 개발 연구-취업 전 해외 한국어 학습자를 중심으로, 선문대학교 교육대학원 석사학위논문.
문다혜(2009), 영어쓰기 전략 연구, 숙명여자대학교 석사학위논문.
문화체육관광부·국립국어원(2020), 한국어 표준 교육과정.
문화체육관광부 보도 자료(2020.11.27.), 문화체육관광부, 「한국어 표준 교육과정」 고시 - 「한국어 확산계획(2020-2022)」(9. 1.) 기반, 한국어 교육 체계화 도모 -.
미국 외국어교육위원회(2012), ACTFL 능숙도 지침, ACTFL.
민병곤·이성준(2016), 학문 목적 한국어 말하기 평가 도구 개발의 쟁점과 과제, 서울대학교 국어교육연구소, 국어교육연구 38권. 67-110.
민정호(2018), 학문 목적 한국어 쓰기에서의 담화종합 수준별 저자성 분석 - 대학원 유학생의 계획하기와 수정하기를 중심으로 -, 동국대학교 박사학위논문.
민진영(2011), 한국어 연결어미 '-길래'의 특성과 교수 방안 연구, 한국어 교육 22권 2호, 국제한국어교육학회, 113-137.
민현식(2004), 한국어 표준교육과정 기술 방안, 국제한국어교육학회, 한국어 교육 15권1호, 51-92.
박갑수(1998), 외국어로서의 한국어 교육과 문화적 배경, 선청어문 26, 서울대 국어교육과.
박광진(2010), 학문 목적 학습자 대상 교실 말하기 평가 방안 연구, 배재대학교 석사학위논문.
박도순·변영계(1987), 敎育課程과 敎育評價, 문음사.
박석준(2015), 학문 목적 한국어 교육의 교육과정 현황 분석 및 내실화 방안 연구, 연세대학교 언어연구교육원 한국어학당, 외국어로서의 한국어교육 43권, 31-57.
박선옥(2009), 학문 목적 말하기 교재 분석을 통한 교재 개발 방향 연구, 어문연구 제37권 3호, 한국어문교육연구회, 381-409.
박선윤(2015), 학문 목적 한국어 말하기 평가 도구 개발 방안, 중앙대학교 석사학위논문.
박세영(2015), 상위인지 전략을 활용한 한국어 쓰기 교육 사례 연구-자기 점검하기 전략을 중심으로-, 이화여자대학교 석사학위논문.
박송이(2015), 한국어 쓰기 능력 향상을 위한 쓰기 평가 문항 개발-고급 학습자를 중심으로-, 안양대학교 석사학위논문.
박수정(1984), 의표 교수요목(Notional Syllabus)의 이론과 실제적용, 조선대학교 석사학위논문.
박영순 외(2006), 전환기의 한국어 교육과 교육과정의 개발, 2006년도 추계(제26차) 학술대회, 국제한국어교육학회.
박영순(2002), 한국어 교육을 위한 한국문화론, 한국문화사.
박영순(2004), 외국어로서의 한국어 교육론, 월인.
박영희(2016), TOPIK 작문형 쓰기 평가 결과물 분석을 통한 한국어 학습자의 등급별 글쓰기 양상 연구, 인하대학교 석사학위논문.
박종경(2001), 意思疏通能力 開發을 爲한 中國語 敎授法에 關한 硏究, 수원대학교 석사학위논문.
박주영(2012), 장르 중심 한국어 설명문 쓰기 교육 연구, 서울대학교 석사학위논문.
박지애(2010), 여성결혼이민자를 위한 쓰기 교육 방안, 부산외국어대학교 석사학위논문.
박진욱(2016), 학습역양 기반 학문 목적 한국어 교육과정 연구 : 전공 진입 전 과정을 중심으로, 고려대학교 박사학위논문.
박창언(2009), 통합교육과정 이론과 현실 적용의 난점, 문화예술교육연구 제4권 제1호, 1-25.
박혜진(2017), 한국어 학습자의 쓰기 텍스트에 나타난 응결성과 응집성의 상관관계 분석 - 논술 텍스트를 중심으로 -, 이화여자대학교 석사학위논문.
백희숙(2003), 영어 쓰기 전략 유형 분석, 고려대학교 석사학위논문.
부자건(2012), 비즈니스 한국어 쓰기 교육과정 연구 -중국 대학 한국어 학습자를 대상으로-, 고려대학교 석사학위논문.
서연주(2003), 의사 소통 능력 향상을 위한 영어 교수법 및 자료, 공주대학교 석사학위논문.
서영진(2010), 개정 국어과 교육과정의 텍스트 선정 및 배열의 타당성 연구, 교육과정평가연구 제13권 1호., 교육과정평가연구회, 63-86.
선혜선(2012), 텍스트 지식의 국어 교과서 실행 양상과 그에 관한 교사의 인식 실태 연구, 서울교육대학교 석사학위논문.
세종학당재단(2014), 세종학당 운영 지침서.
손연자(1996), 한국어 글쓰기 교육의 실태와 방안, 새국어생활 6-2, 국립국어원.
송예림(2015), 스페인어학 및 교육학 - 유럽 공통참조기준의 한국 대학 스페인어 교육에의 적용 -행위중심 접근법을 중심으로, 스페인어문학(구 서어서문연구) 75권, 한국스페인어문학회(구 한국서어서문학회), 101-119.
송지현(2006), 학문 목적 한국어 교육을 위한 과제 중심 요구 분석, 이화여자대학교 석사학위논문.
송현정(2014), 다문화 사회의 국어과 교육 내용 분석 연구, 영주어문 28권, 영주어문학회, 197-223.
신동일(2001), ACTFL-SOPI 체제의 영어 말하기 평가 현장 적용: 한국에서의 문제점과 현실적 대안, 영어교육 56권 2호, 한국영어교육학회, 309-331.

신명선(2012), 고급 학습자를 위한 한국어 문법 교수 학습에 관한 연구-인지적 접근을 중심으로-, 韓國學硏究論文集 (一), 165-181.

신명선(2016), 한국어 교육에서 인지적 문법 교수 학습의 의의와 한계, 第一屆西太平洋韓語敎育與韓國學國際學術會議, 171-190.

심재경(2014), 학문 목적 한국어능력시험 개발을 위한 기초 연구, 고려대학교 석사학위논문.

안경화·김민애(2014), 한국어 교육과정의 목표 설계 연구, 어문론집 59, 381-405.

안경화(1999), 한국어 어휘의 학습 난이도 측정 방법에 대하여, 언어학 25권, 한국언어학회(언어학), 167-184.

안경화(2014), 한국어 교육 자료의 개발과 활용, 제41차 국내 춘계 학술대회, 국제한국어교육학회, 23-25.

안경화,김민애(2014), 한국어 교육과정의 목표 설계 연구, 어문논집, 제59집. 민족어문학회, 381-405.

안경화·김정화·최은규(2000), 논문 학습자 중심의 한국어 교육과정 개발 방향에 대하여, 한국어 교육, 제11권 1호, 67-83.

안미란(2010), 문화 정책의 맥락에서 파악한 유럽평의회의 다언어주의와 다중언어주의 개념, 외국어로서의 독일어 제26집, 한국독일어교육학회, 153-177.

안주호(2004), 한국어교육에서의 어미 제시순서에 대한 연구, 배달말 14, 배달말학회, 271-296.

안현기(2008) 영어 발음의 정확성(accuracy)과 유창성(fluency) 구분에 대하여, 외국어교육연구 제11권, 서울대학교, 84-96.

양도원(2009), 유럽공통참조기준과 한국의 외국어 교육과정 한국어, 교원교육 제25권 제1호, 한국교원대학교 교육연구원 42-156.

양명희 외(2013), 한국어교육 문법 표현 내용 개발 연구(2단계), 국립국어원.

양명희 외(2014), 한국어교육 문법 표현 내용 개발 연구(3단계), 국립국어원.

양명희 외(2015), 한국어교육 문법 표현 내용 개발 연구(4단계) 결과보고서, 국립국어원.

양민화·윤보은(2008), 중국인 한국어 학습자의 철자능력 분석연구, 한국교육, 제35권 3호. 한국교육개발원

오선경(2007), 학문 목적의 한국어 듣기 교육을 위한 강의 담화 분석, 한국어 교육 제18권 2호, 199-220.

王丹(2008), 한국어 말하기 교육에서의 의사소통 전략 연구, Journal of Korean Culture 11, 한

국어문학국제학술포럼, 2008.08, 75-102.
용재은(2004), 대학 수학 목적의 한국어 읽기·쓰기 교육 방안 연구-학문적 텍스트의 분석과 적용을 중심으로-, 고려대학교 석사학위논문.
원진숙 외(2011) 다문화가정 학생을 위한 한국어(KSL) 교육과정 개발 연구, 한국교육과정개발원, 서울교육대학교.
원진숙(1999), 쓰기 영역 평가의 생태학적 접근 – 대안적 평가 방법으로서의 포트폴리오를 중심으로-, 한국어학 제10권, 한국어학회, 191 – 232.
원진숙(2015), 초등학교 귀국 학생을 위한 학교 적응 및 국어 교육 양상: 보호 프로그램으로서의 귀국 학생 대상 특별학급을 중심으로, 국어교육학연구 제50권 4호, 국어교육학회, 5-39.
유인자(2003), 초등학교 쓰기 교육과정의 내용 계열성 연구, 강릉대학교 석사학위논문.
유재택·조용기·백승희(2004), 재외동포용 한국어 교육과정 및 교재 체제 개발 연구, 한국교육과정평가원.
유현경(2013), 표준문법 개발을 위한 기초 연구 최종보고서, 국립국어원.
윤선영(2008), 유럽공통참조기준과 포트폴리오 설계-프랑스어 학습자를 위한 질적평가 모델 개발-, 교육과정평가연구, 제11권 2호, 한국교육과정평가원, 47-49.
윤정혜(2015), 외국인 고용 현황과 시사점, 한국고용정보원.
이계순(1987), Syllabus Design의 방향, 어학연구 제23권 3호, 서울대학교 어학연구소, 289-306.
이미혜(2011), 한국어 쓰기 교육을 위한 장르 분류 연구, 외국어교육 제18권 3호, 391- 412.
이민우(2013), 학문 목적 한국어 어휘 교육을 위한 전공어휘 사용 양상 분석-자연계열 교육용 전문 어휘 선정을 중심으로, 이중언어학 제53호, 이중언어학회, 183-216.
이원희(2015), 교육과정 개념화의 이미지 유형, 교육학논총 35권2호, 대경교육학회(구 우리교육학회), 61-78.
이재승 (1991), 통합 언어의 개념과 국어교육에의 시사점. 국어교육, 79-80.
이재승(1999), 과정 중심의 쓰기 교재 구성에 관한 연구- 초등 학교를 중심으로 -, 한국교원대학교 박사학위논문.
이정연(2016), 학문 목적 한국어 학습자를 위한 설득적 말하기 교육 연구, 한국외국어대학교 대학원박사학위 논문.
이정희 외(2015), 한국어 쓰기 교육과정 개발 연구, 국립국어원.

이준호(2007), 한국어 학습자를 위한 주제 중심 수업의 구성 방안 연구, 『이중언어학』 34, 이중언어학회, 349-370.

이지연(2014), 이유 표현 난이도에 따른 한국어 문법 교육 내용 연구, 서울대학교 석사학위논문.

이지혜(2018), 학문 목적 한국어 학습자를 대상으로 한 설명문 쓰기 교육 방안 연구, 배재대학교 석사학위논문.

이진영(2008), 한국어 쓰기 교육과정 개발 연구, 경희대학교 석사학위논문.

이해영 외(2006), 한국어능력시험 문항 유형 개발을 위한 기초 연구: 문항 개발을 위한 지침서.

이해영(2004), 학문 목적 한국어 교과과정 설계 연구, 국제한국어교육학회, 한국어 교육 15권 1호, 137-164.

이현종(2008), 국어학습부진학생과 일반학생의 어휘 능력·읽기 유창성·쓰기 유창성 간의 관계 연구, 경인교육대학교 석사학위논문.

이혜영·이임경(2013), 한국어 교육을 위한 불규칙 용언의 위계화 연구, 언어와 문화 제9권 제1호, 한국언어문화교육학회, 231-251.

임찬빈 외(2011), 영어과 교육과정 개정안(시안) 개발 연구, 교육과학기술부.

임찬빈 외(2015), 2015 개정 교과 교육과정 시안 개발 연구 II 영어과 교육과정, 한국교육과정평가원.

임천택(2005), 쓰기 지식 범주의 교육 내용 반영에 관한 탐구, 학습자중심교과교육연구 제10권, 학습자중심교과교육연구회, 237-261.

장규수(2011), 한류와 스타시스템, 스토리하우스.

장미정(2017), 쓰기 주제에 따른 언어 사용 양상 연구-한국어 초급 학습자의 대학 글쓰기를 대상으로-, 학습자중심교과교육연구 제17권 제11호, 학습자중심교과교육연구회, 421-440.

장지원(2015), 타일러(Tyler)의 교육과정 조직 원리에 근거한 초, 중등 학교급간 음악과 교육과정 연계성 고찰, 음악교육연구 44권4호, 한국음악교육학회, 221-239.

장지현(2013), L2 학습에서 어휘 지식이 쓰기 이해에 미치는 영향, 한양대학교 석사학위논문.

전은주(1999), 말하기·듣기 교육론, 박이정.

전은주(2007), 한국어 능력 시험 평가 문항의 내용 타당도 분석 -제12회 일반 한국어(S-TOPIK)의 쓰기·듣기·읽기 영역을 중심으로 국어교육학회 제38회 정기 학술발표대회 자료집, 157-182.

전은주(2013), 「담화 유형 교육의 계속성」, 『국어교육연구』 32호, 서울대국어교육연구소, 513-545.

정경주(2013), 어휘 지도 방법이 학문적 어휘학습과 정보 텍스트 쓰기 이해도에 미치는 효과에 대한 연구, 서울교육대학교 석사학위논문.
정광 외(1994), 한국어학 한국어 능력 평가 방안 연구, 한국어학 제1권, 한국어학회, 481-538.
정다운 (2016) 다문화 가정 초등학생을 위한 한국어 쓰기 교육 내용 연구 – 한국어 교육과정과 표준 한국어 교재 분석을 중심으로, 국제한국언어문화학회(INK) 제22차 학술대회, 국제한국언어문화학회, 99-112
정명숙(2014), 한국어능력시험 18년의 역사, 국제한국어교육학회 학술대회논문집, 국제한국어교육학회, 46-48.
정천주(1991), 교육과정 유형의 변천과 전망에 관한 연구, 논문집 11권, 기전여자대학, 69-95.
정희정·곽지영(2015), 학문 목적 한국어 교육과정의 개발과 수정의 실제-연세대학교 한국어학당의 대학한국어과정을 중심으로, 연세대학교 언어연구교육원 한국어학당, 외국어로서의 한국어교육 43권, 229-256.
조남호(2002), 현대 국어 사용 빈도 조사, 국립국어연구원.
조병영(2002), 외국 중학교 자국어 교육과정의 내용 조직과 진술 방식 연구. 고려대학교 석사학위 논문.
조용호(2013), 문법 능력과 쓰기 능력의 상관관계에 대한 연구, 한국교원대학교 대학원 석사학위논문.
조재윤·김지연(2015), 한국어 교육과정 개정을 위한 시사점 탐색– 2009 개정 영어과 교육과정과의 내용 비교를 중심으로, 교육연구 제64집, 성신여자대학교 교육문제연구소, 127-152.
조항록(1998), 한국어 고급 과정 학습자를 위한 한국 문화 교육 방안, 한국어교육 제9권 2호, 국제한국어교육학회.
조항록(2000), 초급 단계에서의 한국어 교육과 문화 교육, 한국어교육 제11권 1호, 국제한국어교육학회.
조항록(2001), 한국어 문화 교육론의 주요 쟁점과 과제, 박영순 외, 21세기 한국어교육학의 현황과 과제, 한국문화사.
(주)프레인(2010), 한국어 교육기관 실태 및 수요조사, 문화체육관광부.
지라펀(2005), 태국에서의 한국어 교육 현황과 제언,국외 한국어 교육 정책 수립을 위한 대토론회, 국립국어원·문화관광부·한국어세계화재단.
진대연(2003), 한국어 쓰기 교육과정의 비판적 검토 – 학습자의 텍스트 생산 능력 계발을 중심으로 –, 국제한국어교육학회 학술대회논문집, 국제한국어교육학회.
진대연(2004),한국어 쓰기 능력 평가에 대한 연구-텍스트 생산 능력 평가를 중심으로-, 국어 교육학연구, 19, 국어교육학회.

진제희(2005), 한국어 수업을 위한 내용 중심 교수 방안-고급 수준 재미 교포 학습자를 대상으로-, 한국어 교육 제16권 3호, 국제한국어교육학회, 353-377.

천경록 외(2013), 국어과 교육과정 쓰기 영역의 계열성 분석, 국어교육학연구 제46집, 535-562.

천경록(2013), 국어과 교육과정 읽기 영역의 계열성 분석, 국어교육학연구 56권, 국어교육학회, 535-562.

최용재(1980) Notional Syllabus에 대하여, 어문연구, 제16권 2호, 서울대학교 어학연구소, 185-195.

최진황 외(1986), 제5차 중학교 영어과 교육과정 시안 연구 개발, 한국교육과정개발원.

최진황(1989), 영어 의사소통활동 지도자료, 한국교육개발원.

최혜진(2011), 이주노동자를 위한 한국어 교육과정 개발 연구, 한국외국어대학교 석사학위논문.

최희재(2014), 한국에서의 다중 언어 교육 구현 가능성 모색, 서울대학교 언어교육원, 제50권 1호, 185-205.

편윤희(2015), 체계적인 한국어 교육을 위한 한국어 학습자 분류 제안, 한국어교육연구 제3호, 한국어교육연구학회, 113-137.

한국교육 10년사 간행위원회(1955), 한국교육10년사, 풍문사.

한국국제교류재단(2007),해외 한국학 백서, 을유문화사.

한국어세계화재단(2003), 예비 교사·현직 교사 교육용 교재 개발 최종보고서.

한국어세계화추진위원회(1998), 외국인을 위한 한국어 교재의 교수요목 개발에 관한 기초 연구, 문화관광부.

한국전문대학교교육협의회(2015), NSC 기반 교과목 운영을 위한 수업지도안 작성 방안, 2015년도 전문대학 교직원 연수 자료집.

한문섭·황종배(2015), 한국 영어 문법교육 연구의 동향과 과제, ENGLISH TEACHING 제79권 5호, 한국영어교육학회, 81-108.

한상미(2009), 학문 목적 한국어 말하기 평가 연구 -대학 입학 전 과정을 중심으로, 한국어교육 제20권 1호, 국제한국어교육학회, 207-238.

한상헌(2013), 중등학교 프랑스어 교육에서 유럽의 언어공통참조기준의 적용을 위한 연구, 프랑스어문교육 제44집, 한국프랑스어문교육학회, 119-147.

한수민(2012), 한국어 학습자의 듣기전략 사용 연구-중국인 중급 학습자를 중심으로, 계명대학교 석사학위논문.

한양선(2010), 초등학교 국어과 교육과정읽기 영역의 계열성에 관한 연구, 충남대학교 석사학위논문.

한연희·전은주(2011), 2011 국어과 교육과정 듣기,말하기 영역 수직적 조직 분석 -"국어" 과목 담화 유형을 중심으로-, 화법연구 제 19권, 한국화법학회, 389-423.

한재영 외(2006a), 한국어 평가론. 태학사.

한재영 외(2006b),한국어 교수법, 한국어 교육 총서 2, 문화관광부·한국어세계화재단.

한혜정 외(2015), 2015 개정 교육과정 총론 해설-중학교, 교육부.

허용 외(2007), 세종학당 교육과정 개발 연구, 국립국어원.

허용 외(2009), 여성결혼이민자를 위한 한국어 교육과정, 국립국어원, 국제한국어교육학회.

허용 외(2010), 여성결혼이민자를 위한 한국어 교육과정, 국립국어원.

형재연(2015), 대학 내 학문 목적 한국어 교육과정 현황 분석 연구-교양 교육과정을 중심으로, 한성대학교 한성어문학회, 한성어문학 34권, 387-427.

홍비표(2001), 상황강화교수법을 통한 의사소통능력 신장 방안, 공주대학교 석사학위논문.

황선영·조선경(2006), 이주여성 대상 한국어 교육을 위한 교수요목 설계 방안, 2006년 제26차 학술대회 자료집 87-106쪽, 국제한국어교육학회, 105-121.

황선영·하지혜(2017), 한국어 고급 학습자 대상 일상 대화에서의 순서 교대 양상 연구, 우리말글 제73집, 우리말글학회, 221-246.

황정원(2016), 우리나라의 다문화 학생 현황, 교육개발 197호, 한국교육개발원.

황현주(2005), 학문 목적 한국어 교육과정 개발을 위한 과제 단위 요구 분석: 중국인 유학생을 대상으로, 연세대학교 석사학위논문.

Agustina(2014), ENGLISH FOR SPECIFIC PURPOSES (ESP): AN APPROACH OF ENGLISH TEACHINGFOR NON-ENGLISH DEPARTMENT STUDENTS, βeta vol 7, No. 1, hol 37-63.

Alber, S. R., & Walshe, S. E. (2004), When to self-correct spelling words: A systematic replication. Journal of Behavioral Education, 13(1), 1-24.

Allen(1980), A Three-Level Curriculum Model for Second Language Education, Mimeo, Modern Language Center, Ontario Institute for Studies in Education.

Anan Tahir(2011), Learning Needs-A Neglected Terrain: Implications of Need Hierarchy Theory for ESP Needs Analysis, English for Specific Purposes World Volume 11.

Andrea Juhász(2015), The Conceptualization of Communicative Competence in Secondary EFL Classrooms in Hungary, Doctoral Dissertation of Budapest Univ.

Anthony Green(2012), The theoretical foundations for functions in the Council of Europe modern languages projects and the Common European Framework of Reference for languages, Cambridge University Press.

Anthony Green(2012a), Language Functions Revisited Theoretical and Empirical Bases for Language Construct Definition Across the Ability Range, Cambridge University Press.

Anthony Green(2012b), The theoretical foundations for functions in the Council of Europe modern languages projects and the Common European Framework of Reference for languages, Cambridge University Press.

Bachman, L.(1990a), Communicative Language Ability. In Fundamental Considerations in Language Testing, Oxford University Press, 81-111.

Bachman, L.(1990b), Fundamental considerations in language testing, Oxford: Oxford University Press.

Bachman, L.F., & Palmer, A.S.(1996), Language Testing in Practice: Designing and Developing Useful Language Tests, Oxford etc.: OUP.

Bacon, S. M. (1992), The relationship between gender, comprehension, processing strategies and cognitive and affective response in foreign language learning, The Modern Language Journal, 76, 160-178.

Benyelles, R. (2009), Teaching ESP at Post Graduate Level: Unpublished Doctorate Thesis: University of Tlemcen.

Breen, M. (1984), Process syllabuses for the language classroom, In Brumfit (1984a) General English Syllabus Design. Oxford: Pergamon Press, 47-60.

Breen, M. P. (1987), Learner contributions to task design, In C.N. Candlin & D. Murphy (Eds.), Lancaster Practical Papers in English Language Education: Vol. 7. Language learning tasks, 23-46, Englewood Cliffs, NJ: Prentice Hall.

Breen, M. P.(1984), Process Syllabuses for the Language Classroom, In Brumfit, CJ. (cd.) General English Syllabus Design Pergamon Press Ltd. and The British Council.

Breen, M., & Candlin, C. N. (1980), The essentials of a communicative curriculum in language teaching. Applied Linguistics, 1, 89-112.

Brinton, D. M., Snow, M. A., & Wesche, M. B(1989), Content-based second language instruction. New York: Newbury House.

Brown, H. D. (1994), Teaching by principles: An interactive approach to language pedagogy,

Upper Saddle River, Prentice Hall Regents.

Brown, H. D.(2000), Principles of language Learning and Teaching(4th ed.), New York: Longman.

Brown, J. D.(1995), The Elements of Language Curriculum: A Systematic Approach to Program Design, Boston: Heinle & Heinle.

Brumfit, C. J. (1984), The Limits of Language Syllabus, In Read, J.A.S. (ed). Trends in Language Syllabus Design. Singapore: SEAMEO Regional Language Centre.

Brumfit, C. J.(1984), Function and Structure of a State School Syllabus for Learners of Second and Foreign Languages with Heterogeneous Needs, In C.J. Brumfit General English Syllabus Design, Pergamon Press and The British Council.

Brumfit, C. J.(1984), General English Syllabus Design, The British council, Pergamon Press.

Brumfit, C.(1981), Notional Syllabusese Revisited: a Response, Applied Linguistics 2.

Bruner, J. S.(1977), The Process of Education, Harvard University Press.

Bruner. J. S.(1966), The Culture of Education, Cambridge: Harvard university Press.(강현석 이자현 역(2005), 교육의 문화, 교육과학사)

Canale & Swain(1980), Theoretical Bases of Communicative Approaches of Second Language Teaching and Testing, Applied lingustics, 1(1), 1-47.

Canale, M.(1983), From communicative competence to communicative language pedagogy, In: J. C. Richards, & R. W. Schmidt (Eds.), Language and communication, Harlow: Longman, 2-27.

Canale, M., & Swain, M.(1980), Theoretical bases of communicative approaches to second language teaching and testing. Applied Linguistics, 1(1), 1-47.

Candlin, C. N. (1984), Syllabus design as a critical process, ELT Documents, No. 118, 29-46, London: Pergamon & The British Council.

Candlin, C.(1987), Towards task-based language learning, in C. Candlin, & D. Murphy (ed.) Language learning tasks, Prentice Hall.

Celce-Murcia, M., Dörnyei, Z., & Thurrell, S.(1995), Communicative competence: A pedagogically motivated model with content specifications, Issues in Applied Linguistics, 6(2), 5-35.

Chomsky, N. (1965), Aspects of the theory of syntax, Cambridge: MIT Press.

Chomsky, N.(1977), Essays on form and interpretation, New York: North-Holland.
Clark, D. (2000), Introduction to Instructional System Design In Language Teaching <http://www.nwlink.com/%7Edonclark/hrd/sat.html>. Dec, 2008.
Council of Europe(2001), Common European Framework of Reference for Languages: learning, Teaching Assessment-Structured overview of all CEFR scales.
Council of Europe(2017), Common European Framework of Reference for Languages: learning, Teaching, Assessment, Cambridge University Press.
CROOKES, G. & LONG, M. H(1987), Task-based second language teaching: A brief report. Modern English Teacher (Tokyo) 24, 5, 26-8, and 6, 20-23.
Crookes, G. V.(1986), Tasks: a cross-disciplinary review. Technical Report #4, Center for Second Language Classroom Research, Social Science Research Institute. Honolulu, HI.:University of Hawaii at Manoa.
Crookes, G.(1989), Planning and interlanguage variation, Studies in Second Language Acquisition 11, 367-383.
Damrong Thandee(2004), Current State of Korean Studies : Thailand, 국제교류재단.
Dubin, F., Olshtain E,(1986), Developing Programs and Materials for Language Learning. Cambridge University Press.
Durkheim, E.(2001), 사회학적 방법의 규칙들, 새물결, 사회분업론, 현대사회학대계2, 타하라 토와 역, 청목서점, 1971.
Eckman, F.(1977), Markedness and the contrastive analysis hypothesis, Language Learning 27, 315 - 330.
Elvira Swender(2012), ACTFL Proficiency Levels in the Work World, ACTFL CIBER 2012 Conference.
Faculty of Arts, Silapakorn University(2004), Catalog 2004, Silapakorn University Printing House.
Finocchiaro, M. (1979), The Functional-notional syllabus: promise, problems, practices. English Teaching Forum, 17(2), 11-20.
Finocciaro & Brumfit(1983), The functional-notional approach, Oxford University Press.
Flower, L. & Hayes, J. R. (1981), A cognitive process theory of writing. College composition and communication, Vol. 32, No. 4, 365-387.

Flower, L. (1998), Problem-solving strategies for writing. (글쓰기의 문제해결전략, 원진숙·황정현, 서울: 동문선)

Gagné, Robert, M. & Briggs, Leslie J. (1979), Principles of Instructional Design, New York: Holt, Rinehart & Winstion,

Gibbons, J.(1984) Sequencing in Language Syllabus Design in Read, J.A.S. (ed.) Trends in Language Syllabus Design. Singapore: SEAMEO Regional Language Centre.

Goodlad, J. I., & Associates(1979), Curriculum inquiry: The study of curriculum practice. New York: McGraw-Hill Book Co.

Goodman, K S. (1976), Miscue analysis: theory and reality in reading. New horizons in reading, ed. by John E Meritt. Newark, Delaware: IRA.

Goodman, K S. (1976), The Goodmans taxonomy of oral reading miscues. Findings of research in miscue analysis: classroom implications, ed. by P D Allen and D J Watson. Illinois: ERIC clearinghouse on Reading and Communication Skills.

Goulden, R., Nation, P. and Read, J. (1990), How large can a receptive vocabulary be? Applied Linguistics, 11, 341-363.

Grabe, W. & Stoller, F.L (2002), Teaching and Researching Reading. London: Pearson Education Longman.

Grabe, W., & Stroller, F.L.(1997), Content-Based Instruction: Research Foundations. In M.A. Snow & D. M. Brinton (Eds.), The content-based classroom: Perspectives on integrating language and content, New York: Longman, 5-21,

Graham, S., Berninger V., Abbott R., Abbott S., & Whitaker, D.(1997), The role of mechanics in composing of elementary school students: A new methodalogical approach, Journal of Educational Psychology, 89(1), 170-182.

Gronlund, N.E. (1973), Preparing criterion-referenced tests for classroom instruction. New York: Macmillan.

Halliday(1973), Explorations in the Functions of Language, London: Edward Arnold.

Harlow, Linda(1978), An Alternative to Structurally Oriented Textbooks, Foreign Language Annals, 11 (1978), 559-563.

Hofstede, G.(1996), Images of Europe: Past, present and future. In P. Joynt & M. Warner (Eds), Managing across cultures: Issues and Perspectives. London: International Thompson

Business Press, 147-165.

Hu, M. and Nation, I. S. P. (2000), Vocabulary density and reading comprehension. Reading in a Foreign Language, 13(1), 403-430.

Hutchinson, T. & Waters, A. (1987), English for specific purposes: A learning-centered approach. Cambridge: Cambridge University Press.

Hutchison T, Waters A.(1987), English for specific purposes, Cambridge University Press.

Hymes, D. H. (1972), On Communicative Competence, In Pride, J. B. & Holmes, J. (Eds.), Sociolinguistics, 269-293. Baltimore, USA: Penguin Education, Penguin Books Ltd.

Hymes, D. H.(1970), On communicative competence, In J. J. Gumperz and D. Hymes (eds), Directions in Sociolinguistics. New York: Holt, Rinehart and Winston.

Hymes, D. H.(1971), Competence and performance in linguistic theory, In R. Huxley, & E. Ingram (Eds.), Language acquisition: Models and methods, 3-28. London:Academic Press.

James R. Lincoln & Didier Guillot. (2004), Durkheim and Organizational Culture. IRLE Working Paper No. 108-04. http://irle.berkeley.edu/ workingpapers/108-04.pdf

Johnson, K.(1977), Teaching appropriateness and coherence in academic writing, Reprinted in Johnson, K. Communicative Syllabus Design and Methodology Oxford: Pergamon Institute of English.

Kauer, A(1990), Considerations in language syllabus design, The English Teacher Journal, 19.

Kim, Y. S.(2008), Cat in the hat or cat in the cap? An investigation of the developmental trajectories of phonological awareness for Korean children, Journal of Research in Reading, 31(4), 359-378.

KOTRA 지식서비스사업팀(2011), 문화 한류에서 경제 한류로의 도약을 위한 글로벌 한류 동향 및 활용 전략.

LARSEN-FREEMAN, D. & LONG, M. H(1991), An Introduction to Second Language Acquisition Research. London:Longman.

Laufer, B. (2003),Vocabulary acquisition in a second language:Do learners really acquire most vocabulary by reading? Some empirical evidence. Canadian Modern Language Review 59, 567-587.

Laufer, B. and Ravenhorst-Kalovski, G. C. (2010) Lexical threshold revisited: Lexical text coverage, learners' vocabulary size and reading comprehension. Reading in a Foreign Language, 22, 15-30.

Laufer, B.(1992) How much lexis is necessary for reading comprehension?,' in Arnaud and Béjoint, 126-32.

Lerner, J. W.(2000), Learning disabilities: Theories, diagnosis, and teaching strategies(8th ed), Boston: HoughtonMiffin.

Lewis, M.(1997), Implementing the Lexical Approach, London, Language Teaching Publications.

Long, M. (2005), A Rationale for Needs Analysis Research, Cambridge: Cambridge University Press.

Long, M. H. & Crookes, G. (1993), Units if Analysis in Syllabus Design: The Case for The Task, In Crookes and S. M Grass (Ed). Tasks in a pedagogical Context. Celeveland, UK: Multilingual Matters, 9-44.

LONG, M. H. (1985), A role for instruction in second language acquisition: Task-based language leaching. In K. HYLTENSTAM and M. PIENEMANN (eds) Modelling and Assessing Second Language Acquisition, Clevedon: Multilingual Matters, 77-99.

MacKay, S.(1978), Syllabuses: Structural, situational, notional, TESOL Newsletter, 12-15.

Mager, Robert F.(1962), Preparing Instructional Objectives, Palo Alto, Ca: Fearon.

McGowan A.(2011), Practice and Application: Successful Research and Writing for Publication, The Journal of Humanistic Education and Development.

Mohan, B. A.(1986), Language and Content. Reading, MA: Addison-Wesley.

Munby, J. (1978), Communication syllabus design, London: Cambridge.

Munby, J.(1990), Communicative Syllabus Design-A sociolinguistic model for defining the content of purpose-specific language programmes, Cambridge University Press.

Myers, M.(1985), The Teacher-Researcher: How to Study Writing in the Classroom, Urbana ERIC Clearinghouse on Reading and Communication Skills and the National Council of Teachers of English.

Myers, S.(1997), Teaching Writing as a Process and Teaching Sentence-Level Syntax: Reformulation as ESL Composition Feedback, at: ntmye@ ttacs1.ttu.edu.

Nation, I. S. P.(2001), Learning vocabulary in another language, Cambridge University Press.

Nation, I.S.P.(2011), Learning Vocabulary in Another Language. (김창구 역(2012), I.S.P Nation 의 외국어 어휘의 교수와 학습, 소통)

Nida. E. A.,(1973), Compomential Analysis of Meaning, 조항범 역, 탑출판사.

Nunan, D. (1989), Designing tasks for the communicative classroom. Cambridge: Cambridge University Press.

Nunan, D.(1993), Syllabus design. Oxford University Press.

Nunan, D.(2003), Task-based Syllabus Design, 국제한국어교육학회 제13차 국제학술대회.

Nunan,D.(1988a), The Learner-Centred Curriculum.Cambridge:Cambridge University Press.

Nunan,D.(1988b), Syllabus Design, Oxford:Oxford University Press.

O'Malley, J. M.& Chamot, A. U. (1990), Language strategies in second language acquisition, Cambridge: Cambridge University Press.

O'Malley,J.M., & Valdez Pierce, L.(1996), Authentic assessment for English language learners: Practical approaches for teachers, Applied Linguistics, 10, 418-437.

Olga G. Simonova(1994), The relationship between field-specific knowledge and Language proficiency in speaking test scores, Digital Repository of Iowa Statue University.

Oxford, R. L. (1990), Language learning strategies : What every teacher should know, NY: Newbury House/Harper & Row.

Paul Raine(2010), A Discussion of the notional-functional syllabus, web paper.

Peter S. Green(1987), International workshops for trainers of modern language teachers, Communicative language testing, Council for cultural Cooperation.

Phan, L.H. (2005), Munby's needs analysis model and ESP, Asian EFL Journal, 6, 150-158.

Prabhu, N.(1987), Second language pedagogy, Oxford University Press.

Ralph Tyler(1987), 교육과정과 학습지도의 기본원리, 교육과학사.

Raymond Williams(1983), Keywords : vocabulary of culture and society, London, Fontana.

Richard & rodgers(1982), learnability linguistic complexity syllabus. Tesol Quarterly 16.

Richard, J. C. & Rogers, T. S. (1986), Approaches and Methods in language teaching, Cambridge: Cambridge University Press.

Richards(2001), Curriculum development in language teaching, Cambridge University Press.

Richards, J, C.(2013), Curriculum Approaches in Language Teaching: Forward, Central, and Backward Design, RELC Journal, 44(1), 5-33.

Richards, J. C.(1984), Language Curriculum Development, RELC Journal, vol. 14, No. 1.

Richards, J. C., & Rodgers, T.(1987), Method: Approach, design, and procedure. In M. H. Long & J. C. Richards (Eds.), Methodology in TESOL: A book of readings, New York: Newbury House, 145-157.

Richards, J. C., P. Tung & P. Ng (1992), The culture of the English language teacher: a Hong Kong example. RELC Journal, 23 (1), 81-102.

Richards, J. C., Rodgers, T. S.(2001), Approaches and methods in language teaching. (2nd edition), Cambridge: Cambridge University Press.

Richards, J.C. et al. (1992), Longman Dictionary of Language Teaching and Applied Linguistics, (Second edition) Harlow, Essex: Longman Group UK Limited.

Richards, J.C.(2001), Curriculum Development in Language Education, London: CUP.

Richards. J. & Rodgers, T.(1986), Approaches and methods in language teaching, Cambridge: Cambridge University Press.

Richterich, R. (1980), Identifying the needs of adults learning a foreign language, Oxford: Pergamon Press for the Council of Europe.

Robinson, P. (1991), ESP today: A practitioner's guide, Prentice Hall.

Robinson, R. (1991), The language teaching matrix, Cambridge: Cambridge University Press.

Rodgers, T.S.(2013), Curriculum Approaches in Language Teaching: Forward, Central, and Backward Design, RELC Journal 44(1) 5-33.

Rogers, C. R. (1983), Freedom to learn for the 80's, Colombus, Ohio, Charles E, Merrill Publishing Company.

Rossi, P. H., Freeman, H. E., & Lipsey, M. W. (1999), Evaluation: A systematic approach (6th ed.), Thousand Oaks, CA: Sage.

Seelye, H. N.(1988), Teaching Culture, Lincolinwood, Illinois: National Textbook Company.

Segalowitz, N.(1976), Communicative incompetence and the non-fluent bilingual, Canadian Journal of Behavioural Science, 8, 122-131.

Smith, F. (1983), Reading like a writer. Language Arts, 60 (5), 58-567.

Snow, M. A.(2001), Content-Based and Immersion Models for Second and Foreign Language Teaching, In M. Celce-Murcia (Ed.), Teaching English as a second or foreign language. Boston, MA: Heinle & Heinle.

Snow, M.A., & Brinton, D.M.(1988), Content-based language instruction: Investigating the effectiveness of the adjunct model., TESOL Quarterly. 22(4), 553-574.

Sophie BAILLY, et, al(2003), Common European Framework of Reference for Languages:Learning, teaching, assessment-A Guide for Users, Council of Europe.

Stephen D. Krashen (1985), The input hypothesis: Issues and implications. London: Longman.

Stern, H. H.(1983), Fundamental Concepts of Language Teaching, Oxford: Oxford University Press.

Stern, H. H.(1984), Review and discussion, In C. J. Brumfit (Eds.), General English syllabus design. Oxford: Pergamon Press.

Strevens, P.(1977), New Orientations in the Teaching of English, London: Oxford University Press.

Tomalin, B. & Stempleski, S.(1993), Cultural awareness, Oxford: Oxford University Press, 7-8.

Trimm, J. L. M.(1978) Some possible Lines of Development of an Overall Structure for a European Unit Credit Scheme for Foreign Language Learning by Adults. Strasbourg, Council of Europe.

Tyler, R. W.(1949), Basic Principles of Curriculum and Instruction. Chicago: The University of Chicago Press, (이해명 역(1987) 교육과정과 학습지도의 기본원리, 서울: 교육과학사)

Tyler, Ralph(1950), Basic Principles of Curriculum and Instruction Syllabus for Education 305, Chicago:Univ. of Chicago Press.

Tylor, E. B,(1958), The origin of Culture, Harper&Row.

Ur, P. (1984), Teaching listening comprehension, Cambridge: Cambridge University Press.

Ur, P.(2000), A course in Language teaching: Practice and theory, Beijing: Foreign Language Teaching and Research Press.

Van Ek J.A. & Trim J.L.M.(1990), Threshold 1990, Council of Europe.

Van Ek J.A.(1978), Threshold level, Council For cultural cooperation of the council of Europe Systems Development Adult Language Learning.

Van Ek J.A.(2001), Objectives for foreign language learning, Volume I:Scope, Council of Europe.

Van EK, J. A. & Trim, J. L. M.(1990), Threshold 1990 Council of Europe, Oxford: Oxford University, Press.

van EK, J. A. & Trim, J. L. M. (2001), Vantage, Cambridge University Press.

van EK, J. A. (1980), Threshold level English, Oxford: Pergamon Press.

Van EK, J. A.(1975), The threshold level, Council For cultural cooperation of the council of Europe Systems Development Adult Language Learning.

Van EK, J. A.(1979), The threshold level, In C., J. Brumfit & K. Johnson(EDS.), The communicative approach to language teaching, Oxford: Oxford University, Press.

Vesna Bagarić(2007), Defining communicative competence, Metodika Vol. 8, 94-103.

Wallace, C. (1992), READING. Oxford: Oxford University Press.

Wang, W., & Wen, Q.(2002), L1 use in the L2 composing process: An exploratory study of 16 chinese EFL writiers, Journal of Second Language Writing, 11, 225-246.

West, R. (1993), Needs Analysis in Language Teaching, In Language Teaching, 1-15.

West, R. (1994), Needs Analysis in Teaching: State of Art, In Language Teaching, vol 27, 1-19.

Whalen, K., & Ménard, N.(1995), L1 and L2 writers' strategic and linguistic knowledge: A model of multiple-level discourse processing, Language Learning, 45(3), 381-418.

Widdowson, H. G.(1984), Educational and Pedagogic Factors in syllabus design, In C. J. Brumfit (Eds.), General English syllabus design. Oxford: Pergamon Press.

Wilkins, D. A. (1976), Notional syllabuses, Oxford, Oxford University Press.

Wilkins, D.(1972), Grammatical, Situational and Notional Syllabuses, Copenhagen.

Wilkins, D.A.(1972), Grammatical, Situational and Notional Syllabuses, Association Internationale de Linguistique Applique Third Congress Copenhagen Vol. 2, Julius Groos Verlag, Heidelberg.

Wilkins, D.A.(1974) Notional Syllabuses and the Concept of a Minimum Adequate Grammar' in S.P. Corder and E. Roulet, eds., AIMA V, Brussels.

Wilkins, D.A.(1976) Notional Syllabuses, Oxford University Press.

Yalden, J.(1983), Communicative Syllabus: Evolution, Design and Implementation, New York. Pergamon Press.

Yalden, J.(1984), Syllabus Design in General Education:Options For ELT in Brumfit(1984), General English Syllabus Design, The British council, Pergamon Press.

Yalden, J.(1987), Principles of Course Design for Language Teaching Implementation, London: Prentice-Hall.

Zais, R. S.(1976), Curriculum: Principles and Foundations, N.Y.:Harper and Row.
Zamel, V. (1983), The composing process fo advanced ESL stdudents, Six case studies TESOL Quarterly, 17, 165-187.